汽车正时校对调整与发动机维修数据速查手册

李土军 主编

化学工业出版社

·北京·

本书详细介绍了二百多款合资车型、国产汽车和进口车型的正时校对及调整方法。依据车型地域共分为四章,分别介绍了日韩车系、欧洲车系、美洲车系和国产汽车常见车型发动机正时校对调整方法及维修数据。书中几乎涵盖了近十年上市的车型,包括本田飞度/锋范/杰德/XR-V/雅阁、现代朗动/领动/索纳塔/悦动/ix35、马自达昂克赛拉/阿特兹/CX-5、三菱劲炫 ASX/欧蓝德/蓝瑟/帕杰罗、日产启辰/轩逸/天籁/奇骏/逍客、丰田卡罗拉/逸致/汉兰达/凯美瑞/RAV4、大众捷达/桑塔纳/高尔夫/POLO/朗逸/速腾/迈腾/途观、奥迪 Q3/Q5/A6L、起亚 K2/K5、别克凯越/英朗/威朗/昂科拉/昂科威/君威/君越、雪佛兰创酷/科沃兹/科鲁兹/迈锐宝/福特蒙迪欧、上汽荣威 350/550/W5、长安 CS35/CS75、长城哈弗 H6、陆风 X5/X7、广汽传祺 GS3/GS4/GS5/GA5、纳智捷 SUV、五菱宏光/荣光/宏光 S3/宝骏 730 和北汽绅宝等。

书中配备了清晰的正时机构简图、正时校对示意图、简明的操作步骤和对应图片,直观易懂,查找方便,实用性强。此外,本书还以表格方式展示了热门车型发动机的维修数据,这些数据主要包括气缸压力和气缸盖、气缸体以及安装在气缸盖、气缸体上各运动部件的技术参数,如气门间隙、气门杆至导管的间隙、缸径、活塞直径、活塞与气缸的配合间隙、曲轴维修参数等。这些数据都是进行发动机维修(机修)时的重要依据。

本书适合于汽车机修工特别是发动机大修工使用,也可作为汽车保养和使用人员的参考用书。

图书在版编目(CIP)数据

汽车正时校对调整与发动机维修数据速查手册/李士军主编. —北京:化学工业出版社,2019.1(2022.3重印)
ISBN 978-7-122-33071-0

Ⅰ.①汽… Ⅱ.①李… Ⅲ.①汽车-发动机-车辆修理-手册 Ⅳ.①U472.43-62

中国版本图书馆 CIP 数据核字(2018)第 217510 号

责任编辑:周 红　　　　　　　　　　　文字编辑:张燕文
责任校对:王素芹　　　　　　　　　　　装帧设计:王晓宇

出版发行:化学工业出版社(北京市东城区青年湖南街 13 号　邮政编码 100011)
印　　装:北京捷迅佳彩印刷有限公司
789mm×1092mm　1/16　印张 33¾　字数 908 千字　2022 年 3 月北京第 1 版第 6 次印刷

购书咨询:010-64518888　　　售后服务:010-64518899
网　　址:http://www.cip.com.cn
凡购买本书,如有缺损质量问题,本社销售中心负责调换。

定　　价:148.00 元　　　　　　　　　　　　　　　　　　版权所有　违者必究

前言
PREFACE

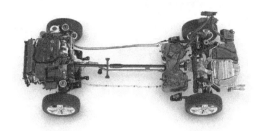

  汽油发动机的正时包括凸轮轴正时和平衡轴正时（如装备有平衡轴），柴油发动机正时则还包括高压喷油泵的正时。凸轮轴正时是用来控制气门正时即气门开启和关闭时刻的，同时也影响着发动机的点火和喷油时机。如果没有进行正确的正时校对，发动机将难以正常运行，甚至损坏发动机。

  发动机凸轮轴主要由正时皮带或正时链条传动，随着发动机工作时间的增加，正时皮带或正时链条都会发生磨损或老化，凸轮轴相位也可能发生轻微移位。因此，凡是装有正时皮带或正时链条的发动机，都应在规定的周期内定期更换正时皮带或正时链条，对发动机正时进行定期检查与校对调整。发动机曲轴链轮（或齿带轮）、凸轮轴链轮及平衡轴链轮上都有相应的正时标记，在进行发动机拆装和维修时必须对正这些正时标记。

  各个车型发动机的正时校对方法是有区别的，维修人员必须参考相关资料和使用正时专用工具才能完成正时校对调整工作。为了方便维修人员快速准确地查找新款车型的正时校对方法，特编写了此书。

  本书正时校对介绍的车型新、型号全，除了最新车型，还有正处于使用、维护和维修高峰期的车型。书中标题不但简明列举了各车型发动机的排量，还标出了发动机的型号，便于准确查找。书中配备了清晰的正时机构简图、正时校对示意图、简明的操作步骤和对应示意图，直观易懂，查找方便，实用性和可操作性强。

  此外，本书还以表格形式列举了一些常见车型发动机的维修数据，且数据有归类，使发动机大修时需要参考的技术参数清晰易查，节省了翻阅长篇维修手册的时间，提高了工作效率。

  本书由李土军主编，参加本书编写工作的还有李春、颜雪飞、颜复湘、欧阳汝平、李孝武、朱莲芳、陈庆吉、李桂林、周家祥、颜雪凤、李玲玲。

  由于车型众多，加之时间有限，书中难免有不妥之处，恳请广大读者批评指正。

编　者

目 录
CONTENTS

第一章　日韩车系 1

第一节　本田车系 1
一、飞度/锋范（1.5L L15A7）/飞度（1.3L L13Z1） 1
二、XR-V/竞瑞（1.5L L15B5）/飞度/锋范（1.5L L15B2）/缤智/哥瑞（1.5L L15B） 5
三、缤智（1.8L R18Z7）/XR-V（1.8L R18ZA）/杰德（1.8L R18Z6）/思域
（1.8L R18Z2） 10
四、雅阁/思铂睿/CR-V（2.0L R20A3） 15
五、雅阁/思铂睿/CR-V（2.4L K24Z2/K24Z3） 20
六、雅阁（3.5L J35Z2）/讴歌（3.5L J35Z6） 24
七、讴歌（3.7L J37A1） 29

第二节　现代车系 32
一、索纳塔（2.4L Theta-II GDI 汽油直喷发动机） 32
二、悦动（1.6L G4ED/1.8L G4GB） 33
三、瑞纳（1.4L G4FA/1.6L G4FC）/i30（1.6L G4FC） 36
四、ix35（2.0L G4KD/2.4L G4KE） 39
五、朗动/领动（1.6L G4FG） 42
六、新胜达（2.0T G4KH） 44

第三节　起亚车系 47
一、起亚 K2（1.4L G4FA/1.6L G4FC） 47
二、起亚 K5（2.0L/2.4L） 51
三、霸锐（3.8L） 55

第四节　马自达车系 60
一、马自达 2（1.3L 4A90/1.5L 4A91） 60
二、马自达 3（ZJ/ZY/Z6） 63
三、马自达 6（2.0L LFX）/睿翼（2.0L LF/2.5L L5） 64
四、普力马（FP 发动机）/海马（HM483Q 发动机） 67
五、Axela 昂克赛拉（SKYACTIV-G 1.5） 68
六、Axela 昂克赛拉/阿特兹/CX-4/CX-5（SKYACTIV-G 2.0） 71
七、阿特兹/CX-4/CX-5（SKYACTIV-G 2.5） 73
八、马自达创驰蓝天（SKYACTIV-G） 78

第五节　三菱车系 81
一、蓝瑟（1.6L DA4G18） 81

二、劲炫 ASX/翼神（1.6L 4A92） 83
　　三、劲炫 ASX（1.8L 4N13 柴油机） 86
　　四、翼神/劲炫 ASX/欧蓝德（2.0L 4B11）/翼神（1.8L 4B10） 88
　　五、戈蓝（2.4L 4G69） 92
　　六、蓝瑟（2.4L 4B12） 97
　　七、欧蓝德/帕杰罗（3.0L 6B31） 99
　　八、帕杰罗（3.0L 6G72/3.8L 6G75） 102
　第六节　日产车系 105
　　一、玛驰/启辰 R30（1.2L HR12DE） 105
　　二、轩逸/骊威/骐达/颐达（1.6L HR16DE）/阳光/玛驰（1.5L HR15DE） 108
　　三、轩逸（1.8L MRA8DE） 112
　　四、逍客（1.2T HRA2DDT） 114
　　五、逍客/奇骏（2.0L MR20DE） 119
　　六、奇骏/楼兰（2.5L QR25DE） 123
　　七、天籁（2.5L VQ25DE）/天籁/楼兰（3.5L VQ35DE） 126
　　八、进口途乐（5.6L VQ56DE） 131
　第七节　斯巴鲁车系 132
　　一、森林人（2.0L H4DO） 132
　　二、森林人（2.0L EJ20）/森林人/翼豹（2.5L EJ25） 138
　　三、力狮/翼豹/傲虎（2.5L H4SO） 143
　　四、力狮（H4DOTC 柴油机） 147
　　五、力狮（3.0L H6DO） 151
　第八节　丰田车系 155
　　一、凯美瑞/RAV4（2.0L 1AZ-FE/2.4L 2AZ-FE） 155
　　二、凯美瑞（2.5L 5AR-FE）/汉兰达（2.7L 1AR-FE） 163
　　三、汉兰达（3.5L 2GR-FE） 167
　　四、凯美瑞混合动力（2.4L 3AZ-FXE） 174
　　五、卡罗拉/逸致（1.6L 1ZR-FE/1.8L 2ZR-FE） 181
　　六、雅力士（1.3L 2NZ-FE/1.5L 1NZ-FE） 184
　　七、普拉多/兰德酷路泽/FJ 酷路泽（4.0L 1GR-FE） 188
　第九节　双龙汽车 198
　　一、双龙爱腾（2.3L G23D） 198
　　二、双龙爱腾/享御/路帝/雷斯特（2.0T D20DT） 199
　　三、双龙雷斯特（2.7L D27DT） 202
　　四、双龙雷斯特（3.2L M162） 204

第二章　欧洲车系 207

　第一节　大众车系 207
　　一、蔚领/途观/高尔夫/POLO/凌渡/途安/朗逸/朗行/速腾/迈腾
　　　（1.4T EA211） 207
　　二、捷达/桑塔纳/高尔夫/POLO/速腾/朗逸（1.4L/1.6L） 212
　　三、速腾（1.6L BWH）/速腾/迈腾（2.0L BJZ）/宝来（2.0L CEN） 216

四、速腾（1.8T BPL） ··· 217
　　五、迈腾/高尔夫/朗逸/POLO/速腾/途安（1.4TSI CFB） ·· 218
　　六、途观/CC/迈腾（1.8TSI/2.0TSI 发动机） ··· 221
　第二节　奥迪车系 ··· 223
　　一、A3/Q3（1.4L TFSI 发动机） ··· 223
　　二、A4L / A6L /Q3/Q5（2.0L TFSI 发动机）/A4L（1.8L TFSI 发动机） ······················· 229
　　三、Q7（3.0L CJT）/A6L（2.8L TFSI 发动机） ··· 231
　　四、A6L（2.0L BPJ） ··· 234
　　五、A4（1.8L AMB/2.0L ALT） ·· 236
　　六、A6（2.4L BDW） ·· 238
　　七、A6（3.0L BBJ） ··· 241
　　八、A8（6.3L FSI CEJA） ·· 243
　第三节　奔驰车系 ··· 246
　　一、Smart Fortwo（1.0L/1.0T） ··· 246
　　二、A150/B150（1.5L 266.920）/A170/B170（1.7L 266.940）/A180/B200
　　　　（2.0L 266.960） ··· 247
　　三、GLK260/B260/C200/C260/E200/E260/GLA220（2.0T M274） ······························· 248
　　四、ML350/E350/SLK350/CLS350（3.5L 272） ·· 249
　　五、GLA200/B200（1.6T 270.910） ·· 251
　　六、GLK260/GLA260/E260L（2.0T 274.920） ·· 253
　第四节　宝马车系 ··· 255
　　一、316i/120i（1.6T N13B16A） ·· 255
　　二、120i/320i（2.0L N46B20）/118i/318i（1.8L N46B18） ······································ 258
　　三、X6/335i（3.0L N54B30）/530i/630i（3.0L N52B30） ······································· 261
　　四、宝马 3 系/5 系/X1/X3/X6（2.0T N20B20） ··· 262
　　五、宝马 5 系/X6（3.0T N55B30） ·· 266
　第五节　标致车系 ··· 270
　　一、3008/2008/408/508（1.6T EP6CDT） ·· 270
　　二、307/308（2.0L EW10J4） ··· 273
　　三、307（1.6L TU5JP4） ·· 276
　第六节　雪铁龙车系 ·· 277
　　一、C3-XR/C4L（1.6L） ·· 277
　　二、C2（1.4L TU3AF） ·· 281
　　三、凯旋/C4/C5（2.0L EW10A） ·· 282
　　四、毕加索（1.6L TU5JP） ·· 285
　第七节　菲亚特车系 ·· 287
　　一、菲翔/Ottimo 致悦（1.4T） ··· 287
　　二、Palio 派力奥/Siena 西耶那（1.3L 1242） ·· 289
　　三、Palio 派力奥（1.5L 1461） ·· 290

第三章　美洲车系 ··· 293
　第一节　雪佛兰车系 ·· 293

一、TRAX 创酷（1.4T LEF） ……………………………………………………… 293
　　二、赛欧（1.2L LMU）/赛欧/爱唯欧（1.4L LCU） ……………………………… 297
　　三、科沃兹/科鲁兹/乐风 RV/赛欧（1.5L L2B） ………………………………… 299
　　四、赛欧（1.6L C16NE） …………………………………………………………… 299
　　五、科鲁兹（1.6L LDE） …………………………………………………………… 301
　　六、迈锐宝（2.0L/2.4L） …………………………………………………………… 302
　　七、迈锐宝/科鲁兹（1.6T LLU） ………………………………………………… 307
　　八、迈锐宝（1.5T LFV）/科鲁兹（1.5L L3G） ………………………………… 309
　　九、景程（2.0L L34）/科帕奇（2.4L） …………………………………………… 313
　第二节　别克车系 ………………………………………………………………………… 315
　　一、凯越/英朗（1.5L L2B） ……………………………………………………… 315
　　二、凯越（1.6L L91） ……………………………………………………………… 316
　　三、君威（1.6T LLU） ……………………………………………………………… 319
　　四、昂科拉（1.4T LEF） …………………………………………………………… 321
　　五、君威（2.0L LTD）/君威/君越（2.0T LDK） ……………………………… 323
　　六、君威/君越（2.4L LAF）/别克 GL8（2.4L LE5） ………………………… 329
　　七、威朗/君威/君越/昂科威（1.5T LFV）/威朗（1.5L L3G） …………… 334
　第三节　福特车系 ………………………………………………………………………… 334
　　一、蒙迪欧/翼虎（2.0T EcoBoost） ……………………………………………… 334
　　二、蒙迪欧（2.0L Duratec-HE）/致胜/麦柯斯（2.3L Duratec-HE） ……… 336
　　三、嘉年华（1.3L/1.5L） …………………………………………………………… 338
　　四、嘉年华（1.6L JL482QA/1.3L A9JA） ……………………………………… 341
　　五、福克斯（1.6L C6）/翼搏（1.5L） …………………………………………… 342
　第四节　JEEP 汽车 ……………………………………………………………………… 345
　　一、JEEP 指南者（2.0L/2.4L） …………………………………………………… 345
　　二、JEEP 牧马人（3.8L） ………………………………………………………… 345
　　三、JEEP 指挥官（4.7L V8） ……………………………………………………… 347
　　四、JEEP 指挥官（5.7L V8） ……………………………………………………… 349
　第五节　凯迪拉克车系 …………………………………………………………………… 350
　　一、ATS/ATS-L/CT6/XTS（2.0L LTG） ……………………………………… 350
　　二、凯迪拉克 CTS（3.6L LY7） …………………………………………………… 353
　　三、凯迪拉克 SRX（4.6L LH2） …………………………………………………… 358
　　四、Escalade 凯雷德（4.8L/5.3L/6.0L/6.2L） ………………………………… 365
　第六节　克莱斯勒车系 …………………………………………………………………… 366
　　一、克莱斯勒铂锐（2.0L/2.4L） …………………………………………………… 366
　　二、克莱斯勒铂锐 300C（2.7L V6） ……………………………………………… 368
　　三、克莱斯勒 300C（3.5L V6） …………………………………………………… 371

第四章　国产车型 ………………………………………………………………… 373

　第一节　比亚迪汽车 ……………………………………………………………………… 373
　　一、比亚迪 F0（1.0L BYD371QA） ……………………………………………… 373
　　二、比亚迪 F3（4G18/4G15S） …………………………………………………… 376

三、比亚迪 F3/L3/G3/速锐/元（1.5L BYD473QE）……377
　　　四、比亚迪 L3/G3/S6/M6（483QA/QB 发动机）……381
　　　五、比亚迪 S6/S7/G5/G6/速锐/思锐/宋（1.5T BYD476ZQA）……382
　　　六、比亚迪 S7/宋/唐（2.0T BYD487ZQA）……383
　第二节　奇瑞汽车……389
　　　一、艾瑞泽 7/瑞虎 3/A3（1.6L SQ-RE4G16）……389
　　　二、奇瑞风云 2（1.5L SQR477F）……393
　　　三、瑞虎 5/奇瑞 A3（2.0L SQR484）/奇瑞 A5（1.6L SQR481）……395
　　　四、奇瑞 QQ（0.8L SQR372）……398
　　　五、奇瑞 QQ（1.3L SQR473）……400
　　　六、瑞虎 5（1.5T SQRE4T15）/瑞虎 5X/瑞虎 7（1.5T SQRE4T15B）……402
　第三节　上汽荣威轿车……404
　　　一、荣威 350（1.5L NSE）……404
　　　二、荣威 550/750/W5（1.8T 18K4G）……409
　　　三、荣威 750（2.5L 25K4F/KV6）……412
　　　四、荣威 W5（3.2L G32D）……417
　第四节　一汽奔腾轿车……419
　　　一、奔腾 B50（1.6L BWH）……419
　　　二、奔腾 B50/B70（2.0L LF/2.3L L3）……422
　第五节　长安汽车……423
　　　一、长安奔奔（1.0L JL466）……423
　　　二、长安悦翔 V3（1.3L）/V5（1.5L）……424
　　　三、长安 CS35/逸动（1.6L JL478QE）……427
　　　四、长安志翔（1.6L JL486）/长安之星（1.3L JL474QA）……429
　　　五、长安 CS75（2.0L JL486Q5）……432
　第六节　长城汽车……436
　　　一、长城 C30/C20R/酷熊/炫丽/H1/M2（1.5L GW4G15）/哈弗 H2/腾翼 C50/H6
　　　　（1.5T GW4G15B/GW4G15T）……436
　　　二、长城炫丽（1.3L GW4G13）……438
　　　三、长城哈弗 H5/H6（2.0TGW4D20）……440
　　　四、长城哈弗/风骏（2.8T GW2.8TC）……441
　第七节　吉利汽车……444
　　　一、熊猫（1.0L JL3G10）……444
　　　二、自由舰/熊猫/金刚/GX2（1.3L MR479Q/1.5L MR479QA）……447
　　　三、帝豪 EC7/GX7/SX7（1.8L 4G18）……448
　　　四、帝豪 EC8/GX7/SX7（2.0L 4G20）/豪情 SUV/博瑞/SX7（2.4L 4G24）……451
　第八节　中华汽车……453
　　　一、中华骏捷 FRV（1.8L 4G18）……453
　　　二、中华骏捷/尊驰（1.8T BL18T）……454
　第九节　华晨金杯汽车……456
　　　一、金杯海狮/阁瑞斯（2.4L 4RB2）……456
　　　二、金杯海狮/阁瑞斯（2.0L 4G20D4/2.2L 4G22D4）……457
　　　三、金杯阁瑞斯（2.0L V19）……460

第十节　长丰猎豹汽车 462
　　一、猎豹飞腾/CS7（2.0L 4G94） 462
　　二、猎豹 CS6/Q6（2.4L 4G64S4M） 464
第十一节　众泰汽车 467
　　一、众泰 Z300（1.5L 4A91） 467
　　二、众泰（DA4G1 系列发动机） 468
第十二节　上汽 MG（名爵）轿车 469
　　一、MG3（1.3L/1.5L） 469
　　二、MG6（1.8L N16） 473
第十三节　陆风汽车 475
　　一、陆风风尚（1.8L 4G93D） 475
　　二、陆风风尚（1.5L JL475） 477
　　三、陆风 X5/X7（2.0T 4G63T） 479
第十四节　东风汽车 484
　　一、景逸/景逸 S50/景逸 X3/菱智（1.5L 4A91S）/景逸 X5/风行 S500/菱智
　　　（1.6L 4A92） 484
　　二、景逸 X5（1.8L 18K4G） 486
　　三、风行 CM7（2.4L 4G69） 489
　　四、风神 S30/H30（1.6L N6A 10FX3A PSA） 491
　　五、风神 AX7（2.0L EW10A/2.3L EW12A） 493
第十五节　海马汽车 495
　　一、海马 2（4A9 系列发动机） 495
　　二、普利马（1.8L FP 发动机） 496
　　三、福美来（1.6L HM474Q-C）/海马 M6（1.6L GN16-VF/1.5T GN15-TF）/海马 M3
　　　（1.5L GN15-VF） 497
第十六节　广汽传祺 498
　　一、传祺 GS5/GA5/GA6（1.8L 4B 18K1/1.8T 4B18M1） 498
　　二、传祺 GS5/GA5（2.0L 4B20K2） 502
　　三、传祺 GS4/GS3/GA3S 视界（1.3T 4A13M1） 508
第十七节　纳智捷车系 510
　　一、大 7 SUV（2.2T G22TG） 510
　　二、优 6 SUV/纳 5（1.8T） 513
第十八节　五菱/宝骏车系 515
　　一、五菱荣光/五菱之光（1.2L LAQ/LJY） 515
　　二、五菱宏光/五菱荣光（1.5L L3C） 517
　　三、宝骏 730/五菱宏光 S3（1.5L L2B） 519
第十九节　北京汽车 520
　　一、绅宝 D50（1.5L 4A91）/绅宝 X25（1.5L A151）绅宝 X55（1.5T 4A91T） 520
　　二、绅宝 X65/绅宝 D60（2.0T B205E）/绅宝 D60（1.8T B185R） 523
　　三、北京 40（2.4L G4CA） 525

第一章

日韩车系

第一节 本田车系

一、飞度/锋范（1.5L L15A7）/飞度（1.3L L13Z1）

1. 正时链条的拆卸

（1）拆下发动机最上面的气缸盖罩。

（2）使1号气缸活塞在上止点（TDC）位置。凸轮轴链轮上的"UP"标记1应在顶部，并且凸轮轴链轮上的TDC凹槽2应与气缸盖的顶部边缘对准，如图1-1-1所示。

图 1-1-1

（3）拆下右前轮。
（4）拆下右侧挡泥板。
（5）松开水泵带轮安装螺栓。
（6）拆下传动带。
（7）拆下水泵带轮，如图1-1-2所示。

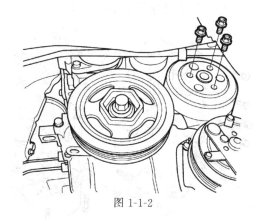

图 1-1-2

（8）拆下曲轴带轮。
（9）拆下传动带自动张紧器。
（10）拆下空调管路托架安装螺栓，如图1-1-3所示。

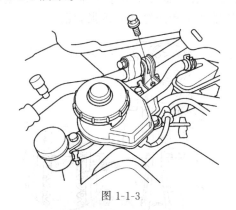

图 1-1-3

（11）在油底壳下放置一个千斤顶和木块，以支撑发动机。

（12）拆下搭铁电缆1，然后拆下发动机侧支座/托架总成2，如图1-1-4所示。

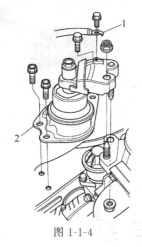

图 1-1-4

（13）拆下链条箱，如图1-1-5所示。

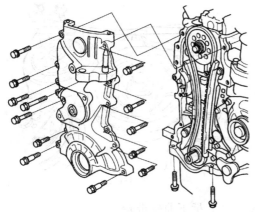

图 1-1-5

（14）测量凸轮轴链条分离间距，如图1-1-6所示。如果间距小于维修极限，更换凸轮轴链条和凸轮轴链条张紧器。

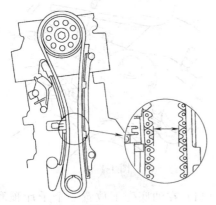

图 1-1-6

标准间距：19mm。
维修极限：15mm。

（15）在凸轮轴链条张紧器滑块1的滑动表面上涂抹新的发动机机油，用旋具夹住凸轮轴链条张紧器滑块，然后拆下螺栓2，并松开螺栓3，如图1-1-7所示。

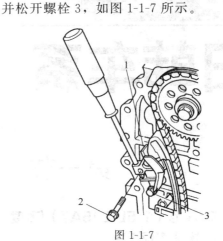

图 1-1-7

（16）拆下凸轮轴链条张紧器滑块，如图1-1-8所示。

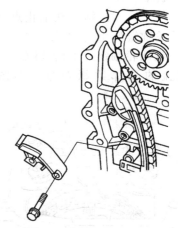

图 1-1-8

（17）拆下凸轮轴链条张紧器臂1和凸轮轴链条导轨2，如图1-1-9所示。

（18）拆下凸轮轴正时链条。

2. 正时链条的安装

（1）将曲轴置于上止点（TDC）。将曲轴链轮上的TDC标记1与机油泵上的指针2对准，如图1-1-10所示。

（2）拆下曲轴链轮。

（3）将凸轮轴设定到TDC。凸轮轴链

图 1-1-12 所示。

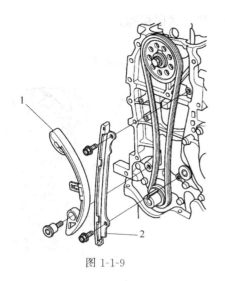

图 1-1-9

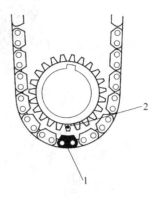

图 1-1-12

（5）L15A7 发动机：将凸轮轴链条安装到凸轮轴链轮上，使指针 1 与三个涂色链节 2 对准，如图 1-1-13 所示。

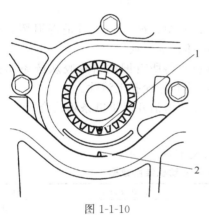

图 1-1-10

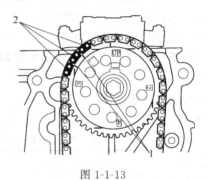

图 1-1-13

轮上的"UP"标记 1 应在顶部，并且凸轮轴链轮上的 TDC 凹槽 2 应与气缸盖的顶部边缘对准，如图 1-1-11 所示。

L13Z1 发动机：将凸轮轴链条安装到凸轮轴链轮上，使指针 1 对准两个涂色链节 2 的中间，如图 1-1-14 所示。

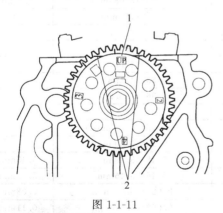

图 1-1-11

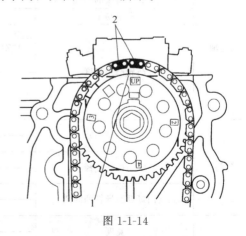

图 1-1-14

（4）将凸轮轴链条安装在曲轴链轮上，使涂色的链节 1 与曲轴链轮上的 TDC 标记 2 对准，然后将曲轴链轮安装到曲轴上，如

（6）安装凸轮轴链条张紧器臂 1 和凸轮轴链条导轨 2，如图 1-1-15 所示。

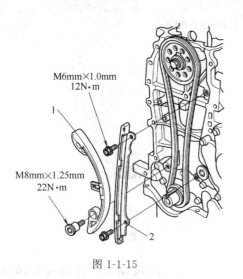

图 1-1-15

（7）安装凸轮轴链条张紧器滑块，并松松地紧固螺栓（图 1-1-8）。

（8）在凸轮轴链条张紧器滑块 1 的滑动表面上涂抹新的发动机机油，如图 1-1-16 所示。

（9）顺时针转动凸轮轴链条张紧器滑块以压紧凸轮轴链条张紧器，安装剩余的螺栓，然后紧固螺栓。

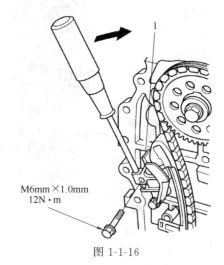

图 1-1-16

（10）检查链条箱油封是否损坏。如果油封损坏，则更换。

（11）将所有旧的密封胶从链条箱接合面、螺栓和螺栓孔上清除。

（12）清洁并风干链条箱接合面。

3. 发动机维修数据

本田 1.3L L13Z1/1.5L L15A7 发动机维修数据如表 1-1-1 所示。

表 1-1-1 本田 1.3L L13Z1/1.5L L15A7 发动机维修数据

项目	测量	条件		标准值或新车值	维修极限
气缸压力	在 250r/min 且节气门全开时进行压力检查	最小值		—	980kPa
		最大偏差		—	200kPa
气缸盖	翘曲度			0.07mm	0.08mm
	高度			119.9～120.1mm	—
凸轮轴	轴向间隙			0.05～0.25mm	0.5mm
	凸轮轴到保持架的油膜间隙			0.045～0.084mm	0.100mm
	总跳动量			最大 0.03mm	0.04mm
	凸轮凸角高度	L13Z1	进气,初级	34.290mm	
			进气,次级	30.529mm	
			排气	35.047mm	
		L15A7	进气,初级	35.241mm	
			进气,次级	36.173mm	
			排气	35.471mm	
气门	间隙(冷态)	进气		0.15～0.19mm	—
		排气		0.26～0.30mm	—
	气门挺杆外径	进气		5.48～5.49mm	5.45mm
		排气		5.45～5.46mm	5.42mm
	气门挺杆至导管的间隙	进气		0.020～0.050mm	0.08mm
		排气		0.050～0.080mm	0.11mm
气门座	宽度	进气		0.850～1.150mm	1.60mm
		排气		1.250～1.550mm	2.00mm
	气门挺杆安装高度	进气		46.1～46.5mm	46.8mm
		排气		46.2～46.6mm	46.9mm

续表

项目	测量	条件		标准值或新车值	维修极限
气门弹簧	自由长度	L13Z1	进气	51.17mm	—
			排气	57.26mm	—
		L15A7	进气	48.55mm	—
			排气	54.52mm	—
气门导管	内径	进气		5.51～5.53mm	5.55mm
		排气		5.51～5.53mm	5.55mm
	安装高度	进气		15.85～16.35mm	—
		排气		15.85～16.35mm	—
摇臂	摇臂至轴的间隙	进气		0.019～0.058mm	0.08mm
		排气		0.019～0.058mm	0.08mm
气缸体	顶面翘曲度			最大 0.07mm	0.10mm
	气缸直径			73.000～73.015mm	73.065mm
	气缸锥度			—	0.05mm
	镗削极限			—	0.25mm
活塞	离活塞裙底部16mm处的裙部外径	L13Z1		72.972～72.982mm	72.97mm
		L15A7		72.980～72.990mm	72.97mm
	与气缸的间隙	L13Z1		0.018～0.043mm	0.05mm
		L15A7		0.010～0.035mm	0.05mm
	活塞环槽宽度	第一道环		1.050～1.060mm	1.080mm
		第二道环		1.020～1.030mm	1.050mm
		油环		2.005～2.020mm	2.050mm
活塞环	活塞环至环槽的间隙	第一道环		0.065～0.090mm	0.15mm
		第二道环		0.030～0.055mm	0.12mm
	活塞环端隙	第一道环		0.15～0.30mm	0.60mm
		第二道环		0.30～0.42mm	0.65mm
		油环		0.20～0.70mm	0.80mm
活塞销	外径			17.996～18.000mm	—
	活塞销至活塞的间隙			0.010～0.017mm	—
连杆	活塞销至连杆的间隙			0.019～0.036mm	—
	小端孔径			17.964～17.977mm	—
	大端孔径			43.0mm	—
	安装在曲轴上的轴向间隙			0.15～0.35mm	0.40mm
曲轴	主轴颈直径			49.976～50.000mm	—
	连杆轴颈直径			39.976～40.000mm	—
	连杆轴颈/主轴颈锥度			0.005mm	0.010mm
	连杆轴颈/主轴颈圆度			0.005mm	0.010mm
	轴向间隙			0.10～0.35mm	0.45mm
	径向跳动量			最大 0.03mm	0.04mm
曲轴轴瓦	主轴瓦至轴颈的油膜间隙			0.018～0.036mm	0.050mm
	连杆轴瓦间隙	L15A7		0.020～0.038mm	0.050mm
		L13Z1		0.026～0.044mm	0.050mm

二、XR-V/竞瑞（1.5L L15B5）/飞度/锋范（1.5L L15B2）/缤智/哥瑞（1.5L L15B）

1. 正时链条的拆卸

（1）拆卸右前轮。

（2）拆卸前挡泥板和发动机底盖。

（3）拆卸附件传动带。

（4）拆卸附件传动带自动张紧器。

（5）按如下方法检查凸轮轴正时。

① 转动曲轴，将1号气缸活塞与上止点（TDC）对齐；曲轴带轮上的白色标记1与指针2对齐，如图1-1-17所示。

② 凸轮轴链轮上的"UP"标记1应在

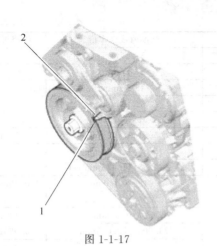

图 1-1-17

顶部，并且凸轮轴链轮上的 TDC 凹槽 2 应与气缸盖的顶部边缘对齐，如图 1-1-18 所示。

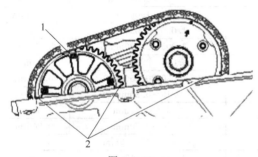

图 1-1-18

③ 确保凸轮轴保养孔 1 与凸轮轴上支架凹槽 2 对齐，如图 1-1-19 所示。

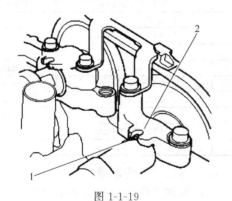

图 1-1-19

(6) 拆卸曲轴带轮。
(7) 拆卸发动机侧支座。
(8) 拆卸摇臂机油控制阀。
(9) 拆下线束夹 1，移动线束托架 2，

断开搭铁电缆 C，如图 1-1-20 所示。

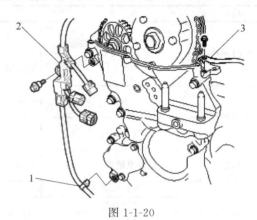

图 1-1-20

(10) 拆卸凸轮轴链条箱，如图 1-1-21 所示。

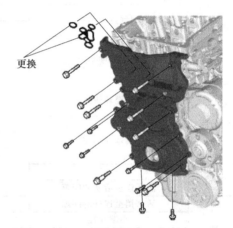

图 1-1-21

(11) 按如下方法拆卸凸轮轴链条自动张紧器。

① 松松地安装曲轴带轮。
② 逆时针旋转曲轴，以压缩凸轮轴链条自动张紧器。
③ 逆时针旋转曲轴以便对齐锁片 1 和凸轮轴链条自动张紧器 2 上的孔，如图 1-1-22 所示。
④ 将直径 1.2mm 的销 3 插入孔中。
⑤ 顺时针转动曲轴以固定销。
⑥ 拆下凸轮轴链条自动张紧器，如图 1-1-23 所示。
⑦ 拆下曲轴带轮。

(12) 拆卸凸轮轴链条上导轨，如图 1-1-24 所示。

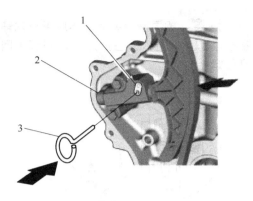

图 1-1-22

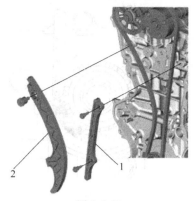

图 1-1-25

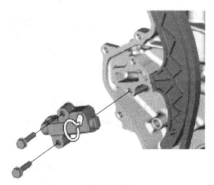

图 1-1-23

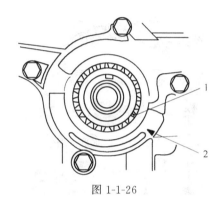

图 1-1-26

孔中，如图 1-1-27 所示。

图 1-1-24

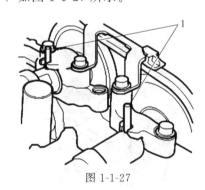

图 1-1-27

（13）拆下凸轮轴链条导轨 1 和凸轮轴链条张紧器臂 2，如图 1-1-25 所示。

（14）拆下凸轮轴链条。

2. 正时链条的安装

（1）将曲轴置于上止点（TDC）。将曲轴链轮上的 TDC 标记 1 与机油泵上的指针 2 对齐，如图 1-1-26 所示。

（2）将 5mm 直径销 1 插入凸轮轴保养

（3）将凸轮轴链条安装到曲轴链轮上，涂色的链节 1 与曲轴链轮上的标记 2 对齐，如图 1-1-28 所示。

（4）将凸轮轴链条安装到 VTC 执行器链轮上，涂色的链节 1 与 VTC 执行器链轮上的标记 2 对齐，如图 1-1-29 所示。

（5）将凸轮轴链条安装到排气凸轮轴上，涂色的链节 1 与排气凸轮轴链轮上的标记 2 对齐，如图 1-1-30 所示。

（6）安装凸轮轴链条导轨 1 和凸轮轴链

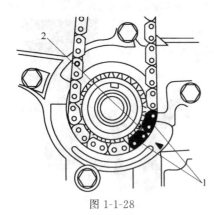

图 1-1-28

图 1-1-29

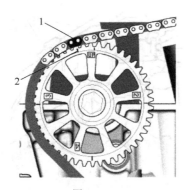

图 1-1-30

注意 如果没有如上所述放置凸轮轴链条自动张紧器，将会损坏凸轮轴链条自动张紧器。

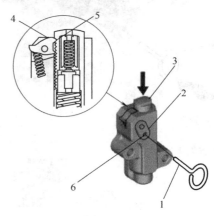

图 1-1-31

（9）安装凸轮轴链条自动张紧器。

（10）从自动张紧器上拆下销，如图 1-1-32 所示。

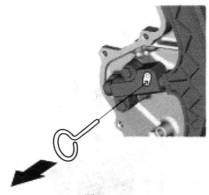

图 1-1-32

（11）将直径 5mm 的销从凸轮轴维修孔中拆下，如图 1-1-33 所示。

（12）安装凸轮轴链条箱。

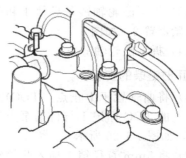

图 1-1-33

条张紧器臂 2（图 1-1-25）。

（7）安装凸轮轴链条上导轨（图 1-1-24）。

（8）更换凸轮轴链条时，压缩凸轮轴链条自动张紧器。如图 1-1-31 所示，拆下销 1，逆时针转动锁片 2 解除锁止状态，然后压下柱塞 3，将棘爪 4 固定在棘轮 5 边缘位置。然后将直径 1.2mm 的销 1 插回到孔 6 中。

(13) 安装线束托架。
(14) 安装摇臂机油控制阀。
(15) 安装气缸盖罩。
(16) 安装发动机侧支座。
(17) 安装曲轴带轮。
(18) 安装传动带自动张紧器。
(19) 安装传动带。
(20) 安装挡泥板和发动机底盖。
(21) 安装右前轮。

3. 发动机维修数据

本田1.5L L15B2/L15B3发动机维修数据如表1-1-2所示。

表1-1-2 本田1.5L L15B2/L15B3发动机维修数据

项目	测量	条件	标准值或新车值	维修极限
气缸压力	在节气门全开启动时检查	最小值	—	980kPa
		最大偏差	—	200kPa
气缸盖	翘曲度		最大 0.08mm	—
	高度		133.9～134.1mm	—
凸轮轴	轴向间隙		0.065～0.215mm	0.415mm
	凸轮轴至支架的油膜间隙(进气)	1号轴颈	0.030～0.069mm	0.12mm
		2、3、4、5号轴颈	0.060～0.099mm	0.15mm
	凸轮轴至支架的油膜间隙(排气)	1、2、3、4、5号轴颈	0.060～0.099mm	0.15mm
	总跳动量		最大 0.03mm	
	凸轮凸角高度	进气,初级	33.557mm	
		进气,中级	34.603mm	
		进气,次级	33.557mm	
		排气	33.885mm	
气门	间隙(冷态)	进气	0.21～0.25mm	—
		排气	0.25～0.29mm	—
	气门挺杆外径	进气	5.475～5.490mm	5.445mm
		排气	5.445～5.460mm	5.415mm
	气门挺杆至导管的间隙	进气	0.020～0.055mm	0.08mm
		排气	0.050～0.085mm	0.11mm
气门座	宽度	进气	0.85～1.15mm	1.60mm
		排气	1.25～1.55mm	2.00mm
	挺杆安装高度	进气	50.55～50.95mm	51.25mm
		排气	48.4～48.8mm	49.1mm
气门导管	安装高度	进气/排气	18.65～19.15mm	—
摇臂	摇臂到轴的间隙	进气,初级	0.018～0.064mm	0.08mm
		进气,中级	0.018～0.059mm	0.08mm
		进气,次级	0.018～0.064mm	0.08mm
		排气	0.018～0.059mm	0.08mm
气缸体	顶面翘曲度		最大 0.07mm	—
	气缸直径	X方向	73.000～73.020mm	73.065mm
		Y方向	73.000～73.015mm	73.065mm
	气缸锥度			0.050mm
	镗削极限			0.25mm
活塞	离裙部底端16mm处的裙部外径		72.980～72.990mm	72.970mm
	与气缸的间隙		0.010～0.035mm	0.050mm
活塞环	活塞环到环槽的间隙	顶部	0.045～0.070mm	0.130mm
		第二(RIKEN)	0.030～0.055mm	0.120mm
		第二(TPR)	0.035～0.060mm	0.120mm
	活塞环端隙	顶部(RIKEN)	0.15～0.25mm	0.60mm
		顶部(TPR)	0.15～0.30mm	0.60mm
		第二道环	0.30～0.42mm	0.65mm
		机油(RIKEN)	0.20～0.50mm	0.08mm
		机油(TPR)	0.10～0.40mm	0.08mm

续表

项目	测量	条件	标准值或新车值	维修极限
活塞销	外径		17.960～17.964mm	17.960mm
	活塞销至活塞的间隙		－0.004～0.003mm	0.006mm
连杆	活塞销到连杆的间隙		0.005～0.015mm	0.020mm
	小端孔径		17.969～17.975mm	—
	大端孔径		43.0mm	—
	轴向间隙		0.15～0.35mm	0.45mm
曲轴	主轴颈直径		45.976～46.000mm	—
	连杆轴颈直径		39.976～40.000mm	—
	连杆轴颈/主轴颈锥度		最大 0.005mm	0.010mm
	连杆轴颈/主轴颈圆度		最大 0.005mm	0.010mm
	轴向间隙		0.10～0.35mm	0.45mm
	总跳动量		最大 0.03mm	0.040mm
曲轴轴瓦	主轴瓦至轴颈的油膜间隙		0.018～0.036mm	0.050mm
	连杆轴瓦至轴颈的油膜间隙		0.020～0.038mm	0.050mm

三、缤智（1.8L R18Z7）/XR-V（1.8L R18ZA）/杰德（1.8L R18Z6）/思域（1.8L R18Z2）

1. 正时链条的拆卸

（1）拆下前轮和前轮挡泥板。

（2）拆下传动带自动张紧器。

（3）拆下气缸盖罩。

（4）转动曲轴，使1号气缸活塞在上止点（TDC）位置。这时，凸轮轴链轮上的"UP"标记1应在顶部，并且凸轮轴链轮上的TDC凹槽2应与气缸盖的顶部边缘对准，如图1-1-34所示。

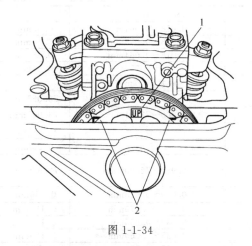

图1-1-34

（5）拆下曲轴箱强制通风（PCV）软管，如图1-1-35所示。

（6）拆下曲轴带轮。

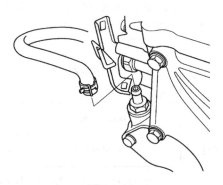

图1-1-35

（7）在油底壳下放置一个千斤顶和木块，以支撑发动机。

（8）拆下固定空调管路的螺栓1，然后拆下上扭杆2，如图1-1-36所示。

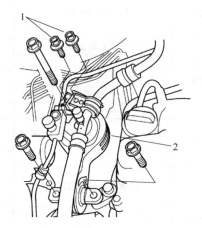

图1-1-36

（9）拆下搭铁电缆1，然后拆下发动机

侧支座/托架总成 2，如图 1-1-37 所示。

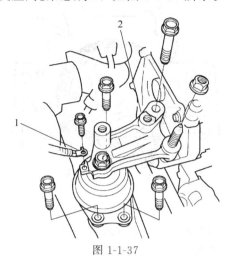

图 1-1-37

（10）拆下机油泵。

（11）测量张紧器体和张紧器柱塞平面部分底部之间的张紧器柱塞长度，如图 1-1-38 所示，如果长度超出使用极限（14.5mm），则更换凸轮轴链条。

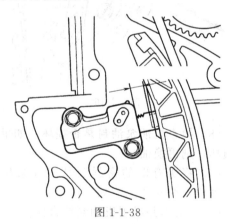

图 1-1-38

（12）松松地安装曲轴带轮。

（13）逆时针旋转曲轴，以压缩自动张紧器。

（14）如图 1-1-39 所示，将锁片 1 上的孔与自动紧张器 2 的孔对准，然后将一个 1.0mm 直径的销 3 插入孔中。顺时针转动曲轴以固定销。

（15）拆下自动张紧器，如图 1-1-40 所示。

（16）拆下曲轴带轮。

（17）拆下凸轮轴链条导轨 1 和凸轮轴链条张紧器臂 2，如图 1-1-41 所示。

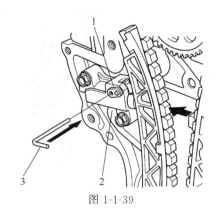

图 1-1-39

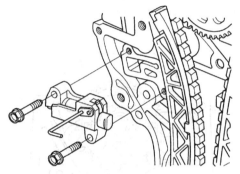

图 1-1-40

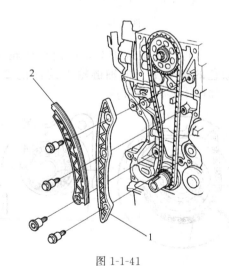

图 1-1-41

（18）拆下凸轮轴正时链条。

2. 正时链条的安装

（1）将曲轴置于上止点（TDC）。将曲轴链轮上的 TDC 标记 1 与发动机气缸体上的指针 2 对准，如图 1-1-42 所示。

（2）将凸轮轴设定到 TDC。凸轮轴链轮上的"UP"标记 1 应在顶部，并且凸轮

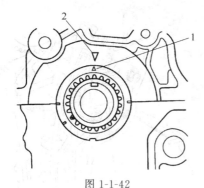

图 1-1-42

轴链轮上的 TDC 凹槽 2 应与气缸盖的顶部边缘对准，如图 1-1-43 所示。

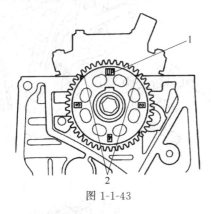

图 1-1-43

（3）将凸轮轴链条安装在曲轴链轮上，使涂色的链节 1 与曲轴链轮上的标记 2 对准，如图 1-1-44 所示。

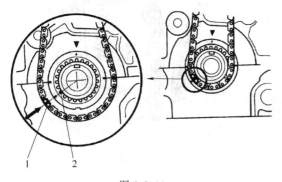

图 1-1-44

（4）将凸轮轴链条安装在凸轮轴链轮上，使涂色的链节 1 与凸轮轴链轮上的标记 2 对准，如图 1-1-45 所示。

（5）安装凸轮轴链条导轨和凸轮轴链条张紧器臂。

（6）安装正时链条自动张紧器。

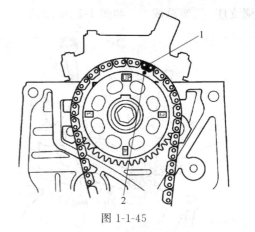

图 1-1-45

（7）将销从自动张紧器上拆下，如图 1-1-46 所示。

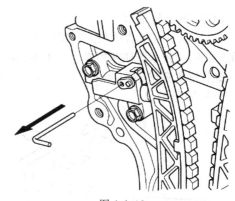

图 1-1-46

（8）检查机油泵油封是否损坏。如果油封损坏，则更换油封。

（9）将所有旧的密封胶从机油泵接合面、螺栓和螺栓孔上清除。

（10）清理并风干机油泵接合面。

（11）在机油泵的发动机气缸体接合面上均匀地涂抹密封胶。

（12）在机油泵的发动机气缸体上表面接触部位和机油泵的下气缸体上表面接触部位上涂抹密封胶。

（13）在机油泵的油底壳接合面上均匀地涂抹密封胶。

（14）如图 1-1-47 所示，将新的 O 形圈 1 安装到机油泵上。将机油泵 2 的边缘固定到油底壳 3 的边缘上，然后将机油泵安装到发动机气缸体 4 上。松松地安装定位螺栓 5，然后紧固 8mm 螺栓 6，紧固 6mm 螺栓

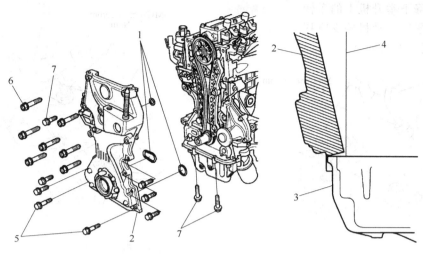

图 1-1-47

7和定位螺栓，清除油底壳和机油泵接合部位多余的密封胶。

注意 ① 安装机油泵时，切勿将底面滑到油底壳安装表面。
② 在加注发动机机油前，至少等待 30min。
③ 安装机油泵后，至少 3h 内不要运行发动机。

（15）安装发动机侧支座/托架总成1，然后紧固新的发动机侧支座/托架总成安装螺栓2，如图1-1-48所示。

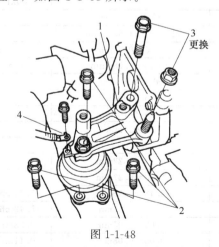

图 1-1-48

（16）松松地紧固新的发动机侧支座/托架总成安装螺栓和螺母3。

（17）安装搭铁电缆4。

（18）松开变速箱安装螺栓/螺母1，如图 1-1-49 所示。

（19）用举升机将车辆举升至最高位置。

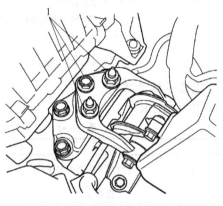

图 1-1-49

（20）松开下扭杆安装螺栓1，如图 1-1-50所示。

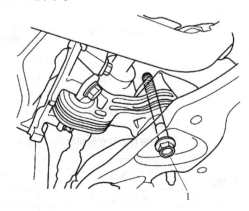

图 1-1-50

(21) 降下举升机上的车辆。

(22) 紧固发动机侧支座托架安装螺栓/螺母，如图1-1-51所示。

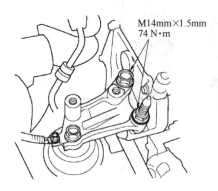

图 1-1-51

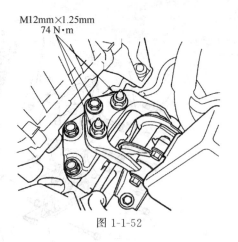

图 1-1-52

(23) 紧固变速箱安装螺栓/螺母。

(24) 用举升机将车辆举升至最高位置。

(25) 紧固下扭杆安装螺栓。

(26) 降下举升机上的车辆。

(27) 安装上扭杆，并紧固新的上扭杆安装螺栓，如图1-1-52所示。

(28) 安装固定空调管路的螺栓。

(29) 拆下千斤顶。

(30) 安装曲轴带轮。

(31) 安装曲轴箱强制通风（PCV）软管。

(32) 安装气缸盖罩。

(33) 安装传动带自动张紧器。

(34) 安装挡泥板。

(35) 安装前轮。

(36) 执行曲轴位置（CKP）模式清除/曲轴位置模式学习程序。

3. 发动机维修数据

本田1.8L R18Z7/R18Z8发动机维修数据如表1-1-3所示。

表 1-1-3　本田 1.8L R18Z7/R18Z8 发动机维修数据

项目	测量	条件	标准值或新车值	维修极限
气缸压力	在节气门全开启动时检查	最小值	—	880kPa
		最大偏差		200kPa
气缸盖	翘曲度		最大 0.08mm	
	高度		114.95～115.05mm	
凸轮轴	轴向间隙		0.05～0.25mm	0.4mm
	凸轮轴到保持架油膜的间隙		0.045～0.084mm	0.15mm
	总跳动量		最大 0.03mm	
	凸轮凸角高度	进气,初级	35.979mm	
		进气,次级(A)	35.471mm	
		进气,次级(B)	36.027mm	
		排气	35.870mm	
气门	间隙(冷态)	进气	0.18～0.22mm	
		排气	0.23～0.27mm	
	气门挺杆外径	进气	5.48～5.49mm	5.45mm
		排气	5.45～5.46mm	5.42mm
	气门挺杆至导管的间隙	进气	0.02～0.05mm	0.08mm
		排气	0.05～0.08mm	0.11mm
气门座	宽度	进气	0.85～1.15mm	1.6mm
		排气	1.25～1.55mm	2.0mm
	挺杆安装高度	进气/排气	50.10～50.60mm	50.90mm
气门导管	安装高度	进气/排气	18.25～18.75mm	—

续表

项目	测量	条件	标准值或新车值	维修极限
摇臂	摇臂到轴的间隙	进气/排气	0.019~0.050mm	0.08mm
气缸体	顶面翘曲度		最大 0.07mm	—
	气缸直径	X 方向	81.000~81.020mm	81.070mm
		Y 方向	81.000~81.015mm	81.070mm
	气缸锥度		—	0.050mm
	镗削极限		—	0.25mm
活塞	离裙部底端14mm处的裙部外径		80.980~80.990mm	80.93mm
	与气缸的间隙		0.010~0.035mm	0.05mm
活塞环	活塞环到环槽的间隙	顶部	0.045~0.070mm	0.13mm
		第二(RIKEN)	0.030~0.055mm	0.125mm
		次级(TEIKOKU)	0.035~0.060mm	0.13mm
	环端隙	顶部	0.200~0.350mm	0.6mm
		第二道环	0.400~0.550mm	0.7mm
		机油(RIKEN)	0.20~0.50mm	0.55mm
		机油(TEIKOKU)	0.20~0.70mm	0.8mm
活塞销	外径		19.960~19.964mm	19.96mm
	活塞销至活塞的间隙		-0.004~0.003mm	0.006mm
连杆	活塞销到连杆的间隙		0.005~0.015mm	0.02mm
	小端孔径		19.969~19.975mm	
	大端孔径		48.0mm	
	轴向间隙		0.15~0.35mm	0.45mm
曲轴	主轴颈直径		54.976~55.000mm	
	连杆轴颈直径		44.976~45.000mm	
	连杆轴颈/主轴颈锥度		最大 0.005mm	0.01mm
	连杆轴颈/主轴颈圆度		最大 0.005mm	0.01mm
	轴向间隙		0.1~0.35mm	0.45mm
	总跳动量		最大 0.03mm	0.04mm
曲轴轴瓦	主轴瓦至轴颈的油膜间隙		0.018~0.034mm	0.045mm
	连杆轴瓦至轴颈的油膜间隙		0.024~0.042mm	0.055mm

四、雅阁/思铂睿/ CR-V（2.0L R20A3）

1. 正时链条的拆卸

（1）拆下前轮和挡泥板。

（2）拆下传动带自动张紧器。

（3）拆下气门室盖以露出凸轮轴链轮。

（4）使1号气缸活塞在上止点（TDC）位置。凸轮轴链轮上的"UP"标记1应在顶部，并且凸轮轴链轮上的TDC凹槽2应与气缸盖的顶部边缘对准，如图1-1-53所示。

（5）拆下曲轴箱强制通风（PCV）软管，如图1-1-54所示。

（6）拆下曲轴带轮。

（7）在油底壳下放置一个千斤顶和木

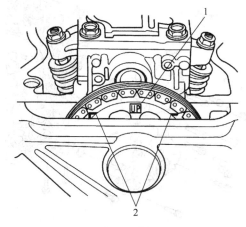

图 1-1-53

块，以支撑发动机。

（8）拆下搭铁电缆1，然后拆下发动机侧支座托架2，如图1-1-55所示。

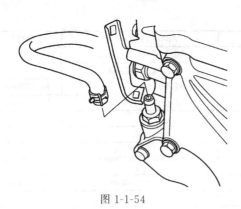

图 1-1-54

换凸轮轴链条。

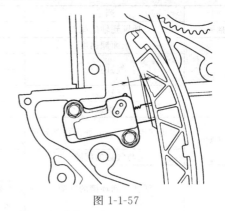

图 1-1-57

(11) 松松地安装曲轴带轮。

(12) 逆时针旋转曲轴，以压缩自动张紧器。

(13) 将锁片 1 上的孔与自动张紧器 2 上的孔对准，然后将一个 1mm 直径的销 3 插入孔中，如图 1-1-58 所示。顺时针转动曲轴以固定销。

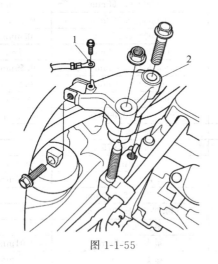

图 1-1-55

(9) 拆下链条箱和机油泵，如图 1-1-56 所示。

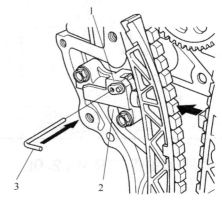

图 1-1-58

(14) 拆下自动张紧器，如图 1-1-59 所示。

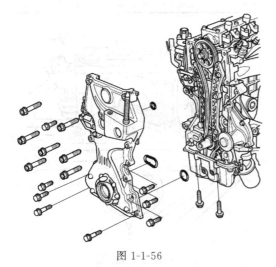

图 1-1-56

(10) 测量张紧器体和张紧器柱塞平面部分底部之间的张紧器柱塞长度，如图 1-1-57 所示。如果长度超出 14.5mm，则更

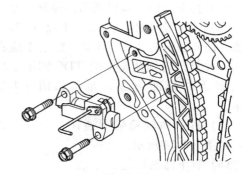

图 1-1-59

(15) 拆下曲轴带轮。

(16) 拆下凸轮轴链条导轨 1 和凸轮轴链条张紧器臂 2，如图 1-1-60 所示。

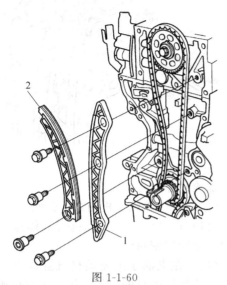

图 1-1-60

(17) 拆下凸轮轴正时链条。

2. 正时链条的安装

(1) 将曲轴设置在上止点（TDC）位置。将曲轴链轮上的 TDC 标记 1 与发动机气缸体上的指针 2 对准，如图 1-1-61 所示。

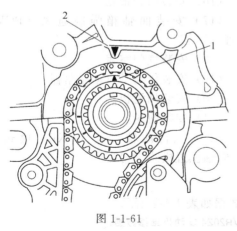

图 1-1-61

(2) 将凸轮轴设定到 TDC。凸轮轴链轮上的"UP"标记 1 应在顶部，并且凸轮轴链轮上的 TDC 凹槽 2 应与气缸盖的顶部边缘对准，如图 1-1-62 所示。

(3) 将凸轮轴链条安装在曲轴链轮上，使涂色的链节 1 与曲轴链轮上的标记 2 对

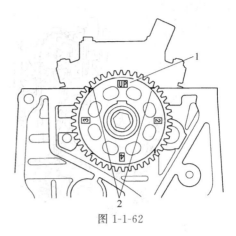

图 1-1-62

准，如图 1-1-63 所示。

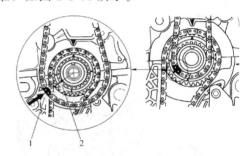

图 1-1-63

(4) 将凸轮轴链条安装在凸轮轴链轮上，使涂色的链节 1 与凸轮轴链轮上的标记 2 对准，如图 1-1-64 所示。

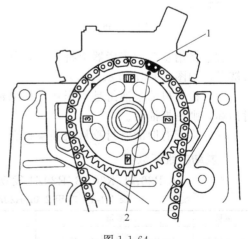

图 1-1-64

(5) 安装凸轮轴链条导轨 1 和凸轮轴链条张紧器臂 2，如图 1-1-65 所示。

(6) 安装自动张紧器，如图 1-1-66 所示。

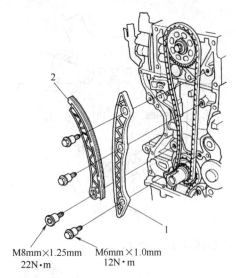

图 1-1-65

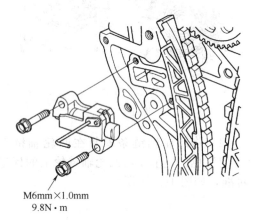

图 1-1-66

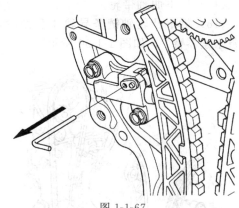

图 1-1-67

（7）将销从自动张紧器上拆下，张紧正时链条，如图 1-1-67 所示。

（8）检查机油泵油封是否损坏。如果油封损坏，则更换油封。

（9）将所有旧的密封胶从机油泵接合面、螺栓和螺栓孔上清除。

（10）清洁并风干机油泵接合面。

（11）在机油泵的发动机气缸体接合面上均匀地涂抹密封胶。

（12）在机油泵的发动机气缸体上表面接触部位和机油泵的下气缸体上表面接触部位涂抹密封胶。

（13）在机油泵的油底壳接合面上均匀地涂抹密封胶。

（14）安装机油泵和链条箱。

（15）安装发动机侧支座托架，然后安装搭铁电缆。

（16）安装曲轴带轮。

（17）安装曲轴箱强制通风（PCV）软管。

（18）安装气门室盖。

（19）安装传动带自动张紧器。

（20）安装挡泥板。

（21）安装前轮。

（22）执行曲轴位置（CKP）模式清除/曲轴位置模式学习程序。

3. 发动机维修数据

本田 2.0L R20A1/R20A3/R20Z4 发动机维修数据如表 1-1-4 所示。

表 1-1-4 本田 2.0L R20A1/R20A3/R20Z4 发动机维修数据

项目	测量	条件	标准值或新车值	维修极限
气缸压力	在节气门全开启动时检查	最小值	—	880kPa
		最大偏差	—	200kPa
气缸盖	翘曲度		最大 0.08mm	—
	高度		114.95～115.05mm	—
凸轮轴	轴向间隙		0.05～0.25mm	0.4mm
	凸轮轴至支架的油膜间隙		0.045～0.084mm	0.15mm
	总跳动量		最大 0.03mm	

续表

项目	测量	条件	标准值或新车值	维修极限
凸轮轴	凸轮凸角高度	进气,初级	35.923mm	—
		进气,次级(A)	35.415mm	—
		进气,次级(B)	36.027mm	—
		排气	35.870mm	—
气门	间隙(冷态)	进气	0.18～0.22mm	
		排气	0.23～0.27mm	
	气门挺杆外径	进气	5.48～5.49mm	5.45mm
		排气	5.45～5.46mm	5.42mm
	气门挺杆至导管的间隙	进气	0.02～0.05mm	0.08mm
		排气	0.05～0.08mm	0.11mm
气门座	宽度	进气	0.85～1.15mm	1.6mm
		排气	1.25～1.55mm	2.0mm
	气门挺杆安装高度	进气	50.10～50.60mm	50.90mm
		排气	50.10～50.60mm	50.90mm
气门导管	安装高度	进气	18.25～18.75mm	—
		排气	18.25～18.75mm	—
摇臂	摇臂至轴的间隙	进气	0.019～0.050mm	0.08mm
		排气	0.019～0.050mm	0.08mm
气缸体	顶面翘曲度		最大 0.07mm	—
	气缸直径		81.000～81.015mm	81.070mm
	气缸锥度		—	0.05mm
	镗削极限		—	0.25mm
活塞	离活塞裙底部14mm处的裙部外径		80.980～80.990mm	80.930mm
	与气缸的间隙		0.010～0.035mm	0.05mm
活塞环	活塞环至环槽的间隙	第一道气环	0.045～0.070mm	0.13mm
		第二道气环	0.035～0.060mm	0.13mm
	活塞环端隙	第一道气环	0.20～0.35mm	0.60mm
		第二道气环	0.40～0.55mm	0.70mm
		机油(RIKEN 除外)	0.20～0.70mm	0.80mm
		机油(RIKEN)	0.20～0.50mm	0.55mm
活塞销	外径		19.960～19.964mm	19.960mm
	活塞销至活塞的间隙		−0.004～0.003mm	0.006mm
连杆	活塞销至连杆的间隙		0.005～0.015mm	0.02mm
	小端孔径		19.969～19.975mm	
	大端孔径		48.0mm	
	轴向间隙		0.15～0.35mm	0.45mm
曲轴	主轴颈直径	1、5 号轴颈	54.980～55.004mm	
		2、3、4 号轴颈	54.976～55.000mm	
	连杆轴颈直径		44.976～45.000mm	
	连杆轴颈/主轴颈锥度		最大 0.005mm	0.010mm
	连杆轴颈/主轴颈圆度		最大 0.005mm	0.010mm
	轴向间隙		0.10～0.35mm	0.45mm
	总跳动量		最大 0.03mm	0.04mm
曲轴轴瓦	主轴瓦至轴颈的油膜间隙	1、5 号轴颈	0.017～0.033mm	0.048mm
		2、3、4 号轴颈	0.018～0.034mm	0.040mm
	连杆轴瓦至轴颈的油膜间隙		0.024～0.042mm	0.055mm
平衡轴	轴颈直径	1 号轴颈(前轴和后轴)	19.958～19.970mm	19.94mm
		2 号轴颈(前轴)	25.969～25.981mm	25.962mm
		2 号轴颈(后轴)	19.958～19.970mm	19.94mm
		3 号轴颈(后轴)	25.969～25.981mm	25.962mm

续表

项目	测量	条件	标准值或新车值	维修极限
平衡轴	轴向间隙	前	0.07~0.12mm	0.135mm
		后	0.07~0.12mm	0.135mm
	轴至轴承的间隙	1号轴颈(前轴和后轴)	0.030~0.062mm	0.08mm
		2号轴颈(前轴)	0.04~0.10mm	0.13mm
		2号轴颈(后轴)	0.030~0.062mm	0.08mm
		3号轴颈(后轴)	0.04~0.10mm	0.13mm

五、雅阁/思铂睿/ CR-V（2.4L K24Z2/ K24Z3）

1. 正时链条的拆卸

（1）拆下前轮和挡泥板。

（2）拆下发动机前面的传动带。

（3）拆下气门室盖。

（4）使1号气缸活塞在上止点（TDC）位置。可变气门正时控制（VTC）执行器上的冲印标记1和排气凸轮轴链轮上的冲印标记2应该在顶部。对准VTC执行器和排气凸轮轴链轮上的TDC标记3，如图1-1-68所示。

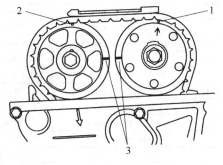

图 1-1-68

（5）断开VTC机油控制电磁阀连接器1，如图1-1-69所示。

（6）拆下VTC机油控制电磁阀。

（7）拆下曲轴带轮。

（8）在油底壳下放置一个千斤顶和木块，以支撑发动机。

（9）拆下搭铁电缆1，然后拆下发动机侧支座托架2，如图1-1-70所示。

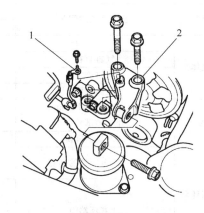

图 1-1-70

（10）拆下发动机侧支座托架安装螺栓，如图1-1-71所示。

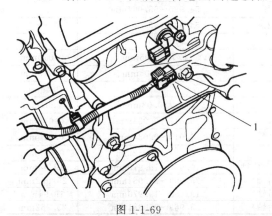

图 1-1-69

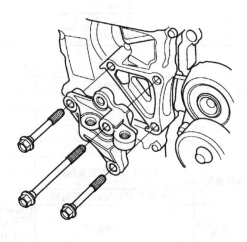

图 1-1-71

(11) 拆下凸轮轴链条箱 1 和隔垫 2，如图 1-1-72 所示。

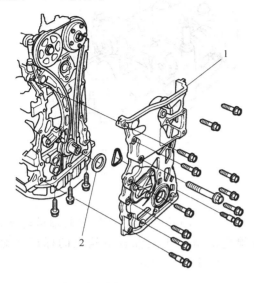

图 1-1-72

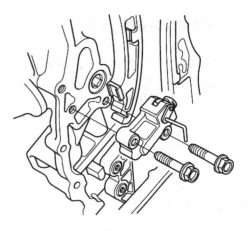

图 1-1-74

(12) 松松地安装曲轴带轮。
(13) 逆时针旋转曲轴，以压缩自动张紧器。
(14) 将锁片 1 上的孔与自动张紧器 2 上的孔对准，然后将一个 1.2mm 直径的销 3 插入孔中，如图 1-1-73 所示。顺时针转动曲轴以固定销。

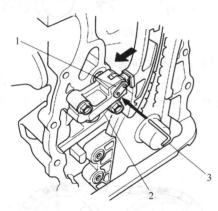

图 1-1-73

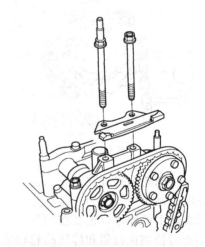

图 1-1-75

(15) 拆下自动张紧器，如图 1-1-74 所示。
(16) 拆下凸轮轴链条上导轨，如图 1-1-75所示。
(17) 拆下凸轮轴链条导轨 1 和张紧臂 2，如图 1-1-76 所示。
(18) 拆下凸轮轴正时链条。

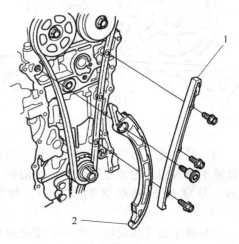

图 1-1-76

2. 正时链条的安装

注意 执行该程序前，逆时针转动 VTC 执行器，检查并确认可变气门正时控制执行器锁止。如果没有锁止，顺时针转动 VTC 执行器直至停止，然后重新检查。如果仍然没有锁止，更换 VTC 执行器。

（1）将曲轴设置在上止点（TDC）位置。将曲轴链轮上的 TDC 标记 1 与发动机气缸体上的指针 2 对准，如图 1-1-77 所示。

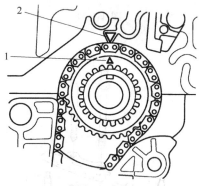

图 1-1-77

（2）将凸轮轴设置在上止点位置。可变气门正时控制执行器上的冲印标记 1 和排气凸轮轴链轮上的冲印标记 2 在顶部，对准可变气门正时控制执行器和排气凸轮轴链轮上的 TDC 标记 3，如图 1-1-78 所示。

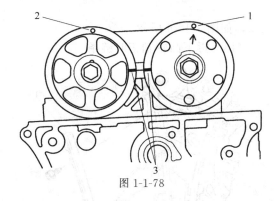

图 1-1-78

（3）握住进气凸轮轴，将一个可变的止动臂轴 1 插入到凸轮轴位置脉冲板 2 的保养孔内，并穿过 5 号摇臂轴支架 3，如图 1-1-79 所示。

（4）握住排气凸轮轴，将一个变化的止动臂轴 1 插入到凸轮轴位置脉冲板 4 的保养孔内，并穿过 5 号摇臂轴支架 3。

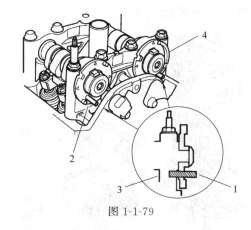

图 1-1-79

（5）将凸轮轴链条安装在曲轴链轮上，使涂色的链节 1 与曲轴链轮上的标记 2 对准，如图 1-1-80 所示。

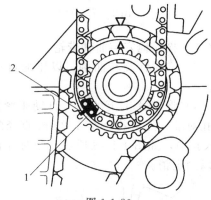

图 1-1-80

（6）将凸轮轴链条安装在 VTC 执行器和排气凸轮轴链轮上，使冲印标记 1 与两组涂色的链节 2 的中心对准，如图 1-1-81 所示。

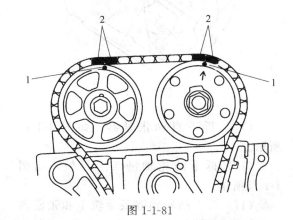

图 1-1-81

（7）安装凸轮轴链条导轨和张紧器臂。

（8）安装自动张紧器，如图 1-1-82 所示。

注意 检查自动张紧器凸轮位置，如果位置没有对准，使第一凸轮在齿条第一边缘位置。

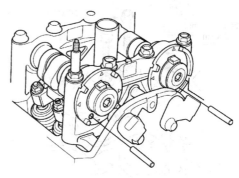

图 1-1-84

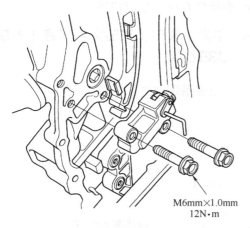

图 1-1-82

（9）安装凸轮轴链条上导轨。

（10）将销从自动张紧器上拆下，如图 1-1-83 所示。

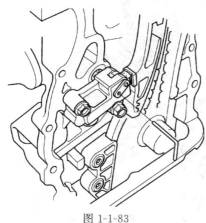

图 1-1-83

（11）拆下止动臂轴，如图 1-1-84 所示。

（12）检查链条箱油封是否损坏。如果油封损坏，更换链条箱油封。

（13）将旧密封胶从链条箱接合面、螺栓和螺栓孔上清除。

（14）清洁并风干链条箱接合面。

（15）在链条箱的发动机气缸体接合面上均匀地涂抹密封胶。

（16）在链条箱的发动机气缸体上表面接触部位和链条箱的下气缸体上表面接触部位涂抹密封胶。

（17）在链条箱的油底壳接合面上均匀地涂抹密封胶。

（18）安装隔圈，然后将新的 O 形圈安装到链条箱上。将链条箱的边缘固定到油底壳的边缘上，然后将链条箱安装到发动机气缸体。清除油底壳和链条箱接合部位多余的密封胶。

（19）安装发动机侧支座托架，然后紧固发动机侧支座托架安装螺栓，如图 1-1-85 所示。

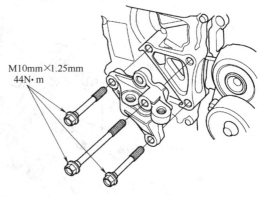

图 1-1-85

（20）按图 1-1-86 所示数字顺序，紧固发动机侧支座托架安装螺栓。

（21）安装搭铁电缆。

（22）安装曲轴带轮。

（23）安装 VTC 机油控制电磁阀。

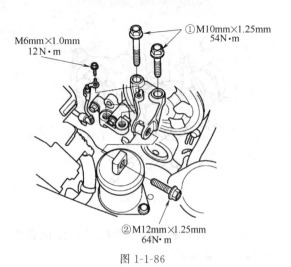

图 1-1-86

(24)连接 VTC 机油控制电磁阀连接器。

(25)安装气门室盖。

(26)安装传动带。

(27)安装挡泥板。

(28)安装前轮。

(29)执行曲轴位置(CKP)模式清除/曲轴位置模式学习程序。

六、雅阁(3.5L J35Z2)/讴歌(3.5L J35Z6)

1. 正时系统部件图(图1-1-87)

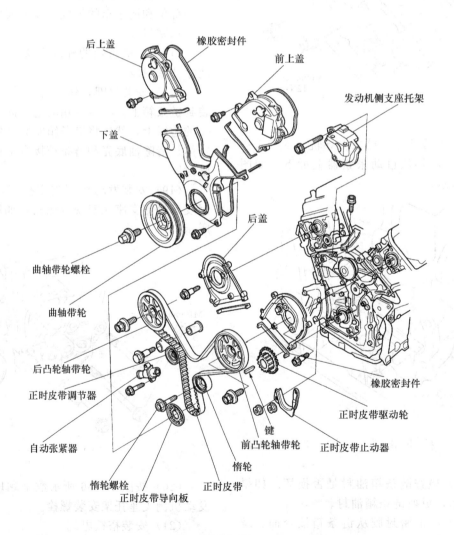

图 1-1-87

2. 正时皮带的拆卸

（1）转动曲轴使其白色标记 1 与指针 2 对准，如图 1-1-88 所示。

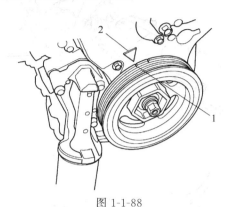

图 1-1-88

（2）检查并确认前凸轮轴带轮上的 1 号气缸活塞上止点（TDC）标记 1 与前上盖的指针 2 对准，如图 1-1-89 所示。

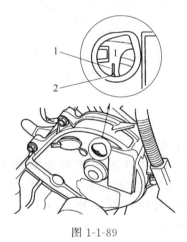

图 1-1-89

注意 如果标记未对准，转动曲轴 360°，并重新检查凸轮轴带轮标记。

（3）举升车辆，然后拆下右前车轮。
（4）拆下挡泥板。
（5）拆下传动带自动张紧器。
（6）在油底壳下放置一个千斤顶和木块，以支撑发动机。
（7）拆下搭铁电缆 1，然后拆下发动机侧支座托架 2 上半部分，如图 1-1-90 所示。
（8）拆下曲轴带轮。
（9）拆下前上盖 1 和后上盖 2，如图

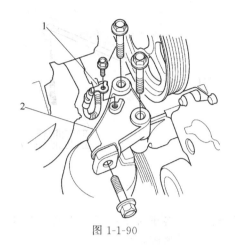

图 1-1-90

1-1-91 所示。

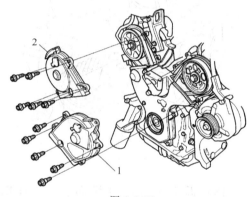

图 1-1-91

（10）拆下下盖，如图 1-1-92 所示。

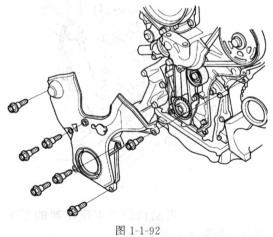

图 1-1-92

（11）将一个蓄电池夹紧螺栓从蓄电池托架上拆下，然后如图 1-1-93 所示打磨其末端。

（12）如图 1-1-94 所示，紧固蓄电池夹

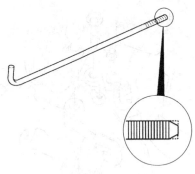

图 1-1-93

紧螺栓,以将正时皮带调节器固定在其当前位置。用手紧固,切勿使用扳手。

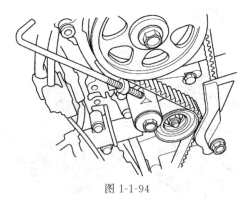

图 1-1-94

(13) 拆下正时皮带导向板 1,如图 1-1-95 所示。

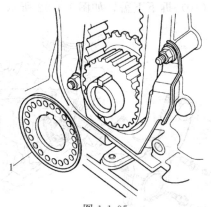

图 1-1-95

(14) 拆下发动机侧面支座托架的下半部分,如图 1-1-96 所示。

(15) 拆下惰轮螺栓 1 和惰轮 2,然后拆下正时皮带,报废惰轮螺栓,如图 1-1-97 所示。

3. 正时皮带的安装

(1) 清理正时皮带轮、正时皮带导向板

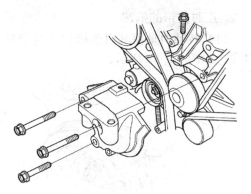

图 1-1-96

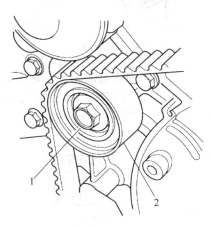

图 1-1-97

和上、下盖。

(2) 通过将正时皮带驱动轮齿上的 TDC 标记 1 对准机油泵上的指针 2,将正时皮带驱动轮设定到上止点(TDC),如图 1-1-98 所示。

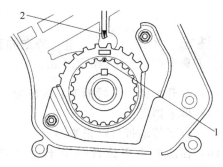

图 1-1-98

(3) 通过将凸轮轴带轮上的 TDC 标记 1 对准后盖上的指针 2,将凸轮轴带轮设定到 TDC,如图 1-1-99 所示。

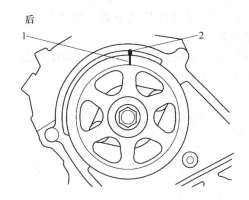

图 1-1-99

（4）用一个新的惰轮螺栓松松地安装惰轮，使惰轮能移动但不会脱落。

（5）如果自动张紧器已张开且不能安装正时皮带，则按以下方法重新设置自动张紧器。否则，直接转至步骤（6）。

① 将蓄电池夹紧螺栓从后盖上拆下。

② 拆下自动张紧器，如图 1-1-100 所示。

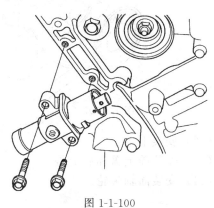

图 1-1-100

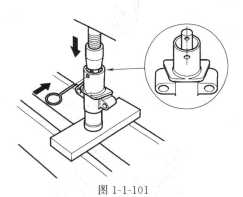

图 1-1-101

③ 使用液压调节器缓慢地压缩自动张紧器。

④ 将柱塞上的孔与自动张紧器壳体上的孔对准，如图 1-1-101 所示。将一个 2mm 的销插入壳体和柱塞中。

 注意 压缩压力不应超过 9800N。

⑤ 安装自动张紧器，如图 1-1-102 所示。

 注意 确保销保持就位。

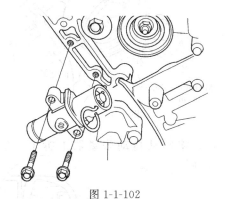

图 1-1-102

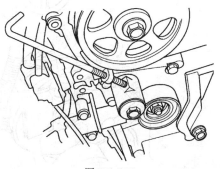

图 1-1-103

⑥ 如图 1-1-103 所示，紧固蓄电池夹紧螺栓，以固定正时皮带调节器。用手紧固，切勿使用扳手。

（6）从驱动轮开始，按逆时针顺序安装正时皮带，如图 1-1-104 所示。

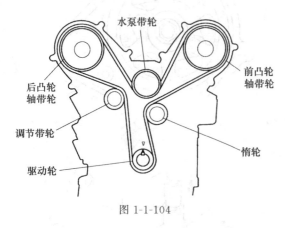

图 1-1-104

（7）紧固惰轮螺栓，如图 1-1-105 所示。

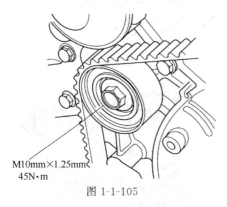

图 1-1-105

（8）将销从自动张紧器上拆下，如图 1-1-106 所示。

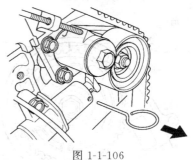

图 1-1-106

（9）将蓄电池夹紧螺栓从后盖上拆下。

（10）安装发动机侧支座托架的下半部分。

（11）如图 1-1-107 所示，安装正时皮带导向板。

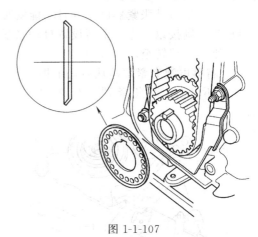

图 1-1-107

（12）安装下盖。

（13）安装前上盖和后上盖。

（14）安装曲轴带轮。

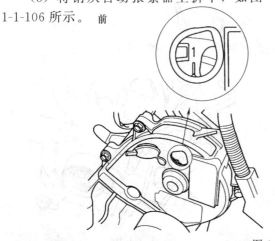

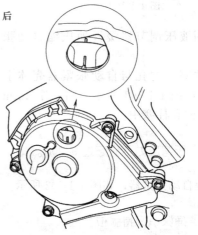

图 1-1-108

(15) 顺时针方向旋转曲轴带轮约 6 圈，以将正时皮带定位在带轮上。

(16) 转动曲轴带轮，使其标记 1 与指针 2 对准，见图 1-1-98。

(17) 检查凸轮轴带轮标记，如图 1-1-108 所示。

(18) 安装发动机侧支座托架的上半部分，然后紧固安装螺栓。

(19) 安装搭铁电缆。

(20) 安装传动带自动张紧器。

(21) 安装挡泥板。

(22) 安装右前轮。

(23) 执行曲轴位置（CKP）模式清除/曲轴位置模式学习程序。

七、讴歌（3.7L J37A1）

1. 正时皮带的拆卸

(1) 转动曲轴使其白色标记 1 与指针 2 对齐，如图 1-1-109 所示。

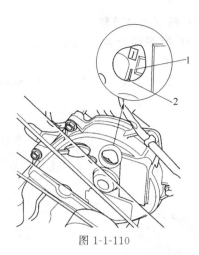

图 1-1-110

(7) 在油底壳下放置一个千斤顶和木块，以支撑发动机。

(8) 拆下搭铁电缆 1 和发动机侧支座托架 2 上半部分，如图 1-1-111 所示。

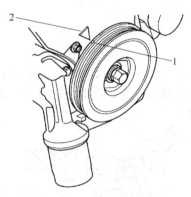

图 1-1-109

(2) 检查并确认前凸轮轴带轮上的 1 号气缸活塞上止点（TDC）标记 1 与前上盖的指针 2 对齐，如图 1-1-110 所示。

注意 如果标记未对准，转动曲轴 360°，并重新检查凸轮轴带轮标记。

(3) 用举升机举升车辆，然后拆下右前车轮。

(4) 拆下挡泥板。

(5) 拆下传动带。

(6) 拆下传动带自动张紧器。

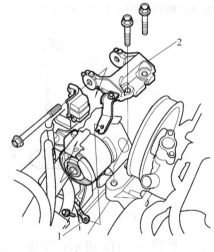

图 1-1-111

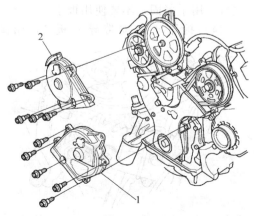

图 1-1-112

(9) 拆下曲轴带轮。

(10) 拆下前上盖 1 和后上盖 2，如图 1-1-112 所示。

(11) 拆下下盖，如图 1-1-113 所示。

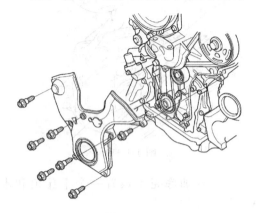

图 1-1-113

(12) 将一个蓄电池夹紧螺栓从蓄电池托架上拆下，然后如图 1-1-114 所示打磨其末端。

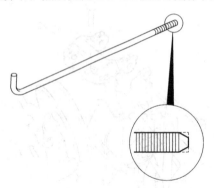

图 1-1-114

(13) 如图 1-1-115 所示，紧固蓄电池夹紧螺栓，以将正时皮带调节器固定在其当前位置。用手紧固，不要使用扳手。

(14) 拆下正时皮带导向板 1，如图 1-1-116 所示。

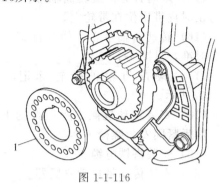

图 1-1-116

(15) 拆下发动机侧支座托架的下半部分，如图 1-1-117 所示。

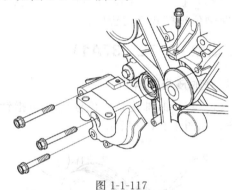

图 1-1-117

(16) 如图 1-1-118 所示，拆下惰轮螺栓 1 和惰轮 2，然后拆下正时皮带，报废惰轮螺栓。

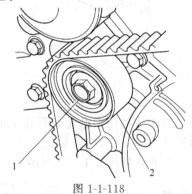

图 1-1-118

2. 正时皮带的安装

注意 以下安装程序适用于用过的正时皮带。如果要安装新的正时皮带，则需要拆下正时皮带自动张紧器，对张紧器进行设置（压缩固定）后再装回去。

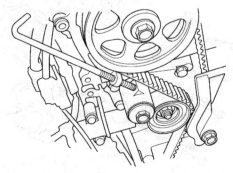

图 1-1-115

(1) 清理正时皮带轮、正时皮带导向板和上、下盖。

(2) 通过将正时皮带驱动轮齿上的TDC标记1对准机油泵上的指针2，将正时皮带驱动轮设定到上止点（TDC），如图1-1-119所示。

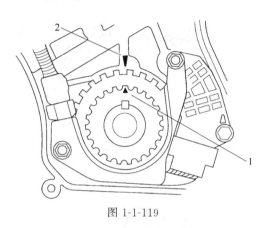

图 1-1-119

(3) 如图1-1-120所示，通过将凸轮轴带轮上的TDC标记1对准后盖上的指针2，将凸轮轴带轮设定到TDC。

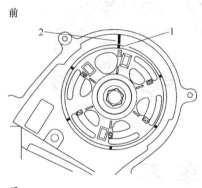

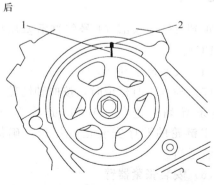

图 1-1-120

(4) 用一个新的惰轮螺栓松松地安装惰轮，使惰轮能移动但不会脱落。

(5) 如果自动张紧器已张开且不能安装正时皮带，则重新设置自动张紧器。

(6) 如图1-1-121所示，从驱动轮开始，按逆时针顺序安装正时皮带。安装时，小心不要损坏正时皮带。

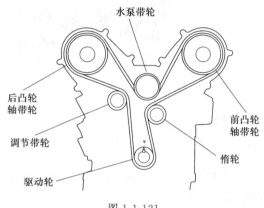

图 1-1-121

(7) 紧固惰轮螺栓。

(8) 将蓄电池夹紧螺栓从后盖上拆下，如图1-1-122所示。

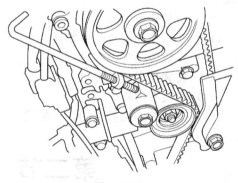

图 1-1-122

(9) 安装发动机侧支座托架的下半部分。

(10) 如图1-1-123所示，安装正时皮带导向板。

(11) 安装下盖、前上盖和后上盖。

(12) 安装曲轴带轮。

(13) 顺时针方向旋转曲轴带轮约5圈或6圈，以将正时皮带定位在带轮上。

(14) 转动曲轴带轮，使其白色标记1与指针2对齐，见图1-1-109。

(15) 检查凸轮轴带轮标记，如图1-1-124所示。

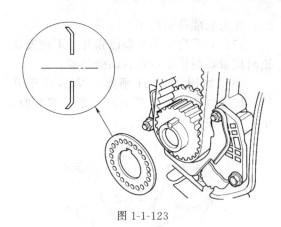

图 1-1-123

注意 如果标记未对准,转动曲轴 360°,并重新检查凸轮轴带轮标记。

① 如果凸轮轴带轮标记在 TDC,则转至步骤(16)。

② 如果凸轮轴带轮标记不在 TDC,则拆下正时皮带并重复步骤(2)~(15)。

(16) 安装发动机侧支座托架的上半部分,并紧固新安装螺栓,然后紧固阻尼器安装螺栓。

(17) 安装搭铁电缆。

(18) 安装传动带自动张紧器。

(19) 安装传动带。

(20) 安装挡泥板。

(21) 安装右前轮。

(22) 执行曲轴位置(CKP)模式

清除/曲轴位置模式学习程序。

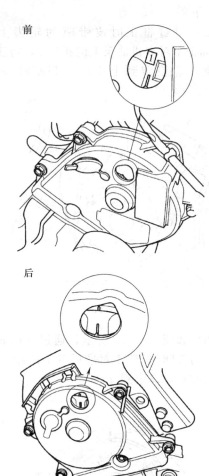

图 1-1-124

第二节 现代车系

一、索纳塔(2.4L Theta-II GDI 汽油直喷发动机)

1. 正时系统示意图(图 1-2-1)

2. 正时链条的安装

(1) 安装前首先检查平衡模块的正时标记。

(2) 设置曲轴键,使其与主轴承盖成一条直线。

(3) 将进气/排气凸轮轴总成对正到进气/排气 CVVT 链轮前部指示的 TDC 标记,并对正到气缸盖顶部(1号气缸活塞压缩行程 TDC)。

(4) 安装链条导轨。

(5) 检查正时标记时,按曲轴链轮、正时链条导轨、进气 CVVT 链轮和排气 CVVT 链轮的顺序安装正时链条,确保链条安装适当。

(6) 安装张紧器臂。

(7) 安装液压自动张紧器并拔出销。

(8) 顺时针方向转动曲轴 2 圈后重新检查正时标记。

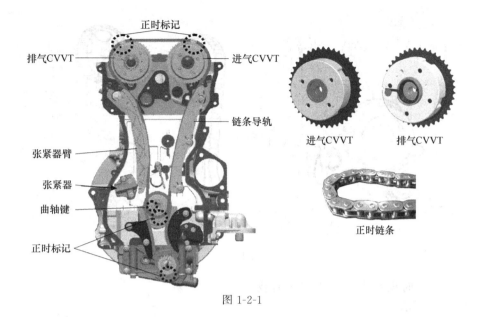

图 1-2-1

二、悦动（1.6L G4ED/1.8L G4GB）

1. 正时皮带的拆卸

（1）拆下发动机中央盖。
（2）拆卸右前轮。
（3）拆卸 2 个螺栓和右侧盖。
（4）暂时拧下水泵带轮螺栓。
（5）依次拆卸交流发电机传动带、空调压缩机传动带、动力转向泵传动带。
（6）拧下 4 个螺栓并拆卸水泵带轮。
（7）拆卸 4 个螺栓 2 和正时皮带上盖 1，如图 1-2-2 所示。

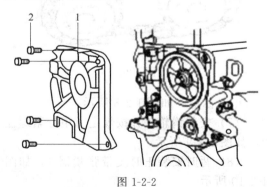

图 1-2-2

（8）转动曲轴带轮，并将其导槽和正时皮带盖的正时标记"T"对齐，如图 1-2-3 所示。
（9）检查凸轮轴带轮 1 上的正时标记是

图 1-2-3

否与气缸盖罩的正时标记对齐（1 号气缸活塞压缩行程 TDC 位置），如图 1-2-4 所示。

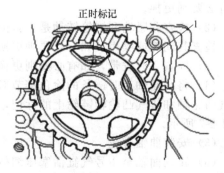

图 1-2-4

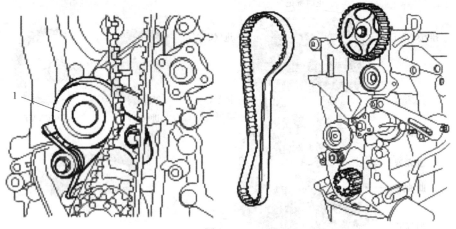

图 1-2-5

(10) 拆卸正时皮带张紧器 1 和正时皮带，如图 1-2-5 所示。

(11) 拆卸曲轴带轮螺栓和曲轴带轮。

(12) 拆卸曲轴凸缘。

(13) 拧下 4 个螺栓 2 和正时皮带下盖 1，如图 1-2-6 所示。

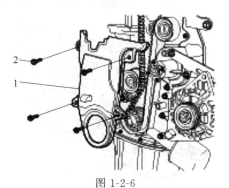

图 1-2-6

2. 正时皮带的安装

(1) 检查凸轮轴带轮、曲轴带轮、张紧轮和惰轮是否有不正常磨损、裂纹或损坏，如有必要则更换。

(2) 检查张紧轮和惰轮转动是否自由平滑并检查其间隙或噪声，如有必要则更换。

(3) 检查正时皮带，如有必要则更换。

(4) 将凸轮轴正时链条的涂色链节对准进气凸轮轴和排气凸轮轴链轮上的标记，如图 1-2-7 所示。

(5) 安装曲轴带轮。

(6) 转动曲轴至 1 号气缸活塞压缩行程上止点位置，对准凸轮轴带轮 1 和曲轴带轮

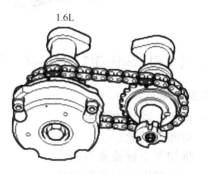

图 1-2-7

2 的正时标记，如图 1-2-8 所示。

(7) 安装惰轮 1 并按规定力矩拧紧螺栓 2，如图 1-2-9 所示。

(8) 暂时安装正时皮带张紧器 1，如图 1-2-10 所示。

(9) 按以下顺序安装正时皮带，如图 1-2-11 所示：曲轴带轮 1→惰轮 2→凸轮轴带轮 3→张紧轮 4。

(10) 调整正时皮带张力。拧松装配螺栓 1、2 后，利用张紧器 3 的弹性调整

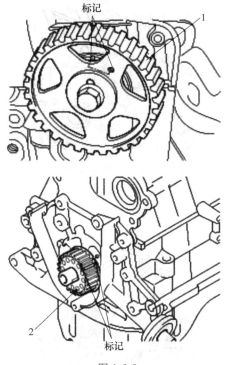

图 1-2-8

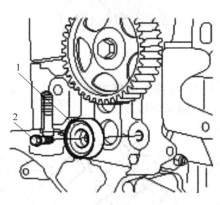

图 1-2-9

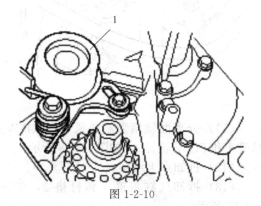

图 1-2-10

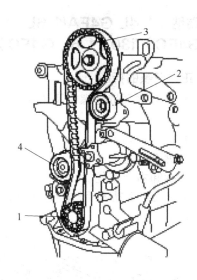

图 1-2-11

正时皮带张力，如图 1-2-12 所示。检查每个带轮轮齿之间对齐后，拧紧装配螺栓 1 和 2。

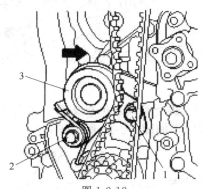

图 1-2-12

（11）检查皮带张力。
（12）顺时针转动曲轴 2 圈，确保曲轴带轮和凸轮轴带轮正时标记对齐。
（13）安装正时皮带下盖。
（14）安装法兰和曲轴带轮，然后拧紧曲轴带轮螺栓。
（15）用 4 个螺栓安装正时皮带上盖。
（16）安装水泵带轮和 4 个螺栓。
（17）安装动力转向泵传动带。
（18）安装空调压缩机传动带。
（19）安装交流发电机传动带。
（20）用 2 个螺栓安装右侧盖。
（21）安装右前轮。

三、瑞纳（1.4L G4FA/1.6L G4FC）/i30（1.6L G4FC）

1. 正时链条的拆卸

（1）拧下水泵带轮螺栓及传动带惰轮固定螺栓。

（2）拆卸传动带。

（3）拆下交流发电机。

（4）拆卸右前车轮。

（5）拆卸发动机固定支架1，如图1-2-13所示。

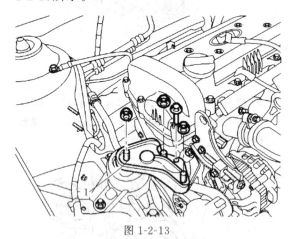

图 1-2-13

（6）拆下交流发电机支架2和发动机支撑支架1，如图1-2-14所示。

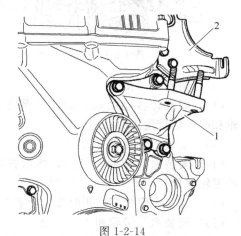

图 1-2-14

（7）拆卸水泵带轮。

（8）拆卸水泵1，如图1-2-15所示。

（9）拆卸传动带惰轮1，如图1-2-16所示。

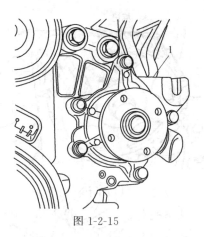

图 1-2-15

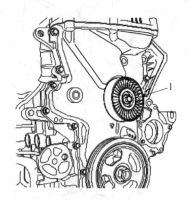

图 1-2-16

（10）分离点火线圈连接器1和通风软管2，如图1-2-17所示。

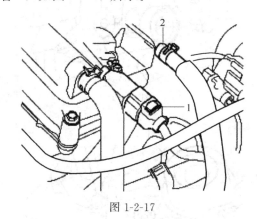

图 1-2-17

（11）分离曲轴箱强制通风装置（PCV）软管1和PCSV软管2，如图1-2-18所示。

（12）拆卸点火线圈。

（13）拆卸气缸盖罩1和衬垫2，如图1-2-19所示。

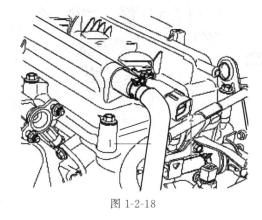

图 1-2-18

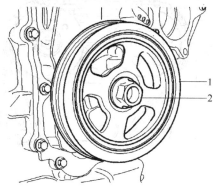

图 1-2-21

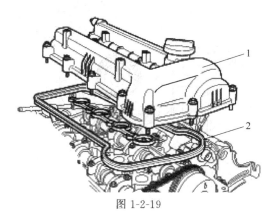

图 1-2-19

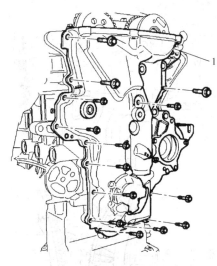

图 1-2-22

(14) 拆卸发动机底盖。

(15) 顺时针旋转曲轴带轮,并对齐凹槽和正时链条盖的正时标记,如图 1-2-20 所示。

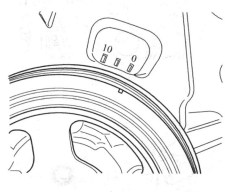

图 1-2-20

(16) 拧下曲轴螺栓 2 和曲轴带轮 1,如图 1-2-21 所示。

(17) 拆卸正时链条盖 1,如图 1-2-22 所示。

(18) 对齐凸轮轴链轮正时标记和气缸盖的上表面,将 1 号气缸活塞设置在 TDC 位置。检查曲轴的定位销是否朝向发动机上方,如图 1-2-23 所示。

(19) 拆卸液压张紧器 1。拆卸张紧器前,在上止点用销通过孔 2 来固定张紧器的柱塞,如图 1-2-24 所示。

(20) 拆卸正时链条张紧器臂 1 和导轨 2,如图 1-2-25 所示。

(21) 拆卸正时链条 1,如图 1-2-26 所示。

2. 正时链条的安装

(1) 将曲轴的定位销设置在约距垂直中心线 3°处,如图 1-2-27 所示。

(2) 对齐凸轮轴链轮正时标记和气缸盖的上表面,将 1 号气缸活塞设置在 TDC 位置,如图 1-2-28 所示。

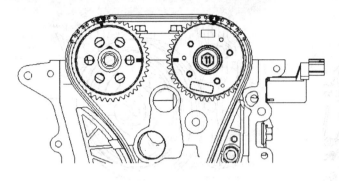
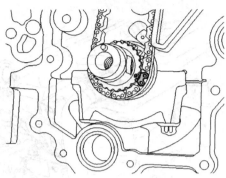

图 1-2-23

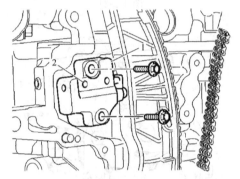

图 1-2-24

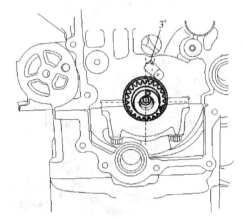

图 1-2-27

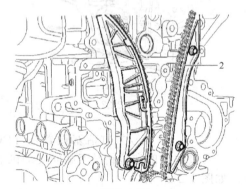

图 1-2-25

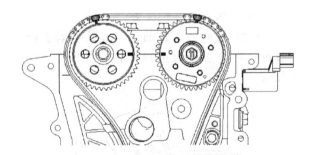

图 1-2-28

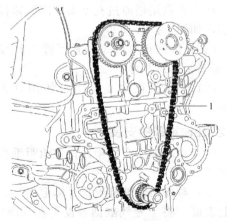

图 1-2-26

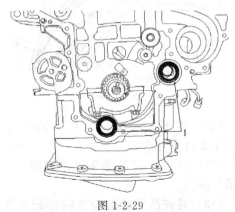

图 1-2-29

(3) 安装新 O 形圈 1,如图 1-2-29 所示。

(4) 安装正时链条导轨 1 和正时链条 2,如图 1-2-30 所示。

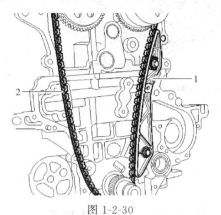

图 1-2-30

(5) 安装链条张紧器臂 1,如图 1-2-31 所示。

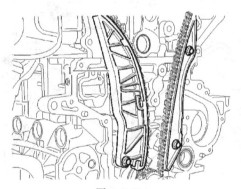

图 1-2-31

(6) 安装液压张紧器 1,拆卸销 2 以释放张紧器,如图 1-2-32 所示。

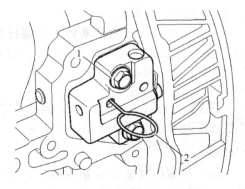

图 1-2-32

(7) 重新检查曲轴和凸轮轴上的上止点(TDC)标记是否对齐。

(8) 安装正时链条盖。

(9) 装配正时链条盖油封。

(10) 安装曲轴带轮,确保正时标记对齐。

(11) 安装发动机下盖。

(12) 安装前右车轮和轮胎。

(13) 安装气缸盖罩前,清除正时链条盖和气缸盖上表面的机油、灰尘或硬化的密封胶。

(14) 在气缸盖罩上涂抹液态密封胶后,在 5min 内重新装配。

(15) 使用新衬垫安装气缸盖。

(16) 按图 1-2-33 中数字所示顺序拧紧气缸盖罩螺栓。

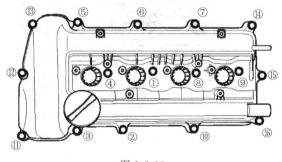

图 1-2-33

(17) 其他步骤按与拆卸的相反顺序进行。

四、ix35(2.0L G4KD/2.4L G4KE)

1. 正时链条的拆卸

(1) 分离蓄电池负极导线。

(2) 拆卸发动机盖。

(3) 拆卸右前车轮。

(4) 拆卸右侧盖。

(5) 把 1 号气缸活塞设置到压缩行程上止点,如图 1-2-34 所示。

(6) 排放发动机机油,设置千斤顶至油底壳。

(7) 分离搭铁导线,然后拆卸发动机固定支架 1,如图 1-2-35 所示。

(8) 为释放张力,按逆时针方向转动传动带,然后拆卸传动带。

(9) 从支架上分离动力转向油泵。

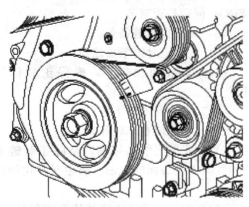

图 1-2-34

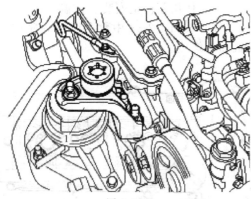

图 1-2-35

(10) 拧下压缩机下部螺栓。
(11) 拆卸压缩机支架。
(12) 拆卸惰轮和传动带张紧轮。
(13) 拆卸水泵带轮 1、曲轴带轮 2，如图 1-2-36 所示。

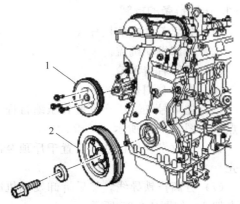

图 1-2-36

(14) 拆卸油底壳。
(15) 拆卸通气软管 1，如图 1-2-37 所示。

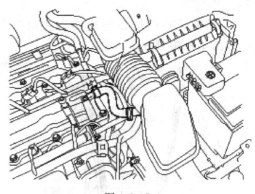

图 1-2-37

(16) 分离 PCV 软管 1 和排气 OCV 连接器 2，如图 1-2-38 所示。
(17) 分离点火线圈连接器 3，然后拆卸点火线圈。

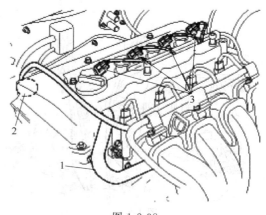

图 1-2-38

(18) 拆卸气缸盖罩。
(19) 在正时链条盖和气缸体之间轻轻撬，拆卸正时链条盖。
(20) 将 1 号气缸的活塞置于压缩行程的上止点，曲轴键应与主轴承盖的接合面对齐，如图 1-2-39 所示。

注意 拆卸正时链条前，根据链轮的位置给正时链条做识别标记，因为链条上的上止点识别标记可能被抹掉。

(21) 压缩正时链条张紧器后，安装固定销，如图 1-2-40 所示。
(22) 拆卸正时链条张紧器 1 和正时链条张紧器臂 2，如图 1-2-41 所示。

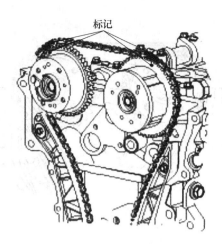
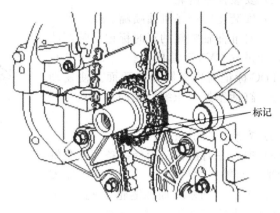

图 1-2-39

图 1-2-40

图 1-2-42

(25) 拆卸正时链条机油喷嘴 1，如图 1-2-43 所示，然后拆卸曲轴链轮 2。

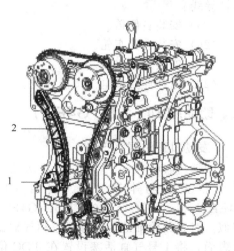

图 1-2-41

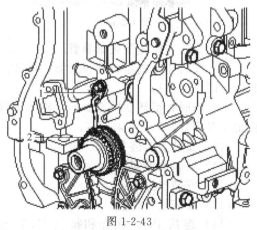

图 1-2-43

(23) 拆卸正时链条。
(24) 拆卸正时链条导轨 1，如图 1-2-42 所示。

(26) 拆卸平衡轴链条（油泵链条）。

2. 正时链条的安装

(1) 安装平衡轴链条（油泵链条）。

(2) 安装曲轴链轮。

(3) 安装正时链条机油喷嘴。

(4) 对准曲轴链轮的正时标记。装配凸轮轴，让进气CVVT总成和排气CVVT总成的TDC标记对准气缸盖的顶面。使发动机1号气缸活塞处于压缩行程的上止点（图1-2-39）。

(5) 安装正时链条导轨。

(6) 安装正时链条。为使链条不在各轴（凸轮轴、曲轴）之间松弛，按下列顺序安装，如图1-2-44所示：曲轴链轮1→正时链条导轨2→进气CVVT总成3→排气CVVT总成4。

安装正时链条时，每个链轮的正时标记应与正时链条的正时标记（涂色链节）对正。

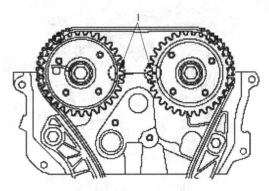

图1-2-45

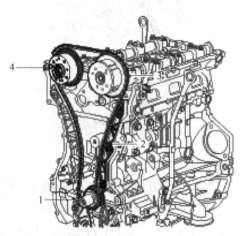

图1-2-44

(7) 安装正时链条张紧器臂。

(8) 安装正时链条自动张紧器，拆卸固定销（图1-2-41）。

(9) 顺时针旋转曲轴2圈后，确认正时标记1对齐，如图1-2-45所示。

(10) 安装正时链条盖。

(11) 安装油底壳。

(12) 安装气缸盖罩。

(13) 安装通气软管。

(14) 连接PCV软管和排气OCV连接器。

(15) 安装点火线圈，然后连接点火线圈连接器。

(16) 安装曲轴带轮。规定力矩：166.6～176.4N·m。

(17) 安装水泵带轮。

(18) 安装传动带张紧轮。

(19) 安装惰轮。

(20) 安装空调压缩机支架。

(21) 拧紧空气压缩机下部螺栓。

(22) 在支架上安装动力转向油泵。

(23) 按以下顺序安装传动带：曲轴带轮→A/C带轮→交流发电机带轮→惰轮→动力转向油泵带轮→惰轮带轮→水泵带轮→张紧轮。

逆时针旋转自动张紧器，将传动带安装在自动张紧器上，然后释放张紧器。

(24) 安装发动机固定支架，然后连接搭铁导线。

(25) 安装右侧盖。

(26) 安装右前车轮。

(27) 安装发动机盖。

(28) 重新连接蓄电池负极导线。

五、朗动/领动（1.6L G4FG）

1. 发动机正时调整方法

朗动/领动（1.6L G4FG）发动机的正时调整方法与本节"三、瑞纳（1.4L G4FA/1.6L G4FC）/i30（1.6L G4FC）"相似。对齐凸轮轴链轮正时标记和气缸盖的上表面，将1号气缸活塞设置在TDC位置时，正时标记如图1-2-46所示。

2. 发动机维修数据

现代车系1.6L G4FG发动机维修数据如表1-2-1所示。

表 1-2-1 现代车系 1.6L G4FG 发动机维修数据

项目	测量		规格	极限值
气缸压力	在节气门全开启动时检查		1225.83kPa	1078.73kPa
气门间隙(发动机冷却水温度:20℃)	进气门		0.17～0.23mm	
	排气门		0.22～0.28mm	
凸轮轴	凸轮高度	进气	44.15mm	
		排气	42.85mm	
	轴颈外径(进气/排气)		1号:36.464～36.480mm 2～5号:22.964～22.980mm	
	轴承油膜间隙		0.027～0.058mm	0.1mm
	轴向间隙		0.10～0.20mm	
气门	气门长度	进气	93.15mm	
		排气	92.6mm	
	气门杆外径	进气	5.465～5.480mm	
		排气	5.458～5.470mm	
	气门头部锥角		45.25°～45.75°	
	气门头部厚度(边缘)	进气	1.1mm	0.8mm
		排气	1.26mm	1.0mm
	气门杆至气门导管间隙	进气	0.020～0.047mm	0.10mm
		排气	0.030～0.054mm	0.15mm
气门导管	长度	进气	40.3～40.7mm	
		排气	40.3～40.7mm	
气门弹簧	自由长度		45.1mm	
气缸盖	衬垫表面平面度		小于0.05mm	
活塞	活塞外径		76.97～77.00mm	
	活塞至气缸间隙		0.020～0.040mm	
	环槽宽度	1号环槽	1.23～1.25mm	1.26mm
		2号环槽	1.23～1.25mm	1.26mm
		油环槽	2.01～2.025mm	2.05mm
活塞环	侧隙	1号环	0.04～0.08mm	0.1mm
		2号环	0.04～0.08mm	0.1mm
		油环	0.06～0.135mm	0.2mm
	端隙	1号环	0.14～0.28mm	0.30mm
		2号环	0.30～0.45mm	0.50mm
		油环	0.20～0.70mm	0.80mm
活塞销	活塞销外径		18.001～18.006mm	
	活塞销孔内径		18.016～18.021mm	
	活塞销孔间隙		0.010～0.020mm	
	连杆小头孔内径		17.974～17.985mm	
	活塞销压入负荷		500～1500kgf	
连杆	连杆大头孔内径		45.000～45.018mm	
	连杆轴承油膜间隙		0.018～0.036mm	0.060mm
	侧面间隙		0.10～0.25mm	0.35mm
	主轴承油膜间隙		0.006～0.024mm	0.05mm
	轴向间隙		0.05～0.25mm	0.30mm
气缸体	缸径		77.00～77.03mm	
	衬垫表面平面度		小于0.05mm	

注:1kgf=9.80665N。

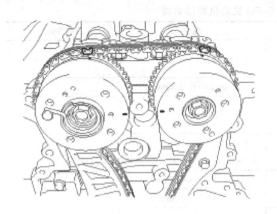

图 1-2-46

六、新胜达（2.0T G4KH）

1. 正时链条的拆卸

（1）拆卸气缸盖罩。

（2）如图 1-2-47 所示，转动曲轴带轮并对正曲轴带轮凹槽与正时链条盖的正时标记，设置 1 号气缸的活塞到压缩行程的上止点。

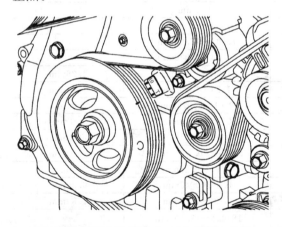

图 1-2-47

（3）拆卸正时链条盖。

（4）如图 1-2-48 所示，确定曲轴键 1 与主轴承盖的匹配表面对齐，从而使 1 号气缸的活塞位于压缩行程的上止点位置。

（5）如图 1-2-49 所示，用细杆下拉锁片，以释放棘轮。压缩柱塞，将止动销 1 插入张紧器体上的孔内以固定压缩的柱塞。然后拆卸正时链条张紧器 2。

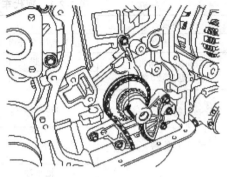

图 1-2-48

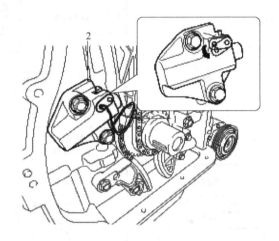

图 1-2-49

（6）拆卸正时链条张紧器臂 1，如图 1-2-50 所示。

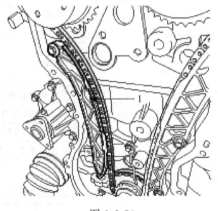

图 1-2-50

（7）拆卸正时链条 1，如图 1-2-51 所示。

（8）拆卸正时链条导轨 1，如图 1-2-52 所示。

(12) 拆卸平衡轴传动链条张紧器臂 3。
(13) 拆卸平衡轴传动链条导轨 4。
(14) 拆卸平衡轴链条 5。

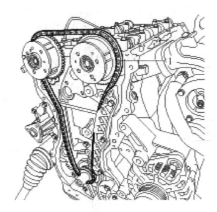

图 1-2-51

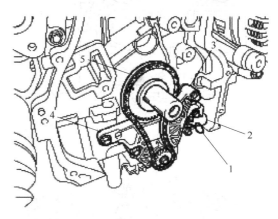

图 1-2-54

(15) 拆卸平衡轴和机油泵模块 1、链轮 2，如图 1-2-55 所示。

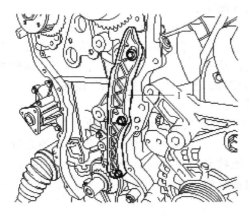

图 1-2-52

(9) 拆卸正时链条机油喷嘴 1 和曲轴链轮 2，如图 1-2-53 所示。

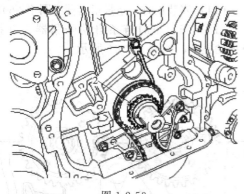

图 1-2-53

(10) 压缩平衡轴传动链条张紧器后安装止动销 1，如图 1-2-54 所示。
(11) 拆卸平衡轴传动链条液压张紧器 2。

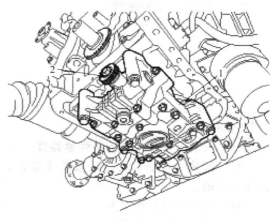

图 1-2-55

2. 正时链条的安装

(1) 曲轴键应与主轴承盖的接合面对齐。这样，将 1 号气缸的活塞置于压缩行程的上止点。
(2) 确认平衡轴和机油泵模块正时标记。如图 1-2-56 所示，正时标记应与邻近的铸件正时凹槽对正。
(3) 安装平衡轴和机油泵模块、链轮。
(4) 安装平衡轴链条。如图 1-2-57 所示，平衡轴和油泵模块链轮以及曲轴链轮的正时标记应与平衡轴链条的正时标记（涂色链节）匹配。

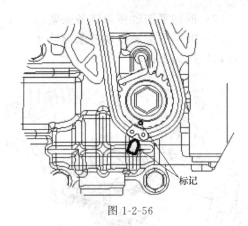

图 1-2-56

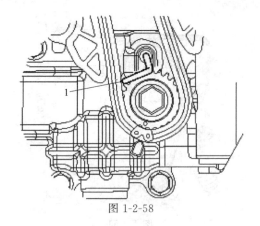

图 1-2-58

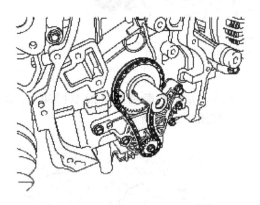

图 1-2-57

（5）安装平衡轴传动链条导轨（图1-2-54）。

（6）安装平衡轴传动链条张紧器臂。

（7）安装平衡轴传动链条液压张紧器，拆卸止动销。

（8）确认正时标记对齐。

（9）拆卸平衡轴模块止动销1，如图1-2-58所示。

（10）安装曲轴链轮和正时链条机油喷嘴（图1-2-53）。

（11）设置曲轴，以便曲轴的键1与主轴承盖的接合表面对齐。安装进气和排气凸轮轴总成，以便进气和排气CVVT链轮的TDC标记2与气缸盖的顶面对齐，如图1-2-59所示。

（12）安装正时链条导轨（图1-2-52）。

（13）安装正时链条。要在各轴之间无松弛状态安装正时链条，按下列顺序安装：曲轴链轮→正时链条导轨→进气CVVT链轮→排气CVVT链轮。

注意 如图1-2-60所示，安装正时链条时应匹配各链轮的正时标记与正时链条的正时标记（涂色链节）。

（14）安装正时链条张紧器臂（图1-2-50）。

（15）安装正时链条自动张紧器2并拆卸止动销1，如图1-2-61所示。

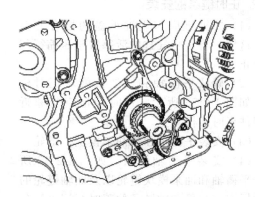

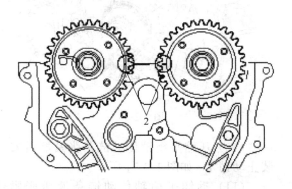

图 1-2-59

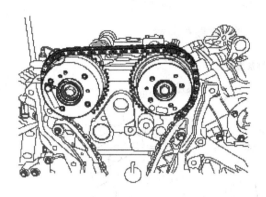

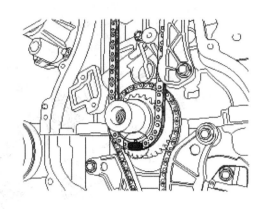

图 1-2-60

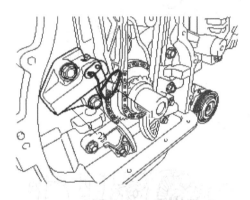

图 1-2-61

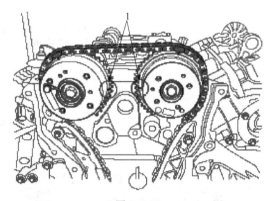

图 1-2-62

(16) 沿顺时针方向转动曲轴 2 圈后，确认进气和排气 CVVT 链轮的 TDC 标记 1 对正气缸盖顶面，如图 1-2-62 所示。

(17) 安装正时链条盖。

(18) 安装气缸盖罩。

(19) 添加全部必要的油液，并检查是否泄漏。连接 GDS（诊断仪），检查故障代码，记录并进行删除。再次进行检查。

第三节　起亚车系

一、起亚 K2（1.4L G4FA/1.6L G4FC）

1. 正时系统部件图（图 1-3-1）

2. 正时链条的拆卸

注意　拆卸正时链条时，不需要拆卸发动机总成。

(1) 分离蓄电池负极端子。

(2) 拧下水泵带轮螺栓和传动带惰轮固定螺栓。

(3) 拆卸传动带。

(4) 拆卸交流发动机。

(5) 拆卸右前车轮。

(6) 拆卸发动机固定支架 1，如图 1-3-2 所示。

(7) 拆卸交流发电机支架 2 和发动机支撑支架 1，如图 1-3-3 所示。

(8) 拆卸水泵带轮 1，如图 1-3-4 所示。

(9) 拆卸水泵。

(10) 拆卸传动带惰轮。

(11) 分离点火线圈连接器 1 和通风软管 2，如图 1-3-5 所示。

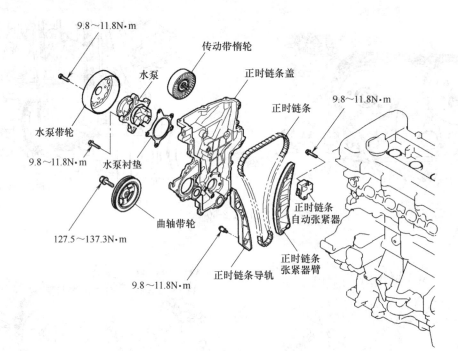

图 1-3-1

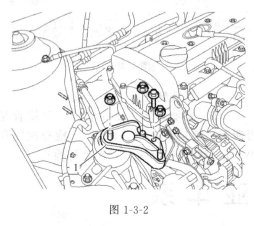

图 1-3-2

图 1-3-4

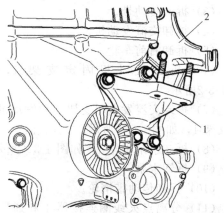

图 1-3-3

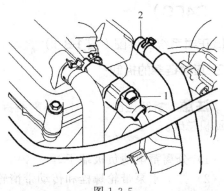

图 1-3-5

(12) 分离曲轴箱强制通风装置（PCV）软管1和PCSV软管2，如图1-3-6所示。

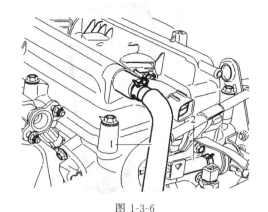

图1-3-6

(13) 拆卸点火线圈。

(14) 拆卸带有衬垫2的气缸盖罩1，如图1-3-7所示。

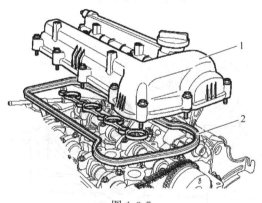

图1-3-7

(15) 拆卸车底护板1，如图1-3-8所示。

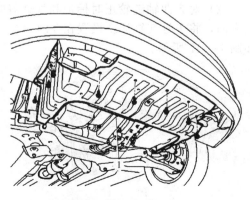

图1-3-8

(16) 顺时针旋转曲轴带轮，并对齐凹槽和正时链条盖的正时标记，如图1-3-9所示。

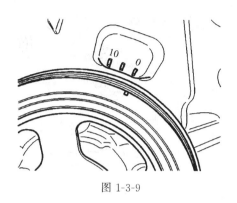

图1-3-9

(17) 拧下曲轴螺栓2和曲轴带轮1，如图1-3-10所示。

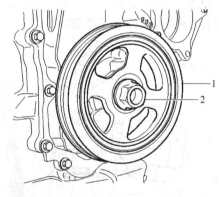

图1-3-10

(18) 拆卸正时链条盖。

(19) 对齐凸轮轴链轮正时标记和气缸盖的上表面，将1号气缸设置在TDC位置，如图1-3-11所示。

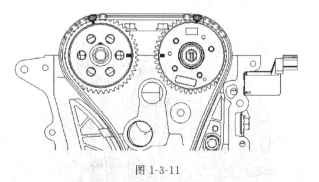

图1-3-11

(20) 检查曲轴的定位销是否朝向发动机上方，如图1-3-12所示。

> **注意** 对齐凸轮轴链轮和曲轴链轮的正时标记,在正时链上(3处)做标记。

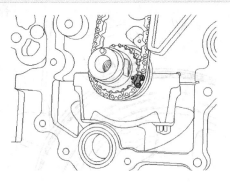

图 1-3-12

(21) 拆卸液压张紧器 1,如图 1-3-13 所示。

> **注意** 拆卸张紧器前,在上止点用销通过孔 2 来固定张紧器的柱塞。

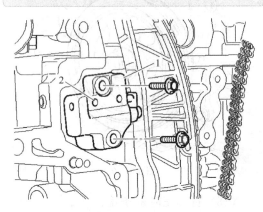

图 1-3-13

(22) 拆卸正时链条张紧器臂 1 和导轨 2,如图 1-3-14 所示。

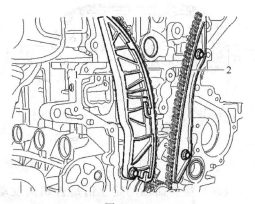

图 1-3-14

(23) 拆卸正时链条 1,如图 1-3-15 所示。

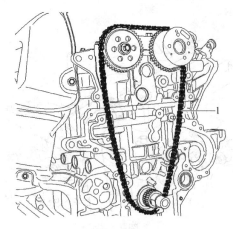

图 1-3-15

3. 正时链条的安装

(1) 将曲轴的定位销设置在约距垂直中心线 3°处,如图 1-3-16 所示。

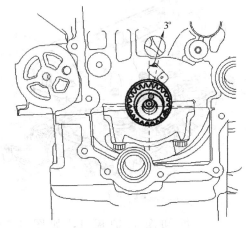

图 1-3-16

(2) 对齐曲轴链轮正时标记和气缸盖的上表面,将 1 号气缸活塞设置在 TDC 位置,如图 1-3-17 所示。

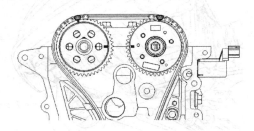

图 1-3-17

（3）安装新O形圈1，如图1-3-18所示。

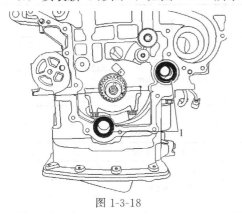

图1-3-18

（4）安装正时链条导轨1和正时链条2，如图1-3-19所示。

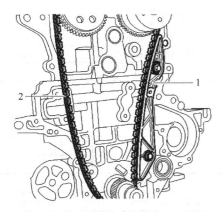

图1-3-19

注意 ① 安装正时链条时，对齐链轮和链条上的正时标记。
② 链条安装顺序：曲轴链轮→正时链条导轨→进气凸轮轴链轮→排气凸轮轴链轮。

（5）安装链条张紧器臂1，如图1-3-20所示。

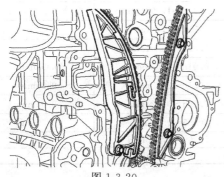

图1-3-20

（6）安装液压张紧器1，拆卸销2，以释放链条张紧器，如图1-3-21所示。

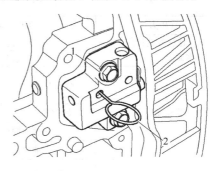

图1-3-21

注意 重新检查曲轴和凸轮轴上的上止点标记。

（7）安装正时链条盖1，如图1-3-22所示。

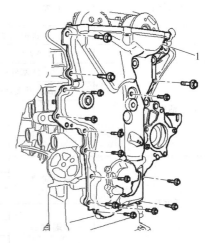

图1-3-22

4. 发动机维修数据

起亚1.4L G4FA/1.6L G4FC发动机维修数据如表1-3-1所示。

二、起亚K5（2.0L/2.4L）

1. 正时系统部件图

2.0L发动机正时系统部件图如图1-3-23所示。

2.4L发动机正时系统部件图如图1-3-24所示。

表 1-3-1 起亚 1.4L G4FA/1.6L G4FC 发动机维修数据

项目	测量		规格		极限值
			1.4L	1.6L	
气缸压力	在节气门全开启动时检查		1225.83kPa		1078.73kPa
气门间隙(发动机冷却水温度:20℃)	进气门		0.17~0.23mm		
	排气门		0.22~0.28mm		
凸轮轴	凸轮高度	进气	42.85mm	43.85mm	
		排气	42.85mm	42.85mm	
	轴颈外径(进气/排气)		22.964~22.980mm		
	轴承油膜间隙		0.027~0.058mm		0.1mm
	轴向间隙		0.10~0.20mm		
气门	气门长度	进气	93.15mm		
		排气	92.6mm		
	气门杆外径	进气	5.465~5.480mm		
		排气	5.458~5.470mm		
	气门头部锥角		45.25°~45.75°		
	气门头部厚度(边缘)	进气	1.1mm		0.8mm
		排气	1.26mm		1.0mm
	气门杆至气门导管间隙	进气	0.020~0.047mm		0.10mm
		排气	0.030~0.054mm		0.15mm
气门导管	长度	进气	40.3~40.7mm		
		排气	40.3~40.7mm		
气门弹簧	自由长度		45.1mm		
气缸盖	衬垫表面平面度		小于0.05mm		
活塞	活塞外径		76.97~77.00mm		
	活塞至气缸间隙		0.020~0.040mm		
	环槽宽度	1号环槽	1.23~1.25mm		1.26mm
		2号环槽	1.23~1.25mm		1.26mm
		油环槽	2.01~2.025mm		2.05mm
活塞环	侧面间隙	1号环	0.04~0.08mm		0.1mm
		2号环	0.04~0.08mm		0.1mm
		油环	0.06~0.135mm		0.2mm
	端隙	1号环	0.14~0.28mm		0.30mm
		2号环	0.30~0.45mm		0.50mm
		油环	0.20~0.70mm		0.80mm
活塞销	活塞销外径		18.001~18.006mm		
	活塞销孔内径		18.016~18.021mm		
	活塞销孔间隙		0.010~0.020mm		
	连杆小头孔内径		17.974~17.985mm		
	活塞销压入负荷		500~1500kgf		
连杆	连杆大头孔内径		45.000~45.018mm		
	连杆轴承油膜间隙		0.018~0.036mm		0.060mm
	侧面间隙		0.10~0.25mm		0.35mm
	主轴承油膜间隙		0.006~0.024mm		0.05mm
	轴向间隙		0.05~0.25mm		0.30mm
气缸体	缸径		77.00~77.03mm		
	衬垫表面平面度		小于0.05mm		

注：1kgf=9.80665N。

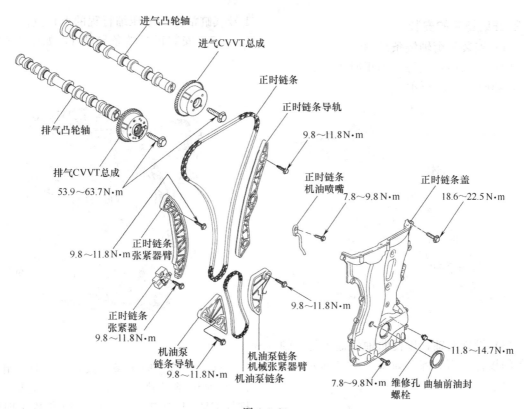

图 1-3-23

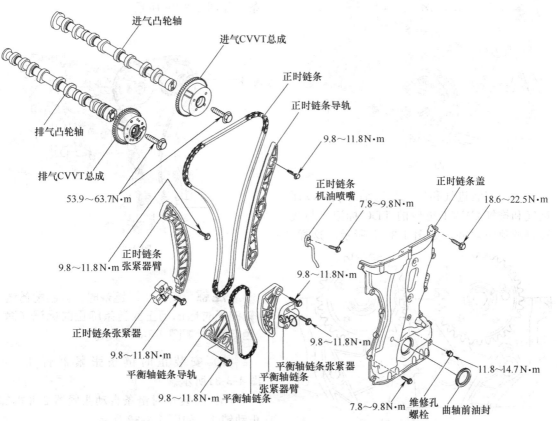

图 1-3-24

2. 正时链条的安装

（1）安装平衡轴链条。

（2）安装曲轴链轮 2 和正时皮带机油喷嘴 1，如图 1-3-25 所示。

图 1-3-25

（3）设置曲轴，以便曲轴的键 1 与主轴承盖的接合表面对齐，如图 1-3-26 所示。

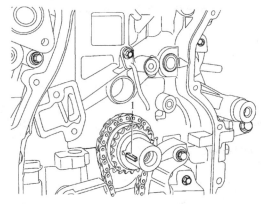

图 1-3-26

（4）安装进气和排气凸轮轴总成，以便进气和排气 CVVT 链轮的 TDC 标记 1 与气缸盖的顶面对齐，如图 1-3-27 所示。这样，

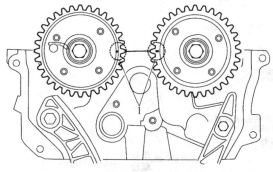

图 1-3-27

1 号气缸活塞位于压缩行程的上止点。

（5）安装正时链条导轨 1，如图 1-3-28 所示。

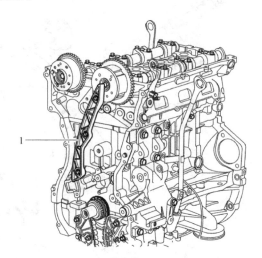

图 1-3-28

（6）安装正时链条。按顺序（曲轴链轮 1→正时链条导轨 2→进气 CVVT 链轮 3→排气 CVVT 链轮 4）无松弛地安装正时链条，如图 1-3-29 所示。

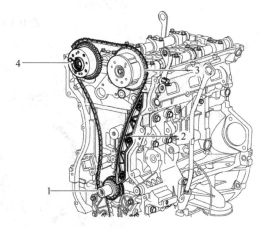

图 1-3-29

注意 安装正时链条时，应匹配各链轮的正时标记与正时链条的正时标记（涂色链节），如图 1-3-30 所示。

（7）安装正时链条张紧器臂 1，如图 1-3-31 所示。

（8）安装正时链条自动张紧器 2 并拆卸止动销 1，如图 1-3-32 所示。

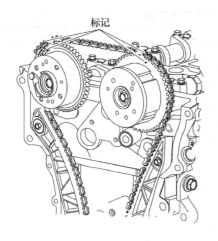

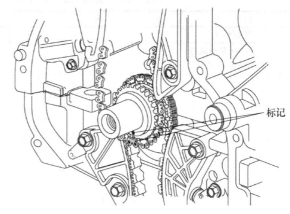

图 1-3-30

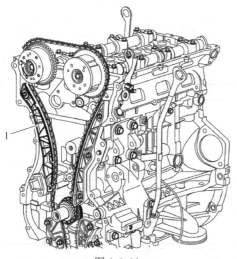

图 1-3-31

图 1-3-32

(9) 顺时针转动曲轴 2 圈后，确认进气

和排气 CVVT 链轮的 TDC 标记 1 对正气缸盖顶面，如图 1-3-33 所示。

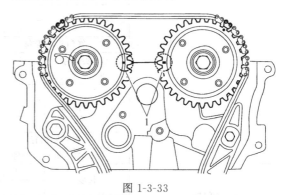

图 1-3-33

(10) 安装正时链条盖。

3. 发动机维修数据

起亚 K5（2.0L/2.4L）发动机维修数据如表 1-3-2 所示。

三、霸锐（3.8L）

1. 安装前检查

(1) 检查凸轮轴链轮和曲轴链轮是否有磨损、裂缝和损伤。按需要更换。

(2) 检查张紧器臂和链条导轨是否有磨损、裂缝或损伤。按需要更换。

(3) 检查用细杆释放棘爪时，张紧器柱塞是否光滑移动。

2. 正时链条的安装

(1) 将曲轴键 1 与正时链条盖的正时标记 2 对准，如图 1-3-34 所示。这样 1 号气缸活塞就位于压缩上止点。

表 1-3-2 起亚 K5（2.0L/2.4L）发动机维修数据

项目		测量	规格	极限值
气缸压力		在节气门全开启动时检查	1283kPa	1135kPa
气门间隙（发动机冷却水温度:20℃）		进气门	0.17～0.23mm	0.10～0.30mm
		排气门	0.27～0.33mm	0.20～0.40mm
凸轮轴	凸轮高度	进气	44.2mm	
		排气	45.0mm	
	轴颈外径	进气	1号:30mm 2～5号:24mm	
		排气	1号:30mm 2～5号:24mm	
	轴承油膜间隙	进气	1号:0.022～0.057mm 2～5号:0.045～0.082mm	1号:0.090mm 2～5号:0.120mm
		排气	1号:0～0.032mm 2～5号:0.045～0.082mm	
	轴向间隙		0.04～0.16mm	0.20mm
气门	气门长度	进气	113.18mm	112.93mm
		排气	105.84mm	105.59mm
	气门杆外径	进气	5.465～5.480mm	
		排气	5.458～5.470mm	
	气门头部锥角		45.25°～45.75°	
	气门头部厚度（边缘）	进气	1.02mm	
		排气	1.09mm	
	气门杆至气门导管间隙	进气	0.020～0.047mm	0.070mm
		排气	0.030～0.054mm	0.090mm
	MLA 外径		31.964～31.980mm	
	挺杆腔内径		32.000～32.025mm	
	MLA 至挺杆孔间隙		0.020～0.061mm	0.070mm
气门导管	长度	进气	43.8～44.2mm	
		排气	43.8～44.2mm	
	内径	进气	5.500～5.512mm	
		排气	5.500～5.512mm	
气门座	气门座接触面的宽度	进气	1.16～1.46mm	
		排气	1.35～1.65mm	
	气门座角度	进气	44.75°～45.10°	
		排气	44.75°～45.10°	
气门弹簧	自由长度		47.44mm	
气缸盖	衬垫面平面度		小于0.05mm	
	歧管装配表面平面度	进气	小于0.10mm	
		排气	小于0.10mm	
活塞	活塞外径	2.0L	85.975～86.005mm	
		2.4L	87.975～88.005mm	
	活塞至气缸间隙		0.015～0.035mm	
	环槽宽度	1号环槽	1.235～1.250mm	1.260mm
		2号环槽	1.230～1.250mm	1.260mm
		油环槽	2.010～2.025mm	2.050mm
活塞环	侧面间隙	1号环	0.050～0.080mm	0.100mm
		2号环	0.040～0.080mm	0.100mm
		油环	0.060～0.125mm	0.200mm
	端隙	1号环	0.15～0.30mm	0.60mm
		2号环	0.37～0.52mm	0.70mm
		油环	0.20～0.70mm	0.80mm

续表

项 目	测 量		规 格	极限值
活塞销	活塞销外径		21.001～21.006mm	
	活塞销孔内径		21.019～21.024mm	
	活塞销孔间隙		0.013～0.023mm	
	连杆小头孔内径		20.974～20.985mm	
	活塞销到连杆过盈量		0.016～0.032mm	
连杆	连杆大头内径		51.000～51.018mm	
	连杆轴承油膜间隙		0.031～0.045mm	0.050mm
	侧面间隙		0.10～0.25mm	0.35mm
曲轴	主轴颈外径		51.942～51.960mm	
	连杆轴颈外径		47.954～47.972mm	
	主轴承油膜间隙		0.020～0.038mm	0.100mm
	轴向间隙		0.07～0.25mm	0.30mm
气缸体	缸径	2.0L	86.00～86.03mm	
		2.4L	88.00～88.03mm	
	衬垫表面平面度		小于0.05mm	

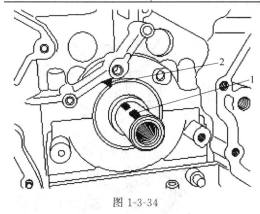

图 1-3-34

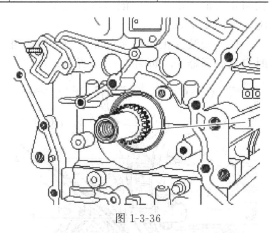

图 1-3-36

（2）安装张紧器适配器总成 1，如图 1-3-35 所示。

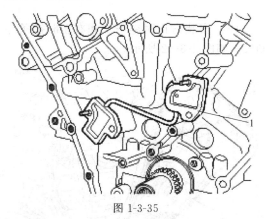

图 1-3-35

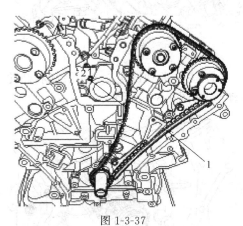

图 1-3-37

（3）安装曲轴链轮 1（左凸轮轴驱动），如图 1-3-36 所示。

（4）安装左正时链条 2 和左正时链条导轨 1，如图 1-3-37 所示。

> **注意** 按以下顺序在凸轮轴和曲轴之间无松弛地安装正时链条：曲轴链轮→正时链条导轨→排气凸轮轴链轮→进气凸轮轴链轮。

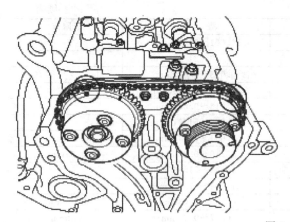

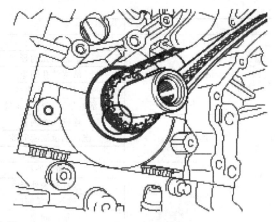

图 1-3-38

安装正时链条时,每个链轮的正时标记应与正时链条的正时标记(涂色链节)相匹配,如图 1-3-38 所示。

(5)安装左正时链条张紧器臂 2 和左正时自动张紧器 1,如图 1-3-39 所示。

(7)安装油泵链轮 1 和油泵链条 2,如图 1-3-41 所示。

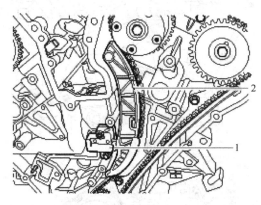

图 1-3-39

(6)安装曲轴链轮 1(油泵和右凸轮轴驱动),如图 1-3-40 所示。

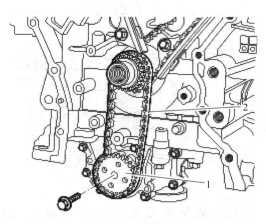

图 1-3-41

(8)安装右正时链条 2 和右正时链条导轨 1,如图 1-3-42 所示。

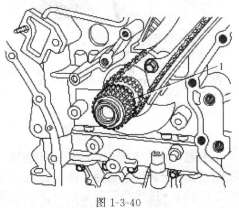

图 1-3-40

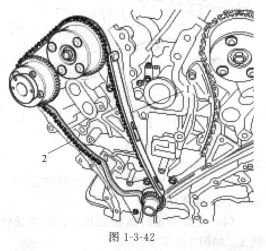

图 1-3-42

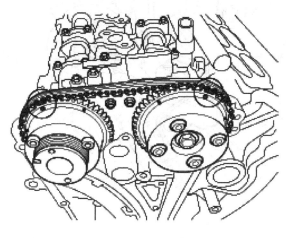
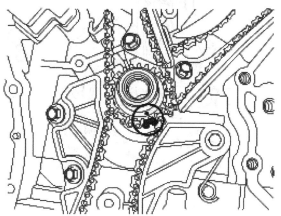

图 1-3-43

> **注意** 按以下顺序在凸轮轴和曲轴之间无松弛地安装正时链条：曲轴链轮→正时链条导轨→排气凸轮轴链轮→进气凸轮轴链轮。

安装正时链条时，每个链轮的正时标记应与正时链条的正时标记（涂色链节）相匹配，如图 1-3-43 所示。

(9) 安装右正时链条张紧器臂 2 和右正时自动张紧器 1，如图 1-3-44 所示。

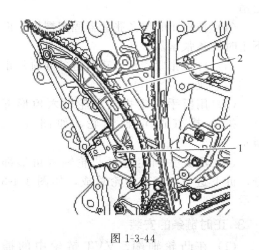

图 1-3-44

(10) 安装油泵链条导轨 1，如图 1-3-45 所示。

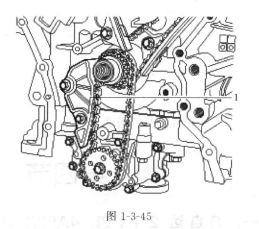

图 1-3-45

(11) 安装油泵链条张紧器总成 1，如图 1-3-46 所示。

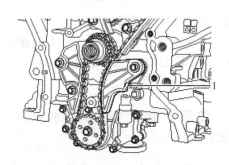

图 1-3-46

(12) 拉出液压张紧器的定位销（左侧及右侧），如图 1-3-47 所示。

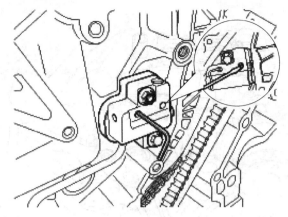

图 1-3-47

(13) 安装油泵链条盖 1, 如图 1-3-48 所示。

(14) 顺时针转动曲轴 2 圈后, 确认正时标记对齐。

> **注意** 一直顺时针方向旋转曲轴。将油压储存在正时链条张紧器内之前, 逆时针转动曲轴会导致链条与链轮齿分开。

(15) 安装正时链条盖。

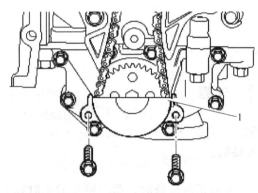

图 1-3-48

第四节 马自达车系

一、马自达 2（1.3L 4A90/1.5L 4A91）

1. 正时系统示意图（图 1-4-1）

2. 正时链条的拆卸

(1) 顺时针旋转曲轴, 对正凸轮轴链轮和 VVT 链轮总成的正时标记。使 1 号气缸活塞至上止点位置。

> **注意** 绝对不可以逆时针旋转曲轴。

(2) 用扳手固定进气凸轮轴六角形部分, 轻轻地顺时针拧紧排气凸轮轴, 以便压缩正时链条张紧器柱塞。

(3) 在已被压紧的张紧器端, 插入固定销。

(4) 拧松正时链条张紧器固定螺栓, 拆下正时链条张紧器。

(5) 拆下张紧器臂、正时链条导轨、正时链条总成。

(6) 用扳手固定排气凸轮轴六角形部分, 拆下排气凸轮轴链轮, 如图 1-4-2 所示。

(7) 用扳手固定进气凸轮轴六角形部分, 拆下进气 VVT 链轮总成, 如图 1-4-3 所示。

3. 正时链条的安装

(1) 在凸轮轴端、VVT 链轮中的插入孔、链轮螺栓的螺纹和螺母、链轮螺栓的承载面涂抹少量的机油, 如图 1-4-4 所示。

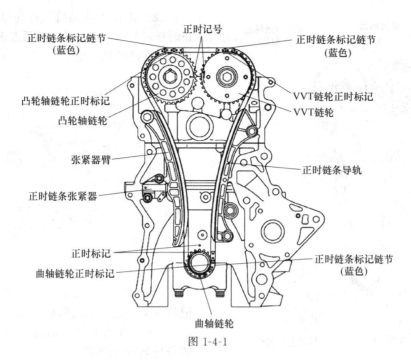

图 1-4-1

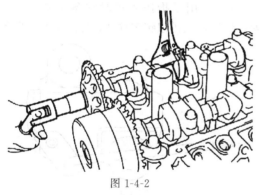

图 1-4-2

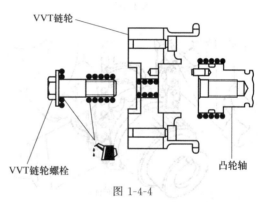

图 1-4-4

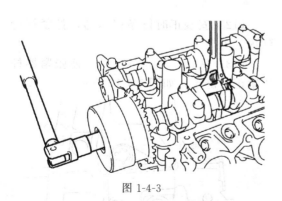

图 1-4-3

（2）将进气凸轮轴上的定位销和 VVT 链轮总成上的孔对正，安装进气 VVT 链轮。用扳手拧住进气凸轮轴的六角形部分，拧紧 VVT 链轮螺栓。

（3）将排气凸轮轴上的定位销和凸轮轴链轮上的凹槽对正，安装排气凸轮轴链轮。用扳手拧住凸轮轴的六角形部分，拧紧凸轮轴链轮螺栓。

（4）如图 1-4-5 所示，确认正时链条上的三个标记链节正时标记朝外，然后安装正时链条。

（5）用专用工具转动曲轴，使曲轴链轮上的一个圆点正时标记与气缸体上的正时标记对正，另外一个标记朝向进气侧，如图 1-4-6 所示。

（6）将正时链条上最远的正时标记与曲轴链轮上朝向进气侧的标记对正后，挂在曲轴链轮上。

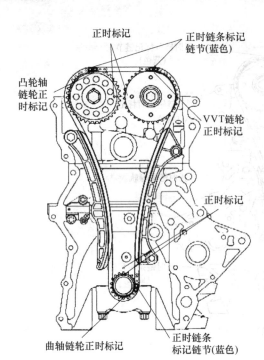

图 1-4-5

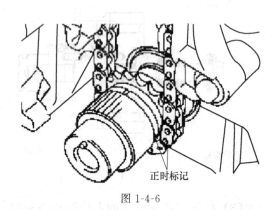

图 1-4-6

(7) 将正时链条向上提起,使第二个正时标记与VVT链轮上的凹槽正时标记对正后,挂在VVT链轮上,如图1-4-7所示。

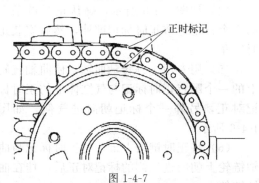

图 1-4-7

(8) 用扳手转动排气凸轮轴,使第三个正时标记与凸轮轴链轮上的圆点正时标记对正后,挂在凸轮轴链轮上,如图1-4-8所示。

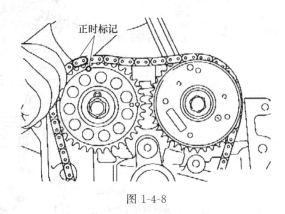

图 1-4-8

(9) 确认凸轮轴链轮上的两圆点正时标记与VVT链轮上的凹槽正时标记对正。

(10) 确认五组正时标记都对正,安装链条导轨和张紧器。

(11) 用手指压入正时链条张紧器的柱塞,然后插入销以锁定柱塞,如图1-4-9所示。

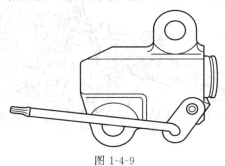

图 1-4-9

(12) 安装正时链条张紧器,拧紧螺栓到规定力矩。

(13) 从张紧器中拆下销,使张紧器杆压紧正时链条,如图1-4-10所示。

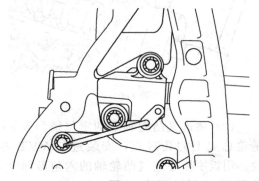

图 1-4-10

二、马自达 3（ZJ/ZY/Z6）

1. 正时链条的拆卸

(1) 顺时针旋转曲轴，将曲轴链轮的键槽与正时标记对齐，然后将 1 号气缸活塞定位到 TDC 处，如图 1-4-11 所示。

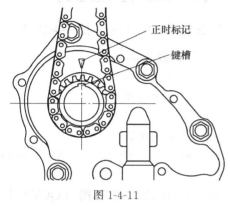

图 1-4-11

(2) 对齐曲轴链轮上的正时标记，从而使它们形成一条直线，并与气缸盖上表面对齐，如图 1-4-12 所示。

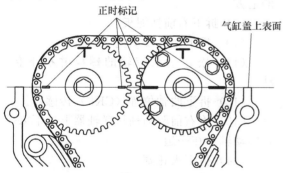

图 1-4-12

(3) 按如下方法拆下链条张紧器。

① 使用薄刃一字旋具向下推动正时链条张紧器的锁片，释放柱塞锁紧装置，如图 1-4-13 所示。

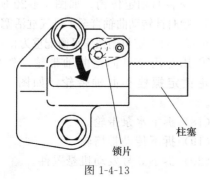

图 1-4-13

② 按照图 1-4-14 中所示的方向缓缓地向后推动柱塞，同时仍然将锁片向下推动。

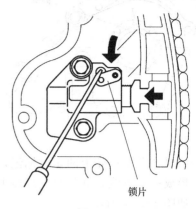

图 1-4-14

③ 放开锁片，同时仍然压下柱塞。

④ 略微放松柱塞上的压力，使柱塞来回移动 2～3mm。

⑤ 在锁片孔和张紧器主体孔重叠的位置插入直径约 1.5mm 的金属丝或回形针，从而固定锁片，并锁定柱塞，如图 1-4-15 所示。

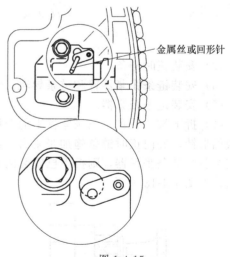

图 1-4-15

⑥ 拆下链条张紧器。

(4) 拆下链条张紧器臂和链条导轨。

(5) 拆下正时链条。

2. 正时链条的安装

(1) 将曲轴链轮的键槽与正时标记对齐，然后将 1 号气缸活塞定位到 TDC 处，如图 1-4-16 所示。

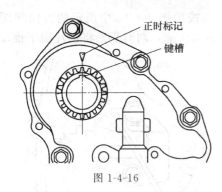

图 1-4-16

(2) 对齐曲轴链轮上的正时标记,从而使它们形成一条直线,并且与气缸盖上表面对齐,如图 1-4-17 所示。

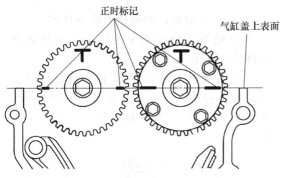

图 1-4-17

(3) 安装正时链条。
(4) 安装链条张紧器臂和链条导轨。
(5) 安装链条张紧器。
(6) 拆下被安装在链条张紧器上的金属丝或回形针,并向正时链条施加张紧力。如果安装新的链条张紧器,则拆下已安装的止动器,如图 1-4-18 所示。

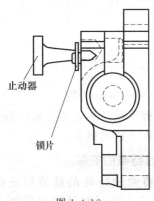

图 1-4-18

(7) 确认正时链条上不存在松弛,然后确认各链轮再次被定位在正确的位置。
(8) 将曲轴顺时针旋转 2 圈,然后检查气门正时。

三、马自达 6（2.0L LFX）/睿翼（2.0L LF/2.5L L5）

1. 正时系统部件图（图 1-4-19）
2. 正时链条的拆卸

(1) 断开蓄电池负极电缆。
(2) 拆下火花塞垫片。
(3) 拆下点火线圈。
(4) 拆下通风管。
(5) 断开凸轮轴位置（CMP）传感器连接器。
(6) 断开油压控制阀（OCV）接头（带可变气门正时机构）。
(7) 拆下右前轮与轮胎。
(8) 将右前挡泥板布置在不会造成障碍的地方。
(9) 拆下右前挡泥板。
(10) 拆下 2 号发动机下护板。
(11) 松开水泵带轮的螺栓并拆下传动带。
(12) 拆下曲轴位置（CKP）传感器。
(13) 将右前驱动轴从联轴器上拆下来,将驱动轴放在一边。
(14) 拆下火花塞。
(15) 拆下油标尺。
(16) 拆下气缸盖罩。
(17) 按下列方法拆下曲轴带轮锁定螺栓和曲轴带轮。
① 拆下气缸体的下盲塞。
② 安装曲轴定位销,如图 1-4-20 所示。
③ 顺时针转动曲轴直至 1 号气缸活塞处于 TDC 位置（直至定位销挡住平衡配重为止）。
④ 用专用工具固定曲轴带轮,然后拆下带轮锁定螺栓和曲轴带轮,如图 1-4-21 所示。
(18) 拆下水泵带轮。
(19) 拆下传动带惰轮。
(20) 拆下 3 号发动机悬置件。

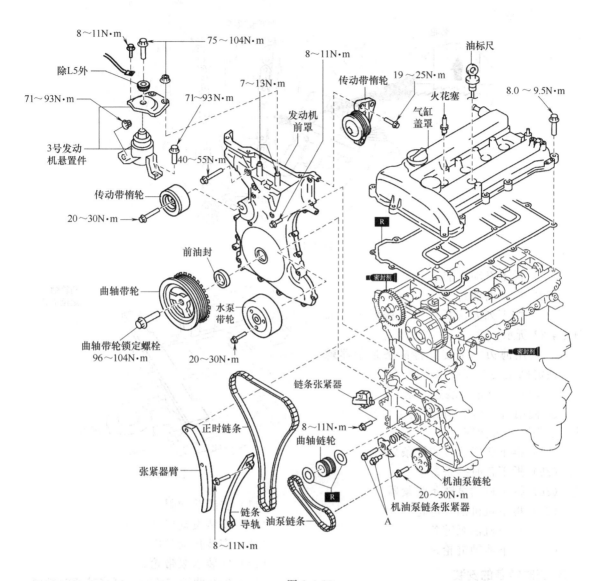

图 1-4-19

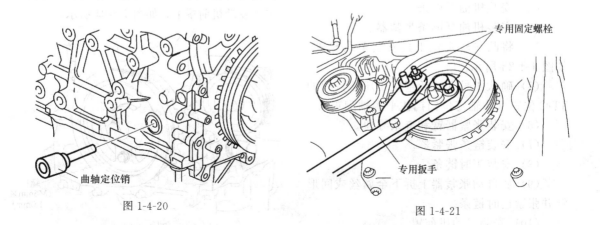

图 1-4-20

图 1-4-21

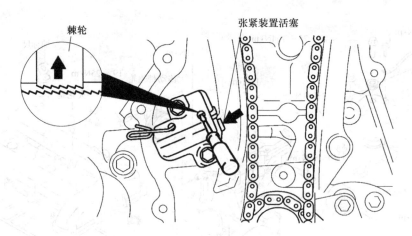

图 1-4-22

(21) 拆下发动机前罩。
(22) 拆下前油封。
(23) 按下列方法拆下链条张紧器,如图 1-4-22 所示。
① 使用薄刃一字旋具将链条张紧器棘轮的锁定机械装置移离棘轮杆。
② 缓慢压下张紧装置活塞。
③ 使用直径约 1.5mm 的金属丝或回形针固定张紧装置活塞。
(24) 拆下张紧器臂和链条导轨。
(25) 拆下正时链条。
(26) 拆下机油泵链条张紧器。
(27) 拆下机机油泵链轮。
(28) 拆下机油泵链条。
(29) 拆下曲轴链轮。

3. 正时链条的安装

(1) 安装曲轴链轮。
(2) 安装机油泵链条。
(3) 安装机油泵链条张紧器。
(4) 将凸轮轴定位工具安装至凸轮轴,如图 1-4-23 所示。
(5) 确认 1 号气缸活塞位于压缩行程的 TDC 位置(曲轴定位销挡住平衡轴配重)。
(6) 安装张紧器臂和链条导轨。
(7) 安装链条张紧器。
(8) 安装正时链条。
(9) 从自动张紧器上拆下金属丝或回形针并张紧正时链条。
(10) 安装发动机前罩。

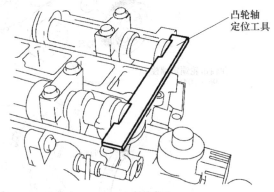

图 1-4-23

(11) 安装前油封。
(12) 安装发动机悬置件。
(13) 安装传动带惰轮。
(14) 安装水泵带轮。
(15) 安装曲轴带轮时,可将其暂时拧紧并使用合适的螺栓(M6mm×1.0mm)将其固定在发动机前罩上,如图 1-4-24 所示。

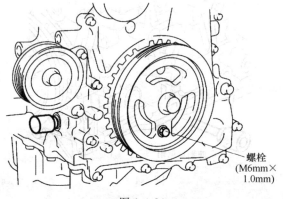

图 1-4-24

(16) 用专用扳手固定曲轴带轮。

(17) 按以下 2 步顺序拧紧曲轴带轮锁螺栓。

① 96～104N·m。

② 87°～93°。

(18) 拧下安装在曲轴带轮上的螺栓 (M6mm×1.0mm)。

(19) 从凸轮轴上拆下凸轮轴定位工具。

(20) 从气缸体的下盲塞孔拆下曲轴定位销。

(21) 将曲轴顺时针旋转 2 圈, 然后检查气门正时。

注意 如果没有对准, 则需松开曲轴带轮锁定螺栓并从第（4）步开始重复操作。

(22) 安装气缸体下盲塞。

(23) 安装右前驱动轴。

(24) 其他步骤按拆卸的相反顺序进行。

四、普力马（FP 发动机）/海马（HM483Q 发动机）

1. 正时皮带的拆卸

(1) 断开蓄电池负极连接线。

(2) 拆下凸轮轴位置传感器和曲轴位置传感器。

(3) 拆下点火线圈和火花塞。

(4) 拆下传动带。

(5) 拆下水泵带轮。

(6) 拆卸正时带轮。

(7) 拆下正时皮带导向轮。

(8) 拆下气缸盖罩。

(9) 取下油标尺和导管。

(10) 拆卸正时皮带盖。

(11) 拆卸发动机前端的橡胶支撑。

(12) 安装带轮锁紧螺栓。

(13) 顺时针旋转曲轴并对好正时标记, 如图 1-4-25 所示。

(14) 用套筒和扳手顺时针旋转张紧轮, 拆下张紧器弹簧, 如图 1-4-26 所示。

(15) 拆下正时皮带。

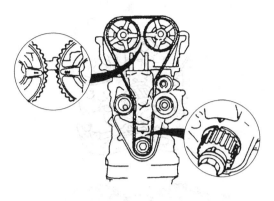

图 1-4-25

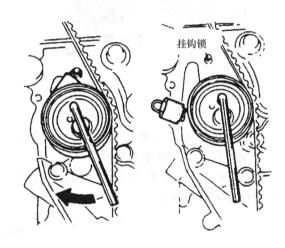

图 1-4-26

2. 正时皮带的安装

(1) 确定正时带轮的标记和凸轮轴滑轮的标记对准, 如图 1-4-27 所示。

① 进气侧凸轮轴正时带轮的记号线和排气侧凸轮轴正时带轮的记号线相对, 并与气缸盖上表面平齐。

② 曲轴正时带轮的定位缺口与机油泵壳体上的正时指示标记对齐。

(2) 安装正时皮带并使之压紧张紧轮。

(3) 顺时针旋转正时带轮 2 圈, 对准正时标记。

(4) 确认所有正时标记完全对准。如果没有对准, 拆卸正时皮带, 从第（1）步重新开始操作。

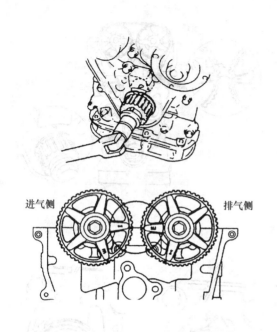

图 1-4-27

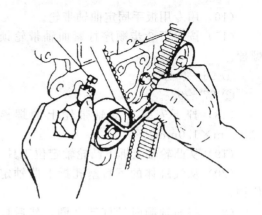

图 1-4-28

(5) 按图 1-4-28 所示用内六角扳手顺时针旋转张紧轮，将张紧器弹簧挂好。

(6) 顺时针旋转曲轴 2 圈，确定所有的正时标记都已对准。

五、Axela 昂克赛拉（SKYACTIV-G 1.5）

1. 正时链条的拆卸

(1) 顺时针旋转曲轴，如图 1-4-29 所示将正时标记与键的位置对齐，然后将 1 号气缸活塞定位到上止点（TDC）处。

注意 SKYACTIV-G 1.5 发动机的正时标记不与气缸盖的上表面完全平行。

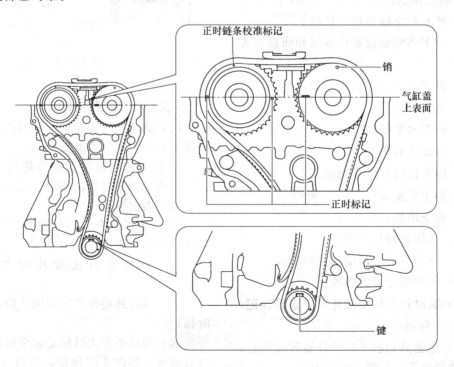

图 1-4-29

(2)用扳手夹住六角形铸件沿箭头方向前后移动排气凸轮轴,同时用薄刃一字旋具按下正时链条张紧器的锁片,松开柱塞锁紧装置,如图1-4-30所示。

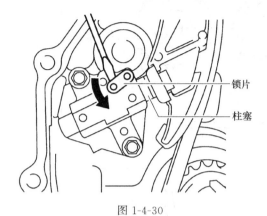

图 1-4-30

如图1-4-31所示,当前后移动排气凸轮轴时,正时链条推动链条张紧器中的柱塞,使操作锁片更容易。

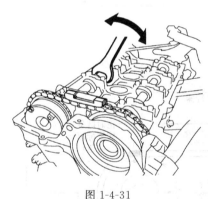

图 1-4-31

(3)按照图1-4-32所示的方向缓缓地向后推动柱塞,同时仍然将锁片向下推动。

(4)在仍然将柱塞按下的状态下从锁片上取出一字旋具。

(5)略微放松柱塞上的压力,并来回移动柱塞2~3mm。

(6)如图1-4-33所示,在锁片孔和张紧器主体孔重叠的位置插入直径约1.5mm的金属丝或回形针,以固定锁片并锁定柱塞。

(7)拆下链条张紧器、张紧器臂和链条导轨。

(8)拆下正时链条。

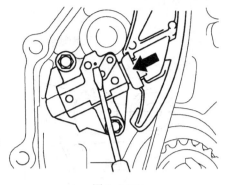

图 1-4-32

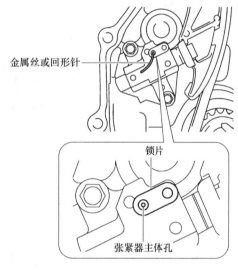

图 1-4-33

2. 正时链条的安装

(1)确认正时标记与键对齐在图1-4-34所示位置。如果不在图示位置,则转动凸轮轴和曲轴,将1号气缸活塞设定到上止点(TDC)。

(2)一边如图1-4-35所示对齐各链轮和正时链条上的标记,一边安装正时链条。

(3)安装链条导轨。

(4)安装张紧器臂。

(5)安装链条张紧器。

(6)在安装链条张紧器之后,拆下所安装的金属丝或回形针,并向正时链条施加张紧力。

注意 如果使用新的链条张紧器,则卸下所安装的止动器,如图1-4-36所示。

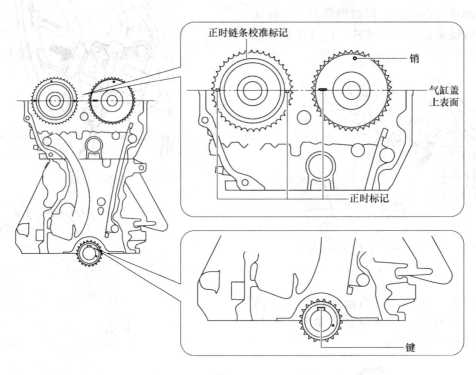

图 1-4-34

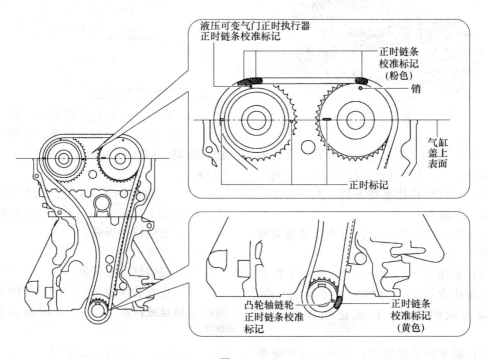

图 1-4-35

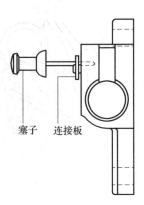

图 1-4-36

(7) 确认正时链条上不存在松弛,并再次确认各链轮都处于规定的位置。

(8) 将曲轴顺时针旋转 2 圈,然后检查气门正时。

六、Axela 昂克赛拉/阿特兹/CX-4/CX-5（SKYACTIV-G 2.0）

1. 正时链条的拆卸

(1) 顺时针旋转曲轴,如图 1-4-37 所示将正时标记与键的位置对齐,然后将 1 号气缸活塞定位到上止点（TDC）处。

(2) 用扳手夹住六角形铸件沿箭头方向前后移动排气凸轮轴,同时用薄刃一字旋具按下正时链条张紧器的锁片,松开柱塞锁紧装置,如图 1-4-38 所示。

当前后移动排气凸轮轴时,正时链条推动链条张紧器中的柱塞,以便于操作锁片。

(3) 按照图 1-4-39 中所示的方向缓缓地向后推动柱塞,同时仍然将锁片向下推动。

(4) 从锁片上取下一字旋具,同时仍然推动柱塞。

(5) 略微放松柱塞上的压力,并来回移动 2~3mm。

(6) 如图 1-4-40 所示,在锁片孔和张紧器主体孔重叠的位置插入直径约 1.5mm 的金属丝或回形针,从而固定锁片,并锁定柱塞。

(7) 拆下链条张紧器、张紧器臂和链条导轨。

(8) 拆下正时链条。

2. 正时链条的安装

(1) 确认正时标记和键的位置在如图 1-4-41 所示位置对齐。如果它们不在图示位

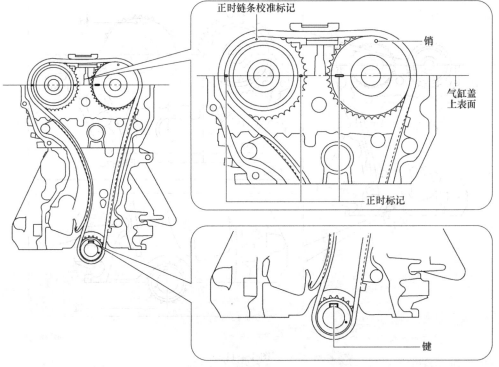

图 1-4-37

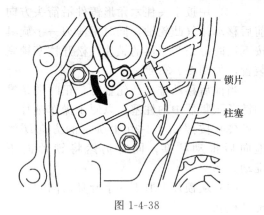

图 1-4-38

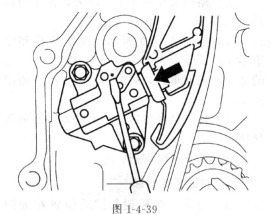

图 1-4-39

图 1-4-40

置，则旋转凸轮轴和曲轴，使1号气缸活塞处于上止点（TDC）位置。

（2）如图1-4-42所示，对齐每个链轮和正时链条的位置，安装正时链条。

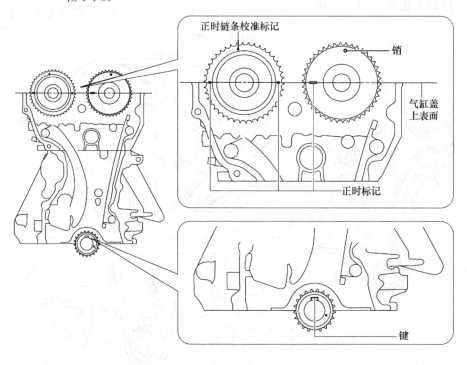

图 1-4-41

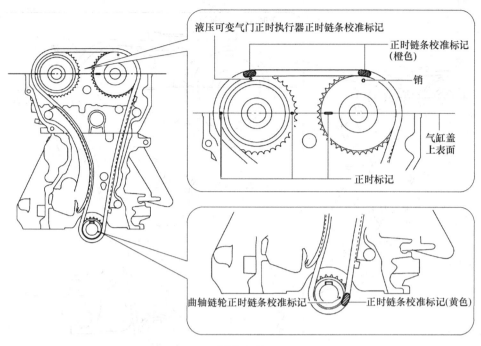

图 1-4-42

(3) 安装链条导轨。
(4) 安装张紧器臂。
(5) 安装链条张紧器。
(6) 在安装链条张紧器之后，拆下安装的金属丝或回形针，并向正时链条施加张紧力。如果使用的是新的链条张紧器，拆下已安装的止动器。
(7) 确认正时链条上不存在松弛，然后再次确认各链轮在指定的位置。
(8) 将曲轴顺时针旋转 2 圈，然后检查气门正时。

七、阿特兹/CX-4/CX-5（SKYACTIV-G 2.5）

1. 正时链条的拆卸

(1) 顺时针旋转曲轴，如图 1-4-43 所示将正时标记与键的位置对齐，然后将 1 号气缸活塞定位到上止点（TDC）处。

注意 SKYACTIV-G 2.5 发动机的正时标记与气缸盖上表面并非完全平行。

(2) 用扳手夹住六角形铸件沿箭头方向前后移动排气凸轮轴，同时用薄刃一字旋具按下正时链条张紧器的锁片，松开柱塞锁紧装置，如图 1-4-44 所示。

当前后移动排气凸轮轴时，正时链条推动链条张紧器中的柱塞，使锁片的操作更容易。

(3) 按照图 1-4-45 中所示的方向缓缓地向后推动柱塞，同时仍然将锁片向下推动。

(4) 在仍然将柱塞按下的状态下从锁片上取下一字旋具。

(5) 略微放松柱塞，并来回移动柱塞 2～3mm。

(6) 如图 1-4-46 所示，在锁片孔和张紧器主体孔重叠的位置插入直径约 1.5mm 的金属丝或回形针，固定锁片，锁定柱塞。

(7) 拆下链条张紧器、张紧器臂和链条导轨。

(8) 拆下正时链条。

2. 机油泵链条的拆卸

(1) 确认平衡轴链轮的定位标记与键如图 1-4-47 中所示位置对齐。如果不在图示位置，转动曲轴将 1 号气缸活塞固定在上止点（TDC）。

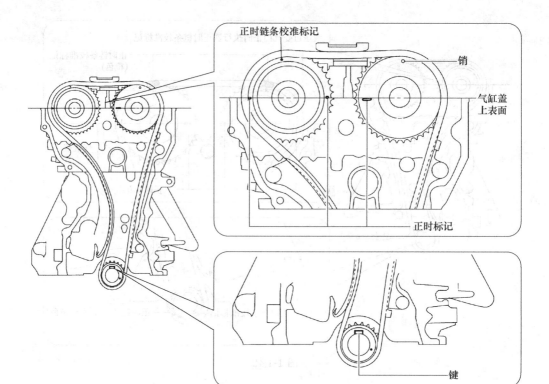

图 1-4-43

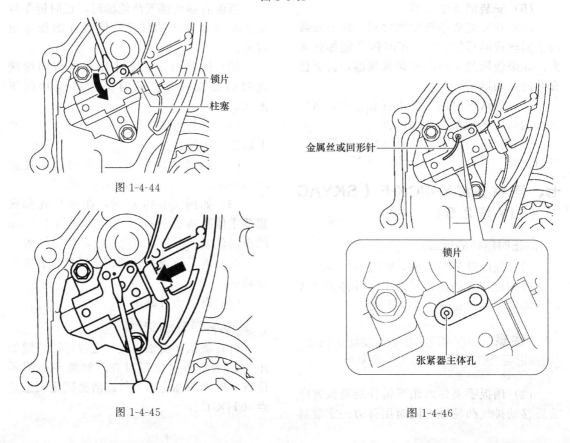

图 1-4-44

图 1-4-45

图 1-4-46

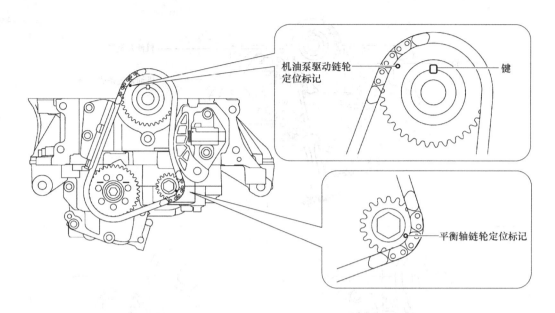

图 1-4-47

(2) 按照以下步骤稍稍松开平衡轴链轮和机油泵从动链轮安装螺栓。仅松开安装螺栓，而不要拆下螺栓，拆下机油泵链条张紧器后再拆下螺栓。

① 暂时安装曲轴链轮、曲轴带轮和曲轴带轮锁紧螺栓。

② 如图 1-4-48 所示安装专用工具，并固定机油泵和平衡装置，防止旋转。

③ 稍稍松开平衡轴链轮和机油泵从动链轮安装螺栓。

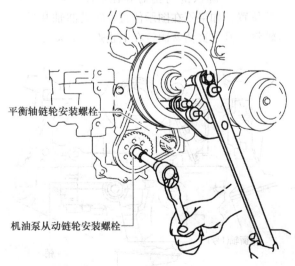

图 1-4-48

(3) 拆下专用工具。

(4) 拆下暂时安装的曲轴链轮、曲轴带轮和曲轴带轮锁紧螺栓。

(5) 如图 1-4-49 所示，将用布包裹的一字旋具固定在机油泵主动链轮和机油泵链条之间的缝隙中。

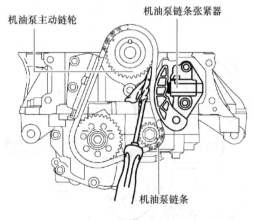

图 1-4-49

(6) 如图 1-4-50 所示，按箭头方向移动一字旋具并压下机油泵链条，然后压下机油泵链条张紧器的柱塞。

(7) 如图 1-4-51 所示，在柱塞压下时，将直径约 1.4mm 的金属丝或回形针插入机油泵链条张紧器的主体孔中。

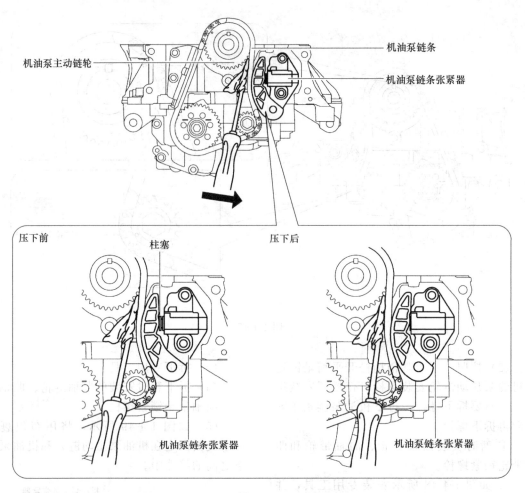

图 1-4-50

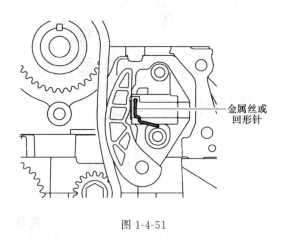

图 1-4-51

(8) 拆下机油泵链条张紧器。
(9) 将机油泵链条和平衡轴链轮作为一个装置拆下。
(10) 拆下机油泵从动链轮。

3. 机油泵链条的安装

(1) 确认键与销对齐在如图 1-4-52 所示的位置。如果不在图示位置，转动曲轴和平衡轴将 1 号气缸活塞固定在上止点（TDC）。

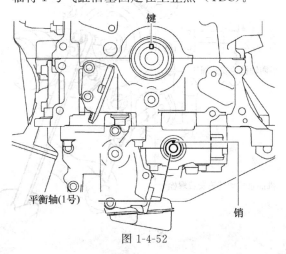

图 1-4-52

（2）暂时安装机油泵从动链轮。

（3）暂时拧紧机油泵从动链轮安装螺栓。

（4）将机油泵链条的定位标记与平衡轴链轮的定位标记对准，如图1-4-53所示。

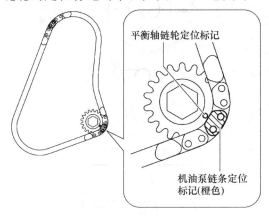

图 1-4-53

（5）将各链轮和机油泵链条的定位标记如图1-4-54所示对准，并将机油泵链条和平衡轴链轮作为一个装置安装。

（6）暂时拧紧平衡轴链轮安装螺栓。

（7）安装机油泵链条张紧器。

（8）按照以下步骤拧紧机油泵从动链轮和平衡轴链轮安装螺栓。

① 暂时安装曲轴链轮、曲轴带轮和曲轴带轮锁紧螺栓。

② 按图1-4-48所示安装专用工具，并固定机油泵和平衡装置，防止旋转。

③ 拧紧机油泵从动链轮安装螺栓（20~30N·m）。

④ 拧紧平衡轴链轮安装螺栓（38~46N·m）。

（9）拆下专用工具。

（10）拆下暂时安装的曲轴链轮、曲轴带轮和曲轴带轮锁紧螺栓。

（11）拆下安装在机油泵链条张紧器上的金属丝或回形针，并对机油泵链条施加张力。

4. 正时链条的安装

（1）确认正时标记与键对齐在图1-4-55所示位置。如果不在图示位置，转动凸轮轴和曲轴，设定1号气缸活塞上止点（TDC）。

注意 SKYACTIV-G 2.5发动机的正时标记与气缸盖上表面并非完全平行。

（2）一边如图1-4-56所示对齐各链轮和正时链条上的标记，一边安装正时链条。

（3）安装链条导轨。

（4）安装张紧器臂。

（5）安装链条张紧器。

（6）在安装链条张紧器之后，拆下所安装的金属丝或回形针，并向正时链条施加张紧力。

（7）确认正时链条上不存在松弛，并再次确认各链轮都处于规定的位置。

（8）将曲轴顺时针旋转2圈，然后检查气门正时。

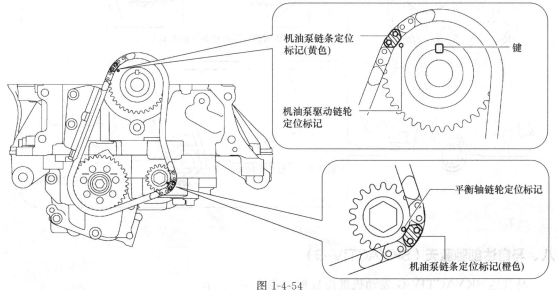

图 1-4-54

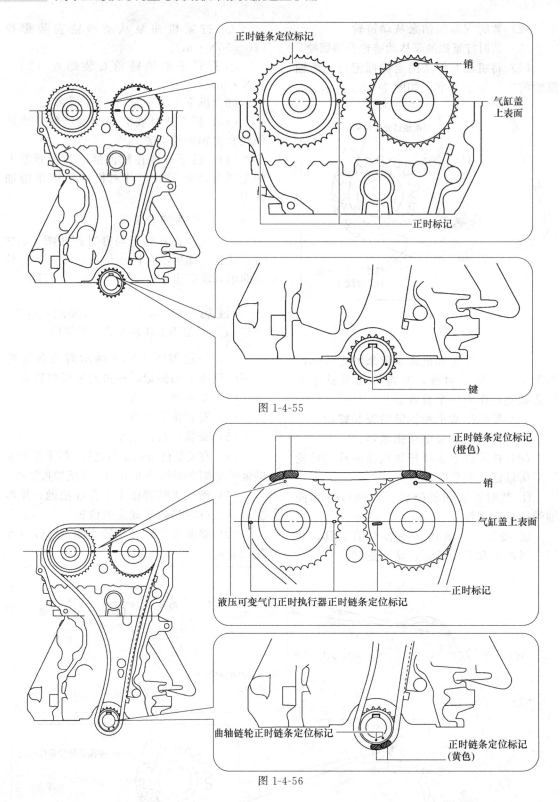

图 1-4-55

图 1-4-56

八、马自达创驰蓝天（SKYACTIV-G）

马自达 SKYACTIV-G 发动机维修数据如表 1-4-1 所示。

表 1-4-1 马自达 SKYACTIV-G 发动机维修数据

项目	技术规格
气缸盖密封垫侧的最大变形	0.05mm
歧管侧最大变形	进气侧:0.10mm 排气侧:0.05mm
标准气门弹簧座接触宽度	1.37~1.84mm
气门弹簧座角度	45°
标准气门弹簧座下沉量(SKYACTIV-G 1.5)	进气侧:44.90~46.14mm 排气侧:44.91~46.15mm
标准气门弹簧座下沉量(SKYACTIV-G 2.0)	进气侧:49.03~50.27mm 排气侧:49.03~50.27mm
标准气门弹簧座下沉量(SKYACTIV-G 2.5)	进气侧:48.93~50.17mm 排气侧:48.87~50.11mm
标准气门头部边缘厚度	进气侧:1.75~1.95mm 排气侧:1.95~2.15mm
标准气门长度(SKYACTIV-G 1.5)	进气侧:103.42~104.02mm 排气侧:112.93~113.53mm
标准气门长度(SKYACTIV-G 2.0)	进气侧:106.55~107.15mm 排气侧:116.55~117.15mm
标准气门长度(SKYACTIV-G 2.5)	进气侧:107.00~107.60mm 排气侧:117.09~117.69mm
最小气门长度(SKYACTIV-G 1.5)	进气侧:103.20mm 排气侧:112.71mm
最小气门长度(SKYACTIV-G 2.0)	进气侧:106.33mm 排气侧:116.33mm
最小气门长度(SKYACTIV-G 2.5)	进气侧:106.78mm 排气侧:116.87mm
标准气门杆直径	进气侧:5.470~5.485mm 排气侧:5.465~5.480mm
最小气门杆直径	进气侧:5.424mm 排气侧:5.419mm
标准气门导管内径	进气侧:5.510~5.530mm 排气侧:5.510~5.530mm
气门杆与导管之间的标准间隙	进气侧:0.025~0.060mm 排气侧:0.030~0.065mm
气门杆与导管之间的最大间隙	0.10mm
标准气门导管凸出高度(SKYACTIV-G 1.5)	进气侧:13.8~14.4mm 排气侧:13.8~14.4mm
标准气门导管凸出高度(SKYACTIV-G2.0/SKYACTIV-G 2.5)	进气侧:16.4~17.0mm 排气侧:16.4~17.0mm
气门弹簧安装高度(SKYACTIV-G 1.5)	进气侧:以 161~179N 的弹簧力施压时,弹簧高度是 34.0mm 排气侧:以 209~231N 的弹簧力施压时,弹簧高度是 34.0mm
气门弹簧安装高度(SKYACTIV-G 2.0)	进气侧:以 190~210N 的弹簧力施压时,弹簧高度是 38.0mm 排气侧:以 228~252N 的弹簧力施压时,弹簧高度是 38.0mm
气门弹簧安装高度(SKYACTIV-G 2.5,A 型连杆)	以 228~252N 的弹簧力施压时,弹簧高度是 38.0mm
气门弹簧安装高度(SKYACTIV-G 2.5,B 型连杆)	进气侧:以 195~215N 的弹簧力施压时,弹簧高度是 38.0mm 排气侧:以 228~252N 的弹簧力施压时,弹簧高度是 38.0mm
最大凸轮轴跳动量	0.030mm
标准凸轮高度(SKYACTIV-G 1.5)	进气侧:41.53mm,排气侧:40.35mm
标准凸轮高度(SKYACTIV-G 2.0)	进气侧:41.57mm,排气侧:40.37mm
标准凸轮高度(SKYACTIV-G 2.5)	进气侧:42.34mm,排气侧:40.37mm
最小凸轮高度(SKYACTIV-G 1.5)	进气侧:41.46mm,排气侧:40.28mm
最小凸轮高度(SKYACTIV-G 2.0)	进气侧:41.50mm,排气侧:40.30mm
最小凸轮高度(SKYACTIV-G 2.5)	进气侧:42.27mm,排气侧:40.30mm
标准凸轮轴轴颈直径	24.96~24.98mm
最小凸轮轴轴颈直径	24.93mm
标准凸轮轴轴颈油膜间隙	0.035~0.080mm
最大凸轮轴轴颈油膜间隙	0.090mm
标准凸轮轴轴向间隙	0.07~0.22mm
最大凸轮轴轴向间隙	0.23mm
气缸体缸盖密封垫侧的最大变形	0.10mm
标准气缸孔径(SKYACTIV-G 1.5)	74.500~74.530mm
标准气缸孔径(SKYACTIV-G 2.0)	83.500~83.530mm
标准气缸孔径(SKYACTIV-G 2.5)	89.000~89.030mm
标准活塞外径(SKYACTIV-G 1.5)	74.467~74.497mm
标准活塞外径(SKYACTIV-G 2.0)	83.465~83.495mm
标准活塞外径(SKYACTIV-G 2.5)	88.965~88.995mm
活塞与气缸之间的标准间隙(SKYACTIV-G 1.5)	0.0230~0.0430mm

续表

项目	技术规格
活塞与气缸之间的标准间隙（SKYACTIV-G 2.0/SKYACTIV-G 2.5）	0.0250～0.0450mm
活塞与气缸之间的最大间隙（SKYACTIV-G 1.5）	0.062mm
活塞与气缸之间的最大间隙（SKYACTIV-G 2.0）	0.063mm
活塞与气缸之间的最大间隙（SKYACTIV-G 2.5）	0.066mm
活塞环与环槽之间的标准间隙	顶部：0.04～0.08mm 第二个：0.03～0.07mm 油环：0.04～0.12mm
活塞环与环槽之间的最大间隙	顶部：0.12mm 第二个：0.10mm 油环：0.17mm
标准活塞环端隙（SKYACTIV-G 1.5）	顶部：0.12～0.17mm 第二个：0.17～0.27mm 油环：0.10～0.35mm
标准活塞环端隙（SKYACTIV-G 2.0/SKYACTIV-G 2.5）	顶部：0.13～0.18mm 第二个：0.18～0.28mm 油环：0.10～0.35mm
最大活塞环端隙	顶部：0.35mm 第二个：0.45mm 油环：0.52mm
标准活塞销外径（SKYACTIV-G 1.5）	17.995～18.000mm
标准活塞销外径（SKYACTIV-G 2.0/SKYACTIV-G 2.5）	20.995～21.000mm
标准活塞销孔径（SKYACTIV-G 1.5）	18.004～18.008mm
标准活塞销孔径（SKYACTIV-G 2.0/SKYACTIV-G 2.5）	21.004～21.008mm
活塞销孔径与活塞销外径之间的标准间隙	0.004～0.013mm
标准连杆小头端内径（SKYACTIV-G 1.5）	18.002～18.013mm
标准连杆小头端内径（SKYACTIV-G 2.0）	A型连杆：21.006～21.017mm B型连杆：21.002～21.013mm
标准连杆小头端内径（SKYACTIV-G 2.5）	21.002～21.013mm
连杆小头与活塞销的间隙（SKYACTIV-G 1.5）	0.002～0.018mm
连杆小头与活塞销的间隙（SKYACTIV-G 2.0）	A型连杆：0.006～0.022mm B型连杆：0.002～0.018mm
连杆小头与活塞销的间隙（SKYACTIV-G 2.5）	0.002～0.018mm
最大连杆弯曲	0.050mm
最大连杆扭曲	0.050mm
连杆中心距离（SKYACTIV-G 1.5）	149.9mm
连杆中心距离（SKYACTIV-G 2.0）	155.2mm
连杆中心距离（SKYACTIV-G 2.5）	154.8mm
连杆大头端的标准旁隙	0.14～0.36mm
连杆大头端的最大旁隙	0.465mm
连杆大头端的标准轴承油膜间隙	0.026～0.052mm
连杆大头端的最大轴承油膜间隙	0.10mm
连杆轴承尺寸（SKYACTIV-G 1.5）	标准：1.498～1.517mm 加大 0.25mm：1.623～1.626mm 加大 0.50mm：1.748～1.751mm
连杆轴承尺寸（SKYACTIV-G 2.0）	标准：1.503～1.520mm 加大 0.25mm：1.628～1.631mm 加大 0.50mm：1.753～1.756mm

续表

项目	技术规格
连杆轴承尺寸(SKYACTIV-G 2.5)	标准:1.502~1.519mm 加大 0.25mm:1.628~1.631mm 加大 0.50mm:1.753~1.756mm
标准曲轴轴向间隙	0.08~0.29mm
最大曲轴轴向间隙	0.30mm
止推轴承尺寸	标准:2.500~2.550mm 加大 0.25mm:2.625~2.675mm
最大主轴颈跳动量	0.10mm
标准主轴颈直径(SKYACTIV-G 1.5)	42.980~43.000mm
标准主轴颈直径(SKYACTIV-G 2.0)	46.980~47.000mm
标准主轴颈直径(SKYACTIV-G 2.5)	49.980~50.000mm
主轴颈最大圆度	0.005mm
标准曲柄销直径(SKYACTIV-G 1.5)	42.980~43.000mm
标准曲柄销直径(SKYACTIV-G 2.0)	46.980~47.000mm
标准曲柄销直径(SKYACTIV-G 2.5)	49.980~50.000mm
曲柄销最大圆度	0.005mm
标准主轴颈油膜间隙	0.016~0.039mm
最大主轴颈油膜间隙	0.084mm
主轴承尺寸	标准:2.489~2.510mm 加大 0.25mm:2.614~2.617mm 加大 0.50mm:2.739~2.742mm
飞轮的最大跳动量	0.10mm
双质量飞轮导销的最大凸出量	11.0~12.0mm
双质量飞轮最大跳动量	1.5mm
标准气缸盖螺栓长度	145.2~145.8mm
最大气缸盖螺栓长度	146.5mm
标准连杆帽螺栓长度(SKYACTIV-G 1.5)	41.7~42.3mm
标准连杆帽螺栓长度 (SKYACTIV-G 2.0/SKYACTIV-G 2.5)	43.7~44.3mm
最大连杆帽螺栓长度(SKYACTIV-G 1.5)	42.7mm
最大连杆帽螺栓长度 (SKYACTIV-G 2.0/SKYACTIV-G 2.5)	45.0mm
后油封的压入深度	0~0.5mm
前油封的压入深度	0~1.0mm

第五节 三 菱 车 系

一、蓝瑟（1.6L DA4G18）

1. 正时皮带的拆卸

（1）正时皮带、张紧器弹簧、正时皮带张紧器的拆卸。

① 用钳子夹住张紧器弹簧伸长端（图1-5-1），将它从机油泵壳体限位块上拆下，然后拆下张紧器弹簧。

② 拆下正时皮带张紧器。

③ 如果正时皮带还要重新使用，则应在皮带上用粉笔画上箭头来表示它拆下前的旋转方向。这在重新使用时可确保正时皮带正确安装。

（2）凸轮轴带轮螺栓的拆卸。

① 使用图1-5-2所示的专用工具将凸轮轴带轮锁定在相应的位置。

② 拧松凸轮轴带轮螺栓。

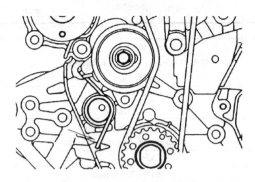

图 1-5-1

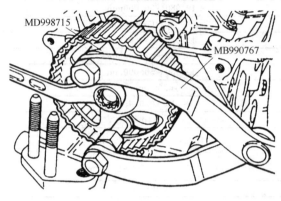

图 1-5-2

2. 正时皮带的安装

（1）凸轮轴带轮螺栓的安装。

① 使用图 1-5-3 所示的专用工具将凸轮轴带轮锁定在相应的位置。

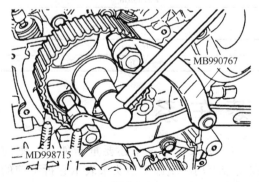

图 1-5-3

② 拧紧凸轮轴带轮到规定的力矩。

（2）正时皮带张紧器、张紧器弹簧的安装。

① 将正时皮带张紧轮锁定在图 1-5-4 所示位置。

② 如图 1-5-5 所示，将张紧器弹簧的一个伸长端钩在正时皮带张紧器的钩形部。并

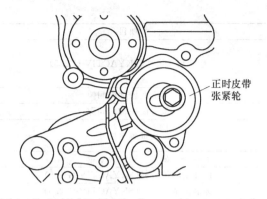

图 1-5-4

将张紧器装到机油泵壳体上。

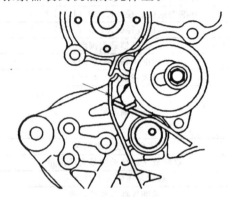

图 1-5-5

③ 夹住张紧器弹簧的另一伸长端，并如图 1-5-6 所示将它钩到机油泵壳体凸耳上。

④ 依图 1-5-6 所示方向移动正时皮带张紧器，临时张紧皮带。

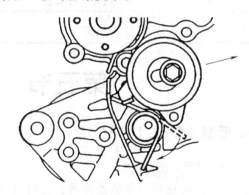

图 1-5-6

（3）正时皮带的安装。

① 如图 1-5-7 所示，将凸轮轴正时标记与气缸盖的正时标记对准。

② 如图 1-5-8 所示，将曲轴正时标记与

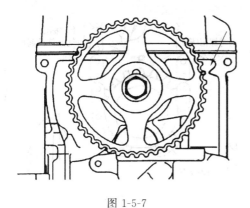

图 1-5-7

前壳体上的正时标记对准。

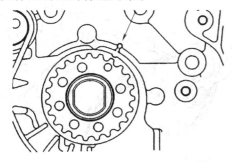

图 1-5-8

③ 使正时皮带的张紧侧保持张紧,并将正时皮带依次装入曲轴正时带轮、凸轮轴正时带轮和张紧轮,如图 1-5-9 所示。

④ 拧松张紧轮安装螺栓 1/4~1/2 圈,使张紧器弹簧的张力作用到正时皮带上。

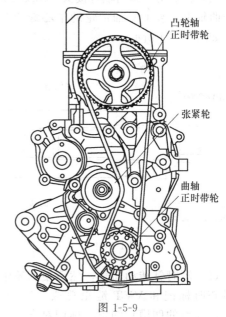

图 1-5-9

⑤ 以正常的旋转方向(顺时针)旋转曲轴 2 圈,检查正时标记是否正确对准。

⑥ 固定张紧轮安装螺栓。

二、劲炫 ASX/翼神（1.6L 4A92）

1. 正时系统部件图（图 1-5-10）

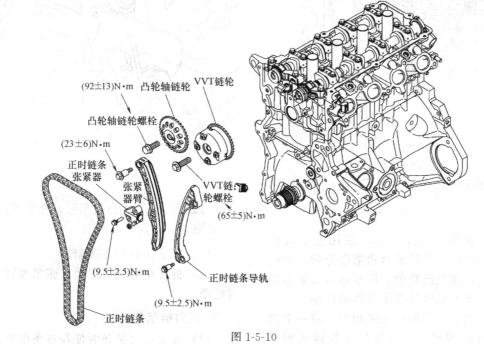

图 1-5-10

2. 正时链条的拆卸

（1）将专用工具曲轴转接头（MB992000）置于曲轴上，装上曲轴带轮的中心螺栓和垫圈，如图 1-5-11 所示。

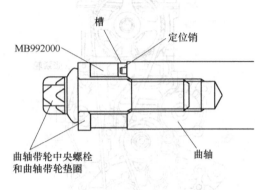

图 1-5-11

（2）顺时针转动曲轴，然后使凸轮轴链轮的正时标记和 VVT 链轮总成（VVT 链轮总成侧面的凹槽）的正时标记对齐，如图 1-5-12 所示。然后把第 1 号气缸活塞放置在上止点位置，如图 1-5-13 所示。

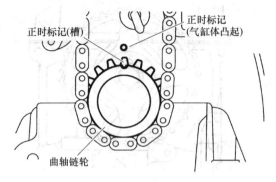

图 1-5-13

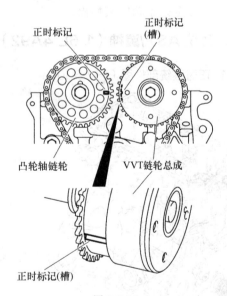

图 1-5-12

（3）如图 1-5-14 所示，使用扳手或类似工具固定进气凸轮轴六角形部分时，顺时针轻轻转动排气凸轮轴，拉紧链条张紧器侧的正时链条并缩短链条张紧器的柱塞。

（4）当张紧器的柱塞缩短时，将一个销（直径 3mm 或更小）或类似工具插入到图

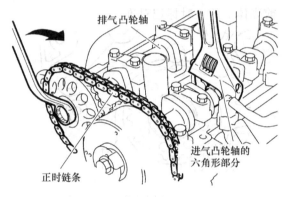

图 1-5-14

1-5-15 所示的孔内。

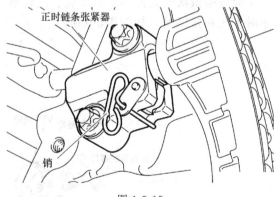

图 1-5-15

注意 拆下正时链条张紧器后不要转动曲轴。

（5）拆下正时链条张紧器。

（6）拆下正时链条导轨、张紧器臂和正时链条。

3. 正时链条的安装

（1）安装正时链条时使与链条中两蓝色

链节分开的那个蓝色链节位于曲轴侧，如图 1-5-16 所示。

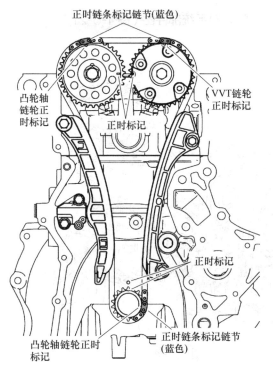

图 1-5-16

（2）将正时链条安装到曲轴链轮上，使蓝色链节与链轮上的标记对齐，如图 1-5-17 所示。

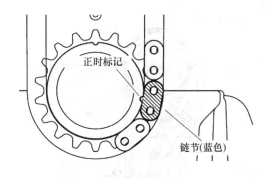

图 1-5-17

（3）将链条安装到 VVT 链轮上，使蓝色链节与链轮上的标记对齐，如图 1-5-18 所示。

（4）将链条安装到凸轮轴链轮上，使蓝色链节与链轮上的标记对齐，如图 1-5-19 所示。

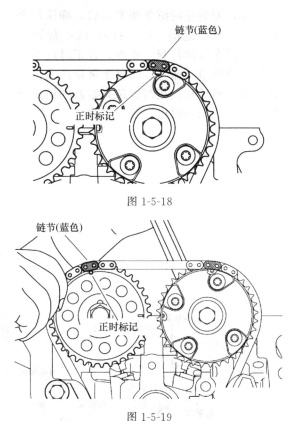

图 1-5-18

图 1-5-19

（5）确保 3 对正时标记全部对齐。
（6）安装正时链条导轨和张紧器臂。
（7）将正时链条张紧器安装到气缸体上，拧紧正时链条张紧器螺栓至规定力矩，如图 1-5-20 所示。

注意 正时链条张紧器的柱塞伸长时，拆下销或类似工具。按住正时链条张紧器下部分的凸轮时，使用销或类似工具按下并缩短柱塞来保持此状态。

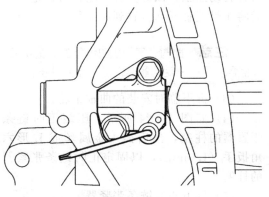

图 1-5-20

(8) 安装正时链条张紧器后,确认每个链轮的正时标记都与第1缸的TDC标记对齐并放置在压缩行程上止点,且正时链条上有标记的链节(蓝色)与每个链轮的规定位置对齐。然后拉出正时链条张紧器的销或类似工具,并向正时链条施加张力。

(9) 拆下专用工具MB992000。

三、劲炫ASX(1.8L 4N13柴油机)

1. 正时系统部件图(图1-5-21)

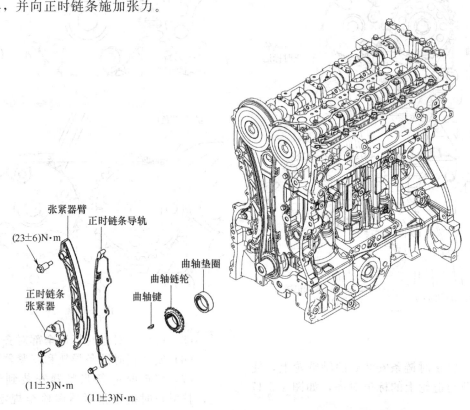

图 1-5-21

2. 正时链条的拆卸

(1) 将曲轴带轮临时安装到曲轴上。

(2) 如图1-5-22和图1-5-23所示,顺时针转动曲轴,以对齐各链轮正时标记,然后将1号气缸活塞设置到压缩行程上止点。

注意 此时,气门正时链条的标记链节(蓝色)不必一定与各链轮正时标记对准。

(3) 拆下临时安装的曲轴带轮。

(4) 如图1-5-24所示,压缩正时链条张紧器的柱塞,然后插入金属丝或L形六角扳手(1.0mm),以固定正时链条张紧器的柱塞。

(5) 拆下正时链条张紧器。

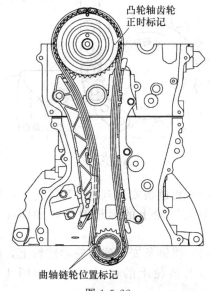

图 1-5-22

Chapter 1　第一章　日韩车系

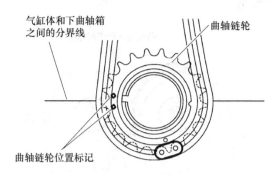

图 1-5-23

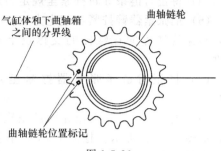

图 1-5-26

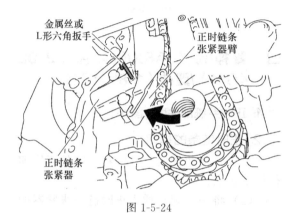

图 1-5-24

(6) 拆下正时链条导轨和张紧器臂。

(7) 取下正时链条。

3. 正时链条的安装

(1) 擦去曲轴链轮和曲轴隔环上的污垢，然后去除这些区域上的油脂。

(2) 如图 1-5-25 和图 1-5-26 所示，对齐凸轮轴链轮和曲轴链轮的正时标记。

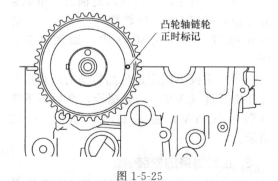

图 1-5-25

(3) 如图 1-5-27 所示，把工具放置在凸轮轴的六角形部分，然后将其顺时针转动以避免链条张紧侧出现松弛。

图 1-5-27

(4) 如图 1-5-28 所示，使各链轮上的正时链条装配标记与正时链条的标记链节（蓝色）对齐，然后安装正时链条至各链轮上。

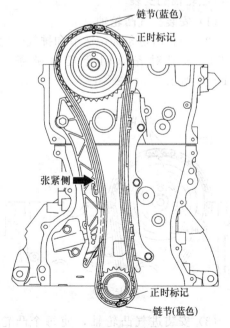

图 1-5-28

(5) 将正时链条导轨拧紧至规定力矩。

(6) 把张紧器臂拧紧至规定力矩。安装后,确保旋转方向在螺栓的支撑点上有灵活性。

(7) 将正时链条张紧器拧紧至规定力矩。

(8) 拔出固定销以便给正时链条施加张力,如图1-5-29所示。检查正时链条张紧器柱塞是否牢固地装配到张紧器臂槽;检查正时链条是否牢固地与链轮相结合,且不超过范围;检查正时链条是否与链条导轨和张紧器臂脱离。

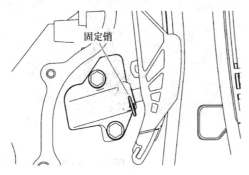

图 1-5-29

(9) 检查每个正时识别标记是否与正时链条的标记链节对齐。

4. 凸轮轴的安装

(1) 安装排气凸轮轴。

(2) 使正时链条标记链节和排气凸轮轴的正时标记对齐以闭合正时链条,如图1-5-30所示。

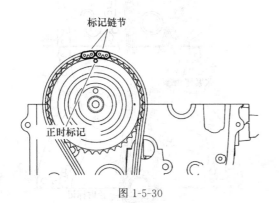

图 1-5-30

(3) 安装进气凸轮轴,使每个凸轮轴链轮上的正时标记对齐,如图1-5-31所示。

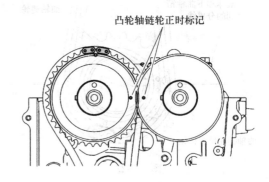

图 1-5-31

四、翼神/劲炫 ASX/欧蓝德(2.0L 4B11)/翼神(1.8L 4B10)

1. 正时系统部件图(图1-5-32)

2. 正时链条的拆卸

(1) 转动曲轴使1号气缸活塞处于压缩行程上止点位置。

(2) 将一字旋具插入正时链条张紧器的分离孔,以分开锁栓,如图1-5-33所示。

(3) 用手推动张紧器拉杆,将其在链条张紧器柱塞中推到底。然后,将直径约1.5mm的金属丝或回形针插入柱塞装配孔。

(4) 拆下正时链条张紧器。

(5) 拆下张紧器臂。

(6) 拆下正时链导轨。

(7) 拆下正时链条。

(8) 用扳手固定排气凸轮轴的六角形部分并松开排气VVT链轮螺栓,然后拆下螺栓和排气 VVT 链轮总成,如图 1-5-34 所示。

(9) 用扳手固定进气凸轮轴的六角形部分并松开进气VVT链轮螺栓,然后拆下螺栓和进气 VVT 链轮总成,如图 1-5-35 所示。

3. 正时链条的安装

(1) 按以下步骤装配进气VVT链轮总成。

① 确保进气凸轮轴总成的定位销竖直朝上放置。

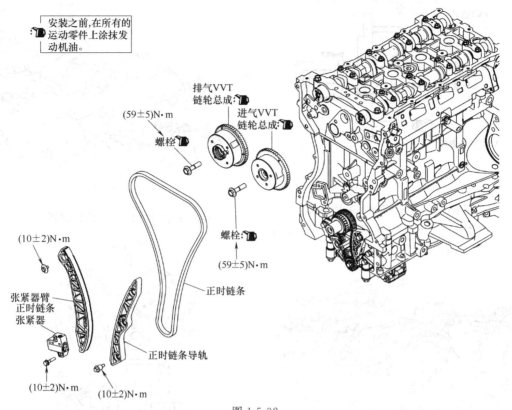

图 1-5-32

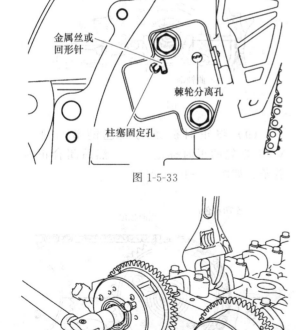

图 1-5-33

图 1-5-34

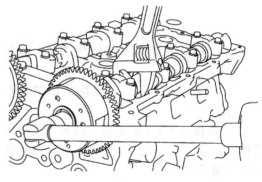

图 1-5-35

② 向进气 VVT 链轮总成的顶端圆周上以及进气 VVT 链轮总成插入其中的整个圆周区域涂抹适当的发动机油，如图 1-5-36 所示。

③ 将进气 VVT 链轮总成慢慢插到进气凸轮轴总成的正常位置，并使其定位销孔竖直朝上。

（2）确保 VVT 链轮牢固插入底部，且用扳手固定住凸轮轴的六角形部分时，VVT 链轮不转动。

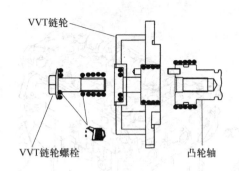

图 1-5-36

(3) 用扳手固定凸轮轴的六角形部位，然后将进气 VVT 链轮螺栓拧紧至规定力矩 (59±5)N·m，如图 1-5-37 所示。

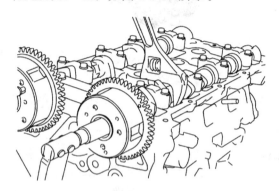

图 1-5-37

(4) 按以下步骤安装排气 VVT 链轮总成。

① 确保排气凸轮轴总成的定位销竖直朝上放置。

② 在排气 VVT 链轮总成的末端圆周以及插有排气 VVT 链轮总成的整个圆周区域涂抹适量的发动机油。

③ 将排气 VVT 链轮总成慢慢插到排气凸轮轴总成的正常位置，并使其定位销孔竖直朝上。

(5) 确保 VVT 链轮牢固插入底部，且用扳手固定住凸轮轴的六角形部分时，VVT 链轮不转动。

(6) 用扳手固定凸轮轴的六角形部位，然后将排气 VVT 链轮螺栓拧紧至规定力矩 (59±5)N·m，如图 1-5-38 所示。

(7) 对正 VVT 链轮的正时标记，如图 1-5-39 所示。

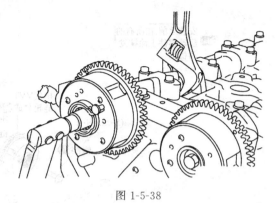

图 1-5-38

(8) 将曲轴键置于图示位置。

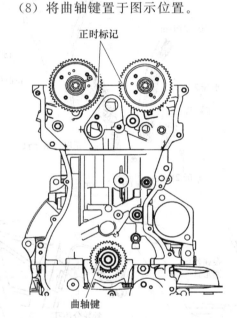

图 1-5-39

(9) 将正时链条的橙色链节与排气 VVT 链轮的正时标记对齐，然后闭合正时链条，如图 1-5-40 所示。

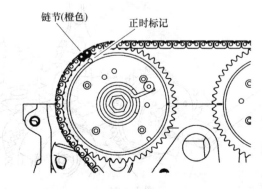

图 1-5-40

(10) 将正时链条的一个蓝色链节与进气 VVT 链轮的正时标记对齐,以闭合正时链条,如图 1-5-41 所示。转动进气 VVT 链轮 1 或 2 个齿,以对齐正时标记。

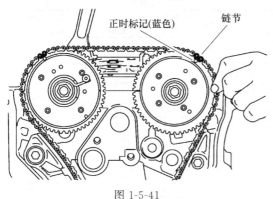

图 1-5-41

(11) 将正时链条的另一个蓝色链节与曲轴链轮的正时标记对齐,以闭合正时链条,如图 1-5-42 所示。

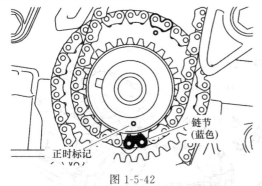

图 1-5-42

(12) 确保每个链轮的正时标记在 3 个位置上都能与正时链条的标记链节对齐,如图 1-5-43 所示。

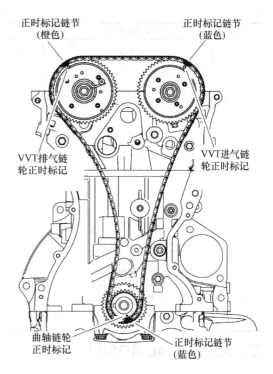

图 1-5-43

(13) 安装正时链条导轨和张紧器臂。

(14) 将正时链条张紧器安装到气缸体上,并拧紧至规定力矩(10±2)N·m。

(15) 从正时链条张紧器上拆下直径约 1.5mm 金属丝或回形针。这可使正时链条张紧器的柱塞推动张紧器臂,以使正时链条张紧。

4. 发动机维修数据

三菱 2.0L 4B11 发动机维修数据如表 1-5-1 所示。

表 1-5-1 三菱 2.0L 4B11 发动机维修数据

项目	测量	条件	标准值或新车值	维修极限
气缸压力	在节气门全开启动时检查	最小值	1470kPa	1050kPa
		最大偏差	—	98kPa
凸轮轴	凸轮轴油隙		0~0.032mm	—
	凸轮高度	进气	43.25mm	42.75mm
		排气	45.00mm	44.50mm
气缸盖和气门	气缸盖底部变形		小于 0.05mm	0.2mm
	气缸盖底部的磨削限值		—	0.2mm
	气缸盖总高		128.5mm	
	气门间隙	进气	(0.20±0.03)mm	
		排气	(0.30±0.03)mm	
	气门总长	进气	113.18mm	112.68mm
		排气	105.89mm	105.39mm

续表

项目	测量	条件	标准值或新车值	维修极限
气缸盖和气门	气门厚度	进气	1.022mm	0.522mm
		排气	1.094mm	0.594mm
	气门弹簧的自由高度		47.44mm	46.44mm
	气门弹簧的垂直度		2°或更小	4°
	气门杆至导管的间隙	进气	0.020～0.047mm	0.10mm
		排气	0.030～0.054mm	0.15mm
	气门座触头宽度	进气	1.16～1.46mm	—
		排气	1.35～1.65mm	—
活塞和连杆	活塞销压装负载		7500～17500N	—
	活塞环和活塞环槽之间的间隙	第一道	0.03～0.07mm	0.1mm
		第二道	0.03～0.07mm	0.1mm
	活塞环端隙	第一道	0.15～0.28mm	0.8mm
		第二道	0.30～0.45mm	0.8mm
		油环	0.10～0.35mm	1.0mm
	连杆大头止推间隙		0.10～0.25m	0.4mm
	连杆轴承油隙		0.018～0.045mm	0.1mm
曲轴和气缸体	缸径×行程		86mm×86mm	—
	曲轴轴向间隙		0.05～0.25mm	0.4mm
	曲轴轴颈油隙		0.012～0.030mm	0.08mm
	气缸体顶部表面变形		0.05mm	0.2mm
	气缸体顶面的磨削限值		—	0.2mm
	气缸体圆柱度		小于0.01mm	—

五、戈蓝（2.4L 4G69）

1. 气门正时系统部件图（图1-5-44）

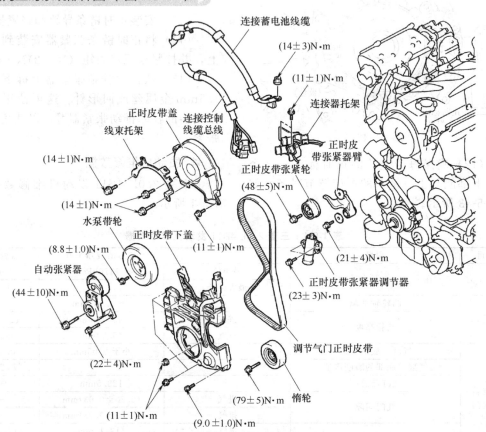

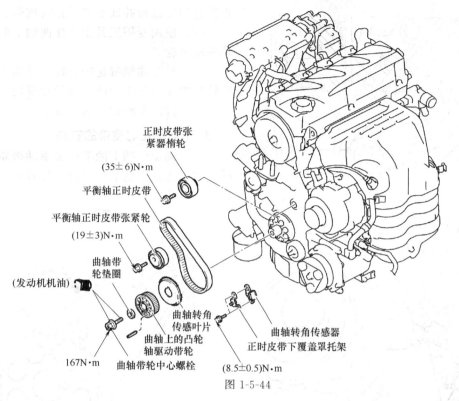

图 1-5-44

2. 正时皮带的拆卸

（1）顺时针方向旋转曲轴，对齐正时标记使 1 号气缸活塞处于压缩行程上止点，如图 1-5-45 所示。

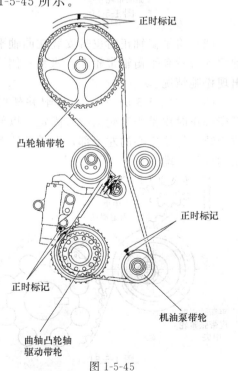

图 1-5-45

（2）拆卸正时皮带下盖橡胶塞，然后安装专用工具调整螺栓（MD998738），如图 1-5-46 所示。

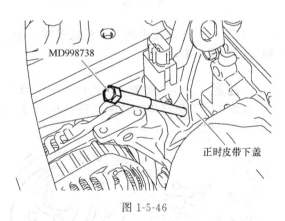

图 1-5-46

（3）用手旋入专用工具直到其接触正时皮带张紧器臂，如图 1-5-47 所示。

注意 以 30°/s 的速度慢慢地将专用工具安装到位。如果将其一次旋入到安装位置，则正时皮带张紧器调节杆可能不容易缩回而且可能使专用工具弯曲。

（4）慢慢旋入专用工具，然后将正时皮

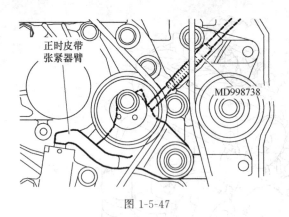

图 1-5-47

带张紧器调节杆调整孔 1 与正时皮带张紧器调节缸调整孔 2 对齐,如图 1-5-48 所示。

图 1-5-48

(5) 在对齐的孔中插入一根铁丝或一个销子,如图 1-5-49 所示。

注意 为便于重复使用正时皮带,用粉笔或其他工具在皮带背面用箭头标记旋转方向(顺时针)。

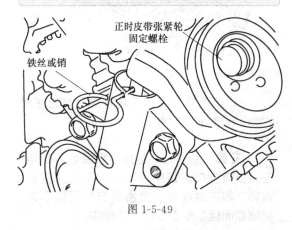

图 1-5-49

(6) 在拆下专用工具后,松开正时皮带张紧轮固定螺栓并卸下气门正时皮带。

(7) 使用专用工具支撑住曲轴上的凸轮轴驱动带轮。

(8) 松开曲轴带轮中心螺栓并卸下曲轴带轮垫圈及曲轴上的凸轮轴驱动带轮。

(9) 拆卸平衡轴正时皮带。

3. 平衡轴正时皮带的安装

(1) 确保曲轴上的平衡轴驱动带轮正时标记与平衡轴带轮上的正时标记对齐,如图 1-5-50 所示。

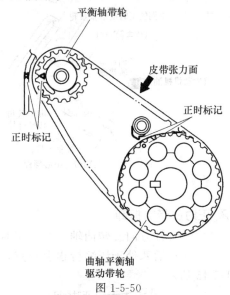

图 1-5-50

(2) 将平衡轴正时皮带安装在曲轴平衡轴驱动带轮和平衡轴带轮上。张紧一侧不应出现松弛情况。

(3) 如图 1-5-51 所示,装配并暂时将平衡轴正时皮带张紧轮的中部固定,以使其位于装配螺栓中心的左上部,而带轮法兰在发动机的前端。

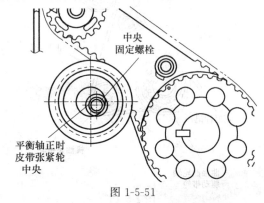

图 1-5-51

(4) 按以下方法调整平衡轴正时皮带的张紧力。

① 用手指按图 1-5-52 箭头所指的方向向上抬起平衡轴正时皮带。对平衡轴正时皮带使用（3.0±0.4）N·m 的拉紧力矩以使皮带被完全张紧而没有松动。在此状态下按规定力矩拧紧装配螺栓，然后固定平衡轴正时皮带张紧轮。

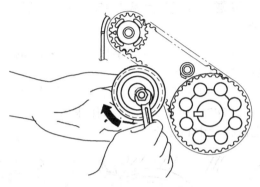

图 1-5-52

② 顺时针使曲轴旋转 2 圈，以使 1 号气缸活塞处于压缩行程的上止点并检查带轮上的正时标记是否对齐。

③ 如图 1-5-53 所示，在两带轮的中部区域施加约 100N（箭头所指区域），然后检查皮带的挠度是否在规定范围内。

标准值：5～7mm。

④ 如果不在标准值范围内，则再次调整皮带的张紧力。

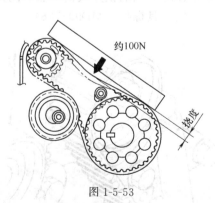

图 1-5-53

4. 气门正时皮带的安装

(1) 将凸轮轴带轮上的正时标记与摇臂壳上的正时标记对齐，如图 1-5-54 所示。

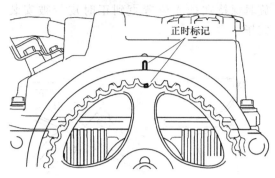

图 1-5-54

(2) 将曲轴带轮上的正时标记与前壳盖上的正时标记对齐，如图 1-5-55 所示。

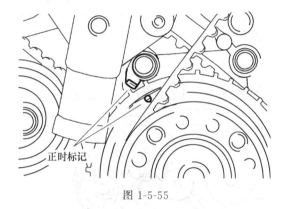

图 1-5-55

(3) 将机油泵带轮上的正时标记与其匹配标记对齐，如图 1-5-56 所示。

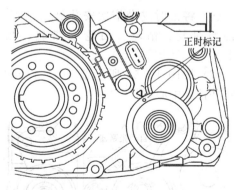

图 1-5-56

(4) 将气缸体上塞子卸下并将十字旋具（柄部直径 8mm）插入孔中，如图 1-5-57 所示。如果可插入 60mm 或更多，则正时标记已对齐。如果只能插入 20～25mm，则转动机油泵带轮 1 圈并重新对齐正时标记。然后尝试确认可插入 60mm 或更多。使十字旋具保持在插入位置直到正时皮带被安装完毕。

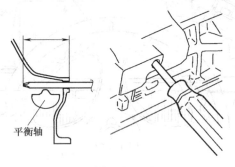

图 1-5-57

（5）如图 1-5-58 所示安装专用工具（MD998738）并将其拧到自动张紧器中安装线的位置且可在安装时轻微移动。

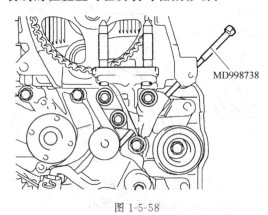

图 1-5-58

（6）将正时皮带依次安装到曲轴带轮、机油泵带轮、惰轮、凸轮轴带轮、张紧轮上。

（7）按图 1-5-59 所示箭头方向抬起张紧轮并拧紧中心螺栓。

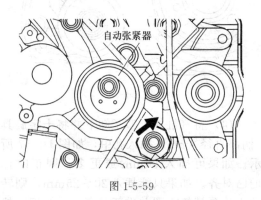

图 1-5-59

（8）检查所有正时标记已被对齐。

（9）卸下步骤（4）中插入的十字旋具并装上塞子。

（10）将曲轴逆时针转 1/4 转。然后顺时针转动曲轴直到正时标记再次对齐。

（11）如图 1-5-60 所示，将专用工具张紧轮套筒扳手（MD998767）、套筒扳手和扭力扳手安装到张紧轮上，并将张紧轮中心螺栓拧松。

注意 使用可度量 0～5.0N·m 的扭力扳手。

（12）暂时用扭力扳手以 3.5N·m 的力矩拧紧中心螺栓。

（13）用专用工具张紧轮套筒扳手（MD998767）和扭力扳手撑住张紧轮，按规定值拧紧中心螺栓。

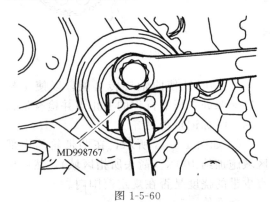

图 1-5-60

（14）如图 1-5-61 所示，用手卸下安装自动张紧器时插入的铁丝或销，然后同样用手卸下专用工具螺栓（MD998738）。

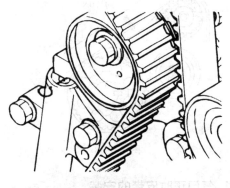

图 1-5-61

（15）顺时针将曲轴转 2 圈。等待

15min，然后执行下面的检查步骤。

（16）检查以确定是否能将铁丝或销（安装自动张紧器时插入）无阻力地卸下。如果铁丝或销可被无阻力地卸下，则说明皮带的张紧度恰好合适，因此可卸下铁丝或销。在此状态下检查自动张紧器推杆的伸出量是否在标准值范围（3.8~4.5mm）内，如图1-5-62所示。

图1-5-62

（17）如果在移除铁丝或销时受到阻力，重复步骤（10）~（15），直到自动张紧器推杆的伸出量处于标准值范围内。

六、蓝瑟（2.4L 4B12）

1. 平衡轴正时链条的安装

（1）擦掉曲轴链轮和曲轴上的污垢，然后清除图1-5-63所示部分上的油脂。

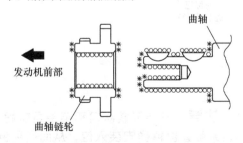

图1-5-63

（2）将平衡轴链轮的正时标记与平衡轴模块（箱体上）的正时标记对齐，如图1-5-64所示。

（3）如图1-5-64所示插入六角扳手（3mm），以防止平衡轴链轮移动。

（4）使平衡轴正时链条成环形，以便将其标记链节与正时标记对齐。

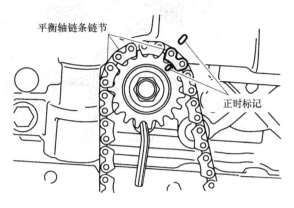

图1-5-64

（5）将曲轴链轮安装到曲轴上。不要将曲轴链轮推入一般位置，必须一直将其推入到曲轴前端的安装面为止。

（6）当倾斜平衡轴模块时，将另一个平衡轴链条的链节与曲轴链轮的正时标记对齐，如图1-5-65所示。缓慢地推入曲轴链轮，并将其装配入曲轴键槽中。然后，将平衡轴模块安装到发动机梯形架上。

注意 确保平衡轴模块与发动机梯形架是完全紧密接触的，同时确保曲轴的键槽与发动机梯形架的接触面按图示对齐。

（7）在平衡轴模块螺栓的螺纹上涂抹适量发动机油，如图1-5-66所示。

（8）根据图1-5-67所示的装配顺序将各螺栓拧紧至规定的20N·m的拧紧力矩，再拧紧至44N·m，然后将其完全松开。

（9）再次将其拧紧至规定的20N·m的拧紧力矩之后，使用角度规（专用工具）将其拧紧至135°，如图1-5-68所示。

（10）从平衡轴链轮中拉出六角扳手。

（11）如图1-5-69所示，确保每个正时标记都对齐。

（12）安装平衡轴链条张紧器臂和平衡轴链条导轨。

（13）将平衡轴正时链条张紧器装到发动机梯形架上，如图1-5-70所示。

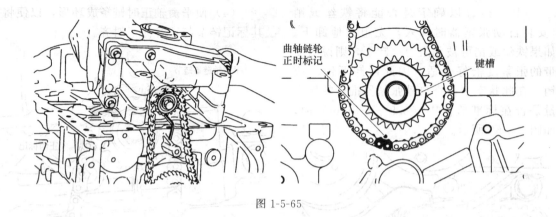

图 1-5-65

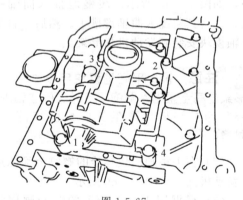

图 1-5-66

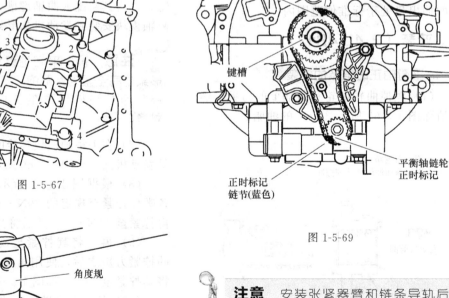

图 1-5-67

图 1-5-69

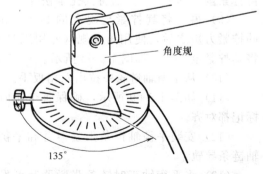

图 1-5-68

> **注意** 安装张紧器臂和链条导轨后,将链条张紧器精确安装入位,从而避免链条张紧器的柱塞跳出。

(14) 从张紧器上拆下直径约 1.5mm 的金属丝或回形针。这使链条张紧器的柱塞能够推动平衡轴张紧器臂,以保持平衡轴链条紧固。

2. 气门正时链条的安装

三菱 4B12 发动机气门正时链条的安装方法与 4B11 发动机类似，可参照 4B11 发动机正时链条的安装方法进行安装。

3. 发动机维修数据

三菱 2.4L 4B12 发动机维修数据如表 1-5-2 所示。

七、欧蓝德/帕杰罗（3.0L 6B31）

1. 正时系统示意图（图 1-5-71）

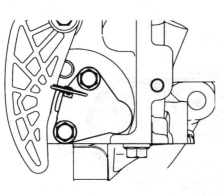

图 1-5-70

表 1-5-2　三菱 2.4L 4B12 发动机维修数据

项目	测量	条件	标准值或新车值	维修极限
气缸压力	在节气门全开启动时检查	最小值	1400kPa	1000kPa
		最大偏差	—	98kPa
凸轮轴	凸轮轴油隙		0～0.032mm	—
	凸轮高度	进气	44.1mm	43.6mm
		排气	45.0mm	44.50mm
气缸盖和气门	气缸盖底部变形		—	小于 0.05mm
	气缸盖底部的磨削限值			0.2mm
	气缸盖总高		128.5mm	—
	气门间隙	进气	(0.20±0.03)mm	
		排气	(0.30±0.03)mm	
	气门总长	进气	113.18mm	112.68mm
		排气	105.89mm	105.39mm
	气门厚度	进气	1.022mm	0.522mm
		排气	1.094mm	0.594mm
	气门弹簧的自由高度		47.44mm	—
	气门弹簧的垂直度		2°或更小	4°
	气门杆至导管的间隙	进气	0.020～0.047mm	0.10mm
		排气	0.030～0.054mm	0.11mm
	气门座触头宽度	进气	1.16～1.46mm	
		排气	1.35～1.65mm	
活塞和连杆	活塞销压装负载		7500～17500N	—
	活塞环和活塞环槽之间的间隙	第一道	0.03～0.07mm	0.1mm
		第二道	0.03～0.07mm	0.1mm
	活塞环端隙	第一道	0.15～0.25mm	0.8mm
		第二道	0.25～0.40mm	0.8mm
		油环	0.10～0.35mm	1.0mm
	连杆大头止推间隙		0.10～0.25m	0.4mm
	连杆轴承油隙		0.018～0.045mm	0.1mm
曲轴和气缸体	缸径×行程		88.0mm×97.0mm	—
	曲轴轴向间隙		0.05～0.25mm	0.4mm
	曲轴轴颈油隙		0.012～0.030mm	0.08mm
	气缸体顶部表面变形		0.05mm	0.2mm
	气缸体顶面的磨削限值		—	0.2mm
	气缸体圆柱度		小于 0.01mm	

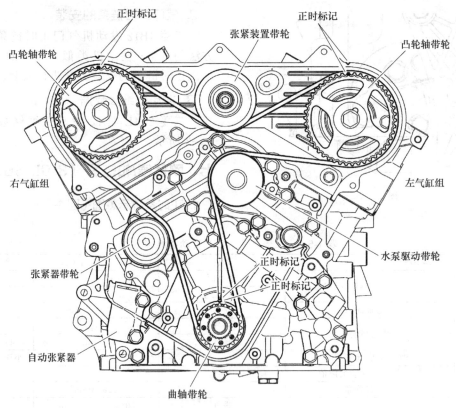

图 1-5-71

2. 正时皮带的拆卸

(1) 拆卸发动机右侧正时皮带前部上盖。

(2) 拆卸发动机左侧正时皮带前部上盖。

(3) 拆卸发动机正时皮带前盖下部。

(4) 拆卸发动机右侧支架。

(5) 拆卸曲轴角度传感器罩。

(6) 拆卸曲轴角度传感器。

(7) 取下曲轴角度传感器上的O形圈。

(8) 旋转曲轴,将凸轮轴带轮和曲轴带轮的标记与压缩行程上止点处的正时标记对齐,如图1-5-71所示。

(9) 将正时皮带的运动方向做上标记,以供重新安装时参考,如图1-5-72所示。

(10) 拆下自动张紧器的上部紧固螺栓,如图1-5-73所示。

(11) 慢慢松开自动张紧器的紧固螺栓(下部)。将自动张紧器推杆从张紧器臂上拆下,倾斜自动张紧器到挡块位置。

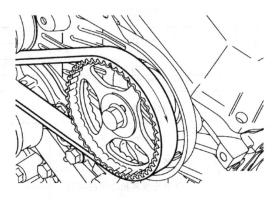

图 1-5-72

(12) 拆下自动张紧器的下部紧固螺栓。

(13) 拆下自动张紧器。

(14) 拆下张紧器臂。

(15) 使用对边宽度为8mm的六角扳手拆卸张紧装置带轮,如图1-5-74所示。

注意 由于内六角螺栓的六角形孔很浅,因此要将工具插牢并小心操作,不要损坏六角形孔。

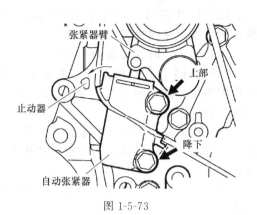

图 1-5-73

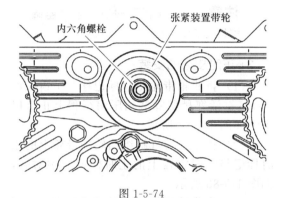

图 1-5-74

(16) 拆下正时皮带。

3. 正时皮带的安装

(1) 安装张紧装置带轮。
(2) 安装张紧器臂。
(3) 安装自动张紧器。

注意 在安装自动张紧器之前，必须对其进行放气。

(4) 检查曲轴带轮和凸轮轴带轮的标记是否与压缩行程上止点处的正时标记对齐，如图 1-5-75 所示。如果没有对齐，则再次对齐标记。注意气门和柱塞是否干涉。

(5) 按以下顺序安装每个带轮上的正时皮带。

① 安装曲轴带轮上的正时皮带，然后安装水泵驱动带轮上的正时皮带，同时将正时皮带拉紧以防止松弛。

② 将左气缸组凸轮轴带轮的正时标记对齐。

③ 将正时皮带安装到张紧装置带轮上，同时减小松弛度。

④ 将正时皮带安装到右气缸组的凸轮轴带轮上。

⑤ 将正时皮带安装到张紧器带轮上。

(6) 查看所有带轮的正时标记是否对齐。

(7) 拉出自动张紧器定位销。

(8) 使用专用曲轴扳手将曲轴顺时针转动 2 圈，5min 内不要再对其进行操作。

(9) 检查自动张紧器推杆的伸出量是否在标准值（9.1～13.4mm）范围内，如图 1-5-76 所示。

(10) 在曲轴角度传感器上安装新的 O 形圈。

(11) 安装曲轴角度传感器。
(12) 安装曲轴角度传感器罩。
(13) 安装发动机右侧支架。
(14) 安装发动机正时皮带前盖下部。
(15) 安装发动机左侧正时皮带前部上盖。
(16) 安装发动机右侧正时皮带前部上盖。

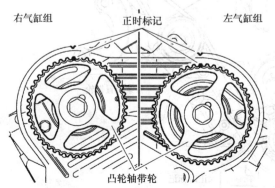

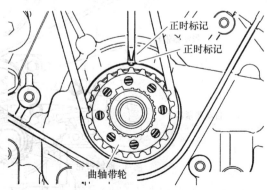

图 1-5-75

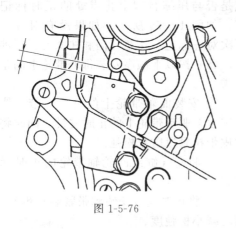

图 1-5-76

八、帕杰罗（3.0L 6G72/3.8L 6G75）

1. 正时系统示意图（图1-5-77）

2. 正时皮带的拆卸

（1）如图 1-5-78 所示，使用专用工具（曲轴带轮垫圈 MD998769）顺时针转动曲轴，使各正时标记对准并将 1 号气缸活塞调节到压缩行程上止点（图 1-5-77）。

（2）如果要重复使用正时皮带，则在皮带的平坦侧用粉笔画一个箭头，指明顺时针方向，如图 1-5-79 所示。

（3）松开正时皮带张紧器带轮固定螺栓，然后拆下正时皮带。

（4）拆下正时皮带自动张紧器。

（5）如图 1-5-80 所示，将两块垫块放进台虎钳中，然后再放入正时皮带张紧器调节器（自动张紧器）。

（6）慢慢地压正时皮带张紧器调节器的推杆，直到推杆的销孔 1 与气缸的销孔 2 对齐，如图 1-5-81 所示。

（7）一旦两者对齐，将定位销插入销孔。

注意 如果更换正时皮带张紧器调节器，销应已插入新部件的销孔中。

3. 正时皮带的安装

（1）将曲轴带轮正时标记移 3 个齿，使 1 号气缸活塞稍稍降低到压缩行程上止点以下，如图 1-5-82 所示。

（2）将左、右气缸组凸轮轴带轮上的正时标记与气门室盖上的正时标记分别对齐，如图 1-5-83 所示。

（3）将曲轴带轮的正时标记对齐，如图 1-5-84 所示。

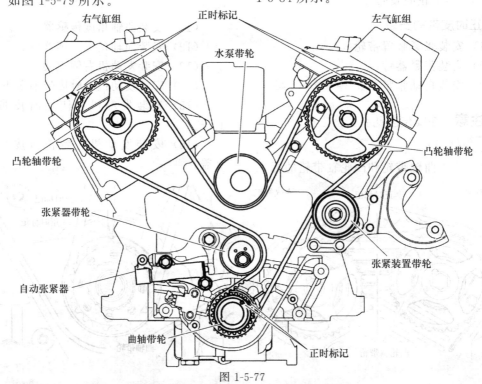

图 1-5-77

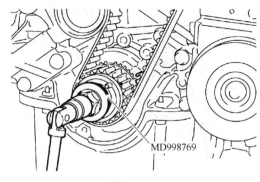

图 1-5-78

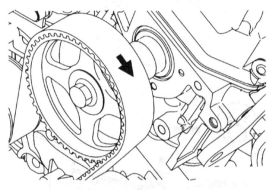

图 1-5-79

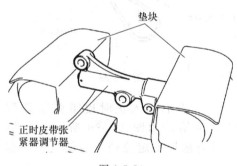

图 1-5-80

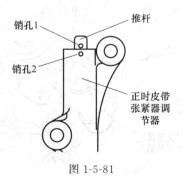

图 1-5-81

(4) 安装正时皮带张紧器调节器（自动张紧器）。

(5) 按照下列步骤安装正时皮带，以使正时皮带在各带轮之间没有挠度，如图 1-5-85 所示。

① 曲轴带轮。
② 正时皮带张紧装置带轮。
③ 凸轮轴带轮（左气缸组）。
④ 水泵带轮。

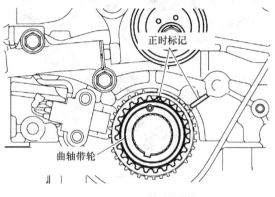

图 1-5-82

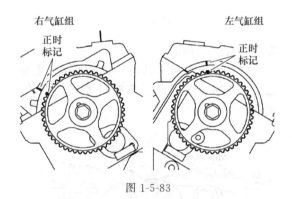

图 1-5-83

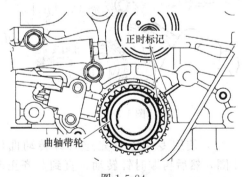

图 1-5-84

⑤ 凸轮轴带轮（右气缸组）。
⑥ 正时皮带张紧器带轮。

(6) 逆时针转动凸轮轴带轮（右气缸组），直到张紧侧的正时皮带被拉紧。再次

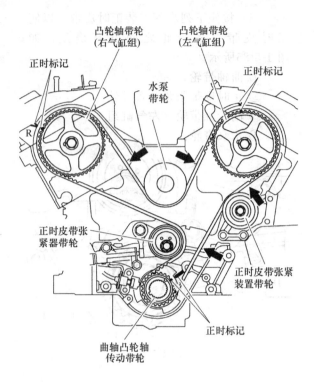

图 1-5-85

检查所有正时标记。

（7）使用专用工具将正时皮带张紧器带轮推入正时皮带，然后临时拧紧固定螺栓，如图 1-5-86 所示。

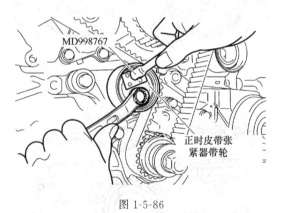

图 1-5-86

（8）使用专用工具先逆时针转动曲轴 1/4 圈，然后再顺时针转动，直到对齐正时标记，如图 1-5-87 所示。

（9）松开正时皮带张紧器带轮的固定螺栓。如图 1-5-88 所示使用专用工具（MD998767）和扭矩扳手向正时皮带施加张紧力矩（4.4N·m），然后将固定螺栓拧

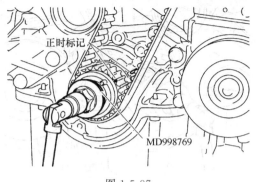

图 1-5-87

紧至规定力矩 [(48±6)N·m]。

注意 拧紧固定螺栓时，不要使正时皮带张紧器带轮随螺栓转动。

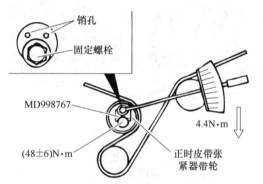

图 1-5-88

（10）拆下插入正时皮带张紧器调节器的定位销，如图 1-5-89 所示。如果能够无阻力地拆下定位销，表明皮带的张力适中。

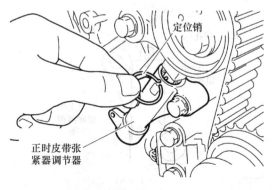

图 1-5-89

（11）顺时针转动曲轴 2 圈以对齐正时

标记。

(12) 至少等待 5min，然后检查确认正时皮带张紧器调节器推杆的伸出量处于标准值范围内，如图 1-5-90 所示。

标准值（A）：4.8~5.5mm。

(13) 如果未处于标准值范围内，则重复步骤（2）~（11）。

(14) 再次检查带轮的正时标记是否对齐。

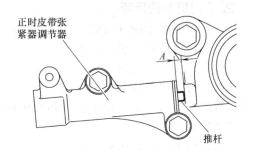

图 1-5-90

第六节　日产车系

一、玛驰/启辰 R30（1.2L HR12DE）

1. 正时系统部件图（图 1-6-1）

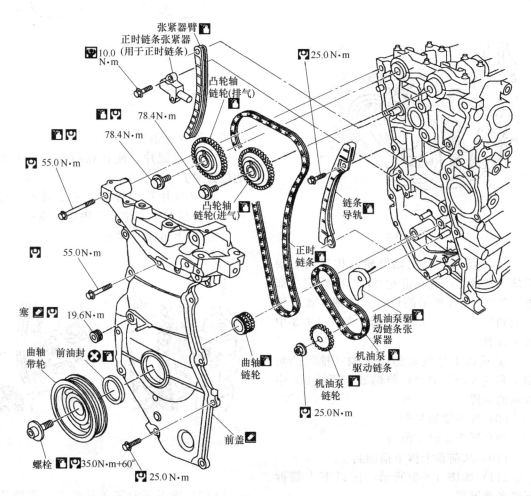

图 1-6-1

2. 正时链条的拆卸

(1) 拆下前车轮（右侧）。

(2) 拆下前翼子板保护板。

(3) 排放发动机机油。

(4) 拆下以下零件：摇臂盖、传动带、水泵带轮和接地电缆（位于前盖和散热器芯支撑之间）。

(5) 拆下空调低压软管。

(6) 使用变速箱千斤顶支起发动机的底部，然后拆下发动机固定支架和安装隔垫（右）。

(7) 按如下步骤将1号气缸活塞置于压缩行程上止点。

① 顺时针转动曲轴带轮2并使TDC标记3（无漆）与前盖上的正时指示器1对准，如图1-6-2所示。白色漆标记4不用于维修。

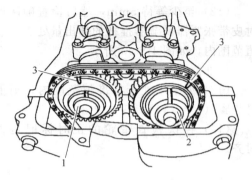

图 1-6-3

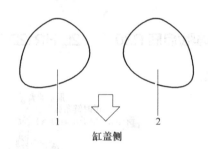

图 1-6-4

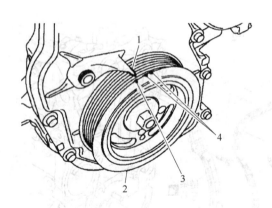

图 1-6-2

② 确认每个凸轮轴链轮（排气凸轮轴链轮1和进气凸轮轴链轮2）匹配标记3都处在如图1-6-3所示的位置。否则，就再转动曲轴带轮一次，使匹配标记与图1-6-3中所示位置一致。

③ 确认1号气缸的凸轮轴（排气凸轮轴1和进气凸轮轴2）前端处于图1-6-4中所示的位置。

(8) 拆下曲轴带轮。

(9) 拆下正时室前盖。

(10) 从前盖上拆下前油封。

(11) 如图1-6-5所示，按以下步骤拆下链条张紧器1。

① 完全按下链条张紧器锁片2，然后把柱塞3推入链条张紧器内。

② 拉起锁片，使其孔的位置与主体孔的位置对齐。

③ 从锁片孔中将限位销4插入张紧器孔中，然后在上方位置处固定住锁片。

④ 拆下链条张紧器。

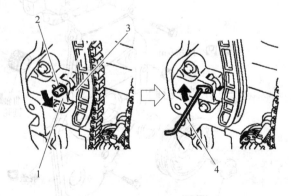

图 1-6-5

(12) 拆下正时链条导轨2和张紧器臂1，如图1-6-6所示。

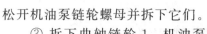

松开机油泵链轮螺母并拆下它们。

③ 拆下曲轴链轮 1、机油泵驱动链条 2、机油泵链轮 3，如图 1-6-8 所示。

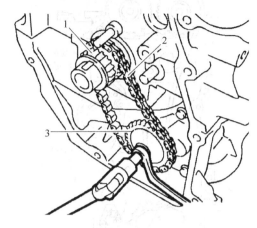

图 1-6-6

（13）拆下正时链条。朝排气凸轮轴链轮方向拉动正时链条的松动端，然后拆下正时链条并开始从排气凸轮轴链轮侧拆下。

注意 当拆卸正时链条时，切勿旋转曲轴或凸轮轴，否则会造成气门和活塞之间的干扰。

（14）按如下步骤拆下曲轴链轮和与机油泵驱动相关的部件。

① 拆下机油泵驱动链条张紧器 1，从驱动轴 2 和弹簧固定孔 3 内拉出，如图 1-6-7 所示。

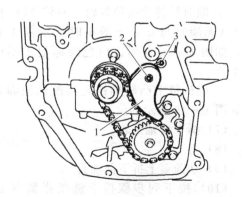

图 1-6-7

② 用套筒握住机油泵轴的顶部，然后

图 1-6-8

3. 正时链条的安装

（1）如图 1-6-9 所示，安装曲轴链轮 1、机油泵驱动链条 2 和机油泵链轮 3。安装曲轴链轮时使其无效齿轮部分 4 朝向发动机背面。安装机油泵链轮，使它的凸起面 5 朝向发动机前部。

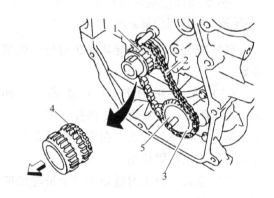

图 1-6-9

（2）用套筒握住机油泵轴的顶部，然后拧紧机油泵链轮螺母，见图 1-6-8。

（3）安装机油泵驱动链条张紧器 1，见图 1-6-7，当把弹簧插入到缸体前表面的固定孔 3 时，把张紧器插入轴 2 内。安装后检查机油泵驱动链条是否张紧。

（4）如图 1-6-10 所示从排气侧蓝色链节开始按逆时针顺序安装正时链条。

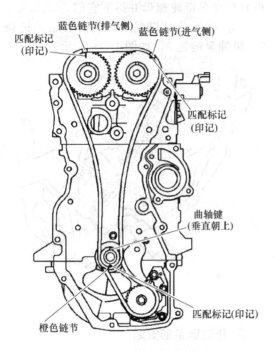

图 1-6-10

> **注意** ① 进行安装，使每个链轮和正时链条上的匹配标记对齐。
> ② 如果匹配标记没有对齐，轻轻旋转凸轮轴，纠正其位置。

（5）安装正时链条导轨和正时链条张紧器臂。

（6）安装正时链条张紧器 1，如图 1-6-11 所示。用限位销 2 将柱塞固定在完全压缩位置，然后安装。在安装完链条张紧器后，用力拉出限位销。

（7）重新检查正时链条和每个链轮的匹配标记位置。

（8）在前盖上安装前油封。

（9）将密封胶连续地涂抹到缸体和前盖上，然后安装前盖。

（10）通过对齐曲轴键来插入曲轴带轮。

（11）用手顺时针旋转曲轴，确认曲轴转动灵活。

（12）按照与拆卸相反的顺序安装其他零部件。

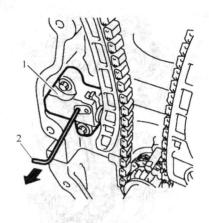

图 1-6-11

二、轩逸/骊威/骐达/颐达(1.6L HR16DE)/阳光/玛驰(1.5L HR15DE)

1. 正时系统部件图(图1-6-12)

2. 正时系统示意图(图1-6-13)

3. 正时链条的拆卸

（1）拆下前车轮（右侧）。

（2）拆下前翼子板保护板（右侧）。

（3）排放发动机机油。

（4）拆下以下零件：摇臂盖、传动带、水泵带轮。

（5）使用变速箱千斤顶支起发动机的底部，然后拆下发动机固定支架和安装隔垫（右）。

（6）按如下步骤将 1 号气缸活塞置于压缩行程上止点。

① 顺时针转动曲轴带轮 2 并使 TDC 标记 3（无漆）与前盖上的正时指示器 1 对准，如图 1-6-14 所示。白色漆标记 4 不用于维修。

② 确认每个凸轮轴链轮匹配标记都处在如图 1-6-15 所示的位置。

（7）拆下曲轴带轮。

（8）拆下前盖。

（9）从前盖上拆下前油封。

（10）按下列步骤拆下链条张紧器 1，如图 1-6-16 所示。

① 完全按下链条张紧器锁片 2，然后将柱塞 3 推入张紧器内部。

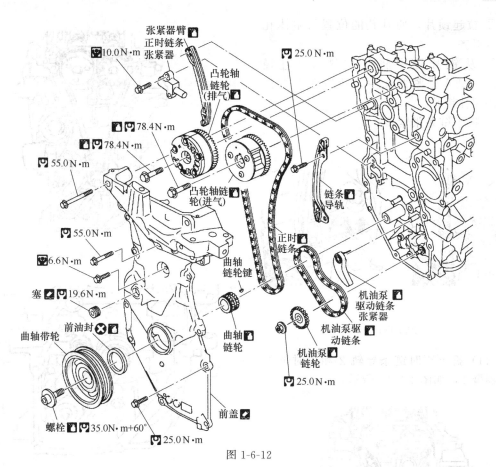

图 1-6-12

图 1-6-13

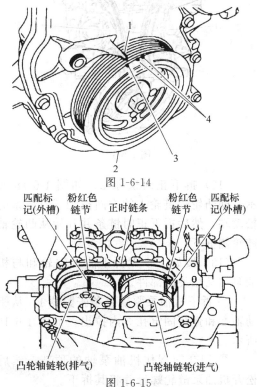

图 1-6-14

图 1-6-15

② 拉起锁片，使其孔的位置与主体孔的位置对齐。

③ 从锁片孔中将限位销 4（直径 2.5mm）插入张紧器孔中，然后在上方位置处固定住锁片。

④ 拆下链条张紧器。

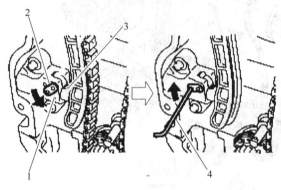

图 1-6-16

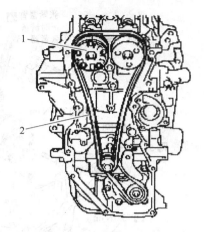

图 1-6-18

(11) 拆下正时链条导轨 2 和正时链条张紧器臂 1，如图 1-6-17 所示。

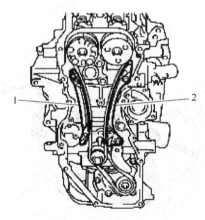

图 1-6-17

(12) 拆下正时链条 2，如图 1-6-18 所示。朝凸轮轴链轮 1 的方向拉动正时链条的松动端，然后拆下正时链条并开始从凸轮轴链轮侧拆下。

(13) 按如下步骤拆下曲轴链轮和与机油泵驱动相关的部件。

① 拆下机油泵驱动链条张紧器 1，从驱动轴 2 和弹簧固定孔 3 内拉出，如图 1-6-19 所示。

② 用套筒握住机油泵轴的顶部，然后松开机油泵链轮螺母并将其拆下。

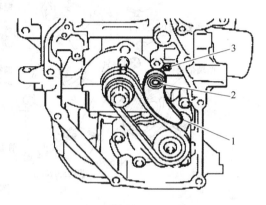

图 1-6-19

③ 同时，拆下曲轴链轮 1、机油泵驱动链条 2 和机油泵链轮 3，如图 1-6-20 所示。

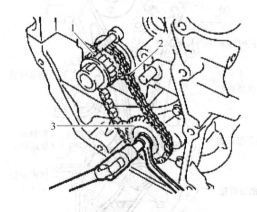

图 1-6-20

4. 正时链条的安装

(1) 按如下步骤安装曲轴链轮和与机油泵驱动相关的部件。

① 同时安装曲轴链轮 1、机油泵驱动链条 2、机油泵链轮 3，如图 1-6-21 所示。安装曲轴链轮时使其无效齿轮部分 4 朝向发动机背面。安装机油泵链轮，使它的凸起面 5 朝向发动机前部。

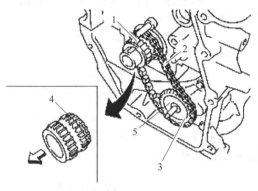

图 1-6-21

② 用套筒握住机油泵轴的顶部，然后拧紧机油泵链轮螺母（图 1-6-20）。

③ 安装机油泵驱动链条张紧器 1（见图 1-6-19）。当把弹簧插入到缸体前表面的固定孔 3 时，把张紧器插入轴 2 内。检查安装后的机油泵驱动链条是否张紧。

（2）安装正时链条，使每个链轮和正时链条上的匹配标记对齐，如图 1-6-22 所示。

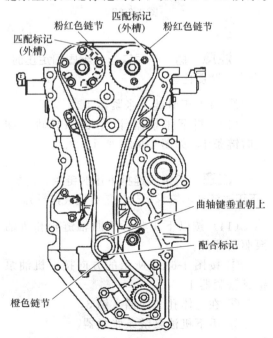

图 1-6-22

如果匹配标记没有对齐，轻轻旋转凸轮轴，纠正其位置。

（3）安装正时链条导轨和正时链条张紧器臂。

（4）安装链条张紧器 1，如图 1-6-23 所示。用限位销 2 将柱塞固定在完全压缩位置，然后安装。在安装完链条张紧器后，用力拉出限位销。

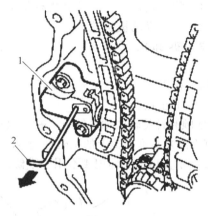

图 1-6-23

（5）重新检查正时链条和每个链轮的匹配标记位置。

（6）在前盖上安装前油封。

（7）安装前盖。

（8）通过对齐曲轴键来插入曲轴带轮。

（9）用下列步骤安装曲轴带轮。

① 用新发动机机油涂抹曲轴带轮螺栓的螺纹和固定面。

② 用 350N·m 力矩拧紧曲轴带轮螺栓。

③ 在曲轴带轮上做一个油漆标记 2，使其与曲轴螺栓法兰 1 上 6 个容易识别的角度标记 3 都匹配，如图 1-6-24 所示。

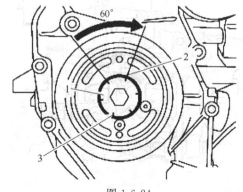

图 1-6-24

④ 顺时针旋转60°。

(10) 用手顺时针旋转，确认曲轴转动灵活。

(11) 按照与拆卸相反的顺序安装其他零部件。

三、轩逸（1.8L MRA8DE）

1. 正时链条的拆卸

(1) 将发动机安装至发动机台架上。

(2) 排放发动机机油。

(3) 拆卸以下零件：进气歧管、摇臂盖。

(4) 按以下步骤将1号气缸活塞置于压缩行程的上止点。

① 顺时针旋转曲轴带轮1，并将TDC标记2（无漆）对准前盖上的正时标记3，如图1-6-25所示。白色漆标记4不用于维修。

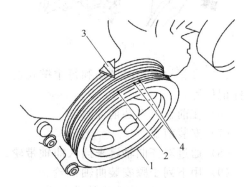

图1-6-25

② 检查1号气缸的凸轮凸起是否位于如图1-6-26所示的位置。如果没有，则转动曲轴带轮1圈并对齐。

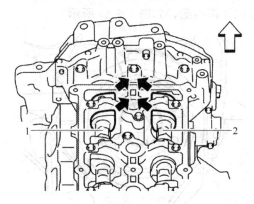

图1-6-26

(5) 拆下曲轴带轮。

(6) 拆卸油底壳（下）。

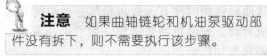

注意　如果曲轴链轮和机油泵驱动部件没有拆下，则不需要执行该步骤。

(7) 拆下进气门正时控制电磁阀和排气门正时控制电磁阀。

(8) 拆下驱动带自动张紧器。

(9) 拆下前盖。

(10) 从前盖上拆下前油封。

(11) 必要时，拆下气门正时控制盖。

(12) 按以下步骤拆下正时链条张紧器。

① 按下正时链条张紧器柱塞后将铁丝2插入顶部凹槽，如图1-6-27所示。

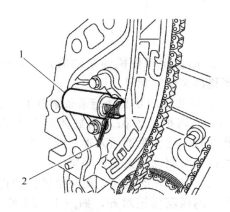

图1-6-27

注意　插入一根铁丝以牢固固定正时链条张紧器柱塞。

② 拆下正时链条张紧器1。

(13) 拆下张紧器臂2、链条导轨3和正时链条1，如图1-6-28所示。

注意　如果很难拆下正时链条，在拆下正时链条前先拆下凸轮轴链轮（排气）。

(14) 按以下步骤拆下曲轴链轮和机油泵驱动部件。

① 按图1-6-29所示的方向按下机油泵链条张紧器1。

② 在主体孔2内插入销3。

③ 拆下机油泵链条张紧器。

④ 如图1-6-30所示，抓住机油泵轴的

A 部分，然后松开机油泵链轮螺栓并将其拆下。

2. 正时链条的安装

（1）检查曲轴键是否朝上。

（2）安装机油泵驱动链条 1、曲轴链轮 2 和机油泵链轮 3，如图 1-6-31 所示。

通过对齐各链轮和机油泵驱动链条上的匹配标记（印记 4、黄色链节 5、深蓝色链节 6）进行安装。如果这些匹配标记没有对齐，则稍微转动机油泵轴以修正位置。

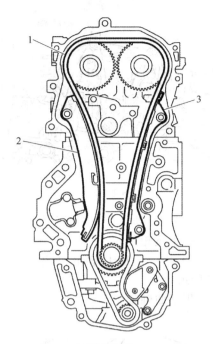

图 1-6-28

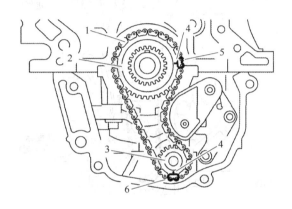

图 1-6-31

（3）抓住机油泵轴的 A 部分，然后拧紧机油泵链轮螺栓，如图 1-6-30 所示。

（4）安装机油泵链条张紧器 1，如图 1-6-32 所示。

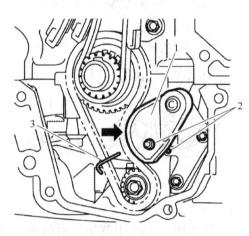

图 1-6-29

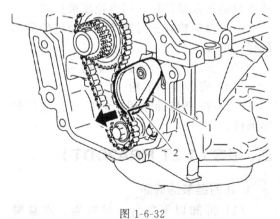

图 1-6-32

① 用限位销 2 将机油泵链条张紧器固定在完全压缩位置，然后安装。

② 安装机油泵链条张紧器后，用力拉出限位销。

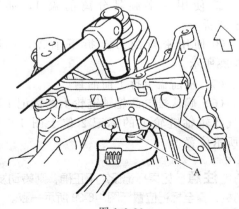

图 1-6-30

③ 再次检查机油泵驱动链条和各链轮的匹配标记位置。

（5）对齐各链轮匹配标记与正时链条的匹配标记，如图1-6-33所示。

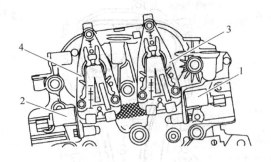

图1-6-34

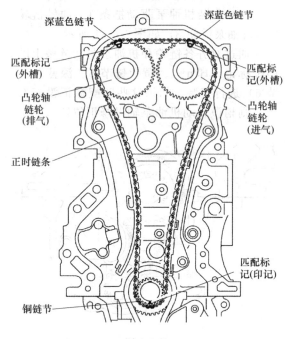

图1-6-33

（6）安装正时链条张紧器臂和链条导轨。

（7）安装正时链条张紧器。用限位销将柱塞固定在完全压缩的位置，然后安装。安装正时链条张紧器后，用力拉出限位销。

（8）再次检查正时链条和每个链轮的匹配标记位置。

（9）安装前油封和正时室前盖。

（10）安装曲轴带轮。

（11）按照与拆卸相反的顺序安装其他零部件。

四、逍客（1.2T HRA2DDT）

1. 正时链条的拆卸

（1）拆卸以下零件：摇臂盖、水泵带轮、惰轮。

（2）拆卸进气门正时控制电磁阀1、排气门正时控制电磁阀2、进气凸轮轴相位调整器注油孔盖3、排气凸轮轴相位调整器注油孔盖4，如图1-6-34所示。

（3）按以下步骤拆下曲轴带轮。

① 拆下飞轮盖。

② 使用一字旋具锁止飞轮1，如图1-6-35所示。

③ 拆下曲轴带轮。

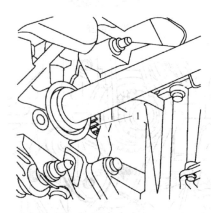

图1-6-35

（4）按以下步骤拆下前盖。

① 按如图1-6-36中数字所示的相反顺序松开螺栓。

② 使用一字旋具分离前盖1，如图1-6-37所示。

③ 使用密封刮刀1拆下前盖，如图1-6-38所示。

（5）从前盖上拆下前油封。

（6）确认排气凸轮轴链轮上的标记1和进气凸轮轴链轮上的标记2位于图1-6-39中所示位置。

注意 如果标记设定不正确，则转动发动机，直至标记位置与图1-6-39所示一致。

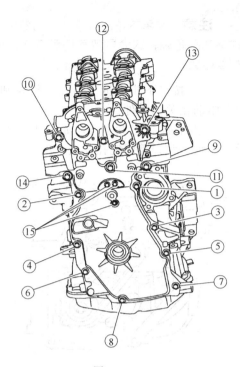

图 1-6-36

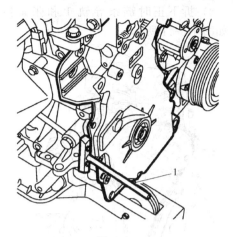

图 1-6-38

图 1-6-39

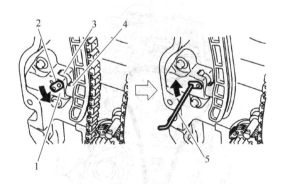

图 1-6-40

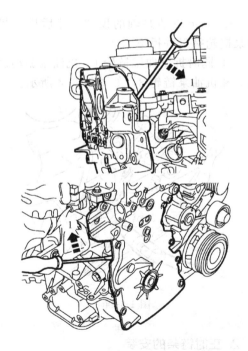

图 1-6-37

（7）按以下步骤拆下链条张紧器 1，如图 1-6-40 所示。

① 将链条张紧器锁片 2 往下推，然后将柱塞 4 推入张紧器内。将链条张紧器锁片往下推即可释放凸耳 3，这样柱塞就可以移动。

② 拉起锁片，使它的孔与主体上的孔对齐。

③ 将限位销 5 通过锁片插入主体的孔中，然后将锁片固定在上方位置。

④ 拆下链条张紧器。

(8) 拆下正时链条导轨 1 和张紧器臂 2，如图 1-6-41 所示。

> **注意** 在拆下正时链条时，切勿旋转曲轴或凸轮轴，这会导致气门和活塞之间相互碰撞。

(10) 按以下步骤拆下与曲轴链轮和机油泵驱动相关的零件。

① 拆下链条张紧器 1，如图 1-6-43 所示。从轴 2 和弹簧固定孔 3 上拉出。

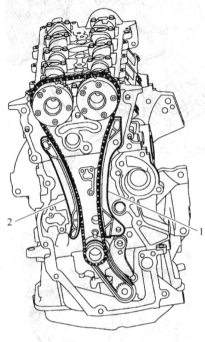

图 1-6-41

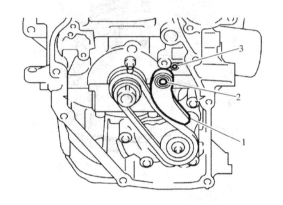

图 1-6-43

(9) 拆下正时链条 2，如图 1-6-42 所示。向凸轮轴链轮（排气）1 拉动正时链条的松弛部分，然后拆下正时链条并从凸轮轴链轮（排气）开始拆下。

② 固定机油泵轴的顶端，然后松开机油泵链轮螺母并拆下。

③ 同时拆下曲轴链轮 1、机油泵驱动链条 2 和机油泵链轮 3，如图 1-6-44 所示。

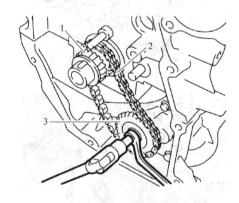

图 1-6-44

2. 正时链条的安装

> **注意** 图 1-6-45 所示为正时链条和对应链轮匹配标记之间的关系。

(1) 按以下步骤安装与曲轴链轮和机油泵驱动相关的部件。

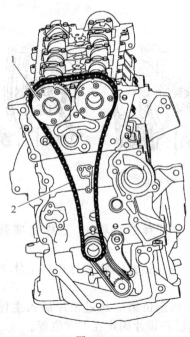

图 1-6-42

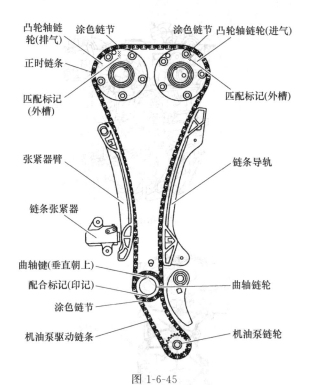

图 1-6-45

① 同时安装曲轴链轮 1、机油泵驱动链条 2 和机油泵链轮 3，如图 1-6-46 所示。

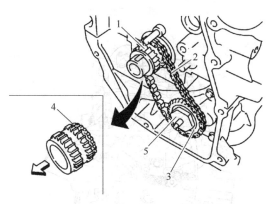

图 1-6-46

安装曲轴链轮，使其无效齿轮部分 4 朝向发动机背面。

安装机油泵链轮，使其六角面 5 朝向发动机前部。

注意 与机油泵驱动相关的零件上没有匹配标记。

② 固定机油泵轴的顶端，然后拧紧机油泵链轮螺母，如图 1-6-47 所示。

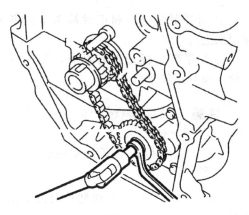

图 1-6-47

③ 安装链条张紧器 1，如图 1-6-48 所示。将弹簧装入缸体前侧表面固定孔 2 的同时将本体插入轴 3 内。安装后检查张力是否施加在机油泵驱动链条上。

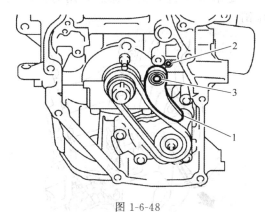

图 1-6-48

（2）按以下步骤安装正时链条，如图 1-6-49 所示。

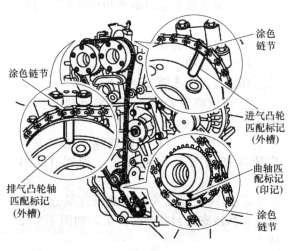

图 1-6-49

① 对齐每个链轮和正时链条上的匹配标记来进行安装。

② 如果匹配标记没有对齐,稍微转动凸轮轴来修正位置。

注意 ① 在配合标记对齐后,用手扶住使它们保持对齐。

② 为避免错齿,在前盖安装前,切勿转动曲轴和凸轮轴。

(3) 安装正时链条导轨和正时链条张紧器臂。

(4) 安装链条张紧器 1,如图 1-6-50 所示。

① 使用限位销 2 将柱塞固定在完全压缩的位置,然后安装。

② 在安装链条张紧器后,用力拉出限位销。

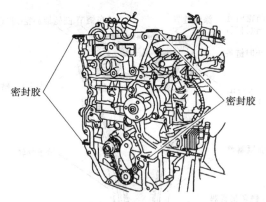

图 1-6-51

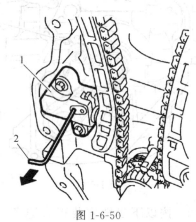

图 1-6-50

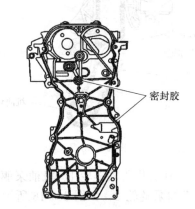

图 1-6-52

(5) 再次检查正时链条和每个链轮的匹配标记位置。

(6) 将前油封安装到前盖上。

(7) 安装前盖密封。

(8) 按以下步骤安装前盖。

① 清洁前盖安装表面和发动机与前盖的接触面。

② 使用胶管挤压器以连续点状的方式涂抹液态密封胶到前盖上,如图 1-6-51 所示。

③ 继续使用胶管挤压器以连续点状的方式涂抹液态密封胶到前盖上,如图 1-6-52 所示。

④ 按下列步骤按图 1-6-53 所示数字顺

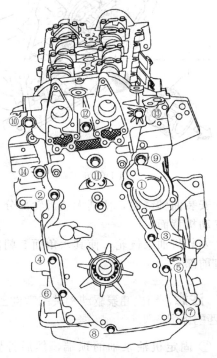

图 1-6-53

序拧紧螺栓：拧紧①、②、③、④、⑤、⑥、⑦、⑧装配螺栓（25.0N·m）；拧紧⑨、⑩、⑪、⑫、⑬、⑭装配螺栓（55.0N·m）。

⑤ 拧紧所有螺栓后，安装前盖螺栓1，如图1-6-54所示。

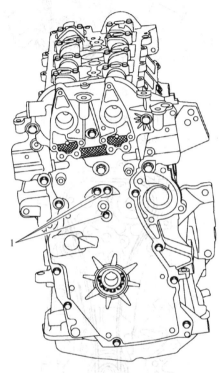

图 1-6-54

（9）通过对齐曲轴键插入曲轴带轮。在用塑料锤安装曲轴带轮时，只可轻敲它的中心部位。

（10）按以下步骤拧紧曲轴带轮螺栓。

① 使用一字旋具锁止飞轮。

② 在曲轴带轮螺栓的螺纹和座面上涂抹新的发动机机油。

③ 拧紧曲轴带轮螺栓（50.0N·m）。

④ 再顺时针旋转200°（角度拧紧）。

（11）用手顺时针旋转，检查曲轴是否可灵活转动。

（12）按照与拆卸相反的顺序安装其他零部件。

五、逍客/奇骏（2.0L MR20DE）

1. 正时链条的拆卸

（1）拆下前车轮（右）。

（2）拆下前翼子板保护板（右）。

（3）排放发动机机油。

（4）拆下以下零件：进气歧管、摇臂盖、驱动皮带。

（5）按下列步骤设置1号气缸活塞压缩行程上止点。

① 顺时针转动曲轴带轮1，并对齐上止点标记2（无漆）至前盖上的正时指示器3，如图1-6-55所示。白色漆标记4不用于维修。

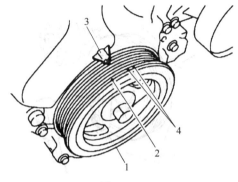

图 1-6-55

② 同时，检查1号气缸的凸轮凸起位于如图1-6-56所示位置（箭头）。如果没有，则旋转曲轴带轮1圈并按图所示对齐。

图 1-6-56

（6）按下列步骤拆下曲轴带轮。

① 如图1-6-57所示，用带轮夹具2固定曲轴带轮1，松开曲轴带轮螺栓，并使螺栓座面偏离其原始位置10mm。

② 在曲轴带轮1的M6螺纹孔内安装带轮拔具2，然后拆下曲轴带轮，如图1-6-58所示。

图 1-6-57

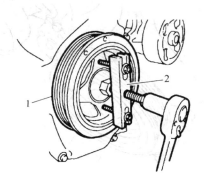

图 1-6-58

(7) 拆下后扭矩连杆。

(8) 用变速箱千斤顶支撑发动机底部，然后拆下发动机固定支撑和发动机安装隔垫（右）。

(9) 拆卸油底壳（下）。

> **注意** 如果曲轴链轮和平衡单元部件没有拆下，则不需要该步骤。

(10) 拆卸进气门正时控制电磁阀。

(11) 拆下驱动带自动张紧器。

(12) 拆下前盖。

(13) 从前盖上拆下前油封。

(14) 按下列步骤拆下正时链条张紧器，如图 1-6-59 所示。

① 按下正时链条张紧器柱塞。

② 将限位销 2 插入主体孔内，然后按下柱塞并固定它。

> **注意** 用直径约 1.5mm 的硬金属销作为限位销。

③ 拆下正时链条张紧器 1。

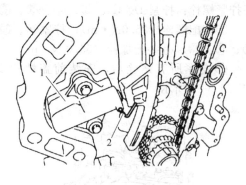

图 1-6-59

(15) 拆下张紧器臂 2、链条导轨 3 和正时链条 1，如图 1-6-60 所示。

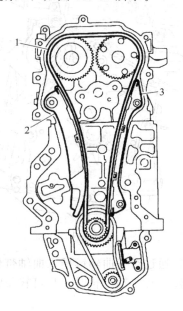

图 1-6-60

(16) 按下列步骤拆下曲轴链轮和平衡单元驱动部件。

① 依图 1-6-61 所示方向按下限位器凸耳 2，朝平衡单元正时链条张紧器 1 方向推动正时链条张紧器臂 3。

② 在张紧器主体孔 4 内插入限位销 5，以固定正时链条张紧器臂。

> **注意** 用直径约 1.2mm 的硬金属销作为限位销。

③ 拆下平衡单元正时链条张紧器。

④ 固定住平衡轴的 A 部分（19mm），然后松开平衡单元链轮螺栓，如图 1-6-62 所示。

轨（前盖侧）。

2. 正时链条的安装

（1）检查曲轴键是否朝上。

（2）如果拆下链条导轨（前盖侧），则将其安装到前盖上。

（3）安装曲轴链轮 2、平衡单元链轮 3 和平衡单元正时链条 1，如图 1-6-63 所示。

安装时对齐各链轮和平衡单元正时链条上的匹配标记（正时标记 4 与正时链节 5、6）。如果这些匹配标记没有对齐，则略微转动平衡轴以修正位置。

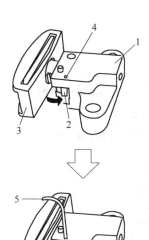

图 1-6-61

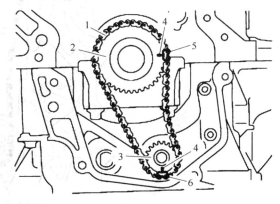

图 1-6-63

（4）固定住平衡轴的 A 部分（19mm），然后拧紧平衡单元链轮螺栓（见图 1-6-62）。

（5）安装平衡单元正时链条张紧器 1，如图 1-6-64 所示。安装平衡单元正时链条张紧器后，用力拉出限位销 2。

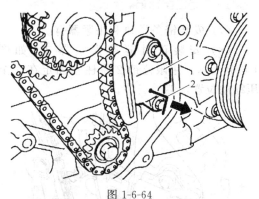

图 1-6-64

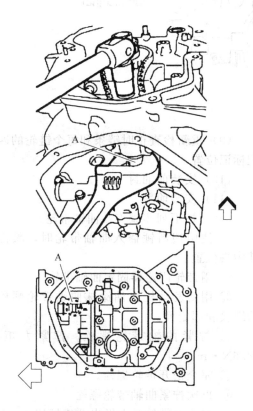

图 1-6-62

⑤ 作为一组拆下曲轴链轮、平衡单元链轮和平衡单元正时链条。

（17）如果需要，从前盖上拆下链条导

（6）对齐各链轮匹配标记与正时链条的匹配标记，如图 1-6-65 所示。如果这些匹配标记没有对齐，则抓住六边形部分略微转动凸轮轴以修正位置。

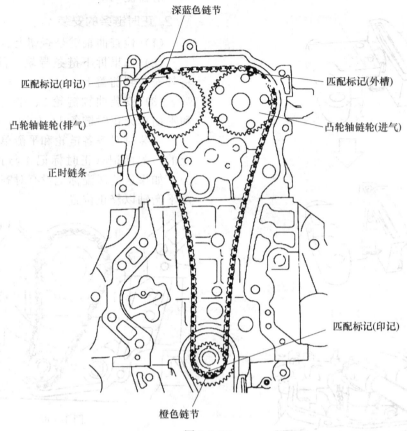

图 1-6-65

注意 ① 安装正时链条后,再次检查各链轮和正时链条的匹配标记位置。
② 进气凸轮轴链轮内有两个外槽,较宽的一个是匹配标记。

(7) 安装链条导轨和张紧器臂。
(8) 安装正时链条张紧器 1,如图 1-6-66 所示。用限位销 2 将柱塞固定在完全压缩的位置,然后安装。

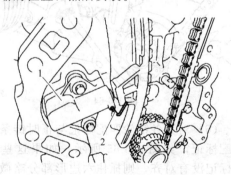

图 1-6-66

(9) 重新检查正时链条和每个链轮的匹配标记位置。
(10) 安装前油封。
(11) 安装前盖。
(12) 按下列步骤安装曲轴带轮。
① 使用塑料锤插入曲轴带轮时,敲击其中央位置。
② 用带轮固定器固定曲轴带轮。
③ 用新发动机机油涂抹曲轴带轮螺栓的螺纹和固定面。
④ 拧紧曲轴带轮螺栓。拧紧力矩: 68.6N·m。
⑤ 完全松开带轮螺栓。
⑥ 再次拧紧曲轴带轮螺栓。
⑦ 在曲轴带轮 2 上做出油漆标记 4,它与六个角度标记中任意一个匹配,以便识别曲轴带轮螺栓法兰 1 上的角度标记 3,如图 1-6-67 所示。
⑧ 再顺时针旋转 60°。

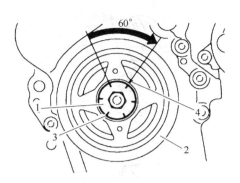

图 1-6-67

⑨ 检查曲轴在顺时针方向转动是否顺畅。

(13) 按照与拆卸相反的顺序安装其他零部件。

六、奇骏/楼兰（2.5L QR25DE）

1. 正时链条的拆卸

(1) 拆下以下零件：PCV 软管、进气歧管、点火线圈、驱动带、驱动带自动张紧器。

(2) 拆卸发动机固定支架（右）。

(3) 拆卸摇臂盖。

(4) 拆卸油底壳（下）。

(5) 拆下油底壳（上）和机油集滤器。

(6) 拆下进气阀正时控制盖。按图 1-6-68 中数字所示的相反顺序松开螺栓。

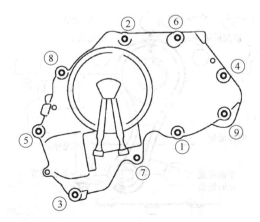

图 1-6-68

(7) 从前盖将凸轮轴链轮之间的链条上导轨拉出。

(8) 按下列步骤设置 1 号气缸活塞压缩行程上止点。

① 顺时针旋转曲轴带轮，并将 TDC 标记对准前盖上的正时标记，如图 1-6-69 所示。

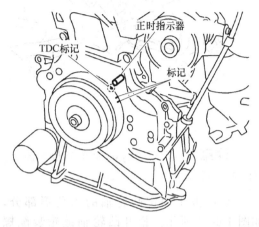

图 1-6-69

② 同时，检查凸轮轴链轮的匹配标记是否在图 1-6-70 所示位置。如果位置不对，就再转动曲轴带轮一次，使匹配标记与图中所示位置一致。

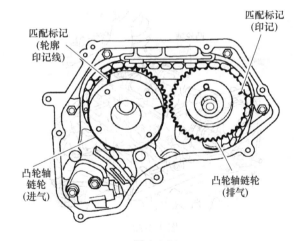

图 1-6-70

(9) 拆下曲轴带轮。

(10) 拆下发动机正时前盖。

(11) 按下列步骤拆下正时链条和凸轮轴链轮。

① 按下链条张紧器柱塞，将限位销插入链条张紧器体上的孔以固定链条张紧器柱塞并拆下链条张紧器，如图 1-6-71 所示。

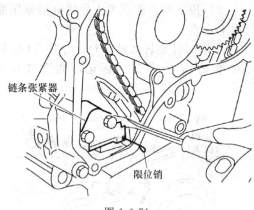

图 1-6-71

 注意 使用直径约0.5mm的硬金属销作为限位销。

② 用扳手固定凸轮轴的六角形部分，如图1-6-72所示。松开凸轮轴链轮装配螺栓并拆下正时链条和凸轮轴链轮。

注意 拆卸正时链条后，不要旋转曲轴或凸轮轴。它会造成气门和活塞之间的干涉。

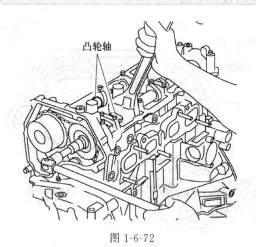

图 1-6-72

（12）拆下正时链条张紧器臂、正时链条导轨和机油泵驱动隔套。

（13）按以下步骤拆下平衡单元正时链条张紧器。

① 依图1-6-73所示方向按下限位器凸耳2，朝正时链条张紧器1方向推动正时链条张紧器臂3。

② 在张紧器主体孔4内插入限位销5，

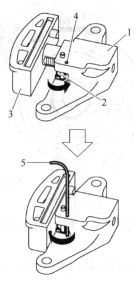

图 1-6-73

以固定正时链条张紧器臂。

注意 用直径约1.2mm的硬金属销作为限位销。

③ 拆下平衡单元正时链条张紧器。

（14）拆下平衡单元正时链条和曲轴链轮。

2. 正时链条的安装

（1）检查曲轴键是否朝上。

（2）安装曲轴链轮和平衡器单元正时链条，如图1-6-74所示。

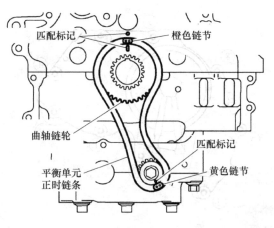

图 1-6-74

① 检查曲轴链轮是否位于缸体和曲轴链轮结合顶部的匹配标记上。

② 安装时对齐各链轮和平衡单元正时链条上的匹配标记。

(3) 安装平衡单元正时链条张紧器。

① 小心切勿使各链轮和正时链条的匹配标记滑动。

② 安装后，确认匹配标记未滑动，然后拆下限位销并松开张紧器套筒。

(4) 安装正时链条和相关零件。图1-6-75中显示了每个正时链条上的匹配标记和相应的链轮上的匹配标记之间的关系。

① 进行安装，使每个链轮和正时链条上的匹配标记对齐。

② 安装链条张紧器前后，再次检查匹配标记是否没有滑动。

③ 安装链条张紧器后，拆下限位销并检查张紧器是否移动自如。

注意 安装链条张紧器前，可以改变各链轮上正时链条匹配标记的位置以便对齐。

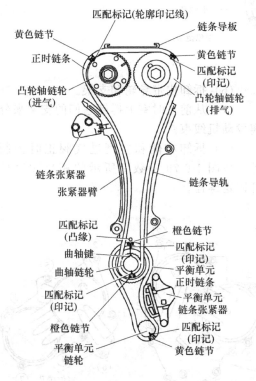

图 1-6-75

(5) 在前盖上安装前油封。
(6) 安装发动机正时前盖。
(7) 在曲轴链轮之间安装链条上导轨。
(8) 安装气门正时控制盖。
(9) 通过对齐曲轴键来插入曲轴带轮。
(10) 拧紧曲轴带轮螺栓。

① 用新发动机机油涂抹曲轴带轮螺栓的螺纹和固定面。

② 拧紧曲轴带轮螺栓。

③ 在曲轴带轮上做一个油漆标记，使其与螺栓法兰上六个容易识别的角度标记都匹配，如图1-6-76所示。

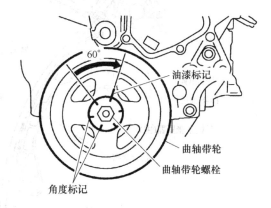

图 1-6-76

④ 再顺时针旋转60°。

(11) 按以下步骤在发动机侧安装支架。

① 如图1-6-77所示，暂时拧紧③号和⑤号螺栓。

② 按图中所示的数字顺序拧紧螺栓至规定力矩。

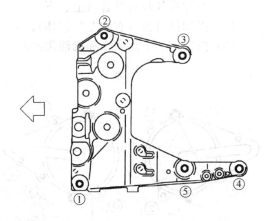

图 1-6-77

(12) 按照与拆卸相反的顺序安装所有拆卸的零部件。

七、天籁（2.5L VQ25DE）/天籁/楼兰（3.5L VQ35DE）

1. 正时系统示意图（图1-6-78）

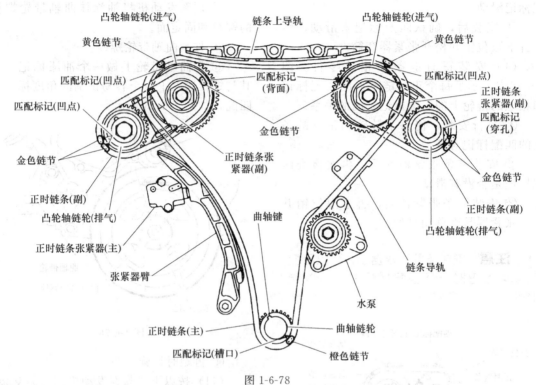

图1-6-78

2. 正时链条的拆卸

（1）排放发动机机油。

（2）排出发动机中的冷却液。

（3）拆卸进气歧管总管（上、下）。

（4）拆卸摇臂盖（右和左气缸体）。

（5）拆卸上、下油底壳和机油集滤器。

（6）拆卸皮带导轮和支架。

（7）从前正时室上拆卸它们的支架来分离发动机线束。

（8）拆卸右侧和左侧进气阀正时控制盖。按图1-6-79中数字所示的相反顺序松开固定螺栓。

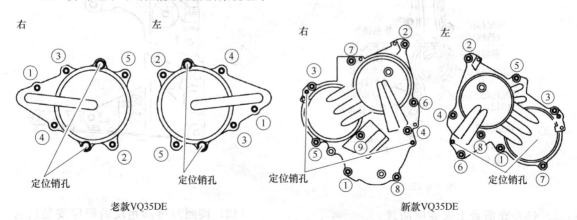

图1-6-79

(9) 从前正时室机油孔（左侧和右侧）拆卸 O 形圈，如图 1-6-80 所示。

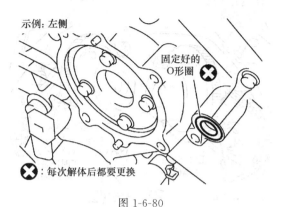

图 1-6-80

(10) 按下列步骤获取 1 号气缸活塞压缩行程 TDC。

① 顺时针旋转曲轴带轮，将正时标记（无色槽沟线）对准正时指示器，如图 1-6-81 所示。

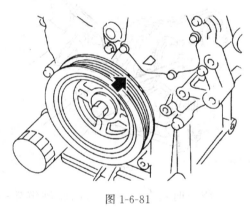

图 1-6-81

② 确认如图 1-6-82 所示定位的 1 号气缸（右气缸体发动机前端）上的进气和排气凸轮前端。如果没有，则旋转曲轴 1 圈并对齐。

(11) 拆卸曲轴带轮。

(12) 拆卸前正时室。

(13) 从后正时室上拆卸 O 形圈，如图 1-6-83 所示。

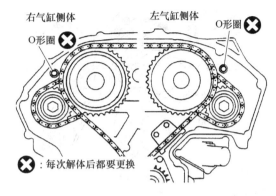

图 1-6-83

(14) 从前正时室上拆卸水泵盖和链条张紧器盖。

(15) 使用合适的工具从前正时室上拆卸前油封。

(16) 按下列步骤拆卸正时链条张紧器（主）。

① 拉下锁片，松开柱塞限位器凸起，如图 1-6-84 所示。可以推起柱塞限位器凸起将其松开（与锁片同轴结构）。

② 将限位销插入张紧器孔中支撑锁片，不要固定凸起。

注意 如图 1-6-84 所示用内六角扳手作限位销。

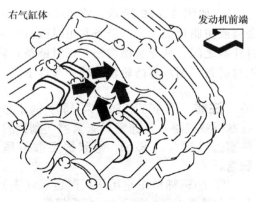

图 1-6-82

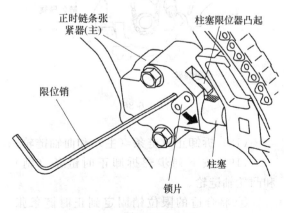

图 1-6-84

③ 通过压正时链条导轨来将柱塞压入张紧器中，如图1-6-85所示。

④ 按住张紧器臂，推入限位销横穿锁片孔和张紧器孔固定柱塞。

⑤ 拆卸固定螺栓并拆卸正时链条张紧器（主）。

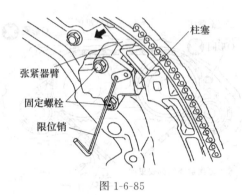

图1-6-85

(17) 拆卸链条上导轨、链条导轨和张紧器臂，如图1-6-86所示。

> **注意** 拆卸正时链条（主）后可以拆卸链条导轨。

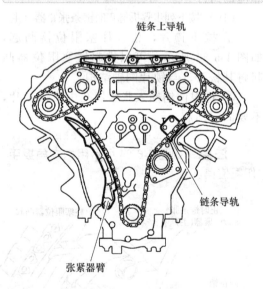

图1-6-86

(18) 拆卸正时链条（主）和曲轴链轮。

(19) 按下列步骤拆卸正时链条（副）和凸轮轴链轮。

① 将合适的限位销固定到正时链条张紧器（副）右侧和左侧，如图1-6-87所示。

> **注意** 使用直径约0.5mm的硬金属销作为限位销。

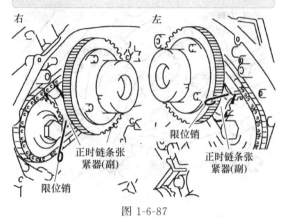

图1-6-87

② 拆卸凸轮轴链轮（进气和排气）固定螺栓。用扳手固定凸轮轴的六角形部分来松开固定螺栓，如图1-6-88所示。

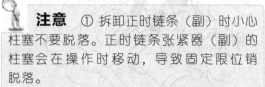

图1-6-88

③ 将正时链条（副）与凸轮轴链轮一起拆下。

a. 稍微转动凸轮轴，调节正时链条张紧器（副）侧的正时链条松紧度。

b. 如图1-6-89所示，将0.5mm厚的金属或树脂板插入正时链条和正时链条张紧器柱塞之间。从导板槽沟松开正时链条，将正时链条（副）与凸轮轴链轮一起拆下。

> **注意** ① 拆卸正时链条（副）时小心柱塞不要脱落。正时链条张紧器（副）的柱塞会在操作时移动，导致固定限位销脱落。
>
> ② 凸轮轴链轮是用于正时链条（主）和正时链条（副）的二合一结构链轮。

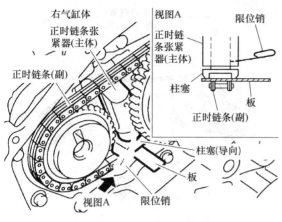

图 1-6-89

3. 正时链条的安装

（1）确认定位销孔、定位销和曲轴键已按如图 1-6-90 所示定位（1 号气缸活塞压缩行程 TDC 位置）。

① 凸轮轴定位销孔（进气侧）：在每个气缸体的缸盖面朝上侧。

② 凸轮轴定位销（排气侧）：在每个气缸体的缸盖面朝上侧。

③ 曲轴键：在右气缸体的缸盖侧。

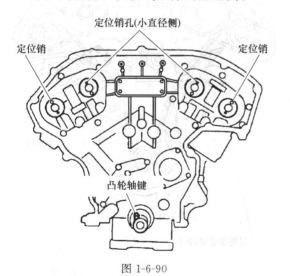

图 1-6-90

（2）按下列步骤安装正时链条（副）和凸轮轴链轮（进气和排气）。

① 推入链条张紧器（副）的柱塞，并插入限位销，如图 1-6-91 所示。

② 安装正时链条（副）和凸轮轴链轮（进气和排气）。将正时链条（副）金色链节上的匹配标记对准凸轮轴链轮（进气和排气）凹点上的标记，并进行安装，如图 1-6-92 所示。

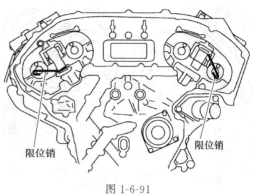

图 1-6-91

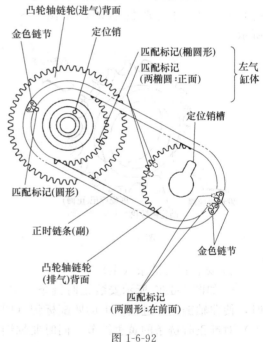

图 1-6-92

注意 凸轮轴链轮（进气）的配合标记位于凸轮轴链轮（副）的背面。匹配标记有两种：圆形和椭圆形，它们分别用于右气缸体和左气缸体。

③ 确认匹配标记已对齐后，拧紧凸轮轴链轮固定螺栓。用扳手固定凸轮轴的六角形部分来拧紧螺栓。

④ 从正时链条张紧器（副）上拉出限位销，如图 1-6-93 所示。

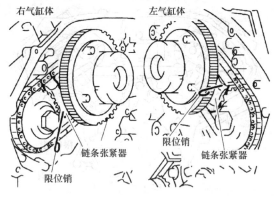

图 1-6-93

(3) 安装链条导轨。

(4) 按下列步骤安装正时链条（主）。

① 安装曲轴链轮。确认曲轴链轮上的配合标记朝向发动机前端，如图 1-6-94 所示。

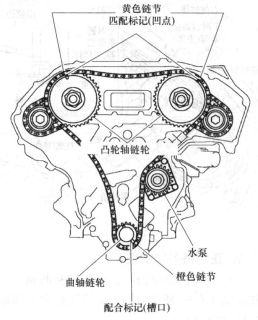

图 1-6-95

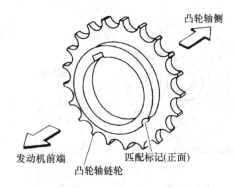

图 1-6-94

② 安装正时链条（主）。

a. 如图 1-6-95 所示安装正时链条（主）时，使曲轴链轮（进气）上的匹配标记（凹点）对准正时链条的黄色链节，同时曲轴链轮上的匹配标记（槽口）对准正时链条的橙色链节。

b. 当很难将正时链条（主）的匹配标记对准每个链轮时，用扳手握住六角形部分慢慢转动凸轮轴使其与匹配标记对齐。

c. 定位时，小心避免正时链条（副）的匹配标记定位发生错位。

(5) 安装链条上导轨、张紧器臂和正时链条张紧器（主），如图 1-6-96 所示。

(6) 安装正时链条张紧器（主）时，推入柱塞，并用限位销压住（图 1-6-85）。

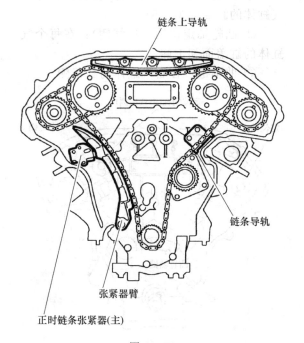

图 1-6-96

(7) 彻底清除正时链条张紧器（主）背面和安装表面上的污垢及异物。

(8) 安装后，按下张紧器臂拉出限位销。

(9) 再次确认每个链轮和正时链条上的匹配标记都没有错位。

(10) 将新 O 形圈安装到后正时室上（图 1-6-83）。

(11) 将新的前油封安装到前正时室上。

① 使用新发动机机油涂抹油封唇和防尘封唇。

② 安装时，如图 1-6-97 所示确定每个密封唇的方向。

(12) 将水泵盖和链条张紧器盖安装到前正时室上。

(13) 安装前正时室。

(14) 安装右侧和左侧进气阀正时控制盖。

(15) 安装曲轴带轮，拧紧曲轴带轮螺栓。力矩：44.1N·m＋60°。

(16) 顺时针旋转曲轴带轮确认其转动灵活。

(17) 其他步骤按照与拆卸的相反顺序进行。

八、进口途乐（5.6L VQ56DE）

正时系统示意图如图 1-6-98 所示。

注意 ① 图 1-6-98 显示了每个正时链条上的匹配标记和相应链轮上的匹配标记之间的关系。

② 要安装正时链条和相关零件，从气缸体 2 上的零件开始。安装气缸体 1 上的零件的步骤与气缸体 2 相同，略去。

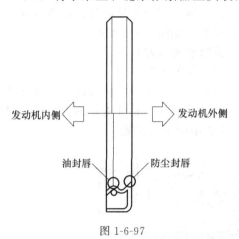

图 1-6-97

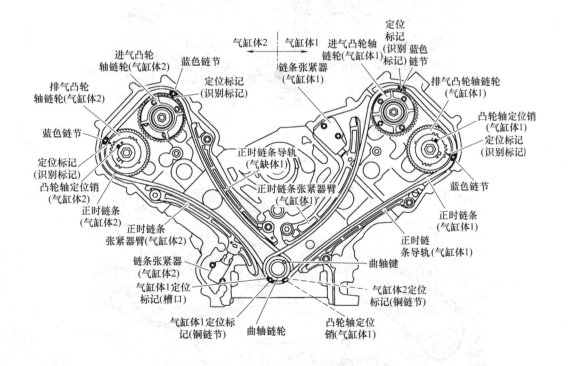

图 1-6-98

第七节　斯巴鲁车系

一、森林人（2.0L H4DO）

▶ **1. 正时链条的拆卸** ◀

正时链条（右）

（1）拆下正时链条罩。

（2）转动曲轴，将曲轴链轮、右进气凸轮轴链轮和右排气凸轮轴链轮的正时标记对准图1-7-1中所示的位置。

注意 如果正时标记与图1-7-1中所示的位置对准，则曲轴键位于6点钟位置。

（3）按下右链条张紧器臂，将直径2.5mm的限位销或六角扳手插入右链条张紧器的限位器孔中，固定柱塞1，如图1-7-2所示。

（4）拆下右链条张紧器，然后拆下右链条张紧器臂1，如图1-7-3所示。

（5）拆下右链条导向装置，然后拆下右正时链条，如图1-7-4所示。

正时链条（左）

（1）拆下正时链条（右）。

（2）转动曲轴，将曲轴键、左进气凸轮轴链轮和左排气凸轮轴链轮的正时标记对准图1-7-5中所示的位置。

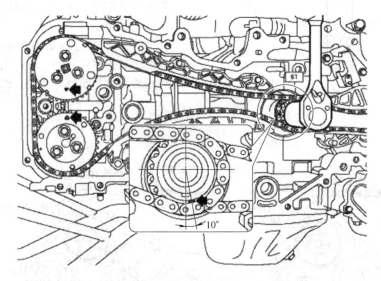

图1-7-1

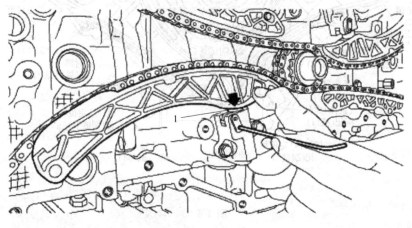

图1-7-2

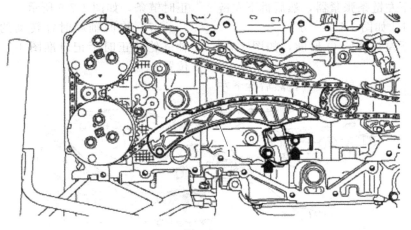

图 1-7-3

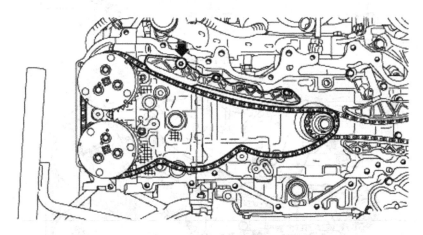

图 1-7-4

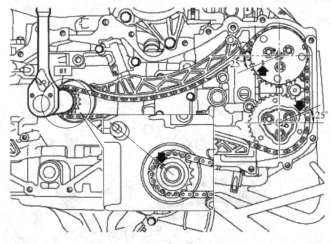

图 1-7-5

（3）按下左链条张紧器臂，将直径 2.5mm 的限位销或六角扳手插入左链条张紧器的限位销孔中，固定柱塞 1，如图 1-7-6 所示。

(4) 拆下左链条张紧器，然后拆下左链条张紧器臂 1，如图 1-7-7 所示。

(5) 拆下左缸体的 O 形圈，如图 1-7-8 所示。

(6) 拆下左链条导向装置，然后拆下左正时链条，如图 1-7-9 所示。

(7) 将曲轴顺时针转动约 200°，使曲轴链轮的正时标记对准图 1-7-10 中所示的位置。

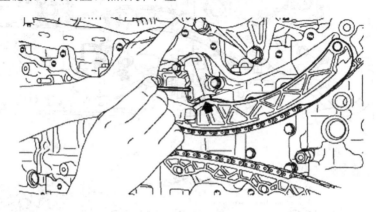

图 1-7-6

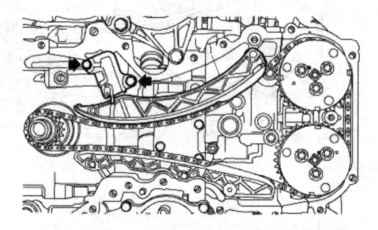

图 1-7-7

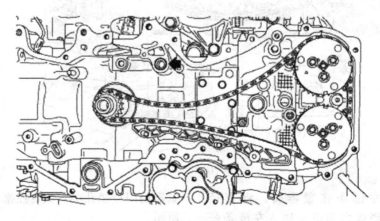

图 1-7-8

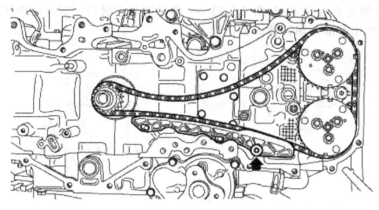

图 1-7-9

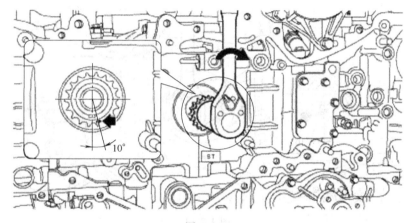

图 1-7-10

（8）将左进气凸轮轴链轮转动约180°，使左进气凸轮轴链轮的正时标记对准图1-7-11中所示的位置（零升程位置）。

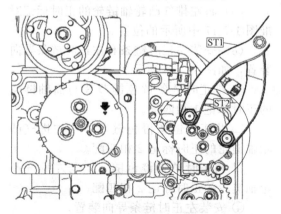

图 1-7-11

2. 正时链条的安装

正时链条（左）

（1）准备安装左链条张紧器。

① 按箭头方向移动锁片 1 以压入柱塞 2，如图 1-7-12 所示。

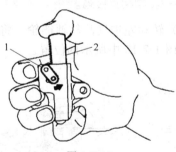

图 1-7-12

② 用直径 2.5mm 的限位销或六角扳手插入限位销孔，固定柱塞，如图 1-7-13 所示。

注意 如果连锁片的限位销孔和链条张紧器上的限位销孔没有对准，则检查柱塞齿条 1 的首个槽口是否与限位器齿 2 啮合。如果没有啮合，则稍稍缩回柱塞以使柱塞齿条 1 的首个槽口与限位器齿 2 啮合。

(2) 检查曲轴链轮是否位于图 1-7-14 中所示的位置。如未对准，则转动曲轴，将曲轴链轮正时标记对准图中所示的位置。

图 1-7-13

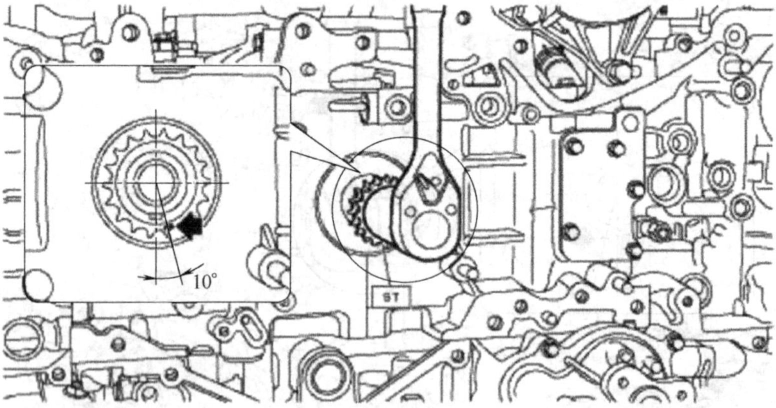

图 1-7-14

注意 需要执行此步骤以防气门和活塞在下一步中相互接触。

注意 切勿顺时针转动，因为气门和活塞可能会接触。

(3) 转动左进气凸轮轴链轮，将正时标记对准图 1-7-15 中所示的位置。

(5) 将左排气凸轮轴链轮的正时标记对准图 1-7-17 中所示的位置。

(6) 安装左正时链条和左正时链条导向装置，如图 1-7-18 所示。

① 把正时链条黄色链节 3 与曲轴链轮的正时标记 1 相匹配。

② 将正时链条橙色链节 4 与左进气凸轮轴链轮的正时标记 2 相匹配。

③ 将正时链条橙色链节 4 与左排气凸轮轴链轮的正时标记 2 相匹配。

④ 安装左正时链条导向装置。

(7) 将 O 形圈安装到左缸体内。

(8) 安装左链条张紧器臂和左链条张紧器。

(9) 从左链条张紧器中拉出限位销或六角扳手。

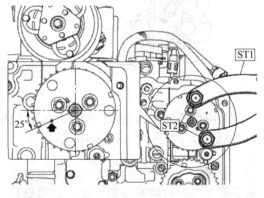

图 1-7-15

(4) 将曲轴逆时针转动约 200°，使曲轴键的正时标记对准图 1-7-16 中所示的位置。

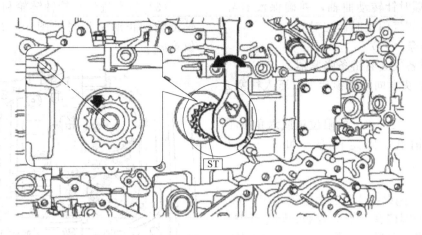

图 1-7-16

图 1-7-17

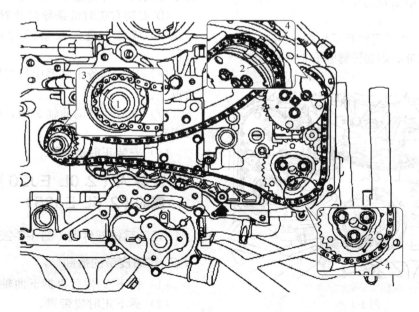

图 1-7-18

（10）顺时针转动曲轴，并确保没有异常状况且左侧气门正时标记对齐。

正时链条（右）

（1）准备安装右链条张紧器。

① 按箭头方向移动锁片 1 以压入柱塞 2（图 1-7-12）。

② 用直径 2.5mm 的限位销或六角扳手插入限位销孔，固定柱塞，如图 1-7-19 所示。

> **注意** 如果锁片上的限位销孔和链条张紧器上的限位销孔没有对准，则检查柱塞齿条 1 的首个槽口是否与限位器齿 2 啮合。如果没有啮合，则稍稍缩回柱塞以使柱塞齿条 1 的首个槽口与限位器齿 2 啮合。

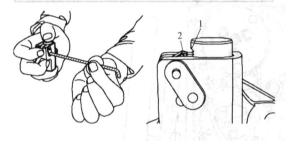

图 1-7-19

（2）转动曲轴，将曲轴链轮、左进气凸轮轴链轮和左排气凸轮轴链轮的正时标记对准图 1-7-20 中所示的位置。

> **注意** 如果正时标记与图 1-7-20 中所示的位置对准，则曲轴键位于 6 点钟位置。

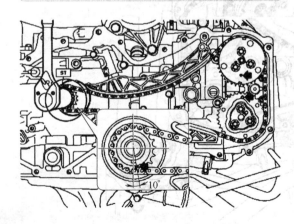

图 1-7-20

（3）将右进气凸轮轴链轮和右排气凸轮轴链轮的正时标记对准图 1-7-21 中所示的位置。

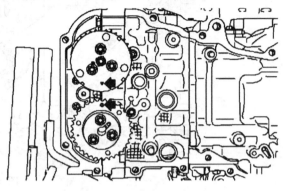

图 1-7-21

> **注意** 为防止气门损坏，仅在零升程范围（可用手轻微转动的范围）内转动右进气凸轮轴链轮和右排气凸轮轴链轮。

（4）安装右正时链条和右正时链条导向装置，如图 1-7-22 所示。

① 把正时链条黄色链节 3 与曲轴链轮的正时标记 1 相匹配。

② 将正时链条橙色链节 4 与右进气凸轮轴链轮的正时标记 2 相匹配。

③ 将正时链条橙色链节 4 与右排气凸轮轴链轮的正时标记 2 相匹配。

④ 安装右正时链条导向装置。

（5）安装右链条张紧器臂和右链条张紧器。

（6）从右链条张紧器中拉出限位销或六角扳手。

（7）顺时针转动曲轴 2 圈，确保气门正时正确。

（8）安装正时链条罩。

二、森林人（2.0L EJ20）/森林人/翼豹（2.5L EJ25）

1. 正时系统部件图（图 1-7-23）

2. 正时皮带的拆卸

（1）拆下 V 带后再拆下曲轴带轮。

（2）拆下正时皮带罩。

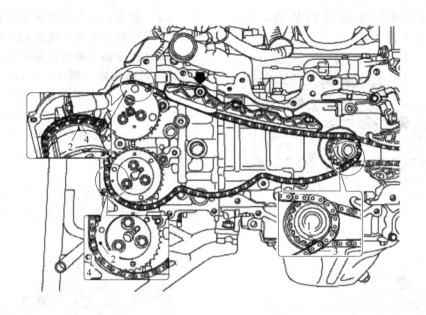

图 1-7-22

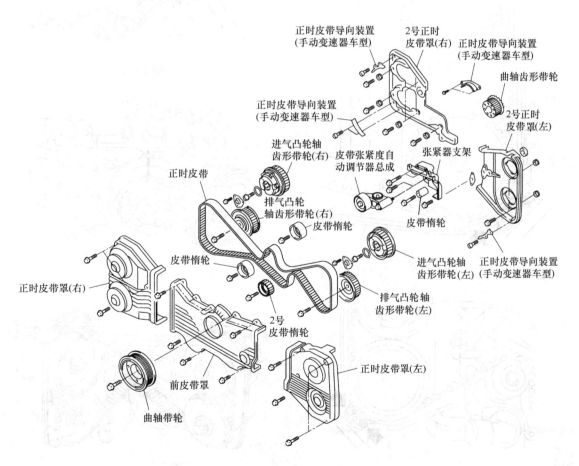

图 1-7-23

(3) 拆下正时皮带导向装置,如图 1-7-24～图 1-7-27 所示。

图 1-7-24

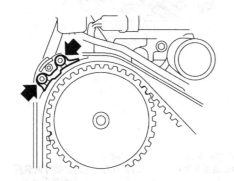

图 1-7-25

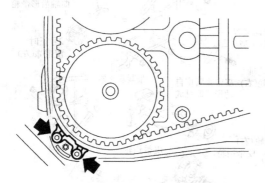

图 1-7-26

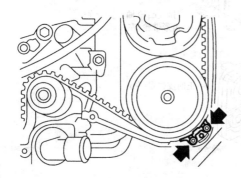

图 1-7-27

(4) 如果正时皮带上的定位标记和箭头标记(指示旋转方向)变模糊,则在拆下正时皮带之前按如下步骤做新的标记。

① 转动曲轴(图 1-7-28),并将齿形带轮、进气凸轮轴齿形带轮(左)、排气凸轮轴齿形带轮(左)、进气凸轮轴齿形带轮(右)和排气凸轮轴齿形带轮(右)上的定位标记与机油泵上的标记和正时皮带罩上的槽对齐。

② 使用白色油漆,在相关曲轴齿形带轮和凸轮轴齿形带轮中的正时皮带上做定位或箭头标记,如图 1-7-29～图 1-7-31 所示。

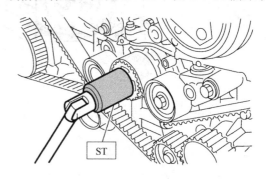

图 1-7-28

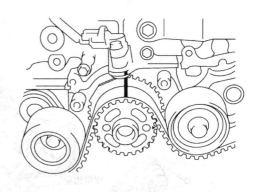

图 1-7-29

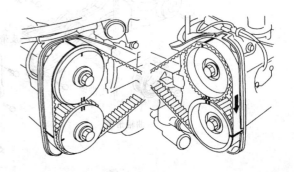

图 1-7-30

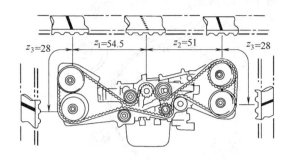

图 1-7-31

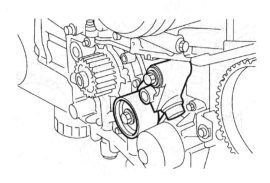

图 1-7-34

（5）拆下皮带惰轮 1，如图 1-7-32 所示。

（6）拆下正时皮带。

（7）拆下皮带惰轮 2 和 3。

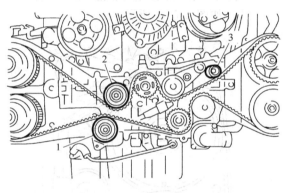

图 1-7-32

（8）拆下 2 号皮带惰轮，如图 1-7-33 所示。

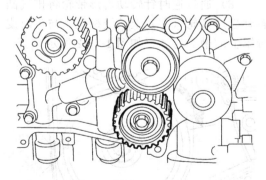

图 1-7-33

（9）拆下皮带张紧度自动调节器总成，如图 1-7-34 所示。

3. 正时皮带的安装

（1）皮带张紧度自动调节器总成的安装

准备。

① 将皮带张紧度自动调节器总成安装到垂直压具上，如图 1-7-35 所示。

② 用 165N 以上的压力慢慢地向下按压调节器杆，直到调节器杆与气缸中的限位销孔对准。

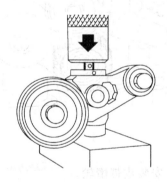

图 1-7-35

③ 用直径 2mm 的限位销或六角扳手插入气缸内限位器销孔，固定调节器杆，如图 1-7-36 所示。

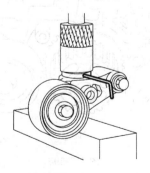

图 1-7-36

（2）安装皮带张紧度自动调节器总成，如图 1-7-37 所示。拧紧力矩：39N·m。

图1-7-40所示。

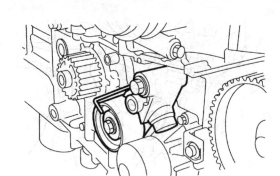

图1-7-37

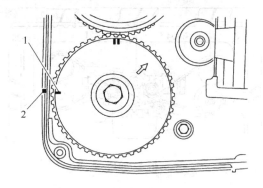

图1-7-40

(3) 安装2号皮带惰轮，如图1-7-38所示。拧紧力矩：39N·m。

(7) 将进气凸轮轴齿形带轮（右）上的单线标记1与正时皮带罩上的槽2对齐。确保进气和排气凸轮轴齿形带轮上的双线标记3对准，如图1-7-41所示。

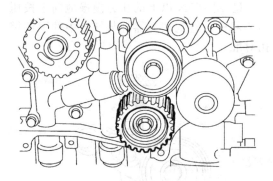

图1-7-38

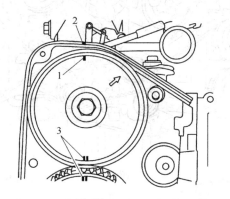

图1-7-41

(4) 安装皮带惰轮。

(5) 将曲轴齿形带轮上的标记1对准机油泵盖上的标记，如图1-7-39所示。

(8) 通过逆时针转动齿形带轮将排气凸轮轴齿形带轮（左）上单线标记1与正时皮带罩上的槽2对齐，如图1-7-42所示。

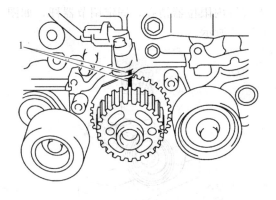

图1-7-39

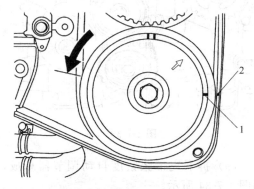

图1-7-42

(6) 将排气凸轮轴齿形带轮（右）上的单线标记1与正时皮带罩上的槽2对齐，如

(9) 通过顺时针转动齿形带轮将进气凸

轮轴齿形带轮（左）上单线标记 1 与正时皮带罩上的槽 2 对齐。确保进气和排气凸轮轴齿形带轮上的双线标记 3 对准，如图 1-7-43 所示。

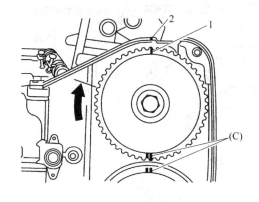

图 1-7-43

（10）确保凸轮轴和曲轴齿形带轮定位正确。

（11）按图 1-7-44 中数字所示顺序将正时皮带上的定位转变，并与齿形带轮上的标记对准。对准标记时，正确放置正时皮带，并安装正时皮带。

> **注意** 如果正时皮带滑过 1 个以上的齿，气门与活塞可能相互碰撞。

（12）安装皮带惰轮，如图 1-7-45 所示。拧紧力矩：39N·m。

> **注意** 确保正时皮带和齿形带轮上的标记对准。

（13）确保正时皮带和齿形带轮上的标记对齐后，从张紧器调节器上拆下限位销或六角扳手。

（14）安装正时皮带导向装置。

① 暂时拧紧固定正时皮带导向装置的螺栓。

② 用塞尺调整正时皮带与正时皮带导向装置之间的间隙并固定。间隙：(1.0 ± 0.5) mm。

（15）安装正时皮带罩。

（16）安装曲轴带轮。

三、力狮/翼豹/傲虎（2.5L H4SO）

1. 正时系统部件图（图 1-7-46）

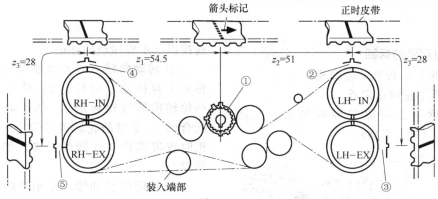

图 1-7-44

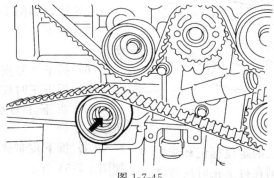

图 1-7-45

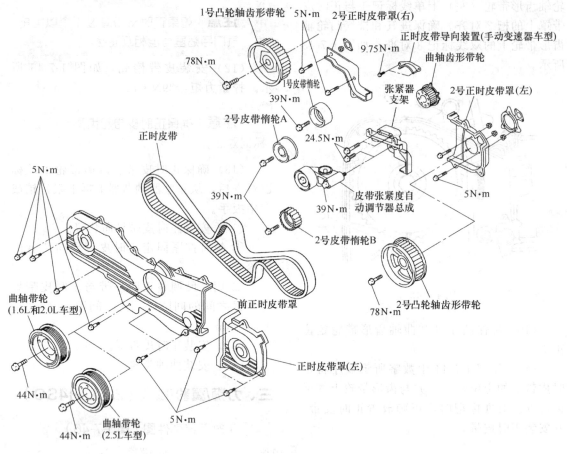

图 1-7-46

2. 正时皮带的拆卸

(1) 拆下 V 带和曲轴带轮。

(2) 拆下正时皮带罩。

(3) 拆下正时皮带导向装置,如图 1-7-47 所示(MT 车型)。

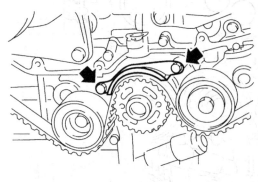

图 1-7-47

(4) 如果正时皮带上的定位标记和旋转方向箭头标记变模糊,则在拆下正时皮带之前按以下步骤做新的标记。

① 转动曲轴。对齐曲轴齿形带轮上的标记 1 与机油泵的标记 2,然后确保 1 号凸轮轴齿形带轮标记 3、凸轮轴盖与缸盖配合面 4、2 号凸轮轴齿形带轮标记 5 以及正时皮带罩缺口 6 调整正确,如图 1-7-48 所示。

② 使用白色油漆,在相关曲轴齿形带轮和凸轮轴齿形带轮中的正时皮带上做定位或箭头标记,如图 1-7-49 和图 1-7-50 所示。

(5) 拆下 2 号皮带惰轮 A,如图 1-7-51 所示。

(6) 拆下 2 号皮带惰轮 B。

(7) 拆下正时皮带,如图 1-7-52 所示。

(8) 拆下 1 号皮带惰轮,如图 1-7-53 所示。

(9) 拆下皮带张紧度自动调节器总成,如图 1-7-54 所示。

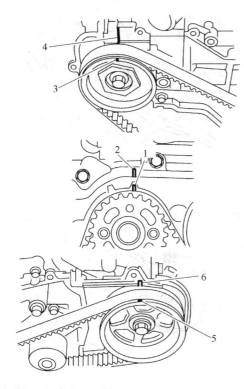

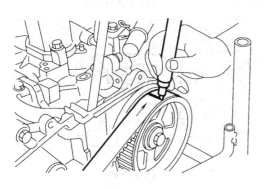

图 1-7-48

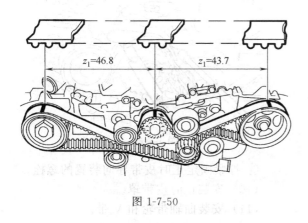

图 1-7-49

图 1-7-50

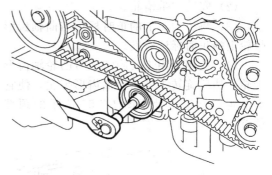

图 1-7-51

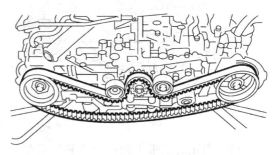

图 1-7-52

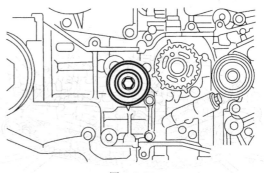

图 1-7-53

图 1-7-54

3. 正时皮带的安装

（1）安装皮带张紧度自动调节器总成。

(2) 安装皮带惰轮。

(3) 将机油泵上的正时标记与曲轴齿形带轮上的正时标记对准。

(4) 使用专用工具旋转 2 号凸轮轴齿形带轮，然后旋转 1 号凸轮轴齿形带轮，使它们的定位标记 1 处于图 1-7-55 所示的顶部位置。

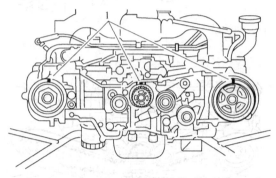

图 1-7-55

(5) 当正时皮带上的标记 2 和齿形带轮上的标记 1 对齐时，安放好正时皮带，如图 1-7-56 所示。

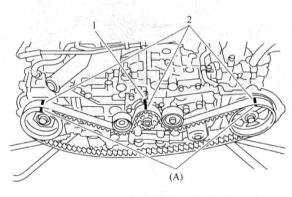

图 1-7-56

(6) 安装 2 号皮带惰轮 B。拧紧力矩：39N·m。

(7) 安装 2 号皮带惰轮 A（图 1-7-51）。拧紧力矩：39N·m。

(8) 确保正时皮带上的标记和凸轮轴齿形带轮上的标记对齐后，从皮带张紧度调节器上拆下限位销，如图 1-7-57 所示。

(9) 安装正时皮带导向装置。

① 暂时拧紧固定正时皮带导向装置的螺栓，如图 1-7-58 所示。

② 用塞尺检查并调整正时皮带与正时

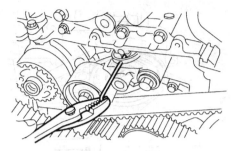

图 1-7-57

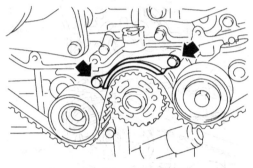

图 1-7-58

皮带导向装置之间的间隙，如图 1-7-59 和图 1-7-60 所示。间隙：(1.0±0.5)mm。

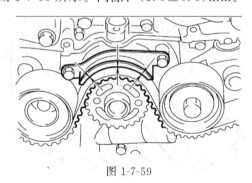

图 1-7-59

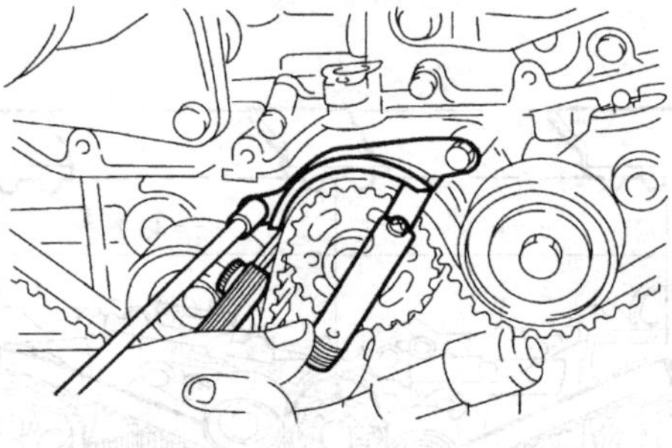

图 1-7-60

③ 拧紧固定正时皮带导向装置的螺栓。

(10) 安装正时皮带罩。

(11) 安装曲轴带轮和 V 带。

四、力狮（H4DOTC 柴油机）

1. 正时系统示意图（图 1-7-61）

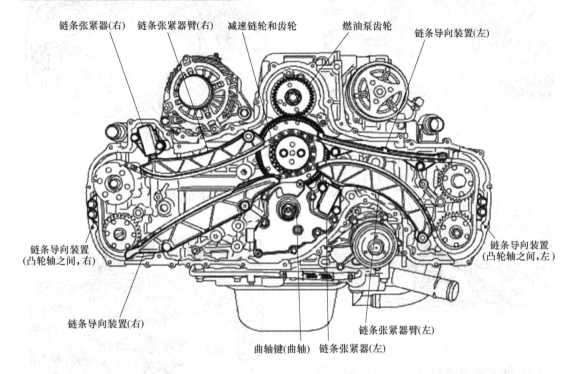

图 1-7-61

2. 正时链条的拆卸

（1）拆下链条罩。

（2）转动曲轴，将曲轴键与 3 点钟位置对齐，如图 1-7-62 所示。

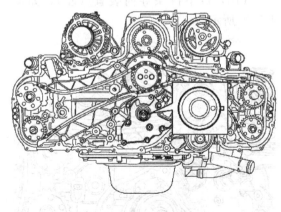

图 1-7-62

（3）拆下链条张紧器（右），如图 1-7-63 所示。

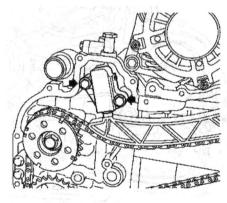

图 1-7-63

注意 拆卸链条张紧器（右）时，用手握持柱塞以使其不会飞出。

（4）拆下链条张紧器臂（右），如图 1-7-64 所示。

（5）拆下链条导向装置（右），如图 1-7-65 所示。

图 1-7-64

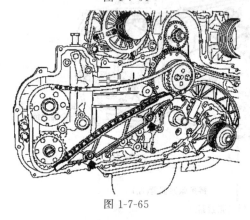

图 1-7-65

(6)拆下链条导向装置(凸轮轴之间,右),如图 1-7-66 所示。

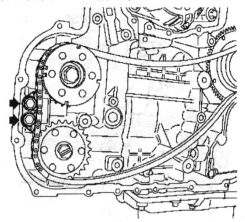

图 1-7-66

(7)拆下正时链条(右)。

(8)拆下链条张紧器(左),如图 1-7-67 所示。

注意 拆卸链条张紧器(左)时,用手握持柱塞以使其不会飞出。

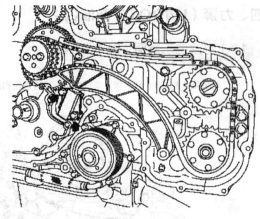

图 1-7-67

(9)拆下链条张紧器臂(左),如图 1-7-68 所示。

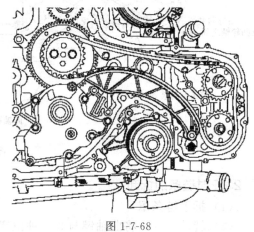

图 1-7-68

(10)拆下链条导向装置(左),如图 1-7-69 所示。

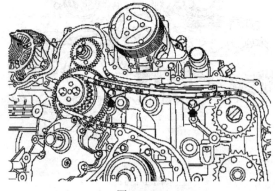

图 1-7-69

(11)拆下链条导向装置(凸轮轴之间,左),如图 1-7-70 所示。

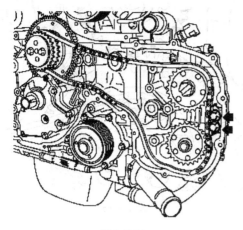

图 1-7-70

（12）拆下正时链条（左）。

3. 正时链条的安装

（1）准备安装链条张紧器。

① 将螺钉、弹簧销和柱塞插入张紧器体。

② 如图 1-7-71 所示，当用手从上方握持链条张紧器时，逆时针转动橡胶垫。

注意 除去柱塞头与橡胶垫之间接触表面上的润滑脂，以免滑动。

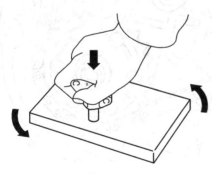

图 1-7-71

③ 将限位销插入链条张紧器体的孔内。

（2）定位 1 号气缸活塞到 TDC 位置。

① 转动曲轴，将曲轴键与 3 点钟位置对齐。

② 同时确保减速链轮和齿轮的正时标记位于图 1-7-72 中所示的 12 点钟位置。

③ 确保减速链轮和齿轮的正时标记位于图 1-7-73 中所示的 12 点钟位置、燃油泵齿轮正时标记位于 6 点钟位置，且都各自重叠。

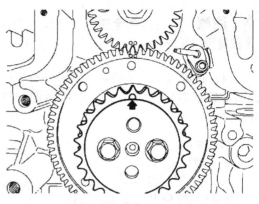

图 1-7-72

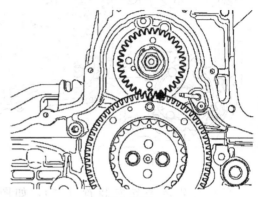

图 1-7-73

④ 再次确认曲轴键位置、减速链轮和齿轮的链轮侧正时标记、减速链轮和齿轮的齿轮侧正时标记以及燃油泵齿轮正时标记都位于规定位置。

（3）将进气凸轮轴链轮（左）和排气凸轮轴链轮（左）在图 1-7-74 中所示的位置对齐。

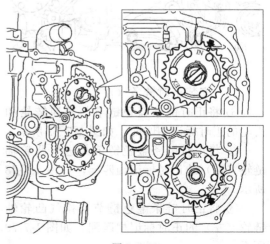

图 1-7-74

> **注意** 正时链条全部安装完毕之前，不要旋转凸轮轴链轮。

（4）将进气凸轮轴链轮（右）和排气凸轮轴链轮（右）在图 1-7-75 中所示的位置对齐。

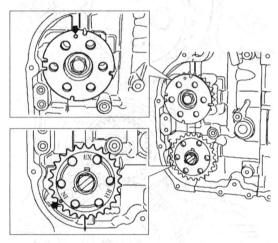

图 1-7-75

（5）安装链条导向装置（左），如图 1-7-76 所示。

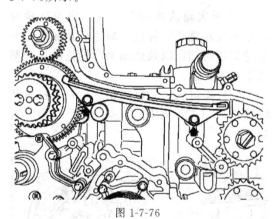

图 1-7-76

（6）安装正时链条（左）。

① 将正时链条蓝色链节与减速链轮和齿轮的正时标记相匹配，如图 1-7-77 所示。

② 将正时链条金色链节与进气凸轮轴链轮（左）的正时标记相匹配，如图 1-7-78 所示。

③ 将正时链条金色链节与排气凸轮轴链轮（左）的正时标记相匹配，如图 1-7-79 所示。

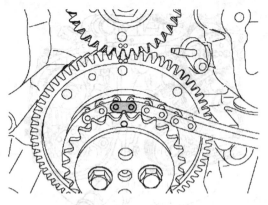

图 1-7-77

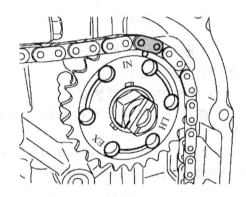

图 1-7-78

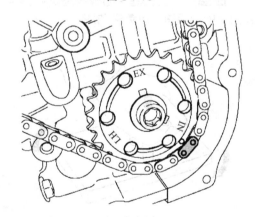

图 1-7-79

（7）安装链条导向装置（凸轮轴之间，左）。

（8）安装链条张紧器臂（左）。

（9）安装链条张紧器（左）。

（10）从链条张紧器（左）中拉出限位销。

（11）安装正时链条（右）。

① 将正时链条蓝色链节与减速链轮和齿轮的正时标记相匹配，如图 1-7-80 所示。

图 1-7-80

② 将正时链条金色链节与进气凸轮轴链轮（右）的正时标记相匹配，如图 1-7-81 所示。

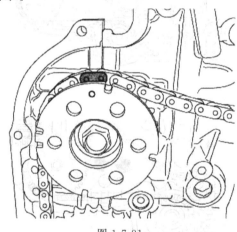

图 1-7-81

③ 将正时链条金色链节与排气凸轮轴链轮（右）的正时标记相匹配，如图 1-7-82 所示。

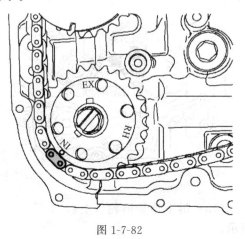

图 1-7-82

（12）安装链条导向装置（右）。
（13）安装链条导向装置（凸轮轴之间，右）。
（14）安装链条张紧器臂（右）。
（15）安装链条张紧器（右）。
（16）从链条张紧器（右）中拉出限位销。
（17）安装后，进行下列确认。
① 确保减速链轮和齿轮正时标记与正时链条（左）的蓝色链节相匹配。
② 确保减速链轮和齿轮正时标记与正时链条（右）的蓝色链节相匹配。
③ 确保左侧进气凸轮轴链轮和排气凸轮轴链轮正时标记与正时链条（左）的金色链节相匹配。
④ 确保右侧进气凸轮轴链轮和排气凸轮轴链轮正时标记与正时链条（右）的金色链节相匹配。
⑤ 确保所有螺栓都拧紧至规定的力矩。
（18）朝发动机转动方向旋转曲轴 2 圈或以上，确保没有异常状况。

五、力狮（3.0L H6DO）

1. 正时链条的拆卸

（1）拆下曲轴带轮。
（2）拆下前链条罩。
（3）拆下右侧链条张紧器。

> **注意** 小心不要露出柱塞 1，如图 1-7-83 所示。

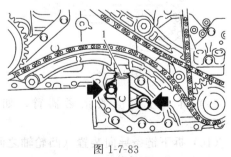

图 1-7-83

（4）拆下链条导向装置（凸轮轴之间，右），如图 1-7-84 所示。
（5）拆下链条导向装置（右）1，如图

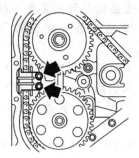

图 1-7-84

1-7-85 所示。

(6) 拆下右侧链条张紧器臂2。

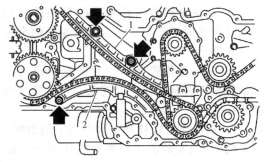

图 1-7-85

(7) 拆下右侧正时链条。

(8) 拆下左侧链条张紧器，如图 1-7-86 所示。

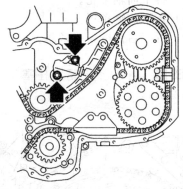

图 1-7-86

(9) 拆下左侧链条张紧器臂，如图 1-7-87 所示。

(10) 拆下链条导向装置（凸轮轴之间，左），如图 1-7-88 所示。

(11) 拆下链条导向装置（左），如图 1-7-89 所示。

(12) 拆下链条导向装置（中间），如图

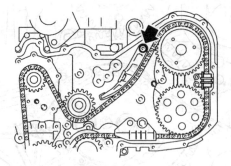

图 1-7-87

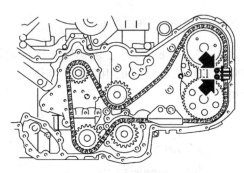

图 1-7-88

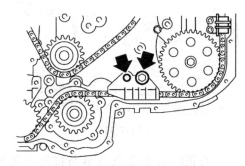

图 1-7-89

1-7-90 所示。

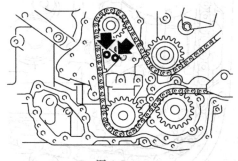

图 1-7-90

(13) 拆下惰轮链轮（上），如图 1-7-91 所示。

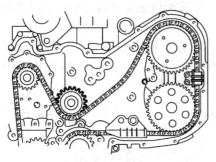

图 1-7-91

(14) 拆下左侧正时链条。

(15) 拆下惰轮链轮（下），如图 1-7-92 所示。

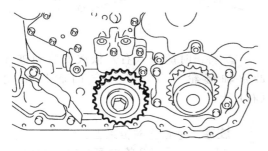

图 1-7-92

2. 正时链条的安装

(1) 链条张紧器安装的准备。

① 将螺钉、弹簧销和张紧器柱塞插入张紧器体中。

② 当将张紧器压紧在橡胶垫上时，扭动张紧器以缩短张紧器柱塞，如图 1-7-93 所示。然后将限位销插入张紧器柱塞和张紧器体之间的孔以保持缩短的长度。

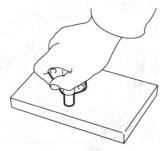

图 1-7-93

(2) 如图 1-7-94 所示，使用专用工具将曲轴链轮上的上标记对准 9 点钟的位置。

(3) 如图 1-7-95 所示，使用专用工具

图 1-7-94

将排气凸轮轴链轮上的键槽对准 12 点钟的位置。

图 1-7-95

(4) 如图 1-7-96 所示，对准进气凸轮轴链轮标记。

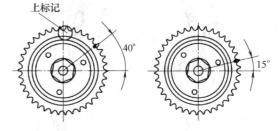

图 1-7-96

(5) 顺时针旋转曲轴链轮，将上标记对准 12 点钟位置（1 缸活塞处于上止点位置）。

注意 在安装正时链条完毕前，不要旋转曲轴和凸轮轴链轮。

(6) 安装惰轮链轮（下）(图 1-7-92)。

(7) 安装左侧正时链条。

① 将曲轴链轮上的正时标记 2 对准左侧正时链条上的金色链节 1，如图 1-7-97 所示。

⑦ 安装链条张紧器（左）（图1-7-86）。

(8) 安装右侧正时链条。

① 将惰轮链轮（下）1上的左侧正时链条3和右侧正时链条2的蓝色链节4对齐，如图1-7-99所示。

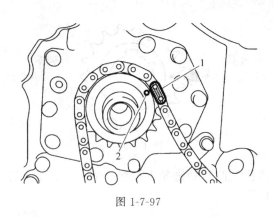

图1-7-97

② 将左侧正时链条依次安装到惰轮链轮（下）、水泵、排气凸轮轴链轮（左）和进气凸轮轴链轮（左）上。

> **注意** 检查正时链条上的蓝色链节1和凸轮轴链轮上的标记2的对齐方式与曲轴链轮的对齐方式一致，如图1-7-98所示。

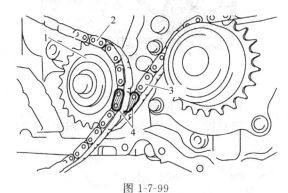

图1-7-99

② 将正时链条（右）依次安装到进气凸轮轴链轮（右）和排气凸轮轴链轮（右）上。

> **注意** 检查正时链条上的链节1和凸轮轴链轮上的标记2的对齐方式与曲轴链轮的对齐方式一致，如图1-7-100所示。

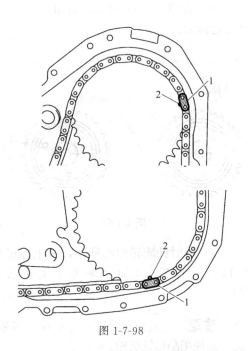

图1-7-98

③ 安装惰轮链轮（上）（图1-7-91）。
④ 安装链条导向装置（凸轮轴之间，左）（图1-7-88）。
⑤ 安装链条导向装置（左）（图1-7-89）。
⑥ 安装链条张紧器臂（左）（图1-7-87）。

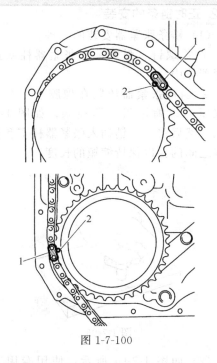

图1-7-100

③ 安装链条导向装置（右）（图1-7-85）。
④ 安装链条张紧器臂（右）。

⑤ 安装链条导向装置（凸轮轴之间，右）[图1-7-84]。

⑥ 安装链条张紧器（右），如图1-7-101所示。

的链条导向装置之间的间隙，使间隙在8.4~8.6mm之间。

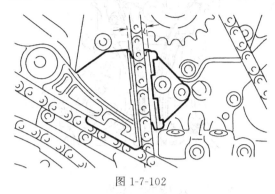

图 1-7-102

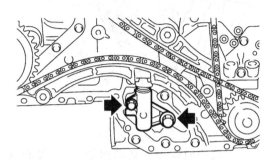

图 1-7-101

⑦ 如图1-7-102所示，调节右侧和中间

⑧ 检查链轮和正时链条上的每个标记是否都已对齐，然后从链条张紧器中拔出限位销。

第八节 丰田车系

一、凯美瑞/RAV4（2.0L 1AZ-FE/2.4L 2AZ-FE）

1. 正时链条的拆卸

（1）将1号气缸活塞置于压缩行程上止点。
（2）拆卸曲轴带轮。
（3）拆卸曲轴位置传感器。
（4）拆卸油底壳分总成。
（5）拆卸1号链条张紧器总成，如图1-8-1所示。

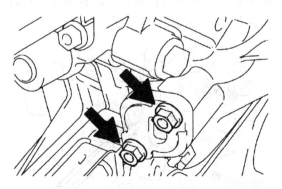

图 1-8-1

（6）拆卸正时链条盖分总成。
（7）拆卸正时链条箱油封。

（8）拆卸1号曲轴位置传感器齿板，如图1-8-2所示。

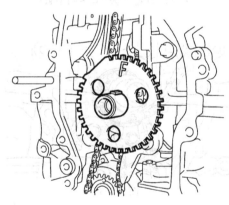

图 1-8-2

（9）拆卸链条张紧器臂，如图1-8-3所示。
（10）拆卸1号链条导轨，如图1-8-4所示。
（11）拆卸正时链条导向器，如图1-8-5所示。
（12）拆卸链条分总成，如图1-8-6所示。
（13）拆卸曲轴正时链轮，如图1-8-7所示。

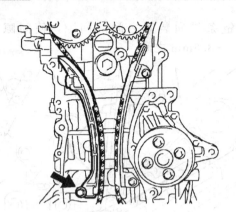

图 1-8-3

图 1-8-4

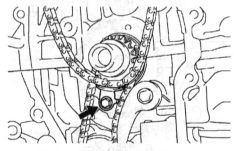

图 1-8-5

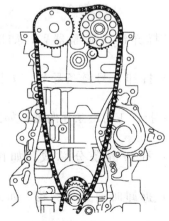

图 1-8-6

图 1-8-7

(14) 拆卸 2 号链条分总成。

① 按逆时针方向转动曲轴 90°，使机油泵驱动轴链轮的调节孔与机油泵的槽对准，如图 1-8-8 所示。

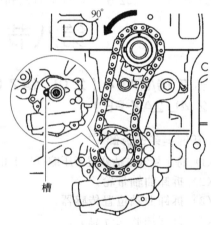

图 1-8-8

② 将一个直径为 4mm 的销插入机油泵驱动轴链轮的调节孔内，将链轮锁止，然后拆卸螺母，如图 1-8-9 所示。

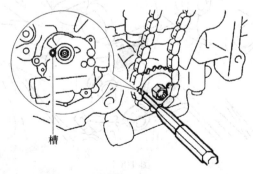

图 1-8-9

③ 拆卸螺栓、链条张紧器板和弹簧，如图 1-8-10 所示。

④ 用链轮上的链条将链轮安装到曲轴和机油泵上。

⑤ 用螺母暂时拧紧机油泵驱动轴链轮。

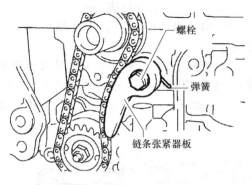

图 1-8-10

④ 拆卸链条张紧器、机油泵从动链轮和链条，如图 1-8-11 所示。

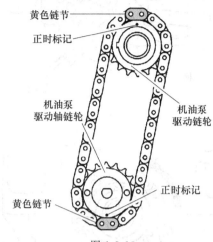

图 1-8-13

⑥ 将缓冲弹簧插入调节孔内，然后用螺栓安装链条张紧器板，如图 1-8-14 所示。

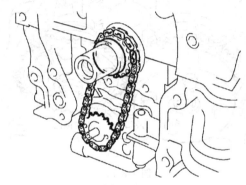

图 1-8-11

2. 正时链条的安装

（1）安装 2 号链条分总成。

① 将曲轴键置于左侧水平位置，如图 1-8-12 所示。

② 转动驱动轴，使缺口朝上。

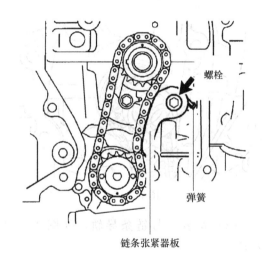

图 1-8-14

⑦ 对准机油泵驱动轴链轮的调节孔与机油泵的槽。

⑧ 将一个直径为 4mm 的销插入机油泵驱动轴链轮的调节孔内，将链轮锁止，然后拧紧螺母，如图 1-8-15 所示。力矩：30N·m。

⑨ 按顺时针方向转动曲轴 90°，并将曲轴键朝上，如图 1-8-16 所示。

（2）安装曲轴正时链轮，如图 1-8-17 所示。

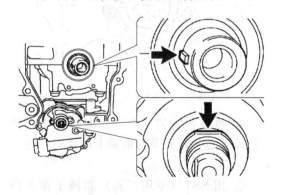

图 1-8-12

③ 如图 1-8-13 所示，将黄色链节与各链轮的正时标记对准。

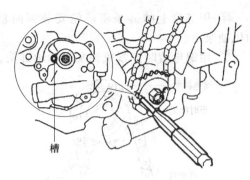

图 1-8-15

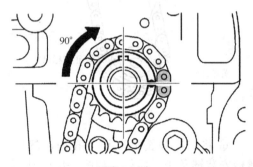

图 1-8-16

图 1-8-17

(3) 安装 1 号链条导轨，如图 1-8-18 所示。

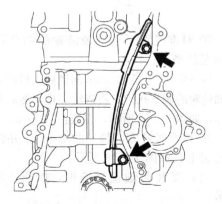

图 1-8-18

(4) 安装链条分总成。

① 将 1 号气缸活塞置于压缩行程上止点位置。

a. 用扳手转动凸轮轴（使用六角形部位），使凸轮轴正时链轮的各正时标记与 1 号和 2 号轴承盖上的各正时标记均对准，如图 1-8-19 所示。

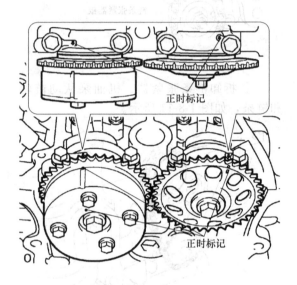

图 1-8-19

b. 用曲轴带轮螺栓将曲轴转动到曲轴键朝上的位置，如图 1-8-20 所示。

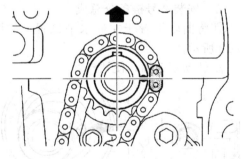

图 1-8-20

② 将链条安装到曲轴正时链轮上，使金色或粉色标记链节与曲轴上的正时标记对准，如图 1-8-21 所示。

③ 用 SST（专用工具）和锤子敲入曲轴正时链轮，如图 1-8-22 所示。

④ 将金色或黄色标记链节对准凸轮轴正时链轮上的各正时标记，然后安装链条，如图 1-8-23 所示。

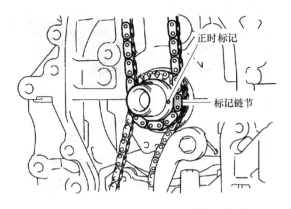

图 1-8-21

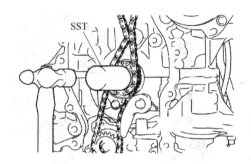

图 1-8-22

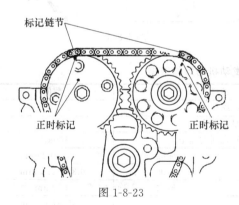

图 1-8-23

(5) 安装链条张紧器臂，如图 1-8-24 所示。

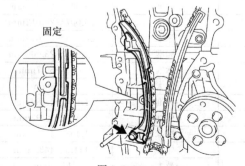

图 1-8-24

(6) 安装正时链条导向器，如图 1-8-25 所示。

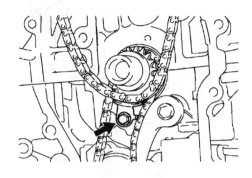

图 1-8-25

(7) 安装 1 号曲轴位置传感器齿板，让"F"标记朝上，如图 1-8-26 所示。

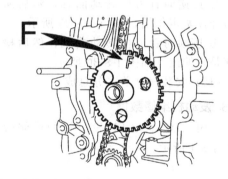

图 1-8-26

(8) 安装正时链条箱油封。
(9) 安装正时链条盖分总成。
(10) 安装曲轴带轮。
(11) 安装 1 号链条张紧器总成。
① 松开棘爪，然后将柱塞完全推入并用钩钩住定位销，以使柱塞保持在如图 1-8-27 所示的位置。

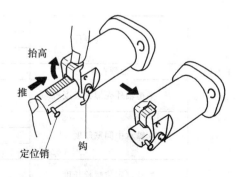

图 1-8-27

② 用2个螺母安装新垫片和链条张紧器，如图1-8-28所示。

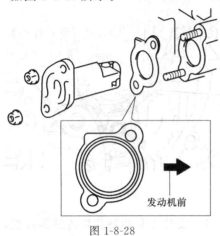

图 1-8-28

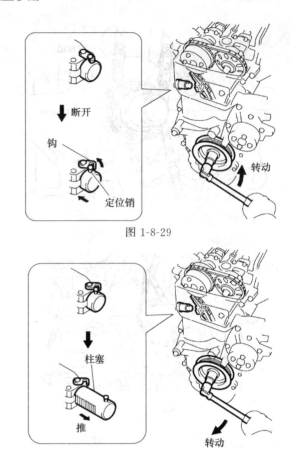

图 1-8-29

图 1-8-30

③ 按逆时针方向转动曲轴，然后从钩上断开柱塞定位销，如图1-8-29所示。

④ 按顺时针方向转动曲轴，然后检查柱塞是否伸出，如图1-8-30所示。

（12）安装气缸盖罩分总成。

3. 发动机维修数据

丰田 2.0L 1AZ-FE 发动机的维修数据如表 1-8-1 所示。

表 1-8-1　丰田 2.0L 1AZ-FE 发动机的维修数据

项目	测量	条件		数值
压缩压力	怠速转速	压缩压力		1360kPa
		最小压力		980kPa
		各气缸之间的差值		100kPa
气门间隙	冷态	进气	标准	0.19～0.29mm
		排气	标准	0.38～0.48mm
排气歧管	排气歧管转化器分总成	翘曲	最大	0.70mm
平衡轴	轴向间隙		标准	0.05～0.09mm
			最大	0.09mm
	油隙		标准	0.022～0.049mm
			最大	0.049mm
	壳体轴颈孔直径	标记1	标准	26.000～26.006mm
		标记2	标准	26.007～26.012mm
		标记3	标准	26.013～26.018mm
	轴颈直径		标准	22.985～23.000mm
	平衡轴外壳螺栓长度		标准	58.3～59.7mm
			最大	60.3mm
	轴承中间壁厚度	标记1	标准	1.486～1.489mm
		标记2	标准	1.490～1.492mm
		标记3	标准	1.493～1.495mm
	气缸盖定位螺栓长度		标准	141.3～142.7mm
			最大	144.2mm

续表

项目	测量	条件		数值
凸轮轴	径向跳动		最小	0.03mm
	凸轮顶部高度		标准	46.709～46.809mm
			最小	46.599mm
	1号轴颈直径		标准	35.971～35.985mm
	其他轴颈直径		标准	22.959～22.975mm
	轴向间隙		标准	0.040～0.095mm
			最大	0.110mm
	油隙	1号进气凸轮轴轴颈	标准	0.007～0.038mm
			最大	0.070mm
		其他轴颈	标准	0.025～0.062mm
			最大	0.100mm
	气缸盖轴颈孔直径	标记1		40.000～40.009mm
		标记2		40.010～40.017mm
		标记3		40.018～40.025mm
	轴承中间壁厚度	标记1		2.000～2.004mm
		标记2		2.005～2.008mm
		标记3		2.009～2.012mm
	凸轮轴轴颈直径			35.971～35.985mm
2号凸轮轴	径向跳动		最小	0.03mm
	凸轮顶部高度		标准	46.063～46.163mm
			最小	45.953mm
	1号轴颈直径		标准	35.971～35.985mm
	其他轴颈直径		标准	22.959～22.975mm
	轴向间隙		标准	0.080～0.135mm
			最大	0.150mm
	油隙	1号轴颈	标准	0.040～0.079mm
		其他轴颈	标准	0.025～0.062mm
			最大	0.100mm
	气缸盖轴颈孔直径	标记1		40.000～40.009mm
		标记2		40.010～40.017mm
		标记3		40.018～40.025mm
	轴承中间壁厚度	标记1		2.000～2.004mm
		标记2		2.005～2.008mm
		标记3		2.009～2.012mm
	凸轮轴轴颈直径			35.971～35.985mm
气缸盖	翘曲	气缸体侧	最大	0.08mm
		进气歧管侧	最大	0.08mm
		排气歧管侧	最大	0.08mm
	内压缩弹簧	自由长度	标准	47.43mm
		偏差	最大	1.6mm
	进气气门	全长	标准	101.71mm
			最小	101.21mm
		气门杆直径	标准	5.470～5.485mm
		边缘厚度	标准	1.05～1.45mm
			最小	0.05mm
	排气气门	全长	标准	101.15mm
			最小	100.70mm
		气门杆直径	标准	5.465～5.480mm
		边缘厚度	标准	1.20～1.60mm
			最小	0.50mm

续表

项目	测量	条件		数值
气缸盖	进气气门导管衬套	衬套内径	标准	5.510～5.530mm
		油隙	标准	0.025～0.060mm
			最小	0.080mm
		衬套孔直径	标准	10.333～10.344mm
			加大0.05mm	10.383～10.394mm
		凸出高度		9.6～10.0mm
	排气气门导管衬套	衬套内径	标准	5.510～5.530mm
		油隙	标准	0.030～0.065mm
			最小	0.10mm
		衬套孔直径	标准	10.333～10.344mm
			加大0.05mm	10.383～10.394mm
		凸出高度		9.6～10.0mm
	气门挺杆	直径	标准	30.966～30.976mm
		孔直径	标准	31.009～31.025mm
		油隙	标准	0.033～0.059mm
			最大	0.07mm
连杆	轴向间隙		标准	0.160～0.362mm
			最大	0.362mm
	油隙		标准	0.024～0.048mm
			最大	0.08mm
	连杆大头孔直径	标记1		51.000～51.007mm
		标记2		51.008～51.013mm
		标记3		51.014～51.020mm
	连杆轴承中间壁厚度（参考）	标记1		1.485～1.488mm
		标记2		1.489～1.491mm
		标记3		1.492～1.494mm
	连杆小头孔直径		标准	22.005～22.014mm
	连杆小头孔直径（参考）	标记A		22.005～22.008mm
		标记B		22.009～22.011mm
		标记C		22.012～22.014mm
	油隙		标准	0.005～0.011mm
			最大	0.017mm
气缸体	翘曲		最大	0.05mm
	气缸孔直径		标准	86.000～86.013mm
			最大	86.133mm
活塞	活塞直径		标准	85.967～85.977mm
	活塞油隙		标准	0.023～0.046mm
			最大	0.10mm
	活塞销孔直径		标准	22.001～22.010mm
活塞环	环槽间隙	1号环	标准	0.020～0.070mm
		2号环	标准	0.020～0.060mm
		油环	标准	0.070～0.150mm
	端隙	1号环	标准	0.24～0.32mm
			最大	0.89mm
		2号环	标准	0.47～0.62mm
			最大	1.37mm
		油环	标准	0.10～0.35mm
			最大	0.73mm
活塞销	活塞销直径		标准	21.997～22.006mm
	油隙		标准	0.001～0.007mm
			最大	0.013mm
	连杆螺栓直径		标准	7.2～7.3mm
			最小	7.0mm

续表

项目	测量	条件		数值
曲轴	轴向间隙	标准		0.04～0.24mm
		最大		0.30mm
	止推垫圈厚度	标准		1.930～1.980mm
	气缸体主轴颈孔直径(参考)	标记 0		59.000～59.002mm
		标记 1		59.003～59.004mm
		标记 2		59.005～59.006mm
		标记 3		59.007～59.009mm
		标记 4		59.010～59.011mm
		标记 5		59.012～59.013mm
		标记 6		59.014～59.016mm
	主轴颈直径	标准		54.988～55.000mm
	主轴颈直径(参考)	标记 0		54.999～55.000mm
		标记 1		54.997～54.998mm
		标记 2		54.995～54.996mm
		标记 3		54.993～54.994mm
		标记 4		54.991～54.992mm
		标记 5		54.988～54.990mm
	主轴承中间壁厚度(参考)	标记 1		1.993～1.996mm
		标记 2		1.997～1.999mm
		标记 3		2.000～2.002mm
		标记 4		2.003～2.005mm
	径向跳动	最大		0.03mm
	油隙	标准		0.008～0.024mm
		最大		0.05mm
	主轴颈锥度和圆度	最大		0.003mm
	曲轴轴承盖定位螺栓直径	标准		7.5～7.6mm
		最小		7.5mm

二、凯美瑞（2.5L 5AR-FE）/汉兰达（2.7L 1AR-FE）

1. 正时系统示意图（图1-8-31）

2. 正时链条的拆卸

（1）拆下正时链条盖。

（2）按以下步骤将1号气缸活塞设置到压缩行程上止点（TDC）。

① 暂时安装曲轴带轮螺栓。

② 顺时针旋转曲轴，使曲轴正时链轮和凸轮轴正时链轮上的正时标记如图1-8-31所示。

注意 如果正时标记没有对准，则再次顺时针旋转曲轴以将其对准。

③ 拆下曲轴带轮螺栓。

（3）拆下螺栓和正时链条上导轨，如图1-8-32所示。

（4）按以下步骤拆卸1号链条张紧器总成。

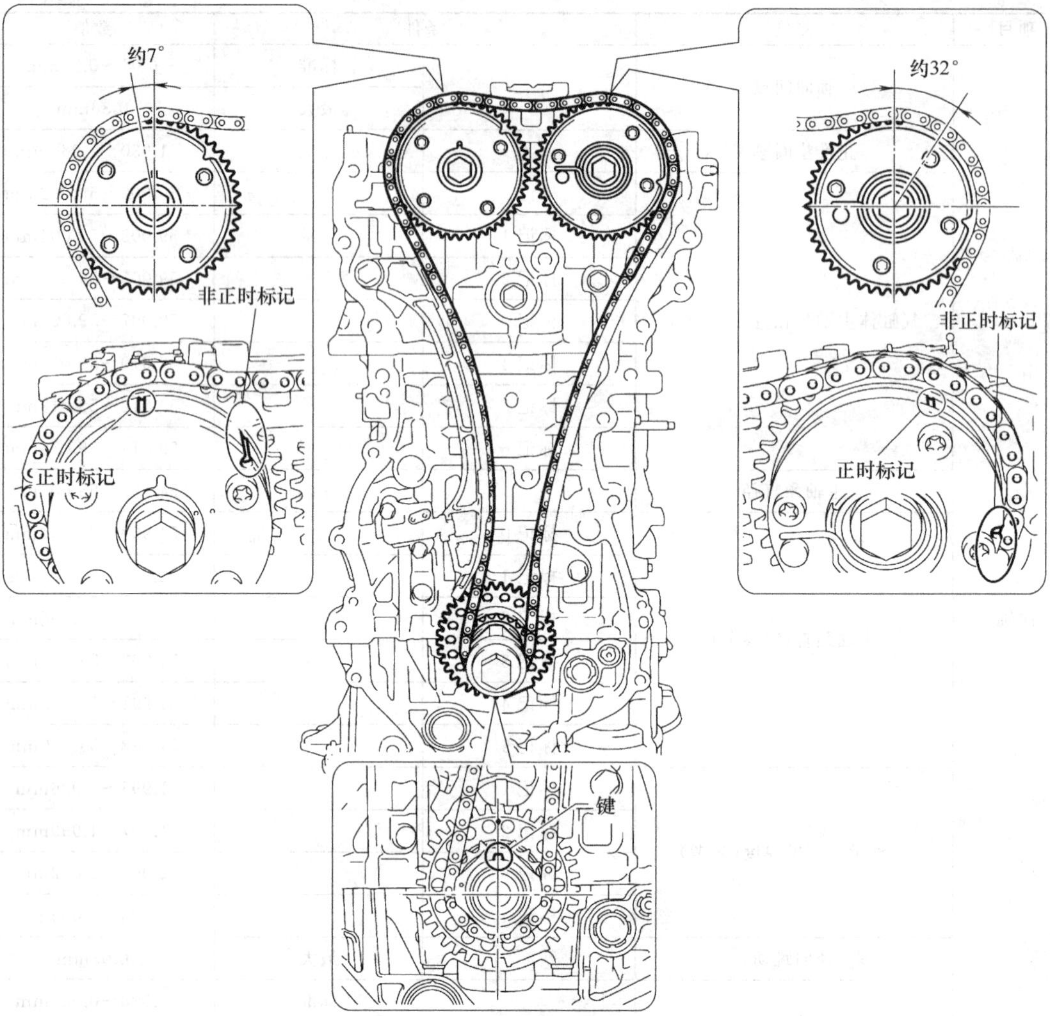

图 1-8-31

图 1-8-32

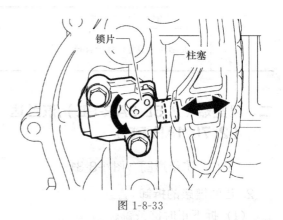

图 1-8-33

① 稍微伸长柱塞，然后逆时针旋转锁片并松开锁。一旦松开锁后，将柱塞推入张紧器，如图 1-8-33 所示。

② 顺时针移动锁片以卡紧锁，并将销插入锁片孔中，如图 1-8-34 所示。

③ 拆下 2 个螺栓、链条张紧器和衬垫。

（5）拆下螺栓和链条张紧器臂，如图 1-8-35 所示。

（6）拆卸链条分总成。

② 如图 1-8-37 所示，将曲轴逆时针转动 40°以定位曲轴键。

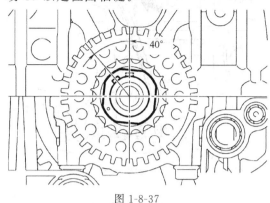

图 1-8-37

③ 检查并确认凸轮轴正时链轮的正时标记如图 1-8-38 所示。

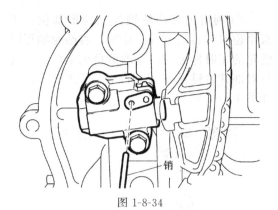

图 1-8-34

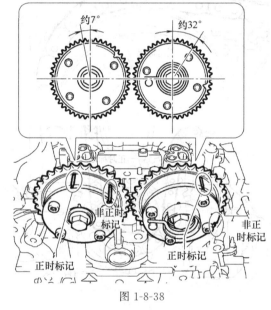

图 1-8-38

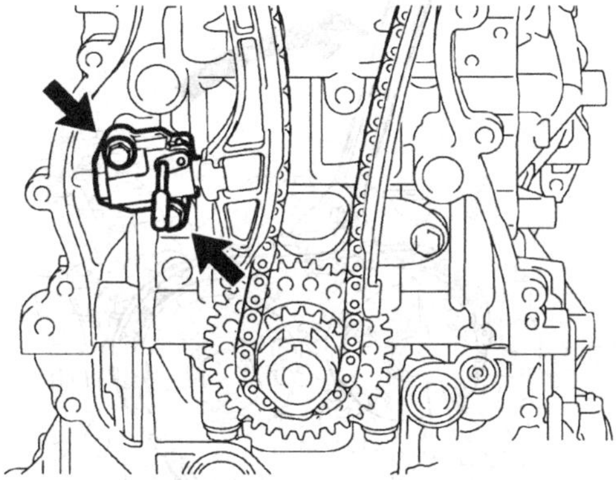

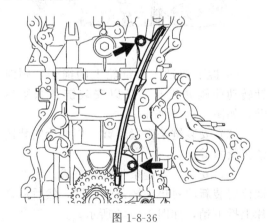

图 1-8-35

(7) 拆下 2 个螺栓和链条导轨，如图 1-8-36 所示。

(3) 用 2 个螺栓安装 1 号链条导轨，如图 1-8-39 所示。

(4) 按以下步骤安装链条分总成。

① 将链条置于凸轮轴正时链轮和曲轴正时链轮上。

② 将链条的黄色或金色标记链节与排气凸轮轴正时链轮的正时标记对准，并将链条安装到排气凸轮轴正时链轮上，如图 1-8-40 所示。

③ 将链条的粉红色或金色标记链节与曲轴正时链轮的正时标记对准，并将链条安装到曲轴正时链轮上，如图 1-8-41 所示。

图 1-8-36

3. 正时链条的安装

(1) 设置凸轮轴正时链轮总成。安装凸轮轴正时链轮时，松开锁销并在安装前将凸轮轴正时链轮设置在提前位置。

(2) 按下列步骤将 1 号气缸活塞设置到压缩行程上止点位置。

① 暂时安装曲轴带轮螺栓。

⑤ 利用进气凸轮轴的六角形部位,用扳手逆时针转动进气凸轮轴,将凸轮轴正时链轮的正时标记与链条的黄色或金色标记链节对准并将链条安装到凸轮轴正时链轮上,如图 1-8-43 所示。

注意 用扳手固定进气凸轮轴,直至安装好链条张紧器。

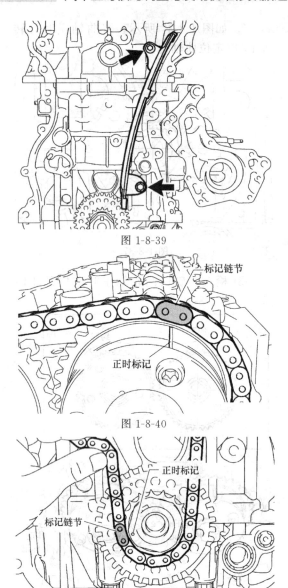

图 1-8-39

图 1-8-40

图 1-8-41

④ 在曲轴正时链轮上系一根绳子以确保链条牢固,如图 1-8-42 所示。

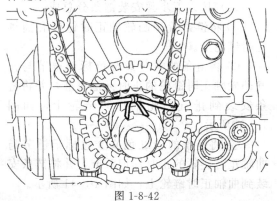

图 1-8-42

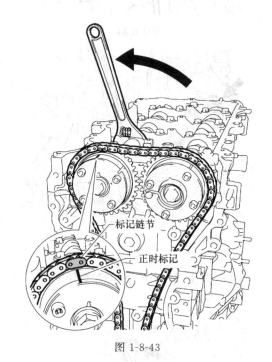

图 1-8-43

⑥ 拆下曲轴正时链轮上的绳子,顺时针转动曲轴并松开链条以安装链条张紧器臂,如图 1-8-44 所示。

(5) 安装链条张紧器臂。用螺栓安装链条张紧器臂。

(6) 安装 1 号链条张紧器总成。用 2 个螺栓安装新的衬垫和链条张紧器,然后从锁片上拆下销,如图 1-8-45 所示。

(7) 用螺栓安装正时链条上导轨,见图 1-8-32。

(8) 顺时针旋转曲轴 2 圈,检查并确认曲轴正时链轮和凸轮轴正时链轮上的正时标记(图 1-8-31)。

(9) 安装正时链条盖。

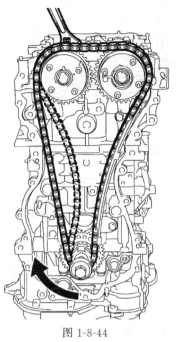

图 1-8-44

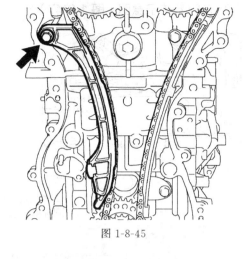

图 1-8-45

三、汉兰达（3.5L 2GR-FE）

1. 正时系统部件图（图 1-8-46）

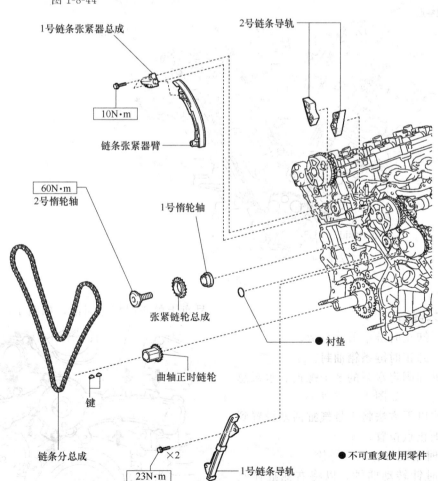

图 1-8-46

2. 正时系统示意图（图 1-8-47）

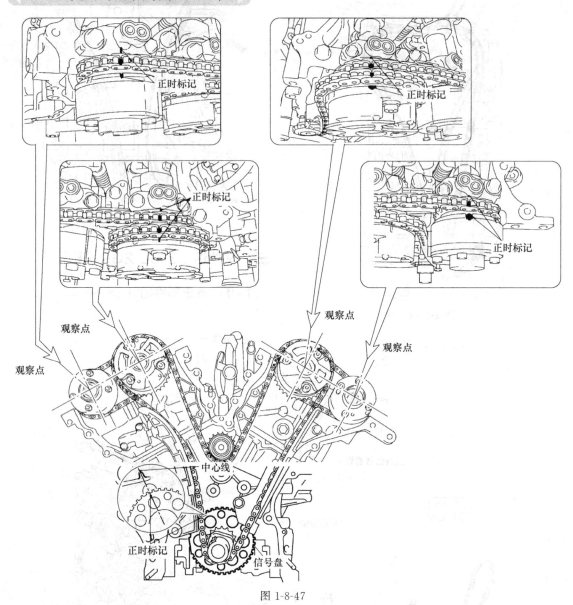

图 1-8-47

3. 正时链条的拆卸

（1）拆卸正时链条盖分总成。

（2）拆卸正时链条箱油封。

（3）拆卸固定水泵的 8 个螺栓、水泵总成和水泵衬垫，如图 1-8-48 所示。

（4）按以下方法将 1 号气缸活塞设置到压缩行程上止点位置。

① 暂时紧固带轮固定螺栓。

② 顺时针转动曲轴，以将右侧缸体孔径中心线（压缩行程 TDC）与曲轴转角信号盘上的正时标记对准，如图 1-8-49 所示。

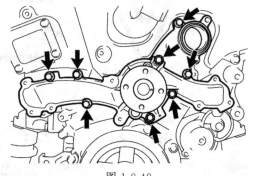

图 1-8-48

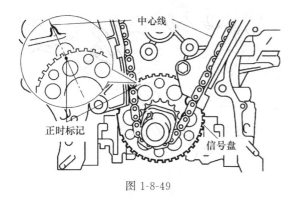

图 1-8-49

③ 如图 1-8-50 所示,检查并确认凸轮轴正时链轮的正时标记与轴承盖的正时标记对准。如果没有对准,则顺时针转动曲轴 1 圈,并对准正时标记。

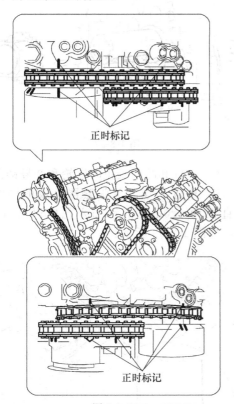

图 1-8-50

(5) 拆卸 1 号链条张紧器总成。

① 向上移动锁片以松开锁,并将柱塞推入张紧器,如图 1-8-51 所示。

② 向下移动锁片以卡紧锁,并将直径为 1.27mm 的销插入锁片孔。

③ 拆下 2 个螺栓和 1 号链条张紧器总成,如图 1-8-52 所示。

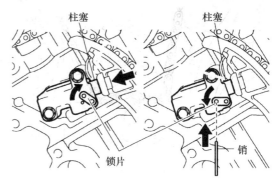

图 1-8-51

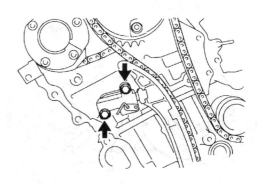

图 1-8-52

(6) 拆卸链条张紧器臂。

(7) 拆卸链条分总成。

① 逆时针转动曲轴 10°以松开曲轴正时链轮链条,如图 1-8-53 所示。

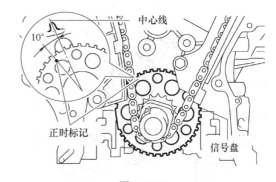

图 1-8-53

② 拆下带轮固定螺栓。

③ 从曲轴正时链轮上拆下链条分总成,并将其放在曲轴上,如图 1-8-54 所示。

④ 顺时针旋转 2 号链条上的凸轮轴正时链轮总成(约 60°),并如图 1-8-55 所示进行固定。务必松开气缸组间的链条分

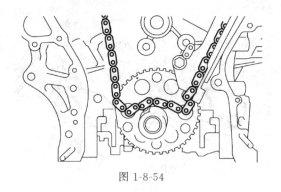

图 1-8-54

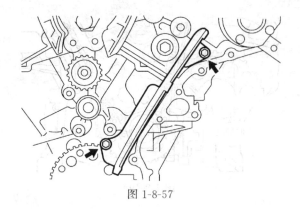

图 1-8-57

总成。

⑤ 拆下链条分总成。

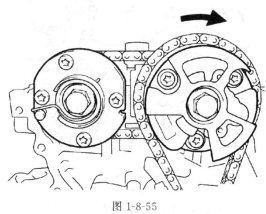

图 1-8-55

(8) 拆卸张紧链轮总成。用 10mm 六角扳手拆下 2 号惰轮轴、张紧链轮总成和 1 号惰轮轴,如图 1-8-56 所示。

图 1-8-58

(12) 拆卸凸轮轴正时链轮和 2 号链条。

① 升高 2 号链条张紧器总成的同时,将直径为 1.0mm 的销插入孔中以将其固定,如图 1-8-59 所示。

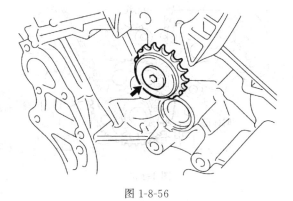

图 1-8-56

(9) 拆下 2 个螺栓和 1 号链条导轨,如图 1-8-57 所示。

(10) 拆下 2 个 2 号链条导轨。

(11) 拆卸曲轴正时链轮和 2 个曲轴键,如图 1-8-58 所示。

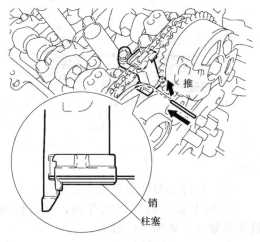

图 1-8-59

② 用专用工具(SST)固定住各凸轮轴的六角形部位,松开凸轮轴正时链轮总成

和排气凸轮轴正时链轮总成的螺栓，如图 1-8-60 所示。

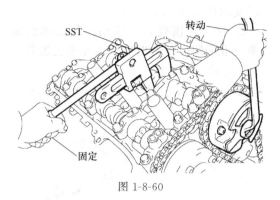

图 1-8-60

③ 拆下 2 个螺栓、凸轮轴正时链轮总成和 2 号链条。

（13）拆下螺栓和 2 号链条张紧器总成，如图 1-8-61 所示。

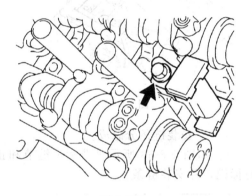

图 1-8-61

4. 正时链条的安装

（1）检查链条分总成。

① 如图 1-8-62 所示，用 147N 的力拉链条分总成。

② 用游标卡尺测量 15 个链节的长度。

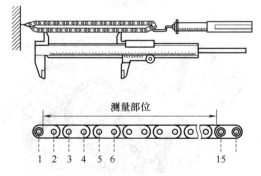

图 1-8-62

最大链条伸长率：136.9mm。

注意 在任意 3 个位置进行测量，使用测量值的平均值。如果平均伸长率大于最大值，则更换链条分总成。

（2）用同样的方法检查 2 号链条分总成。

最大链条伸长率：137.6mm。

（3）检查曲轴正时链轮，如图 1-8-63 所示。将链条绕在链轮上，用游标卡尺测量带链条分总成的链轮直径。如果直径小于最小值（61.4mm），则更换链条和链轮。

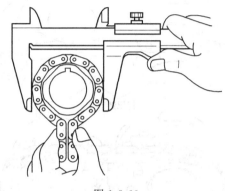

图 1-8-63

（4）将链条绕在链轮上，用同样的方法和参数检查张紧链轮总成。

（5）安装 2 号链条张紧器总成，如图 1-8-64 所示。

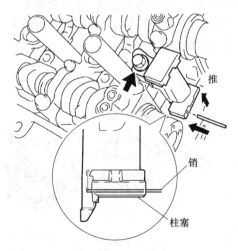

图 1-8-64

① 安装 2 号链条张紧器总成。

② 推入 2 号链条张紧器总成的同时，将

直径为 1.0mm 的销插入孔中以将其固定。

（6）安装凸轮轴正时链轮和 2 号链条。

① 如图 1-8-65 所示，将黄色标记链节与凸轮轴正时链轮总成的正时标记对准。

② 在螺栓螺纹和螺栓座面上涂抹一薄层发动机机油。

③ 将凸轮轴的锁销与凸轮轴正时链轮总成的销孔对准。在安装好 2 号链条分总成的情况下，安装凸轮轴正时链轮总成和排气凸轮轴正时链轮总成。

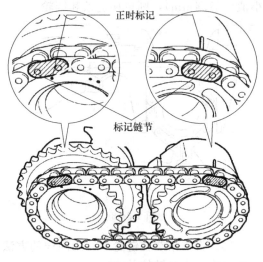

图 1-8-65

④ 如图 1-8-66 所示，用专用工具（SST）固定住各凸轮轴的六角形部位，紧固凸轮轴正时链轮总成和排气凸轮轴正时链轮总成的螺栓至 100N·m。

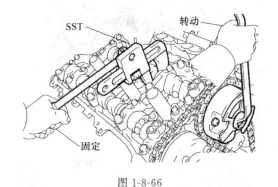

图 1-8-66

（7）安装 1 号链条导轨（图 1-8-57）。

（8）安装 2 个键和曲轴正时链轮（图 1-8-58）。

（9）安装张紧链轮总成，如图 1-8-67 所示。

① 在 1 号惰轮轴的旋转表面上涂抹一薄层发动机机油。

② 使 1 号惰轮轴的锁销与气缸体的锁销槽对准的同时，暂时安装 1 号惰轮轴和带 2 号惰轮轴的张紧链轮。

③ 用六角扳手紧固 2 号惰轮轴至 60N·m。

图 1-8-67

（10）安装链条分总成。

① 如图 1-8-68 所示对准标记链节和正时标记，并安装链条。

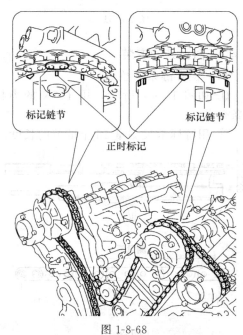

图 1-8-68

注意 凸轮轴标记链节为橙色。

② 不要将链条穿过曲轴，只需暂时将其放在曲轴上（图 1-8-54）。

③ 逆时针转动 2 号链条上的凸轮轴正时链轮总成，以紧固气缸组间的链条，如图 1-8-69 所示。

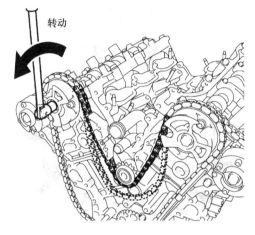

图 1-8-69

 注意 重复使用张紧链轮总成时，将链节与其原来所在位置的标记对准，以紧固气缸组间的链条，如图 1-8-70 所示。

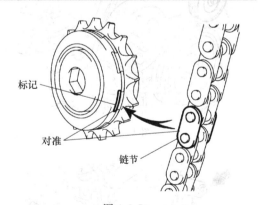

图 1-8-70

④ 如图 1-8-71 所示对准标记链节和正时标记，并将链条安装到曲轴正时链轮上。

 注意 曲轴标记链节为黄色。

⑤ 暂时紧固带轮固定螺栓。

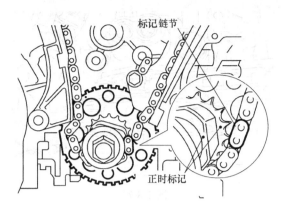

图 1-8-71

⑥ 顺时针转动曲轴，将其定位至右侧缸体孔径中心线（压缩行程 TDC）位置（图 1-8-53）。

（11）安装链条张紧器臂。

（12）安装 1 号链条张紧器总成。

① 向上移动锁片以松开锁，并将柱塞推入张紧器，如图 1-8-72 所示。

② 向下移动锁片以卡紧锁，并将销插入锁片孔。

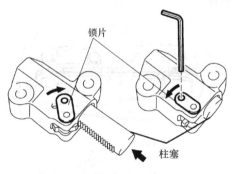

图 1-8-72

③ 用 2 个螺栓安装 1 号链条张紧器总成。

④ 从 1 号链条张紧器总成上拆下销（图 1-8-52）。

（13）检查并确认各凸轮轴正时标记位于图 1-8-47 所示部位。如果气门正时错位，则重新安装正时链条。

 注意 检查进气凸轮轴处正时标记时，务必在标记 2、3 和 4 位于同一直线处时检查标记 1，如图 1-8-73 所示。如果从其他任何观察点检查标记，则不能正确检查。

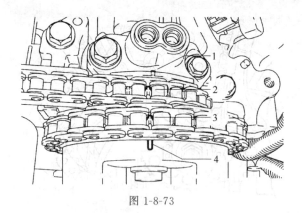

图 1-8-73

四、凯美瑞混合动力（2.4L 3AZ-FXE）

1. 正时链条的拆卸

（1）将 1 号气缸活塞设定至压缩行程上止点位置。

① 转动曲轴带轮，使其凹槽与正时链条盖上的正时标记"0"对准。

② 如图 1-8-74 所示，检查并确认凸轮轴正时链轮的各个正时标记对准 1 号和 2 号轴承盖上的各个正时标记。

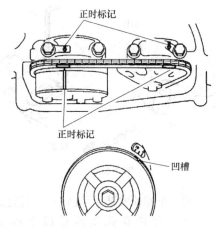

图 1-8-74

（2）拆卸 1 号链条张紧器总成，如图 1-8-75 所示。

（3）拆卸油底壳放油螺塞，然后拆卸油底壳分总成，如图 1-8-76 所示。

（4）拆卸惰轮分总成。拆下螺栓、惰轮盖板和惰轮分总成，如图 1-8-77 所示。

（5）拆卸惰轮支架。拆下螺栓、螺母和惰轮支架，如图 1-8-78 所示。

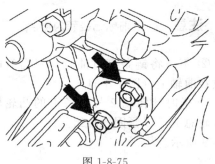

图 1-8-75

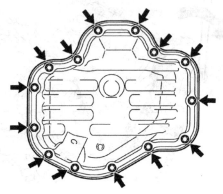

图 1-8-76

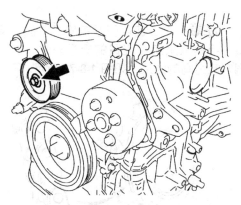

图 1-8-77

图 1-8-78

(6) 拆卸正时链条盖分总成，如图 1-8-79所示。

① 使用"TORX"梅花套筒 E10 拆下双头螺栓。

② 拆下 14 个螺栓和 2 个螺母。

③ 用头部缠上胶带的旋具撬动正时链条盖和气缸盖或气缸体之间的部位，拆下正时链条盖。

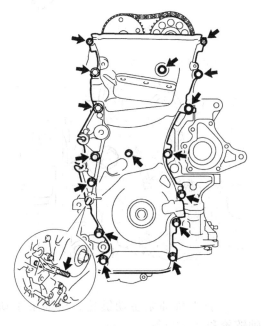

图 1-8-79

(7) 使用旋具和锤子，拆下油封，如图 1-8-80 所示。

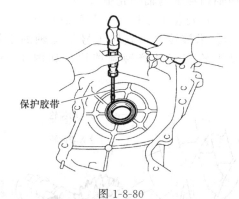

图 1-8-80

(8) 拆下 1 号曲轴位置信号盘，如图 1-8-81所示。

(9) 拆下螺栓和正时链条导轨，如图 1-8-82 所示。

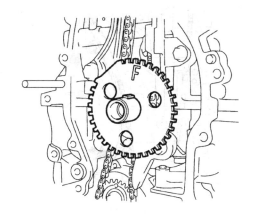

图 1-8-81

图 1-8-82

(10) 拆下螺栓和链条张紧器臂，如图 1-8-83 所示。

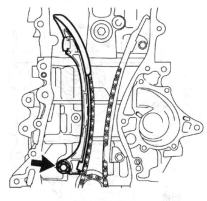

图 1-8-83

(11) 拆下 2 个螺栓和 1 号链条导轨，如图 1-8-84 所示。

(12) 拆卸链条分总成。

(13) 拆下曲轴正时链轮，如图 1-8-85 所示。

(14) 拆卸 2 号链条分总成。

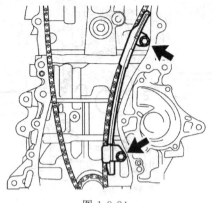

图 1-8-84

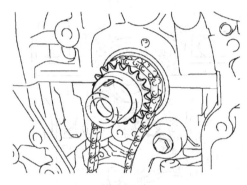

图 1-8-85

① 逆时针转动曲轴 90°，将机油泵主动轴链轮的调节孔对准机油泵的凹槽，如图 1-8-86 所示。

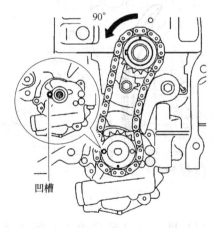

图 1-8-86

② 将直径 4mm 的销插入机油泵主动轴链轮的调节孔中，以将链轮锁止到位，然后拆下螺母，如图 1-8-87 所示。

③ 拆下螺栓 1、链条张紧器盖板 2 和弹

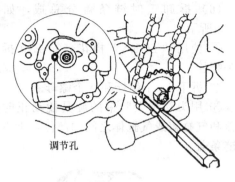

图 1-8-87

簧 3，如图 1-8-88 所示。

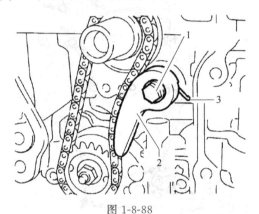

图 1-8-88

④ 拆下机油泵主动链轮、机油泵主动轴链轮和 2 号链条。

2. 平衡轴的安装

（1）安装 1 号平衡轴轴承，将轴承安装到曲轴箱和平衡轴外壳中。

（2）安装 1 号和 2 号平衡轴分总成。

① 沿旋转方向旋转 1 号平衡轴的 1 号从动齿轮直至其接触到挡块，如图 1-8-89 所示。

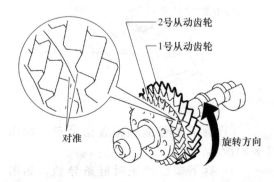

图 1-8-89

② 如图 1-8-90 所示，对准 1 号和 2 号平衡轴的正时标记。

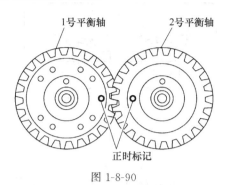

图 1-8-90

③ 将 1 号和 2 号平衡轴安装到曲轴箱上，如图 1-8-91 所示。

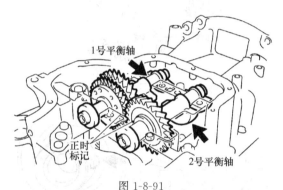

图 1-8-91

④ 在平衡轴外壳螺栓的螺栓头下部涂抹一薄层发动机机油。

⑤ 按图 1-8-92 中数字所示顺序，安装并均匀地紧固 8 个螺栓。力矩：22N·m。

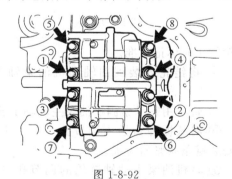

图 1-8-92

⑥ 用油漆在各平衡轴外壳螺栓的前端做标记。如图 1-8-93 所示，将螺栓再次紧固 90°。检查并确认涂漆标记与前方夹角为 90°。

（3）安装加强曲轴箱总成。

① 将新 O 形圈安装到气缸体上。

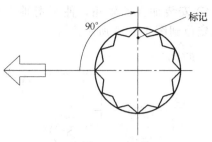

图 1-8-93

② 暂时紧固带轮固定螺栓。

③ 转动曲轴，将 1 号和 4 号气缸的曲柄销安装到底部。

注意 确保平衡轴主动齿轮的正时标记定位到图 1-8-94 所示位置。

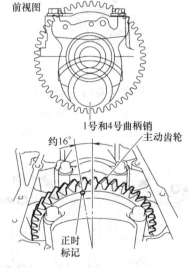

图 1-8-94

④ 在图 1-8-95 所示的位置连续涂抹密封胶。

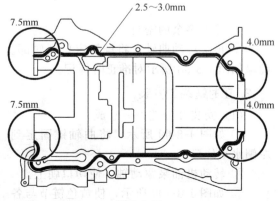

图 1-8-95

⑤ 安装加强曲轴箱，使平衡轴上的参考孔定位到图1-8-96所示位置。

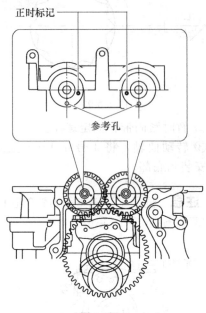

图1-8-96

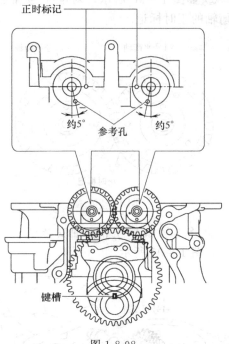

图1-8-98

⑥ 用11个螺栓暂时安装曲轴箱。

⑦ 按图1-8-97中数字所示顺序，均匀地紧固11个螺栓。力矩：24N·m。

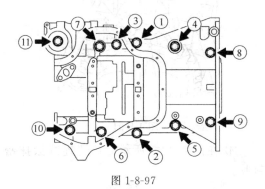

图1-8-97

⑧ 擦去多余的密封胶。

⑨ 再次转动曲轴，将键槽定位到底部。确保如图1-8-98所示对准正时标记。

3. 正时链条的安装

(1) 安装2号链条分总成。

① 如图1-8-99所示，将曲轴键固定到左侧水平位置。

② 转动机油泵驱动轴，使切口朝上。

③ 如图1-8-100所示，使黄色链节与各

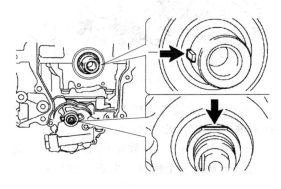

图1-8-99

链轮的正时标记对准。

④ 将链轮安装到曲轴和机油泵轴上，使链条在链轮上。

⑤ 暂时用螺母紧固机油泵主动轴链轮。

⑥ 将减振弹簧插入调节孔，然后用螺栓安装链条张紧器盖板。

⑦ 将机油泵主动轴链轮的调节孔对准机油泵的凹槽。

⑧ 将直径4mm的销插入机油泵主动轴链轮的调节孔中，以将链轮锁止到位，然后紧固螺母。

⑨ 顺时针旋转曲轴90°，并如图1-8-101

Chapter 1　第一章　日韩车系　179

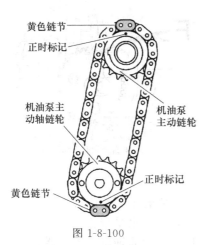

图 1-8-100

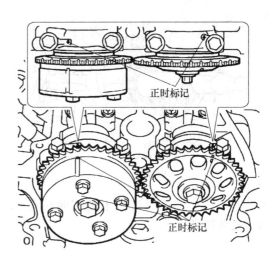

图 1-8-103

所示使曲轴键朝上。

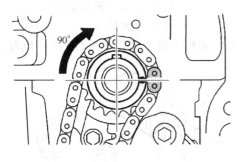

图 1-8-101

(2) 安装曲轴正时链轮。

(3) 用 2 个螺栓安装 1 号链条导轨，如图 1-8-102 所示。

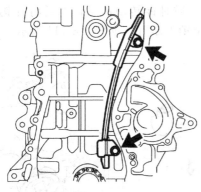

图 1-8-102

(4) 安装链条分总成。

① 如图 1-8-103 所示，用扳手转动凸轮轴六角形部分，使凸轮轴正时链轮上的正时标记对准 1 号和 2 号轴承盖上的各个正时标记。

② 检查并确认曲轴定位，如图 1-8-104 所示，使曲轴键朝上。

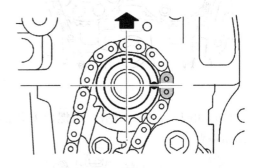

图 1-8-104

③ 将链条安装到曲轴正时链轮上，使金色或粉色链节 2 对准曲轴上的正时标记 1，如图 1-8-105 所示。

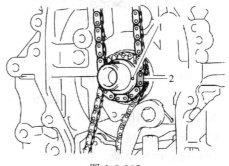

图 1-8-105

④ 使用 SST 和锤子敲入曲轴正时链轮，如图 1-8-106 所示。

⑤ 如图 1-8-107 所示，将金色或粉色链

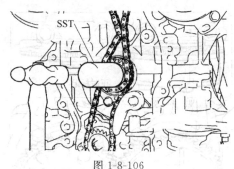

图 1-8-106

节 2 对准凸轮轴正时链轮上的正时标记 1，然后安装链条。

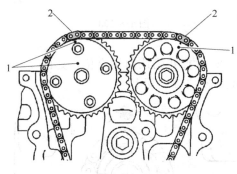

图 1-8-107

（5）如图 1-8-108 所示，用螺栓安装链条张紧器臂。

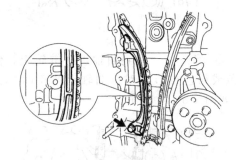

图 1-8-108

（6）用螺栓安装正时链条导轨。
（7）安装 1 号曲轴位置信号盘，使"F"标记朝前，如图 1-8-109 所示。
（8）安装正时链条盖分总成。
（9）安装惰轮支架。
（10）安装惰轮分总成。
（11）安装正时链条箱油封。
（12）安装油底壳分总成。
（13）安装油底壳放油螺塞。

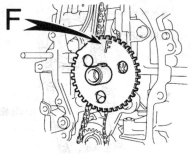

图 1-8-109

（14）安装水泵总成。
（15）安装水泵带轮。
（16）安装曲轴位置传感器。
（17）安装曲轴带轮。
（18）安装 1 号链条张紧器总成。
① 释放棘爪，然后完全推入柱塞并钩住销，使柱塞位于如图 1-8-110 所示位置。

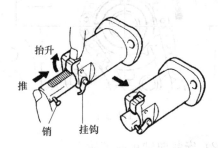

图 1-8-110

② 用 2 个螺母安装新衬垫和链条张紧器。
③ 逆时针转动曲轴，然后将挂钩从柱塞定位销上断开，如图 1-8-111 所示。

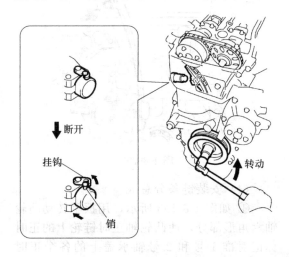

图 1-8-111

④ 顺时针转动曲轴，然后检查并确认柱塞伸出，如图 1-8-112 所示。

(9) 拆卸气缸盖罩垫片。

(10) 拆卸火花塞套管垫片。

(11) 将 1 号气缸活塞设置在压缩行程 TDC 位置上。

① 转动曲轴带轮，直至带轮上的槽与正时链条盖的正时标记 "0" 对准。

② 如图 1-8-114 所示，检查并确认排气凸轮轴正时链轮和进气凸轮轴正时链轮上的正时标记都朝上。

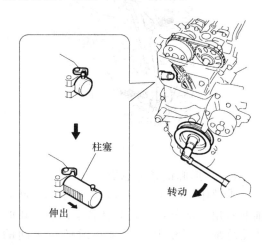

图 1-8-112

五、卡罗拉/逸致（1.6L 1ZR-FE/1.8L 2ZR-FE）

1. 正时链条的拆卸

(1) 拆卸机油加注口盖分总成。

(2) 拆下 2 个发动机盖接头，如图 1-8-113 所示。

(3) 拆卸火花塞。

(4) 拆卸凸轮轴位置传感器（进气侧）。

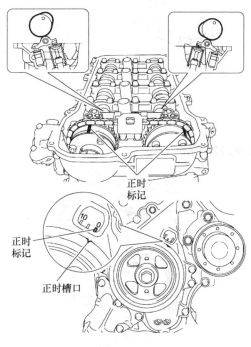

图 1-8-114

(12) 拆卸曲轴带轮。

(13) 拆卸 1 号链条张紧器总成。

(14) 拆卸曲轴位置传感器。

(15) 拆卸发动机油压开关总成。

(16) 拆下 2 个 1 号锥度螺旋塞，如图 1-8-115 所示。

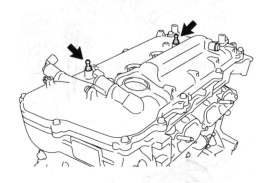

图 1-8-113

(5) 拆卸凸轮轴位置传感器（排气侧）。

(6) 拆卸凸轮轴正时机油控制阀总成（进气侧）。

(7) 拆卸凸轮轴正时机油控制阀总成（排气侧）。

(8) 拆卸气缸盖罩分总成。

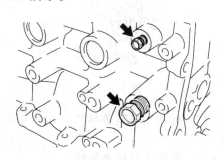

图 1-8-115

(17) 拆卸爆震传感器。
(18) 拆卸发动机冷却液温度传感器。
(19) 拆卸机油滤清器分总成。
(20) 拆卸正时链条盖分总成。
(21) 拆卸正时链条盖油封。
(22) 拆卸进水口外壳,如图1-8-116所示。

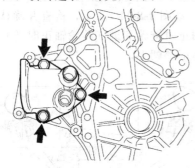

图1-8-116

(23) 拆卸1号发电机支架,如图1-8-117所示。

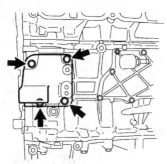

图1-8-117

(24) 拆卸链条张紧器臂,如图1-8-118所示。

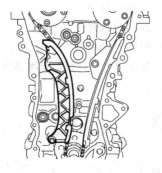

图1-8-118

(25) 拆卸1号链条导轨,如图1-8-119所示。
(26) 拆卸2号链条导轨。

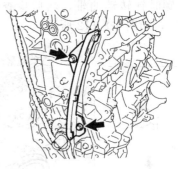

图1-8-119

(27) 拆卸链条分总成。

① 如图1-8-120所示,用扳手固定凸轮轴的六角形部分,并逆时针转动凸轮轴正时链轮总成,以松开凸轮轴正时链轮之间的链条。

② 链条松开时,将链条从凸轮轴正时链轮总成上松开,并将其放置在凸轮轴正时链轮总成上。

③ 顺时针转动凸轮轴,使其回到原来位置,并拆下链条。

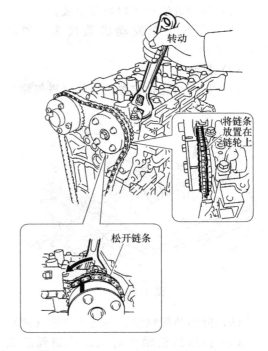

图1-8-120

(28) 拆卸曲轴正时链轮。
(29) 拆卸2号链条分总成。
(30) 拆卸1号曲轴位置传感器齿板。

(31) 拆卸曲轴键。

2. 正时链条的安装

（1）安装曲轴键。

（2）安装1号曲轴位置传感器齿板。

（3）安装2号链条分总成。

（4）安装曲轴正时链轮。

（5）安装1号链条导轨。

（6）将1号气缸活塞设置在压缩行程TDC位置上。

① 暂时安装曲轴带轮螺栓。

② 逆时针转动曲轴，以使曲轴键位于顶部，如图1-8-121所示。

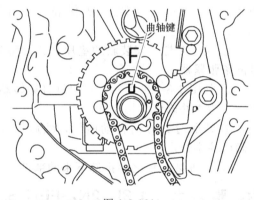

图 1-8-121

③ 如图1-8-122所示，检查并确认凸轮轴正时链轮上的正时标记对准。

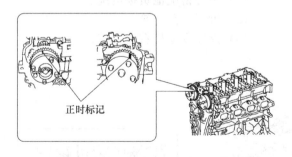

图 1-8-122

④ 拆下曲轴带轮螺栓。

（7）安装链条分总成。

① 如图1-8-123所示，将橙色链节和正时标记对准并安装链条。

② 如图1-8-124所示，将链条放置在曲轴上，但不要使其环绕在曲轴上。

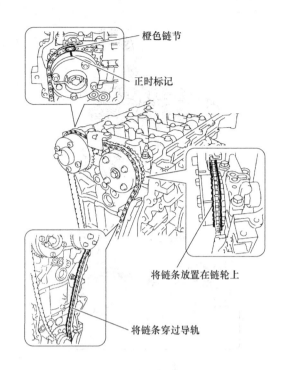

图 1-8-123

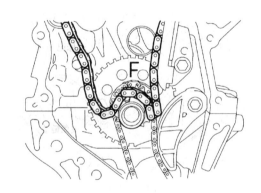

图 1-8-124

③ 如图1-8-125所示，用扳手固定凸轮轴的六角形部分，并逆时针转动凸轮轴正时链轮，以使橙色链节和正时标记对准，然后安装链条。

④ 用扳手固定凸轮轴的六角形部分，并顺时针转动凸轮轴正时链轮。

注意 为了张紧链条，缓慢地顺时针转动凸轮轴正时链轮，防止链条错位。

⑤ 如图1-8-126所示，将黄色链节和正时标记对准，并将链条安装至曲轴正时链轮。

(8) 安装链条张紧器臂。

(9) 安装2号链条导轨。

(10) 在1号气缸活塞位于压缩行程TDC位置时检查各正时标记,如图1-8-127所示。

(11) 安装1号发电机支架。

(12) 安装进水口外壳。

(13) 安装正时链条盖分总成。

(14) 安装正时链条盖油封。

(15) 安装曲轴带轮。

(16) 按以下方法安装1号链条张紧器总成。

① 松开棘爪,然后将柱塞完全推入并用卡钩钩住销,以使柱塞保持在如图1-8-128所示位置。

② 用2个螺母安装新的垫片、支架和1号链条张紧器。

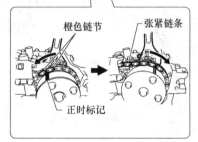

图 1-8-125

③ 如图1-8-129所示,逆时针轻微转动曲轴,检查并确认卡钩松开。

④ 按顺时针方向转动曲轴,然后检查并确认柱塞伸出。

(17) 安装其他之前拆卸下来的部件。

六、雅力士（1.3L 2NZ-FE/1.5L 1NZ-FE）

1. 正时链条的拆卸

(1) 断开蓄电池负极电缆。

(2) 拆下右前车轮。

(3) 拆卸发动机右前下盖。

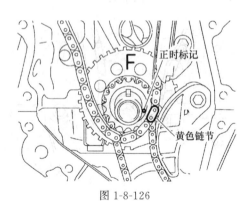

图 1-8-126

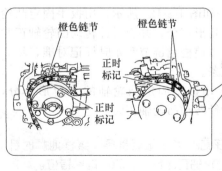
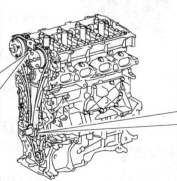
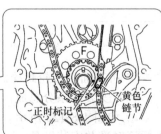

图 1-8-127

(15) 拆卸水泵带轮和水泵总成。
(16) 拆卸横置发动机的安装支架。
(17) 拆卸机油泵总成和密封件。
(18) 按下列方法拆卸链条张紧器总成。

① 向上拉锁片，并保持其解锁状态，如图 1-8-130 所示。

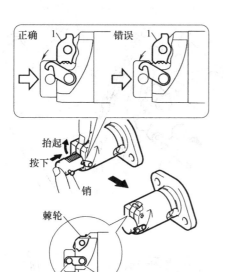

图 1-8-128

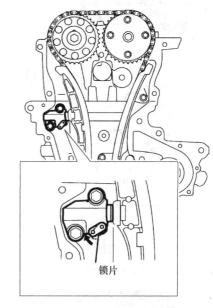

图 1-8-130

② 当张紧器的柱塞解锁时，将其推到底部，如图 1-8-131 所示。

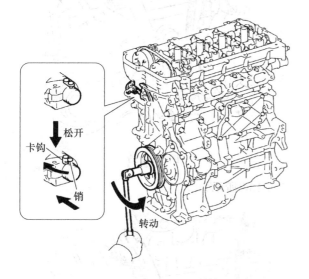

图 1-8-129

(4) 放出发动机油、冷却液。
(5) 拆下 2 号气缸盖罩。
(6) 卸下风扇和发电机 V 带。
(7) 卸下发电机总成。
(8) 拆下 1 号点火线圈。
(9) 断开通风软管
(10) 拆卸气缸盖罩分总成。
(11) 拆卸右前发动机安装绝缘器组件。
(12) 拆卸曲轴减振器总成。
(13) 拆下曲轴位置传感器。
(14) 拆卸凸轮轴正时机油控制阀总成。

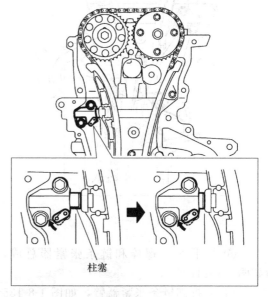

图 1-8-131

③ 当柱塞被推到底部时，拉下锁片以

锁止柱塞，如图1-8-132所示。

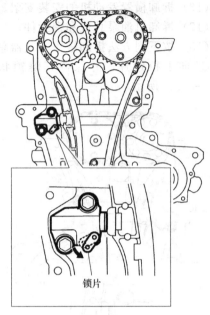

图1-8-132

④ 将直径3mm的销插入锁片孔中以锁止柱塞，如图1-8-133所示。

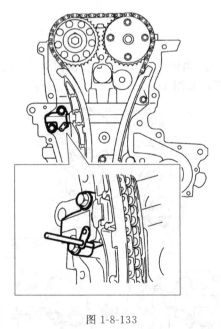

图1-8-133

⑤ 拆下2个螺栓和链条张紧器总成，如图1-8-134所示。

（19）拆卸链条张紧器臂，如图1-8-135所示。

（20）拆下2个螺栓和链条导轨，如图

图1-8-134

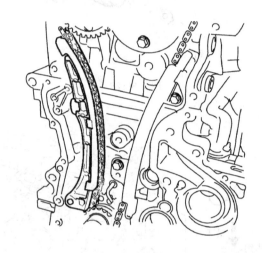

图1-8-135

1-8-136所示。

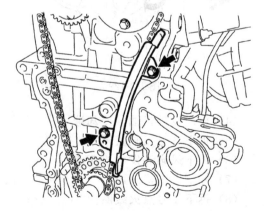

图1-8-136

（21）拆卸链条分总成。

2. 正时链条的安装

（1）检查正时链条分总成。如图1-8-137所示，用147N的力拉链条分总成，然后测量16个链节的长度。

最大链条伸长率：123.2mm。如果平均伸长率大于最大值，则更换链条分总成。

注意 在任意3个或更多的位置进行测量，使用测量值的平均值。

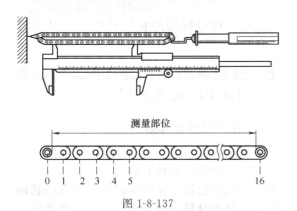

图 1-8-137

（2）按下列方法安装链条分总成。

① 确保所有的正时标记都如图1-8-138所示处于TDC位置。

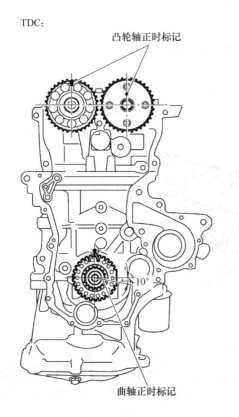

图 1-8-138

② 设置曲轴的正时标记位于上止点后（ATDC）40°~140°，如图1-8-139所示。

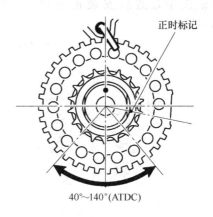

图 1-8-139

③ 设置凸轮轴正时链轮至图1-8-140所示的位置［20°（ATDC）］。

④ 设置曲轴处于图1-8-140所示的位置［20°（ATDC）］。

注意 图1-8-140中曲轴正时标记与水平线成30°并不表示曲轴位置为30°（ATDC），而是20°（ATDC）。

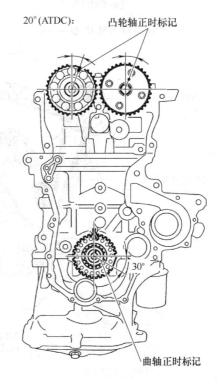

图 1-8-140

⑤ 用2个螺栓安装链条导轨（图1-8-136）。

⑥ 对齐凸轮轴的正时标记和正时链条的标记链节，然后安装正时链条，如图1-8-141所示。

（3）安装链条张紧器臂（图1-8-135）。

（4）安装链条张紧器总成（图1-8-134）。

① 用2个螺栓安装链条张紧器总成。

② 从链条张紧器总成上移走锁销。

（5）转动曲轴2圈，检查气门正时。

（6）安装机油泵密封件和机油泵总成。

（7）按与拆卸的相反顺序安装其他零部件。

七、普拉多/兰德酷路泽/FJ 酷路泽（4.0L 1GR-FE）

1. 正时系统部件图

如图1-8-142所示，曲轴通过正时链条分总成（初级）驱动右侧进气凸轮轴和3号左侧进气凸轮轴，相应气缸组的进气凸轮轴通过2号正时链条分总成（次级）驱动排气凸轮轴。

凸轮轴正时链轮总成安装在右侧进气凸轮轴和3号左侧进气凸轮轴前部，用来改变进气门的正时。

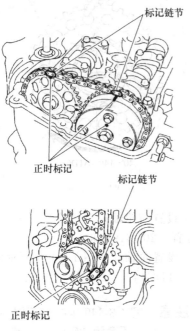

图 1-8-141

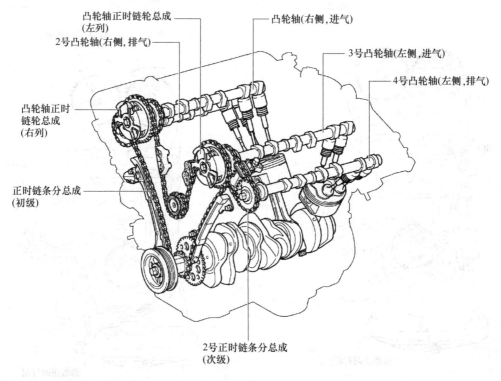

图 1-8-142

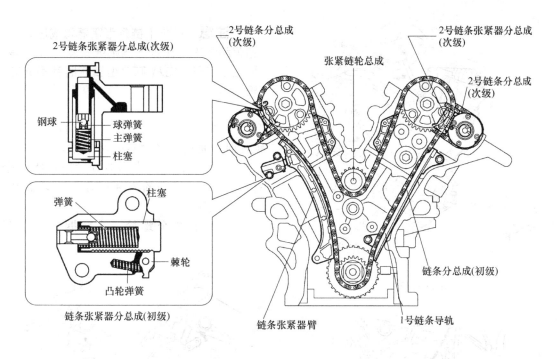

图 1-8-143

如图 1-8-143 所示，链条分总成（初级）采用链条张紧器分总成（初级），右列和左列气缸组的每个 2 号链条分总成（次级）采用 2 号链条张紧器分总成（次级）。

初级链条张紧器分总成和 2 号次级链条张紧器分总成均用弹簧和机油压力来时刻保持适当的链条张力，并抑制了链条分总成产生的噪声。初级链条张紧器分总成为带止回机构的棘轮式。

2. 正时链条的拆卸

（1）拆卸右侧气缸盖罩分总成。

（2）拆卸左侧气缸盖罩分总成。

（3）拆卸正时链条或正时皮带盖分总成。

① 拆下 24 个螺栓和 2 个螺母，如图 1-8-144 所示。

② 如图 1-8-145 所示，用旋具撬动正时链条盖和气缸盖或气缸体之间的部位，拆下正时链条盖。

③ 从左侧气缸盖上拆下 O 形圈。

（4）拆卸正时齿轮箱或正时链条箱油封。

（5）将曲轴设置到 1 号气缸活塞压缩行程 TDC 位置。

① 使用曲轴带轮固定螺栓，转动曲轴使曲轴键对准气缸体正时线，如图 1-8-146 所示。

② 检查并确认凸轮轴正时链轮的正时标记如图 1-8-147 所示对准轴承盖的正时标记。如果没有对准，则转动曲轴 1 圈，使上述正时标记对准。

（6）拆卸 1 号链条张紧器总成。

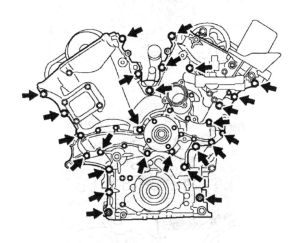

图 1-8-144

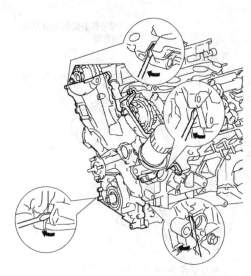

图 1-8-145

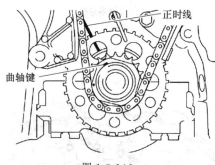

图 1-8-146

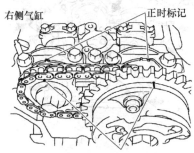

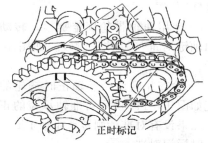

图 1-8-147

> **注意** 在拆下链条张紧器总成后,切勿转动曲轴。在拆下链条张紧器总成后转动凸轮轴时,先从 TDC 位置逆时针转动曲轴 40°。

① 如图 1-8-148 所示,向上转动张紧器锁片时,将链条张紧器推入柱塞中。

② 当向下转动张紧器锁片时,将一个直径 3.5mm 的销插入到锁片和张紧器孔,以固定锁片。

③ 拆下 2 个螺栓,然后拆下链条张紧器。

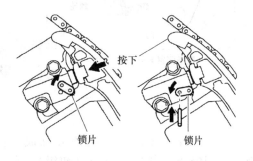

图 1-8-148

(7) 拆卸链条张紧器臂。

(8) 如图 1-8-149 所示,使用 10mm 六角扳手拆下 2 号惰轮轴、1 号惰轮和 1 号惰轮轴。

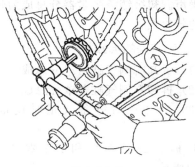

图 1-8-149

(9) 拆下 2 个 2 号链条导轨。

(10) 拆卸链条分总成。

3. 凸轮轴的拆卸

(1) 拆卸 2 号凸轮轴。

① 拉起 2 号链条张紧器的同时,将直径 1.0mm 的销插入孔中以将其固定,如图

1-8-150 所示。

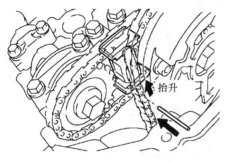

图 1-8-150

② 用扳手固定住 2 号凸轮轴的六角形部分，并拆下凸轮轴正时链轮固定螺栓，如图 1-8-151 所示。

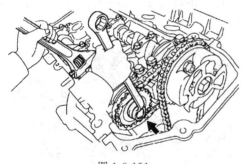

图 1-8-151

③ 将凸轮轴正时链轮与 2 号凸轮轴分开。

④ 如图 1-8-152 所示，用扳手逆时针转动凸轮轴，使 1 号气缸的凸轮凸角朝上。

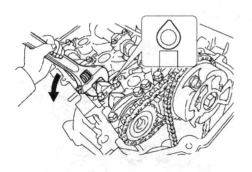

图 1-8-152

⑤ 按图 1-8-153 中数字所示顺序，分步均匀地拧松并拆下 8 个轴承盖螺栓。

⑥ 拆下 4 个轴承盖和 2 号凸轮轴。

(2) 拆卸 2 号链条张紧器总成。如图 1-8-154 所示，拆下 2 号链条张紧器螺栓，

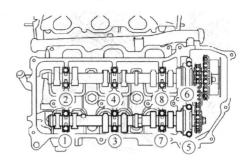

图 1-8-153

然后拆下 2 号链条张紧器总成和凸轮轴正时链轮。

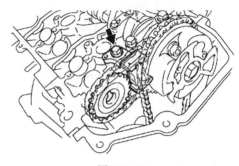

图 1-8-154

(3) 拆卸凸轮轴。

① 用扳手固定住 1 号凸轮轴的六角形部分，并松开凸轮轴正时链轮固定螺栓，如图 1-8-155 所示。

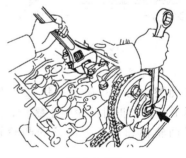

图 1-8-155

② 滑动凸轮轴正时链轮并将 1 号链条与凸轮轴正时链轮分开，如图 1-8-156 所示。

③ 如图 1-8-157 所示，使用扳手逆时针转动 1 号凸轮轴，使 1 号气缸的凸轮凸角朝下。

④ 按图 1-8-158 中数字所示顺序，分步拧松并拆下 8 个轴承盖螺栓。

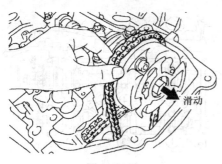

图 1-8-156

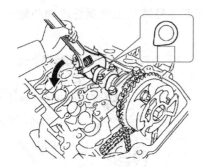

图 1-8-157

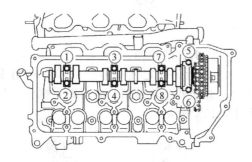

图 1-8-158

⑤ 拆下 4 个轴承盖。

⑥ 如图 1-8-159 所示，提起 1 号凸轮轴，拆下凸轮轴正时链轮固定螺栓，然后拆下 1 号凸轮轴和带 2 号链条的凸轮轴正时链轮。

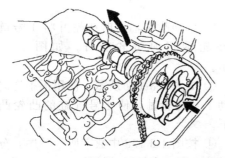

图 1-8-159

⑦ 如图 1-8-160 所示，用一条绳索系住 1 号链条。

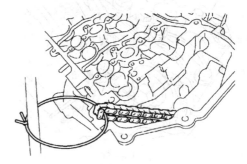

图 1-8-160

(4) 拆卸 4 号凸轮轴。

① 如图 1-8-161 所示，按下 3 号张紧器的同时，将直径 1.0mm 的销插入孔中以将其固定。

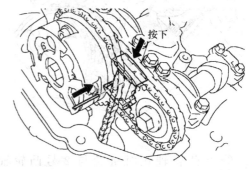

图 1-8-161

② 如图 1-8-162 所示，用扳手固定住 4 号凸轮轴的六角形部分，并拆下凸轮轴正时链轮固定螺栓。

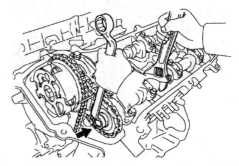

图 1-8-162

③ 将凸轮轴正时链轮与 4 号凸轮轴分开。

④ 按图 1-8-163 中数字所示顺序，分步均匀地拧松并拆下 8 个轴承盖螺栓。

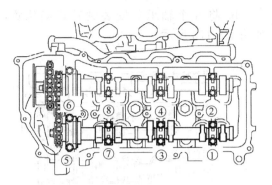

图 1-8-163

⑤ 拆下 4 个轴承盖和 4 号凸轮轴。

(5) 如图 1-8-164 所示, 拆下 3 号链条张紧器螺栓, 然后拆下 3 号链条张紧器和凸轮轴正时链轮。

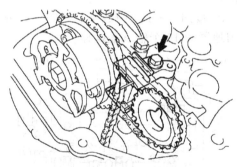

图 1-8-164

(6) 拆卸 3 号凸轮轴。

① 如图 1-8-165 所示, 逆时针轻轻转动曲轴带轮, 以松开凸轮轴正时链轮 (B2) 和曲轴正时链轮间的链条张紧器。

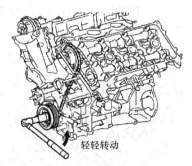

图 1-8-165

② 如图 1-8-166 所示, 用扳手固定住 3 号凸轮轴的六角形部分, 并松开凸轮轴正时链轮固定螺栓。

③ 如图 1-8-167 所示, 滑动凸轮轴正时链轮并将 1 号链条与凸轮轴正时链轮分开。

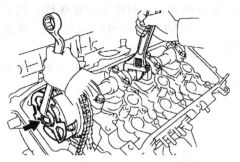

图 1-8-166

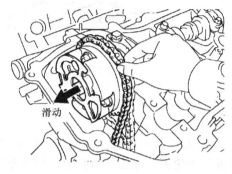

图 1-8-167

④ 按图 1-8-168 中数字所示顺序, 分步均匀地拧松并拆下 8 个轴承盖螺栓。

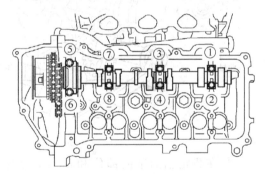

图 1-8-168

⑤ 拆下 4 个轴承盖。

⑥ 如图 1-8-169 所示, 提起 3 号凸轮

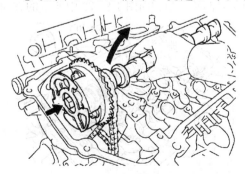

图 1-8-169

轴，拆下凸轮轴正时链轮固定螺栓，然后拆下 3 号凸轮轴和带 2 号链条的凸轮轴正时链轮。

⑦ 如图 1-8-170 所示，用一条绳索系住 1 号链条。

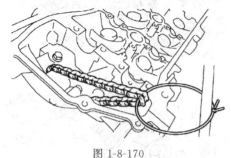

图 1-8-170

4. 正时链条的安装

（1）安装凸轮轴

① 设置曲轴位置。如图 1-8-171 所示，用曲轴带轮固定螺栓转动曲轴，并在左侧水平位置设置曲轴键。

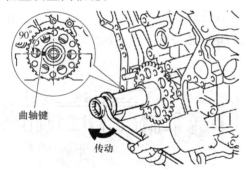

图 1-8-171

② 在凸轮轴的轴向部位和轴颈上涂抹新的发动机机油。

③ 安装 B1 的凸轮轴。

a. 将 2 个凸轮轴放置在右侧气缸盖上，使 1 号凸轮凸角朝向图 1-8-172 中所示的方向。

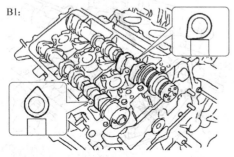

图 1-8-172

b. 将 8 个轴承盖安装到其正确位置，如图 1-8-173 所示。

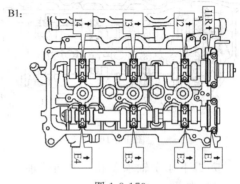

图 1-8-173

c. 在轴承盖螺栓的螺纹上涂抹一薄层发动机机油。

d. 按图 1-8-174 中数字所示顺序，分步均匀地紧固 16 个轴承盖螺栓。

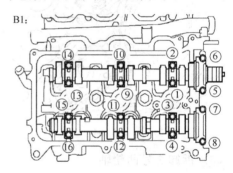

图 1-8-174

e. 用扳手顺时针转动凸轮轴直到每个凸轮轴锁销位于与气缸盖成 90°的位置，如图 1-8-175 所示。

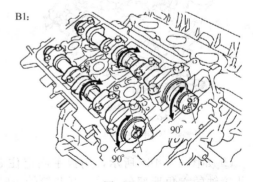

图 1-8-175

④ 安装 B2 的凸轮轴。

a. 将 2 个凸轮轴放置在左侧气缸盖上，

使 1 号凸轮凸角朝向图 1-8-176 中所示的方向。

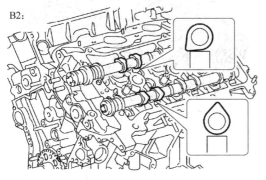

图 1-8-176

b. 如图 1-8-177 所示,将 8 个轴承盖安装到其正确位置。

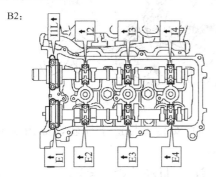

图 1-8-177

c. 在轴承盖螺栓的螺纹上和螺栓头下部涂抹一薄层发动机机油。

d. 按图 1-8-178 中数字所示顺序,分步均匀地紧固 16 个轴承盖螺栓。

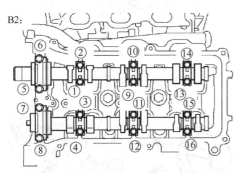

图 1-8-178

(2) 安装 2 号链条张紧器总成。

① 如图 1-8-179 所示,推入张紧器的同时,将直径 1.0mm 的销插入孔中以将其固定。

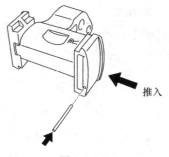

图 1-8-179

② 如图 1-8-180 所示,用螺栓安装 2 号链条张紧器。

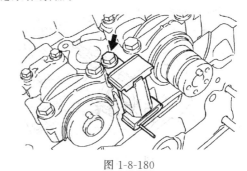

图 1-8-180

(3) 安装凸轮轴正时链轮和 2 号链条 (B1)。

① 如图 1-8-181 所示,将黄色链节对准凸轮轴正时链轮的正时标记(1 点标记)。

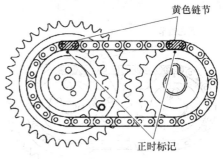

图 1-8-181

② 如图 1-8-182 所示,将凸轮轴正时链轮正时标记对准轴承盖正时标记,并将凸轮轴正时链轮及链条安装至 B1 凸轮轴上。

③ 暂时安装 2 个凸轮轴正时链轮螺栓。

④ 如图 1-8-183 所示,用扳手固定凸轮轴的六角形部分并紧固 2 个螺栓。

⑤ 从 2 号链条张紧器上拆下销。

(4) 用同样的方法安装 3 号链条张紧器总成。

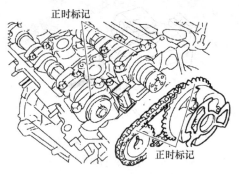

图 1-8-182

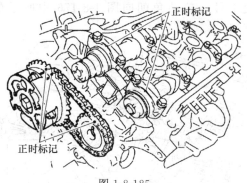

图 1-8-185

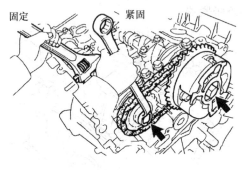

图 1-8-183

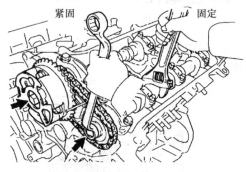

图 1-8-186

(5) 安装凸轮轴正时链轮和 2 号链条 (B2)。

① 如图 1-8-184 所示,将黄色链节对准凸轮轴正时链轮的正时标记 (1 点标记和 2 点标记)。

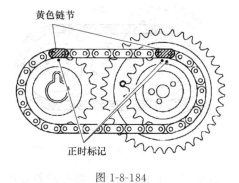

图 1-8-184

② 如图 1-8-185 所示,将凸轮轴正时链轮正时标记对准轴承盖正时标记,并将凸轮轴正时链轮及链条安装至 B2 凸轮轴上。

③ 暂时安装 2 个凸轮轴正时链轮螺栓。

④ 如图 1-8-186 所示,用扳手固定凸轮轴的六角形部分并紧固 2 个螺栓。

⑤ 从 3 号链条张紧器上拆下销。

(6) 安装 1 号链条导轨,如图 1-8-187 所示。

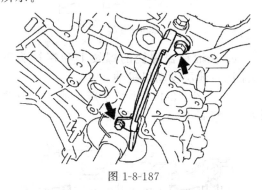

图 1-8-187

(7) 如图 1-8-188 所示,安装曲轴正时链轮。

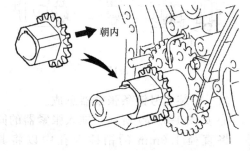

图 1-8-188

① 将曲轴键对准正时链轮上的键槽。
② 将正时链轮安装到曲轴上，使链轮侧朝内。

（8）安装链条张紧器臂。

（9）安装1号链条张紧器总成。

① 如图1-8-189所示，顺时针转动张紧器锁片的同时，推入张紧器的柱塞。

② 当逆时针转动张紧器锁片时，将一个直径3.5mm的销插入到锁片和张紧器孔，以固定锁片。

③ 用2个螺栓安装链条张紧器。

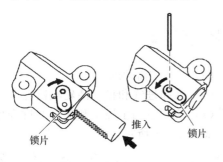

图 1-8-189

（10）安装链条分总成。

① 将1号气缸活塞设置到TDC位置。

a. 如图1-8-190所示，对准凸轮轴正时链轮和轴承盖的正时标记。

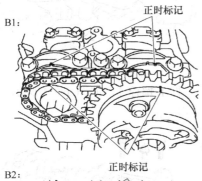

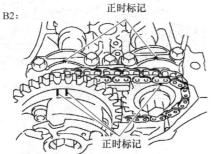

图 1-8-190

b. 用曲轴带轮固定螺栓转动曲轴，使曲轴键对准气缸体正时线，如图1-8-191所示。

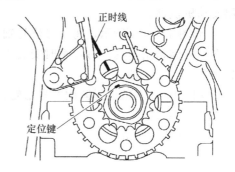

图 1-8-191

② 将黄色链节对准曲轴正时链轮的正时标记，如图1-8-192所示。

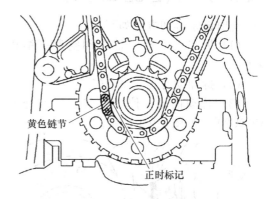

图 1-8-192

③ 将橙色链节对准凸轮轴正时链轮的正时标记，并安装链条，如图1-8-193所示。

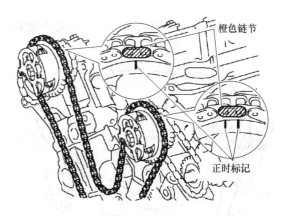

图 1-8-193

(11) 安装 2 个 2 号链条导轨。

(12) 安装 1 号惰轮轴。

① 在 1 号惰轮轴的旋转表面上涂抹一薄层发动机机油。

② 如图 1-8-194 所示，将 1 号惰轮轴锁销对准气缸体锁销槽的同时，暂时安装 1 号惰轮轴和 2 号惰轮轴。

③ 用 10mm 六角扳手紧固 2 号惰轮轴。

④ 从链条张紧器上拆下销。

(13) 安装正时链条盖分总成。

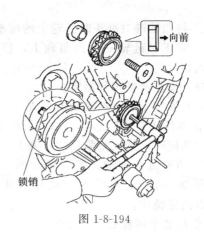

图 1-8-194

第九节 双龙汽车

一、双龙爱腾（2.3L G23D）

正时链条拆卸方法如下。

(1) 拆卸动力转向带轮和空调压缩机支架。

(2) 拆卸动力转向泵油管。

(3) 转动曲轴，使 1 号气缸活塞处于 ATDC20°，如图 1-9-1 所示。

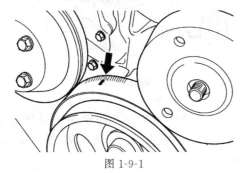

图 1-9-1

(4) 对准正时链条和凸轮轴链轮上的标记，如图 1-9-2 所示。

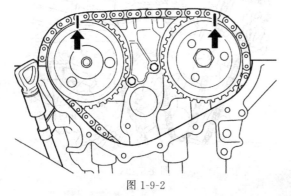

图 1-9-2

(5) 拆下链条张紧器。

(6) 拆卸进气和排气凸轮轴链轮。

(7) 使用滑动小锤 1 和螺杆 2 拆卸导轨销，如图 1-9-3 所示。

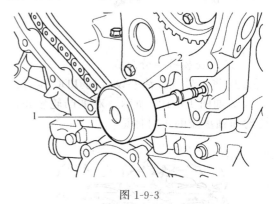

图 1-9-3

(8) 拧下螺栓 1，如图 1-9-4 所示。

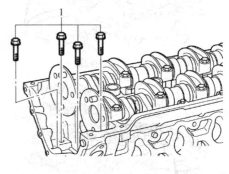

图 1-9-4

(9) 拆卸带轮和黏性减振器，如图 1-9-5 所示。

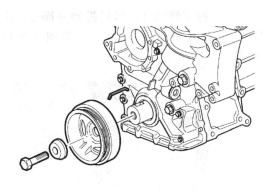

图 1-9-5

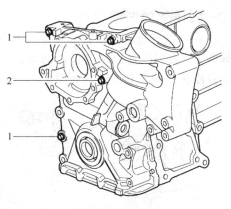

图 1-9-6

（10）如图 1-9-6 所示，拧下正时室盖上的螺栓 1、2，并拆卸正时室盖。

（11）取下正时链条。

二、双龙爱腾/享御/路帝/雷斯特（2.0T D20DT）

1. 正时系统部件图（图 1-9-7）

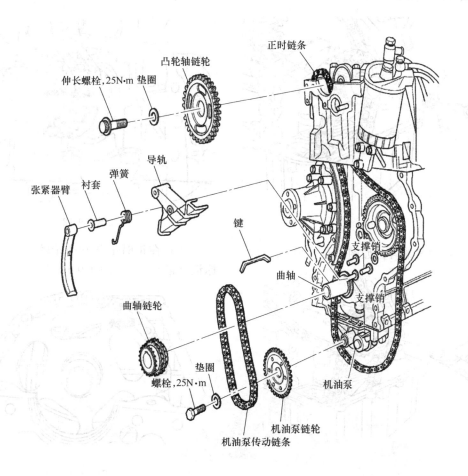

图 1-9-7

2. 正时链条的拆卸

（1）尽量远地拉出张紧器臂1与弹簧4和导轨5，直到张紧器臂越过机油泵传动链条2并停在曲轴3上为止，如图1-9-8所示。

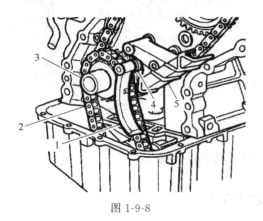

图1-9-8

（2）拉出支撑销处的张紧器臂1、弹簧3和衬套2，如图1-9-9所示。

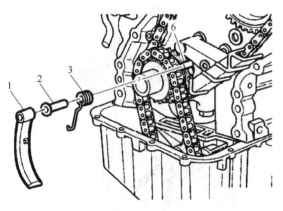

图1-9-9

（3）拉出导轨1，如图1-9-10所示。

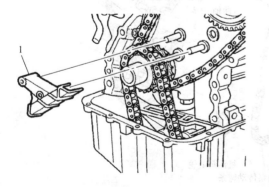

图1-9-10

（4）拧下螺栓1，然后拆卸垫圈2、机油泵传动链条3和链轮4，如图1-9-11所示。

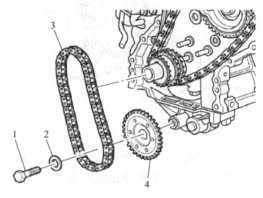

图1-9-11

（5）在正时链条1和曲轴链轮3上做对齐标记（箭头），如图1-9-12所示。

（6）拆卸半圆键2。

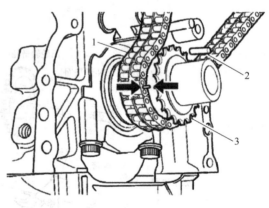

图1-9-12

（7）在正时链条和凸轮轴链轮上做对齐标记（箭头），如图1-9-13所示。

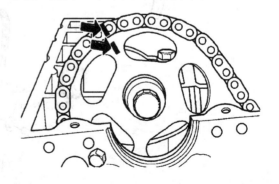

图1-9-13

(8) 拆卸正时链条张紧轮。

(9) 拧下螺栓，然后拆卸垫圈和凸轮轴链轮（图1-9-7）。

(10) 用拉器1拆卸曲轴链轮2，如图1-9-14所示。

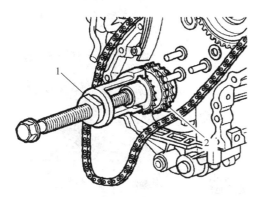

图1-9-14

(11) 取下正时链条。

3. 正时链条的安装

(1) 在新的曲轴链轮上做与旧的曲轴链轮上的对齐标记相同的对齐标记，如图1-9-15所示。

> **注意** 检查正时链条、凸轮轴链轮、喷油泵正时链轮、机油泵传动链条和机油泵链轮有无损坏，必要时更换。

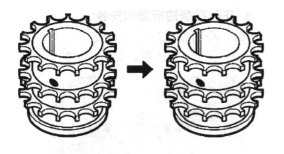

图1-9-15

(2) 用敲入工具1安装新的曲轴链轮2，如图1-9-16所示。

> **注意** 准确对齐链轮槽和半圆键（箭头）。

(3) 把正时链条1装配到曲轴链轮3上（图1-9-12）。

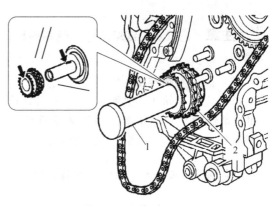

图1-9-16

> **注意** 对齐传动链条和链轮上的对齐标记（箭头）。

(4) 安装凸轮轴链轮，拧紧螺栓至25N·m（图1-9-12）。

> **注意** 对齐标记和定位销（箭头），见图1-9-13。

如图1-9-17所示，如果伸长螺栓的最大长度L超过53.6mm，则更换。

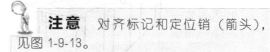

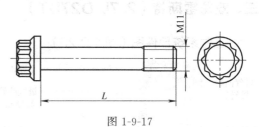

图1-9-17

(5) 把机油泵传动链条3装配到曲轴链轮2上，并把机油泵链轮4插入机油泵传动链条，然后把它安装到机油泵上，如图1-9-18所示。

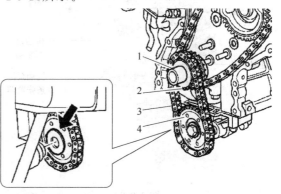

图1-9-18

注意 把机油泵链轮的弯曲侧朝向机油泵。

（6）插入半圆键1。

（7）安装导轨1。把弹簧2附装到导轨1和张紧器臂5上，并将这些组装部件放到承载轴销3、4上，如图1-9-19所示。

 注意 确保弹簧正确定位在导轨里。

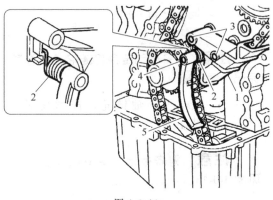

图1-9-19

三、双龙雷斯特（2.7L D27DT）

1. 正时系统部件图（图1-9-20）

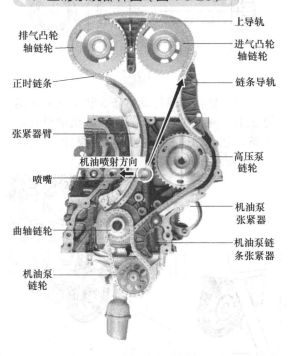

图1-9-20

2. 正时系统示意图（图1-9-21）

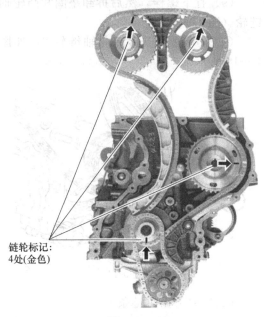

图1-9-21

（1）检查链条上的标记（金色）

（2）将两个连续的链节标记对齐曲轴链轮上的标记。

（3）对齐链节标记和各凸轮轴链轮（进气和排气）正时标记。

（4）对齐另一个链节标记和高压泵链轮标记。

3. 正时链条的拆卸和安装

（1）分离蓄电池负极导线。

（2）拆卸EGR管，如图1-9-22所示。

图1-9-22

（3）分离喷油器燃油管路、连接器和预热塞连接器。

（4）拆卸气缸盖罩。

(5) 旋转曲轴，对齐曲轴带轮上的 OT 标记，如图 1-9-23 所示。

图 1-9-23

(6) 在正时链条、进气凸轮轴链轮和排气凸轮轴链轮上做标记，以便安装时设定正时，如图 1-9-24 所示。

图 1-9-24

(7) 拆卸 EGR 管和量油尺后，拆卸链条张紧器，如图 1-9-25 所示。

图 1-9-25

(8) 拆卸高压泵，并在高压泵链轮上做标记，如图 1-9-26 所示。

(9) 拆卸凸轮轴位置传感器，如图

图 1-9-26

1-9-27 所示。

图 1-9-27

(10) 固定凸轮轴，拆卸进气凸轮轴链轮和排气凸轮轴链轮，如图 1-9-28 所示。

图 1-9-28

(11) 使用滑动锤拆卸上导轨，如图 1-9-29 所示。

(12) 拆卸机油冷却器和进气歧管，如图 1-9-30 所示。

(13) 按照图 1-9-31 中数字所示顺序拆卸气缸盖螺栓。

(14) 拆下气缸盖总成。

图 1-9-29

图 1-9-30

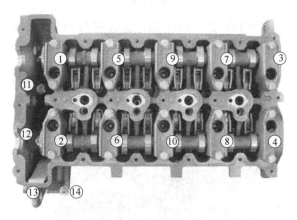

图 1-9-31

图 1-9-32

图 1-9-33

(22)拆卸张紧器臂,如图 1-9-34 所示。

图 1-9-34

(15)拆卸油底壳。
(16)使用滑动锤,拆卸链条导轨。
(17)拆卸链条盖,如图 1-9-32 所示。
(18)拆卸机油泵驱动链轮。
(19)使用旋具推动回位弹簧,拆卸机油泵链条张紧器。
(20)拆卸机油泵链条张紧器,如图 1-9-33 所示。
(21)拆卸机油泵传动链条。

(23)拆卸正时链条。
(24)按拆卸的相反顺序安装。

四、双龙雷斯特(3.2L M162)

1. 凸轮轴的拆卸

(1)转动曲轴,把 1 号气缸活塞定位在 BTDC30°位置上。

(2) 拆卸发电机，如图1-9-35所示。

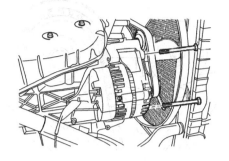

图1-9-35

(3) 拆卸正时链条张紧轮。

(4) 拆卸气缸盖前盖和上导轨1，如图1-9-36所示。

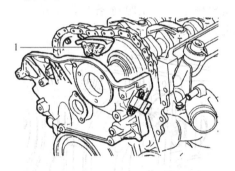

图1-9-36

(5) 如图1-9-37所示，在凸轮轴链轮（1、2）和正时链条3上做好对正标记（箭头）。

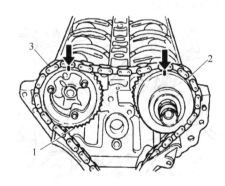

图1-9-37

(6) 拧下排气凸轮轴链轮螺栓，拆卸链轮，如图1-9-38所示。

(7) 从进气凸轮轴链轮上分离正时链条。

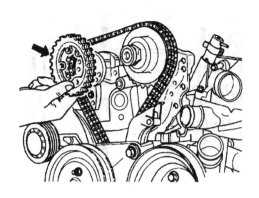

图1-9-38

注意 不要把正时链条掉入正时链条箱中。

(8) 如图1-9-39所示，拧下进气凸轮轴螺栓（⑧、⑪、⑬、⑭）和排气凸轮轴螺栓（①、④、⑥、⑦）。

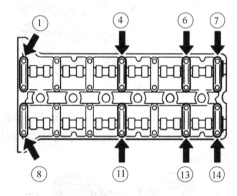

图1-9-39

(9) 拧下其余的螺栓，并拧下进气和排气凸轮轴轴承盖螺栓。

(10) 拆卸进、排气凸轮轴。

2. 凸轮轴的安装

(1) 转动曲轴，把1号气缸活塞定位在BTDC30°的位置上。

(2) 如图1-9-40所示，安装排气凸轮轴轴承盖（②、③、⑤）和进气凸轮轴轴承盖（⑨、⑩、⑫）。按规定力矩拧紧螺栓并安装其余的轴承盖。

(3) 用扳手转动凸轮轴，使进气凸轮轴调整孔与气缸盖上表面对齐，如图1-9-41所示（进气在3点钟方向，排气在9点钟方向）。

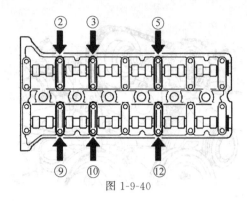

图 1-9-40

> **注意** 转动曲轴，将曲轴调整至 OT 位置，使1号气缸活塞在 TDC 位置。

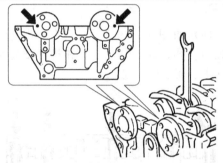

图 1-9-41

(4) 把进、排气凸轮轴上的孔与气缸盖上的孔对齐，将定位销插入孔中，如图 1-9-42 所示。

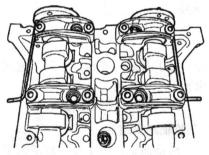

图 1-9-42

(5) 如图 1-9-43 所示，用手朝凸轮轴转动方向转动凸轮轴执行器，直到此执行器不动为止，然后安装正时链条。

> **注意** ① 一定要对齐凸轮轴链轮和正时链轮的对正标记。
> ② 进气凸轮轴执行器应在"延迟"位置。

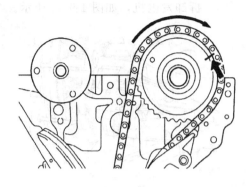

图 1-9-43

(6) 把链条安装到排气链轮上并拧紧链轮螺栓（图 1-9-38）。

(7) 如图 1-9-44 所示，安装正时链条张紧轮螺塞 1 和正时链条张紧轮总成 2，按规定力矩拧紧。

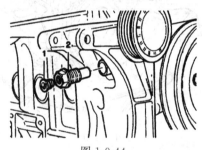

图 1-9-44

(8) 转动曲轴 2 圈，检查下列内容。

① 1号气缸活塞在 TDC 位置（OT），如图 1-9-45 所示。

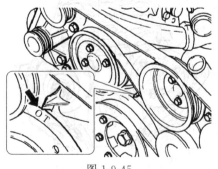

图 1-9-45

② 凸轮轴调整孔和气缸盖上表面是否对齐。

③ 正时链条和链轮标记是否对齐。

(9) 安装上导轨和气缸盖前盖。

(10) 安装发电机。

第二章

欧洲车系

第一节 大众车系

一、蔚领/途观/高尔夫/POLO/凌渡/途安/朗逸/朗行/速腾/迈腾（1.4T EA211）

1. 正时皮带的拆卸

（1）松开软管卡箍 1 和 2，拆下空气导管，如图 2-1-1 所示。

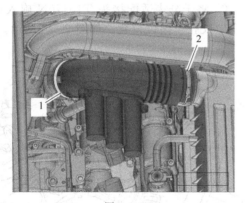

图 2-1-1

（2）脱开空气导管上的空气导流软管，如图 2-1-2 所示。

（3）脱开电气连接插头 1。

（4）松开卡子（箭头），取下空气导管。

（5）按压解锁键，拆下软管 1，如图 2-1-3 所示。

（6）拧出螺栓（箭头），并取下曲轴箱通风装置。

（7）脱出线束（箭头），如图 2-1-4 所示。

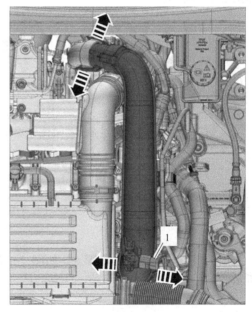

图 2-1-2

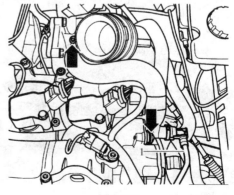

图 2-1-3

(8) 拧出螺栓 1 和 3，取下冷却液泵正时皮带护罩 2。

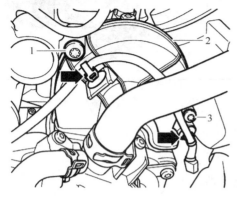

图 2-1-4

(9) 拧出螺栓（箭头），取下密封盖 1，如图 2-1-5 所示。

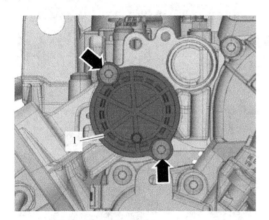

图 2-1-5

(10) 脱开支架上的软管 3，如图 2-1-6 所示。

(11) 拧出螺栓 2。

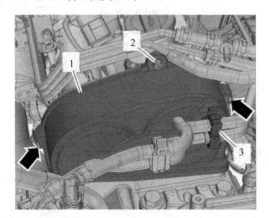

图 2-1-6

(12) 松开夹子（箭头），取下正时皮带上部护罩 1。

(13) 排出冷却液。

(14) 拧出螺栓 1~4 并将冷却液调节器盖板 5 压向一侧，如图 2-1-7 所示。

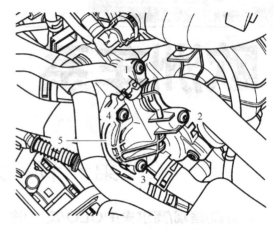

图 2-1-7

(15) 按如下方法将曲轴转到 1 缸上止点位置处。

① 拆下 1 缸带功率输出级的点火线圈。

② 用火花塞扳手拆下 1 缸火花塞。

③ 将千分表适配接头 T10170N 旋入火花塞螺纹孔至限位位置，如图 2-1-8 所示。

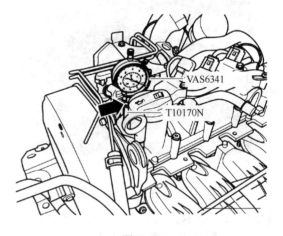

图 2-1-8

④ 将带延长件 T10170N/1 的千分表 VAS 6341 插入千分表适配接头中，并拧紧锁止螺母。

⑤ 沿发动机运转方向转动曲轴，直到 1 缸上止点，并记下千分表指针位置。

> **注意** ① 如果曲轴转动使活塞超过上止点 0.01mm，则将曲轴逆着发动机运转方向转动约 45°。接着将曲轴朝发动机运转方向转动到 1 缸上止点位置。
> ② 1 缸上止点允许偏差：±0.01mm。

（16）拧出气缸体上上止点孔的螺塞。

（17）将固定销 T10340 拧入气缸体中至限位位置，然后以 30N·m 的力矩拧紧，如图 2-1-9 所示。

（18）沿发动机运转方向旋转曲轴至限位位置。

> **注意** 固定销 T10340 只能沿发动机运转方向锁定曲轴。

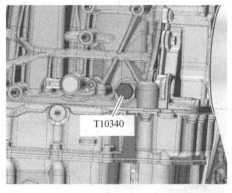

图 2-1-9

（19）拧出螺栓（箭头）并取下排气凸轮轴调节器上的盖板，如图 2-1-10 所示。

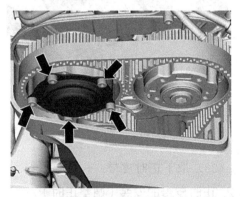

图 2-1-10

① 对于这两个凸轮轴，变速箱侧不对称分布的凹槽（箭头）必须如图 2-1-11 所示位于上部。

② 对于排气凸轮轴，凹槽（箭头）可以通过冷却液泵驱动轮的凹口够到。

③ 对于进气凸轮轴，凹槽（箭头）必须位于凸轮轴中心上方。

（20）如果凸轮轴与上述情况不相符，则拧出固定销 T10340 并继续旋转曲轴 1 圈，使其再次位于 1 缸上止点位置。

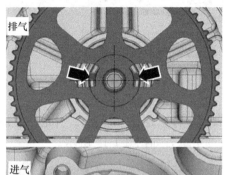

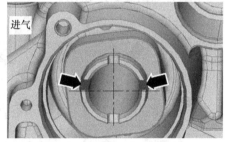

图 2-1-11

（21）如果凸轮轴固定装置 T10494 不易自行嵌入，按下述方法操作。

① 用安装工具 T10487 沿箭头方向按压正时皮带，如图 2-1-12 所示。

图 2-1-12

② 同时将凸轮轴固定装置 T10494 压入凸轮轴直至限位位置并用力拧紧螺栓（箭头），如图 2-1-13 所示。

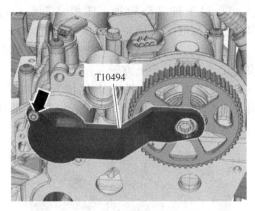

图 2-1-13

(22) 拆下曲轴减振器。

(23) 拧出螺栓（箭头），并取下正时皮带下部护罩，如图 2-1-14 所示。

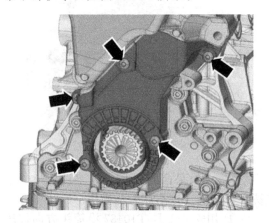

图 2-1-14

(24) 使用带转接头 T10172/1 的固定工具 T10172 拧出进气侧凸轮轴齿形带轮上的螺塞 1，如图 2-1-15 所示。

图 2-1-15

(25) 使用带转接头 T10172/1 的固定工具 T10172 将螺栓 1 和 2 松开约 1 圈，如图 2-1-16 所示。

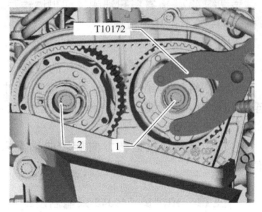

图 2-1-16

(26) 用扭矩扳手接头 T10500 松开螺栓 1，如图 2-1-17 所示。

(27) 用开口宽度 30mm 的梅花扳手 T10499 松开偏心轮 2，使张紧轮松开。

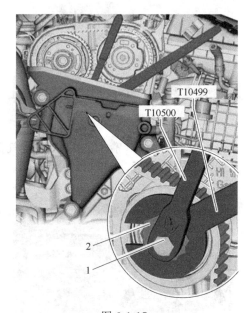

图 2-1-17

(28) 取下正时皮带。

2. 正时皮带的安装（调整正时）

(1) 检查凸轮轴和曲轴的上止点位置，如图 2-1-8 所示。

(2) 拧入新的凸轮轴齿形带轮的螺栓 1 和 2，但不拧紧，如图 2-1-18 所示。

图 2-1-18

① 凸轮轴齿形带轮必须可以在凸轮轴上摆动但不得倾斜。

② 张紧轮的钢板凸耳（箭头）必须嵌入气缸盖的铸造凹槽中，如图 2-1-19 所示。

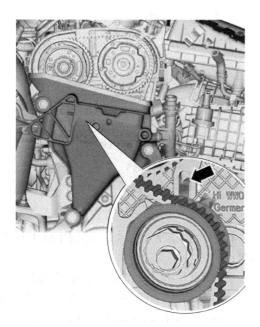

图 2-1-19

(3) 首先将正时皮带按所做的标记置于曲轴齿形带轮上。

(4) 安装正时皮带下部护罩（箭头）（图 2-1-14）。

(5) 安装曲轴减振器。

(6) 向上拉正时皮带，依次置于导向轮 1、张紧轮 2 以及排气凸轮轴齿形带轮 3 和进气凸轮轴齿形带轮 4 上，如图 2-1-20 所示。

图 2-1-20

(7) 用开口宽度 30mm 的梅花扳手 T10499 沿箭头方向旋转偏心轮 2，直至调节指针 3 位于调节窗口右侧约 10mm 处，如图 2-1-21 所示。

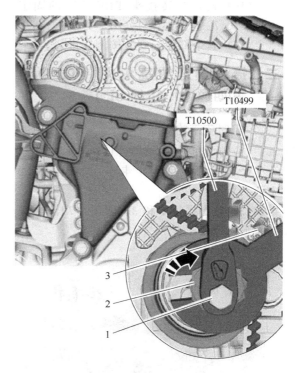

图 2-1-21

(8) 往回旋转偏心轮，使调节指针准确地位于调节窗口中。

(9) 让偏心轮保持在该位置并以 25N·m 的力矩拧紧螺栓 1，为此使用扭矩扳手接头 T10500 以及扭矩扳手。

> **注意** 如果发动机继续旋转或运转，可能导致调节指针 3 相对调节窗口的位置出现偏差。这对齿形皮带张紧无任何影响。

（10）使用带转接头 T10172/1 的固定工具 T10172 以 50N·m 的力矩预拧紧螺栓 1、2（图 2-1-18）。

（11）拧出曲轴固定销 T10340（图 2-1-9）。

（12）拧出螺栓（箭头）并取下凸轮轴固定装置 T10494（图 2-1-13）。

（13）沿发动机运转方向将曲轴旋转 2 圈。

（14）检查凸轮轴和曲轴的上止点位置。

（15）使用带转接头 T10172/1 的固定工具 T10172 以规定力矩（50N·m+135°）拧紧螺栓 1 和 2（图 2-1-18）。

（16）使用带转接头 T10172/1 的固定工具 T10172 拧紧螺塞 1（图 2-1-15）。

（17）其余部件的安装按倒序进行。

二、捷达/桑塔纳/高尔夫/POLO/速腾/朗逸（1.4L/1.6L）

1. 正时皮带的拆卸

（1）拆卸空气滤清器壳体。

（2）脱开线束固定卡子，如图 2-1-22 中箭头所示。

（3）旋出螺栓 1 和 3，取下冷却液泵正时齿形皮带盖罩 2。

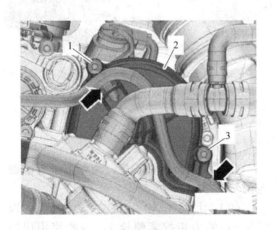

图 2-1-22

（4）旋出螺栓（箭头），拆下凸轮轴密封盖 1，如图 2-1-23 所示。

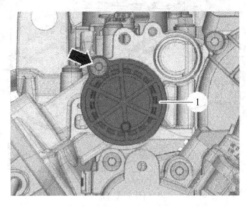

图 2-1-23

（5）排放冷却液。

（6）旋出螺栓 1~4，将节温器盖罩 5 放置一旁，如图 2-1-24 所示。

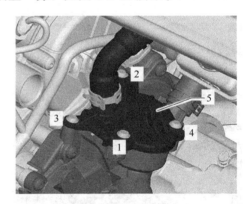

图 2-1-24

（7）按以下方法将曲轴转到 1 缸上止点位置。

① 旋出气缸体上止点孔的锁定螺栓。

② 如图 2-1-25 所示，将定位销以 30N·m 的力矩拧到气缸体上并拧到底。

③ 将曲轴沿发动机转动方向转动至限位位置。

此时，定位销位于曲轴侧壁。如果定位销没有拧到限位位置，曲轴就不位于 1 缸上止点的位置。这时进行如下操作。

a. 旋出定位销。

b. 顺时针旋转曲轴，使曲轴转过 1 缸上止点 270°左右。

c. 将定位销以 30N·m 的力矩拧到气

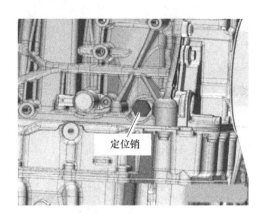

图 2-1-25

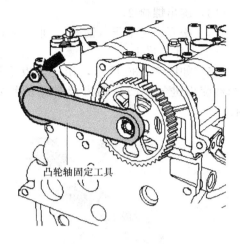

图 2-1-27

缸体上并拧到底。

d. 将曲轴沿发动机转动方向再次转动，直到转不动为止。

(8) 这时，凸轮轴也应位于上止点。检查方法：在凸轮轴的后端，不对称的卡槽（箭头）必须位于过圆心的水平中心线的上方，如图 2-1-26 所示。

(11) 旋出螺栓（箭头），取下正时齿形皮带下部盖罩，如图 2-1-28 所示。

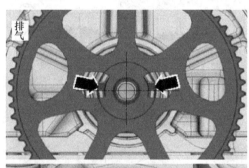

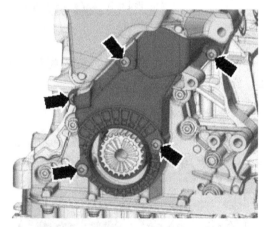

图 2-1-28

(12) 如图 2-1-29 所示，松开固定卡子3，脱开供油管和活性炭罐电磁阀连接管。

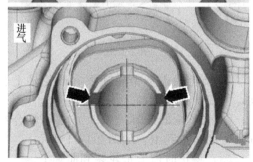

图 2-1-26

(9) 凸轮轴在上述状态时，将凸轮轴固定工具插到凸轮轴不对称的槽内，并用螺栓（箭头）拧紧，如图 2-1-27 所示。

(10) 拆卸曲轴带轮。

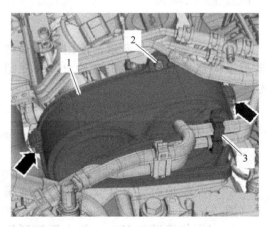

图 2-1-29

(13) 旋出螺栓 2。

(14) 松开固定卡子（箭头），取下正时齿形皮带上部盖罩 1。

(15) 如图 2-1-30 所示，用定位扳手和适配器旋出进气侧凸轮轴齿形带轮的锁定螺栓。

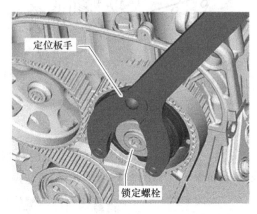

图 2-1-30

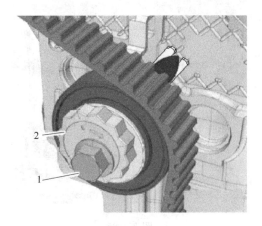

图 2-1-32

缸体上并拧到底（图 2-1-25）。

③ 将曲轴沿发动机转动方向转动至限位位置。

(2) 如图 2-1-33 所示，更换凸轮轴齿形带轮螺栓 1 和 2，并将其拧上，但不要拧紧。

(16) 如图 2-1-31 所示，旋松螺栓 1 和 2，旋松 1 圈即可。

图 2-1-31

(17) 如图 2-1-32 所示，使用 30mm 特殊扳手固定偏心轮上的张紧轮 2，松开螺栓 1。

(18) 将正时齿形皮带从凸轮轴上脱开。

(19) 取下正时齿形皮带。

2. 正时皮带的安装

(1) 检查曲轴和凸轮轴的上止点位置。

① 将凸轮轴固定工具安装在凸轮轴箱上（图 2-1-27）。

② 将定位销以 30N·m 的力矩拧到气

图 2-1-33

① 凸轮轴齿形带轮还要在凸轮轴上转动，但要防止其倾翻。

② 张紧轮的凸耳（箭头）必须啮合在气缸盖的铸造孔上，如图 2-1-34 所示。

(3) 将正时齿形带轮装到曲轴上。

① 必须保证正时齿形带轮的接触面无油脂。

② 正时齿形带轮铣切面（箭头）必须放在曲轴销铣切面上，如图 2-1-35 所示。

(4) 如图 2-1-36 所示，按正时齿形带轮 1→张紧轮 2→排气凸轮轴齿形带轮 3→

Chapter 2 第二章 欧洲车系

带调节器的进气凸轮轴齿形带轮 4→导向轮 5 的顺序放置正时齿形皮带。

(5) 安装正时齿形皮带下部盖罩（图 2-1-28）。

(6) 安装曲轴带轮。

(7) 如图 2-1-37 所示，沿箭头方向转动 30mm 特殊扳手 T10499（即转动偏心轮 2），直到调节指针 3 位于调节窗右侧 10mm 处。

(8) 偏心轮向回转，直到调节指针正好位于调节窗口。

(9) 使用 13mm 特殊环形扳手 T10500 将偏心轮保持在该位置，并拧紧螺栓 1。

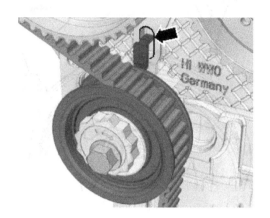

图 2-1-34

图 2-1-35

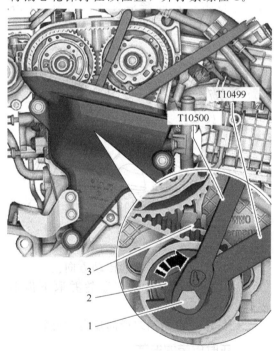

图 2-1-37

(10) 使用带适配器的定位扳手以 50 N·m 的力矩拧紧螺栓 1 和 2（图 2-1-31）。

(11) 旋出曲轴定位销。

(12) 旋出螺栓，取出凸轮轴固定工具（图 2-1-27）。

(13) 最后检查配气相位。

① 将曲轴沿发动机转动方向转 2 圈。

② 将定位销以 30N·m 的力矩拧到气缸体上并拧到底。

③ 将曲轴沿发动机转动方向继续转动，直到限位位置。

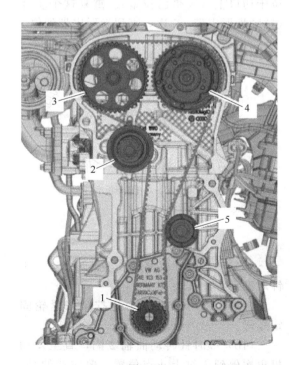

图 2-1-36

④ 将凸轮轴固定工具插入到凸轮轴上止点,用力拧紧螺栓。这时,凸轮轴固定工具应能够很容易地安装。

⑤ 如果凸轮轴固定工具无法安装,则配气相位不合格,需要按上述方法重新调整配气相位。

三、速腾(1.6L BWH)/速腾/迈腾(2.0L BJZ)/宝来(2.0L CEN)

1. 正时皮带的拆卸

(1) 转动发动机曲轴至1缸上止点位置。

(2) 凸轮轴正时齿形带轮的标记必须与齿形皮带护罩的箭头对齐,如图2-1-38所示。

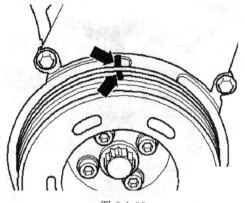

图2-1-39

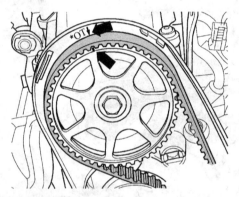

图2-1-38

(3) 标记齿形皮带的传动方向。

(4) 松开正时皮带张紧轮并取下齿形皮带。

(5) 然后将曲轴略微向反方向旋转。

2. 正时皮带的安装

(1) 将齿形皮带安装到曲轴正时齿形带轮和冷却液泵上(注意转动方向)。

(2) 如图2-1-38所示,将凸轮轴正时齿形带轮上的标记和齿形皮带护罩上的标记调节到互相对齐。

(3) 安装齿形皮带的中部和下部。

(4) 用新螺栓安装曲轴带轮。

(5) 将曲轴置于1缸上止点位置,对准图2-1-39箭头所示的标记。

(6) 将正时齿形皮带安装到张紧轮和凸轮轴正时齿形带轮上,张紧轮的正确安装位置如图2-1-40所示。

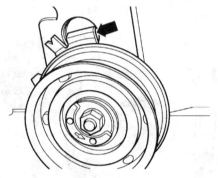

图2-1-40

(7) 张紧齿形皮带。如图2-1-41所示,用双孔螺母扳手向左转动偏心轮,直至指针位于切口上(齿带已拉紧)。重复这个步骤(拉紧齿形皮带)5次,直到齿形皮带到位。

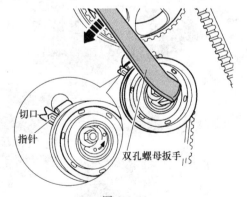

图2-1-41

(8) 然后松开齿形皮带,直到切口和指针对准。

(9) 用20N·m的力矩拧紧张紧轮固定螺母。

(10) 顺时针转动曲轴2圈,直至发动机再次停到1缸上止点位置。要注意的是,最后旋转的 45°不能中断。

（11）再次检查齿形皮带是否张紧。

（12）再次检查发动机正时是否正确。

四、速腾（1.8T BPL）

1. 正时系统部件图（图 2-1-42）

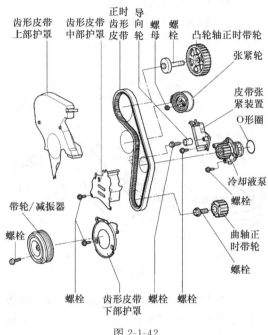

图 2-1-42

2. 正时皮带的拆卸

（1）旋转发动机曲轴，使曲轴位于 1 缸上止点位置。如发动机安装在车上，则对齐图 2-1-43 箭头所示的标记；如发动机已拆下，则使带轮上的标记与皮带下部护罩的标记对齐（图 2-1-44 中箭头）。

（2）拆下曲轴带轮。

（3）拆下齿形皮带下部和中部护罩。

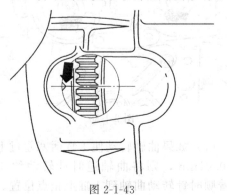

图 2-1-43

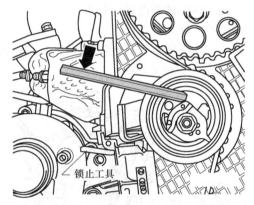

图 2-1-44

（4）标记齿形皮带的转动方向。

（5）将六角扳手插入张紧轮的固定架内并按压张紧装置，直到如图 2-1-45 所示插入锁止工具将张紧装置锁定到凹槽中。

图 2-1-45

（6）拧下张紧轮的固定螺母。

（7）拧出张紧装置的固定螺栓，并将张紧装置拆下，如图 2-1-46 所示。

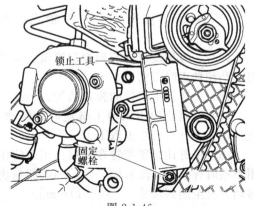

图 2-1-46

（8）取下齿形皮带。

（9）将曲轴略微向逆时针方向旋转。

3. 正时皮带的安装

(1) 略微转动凸轮轴，使凸轮轴正时带轮上的标记与气缸盖罩上的标记对齐，如图 2-1-47 所示。

图 2-1-47

(2) 略微转动曲轴，使曲轴位于 1 缸上止点位置，(图 2-1-43 和图 2-1-44)。

(3) 使用回转工具顺时针小心地转动偏心轮，如图 2-1-48 所示。

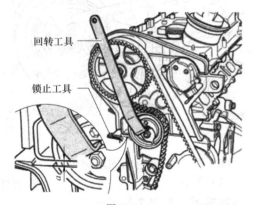

图 2-1-48

(4) 将齿形皮带安装到曲轴正时带轮上。

(5) 将齿形皮带安装到冷却液泵、张紧轮和凸轮轴正时带轮上。

(6) 安装齿形皮带的张紧装置。

(7) 将偏心轮用回转工具逆时针转动，直到锁止工具可轻松地取下。

(8) 接着让张紧装置在其反作用力的作用下顺时针松开，此时偏心轮的凸起朝挡块移动，直至达到尺寸 a [(4±1)mm]。

(9) 将张紧轮保持在这个位置上并以 25N·m 的力拧紧。

(10) 安装齿形皮带中部和下部护罩。

五、迈腾/高尔夫/朗逸/POLO/速腾/途安（1.4TSI CFB）

1. 正时链条的拆卸

(1) 旋出凸轮轴后部端盖的固定螺栓，并取下端盖。

(2) 拆下 1 缸的火花塞。

(3) 如图 2-1-49 所示，将千分表适配接头拧入火花塞螺纹孔至极限位置。

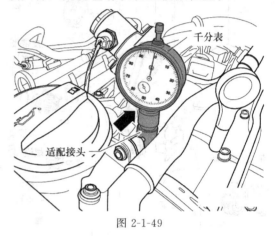

图 2-1-49

(4) 将带加长件的千分表安装到千分表适配接头中，旋转至极限位置并拧紧夹紧螺母（箭头）。

(5) 顺时针方向转动曲轴至 1 缸上止点位置，记下千分表指针的读数位置。

(6) 确保凸轮轴上的孔（箭头）处于图 2-1-50 所示的位置。

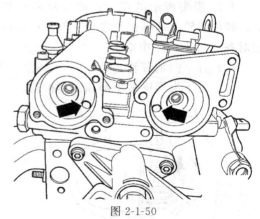

图 2-1-50

(7) 如果曲轴转动使 1 缸活塞超过上止点 0.01mm，则将曲轴逆时针转动约 45°，接着顺时针转动曲轴到 1 缸上止点位置。

(8) 将凸轮轴定位工具 4 插入到凸轮轴开口中,如图 2-1-51 所示。定位销 1 必须嵌入孔 2 中,可以从上方看到标记 3 (TOP)。

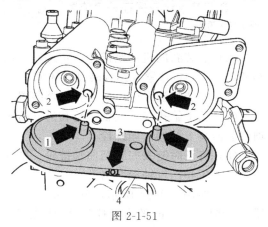

图 2-1-51

(9) 如图 2-1-52 所示,在相应的孔(箭头)中用手拧入一个螺栓 M6,固定凸轮轴定位工具,不用拧紧。

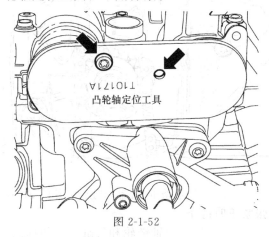

图 2-1-52

(10) 拆卸正时箱罩。

(11) 如图 2-1-53 所示,从机油泵上拔出盖板。

(12) 如图 2-1-54 所示,用记号笔标记正时链条 3 的运转方向。

(13) 用固定支架 6 固定凸轮轴正时链轮 5,然后松开螺栓 2 和 4。凸轮轴调节器 1 的紧固螺栓 2 为左旋螺纹。

(14) 沿图 2-1-55 所示箭头方向压张紧器臂 1,并用定位销 3 固定住链条张紧器 2 的柱塞。

(15) 将凸轮轴调节器和正时链条一起取下。

(16) 用固定支架固定机油泵链轮并松开紧固螺栓。

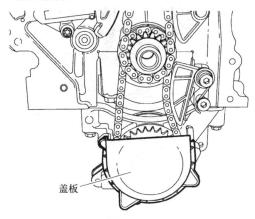

图 2-1-53

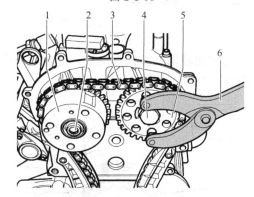

图 2-1-54

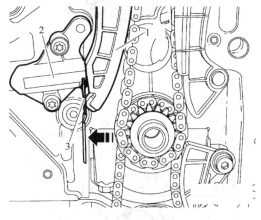

图 2-1-55

(17) 如图 2-1-56 所示,将固定销 2 上的张紧弹簧 1 用旋具撬出并取出张紧弹簧。旋出紧固螺栓 3 并取下链条张紧器。

(18) 用记号笔标记机油泵驱动链条的运转方向。

(19) 拧下机油泵链轮的紧固螺栓并将

机油泵链轮和曲轴链轮连同机油泵驱动链条一起取下。

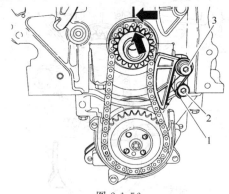

图 2-1-56

> **注意** ① 机油泵驱动链条上的运转方向标记。
> ② 机油泵链轮只在一个位置与机油泵驱动轴匹配。

(5) 安装新的机油泵链轮固定螺栓（用 20N·m 的力矩拧紧并继续转动 1/4 圈）。

(6) 安装机油泵驱动链条张紧器装置。

(7) 用手给排气凸轮轴链轮和进气凸轮轴调节器装上新的紧固螺栓。

(8) 将正时链条安装到曲轴链轮、排气凸轮轴链轮和凸轮轴调节器上。

(9) 如图 2-1-59 所示，安装链条张紧器 1，并用 9N·m 的力矩拧紧紧固螺栓 2。

2. 正时链条的安装

(1) 转动曲轴至 1 缸上止点位置。

(2) 沿图 2-1-57 所示的箭头方向推链轮 1 直到曲轴轴颈的极限位置，链轮的凸缘 2 必须插入曲轴轴颈的凹槽 3 中。

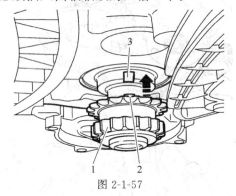

图 2-1-57

(3) 如图 2-1-58 所示，用记号笔标记链轮和气缸体、曲轴的位置。

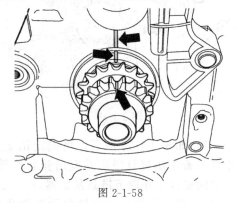

图 2-1-58

(4) 将机油泵驱动链条放到曲轴链轮上，同时将机油泵链轮安装到机油泵驱动轴上。

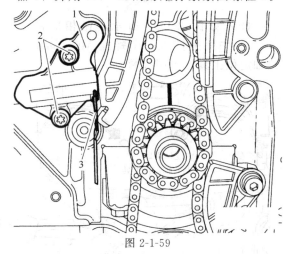

图 2-1-59

(10) 从链条张紧器中拔出定位销 3，张紧正时链条。

(11) 检查曲轴链轮和气缸体上的标记，必须相互对齐。

(12) 用 40N·m 的力矩拧紧进气凸轮轴调节器的紧固螺栓，并用 50N·m 的力矩拧紧排气凸轮轴链轮螺栓。

(13) 拆下图 2-1-52 所示的凸轮轴定位工具。

(14) 转动凸轮轴 2 圈至 1 缸上止点位置，检查配气相位是否正确。如正确，则再将进气凸轮轴调节器的紧固螺栓和排气凸轮轴链轮螺栓拧紧 1/4 圈。

(15) 安装机油泵盖板。

(16) 安装正时箱罩。

(17) 安装 1 缸火花塞。

(18）安装油底壳。　　　　　　　　　　　（19）安装曲轴带轮。

六、途观/CC/迈腾（1.8 TSI/2.0 TSI 发动机）

1. 正时系统部件图（图 2-1-60）

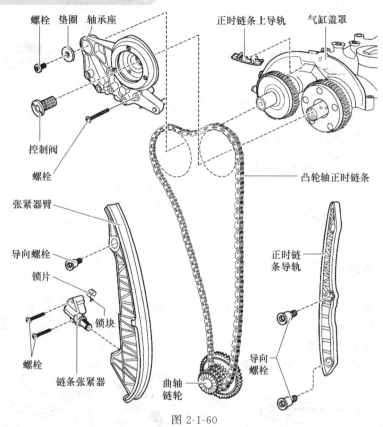

图 2-1-60

2. 正时链条的拆卸

（1）用专用扳手转动曲轴带轮至上止点位置，如图 2-1-61 所示。带轮上的切口必须与正时链条下部盖板的箭头标记对齐，凸轮轴上的标记 1 必须指向上方。

（2）拆下正时链条下部盖板。

（3）沿图 2-1-62 箭头所示方向按压机油泵链条张紧器上的张紧弹簧，并用定位销锁定。拆卸机油泵链条张紧器 1，然后从曲

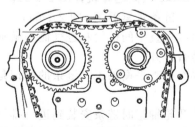

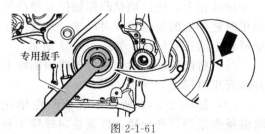

图 2-1-61

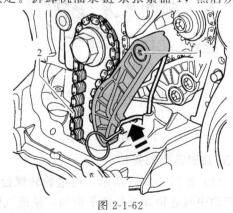

图 2-1-62

轴链轮上取下机油泵链条 2。

(4) 如图 2-1-63 所示，将定位销 3 插入链条张紧器 1 上锁片 2 的孔中，沿箭头 A 方向稍稍撬开链条张紧器的锁块，同时沿箭头 B 方向按压凸轮轴链条张紧器臂，直至用定位销锁定张紧器。

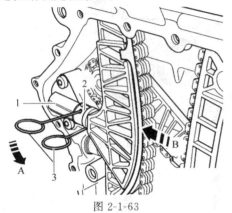

图 2-1-63

(5) 旋出链条张紧器固定螺栓，取下链条张紧器。

(6) 旋出链条张紧器臂和导轨的导向螺栓，取出张紧器臂和导轨。

(7) 取下凸轮轴正时链条。

(8) 如图 2-1-64 所示，旋出平衡轴正时链条张紧器 1。

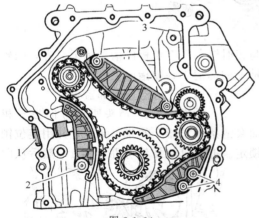

图 2-1-64

(9) 旋出平衡轴正时链条导轨导向螺栓 2、3 和 4，取下导轨。

(10) 取下平衡轴正时链条。

3. 正时链条的安装

(1) 如图 2-1-65 所示，通过旋转螺栓 1 来转动中间链轮和进气侧平衡轴，使进气侧平衡轴上的标记位于中间链轮上的标记之间（箭头）。

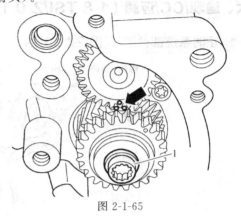

图 2-1-65

(2) 安装平衡轴正时链条，使平衡轴正时链条上的涂色链节分别对准曲轴链轮及进、排气侧平衡轴链轮上的标记，如图 2-1-66 所示。

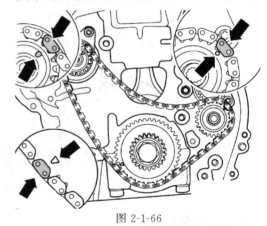

图 2-1-66

(3) 安装平衡轴正时链条导轨，旋入导向螺栓 4、3 和 2 以固定导轨，图 2-1-64。

(4) 安装链条张紧器 1（图 2-1-64）。

(5) 再次检查中间链轮和进气侧平衡轴上的标记是否对齐。

(6) 再次检查平衡轴正时链条的标记是否对齐。

(7) 将凸轮轴正时链条安装到进、排气凸轮轴链轮上，通过调整凸轮轴位置使凸轮轴正时链条上的涂色链节对准进、排气凸轮轴链轮上的正时标记，如图 2-1-67 所示。

(8) 将凸轮轴正时链条置于曲轴链轮上并对齐正时标记。

(9) 如图 2-1-68 所示，安装凸轮轴正时链条张紧器臂和导轨，拧紧导向螺栓 1 和

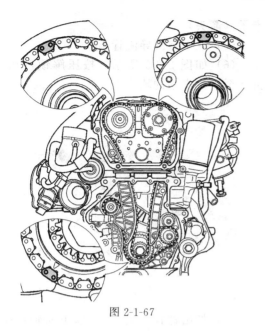

图 2-1-67

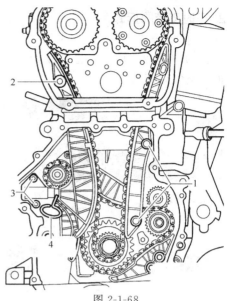

图 2-1-68

2,安装链条张紧器,拧紧固定螺栓 3,然后取下定位销 4。

(10) 松开并取下 TSI 发动机进、排气凸轮轴调整工具。

(11) 其余的组装工作(如机油泵驱动链条的安装)以相反的顺序进行。

第二节 奥迪车系

一、A3/Q3(1.4L TFSI 发动机)

1. 正时系统部件图(图 2-2-1)

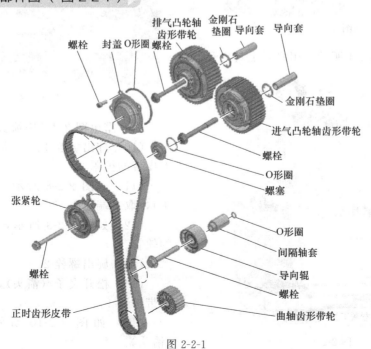

图 2-2-1

2. 正时皮带的拆卸

(1) 排出冷却液。

(2) 如图 2-2-2 所示,松开软管夹圈 1、2,拆下空气导流管。

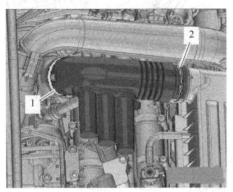

图 2-2-2

(3) 如图 2-2-3 所示,脱开传感器插头 1。

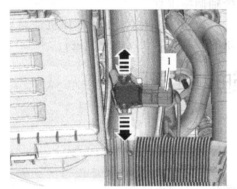

图 2-2-3

(4) 如图 2-2-4 所示,用松脱工具松开卡子(箭头)。

(5) 取下空气导流管 1。

(6) 如图 2-2-5 所示,按压解锁按钮,拆下至活性炭罐的软管 1。

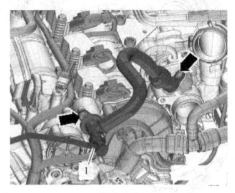

图 2-2-5

(7) 拧出螺栓(箭头),取下曲轴箱排气软管。

(8) 如图 2-2-6 所示,拧出接管上的螺栓(箭头),并将冷却液软管略微向前推。

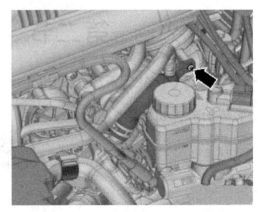

图 2-2-6

(9) 露出图 2-2-7 中箭头所指的线束。

(10) 拧出螺栓 1、3,取下冷却液泵齿形皮带的护罩 2。

(11) 如图 2-2-8 所示,拧出螺栓(箭头),取下端盖 1。

(12) 如图 2-2-9 所示,露出支架 3 上的软管。

(13) 旋出螺栓 2。

(14) 松开夹子(箭头),取下上部齿形皮带护罩 1。

(15) 如图 2-2-10 所示,拧出螺栓(箭头)。

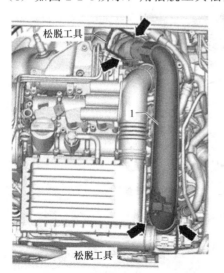

图 2-2-4

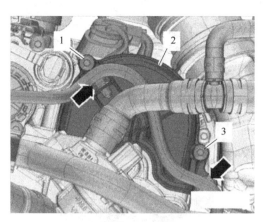

图 2-2-7

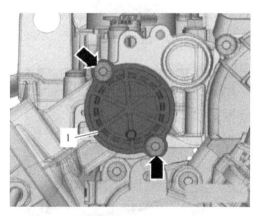

图 2-2-8

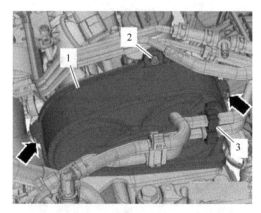

图 2-2-9

注意 为了拧下全部螺栓,沿发动机转动方向通过带轮/减振器转动曲轴。

(16) 取下排气凸轮轴的凸轮轴调节器的盖。

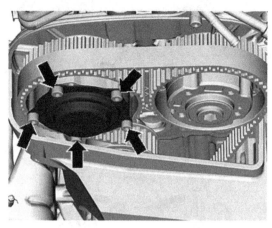

图 2-2-10

(17) 按以下方法将曲轴转到上止点位置。

① 拧出气缸体上止点孔的螺塞。

② 如图 2-2-11 所示,将固定螺栓拧入气缸体到极限位置,并用 30N·m 的力矩拧紧。

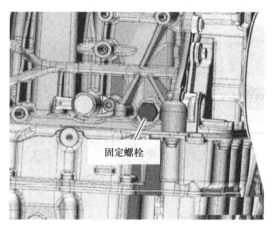

图 2-2-11

③ 沿发动机转动方向转动曲轴到极限位置。

注意 如图 2-2-12 所示,对于两个凸轮轴来说,变速箱侧不对称布置的凹槽必须位于水平中心线的上方。

(18) 如果凸轮轴不处于上述位置,则将凸轮轴固定装置插入凸轮轴内至极限位置,然后用手拧紧螺栓(箭头),如图 2-2-13 所示。

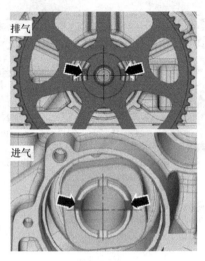

图 2-2-12

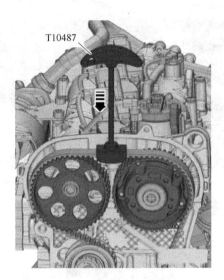

图 2-2-14

> **注意** 如果无法插入凸轮轴固定装置，则如图 2-2-14 所示用装配工具 T10487 压到齿形皮带上，同时将凸轮轴固定装置插入凸轮轴内至极限位置，然后用手拧紧螺栓。

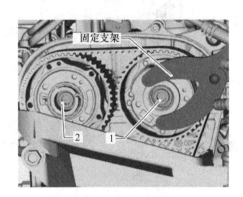

图 2-2-15

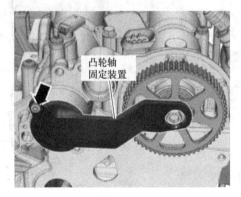

图 2-2-13

(19) 拆卸多楔带轮。

(20) 使用固定支架及适配接头将螺栓 1、2 松开约 1 圈，如图 2-2-15 所示。

(21) 拆卸带轮/减振器。

(22) 如图 2-2-16 所示，拧下螺栓（箭头），取下下部齿形皮带护罩。

(23) 如图 2-2-17 所示，将开口度 30mm 的环形扳手 T10499 装在张紧轮的偏心轮 2 上。

(24) 将螺栓 1 用 13 号工具头 T10500 松开。

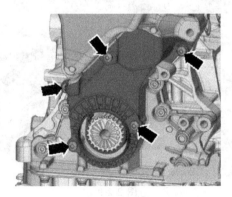

图 2-2-16

(25) 用环形扳手 T10499 松开偏心轮 2 上的张紧轮。

(26) 取下齿形皮带。

(27) 如图 2-2-18 箭头所示取下曲轴正时带轮 1。

3. 正时皮带的安装

（1）检查凸轮轴和曲轴的上止点位置。

① 凸轮轴固定装置已安装在凸轮轴壳体上（图2-2-13）。

② 固定螺栓已拧入气缸体中极限位置，并用30N·m的力矩拧紧（图2-2-11）。

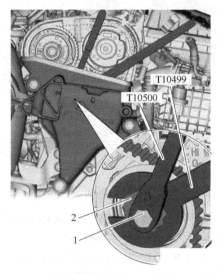

图 2-2-17

图 2-2-18

③ 曲轴已沿发动机转动方向抵达固定螺栓（上止点位置）。

（2）更换图2-2-19所示的凸轮轴齿形带轮螺栓1、2，松动时拧入。

① 凸轮轴齿形带轮必须能在凸轮轴上转动，同时不允许倾斜。

② 张紧轮的钢板凸耳（箭头）必须嵌入气缸盖的铸造凹槽中，如图2-2-20所示。

（3）将曲轴齿形带轮装到曲轴上。

① 多楔带轮与曲轴齿形带轮之间的接触面必须无机油和油脂。

图 2-2-19

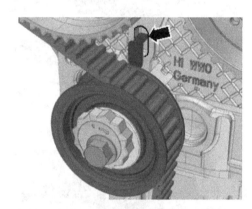

图 2-2-20

② 曲轴齿形带轮上的铣削面必须靠在曲轴轴颈上的铣削面上，如图2-2-21所示。

图 2-2-21

（4）按照图2-2-22所示顺序安装齿形皮带（曲轴齿形带轮1→张紧轮2→排气侧

凸轮轴齿形带轮 3→进气侧凸轮轴齿形带轮 4→导向轮 5)。

(5) 安装下部齿形皮带护罩。

(6) 安装带轮/减振器。

(7) 如图 2-2-23 所示，将张紧轮的偏心轮 2 用环形扳手 T10499 向箭头方向转动，直至调节指针 3 位于调节窗右侧约 10mm。

(8) 转回偏心轮，使调节指针准确位于调节窗内。

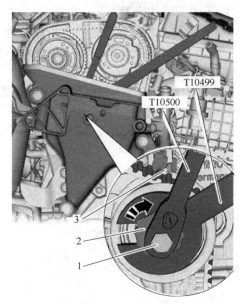

图 2-2-23

④ 将凸轮轴固定装置插入凸轮轴内至极限位置，然后用手拧紧螺栓。

⑤ 如果无法装入凸轮轴固定装置，则说明配气相位不正常，需再次调节配气相位。

⑥ 如果能够装入凸轮轴固定装置，则说明配气相位正常。

(14) 拧出曲轴固定螺栓。

(15) 拧出螺栓，取下凸轮轴固定装置。

(16) 用最终拧紧力矩拧紧凸轮轴相位调节器螺栓。

(17) 使用固定支架及适配接头拧紧螺塞，如图 2-2-24 所示。

(18) 其他零部件的组装以倒序进行。

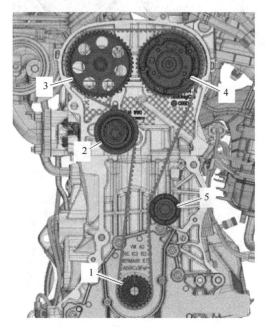

图 2-2-22

(9) 为此使用开口度 13mm 的工具头 T10500 及扭矩扳手使偏心轮保持在这个位置并拧紧螺栓 1。

(10) 用 50N·m 的力矩预拧紧螺栓 1、2（图 2-2-19）。

(11) 拧出固定螺栓（图 2-2-11）。

(12) 拧出螺栓（箭头），取下凸轮轴固定装置（图 2-2-13）。

(13) 最后检查配气相位。

① 将曲轴沿发动机转动方向转动 2 圈。

② 将固定螺栓拧入气缸体到极限位置，并用 30N·m 的力矩拧紧。

③ 继续沿发动机转动方向转动曲轴到极限位置。

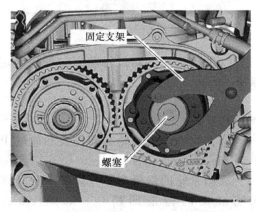

图 2-2-24

二、A4L / A6L /Q3/Q5（2.0L TFSI 发动机）/A4L（1.8L TFSI 发动机）

1. 正时系统部件图（图 2-2-25）

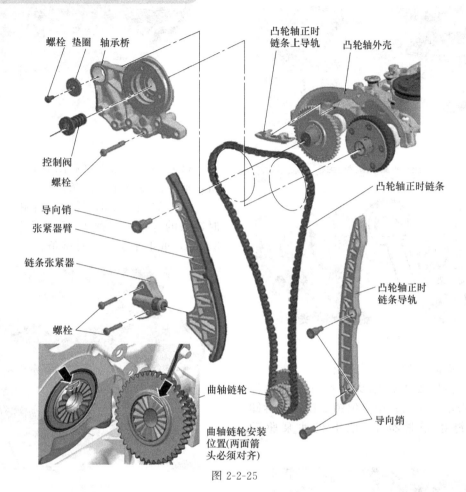

图 2-2-25

2. 正时链条的拆卸

（1）拆卸凸轮轴正时链条的上盖板。

（2）用拆卸工具沿图 2-2-26 箭头所示方向拆卸控制阀螺栓（左旋螺纹）。

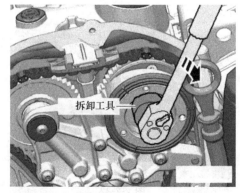

图 2-2-26

（3）如图 2-2-27 所示，拧下轴承桥上的螺栓，取下轴承桥。

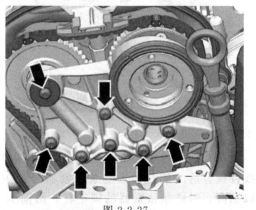

图 2-2-27

（4）如图 2-2-28 所示，用固定支架将带轮/减振器转到上止点位置。这时，减振器缺口必须对准正时链条下盖板上的箭头标记，凸轮轴正时标记 1 必须指向上。

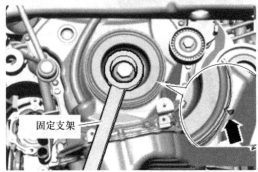

图 2-2-28

（5）拆卸正时链条下盖板。

（6）沿图 2-2-29 箭头所示方向将机油泵链条张紧器压入并用定位销 2 锁定，拆卸机油泵链条张紧器 1，取下机油泵驱动链条。

图 2-2-29

（7）沿图 2-2-30 箭头 1 所示方向用划线针或合适的旋具插入链条张紧器的孔中，以抬高正时链条张紧器的锁定杆。沿箭头 2 所示方向压入张紧器臂并用定位销 3 固定住。

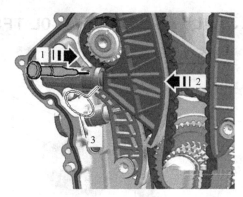

图 2-2-30

（8）拆卸张紧器臂和凸轮轴正时链条导轨，取下凸轮轴正时链条。

（9）如图 2-2-31 所示，拆卸平衡轴正时链条的链条张紧器 1、张紧器臂 2、导轨 3 和 4，取下平衡轴正时链条。

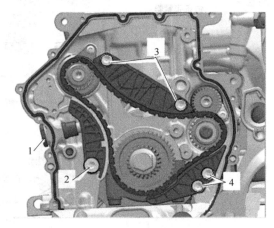

图 2-2-31

3. 正时链条的安装

（1）将中间轴齿轮/平衡轴 1 转至图 2-2-32 所示标记位置（箭头）。

图 2-2-32

(2) 安放平衡轴正时链条，涂色链节必须定位在图 2-2-33 所示的链轮标记上。

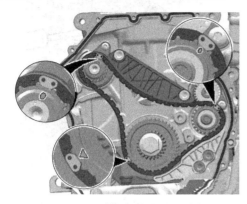

图 2-2-33

(3) 安装正时链条导轨 4 并拧紧螺栓（图 2-2-31）。

(4) 安装正时链条导轨 3 并拧紧螺栓（图 2-2-31）。

(5) 安装正时链条张紧器臂 2 并拧紧螺栓（图 2-2-31）。

(6) 涂防松剂后安装正时链条张紧器 1（图 2-2-31）。

(7) 再次检查平衡轴正时是否正确（图 2-2-33）。

(8) 将凸轮轴正时链条置于排气凸轮轴链轮上，并将凸轮轴正时链条的涂色链节与链轮的标记对齐，如图 2-2-34 所示。

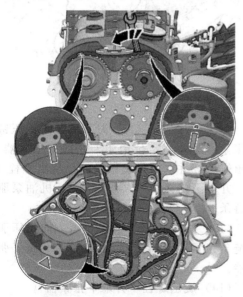

图 2-2-34

(9) 将凸轮轴正时链条置于曲轴上并对齐正时标记。

(10) 用扳手转动进气凸轮轴并将凸轮轴正时链条装上，对好正时标记。

(11) 安装凸轮轴正时链条张紧器臂、导轨。

(12) 套上轴承桥并用手拧紧螺栓（图 2-2-27）。

(13) 拆除图 2-2-30 所示的张紧器定位销。

(14) 再次拧紧轴承桥的安装螺栓。

(15) 安装凸轮轴控制阀。

(16) 其余的组装工作（如机油泵驱动链条的安装）以倒序进行。

三、Q7（3.0L CJT）/A6L（2.8L TFSI 发动机）

1. 正时链条的拆卸

(1) 拆卸气缸盖罩、左侧和右侧正时链条盖板。

(2) 拆卸发动机下部隔声垫。

(3) 沿发动机转动方向将曲轴转动到上止点位置。这时，凸轮轴里的螺纹孔（箭头）必须指向上方，如图 2-2-35 所示。

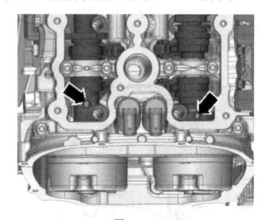

图 2-2-35

(4) 将凸轮轴固定装置安装到两个气缸盖上，并用 25N·m 的力矩拧紧。图 2-2-36 中标出的是气缸列 2（左侧）的气缸盖。

(5) 将曲轴上止点标记螺塞从气缸体中拧出，如图 2-2-37 所示。

(6) 如图 2-2-38 所示，将曲轴锁止螺栓用20N·m的力矩拧入孔中。可稍微来回转动曲轴，以完全对准螺栓。

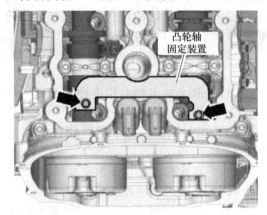

图 2-2-36

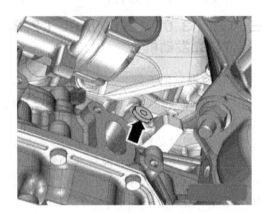

图 2-2-37

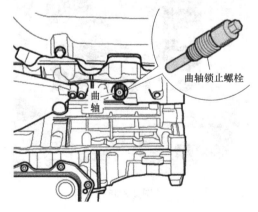

图 2-2-38

（7）如图 2-2-39 所示，用旋具向内按压左侧（或右侧）凸轮轴正时链条张紧器臂到极限位置，用定位销卡住链条张紧器。

（8）固定住相关凸轮轴调节器，然后松开调节器安装螺栓。

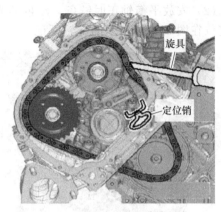

图 2-2-39

（9）固定住相关凸轮轴链轮，然后松开凸轮轴链轮安装螺栓。

（10）用颜色标记凸轮轴调节器和凸轮轴链轮的安装位置，以便重新安装。

（11）如图 2-2-40 所示，拧出左侧及右侧排气凸轮轴链轮螺栓 1 和进气凸轮轴调节器螺栓 2，取下凸轮轴链轮和凸轮轴调节器。

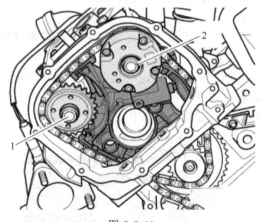

图 2-2-40

（12）按图 2-2-41 箭头所示方向按压链条张紧器臂并用定位销 4 卡住链条张紧器。旋出螺栓 3 并取下平衡轴链轮，旋出螺栓 1 和 2 并取下链条张紧器及平衡轴/机油泵驱动链条。

（13）沿图 2-2-42 箭头所示方向按压驱动链条张紧器臂，并用定位销 3 卡住链条张紧器。

（14）旋出螺栓 1 并取下张紧器臂。

（15）旋出螺栓 2 并取下链条张紧器。

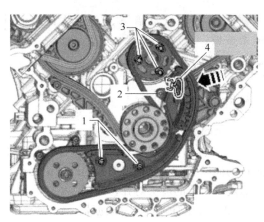

图 2-2-41

(16) 取下控制机构驱动链条。

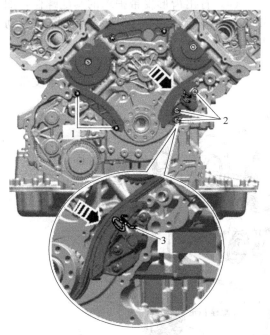

图 2-2-42

2. 正时链条的安装

(1) 根据拆卸时记下的标记把控制机构驱动链条放到驱动链轮上。

(2) 安装张紧器臂并拧紧螺栓 1（图 2-2-42）。

(3) 安装链条张紧器并拧紧螺栓 2。

(4) 沿箭头方向按压传动链条张紧器臂并将定位销从链条张紧器中拔出。

(5) 旋转曲轴，将曲轴用曲轴锁止螺栓固定在上止点位置（图 2-2-38）。

(6) 安装链条张紧器及链条和平衡轴链轮。

(7) 如图 2-2-43 所示，用固定销 2 将平衡轴卡在上止点位置。平衡轴链轮中的长孔必须相对于平衡轴螺纹孔处于中间位置。必要时将链条移动一个齿。

(8) 拧紧链条张紧器螺栓。

(9) 拧入链轮螺栓 1（不要拧紧），链轮必须在平衡轴上还能转动并且不得翻转。

(10) 松开链条张紧器时去除定位销。

(11) 用旋具按压链条张紧器臂（箭头），并同时拧紧链轮螺栓 1（图 2-2-43）。

图 2-2-43

(12) 从平衡轴中拔出固定销。

(13) 确保两个凸轮轴已用凸轮轴固定装置固定在上止点位置（图 2-2-36）。

(14) 按照拆卸时所做标记重新安装凸轮轴链轮，并将凸轮轴链轮在凸轮轴上逆时针转至极限位置，确保标记 1 正对调节窗口 2，如图 2-2-44 所示。

图 2-2-44

(15) 按照拆卸时所做标记重新安装凸轮轴调节器，确保凸轮轴调节器上的凹槽 1 必须正对调节窗口 2，如图 2-2-45 所示。

图 2-2-45

(16) 将凸轮轴正时链条套到驱动链轮、凸轮轴调节器和链轮上,松松地拧入凸轮轴调节器和链轮安装螺栓(凸轮轴调节器和凸轮轴链轮必须在凸轮轴上还能旋转)。

(17) 拆除凸轮轴正时链条张紧器定位销。

(18) 拧紧凸轮轴调节器和链轮安装螺栓。

(19) 安装气缸盖罩、左侧及右侧正时链条盖板。

四、A6L(2.0L BPJ)

1. 正时系统部件图(图2-2-46)

2. 正时皮带的拆卸

(1) 转动曲轴使凸轮轴齿形带轮位于上止点的标记上。凸轮轴齿形带轮的标记必须与齿形皮带护罩的箭头对齐,如图 2-2-47 所示。

(2) 拆下曲轴带轮/减振器。

(3) 拧出下部齿形皮带护罩部件的螺栓,如图 2-2-48 所示。

(4) 拧出齿形皮带护罩的其他螺栓,如图 2-2-49 所示,并将齿形皮带护罩从发动机上取下。

(5) 标出齿形皮带的转动方向。

(6) 松开张紧轮,取下正时齿形皮带。

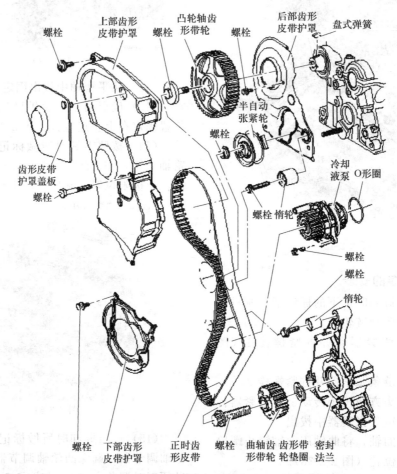

图 2-2-46

曲轴齿形带轮上。

（2）将下部齿形皮带护罩部件用两个下部螺栓固定住。

（3）用新螺栓安装带轮/减振器。

（4）将曲轴和凸轮轴置于1缸上止点位置（图2-2-47）。

（5）将齿形皮带按张紧轮、凸轮轴齿形带轮、冷却液泵、惰轮的顺序装上，如图2-2-50所示。

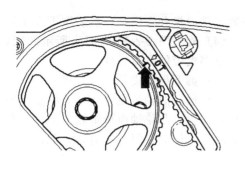

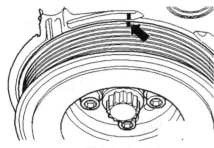

图 2-2-47

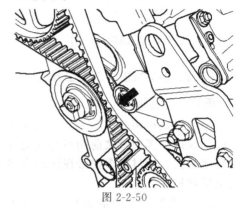

图 2-2-50

（6）注意气缸盖中正时皮带张紧轮的正确安装位置，如图2-2-51所示。

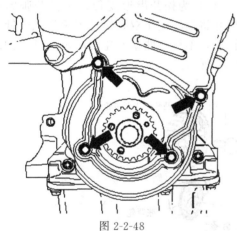

图 2-2-48

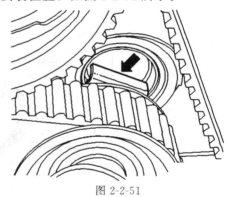

图 2-2-51

（7）张紧齿形皮带。如图2-2-52所示，

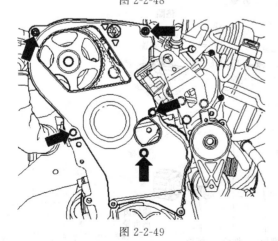

图 2-2-49

3. 正时皮带的安装

（1）将齿形皮带按原来的转动方向放在

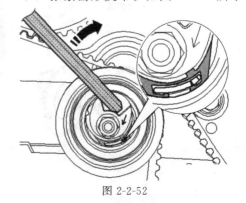

图 2-2-52

用六角扳手卡在偏心轮上向右转（箭头方向），直至切口位于凸缘之上。

（8）重新松开齿形皮带。

（9）再次张紧齿形皮带，直至切口对准凸缘，然后拧紧固定螺母。

（10）将曲轴沿发动机旋转方向继续转动2圈，直至发动机再次停到上止点位置。

（11）再次检查齿形皮带是否张紧（凸缘和切口位于相对的位置）。

（12）再次检查配气相位。

五、A4（1.8L AMB/2.0L ALT）

1. 正时系统部件图（图2-2-53）

2. 正时皮带的拆卸

（1）松开快速锁扣并取下发动机盖板。

（2）在拆卸多楔带之前用粉笔或记号笔记下转动方向。用过的多楔带在转动方向相反时会导致损坏。

（3）沿图2-2-54中箭头所示方向转动张紧元件以松开多楔带，然后取下多楔带。

（4）旋出图2-2-55中箭头所示的螺栓，并取下多楔带的张紧元件。

（5）拆下齿形皮带上部护罩。

（6）通过曲轴带轮紧固螺栓将曲轴转到上止点位置。凸轮轴齿形带轮上的标记和曲轴上的正时标记必须各自对齐，如图2-2-56所示。

（7）拆下曲轴带轮/减振器。

（8）通过拧下图2-2-57中箭头所示螺栓，拆下中部和下部齿形皮带护罩。

（9）如图2-2-58所示，将齿形皮带张紧装置用六角扳手均匀地向逆时针方向压，不要用力过大，直至张紧装置活塞可以用锁止销卡住。插入锁止销并让其保持插入状态。

（10）为松开齿形皮带，应松开张紧轮螺母并将偏心轮用双孔螺母扳手沿顺时针方向转动，不得弯曲偏心轮的限位凸耳。如图2-2-59所示。

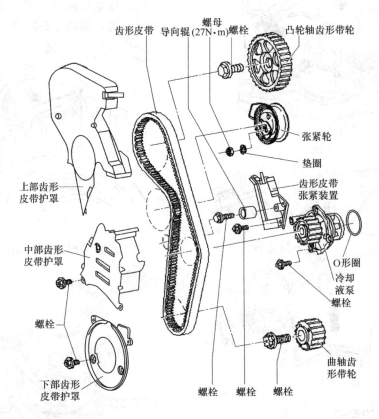

图2-2-53

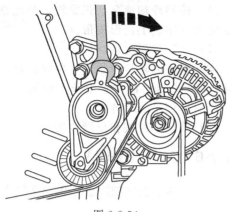

图 2-2-54

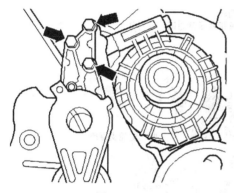

图 2-2-55

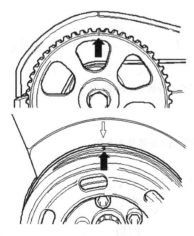

图 2-2-56

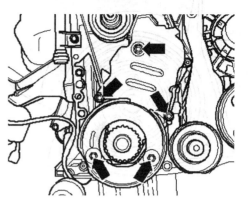

图 2-2-57

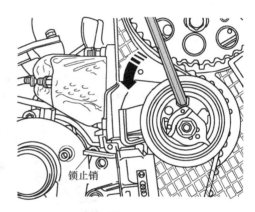

锁止销

图 2-2-58

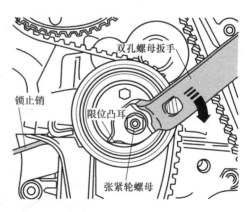

双孔螺母扳手

锁止销
限位凸耳
张紧轮螺母

图 2-2-59

（11）用粉笔或记号笔标明齿形皮带转动方向，拆下齿形皮带。

3. 正时皮带的安装

（1）将齿形皮带放在曲轴齿形带轮上（注意转动方向）。

（2）安装下部齿形皮带护罩。

（3）按图 2-2-60 所示位置安装带轮/减振器，减振器的开孔（箭头）必须在曲轴齿形带轮凸起的上方。注意固定黑色箭头所指部分。

（4）把凸轮轴齿形带轮标记对准气缸盖罩，减振器标记对准齿形皮带护罩（图 2-2-56）。

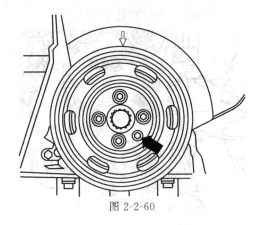

图 2-2-60

(5) 检查齿形皮带张紧装置是否仍用锁止销卡住。

(6) 按照冷却液泵、张紧轮、凸轮轴齿形带轮的顺序装上齿形皮带。

(7) 张紧齿形皮带。

(8) 通过曲轴带轮紧固螺栓将曲轴转动2圈，直至曲轴再次位于上止点位置，然后检查正时标记是否对齐。

(9) 其他部件按相反顺序安装。

六、A6（2.4L BDW）

1. 左侧凸轮轴正时部件图（图2-2-61）

2. 机油泵和平衡轴链条部件图（图2-2-62）

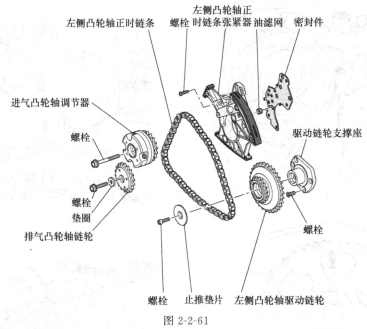

图 2-2-61

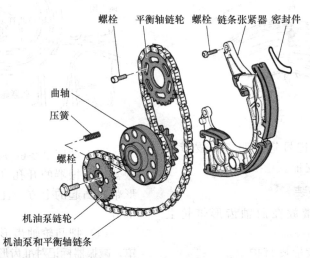

图 2-2-62

3. 正时驱动链条部件图（图 2-2-63）

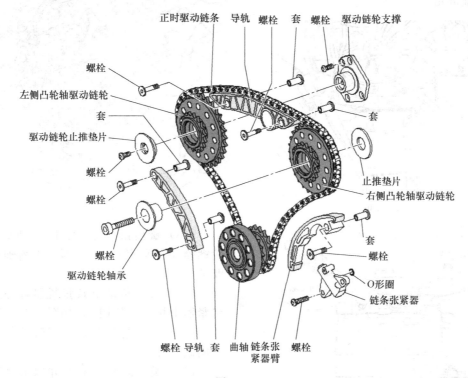

图 2-2-63

4. 正时链条的拆卸

（1）拆卸左、右正时链条盖板。

（2）拆卸正时链条下部盖板。

（3）沿发动机旋转方向转动曲轴到上止点位置，这时凸轮轴里的螺纹孔（箭头）必须指向上面，如图 2-2-64 所示。

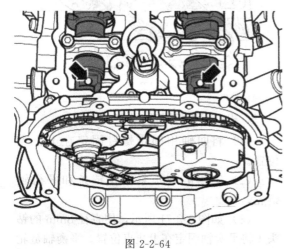

图 2-2-64

（4）如图 2-2-65 所示，将凸轮轴固定装置安装到两个气缸盖上，并用 20N·m 的力矩拧紧螺栓。

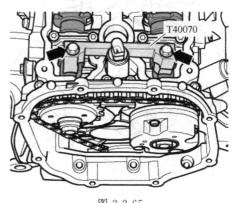

图 2-2-65

（5）如图 2-2-66 所示，从气缸体上旋出螺塞。

（6）用 10N·m 的力矩将曲轴固定螺钉拧入孔里，必要时稍微来回转动曲轴，以便完全对准螺栓，如图 2-2-67 所示。

（7）用颜色将左凸轮轴正时链条的转动方向做好标记。

（8）旋出凸轮轴调节器和凸轮轴链轮的

螺栓 1 和 2（图 2-2-68），取下凸轮轴调节器和凸轮轴链轮。

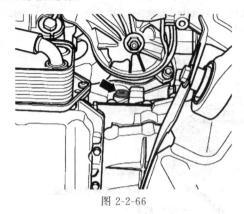

图 2-2-66

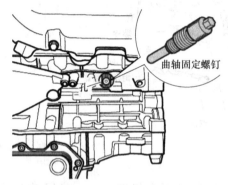

图 2-2-67

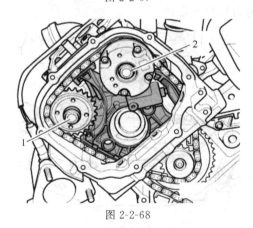

图 2-2-68

（9）旋出链条张紧器固定螺栓并取下链条张紧器，然后取下凸轮轴正时链条。

（10）按上述方法拆卸右侧凸轮轴正时链条。

（11）用颜色对机油泵及平衡轴链条的转动方向做好标记。

（12）沿图 2-2-69 中箭头所示方向按压链条张紧器臂并将定位销 4 从链条张紧器上拔出。

图 2-2-69

（13）旋出张紧器螺栓 1、2 和平衡轴链轮螺栓 3，拆下链条张紧器、平衡轴链轮以及链条。

（14）按压传动链条张紧器臂并从链条张紧器上拉出定位销 4，如图 2-2-70 所示。

（15）用颜色将凸轮轴正时链条的转动方向做好标记。

（16）旋出螺栓 2 和 3 并取下链轮及传动链和导轨 1。

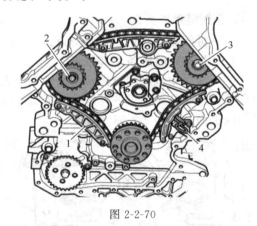

图 2-2-70

5. 机油泵和平衡轴链条的安装

（1）将曲轴用固定螺钉固定在上止点位置。

（2）安装链条张紧器及链条和平衡轴链轮。

（3）如图 2-2-71 所示，用直径 8mm 的钻头 1 将平衡轴固定在上止点位置。平衡轴链轮的长孔必须位于平衡轴螺纹孔的中间位置。

（4）拧紧链条张紧器的螺栓。

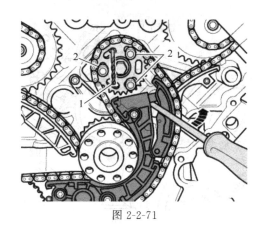

图 2-2-71

(5) 旋入链轮螺栓 2，但不要拧紧，链轮必须在平衡轴上还能转动并且不得翻转。

(6) 拔出链条张紧器定位销以松开链条张紧器。

(7) 用旋具按压链条张紧器臂（箭头）并同时拧紧链轮螺栓 2。

(8) 从平衡轴上拉出钻头。

七、A6（3.0L BBJ）

1. 正时系统部件图（图 2-2-72）

2. 正时皮带的拆卸

(1) 拔下后部及前部发动机罩。

(2) 在拆卸多楔带之前用记号笔记下转动方向。

(3) 用多楔带撬杆松开多楔带，然后从多楔带轮上拆下多楔带。

(4) 用多楔带撬杆和定位件顺时针方向摆动，用锁止杆固定，并松开撬杆，然后松开 2 个螺栓取下固定的多楔带张紧装置。

(5) 旋出 8 个螺栓 1，取下减振器 2 和止推垫片 3，如图 2-2-73 所示。

(6) 取下齿形皮带盖罩、冷却液补偿罐、空气导管、空气滤清器壳上部件、机油尺导管、点火线圈和气缸盖罩。

(7) 转动发动机，直至 3 缸（右侧气缸列）进气和排气凸轮轴上的凸轮（箭头）均指向上方，如图 2-2-74 所示。

(8) 如图 2-2-75 所示，将锁紧工具装到右侧气缸盖凸轮轴上以固定凸轮轴，来回略微转动曲轴，使锁紧工具的卡槽可以正确卡到凸轮轴上。

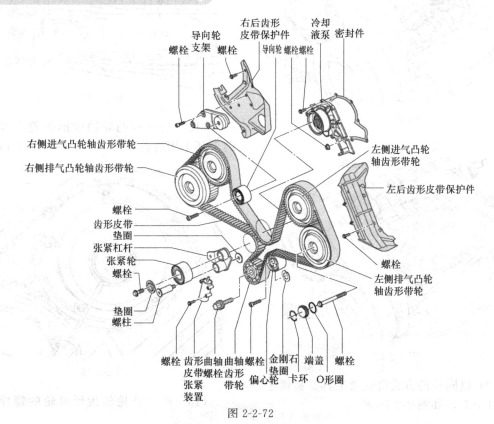

图 2-2-72

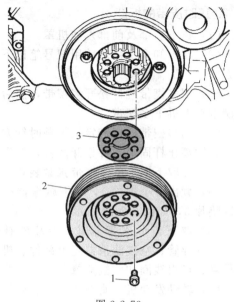

图 2-2-73

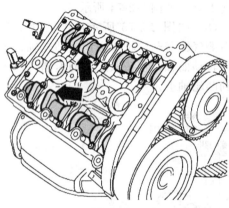

图 2-2-74

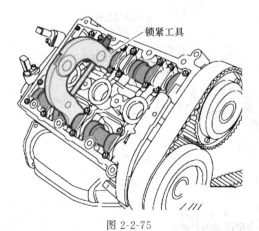

图 2-2-75

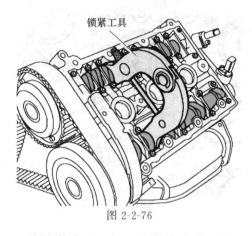

图 2-2-76

(10) 取下发动机底部隔声垫。

(11) 拧下气缸体上止点标记的密封塞，必要时略微来回转动曲轴，把锁止工具拧入并拧紧，如图 2-2-77 所示。

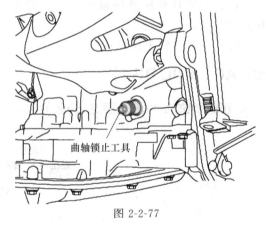

图 2-2-77

(12) 将所有凸轮轴齿形带轮上盖罩 2 的卡环 1 用旋具 3 撬出，如图 2-2-78 所示。

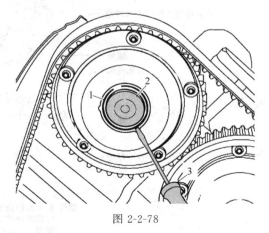

图 2-2-78

(9) 以同样的方式将锁紧工具安装到左侧气缸盖上，如图 2-2-76 所示。

(13) 松开凸轮轴齿形带轮的螺栓 1～

4，如图 2-2-79 所示。

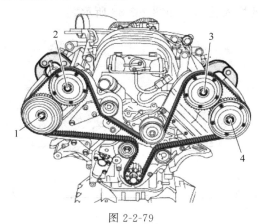

图 2-2-79

（14）如图 2-2-80 所示，用 8mm 的六角扳手沿箭头方向转动齿形皮带张紧轮，直到张紧杠杆把张紧件压紧，然后将锁止杆插入活塞和外壳的孔中。

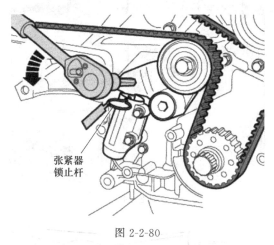

图 2-2-80

（15）如图 2-2-81 所示，松开偏心轮的

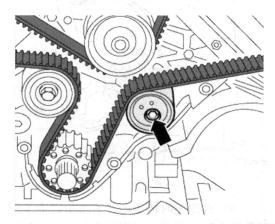

图 2-2-81

螺栓，便可拆下齿形皮带。

八、A8（6.3L FSI CEJA）

1. 左侧凸轮轴正时链条部件图（图 2-2-82）

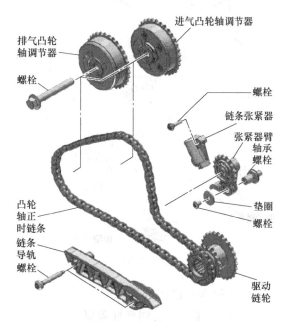

图 2-2-82

2. 右侧凸轮轴正时链条部件图（图 2-2-83）

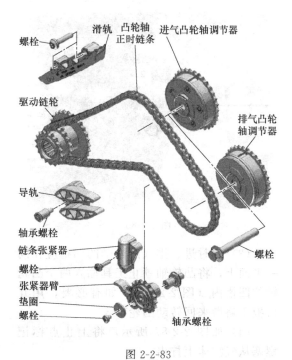

图 2-2-83

3. 控制机构驱动链条部件图（图2-2-84）

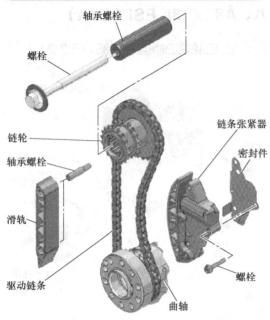

图 2-2-84

4. 正时链条的拆卸

（1）拆卸左、右侧气缸盖罩。

（2）将曲轴转到上止点位置，确保减振器上的标记2与壳体接缝1对齐，如图2-2-85所示。

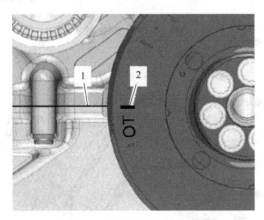

图 2-2-85

（3）此时进、排气凸轮轴的凹槽应在同一平面上，将凸轮轴锁止工具插入两个凸轮轴的凹槽内（图2-2-86）。如有必要，用开口扳手略微来回转动凸轮轴。

（4）如图2-2-87所示，将上止点标记螺塞从气缸体上拧出。

（5）以20N·m的力矩把曲轴锁止工具拧入孔内，如图2-2-88所示。

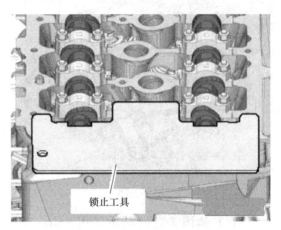

图 2-2-86

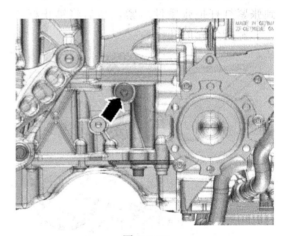

图 2-2-87

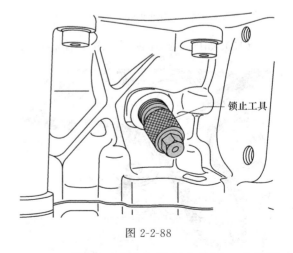

图 2-2-88

（6）拆卸正时链条的所有盖板，为了便于重新安装，用彩色标记标出凸轮轴正时链条的转动方向和对应关系。

（7）松开气缸列 2（左侧）的凸轮轴正时链条时，应将张紧器臂沿图示箭头方向转动，然后用定位销锁定链条张紧器活塞，如图 2-2-89 所示。

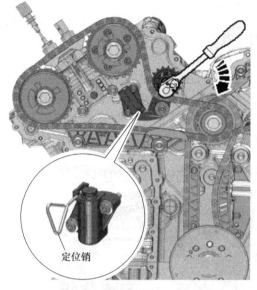

图 2-2-89

（8）如图 2-2-90 所示，用开口扳手 2 固定住进气凸轮轴的六角形部分，旋出凸轮轴调节器固定螺栓 1，拆下进气凸轮轴调节器 3。

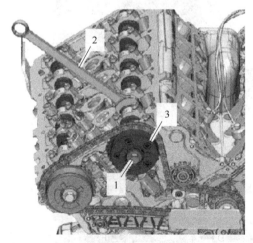

图 2-2-90

（9）取下气缸列 2（左侧）的凸轮轴正时链条。

（10）用同样的方法取下气缸列 1（右侧）的凸轮轴正时链条。

（11）如图 2-2-91 所示，拧出曲轴链轮安装螺栓（箭头）。

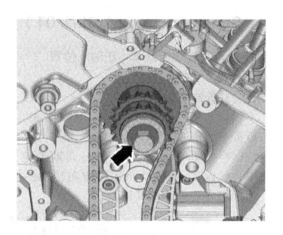

图 2-2-91

（12）为方便重新安装，用有颜色的箭头标记驱动链条的转动方向。

（13）如图 2-2-92 所示，压下驱动链条的链条张紧器 5，并用定位销 6 锁定。

（14）旋出螺栓 4 并取下链条张紧器 5 及其后方的密封件。

（15）将滑轨 1 从轴承螺栓 2 上拔出。

（16）拉出轴承螺栓 2，取下凸轮轴传动链轮 3。

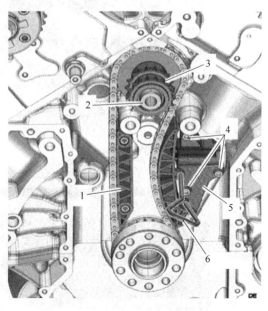

图 2-2-92

第三节 奔驰车系

一、Smart Fortwo（1.0L/1.0T）

1. 检查凸轮轴的基本（正时）位置

（1）拆下气缸盖罩。

（2）拆卸右后车轮。

（3）如图 2-3-1 所示，拆下膨胀夹 1，然后拆下护盖 2。

（4）如图 2-3-2 所示，通过曲轴带轮 1 的中央螺栓 2，沿发动机运转方向转动曲轴直到标记（箭头 A）可见。

（5）使用合适的彩色铅笔，将曲轴带轮 1 上的标记（箭头 A）转移至曲轴带轮的前侧（箭头 B）。

（6）转动曲轴直到标记（箭头 B）与正时室盖罩 3 上的标记（箭头 C）相一致。

（7）用举升机降下车辆。

（8）检查凸轮轴的正时标记。如图 2-3-3 所示，检查凸轮轴调节器 2 上的标记（箭头 E）与凸轮轴链轮 3 上的标记（箭头 D）是否在正时室盖罩 1 的上边缘处彼此相对。

图 2-3-1

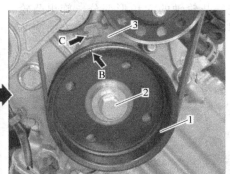

图 2-3-2

图 2-3-3

2. 更换发动机正时链条

（1）检查凸轮轴的基本位置。

（2）拆下正时室盖罩。

（3）如图2-3-4所示，使用合适的旋具向后转动链条张紧器8上的棘轮9，然后通过孔（箭头A）锁止链条张紧器8。为锁止链条张紧器，在链条张紧器上的孔（箭头A）中插入一个直径1.5mm的锁止销。

注意 将适配器安装到曲轴上，拆下发动机齿圈上的固定锁，然后转动发动机2圈，直至曲轴链轮上的标记与曲轴箱上的标记对齐，然后检查凸轮轴链轮2上的标记（箭头B）与凸轮轴调节器3上的标记（箭头C）是否对齐。

（4）松开螺栓5，然后拆下导轨6。

（5）松开螺栓4，然后拆下张紧器臂7。

注意 检查张紧器臂7是否磨损，如有必要，则进行更换。

（6）取下发动机正时链条1。

（7）按照与拆卸相反的顺序安装正时链条。

注意 安装发动机正时之前，检查凸轮轴链轮2上的正时标记（箭头B）与凸轮轴调节器3上的标记（箭头C）是否对齐，另外必须适当地转动进气凸轮轴和排气凸轮轴。

二、A150/B150（1.5L 266.920）/A170/B170（1.7L 266.940）/A180/B200（2.0L 266.960）

1. 正时系统示意图（图2-3-5）

2. 调节凸轮轴的正时位置

（1）如图2-3-5所示，在带轮2处转动发动机，将1号气缸的活塞定位到点火上止点。带轮上的上止点标记必须与正时室盖罩的定位缘（箭头B）对齐。同时，1号气缸的凸轮指向上方。

（2）拆下链条张紧器3。

（3）从凸轮轴链轮5上分开发动机正时链条4，并保持其张紧状态。

（4）用开口扳手6将凸轮轴旋转到基本位置（点火上止点）。凸轮轴和凸轮轴轴承盖1的标记（箭头A）的中央必须互相对正。

图2-3-4

图 2-3-5

三、GLK260/B260/C200/C260/E200/E260/GLA220（2.0T M274）

1. 检查凸轮轴的基本位置

（1）拆下凸轮轴上的两个霍尔传感器。

（2）通过曲轴中央螺栓沿发动机运转方向转动发动机，直到1号气缸到达点火上止点（TDC）。

注意 带轮/减振器上的上止点（TDC）标记必须与正时室盖罩上的定位缘对齐。

（3）通过在气缸盖罩3的霍尔传感器开口（图2-3-6）进行目视检查来检查凸轮轴的基本位置。若要检查排气凸轮轴，在霍尔传感器开口的中央必须可以看到扇形盘1扇形段的边缘1a；若要检查进气凸轮轴，扇形盘2的轴承狭槽2a必须位于霍尔传感器开口的中央。

（4）如果基本位置不正确，则设置凸轮轴的基本位置。

（5）按照与拆卸相反的顺序进行安装。

2. 调节凸轮轴的基本位置

（1）拆下气缸盖罩。

（2）拆下凸轮轴调节器。

（3）拆下凸轮轴。

（4）通过曲轴中央螺栓沿发动机运转方向转动发动机，直到1号气缸到达点火上止点（TDC）。

注意 带轮/减振器上的上止点（TDC）标记必须与正时室盖罩上的定位缘对齐。

（5）将凸轮轴插入到基本位置。如扇形盘1的部分扇形边缘1a和扇形盘2上的轴承狭槽2a垂直向上（图2-3-6），则凸轮轴处于基本位置。

（6）安装压紧装置（1a、1b），如图2-3-7所示。在装配螺钉/螺栓4时，将其拧入，直到轴承托架3与气缸盖齐平。

（7）安装固定装置（2a、2b）。

（8）安装凸轮轴调节器。

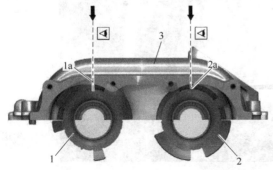

图 2-3-6

图 2-3-7

> **注意** 在安装凸轮轴调节器或正时链条时，确保曲轴不发生转动。

（9）安装链条张紧器。

（10）通过曲轴中央螺栓沿发动机运转方向转动发动机，直到1号气缸到达点火上止点（TDC）。

（11）检查凸轮轴的基本位置。

（12）安装气缸盖罩。

四、ML350/E350/SLK350/CLS350（3.5L 272）

1. 正时链条的拆卸

（1）断开蓄电池接地线。

（2）拆下点火线圈。

（3）拆下火花塞。

（4）如图 2-3-8 所示，拆下右侧气缸盖处的排气凸轮轴1和进气凸轮轴2。

（5）用专用工具断开旧的发动机正时链条3。

2. 正时链条的安装

（1）拉入新的发动机正时链条并进行铆接。

（2）如图 2-3-8 所示，沿发动机运转方向转动曲轴至1号气缸点火上止点前55°（带轮上的305°标记处）。此时，左侧气缸盖上排气凸轮轴和进气凸轮轴脉冲轮上的标记4必须位于凸轮轴霍尔传感器孔的中央。

（3）沿发动机运转方向转动曲轴95°曲轴转角，使其处于1号气缸点火上止点后40°位置。如图 2-3-9 所示。

（4）如图 2-3-10 所示，将右侧气缸盖上的排气凸轮轴和进气凸轮轴安装在基本位置。凸轮轴调节器上的标记1与顶部对准，凸轮轴调节器上的标记2与气缸盖外罩接触表面对准。

（5）在点火上止点后40°的位置正确安装平衡轴1。装配销2必须对准曲轴箱上的标记3，并且前部平衡重上的槽口4必须对准标记5，如图 2-3-11 所示。

（6）转动曲轴，然后在前护盖已安装到气缸盖上的情况下，在点火上止点前55°曲轴转角处检查凸轮轴的基本位置。

（7）如图 2-3-12 所示，带轮上的标记1必须与正时室盖罩上的定位缘2对齐，且脉冲轮上的标记3必须位于传感器孔的中央。

（8）安装火花塞。

图 2-3-8

图 2-3-9

图 2-3-10

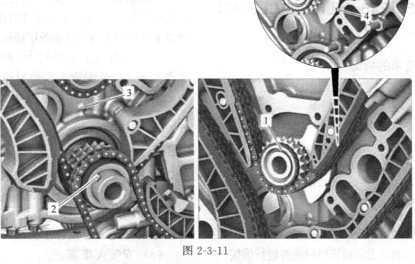

图 2-3-11

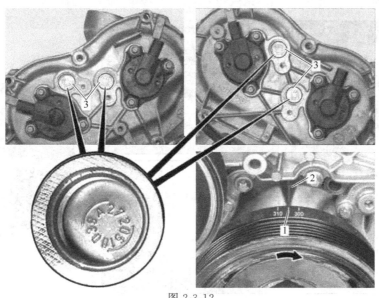

图 2-3-12

(9) 安装点火线圈。

(10) 测试发动机的运转状况,并检查发动机是否泄漏。

五、GLA200/B200(1.6T 270.910)

1. 检查凸轮轴的基本位置

(1) 拆下凸轮轴上的两个霍尔传感器。

(2) 使用车辆举升机将车辆升起。

(3) 打开右前翼子板内衬板的保养盖。

(4) 通过曲轴中央螺栓沿发动机转动方向转动发动机,直到1号气缸的点火上止点(TDC)。

注意 曲轴带轮/减振器上的上止点(TDC) 标记必须与正时室盖罩上的定位缘对齐。

(5) 按如下方法检查凸轮轴的基本位置。

① 通过在气缸盖罩 3 的霍尔传感器开口上进行目视检查来检查凸轮轴的基本位置,如图 2-3-13 和图 2-3-14 所示。

② 若要检查排气凸轮轴,在霍尔传感器开口的中央必须可以看到扇形盘 1 扇形段的边缘 1a。

③ 若要检查进气凸轮轴,扇形盘 2 的轴承狭槽 2a 必须位于霍尔传感器开口的中央。

(6) 如果基本设定不正确,设定凸轮轴的基本位置。

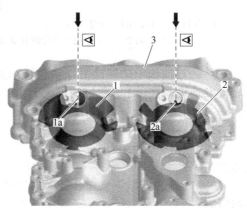

图 2-3-13 俯视图(从传感器开口看)

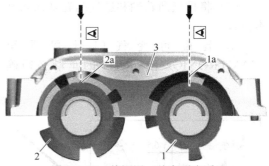

图 2-3-14 前视图(从扇形盘看)

(7) 按照与拆卸相反的顺序进行安装。

2. 调节凸轮轴的基本位置

(1) 拆下排气凸轮轴调节器 3a 和进气凸轮轴调节器 3e,如图 2-3-15 所示。

(2) 拆下排气凸轮轴 2a 和进气凸轮轴 2e。

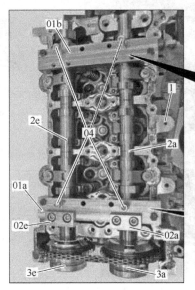

图 2-3-15

1—气缸盖 01a、01b—压紧工具 02a、02e—支架 2a—排气凸轮轴 2e—进气凸轮轴 03—轴承托架 3a—排气凸轮轴调节器 3e—进气凸轮轴调节器 04—螺钉/螺栓 4—扇形盘 4a—扇形段 5—轴承槽

(3) 通过曲轴中央螺栓沿发动机转动方向转动发动机,直到1号气缸的点火上止点。

注意 ① 曲轴带轮/减振器上的上止点(TDC)标记必须与正时室盖罩上的定位缘对齐。

② 确保在执行以下操作步骤时曲轴不会转动。

(4) 将排气凸轮轴和进气凸轮轴插入基本位置。

① 装配可变气门升程系统(CAMTRONIC)代码 A14 的车辆必须确保进气凸轮轴安装在全行程位置。如图 2-3-16 所示,全行程位置位于托架轴 1 和前部凸轮轴部分 2a 之间 6.5mm 间隙处。后部凸轮轴部分 2b 和高压泵传动凸轮 3 之间不应有间隙(箭头)。如有必要,用手调节前部凸轮轴部分 2a 或后部凸轮轴部分 2b。

② 如果排气凸轮轴 2a 上扇形盘 4 扇形段 4a 的边缘(图 2-3-15)和进气凸轮轴 2e 上的轴承槽 5 垂直朝上,则表明排气凸轮轴 2a 和进气凸轮轴 2e 位于基本位置。

(5) 安装压紧装置 01a、01b(图 2-3-15)。

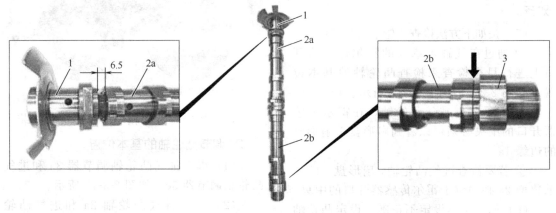

图 2-3-16

① 未装配可变气门升程系统（CAMTRONIC）的车辆使用直径26mm的插入件。

② 装配可变气门升程系统（CAMTRONIC）的车辆使用直径29mm的插入件。

③ 在装配螺钉/螺栓04时，将其拧入，直到轴承托架03与气缸盖1齐平。

（6）安装支架02a、02e。

① 装配固定装置前，排气凸轮轴2a和进气凸轮轴2e必须位于上止点位置，以使固定装置能够在不需额外压力的情况下固定入位。

② 不宜使用固定装置将排气凸轮轴或进气凸轮轴固定入位，否则可能导致固定装置损坏或正时错误。

③ 只能使用套筒转动排气凸轮轴和进气凸轮轴。否则，可能会损坏排气凸轮轴和进气凸轮轴。

④ 为将支架02a、02e安装到压紧工具01a上，需要用套筒转动排气凸轮轴和进气凸轮轴。

（7）插入带控制阀的凸轮轴调节器3a、3e，然后安装正时链条。

注意 凸轮轴调节器3a、3e必须仍能够自由转动至排气凸轮轴和进气凸轮轴上。

（8）安装正时链条张紧器。

（9）拧紧凸轮轴调节器3a、3e的控制阀。

（10）拆下排气凸轮轴和进气凸轮轴的支架02a、02e。

（11）通过曲轴中央螺栓沿发动机转动方向转动发动机2圈，直到1号气缸的点火上止点（TDC）。

注意 曲轴带轮/减振器上的上止点（TDC）标记必须与正时室盖罩上的定位缘对齐。

（12）检查排气凸轮轴和进气凸轮轴的基本位置。

（13）按照与拆卸相反的顺序安装其他发动机零部件。

六、GLK260/GLA260/E260L（2.0T 274.920）

1. 检查凸轮轴的基本位置

（1）拆下凸轮轴上的两个霍尔传感器。

（2）通过曲轴中央螺栓沿发动机转动方向转动发动机，直到1号气缸的点火上止点（TDC）。

注意 曲轴带轮/减振器上的上止点（TDC）标记必须与正时室盖罩上的定位缘对齐。

（3）按如下方法检查凸轮轴的基本位置。

① 通过在气缸盖罩3的霍尔传感器开口上进行目视检查来检查凸轮轴的基本位置，如图2-3-17和图2-3-18所示。

② 若要检查排气凸轮轴，在霍尔传感器开口的中央必须可以看到扇形盘1扇形段的边缘1a。

③ 若要检查进气凸轮轴，扇形盘2的轴承狭槽2a必须位于在霍尔传感器开口的中央。

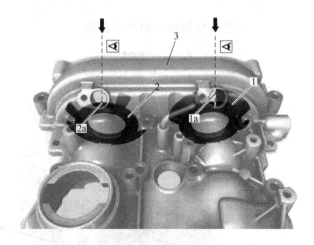

图2-3-17 俯视图（从传感器开口看）
1—扇形盘 1a—边缘 2—扇形盘
2a—轴承狭槽 3—气缸盖罩

（4）如果基本设定不正确，设定凸轮轴的基本位置。

（5）按照与拆卸相反的顺序进行安装。

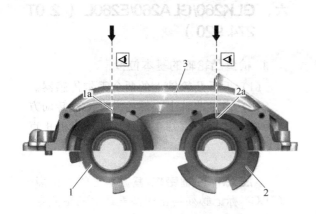

图 2-3-18 前视图（从扇形盘看）

2. 调节凸轮轴的基本位置

（1）拆下气缸盖罩。

（2）拆下凸轮轴调节器。

（3）拆下凸轮轴。

（4）通过曲轴中央螺栓沿发动机转动方向转动发动机，直到1号气缸的点火上止点。

> **注意** 曲轴带轮/减振器上的上止点（TDC）标记必须与正时室盖罩上的定位缘对齐。

（5）将凸轮轴插入到基本位置。

> **注意** 如果在排气凸轮轴上，扇形盘1的部分扇形边缘1a和扇形盘2上的轴承狭槽2a垂直向上，则凸轮轴处于基本位置（图2-3-18）。

（6）安装压紧工具1a、1b，如图2-3-19所示。

> **注意** 在装配螺钉/螺栓4时，将其拧入，直到轴承座3与气缸盖齐平。

（7）安装固定装置2a、2b。

（8）安装凸轮轴调节器。

> **注意** 在安装凸轮轴调节器或正时链条时，确保曲轴不发生转动。

（9）安装链条张紧器。

（10）通过曲轴中央螺栓沿发动机转动方向转动发动机2圈，直到1号气缸的点火上止点（TDC）。

> **注意** 曲轴带轮/减振器上的上止点（TDC）标记必须与正时室盖罩上的定位缘对齐。

（11）检查凸轮轴的基本位置。

（12）安装气缸盖罩。

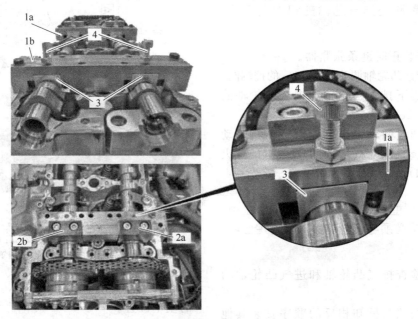

图 2-3-19

第四节　宝马车系

一、316i/120i（1.6T N13B16A）

1. 正时系统部件图（图 2-4-1）

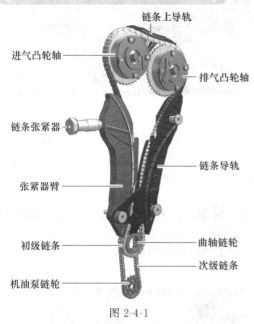

图 2-4-1

2. 检查凸轮轴的配气相位

（1）拆下气缸盖罩。

（2）准备专用工具：手动变速箱需要的专用工具是 0 496 709；自动变速箱需要的专用工具是 2 299 362。

（3）将中心螺栓旋到曲轴上（用来转动曲轴），用专用工具 0 496 709 定位曲轴，如图 2-4-2 所示。在修理过程中不要取下此专用工具。

图 2-4-2

（4）如图 2-4-3 所示，当进气凸轮轴的标记（IN）和排气凸轮轴的标记（EX）朝上时，说明两根凸轮轴处于正确的安装位置。

图 2-4-3

（5）进气凸轮轴 1 的位置向左倾斜，指向上部外侧，如图 2-4-4 所示。

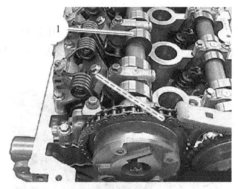

图 2-4-4

（6）排气凸轮轴 1 的位置向右倾斜，指向上部外侧，如图 2-4-5 所示。

图 2-4-5

(7) 松开部分蓄电池正极导线,松开链条张紧器1,如图2-4-6所示。

> **注意** ① 随时准备好抹布,松开螺栓连接之后,会流出少量机油,确保不要有油流到皮带传动机构上。
> ② 必须在链条张紧器装配时安装一个新密封圈。

图 2-4-6

(8) 如图2-4-7所示,将专用工具11 9 340旋入到气缸盖中,用专用工具00 9 460将正时链条预紧至0.6N·m。

图 2-4-7

(9) 如图2-4-8所示,将排气专用工具11 7 440松松地安放到排气凸轮轴双平面段(定位),利用塞尺1确定空气间隙。若排气凸轮轴上的测量值小于1.6mm,则说明配气相位正常。

(10) 如图2-4-9所示,将排气专用工具11 7 440松松地安放到进气凸轮轴双平面

图 2-4-8

段(定位),利用塞尺1确定空气间隙。若进气凸轮轴上的测量值小于3.0mm,则说明配气相位正常。

> **注意** 没有专用工具11 9 340或链条张紧器时不要转动发动机,正时链条可能跳过进气凸轮轴的链轮。

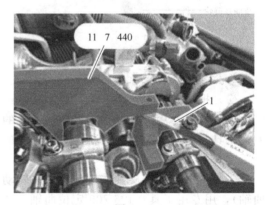

图 2-4-9

(11) 拆下专用工具11 9 340(图2-4-7)。
(12) 如有必要,调整配气相位。

3. 调整凸轮轴的配气相位

(1) 拆卸气缸盖罩。
(2) 检查配气相位。
(3) 将中心螺栓旋到曲轴上,沿箭头方向推入专用工具0 496 709并卡住曲轴,(图2-4-2)。
(4) 松开凸轮轴上的中心螺栓1和2,如图2-4-10所示。要松开螺栓1和2时,安装专用工具11 7 440。如果无法定位调节量

规，松开中心螺栓时必须用开口扳手固定凸轮轴。

图 2-4-10

（5）如图 2-4-11 所示，将专用工具 11 7 440 定位在排气凸轮轴的双平面段上，若有必要，使用专用工具 32 2 100 扭转。然后将专用工具 11 7 440 用螺栓 1 固定在气缸盖上。

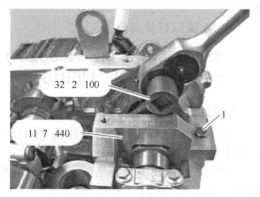

图 2-4-11

（6）如图 2-4-12 所示，将专用工具 11 7 440 定位在进气凸轮轴的双平面段上，若有必要，使用专用工具 32 2 100 扭转。将专用工具 11 7 440 用螺栓 1 固定在气缸盖上。

图 2-4-12

（7）如图 2-4-13 所示，用专用工具 32 2 100 松开链条张紧器 1。

图 2-4-13

（8）如图 2-4-14 所示，进气凸轮轴的标记（IN）和排气凸轮轴的标记（EX）朝上。两个进气和排气凸轮轴具有三个已加工的表面，因此能够安装专用工具。第四个表面是未加工的。

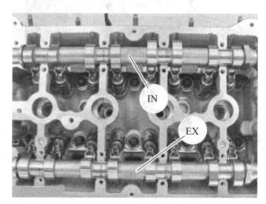

图 2-4-14

（9）排气凸轮轴 1 的凸轮向右倾斜，指向上部，如图 2-4-15 所示。

图 2-4-15

(10) 进气凸轮轴 1 的凸轮向左倾斜，指向上部，如图 2-4-16 所示。

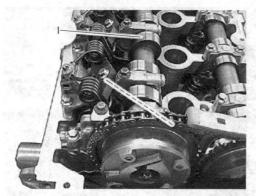

图 2-4-16

(11) 如图 2-4-17 所示，将专用工具 11 9 340 旋入气缸盖，用专用工具 00 9 460 将正时链条预紧至 0.6 N·m。

图 2-4-17

(12) 用专用工具 00 9 120 或电子扭矩扳手固定进气凸轮轴中心螺栓 1，如图 2-4-18 所示。

图 2-4-18

(13) 用专用工具 00 9 120 或电子扭矩扳手固定排气凸轮轴中心螺栓 1，如图 2-4-19 所示。

图 2-4-19

(14) 拆卸所有专用工具。
(15) 转动 2 次发动机，再次检查配气相位。
(16) 装配好发动机。

二、120i/320i（2.0L N46B20）/118i/318i（1.8L N46B18）

1. 检查凸轮轴的配气相位

(1) 转动发动机，直到发动机 1 缸处于点火上止点位置。

(2) 从气缸体上拆下堵头（上止点位置的标定孔在起动机下方的进气侧）。

(3) 如图 2-4-20 所示，插入飞轮定位销，将飞轮固定在 1 缸点火上止点位置。

图 2-4-20

(4) 检查凸轮轴的配气相位是否正确。
① 进气凸轮轴：双平面段的上侧为圆形，下面为直平面，在 1 缸点火上止点位置

时，双平面段上的圆形面朝向上，如图 2-4-21 所示。

图 2-4-21

② 排气凸轮轴：气缸头双平面段上的圆形面朝向上，同时，排气凸轮轴上的凹口 1 朝向排气歧管，如图 2-4-22 所示。

图 2-4-22

(5) 如图 2-4-23 所示，将专用扳手安装在进气凸轮轴上，并试着逆时针方向旋转进气凸轮轴。如果进气凸轮轴和进气调整装置间不存在固定连接，则逆时针方向旋转进气凸轮轴至极限位置。

(6) 逆时针方向小心地旋转排气凸轮轴。如果排气凸轮轴和排气调整装置之间不存在固定连接，则沿旋转方向旋转排气凸轮轴至极限位置。

(7) 如图 2-4-24 所示，安装进气凸轮轴定位工具。如果定位工具能无间隙地紧靠气缸盖安装或进气侧凸出量小于 0.5mm，说明配气相位调节正确。

(8) 如图 2-4-25 所示，安装排气凸轮轴定位工具和专用螺栓（用于连接两定位工

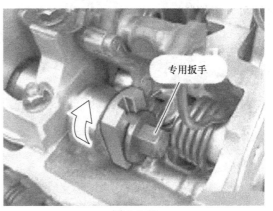

图 2-4-23

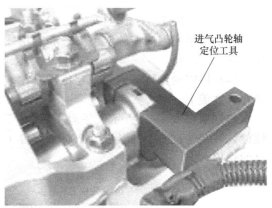

图 2-4-24

具）。如果定位工具能无间隙地紧靠气缸盖安装或进气侧凸出量小于 1.0mm，说明配气相位调节正确。

图 2-4-25

(9) 若凸轮轴的相位不正确，则进行调整。如正确，则可拆下各专用工具。

2. 调整凸轮轴的配气相位

(1) 如图 2-4-26 所示，松开排气和进气调整装置的螺栓，将其重新安装至无间隙

即可（未拧紧）。

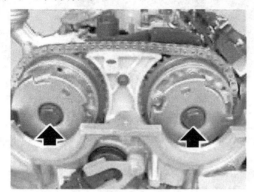

图 2-4-26

(2) 安装进气凸轮轴定位工具（图 2-4-24）。

(3) 安装排气凸轮轴定位工具和专用螺栓（图 2-4-25）。

(4) 用螺栓将排气凸轮轴定位工具在拧紧在气缸盖上。

(5) 如图 2-4-27 所示，手动拧紧专用螺栓，并在气缸盖上拧紧进气凸轮轴定位工具的螺栓。

图 2-4-27

(6) 拆下链条张紧器，如图 2-4-28 所示。

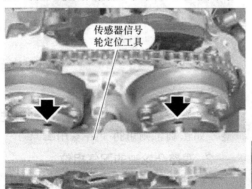

图 2-4-28

(7) 如图 2-4-29 所示，手动装上正时链条预紧工具，但暂时不要预紧正时链条。

图 2-4-29

(8) 安装进气和排气调整装置的新螺栓，拧至无间隙即可。

(9) 如图 2-4-30 所示，安装传感器信号轮定位工具，将脉冲信号齿固定孔与脉冲信号轮定位工具上的定位销对齐。

图 2-4-30

(10) 松开进、排气调整装置的螺栓各半圈。

(11) 用张紧工具或普通的扭矩扳手以 0.6N·m 的预紧力预紧正时链条张紧器臂。

(12) 拧紧进、排气调整装置的螺栓。

(13) 拆下飞轮定位销（图 2-4-20）。

(14) 拆下脉冲信号轮定位工具。

(15) 松开并拆下张紧工具，然后安装链条张紧器。

(16) 拆下进、排气凸轮轴定位工具。

(17) 转动发动机曲轴，直至发动机重新到达 1 缸点火上止点。

(18) 安装进、排气凸轮轴定位工具，检查凸轮轴的配气相位是否正确。

三、X6/335i（3.0L N54B30）/530i/630i（3.0L N52B30）

1. 检查凸轮轴的配气相位

(1) 在气缸体上沿图 2-4-31 所示箭头方向拆除上止点标定孔密封盖 1。

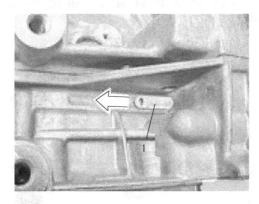

图 2-4-31

(2) 转动曲轴到 1 缸点火上止点位置，沿箭头方向推入飞轮定位销，并卡住曲轴，如图 2-4-32 所示。

(3) 在 1 缸处于点火上止点位置时，1 缸的进气凸轮轴凸轮斜着向上（图 2-4-33 中箭头）。这时，安装凸轮轴定位工具（图 2-4-33 中 1、2、3）。

(4) 如图 2-4-34 所示，如果凸轮轴 1 上的分类号 2 朝上，配气相位便是正确的。

图 2-4-32

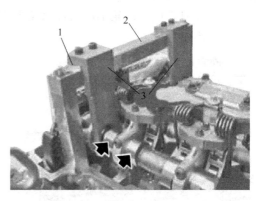

图 2-4-33

若不正确，则需进行调整。

图 2-4-34

(5) 在 1 缸处于点火上止点位置时，6 缸排气凸轮轴 1 的凸轮应斜着向下，如图 2-4-35 所示。

2. 调整凸轮轴的配气相位

(1) 执行"检查凸轮轴的配气相位"中的步骤 (1)、(2)、(3)。

(2) 如图 2-4-36 所示，松开凸轮轴调

图 2-4-35

整器的中心螺栓 1，拆下链条张紧器 2。松开中心螺栓时，应在凸轮轴的后部六角形部分上进行固定。

图 2-4-36

(3) 如图 2-4-37 所示，沿箭头方向转动脉冲信号齿 2，直到脉冲信号齿固定孔和脉冲信号轮定位工具上的定位销 1 一致。然后沿箭头方向推入脉冲信号轮定位工具并用螺栓拧紧。

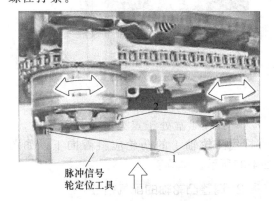

图 2-4-37

(4) 安装正时链条预紧工具。

(5) 用张紧工具或普通的扭矩扳手以 0.6N·m 的预紧力预紧正时链条张紧器臂。

(6) 拧紧进、排气调整装置的螺栓。

(7) 拆下飞轮定位销。

(8) 拆下脉冲信号轮定位工具。

(9) 松开并拆下张紧工具，然后安装链条张紧器。

(10) 拆下进、排气凸轮轴定位工具。

(11) 转动发动机曲轴，直至发动机重新到达 1 缸点火上止点。

(12) 安装进、排气凸轮轴定位工具，检查凸轮轴的配气相位是否正确。

四、宝马 3 系/5 系/X1/X3/X6（2.0T N20B20）

1. 检查凸轮轴的配气相位

(1) 拆下发动机上部空气管道。

(2) 拆下火花塞。

(3) 拆下气缸盖罩。

(4) 拆下前部和后部机组防护板。

(5) 拆下密封盖 1，如图 2-4-38 所示。

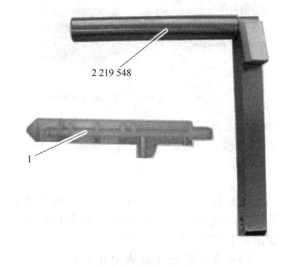

图 2-4-38

(6) 将中心螺栓上的曲轴转到上止点位置。

(7) 将专用工具 2 219 548 推入标定孔

并固定曲轴。

> **注意** 当用专用工具 2 219 548 在正确的标定孔上固定好飞轮时,就不能再通过中心螺栓移动发动机。

(8) 沿箭头方向用旋具拆下密封盖 1,如图 2-4-39 所示。

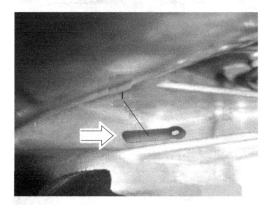

图 2-4-39

> **注意** 专用工具 2 219 548 只能固定在飞轮 1 上规定的位置,如图 2-4-40 中箭头所示。

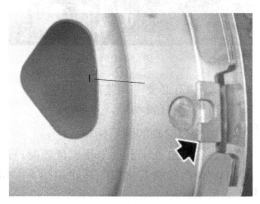

图 2-4-40

(9) 用专用工具 2 219 548 通过标定孔固定曲轴,如图 2-4-41 所示。

(10) 将专用工具 1 与专用工具 2 固定在气缸盖上,如图 2-4-42 所示。

(11) 将专用工具 1 用螺栓 2 固定在气缸盖上,如图 2-4-43 所示。

(12) 将专用工具 1 无凹口地固定在排气凸轮轴的双平面段上,如图 2-4-44 所示。

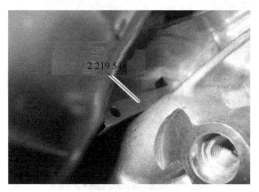

图 2-4-41

图 2-4-42

图 2-4-43

(13) 在 1 缸点火上止点位置中,排气凸轮轴的凸轮倾斜指向上部,如图 2-4-44 中箭头所示。

(14) 将专用工具 1 固定在进气凸轮轴的双平面段上,如图 2-4-45 所示。

(15) 在 1 缸处于点火上止点位置时,进气凸轮轴的凸轮斜着向上部,如图 2-4-45 中箭头所示。

(16) 将凸轮轴传感器齿盘量规 1 安装

图 2-4-44

图 2-4-47

图 2-4-45

在气缸盖上,如图 2-4-46 所示。

(17) 检查凸轮轴传感器齿盘的调整情况。

> **注意** 如果专用工具 2 219 548 由于活动困难而无法取下,则可借助尖嘴钳 1 通过转动及拉动将其取出,如图 2-4-48 所示。

图 2-4-48

(20) 如有必要,调整配气相位。

(21) 装配好发动机。

2. 调整凸轮轴的配气相位

(1) 在 1 缸处于点火上止点位置时,进气凸轮轴的凸轮斜着指向上部,如图 2-4-45 中箭头所示。

(2) 将专用工具定位在进气凸轮轴的双平面段上。

(3) 在 1 缸处于点火上止点位置时,排气凸轮轴的凸轮斜着指向上部(图 2-4-44 中箭头)。

(4) 进、排气凸轮轴上的标记以及零件号码 1 可以从上方读取,如图 2-4-49 所示。

(5) 将承桥 1 固定在气缸盖上,如图

图 2-4-46

(18) 使用销 1 沿箭头方向定位排气凸轮轴的凸轮轴传感器齿盘,如图 2-4-47 所示。

(19) 使用销 2 沿箭头方向定位进气凸轮轴的凸轮轴传感器齿盘。

图 2-4-49

图 2-4-52

2-4-50 所示。

（6）将测尺 2 和 3 固定在承桥 1 上。

> **注意** VANOS 调整装置的中心螺栓 2 和 3 只能在安装专用工具 1 后才能松开。

图 2-4-50

（7）用螺栓 1 固定测尺 2，如图 2-4-51 所示。

图 2-4-53

（10）松开真空罐 1 并将其置于一侧，如图 2-4-54 所示。

（11）松开链条张紧器 2。

> **注意** 随时准备好抹布，确保发动机机油不会流到皮带传动机构上。

图 2-4-51

（8）用螺栓 1 固定测尺，如图 2-4-52 所示。为了固定螺栓 1，必须拆除螺栓 2。

（9）松开中心螺栓 2 和 3，如图 2-4-53 所示。

图 2-4-54

(12) 转动凸轮轴传感器齿盘,直到定位销1和2对准调节量规为止,如图2-4-55所示。

(13) 固定凸轮轴传感器齿盘。

图 2-4-55

(14) 使用专用工具 11 9 340 和 00 9 250 将正时链条预紧至 0.6N·m,如图 2-4-56所示。

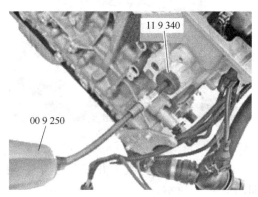

图 2-4-56

(15) 使用专用工具固定进气调整装置的中心螺栓1,如图2-4-57所示。

图 2-4-57

(16) 使用专用工具固定排气调整装置的中心螺栓1,如图2-4-58所示。

图 2-4-58

(17) 拆卸所有专用工具。

(18) 沿发动机旋转方向转动发动机中心螺栓2次并检查配气相位。

(19) 装配好发动机。

五、宝马5系/X6(3.0T N55B30)

> 1. 检查凸轮轴的配气相位

(1) 拆下气缸盖罩。

(2) 拆下机组防护板。

(3) 拆卸集风罩。

(4) 沿箭头方向拆卸密封盖1,如图2-4-59所示。

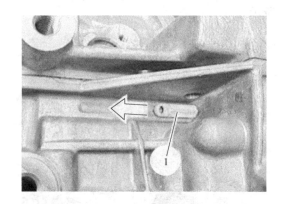

图 2-4-59

(5) 将中心螺栓上的曲轴转到上止点位置。

(6) 将专用工具 11 0 300 沿箭头方向推入标定孔并固定曲轴,如图 2-4-60所示。

Chapter 2　第二章　欧洲车系　267

图 2-4-60

> **注意** ① 当用专用工具 11 0 300 在正确的标定孔上固定好飞轮时，就不能再通过中心螺栓移动发动机了。
> ② 装配自动变速箱的车辆只能在飞轮 1 上预先规定的位置进行修整，如图 2-4-61 箭头所示。

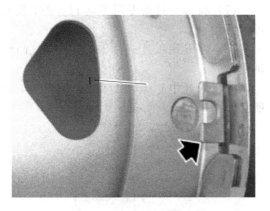

图 2-4-61

图 2-4-62

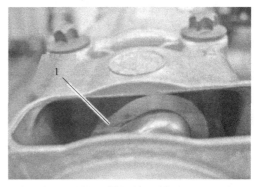

图 2-4-63

图 2-4-64

（7）在 1 缸处于点火上止点位置时，进气凸轮轴 1 的凸轮斜着向上，如图 2-4-62 所示。

（8）在 1 缸处于点火上止点位置时，排气凸轮轴 1 的凸轮斜着向上，如图 2-4-63 所示。

（9）当进、排气凸轮轴上的标记及零件号码 1 朝上部时，说明配气相位正确，如图 2-4-64 所示。

（10）将专用工具 11 4 285 用螺栓 1 固定在气缸盖上，如图 2-4-65 所示。

> **注意** 将专用工具 11 4 282 垫到进气凸轮轴侧下面。

（11）将修整过的专用工具 11 4 281 放入进气凸轮轴。

（12）将专用工具 11 4 281 放入排气凸轮轴。

（13）当专用工具 11 4 281 面向进气侧略微立起时，排气凸轮轴的配气相位正确，如图 2-4-66 所示。

图 2-4-65

图 2-4-66

(14) 当专用工具 11 4 281 面向进气侧略微立起时,进气凸轮轴的配气相位正确,如图 2-4-67 所示。

图 2-4-67

(15) 如图 2-4-68 所示,将专用工具 11 4 281 手动沿箭头方向旋转至极限位置,且旋转时必须都放置在专用工具 11 4 285 上。

(16) 如有必要,调整配气相位。

(17) 装配好发动机。

2. 调整凸轮轴的配气相位

(1) 拆下气缸盖罩。

(2) 检查配气相位。

(3) 当 1 缸处于点火上止点位置时,进气凸轮轴 1 的凸轮倾斜向上(图 2-4-62)。

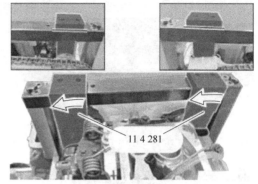

图 2-4-68

(4) 在 1 缸处于点火上止点位置时,排气凸轮轴 1 的凸轮斜着向上(图 2-4-63)。

(5) 进、排气凸轮轴上的标记及零件号码 1 朝上(图 2-4-64)。

(6) 将专用工具 11 4 285 用螺栓 1 固定在气缸盖上(图 2-4-65)。

> **注意** 将专用工具 11 4 282 垫到进气凸轮轴侧下面。

(7) 将修整过的专用工具 11 4 281 放入进气凸轮轴。

(8) 将专用工具 11 4 281 放入排气凸轮轴上。

(9) 松开中心螺栓 1 和 2,如图 2-4-69 所示。

图 2-4-69

(10) 松开链条张紧器 1,如图 2-4-70 所示。

(11) 沿箭头方向扭转多级传感轮 2,直到专用工具 11 4 290 上的定位销 1 一致,如图 2-4-71 所示。

图 2-4-70

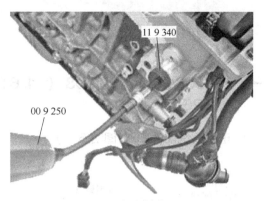

图 2-4-73

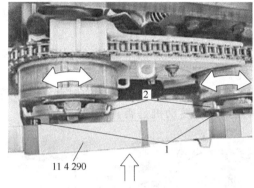

图 2-4-71

(12) 沿箭头方向将专用工具 11 4 290 推入。

(13) 使用螺栓固定专用工具 11 4 290，如图 2-4-72 所示。

(14) 将专用工具 11 9 340 旋入气缸盖。

图 2-4-74

(17) 排气调整装置的中心螺栓必须使用专用工具 00 9 120 固定，如图 2-4-75 所示。

图 2-4-72

(15) 使用专用工具 11 9 340 和 00 9 250 将正时链条预紧至 0.6N·m，如图 2-4-73 所示。

(16) 进气调整装置的中心螺栓必须使用专用工具 00 9 120 固定，如图 2-4-74 所示。

图 2-4-75

(18) 拆卸所有专用工具。

(19) 沿发动机旋转方向转动发动机中心螺栓 2 次并检查配气相位。

第五节 标致车系

一、3008/2008/408/508（1.6T EP6CDT）

1. 正时系统部件图（图2-5-1）

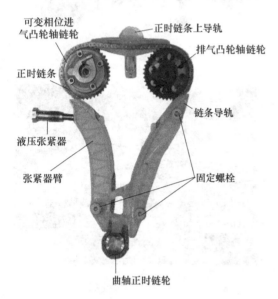

图2-5-1

2. 正时链条的拆卸

（1）首先拆卸气缸盖罩。

（2）如图2-5-2所示，在b处逆时针转动进气凸轮轴，直至内部限位块（a处）（最大行程35°）。检查并确认相位调节器保持锁止且与凸轮轴连成一体。

图2-5-2

（3）将曲轴设定销（0197-B）定位在曲轴主轴承盖壳体上的孔中（d处），如图2-5-3所示。

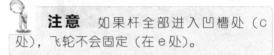

注意 如果杆全部进入凹槽处（c处），飞轮不会固定（在e处）。

（4）使用带轮螺栓将曲轴转动至发动机飞轮固定位置（e处）。

（5）使用设定销（0197-B）固定发动机飞轮。

（6）使用套筒扳手尝试逆时针转动带轮螺栓，检查发动机是否正确固定。

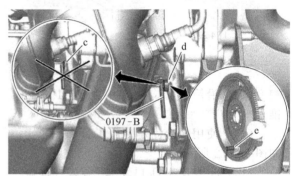

图2-5-3

（7）如图2-5-4所示，对排气凸轮轴固定工具（0197-A1）进行定位。

注意 ① 凸轮轴上定位区域的圆周边必须向下（f处），其他3个平边用来接触调整工具。

② 可以使用27mm两用扳手稍稍来回旋转排气凸轮轴以方便使工具（0197-A1）进行组装（g处）。

③ 工具0197-A1必须紧紧地靠在气缸盖的密封面上（h处），不允许举升工具。

（8）使用螺栓1固定专用工具（0197-A1）。

（9）对进气凸轮轴固定工具（0197-A2）进行定位，如图2-5-5所示。

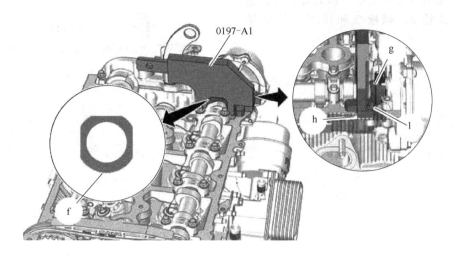

图 2-5-4

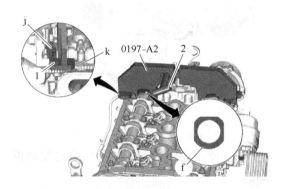

图 2-5-5

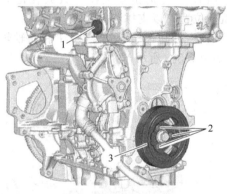

图 2-5-6

注意 ① 凸轮轴上定位区域的圆周边必须向下（f 处），其他 3 个平边用来接触调整工具。

② 可以使用 27mm 两用扳手稍来回旋转进气凸轮轴以方便使工具（0197-A2）进行组装（j 处）。

③ 工具（0197-A2）必须紧紧地靠在气缸盖的密封面上（k 处），不允许举升工具。

（10）使用螺栓 1 固定专用工具 0197-A2。

（11）使用固定螺栓 2 组装凸轮轴固定工具 0197-A1、0197-A2。

（12）拆卸链条张紧器 1、螺栓 2 及曲轴带轮 3，如图 2-5-6 所示。

（13）松开图 2-5-7 中所示的螺栓 1、4、5。

（14）拆卸 2 个螺栓 2 和链条上导轨 3。

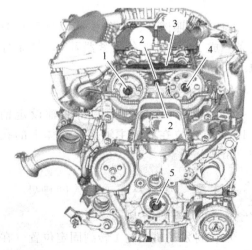

图 2-5-7

(15) 如图 2-5-8 所示，拆卸螺栓 1、进气凸轮轴链轮 3、螺栓 2 和排气凸轮轴链轮 4。

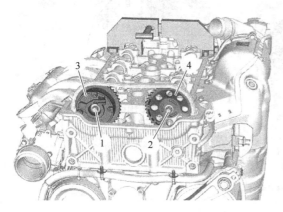

图 2-5-8

(16) 将正时链条支撑工具放在链条上导轨的位置，以支撑正时链条。

(17) 拆卸螺栓 5、3、2、1 和曲轴轴毂 4，如图 2-5-9 所示。

图 2-5-9

(18) 按照图 2-5-10 箭头指示拆下正时链条总成 1、正时链条张紧器臂 2、链条导轨 3、正时链轮 4、油封 5。

3. 正时链条的安装

(1) 如图 2-5-11 所示，将曲轴设定销（0197-B）定位在曲轴主轴承盖壳体上的孔中（m 处）。

注意 如果杆全部进入凹槽处（l 处），飞轮不会固定（在 n 处）。

(2) 将发动机飞轮 1 转到固定位置（在 n 处）。

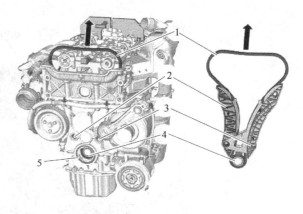

图 2-5-10

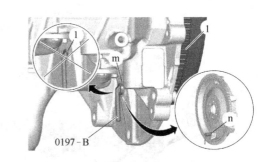

图 2-5-11

(3) 使用设定销（0197-B）固定发动机飞轮。

(4) 通过尝试向两个方向转动发动机飞轮，检查并确认发动机已固定。

(5) 安装凸轮轴锁止工具 0197-A1（排气侧）和 0197-A2（进气侧），如图 2-5-12 所示。

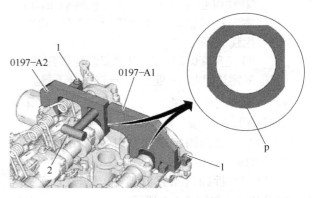

图 2-5-12

> **注意** ① 凸轮轴上定位区域的圆周边必须向下（p处），其他3个平边用来接触调整工具。
> ② 为了顺利安装固定工具，使用27mm两用扳手轻轻地转动凸轮轴。

（6）使用螺栓1固定凸轮轴锁止工具0197-A1和0197-A2。

> **注意** 凸轮轴固定工具必须牢牢地固定在气缸盖密封件表面上，工具不能抬起。

（7）使用工具2的固定螺栓组装凸轮轴固定工具0197-A1、0197-A2。
（8）按与拆卸相反的顺序安装其他零部件。

二、307/308（2.0L EW10J4）

1. 正时皮带的拆卸

（1）关闭点火开关，等候15min再断开蓄电池接头（确保数据已保存到ECU）。
（2）拆除前右轮、前右挡泥板、附件驱动带。
（3）如图2-5-13所示，利用吊钩2和吊臂3钩住发动机的吊耳，确保安全。
（4）拆除动力转向管固定螺栓1，移开动力转向管，如图2-5-14所示。
（5）拆除右侧发动机固定支架1（图2-5-13）。

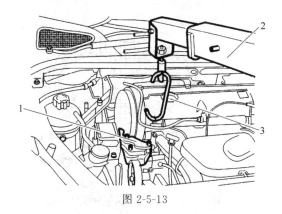

图 2-5-13

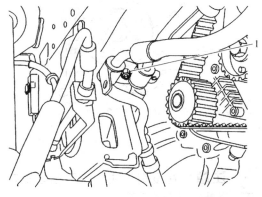

图 2-5-14

（6）拆除上正时室盖。
（7）顺时针转动曲轴，直到能够插入飞轮定位销，以卡住曲轴，如图2-5-15所示。
（8）用定位销1卡住凸轮轴正时带轮6（排气）、7（进气），如图2-5-16所示。
（9）拆除螺栓3、曲轴带轮2和下正时室盖5。

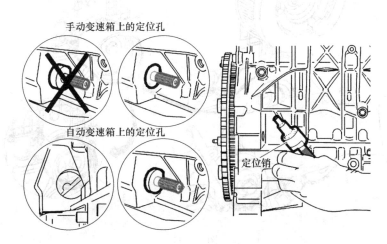

图 2-5-15

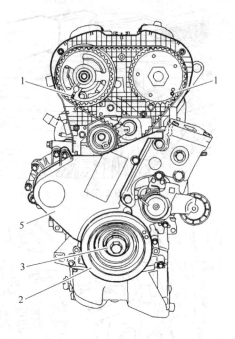
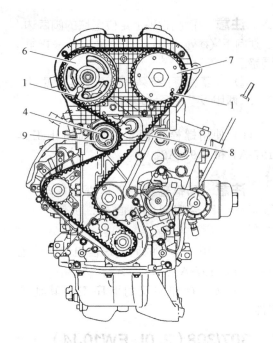

图 2-5-16

> **注意** 在没有卡住曲轴和凸轮轴之前，不要拆除曲轴带轮。

（10）拧松张紧轮9的螺栓4，顺时针转动张紧轮。

（11）取下正时皮带8。

2. 正时皮带的安装

（1）每次必须更换新的正时皮带。

（2）检查张紧轮、导轮及水泵能运转自如，无摆动和发卡的现象；同时检查这些轮运转无噪声、无油迹。

（3）如图2-5-17所示，利用张紧轮固定工具4转动张紧轮3，直到转过凹槽2。

（4）装上工具5，卡住指针1，取走工具4。

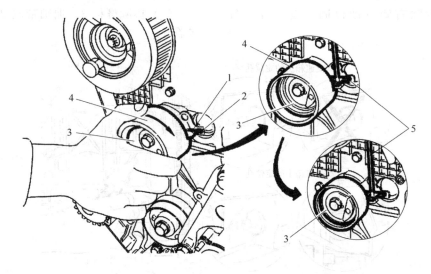

图 2-5-17

(5) 将正时皮带装到曲轴正时带轮上。

(6) 用皮带固定夹固定正时皮带，如图 2-5-18 所示。

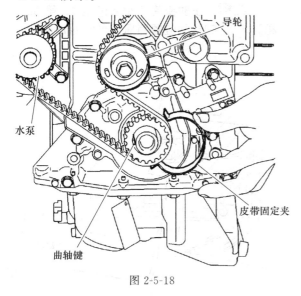

图 2-5-18

(7) 按如下顺序安装正时皮带：导轮、进气凸轮轴带轮、排气凸轮轴带轮、水泵、张紧轮。让皮带尽可能与各轮的外表面平齐。

(8) 拆除皮带固定夹、排气凸轮轴带轮定位工具和张紧轮固定工具。

(9) 接着安装下正时室盖；曲轴带轮；曲轴带轮螺栓，预紧力矩为 (40±4) N·m，拧紧角度为 53°±4°。

(10) 按如下方法张紧正时皮带。

① 在六角形孔处用一个六角扳手按图 2-5-19 中箭头所示的方向转动张紧轮。

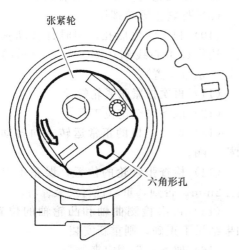

图 2-5-19

② 继续转动张紧轮 1，使指针 2 指向位置 f，如图 2-5-20 所示。

注意 ① 指针 2 必须超过凹槽 3 至少 10°。否则，更换张紧轮或正时皮带或张紧轮总成。然后，按图 2-5-20 中实线箭头所示方向转动张紧轮，使指针 2 指向凹槽 3。

② 指针 2 不得超过凹槽 3。否则，重新张紧正时皮带。

③ 拧紧张紧轮螺栓，拧紧力矩为 (21±2)N·m。

注意 当拧紧张紧轮螺栓时，张紧轮不得转动。否则，重新张紧正时皮带。张紧轮上的六角形孔 4 应低于气缸盖与气缸体的结合面 5（约 15°），否则，更换张紧轮或正时皮带或张紧轮总成。

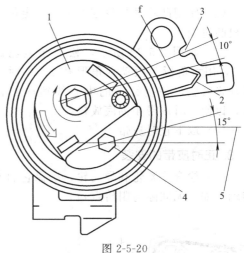

图 2-5-20

(11) 取下飞轮定位销和凸轮轴定位工具。

(12) 顺时针转动曲轴 10 圈，使曲轴重新位于定位位置。

(13) 检查正时皮带的张力：指针 2 应正方向对准凹槽 3，如图 2-5-20 所示。如果指针 2 的位置不正确，重新张紧正时皮带。

(14) 安装助力转向管。

(15) 安装上正时室盖、右发动机支架。

(16) 移走发动机吊具。

(17) 安装发动机传动带。

(18) 按照与拆卸相反的步骤安装其他

零部件。

三、307（1.6L TU5JP4）

1. 正时专用工具（图2-5-21）

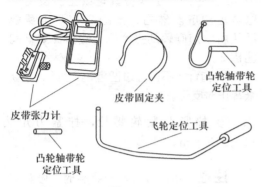

图2-5-21

2. 正时皮带的拆卸

（1）使用飞轮定位工具定位飞轮，使发动机处在1缸上止点。

（2）使用凸轮轴带轮定位工具，定位发动机凸轮轴。

（3）如图2-5-22所示，松掉张紧轮螺栓1，用六角扳手扳动六角形孔2，顺时针转动张紧轮，使指针3的中心线到达B位置，以使正时皮带4彻底放松。

（4）取下正时皮带。

3. 正时皮带的安装

（1）检查张紧轮和导向轮，确保它们能转动自如（无间隙与阻碍点）。

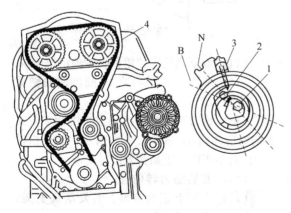

图2-5-22

（2）安装正时皮带，确保正时皮带上的标记与曲轴正时带轮上的凹槽对应，如图2-5-23所示。

> **注意** 正时皮带在相应的第1、第52和第72齿的背面位置有标记分别对准曲轴正时带轮上的标记。

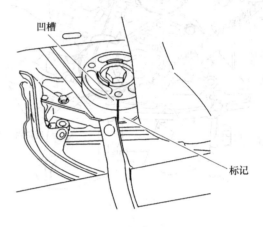

图2-5-23

（3）用皮带固定夹固定正时皮带。

（4）用六角扳手扳动六角形孔，使张紧轮逆时针旋转，让指针的中心线到达位置B，使正时皮带充分张紧（图2-5-22）。

（5）拧紧张紧轮螺栓。

（6）取出固定正时带轮和飞轮的工具。

（7）按发动机正常的运转方向转动发动机4圈。

（8）用飞轮定位工具锁住曲轴。

（9）拧紧张紧轮螺栓。

（10）利用六角形孔，顺时针转动张紧轮，让指针中心线到达图2-5-22所示的N位置（正常位置）。

（11）再次拧紧张紧轮螺栓。

（12）取下飞轮定位工具。

（13）按发动机的正常运转方向转动发动机2圈。

（14）检查张紧轮的位置，误差不要超过±2mm。否则，重新进行安装。

（15）再次检测曲轴和凸轮轴的位置，如果结果不正确，则重新安装。

（16）取下皮带固定夹。

第六节　雪铁龙车系

一、C3-XR/C4L（1.6L）

1. 正时链条的拆卸

（1）检查并确认标记2对齐了凸起1，如图2-6-1所示。如果标记2没有对齐凸起1，则手动锁止相位调节器。

（2）检查并确认标记1对齐了凸起2，如图2-6-2所示。如果标记1没有对齐凸起2，则手动锁止相位调节器。

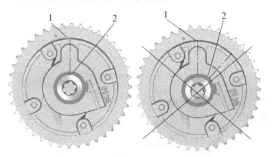

图 2-6-1

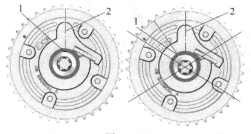

图 2-6-2

（3）按如下方法手动锁止相位调节器。

① 如果相位调节器未处于锁止位置，可以在e处逆时针方向旋转进气凸轮轴，在f处顺时针旋转排气凸轮轴，如图2-6-3所示。

② 将发动机转2圈以确保凸轮轴相位调节器正确锁止。

③ 如果链轮不能机械锁止，更换凸轮轴链轮。

（4）如图2-6-4所示，将曲轴设定销（0197-B）定位在曲轴主轴承盖壳体上的孔中（h处）。

（5）使用带轮螺栓将曲轴转动至发动机飞轮固定位置（j处）。

（6）使用插销0197-B固定发动机飞轮。

（7）使用套筒扳手尝试逆时针转动带轮螺栓，检查发动机是否正确固定。

图 2-6-3

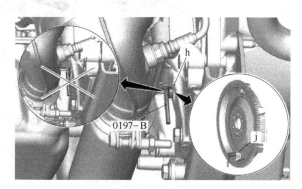

图 2-6-4

（8）如图2-6-5所示对排气凸轮轴固定工具（0197-A1）进行定位。

> **注意**　① 凸轮轴上定位区域的圆周边必须向下（k处），其他3个平边用来接触调整工具。
> ② 可以使用27mm两用扳手稍稍来回旋转排气凸轮轴，以顺利安装工具0197-A1（f处）。
> ③ 工具0197-A1必须紧紧地靠在气缸盖的密封面上（l处），不允许举升工具。

（9）使用螺栓固定工具0197-A1。

（10）如图2-6-6所示，对进气凸轮轴固定工具（0197-A3）进行定位。

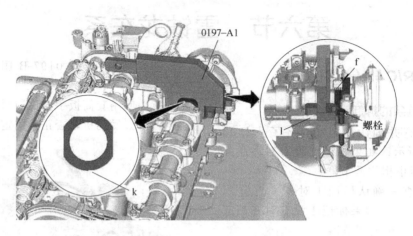

图 2-6-5

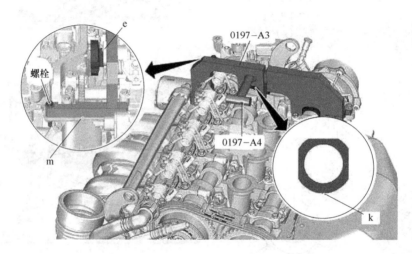

图 2-6-6

(11) 使用螺栓 0197-A4 组装凸轮轴固定工具 0197-A1、0197-A3。

注意 ① 凸轮轴上定位区域的圆周边必须向下（k 处），其他 3 个平边用来接触调整工具。

② 为了便于工具 0197-A3 的组装，可以使用 27mm 两用扳手稍稍来回转动凸轮轴（e 处）。

③ 工具 0197-A3 必须紧紧地靠在气缸盖的密封面上（m 处），不允许举升工具。

(12) 使用螺栓固定工具 0197-A3。

(13) 拆卸链条张紧器 1、螺栓 2 和曲轴带轮 3，如图 2-6-7 所示。

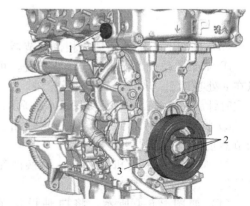

图 2-6-7

(14) 拆卸 2 个螺栓 4 和链条上导轨 3，如图 2-6-8 所示。

(15) 松开固定螺栓 1、2 和 5。

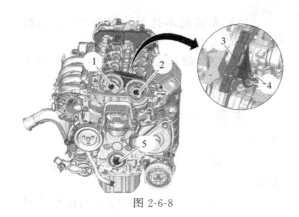

图 2-6-8

(16) 拆卸固定螺栓 1、进气凸轮轴链轮 3、固定螺栓 2、排气凸轮轴链轮 4,如图 2-6-9 所示。

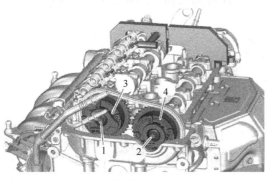

图 2-6-9

(17) 将正时链条固定工具放在链条上导轨的位置,以支撑正时链条。

(18) 拆卸螺栓 2、3、4、1 和曲轴轴毂 5,如图 2-6-10 所示。

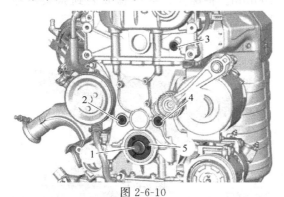

图 2-6-10

(19) 拆下正时链条总成 1(按照图 2-6-11 箭头指示)、张紧器臂 2、链条导轨 3、曲轴链轮 4。

(20) 拆下密封圈 5。

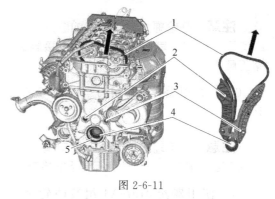

图 2-6-11

2. 正时链条的安装

(1) 将曲轴设定销 0197-B 定位在曲轴主轴承盖壳体上的孔中(x 处),如图 2-6-12 所示。

(2) 将发动机飞轮转到固定位置(y 处)。

(3) 使用设定销 0197-B 固定发动机飞轮。

(4) 通过尝试向两个方向转动发动机飞轮,检查并确认发动机已固定。

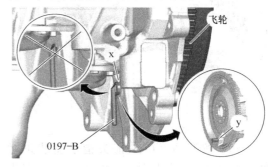

图 2-6-12

(5) 如图 2-6-13 所示,安装凸轮轴锁止工具 0197-A1(排气侧)和 0197-A3(进气侧)。

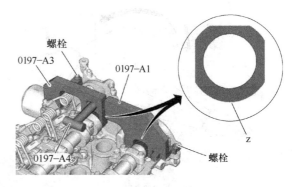

图 2-6-13

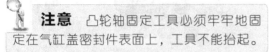
注意 凸轮轴上定位区域的圆周边必须向下（z处），其他3个平边用来接触调整工具。

（6）使用螺栓固定工具0197-A1、0197-A3。

注意 凸轮轴固定工具必须牢牢地固定在气缸盖密封件表面上，工具不能抬起。

（7）使用螺栓0197-A4组装凸轮轴固定工具0197-A1、0197-A3。

（8）组装链条1、链条导向装置2和4、曲轴链轮3，如图2-6-14所示。

图2-6-14

（9）按照图2-6-15箭头指示安装正时链条总成1、链条导轨3、曲轴链轮4和张紧器臂2。

（10）使用正时链条固定工具来固定正时链条。

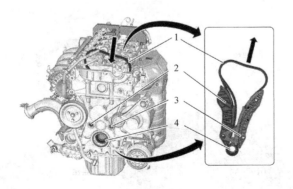

图2-6-15

（11）安装但不拧紧曲轴轴毂5、新螺栓1（图2-6-10）。

（12）安装螺栓2、3、4并拧紧至规定力矩。

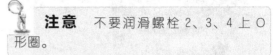
注意 不要润滑螺栓2、3、4上O形圈。

（13）按如下方法定位模拟正时链条张紧器。

① 将旧正时链条张紧轮1钻孔至直径10.75mm（a处），如图2-6-16所示。

注意 必要时使用销冲头松开球阀2。

② 拆卸球阀2、弹簧3和阀导杆4。

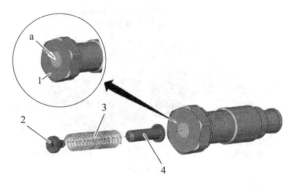

图2-6-16

③ 如图2-6-17所示，将螺母2装到螺栓3上，螺栓直径为10mm，长度为100mm。将螺栓、螺母总成装到张紧器体1上。

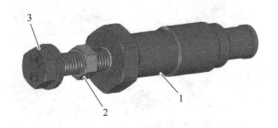

图2-6-17

（14）拆下正时链条固定工具。

（15）安装进气凸轮轴链轮6、螺栓5、排气凸轮轴链轮7、螺栓8、链条上导轨9、螺栓10，如图2-6-18所示。

Chapter 2 第二章 欧洲车系

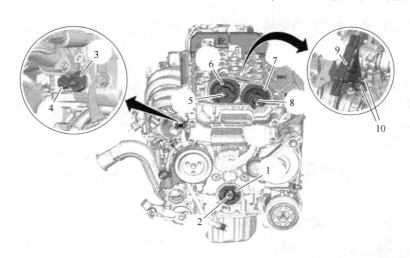

图 2-6-18

> **注意** ① 更换曲轴带轮轮毂固定螺栓2；拧紧螺栓2之前，去除正时链轮上轮毂1接触面的油脂。
> ② 更换凸轮轴链轮6、7的固定螺栓；在拧紧螺栓5、8之前，除去链轮在凸轮轴上接触面的油脂。

(16) 拧紧模拟正时链条张紧器3（不带密封件）。

(17) 拧紧模拟正时链条张紧器的螺栓4，直到其与张紧器的导板接触，以防其回倒。

(18) 紧固螺栓2、5、8至规定力矩。

(19) 拆下模拟正时链条张紧器。

(20) 重新安装正时链条张紧器1（图2-6-7）。

> **注意** 更换正时链条张紧器1的密封件。

(21) 更换曲轴轮毂上的密封圈。

(22) 安装曲轴带轮3、螺栓2。

(23) 拆卸工具0197-A4、0197-A1、0197-A3、0197-B。

二、C2（1.4L TU3AF）

1. 正时皮带的拆卸

(1) 如图2-6-19所示，拆卸曲轴带轮1、正时室上盖2和正时室下盖3。

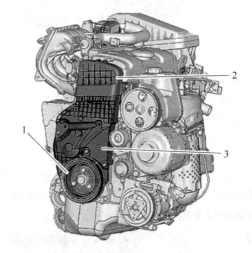

图 2-6-19

(2) 以正常方向转动凸轮轴带轮，让它靠近定位点。

(3) 使用定位销来固定发动机飞轮，如图2-6-20所示。

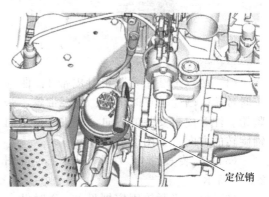

图 2-6-20

(4) 使用定位销 1 来定位凸轮轴，如图 2-6-21 所示。

(5) 标记带轮的转动方向

(6) 卸下张紧轮 3 的固定螺母 4，然后使用偏心轮 5 以便放松皮带。

(7) 拆卸正时皮带 2。

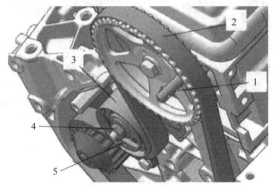

图 2-6-21

2. 正时皮带的安装

(1) 检查正时皮带张紧轮以及水泵是否可以自由旋转。

(2) 确保发动机飞轮和凸轮轴已经定位（图 2-6-20 和图 2-6-21）。

(3) 将皮带固定在曲轴正时带轮和凸轮轴正时带轮之间，使用固定夹将皮带固定在曲轴正时带轮上，如图 2-6-22 所示。

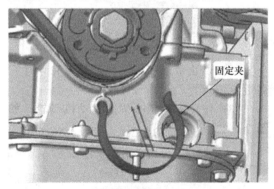

图 2-6-22

(4) 按以下顺序安装正时皮带 1：曲轴正时带轮、凸轮轴正时带轮、水泵带轮、张紧轮。注意皮带安装的方向，箭头 2 指示曲轴旋转的方向。如图 2-6-23 所示。

(5) 安装皮带张力测量仪 1，如图 2-6-24所示。

(6) 松开张紧轮固定螺母 2，逆时针方

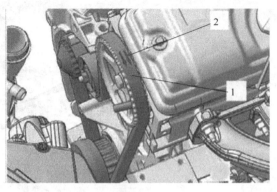

图 2-6-23

向旋转张紧轮，直至测量仪显示出 44 个单位，拧紧张紧轮固定螺母。

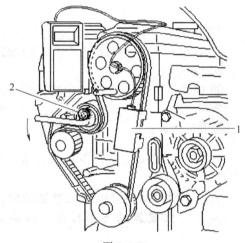

图 2-6-24

(7) 拆下凸轮轴正时带轮定位销。

(8) 拆下发动机飞轮定位销。

(9) 拆下皮带张力测量仪。

(10) 顺时针旋转曲轴 4 圈，用定位销定位发动机飞轮，检查正时是否正常（可以定位凸轮轴和发动机飞轮）。

(11) 如果不正常，重新进行正时皮带的安装操作。

三、凯旋/C4/C5（2.0L EW10A）

1. 正时系统部件图（图 2-6-25）

2. 正时皮带的拆卸

(1) 断开蓄电池负极接线柱。

(2) 举升并固定车辆，使前轮悬空。

(3) 拆下附件皮带。

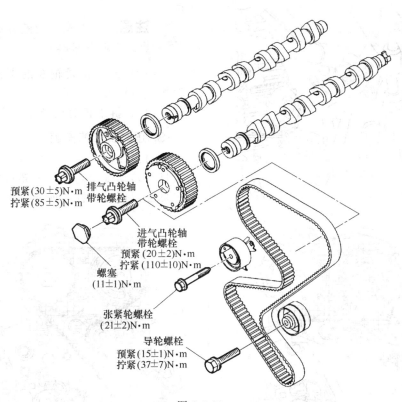

图 2-6-25

(4) 脱开正时室上的燃油进油软管。
(5) 用吊具支撑发动机。
(6) 拆下右发动机支架。
(7) 如图 2-6-26 所示，拆下上部正时室 1，利用曲轴带轮 2 的螺栓 3 转动发动机，直至定位位置。

(8) 如图 2-6-27 所示插入飞轮定位销以定位曲轴。

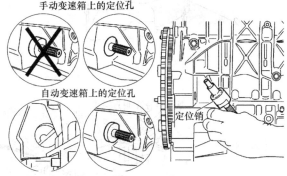

图 2-6-27

(9) 如图 2-6-28 所示，拆下固定板螺栓 1，脱开助力转向管。
(10) 如图 2-6-29 所示，插入凸轮轴定位工具 1 以定位凸轮轴（排气凸轮轴带轮 6 和进气凸轮轴带轮 7）。
(11) 拆下螺栓 3、曲轴带轮 2、下部正时室 5。

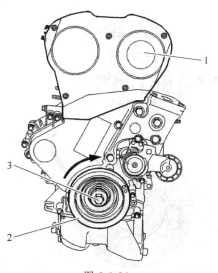

图 2-6-26

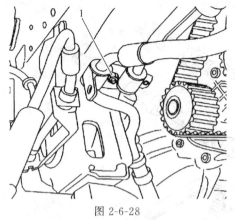

图 2-6-28

注意 在没有定位曲轴和凸轮轴时,不能拆卸曲轴带轮2。

(12) 松开张紧轮9的螺栓4,让张紧轮按顺时针方向转动。

(13) 拆下正时皮带8。

3. 正时皮带的安装

(1) 如图 2-6-30 所示,用张紧轮固定工具1转动张紧轮2直至超过槽口4,安放工具3以便在指针5处卡住并取出工具1。

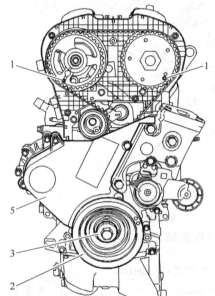
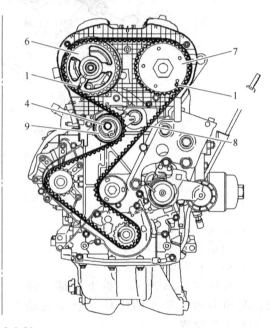

图 2-6-29

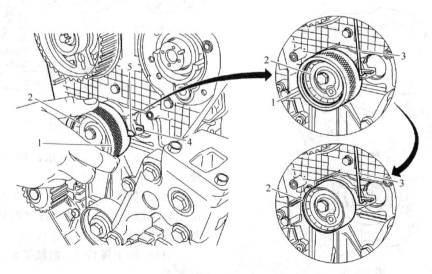

图 2-6-30

(2) 在曲轴带轮上安装正时皮带。

> **注意** 在安装正时皮带之前，要检查曲轴键是否存在。

(3) 用皮带固定夹固定正时皮带，如图 2-6-31 所示。

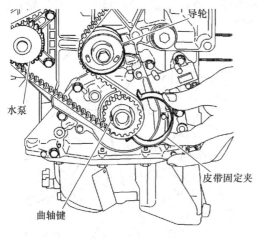

图 2-6-31

(4) 按照以下顺序安装正时皮带：导轮、进气凸轮轴带轮、排气凸轮轴带轮、水泵、张紧轮。

> **注意** 让皮带尽可能与导轮和带轮的外表面平齐。

(5) 取下皮带固定夹、排气凸轮轴带轮定位工具、张紧轮固定工具。

(6) 安装下正时室盖、曲轴带轮，拧紧曲轴带轮螺栓。

(7) 如图 2-6-32 所示，使用六角扳手插入六角形孔 2，逆时针转动张紧轮 6，将指针 1 置于 e 处。

> **注意** 指针 1 应超过槽 4 至少 10°，否则更换张紧轮或正时带轮和张紧轮总成。

(8) 然后按箭头 3 的方向转动张紧轮，使指针 1 位于槽 4 处。指针 1 不应超过槽 4，否则，重新进行正时带轮的张紧操作。

(9) 以 (21±2)N·m 的力矩拧紧张紧轮螺栓。

> **注意** 张紧轮在拧紧时不得转动，否则重新进行正时皮带张紧操作。六角形孔应位于气缸盖密封面 5 下约 15°，否则更换张紧轮或正时皮带和张紧轮总成。

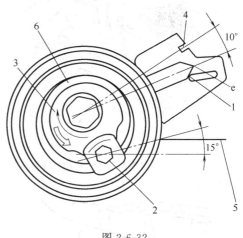

图 2-6-32

(10) 取下飞轮定位销和凸轮轴定位工具。

(11) 顺时针转动曲轴几圈，使曲轴重新位于定位位置。

(12) 检查正时皮带的张力。

(13) 安装助力转向管。

(14) 安装固定板螺栓（图 2-6-28）。

(15) 安装正时室上盖、右发动机支架。

(16) 移走发动机吊具。

(17) 将燃油进油软管卡在正时室上。

(18) 安装附件皮带。

(19) 降下车辆，接好蓄电池负极接线柱。

四、毕加索（1.6L TU5JP）

1. 正时皮带的拆卸

(1) 举升并固定车辆，使前轮悬空。

(2) 按顺序拆卸右前轮、右前轮挡泥板、附件皮带、曲轴带轮、正时室盖。

(3) 拆下气缸盖罩、两个隔套、导流板。

(4) 拆去火花塞，使曲轴转动轻便；通过转动曲轴带轮固定螺栓 1 转动发动机；用凸轮轴带轮定位工具 2 使凸轮轴正时带轮定位,如图 2-6-33 所示。

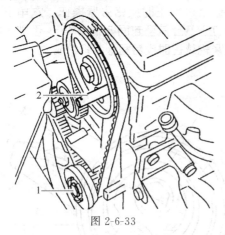

图 2-6-33

(5) 用飞轮定位工具使飞轮定位,如图 2-6-34 所示。

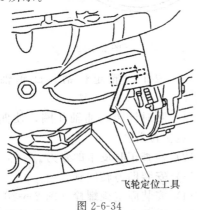

图 2-6-34

(6) 拧松张紧轮螺母 1,松开张紧轮 2,松开正时皮带,如图 2-6-35 所示。

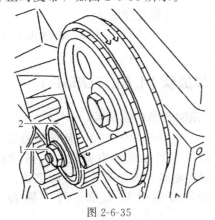

图 2-6-35

(7) 取下正时皮带。
(8) 检查张紧轮转动是否灵活,不得有发卡现象。

2. 正时皮带的安装

注意 按图 2-6-36 箭头 a 所示曲轴旋转方向安装正时皮带。

(1) 装上正时皮带,使 b 段绷紧,按下列顺序安装:曲轴正时带轮;水泵带轮;张紧轮。

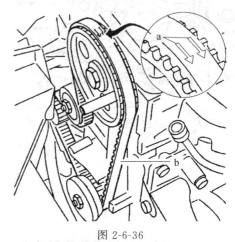

图 2-6-36

(2) 安装摇臂压板 1,使螺栓 3 对准每个摇臂,拧紧螺栓 3,使每个摇臂下压,凸轮轴自由转动,但气门不得碰活塞,如图 2-6-37 所示。

(3) 将张紧轮与皮带接触,拧紧螺母 2。拆下飞轮定位工具和凸轮轴带轮定位工具。

注意 旧的正时皮带不需预张紧,跳过此工序,直接从以下工序开始操作。

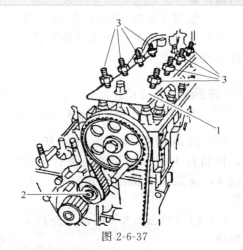

图 2-6-37

(4) 把皮带张力计 1 装在正时皮带的 b 段,拧紧旋钮 4 直至发出"咔嗒、咔嗒"的声音,如图 2-6-38 所示。

(5) 拧松张紧轮螺母 2,将正时皮带重锤工具插入张紧轮 3 的方孔中,逆时针方向转动直至皮带张力计显示出 44 个单位。

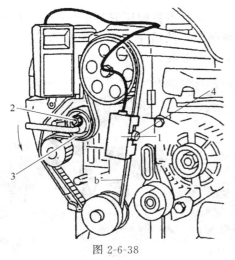

图 2-6-38

(6) 拧紧张紧轮螺母,然后拆下皮带张力计。

(7) 顺时针转动曲轴 4 圈以上,然后停在设定位置。

(8) 重新装上飞轮定位工具和凸轮轴正时带轮定位工具,检查正时位置是否正确。

(9) 拆下飞轮定位工具和凸轮轴正时带轮定位工具。

(10) 将皮带张力计安在正时皮带的 b 段,如图 2-6-38 所示,拧紧旋钮 4 直至发出"咔嗒、咔嗒"的声音,此时皮带张力计应显示 29~33 个单位。

(11) 拧紧张紧轮螺母至 22N·m。若皮带张力超过上述公差范围,则重新调整。

(12) 拆除皮带张力计和摇臂压板,按正确方向旋转曲轴 2 圈,用定位工具检查飞轮和凸轮轴是否在正确位置。

(13) 装上火花塞、导流板、两个隔套、气缸盖罩。

(14) 安装正时室盖、曲轴带轮、附件皮带、右前轮挡泥板、右前轮。

(15) 降下车辆,起动发动机检查其是否工作正常。

第七节　菲亚特车系

一、菲翔/Ottimo 致悦(1.4T)

1. 正时皮带的拆卸

(1) 将车辆停放于举升机上。

(2) 拆卸发动机底部护板、隔声罩、气室固定支架。

(3) 拆下右前轮、附件皮带、曲轴带轮、动力单元前侧弹性支架(正时侧)、正时侧动力单元刚性支架。

(4) 拆卸上正时室盖和下正时室盖。

(5) 如图 2-7-1 所示,断开 4 号气缸喷射器的电气接头 1,并将相关的线束移开。

(6) 拆下凸轮轴保护栓 1(进气侧),如图 2-7-2 所示。

图 2-7-1

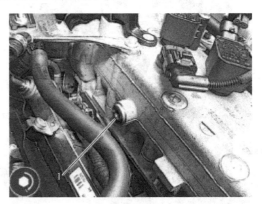

图 2-7-2

(7) 朝标准旋转方向旋转曲轴，并安装凸轮轴正时工具1（定位销），如图2-7-3所示。

图 2-7-3

(8) 安装凸轮轴正时模板1，如图2-7-4所示。

图 2-7-4

图 2-7-5

(9) 松开螺母1，移动张紧轮并拆下正时皮带2，如图2-7-5所示。

2. 正时皮带的安装

(1) 安装锁止工具1，并松开凸轮轴带轮3的固定螺栓2，如图2-7-6所示。

(2) 拆下先前安装的凸轮轴带轮锁止工具1。

(3) 接着按顺序安装正时皮带：首先是曲轴带轮，然后是水泵带轮与凸轮轴带轮，最后是张紧轮。

图 2-7-6

(4) 尽可能拉紧正时皮带，用卡簧钳逆时针转动张紧轮1，并用螺母2将其固定。此时凹口3处于图2-7-7所示位置。

(5) 紧固张紧轮3的固定螺栓2至规定力矩（图2-7-6）。

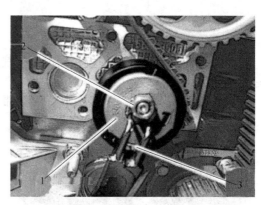

图 2-7-7

(6) 拆下用于凸轮轴与曲轴的正时工具。

(7) 旋转曲轴2圈。

(8) 松开张紧轮1的固定螺母2，转动张紧轮，直到张紧轮凹口4与后叉3对准，如图2-7-8所示。

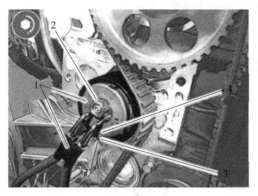

图 2-7-8

(9) 紧固正时皮带张紧轮的固定螺母,并将其紧固至标准力矩。

(10) 将曲轴朝规定方向旋转 2 圈,接着重新复位工具用于调整、检查发动机正时。

(11) 拆下发动机正时工具。

(12) 安放并复位凸轮轴保护栓(进气侧),并将其紧固至标准力矩(图 2-7-2)。

(13) 按与拆卸相反的顺序安装其他零部件。

(14) 将车辆从举升机上移走。

二、Palio 派力奥/Siena 西耶那(1.3L 1242)

1. 正时皮带的拆卸

(1) 如图 2-7-9 所示,拆下上正时室盖 1

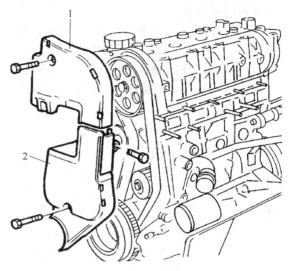

图 2-7-9

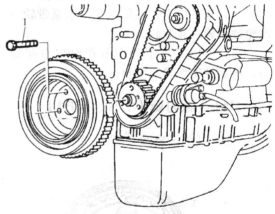

图 2-7-10

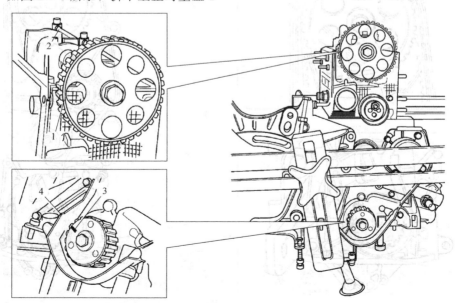

图 2-7-11

和下正时室盖2。

（2）如图2-7-10所示，固定飞轮，拧下螺钉1，并从曲轴上拆下附件带轮。

（3）顺时针转动曲轴，使曲轴位于设定位置。

（4）拧松张紧轮螺母，以释放正时皮带的张紧力。

（5）拆下正时皮带。

2. 正时皮带的安装

（1）固定住飞轮并拧紧曲轴带轮紧固螺钉。

（2）如图2-7-11所示，旋转凸轮轴，使凸轮轴正时带轮上的正时标记1对准气缸盖上的正时标记2。使用专用工具旋转曲轴，使曲轴正时带轮上的正时标记3对准曲轴前盖上的正时标记4。

（3）按图2-7-12中所示的顺序将正时皮带安装至带轮上：曲轴带轮→水泵带轮→凸轮轴带轮→张紧轮。

（4）使用专用工具调节正时皮带张紧力，然后拧紧张紧轮螺母。

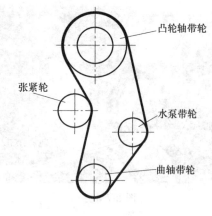

图 2-7-12

（5）顺时针旋转曲轴2圈，确保正时标记对齐，然后检查并调整皮带张紧力，直至达到正确的张紧力值。

（6）再次固定住飞轮，以安装曲轴带轮。

（7）安装上正时室盖和下正时室盖。

三、Palio 派力奥（1.5L 1461）

1. 正时系统示意图（图2-7-13）

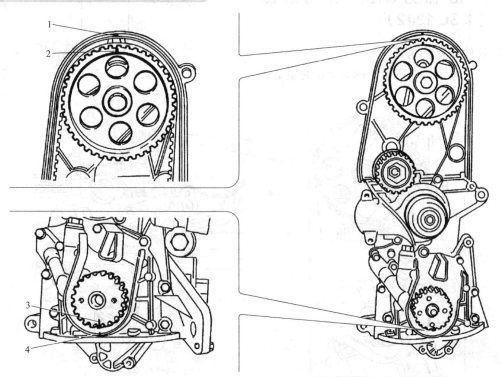

图 2-7-13

2. 正时皮带的拆卸

(1) 拆下发动机附件皮带及相邻的附件。

(2) 将汽车放在自动举升机上,断开蓄电池负极。

(3) 如图 2-7-14 所示,松开固定上正时室盖 2 的螺栓 1,并将其拆下。

图 2-7-14

(4) 拆下空气滤清器总成。

(5) 举升汽车至一定高度。

(6) 松开固定螺栓 1,并拆下发动机飞轮盖 2,如图 2-7-15 所示。

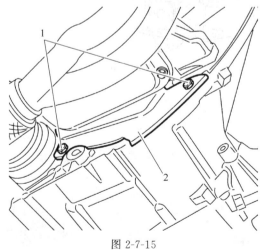

图 2-7-15

(7) 使用发动机飞轮固定工具,固定住飞轮;然后松开曲轴带轮 2 的螺栓 1,并拆下带轮,如图 2-7-16 所示。

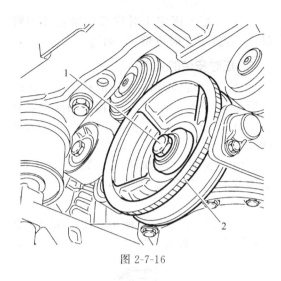

图 2-7-16

(8) 松开固定螺栓 1 并拆下下正时室盖 2,如图 2-7-17 所示。

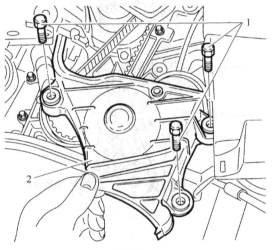

图 2-7-17

(9) 将汽车降下。

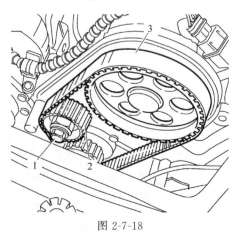

图 2-7-18

(10) 松开固定正时皮带张紧轮 2 的螺母 1，并拆下正时皮带 3，如图 2-7-18 所示。

3. 正时皮带的安装

(1) 调整凸轮轴，使正时标记 2 与正时室后盖上的标记 1 对准；慢慢转动曲轴，直至正时标记 3 与机油泵壳上的标记 4 对准（图 2-7-13）。

(2) 按图 2-7-19 所示安装正时皮带：曲轴带轮→凸轮轴带轮→张紧轮→水泵带轮。

(3) 转动张紧轮，使正时皮带张紧，然后拧紧张紧轮锁紧螺母。

(4) 顺时针转动曲轴 2 圈，使曲轴位于正时设定位置。

(5) 如图 2-7-20 所示，对正时皮带使用皮带张紧度检测工具进行张紧力调整。用扳手来拧紧张紧轮，直到检测工具上显示适当的张紧力值时为止，然后拧紧张紧轮锁紧螺母 1。

(6) 按与拆卸相反的顺序安装其他零部件。

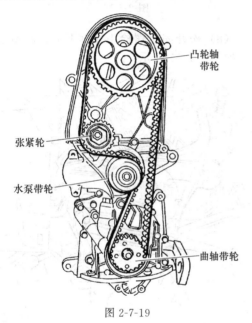

图 2-7-19

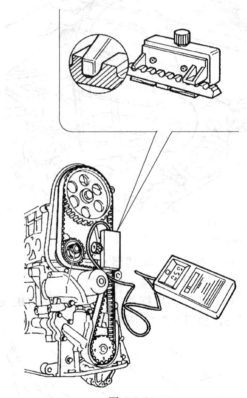

图 2-7-20

第三章

美洲车系

第一节 雪佛兰车系

一、TRAX 创酷（1.4T LEF）

1. 正时系统部件图（图 3-1-1）

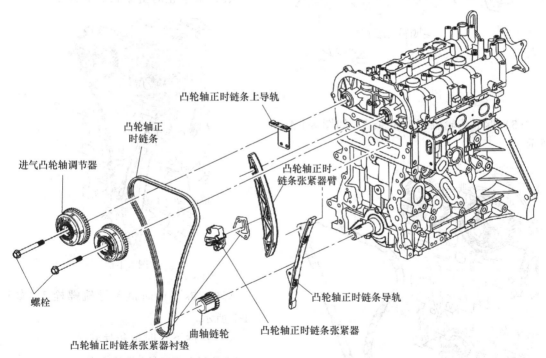

图 3-1-1

2. 凸轮轴正时链条的拆卸

(1) 拆下发动机前盖。

(2) 将正时链条张紧器柱塞按压至最大位置，安装正时链条张紧器锁止工具，使正时链条张紧器锁止，如图 3-1-2 所示。

(3) 松开并拆下正时链条张紧器螺栓 1，如图 3-1-3 所示。

(4) 拆下正时链条张紧器 2 和衬垫 3，

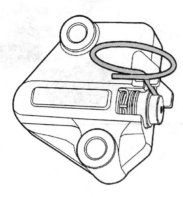

图 3-1-2

报废衬垫 3。

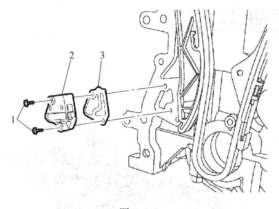

图 3-1-3

(5) 拆下凸轮轴正时链条 1,如图 3-1-4 所示。

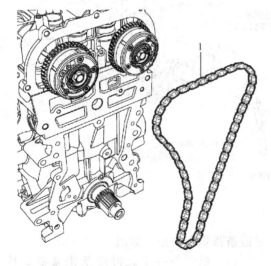

图 3-1-4

(6) 拆下正时链条上导轨螺栓 1,如图 3-1-5 所示。

(7) 拆下正时链条上导轨 2。

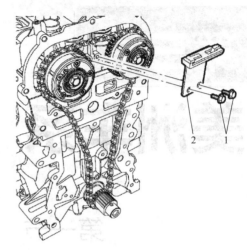

图 3-1-5

(8) 拆下正时链条张紧器臂螺栓 1,如图 3-1-6 所示。

(9) 拆下正时链条张紧器臂 2。

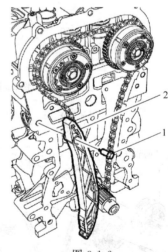

图 3-1-6

(10) 拆下正时链条导轨螺栓 1,如图 3-1-7 所示。

(11) 拆下正时链条导轨 2。

3. 凸轮轴正时链条的安装

(1) 将正时链条上导轨 2 安装到发动机气缸体上(图 3-1-5)。

(2) 安装正时链条上导轨螺栓 1 并紧固至 10N·m。

(3) 将正时链条导轨 2 安装到发动机气

对准涂色链节1。

（11）确保曲轴链轮正时标记对准涂色链节2。

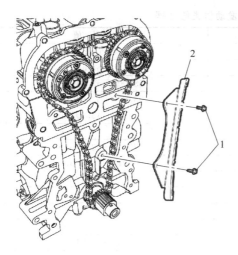

图3-1-7

缸体上（图3-1-7）。

（4）安装正时链条导轨螺栓1并紧固至10N·m。

（5）将正时链条张紧器臂2安装到发动机气缸体上（图3-1-6）。

（6）安装正时链条张紧器臂螺栓1并紧固至10N·m。

（7）沿发动机运转方向将曲轴转动到1缸上止点（TDC）位置，使曲轴链轮正时标记位于6点钟位置，如图3-1-8所示。

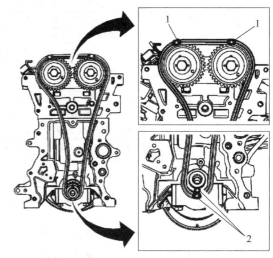

图3-1-9

（12）如图3-1-10所示，使用新衬垫3将正时链条张紧器2安装到发动机气缸体上，使张紧器柱塞对准张紧器臂槽。

（13）安装正时链条张紧器螺栓1并紧固至10N·m。

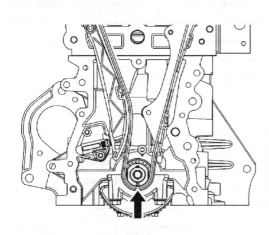

图3-1-8

（8）安装凸轮轴正时链条1（如图3-1-4）。

（9）如图3-1-9所示，将正时链条安装到进气和排气凸轮轴调节器、正时链条导轨、正时链条张紧器臂和曲轴链轮上。

（10）确保凸轮轴位置调节器正时标记

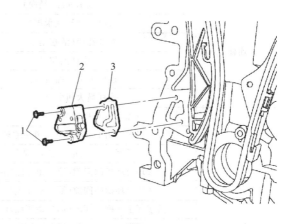

图3-1-10

（14）拔出张紧器锁止工具，使凸轮轴正时链条张紧（图3-1-2）。

（15）确认正时链条安装正确。

（16）安装发动机前盖。

4. 发动机维修数据

雪佛兰1.4T LEF发动机维修数据如表3-1-1所示。

表 3-1-1　雪佛兰 1.4T LEF 发动机维修数据

项目	测量	标准值
气缸	气缸体高度	245mm
	气缸孔直径(标准尺寸)	73.8mm
	曲轴孔 1～5 直径(A 级)	53.005～53.010mm
	曲轴孔 1～5 直径(B 级)	53.010～53.015mm
曲轴	曲轴主轴承轴颈 1～5 直径(Ⅰ级)	48.989～48.995mm
	曲轴主轴承轴颈 1～5 直径(Ⅱ级)	48.983～48.989mm
	曲轴主轴承 3 宽度	23.15～23.20mm
	曲轴轴承间隙(曲轴孔 0 和主轴颈 0)	0.018～0.039mm
	曲轴轴承间隙(曲轴孔 0 和主轴颈 1)	0.019～0.040mm
	曲轴轴承间隙(曲轴孔 1 和主轴颈 0)	0.014～0.035mm
	曲轴轴承间隙(曲轴孔 1 和主轴颈 1)	0.013～0.034mm
	曲轴主轴承壳厚度(无色)	1.991～1.996mm
	曲轴主轴承壳厚度(绿色)	1.996～2.001mm
气缸盖	气缸盖顶面纵向平面度	0.05mm
		0.02mm(100mm×100mm)
	气缸盖顶面横向平面度	0.05mm
		0.02mm(100mm×100mm)
	进气门座宽度	0.50～1.25mm
	排气门座宽度	0.54～1.71mm
	气门座锥角	90°(密封面)
	上气门座锥角的调节	90°
	下气门座锥角的调节	89°
	气门导管孔径(标准尺寸)	5.00～5.02mm
	气门导管总成高度	12.8～13.2mm
	气门导管长度	39.3～39.7mm
连杆	连杆轴承间隙(径向)	0.01～0.026mm
	连杆孔径(轴承端)	45.005～45.015mm
	连杆孔径(活塞销端)	19.006～19.016mm
	连杆侧隙	0.08～0.29mm
	连杆最大弯曲直线度	0.08mm
	连杆最大扭曲直线度	0.04mm
活塞环	活塞环开口间隙(第一道压缩环)	0.15～0.3mm
	活塞环开口间隙(第二道压缩环)	0.35～0.5mm
	活塞环开口间隙(油环-刮片)	0.2～0.7mm
	活塞环至环槽的间隙(第一道压缩环-径向)	0.55～0.86mm
	活塞环至环槽的间隙(第一道压缩环-轴向)	0.04～0.08mm
	活塞环至环槽的间隙(第二道压缩环-径向)	0.91～1.21mm
	活塞环至环槽的间隙(第二道压缩环-轴向)	0.03～0.07mm
	活塞环至环槽的间隙(油环-径向)	0.61～1.11mm
	活塞环至环槽的间隙(油环-轴向)	0.04～0.12mm
	活塞环厚度(第一道压缩环)	0.97～0.99mm
	活塞环厚度(第二道压缩环)	1.17～1.19mm
	活塞环厚度(油环刮片-最大值)	0.415～0.425mm
	活塞环厚度(油环垫片)	1.97～1.98mm
活塞和活塞销	活塞销至连杆孔的间隙	0.006～0.019mm
	活塞销至活塞销孔的间隙	0.004～0.014mm
	活塞销直径	18.995～19mm

续表

项目	测量	标准值
活塞和活塞销	活塞销轴向间隙	0.3mm
	活塞直径	73.773～73.787mm
	活塞销孔直径	19.004～19.009mm
	活塞环槽宽度（油环）	3.4075mm
	活塞环槽宽度（第二道）	3.8575mm
	活塞环槽宽度（顶部）	3.4075mm
	活塞至气缸孔的间隙	0.023～0.047mm
气门系统	进气门标准长度	95.87mm
	排气门标准长度	97.1mm
	气门杆标准直径（进气门）	4.972mm
	气门杆标准直径（排气门）	4.963mm
	气门杆至导管的间隙（进气门）	0.021～0.055mm
	气门杆至导管的间隙（排气门）	0.030～0.064mm
	气门头直径（进气门）	29.34mm
	气门头直径（排气门）	25.47mm
	气门弹簧长度	42.23mm

二、赛欧（1.2L LMU）/赛欧/爱唯欧（1.4L LCU）

1. 正时链条的拆卸

（1）断开蓄电池负极电缆。

（2）拆下空气滤清器总成。

（3）拆下凸轮轴盖，如图 3-1-11 所示。

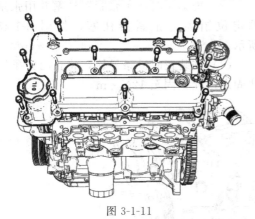

图 3-1-11

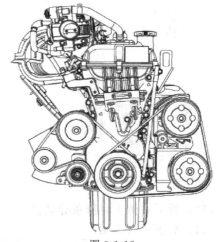

图 3-1-12

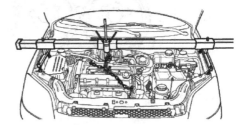

图 3-1-13

（4）拆下传动带和传动带张紧器，如图 3-1-12 所示。

（5）安装发动机夹具（EN-47519），如图 3-1-13 所示。

（6）拆下发动机支座。

（7）拆下油底壳。

（8）拆下曲轴带轮，如图 3-1-14 所示。

（9）拆下机油尺和导管。

（10）拆下发动机前盖，如图 3-1-15 所示。

（11）拆下正时链条张紧器，如图 3-1-16 所示。

（12）拆下左侧正时链条张紧器臂。

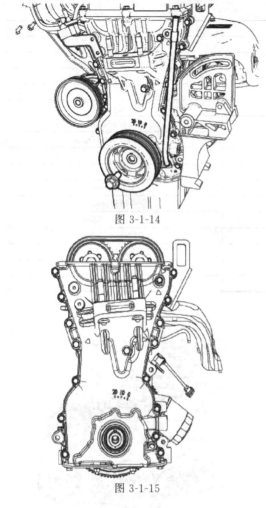

图 3-1-14

图 3-1-15

(13) 拆下右侧正时链条导轨。
(14) 拆下正时链条。

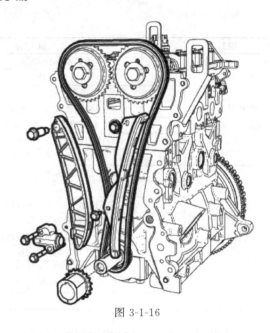

图 3-1-16

2. 正时链条的安装

(1) 将凸轮轴链轮上的标记与正时链条上的标记对准后安装正时链条，如图 3-1-17 所示。

(2) 曲轴链轮上的标记与正时链条上的标记对准。

(3) 推动正时链条张紧器柱塞并用张紧器定位销固定张紧器柱塞，如图 3-1-18 所示。

(4) 安装正时链条导轨，将正时链条导轨固定螺栓紧固至 12N·m。

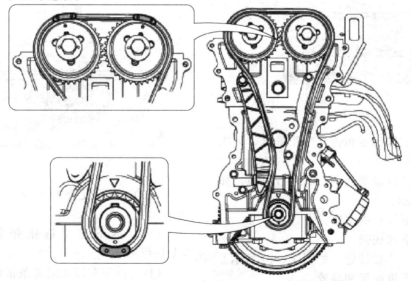

图 3-1-17

(5) 安装正时链条张紧器臂,将正时链条张紧器臂固定螺栓紧固至15N·m。

(6) 安装正时链条张紧器,将正时链条张紧器固定螺栓紧固至12N·m。

(7) 安装曲轴带轮,将曲轴带轮螺栓紧固到85N·m。

(8) 安装机油尺和导管。

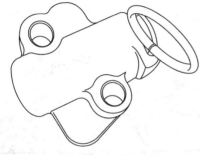

图 3-1-18

(9) 安装油底壳。

(10) 安装发动机支座。

(11) 拆下发动机支撑夹具(EN-47519)。

(12) 安装传动带和传动带张紧器。

(13) 安装凸轮轴盖。

(14) 安装空气滤清器总成。

(15) 连接蓄电池负极电缆。

三、科沃兹/科鲁兹/乐风 RV/赛欧(1.5L L2B)

雪佛兰车系 L2B 发动机正时链条的拆卸和安装方法与"第二节 别克车系"的"一、凯越/英朗(1.5L L2B)"一样。

四、赛欧(1.6L C16NE)

1. 正时皮带的拆卸

(1) 断开电池负极电缆。

(2) 拆下附件传动带。

(3) 抬高汽车,取下飞轮的盖板,如图 3-1-19 所示。

(4) 先用定位销锁住飞轮,然后松开附件传动带轮的螺栓,如图 3-1-20 所示。

(5) 取下附件传动带轮。

(6) 取下正时皮带的前盖。

(7) 将正时皮带张紧轮 1 向上推至张紧

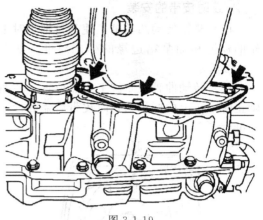

图 3-1-19

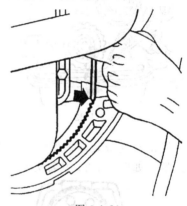

图 3-1-20

轮的支撑孔 3 和底座孔 2 对准,然后插入定位销进行锁定,如图 3-1-21 所示。

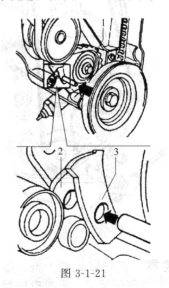

图 3-1-21

(8) 取下正时皮带。

2. 正时皮带的安装

（1）略微转动凸轮轴，使凸轮轴正时带轮的标记和油泵箱边缘的标志对准，如图3-1-22所示。

（2）转动曲轴至1缸上止点位置，使曲轴正时带轮上的标记与正时皮带后盖的标记对准。

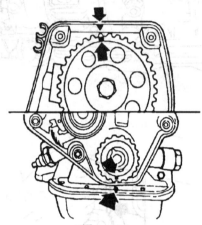

图 3-1-22

（3）将正时皮带装好，保证正对水泵的一面已扣紧，如图3-1-23中箭头所示。

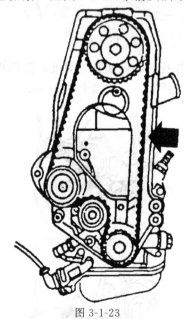

图 3-1-23

注意 将张紧轮向上推，取出定位销，然后松开张紧轮，正时皮带就自动拉紧了。

（4）将曲轴旋转2圈，检查正时皮带的松紧程度是否合适（张紧轮的支撑在V形底座的中心），如有必要，应加以调整。

（5）按以下方法调整正时皮带。

① 松开水泵的固定螺栓。

② 用扳手转动水泵直至张紧轮2的支撑1到达极限位置，如图3-1-24所示。

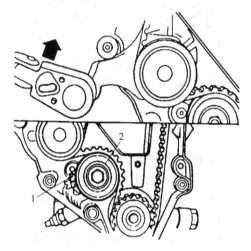

图 3-1-24

③ 转动曲轴2圈。

④ 用扳手反方向转动水泵直至张紧轮支撑1回到V形底座2的中心，如图3-1-25所示。最后上紧水泵的固定螺栓。

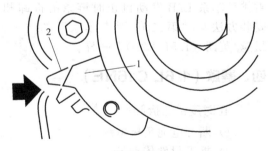

图 3-1-25

（6）装好正时皮带的前盖。

（7）安装附件传动带轮和带轮螺栓，紧固螺栓至95N·m+（30°～45°）。

（8）装好附件传动带。

（9）接上电池负极电缆。

五、科鲁兹（1.6L LDE）

1. 正时系统示意图（图3-1-26）

图 3-1-26

2. 正时皮带的拆卸

（1）拆下空气滤清器壳体。
（2）拆下正时皮带前上盖。
（3）完全举升车辆。
（4）拆下前舱防溅罩。
（5）拆下传动带张紧器。
（6）拆下正时皮带前下盖。
（7）旋转曲轴至1缸上止点，对齐曲轴带轮上的正时标记1，如图3-1-27所示。

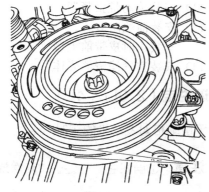

图 3-1-27

（8）如图 3-1-28 所示，拆下排气管三元催化器附近的螺栓1，然后安装飞轮锁止工具2以固定曲轴。

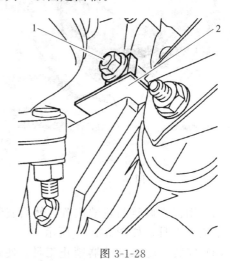

图 3-1-28

（9）松开正时皮带张紧器螺栓。
（10）使用六角扳手1，沿图3-1-29箭头所指方向转动正时皮带张紧器2以释放正时皮带张力,然后安装张紧器锁销3。

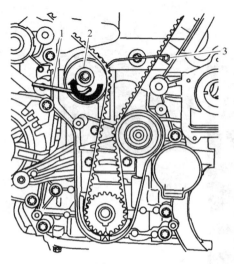

图 3-1-29

(11) 完全降下车辆。

(12) 记录皮带的方向,然后拆下正时皮带。

3. 正时皮带的安装

(1) 转动曲轴至1缸上止点。曲轴正时带轮的正时标记应与缸体上的标记对齐,如图 3-1-30 所示。

图 3-1-30

(2) 用扳手调整凸轮轴位置,然后安装凸轮轴锁止工具,如图 3-1-31 所示。

(3) 安装凸轮轴调节器锁止工具,使进气凸轮轴调节器上的点形标记和排气凸轮轴调节器上的点形标记对应,如图 3-1-32 所示。

(4) 用扭矩扳手拧紧凸轮轴调节器螺栓。拧紧力矩:65N·m+120°+15°。

图 3-1-31

图 3-1-32

(5) 安装正时皮带。将正时皮带放置到曲轴正时带轮、排气和进气凸轮轴调节器上。

(6) 使用六角扳手1,沿图 3-1-29 箭头所指方向向正时皮带张紧器2施加张紧力。

(7) 拆下正时皮带张紧器锁销。

(8) 释放正时皮带张紧器的张紧力,将正时皮带张紧器螺栓紧固至 20N·m。

(9) 顺时针转动曲轴2圈,检查配气正时标记是否对齐(图 3-1-26)。

(10) 安装正时皮带前下盖。

(11) 安装传动带张紧器。

(12) 安装前舱防溅罩。

(13) 安装正时皮带前上盖。

(14) 安装空气滤清器壳体。

六、迈锐宝(2.0L/2.4L)

1. 平衡轴相对发动机的正时

注意 ①确保曲轴仍处于1缸燃烧行程上止点。

② 只能将曲轴键置于曲轴的凹槽中，确保键不会掉进油底壳中。

(1) 安装水泵和平衡轴正时链条曲轴链轮1，如图3-1-33所示。将曲轴键与水泵和平衡轴正时链条曲轴链轮中的键槽对齐。将链轮滑动入位。

⑥ 将最后一节具有相同颜色的链节对准排气侧平衡轴链轮1上的正时标记。

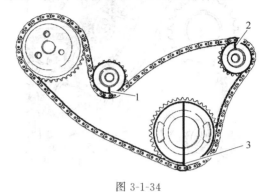

图 3-1-34

2 凸轮轴正时链条、链轮和张紧器的安装

注意 发动机正时已被调至排气行程上止点。

(1) 如图3-1-35所示，确保进气凸轮轴槽口处于5点钟位置2，且排气凸轮轴槽口处于7点钟位置1。1缸活塞应处于上止点（TDC），曲轴键处于12点钟位置。

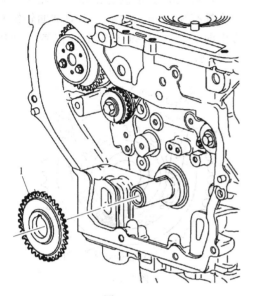

图 3-1-33

注意 如果没有相对发动机正确调整平衡轴正时，发动机可能会振动或产生噪声。

(2) 如图3-1-34所示，按如下步骤将链节对准链轮。

① 确保平衡轴排气侧正时标记处于6点钟位置且平衡轴进气侧正时标记处于12点钟位置。

② 安装平衡轴传动链条，使涂色链节对准平衡轴传动链轮和曲轴链轮上的标记。链条上有3节涂色链节。2节链节具有相同的颜色，1节链节具有独特的颜色。

③ 定位具有独特颜色的链节，使其对准进气侧平衡轴链轮2上的正时标记。

④ 顺时针包绕链条，将第一节具有相同颜色的链节对准曲轴链轮上的正时标记：大约在曲轴链轮3上的6点钟位置。

⑤ 将正时链条置于水泵链轮上。该处没有正时标记，该链轮上的链条定位并不

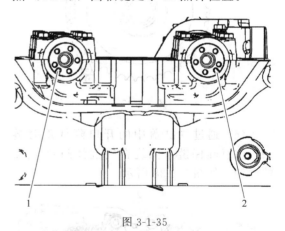

图 3-1-35

(2) 安装一个摩擦垫圈1（如装备），如图3-1-36所示。

(3) 将正时链条传动链轮3安装到曲轴上，使正时标记2处于5点钟位置，且链轮前部朝外。

(4) 安装第二个摩擦垫圈1（如装备）。

(5) 将进气凸轮轴调节器装配到正时链条中，使正时标记对准具有独特颜色的链节1，如图3-1-37所示。

(7) 将进气凸轮轴调节器安装到进气凸轮轴上，同时将定位销对准凸轮轴槽。

(8) 用手拧紧新的进气凸轮轴调节器螺栓。

注意 务必使用新的调节器螺栓。

(9) 将正时链条包绕在曲轴链轮上，将第一节具有相同颜色的链节1对准曲轴链轮上的正时标记，大约在5点钟位置，如图3-1-39所示。

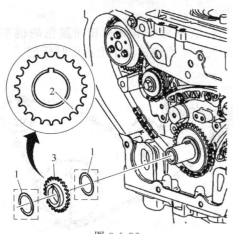

图 3-1-36

注意 正时链条上有3节涂色链节。2节链节具有相同的颜色，1节链节具有独特的颜色。按如下步骤将链节对准调节器，定位链条，使涂色链节可见。

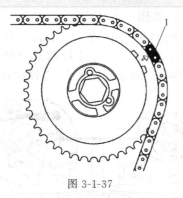

图 3-1-37

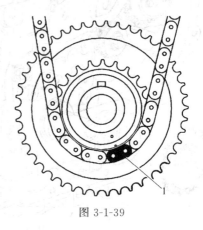

图 3-1-39

(10) 顺时针转动曲轴以消除所有链条松弛。切勿转动进气凸轮轴。

(11) 通过气缸盖中的开口向下安装正时链条张紧器臂1，然后安装正时链条张紧器臂螺栓并拧紧至10N·m，如图3-1-40所示。

(6) 通过气缸盖中的开口降低正时链条。注意确保链条围绕在气缸体凸台1、2的两侧，如图3-1-38所示。

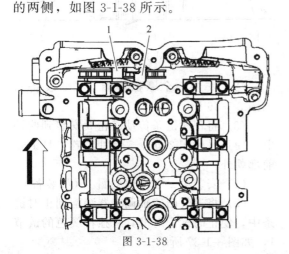

图 3-1-38

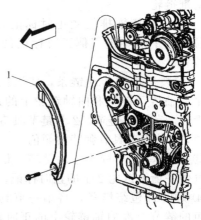

图 3-1-40

(12) 将排气凸轮轴调节器1安装至正时链条中，使正时标记对准第二节具有相同颜色的链节,如图 3-1-41 所示。

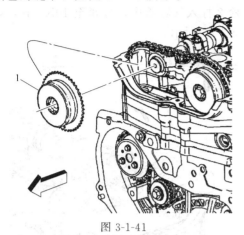

图 3-1-41

(13)如图 3-1-42 所示,将排气凸轮轴调节器 1 安装到排气凸轮轴上,使定位销对准凸轮轴槽。

 注意 务必安装新的调节器螺栓。

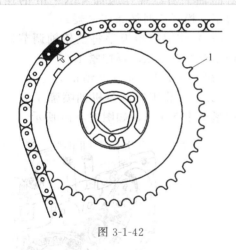

图 3-1-42

(14)使用 23mm 开口扳手,将排气凸轮轴顺时针转动约 45°,直至凸轮轴调节器中的定位销进入凸轮轴槽中。

(15)当调节器置于凸轮上时,用手拧紧新的排气凸轮轴调节器 1 的螺栓,如图 3-1-43所示。

(16)确认所有涂色链节与相应的正时标记仍对准。否则,重复必要的部分程序以对准正时标记。

(17)安装正时链条导轨 1 和螺栓并拧紧至 12N·m,如图 3-1-44 所示。

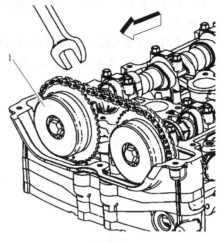

图 3-1-43

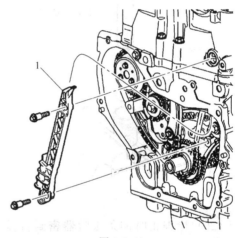

图 3-1-44

(18)安装正时链条上导轨 1 和螺栓并拧紧至 10N·m,如图 3-1-45 所示。

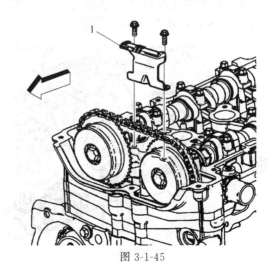

图 3-1-45

(19) 执行以下步骤,重置正时链条张紧器。
① 拆下卡环。
② 从正时链条张紧器体上拆下柱塞总成。
③ 将 EN-45027-2 安装到台虎钳中,如图 3-1-46 所示。
④ 将柱塞总成的凹槽端安装到 EN-45027-2 中。
⑤ 使用 EN-45027-1,将棘轮滚筒旋入柱塞内。
⑥ 将柱塞总成重新安装到张紧器体内中。
⑦ 安装卡环。

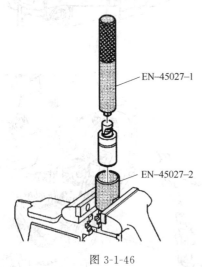

图 3-1-46

(20) 检查正时链条张紧器密封件是否损坏。如果损坏,则更换密封件。

(21) 检查以确保从气缸盖中的正时链条张紧器螺纹孔内清除了所有污物和碎屑。

(22) 安装正时链条张紧器总成 1 并拧紧至 75N·m,如图 3-1-47 所示。

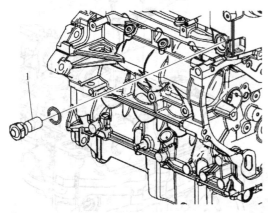

图 3-1-47

(23) 安装 EN-48953 锁止工具 1 并将螺栓 2 拧入气缸盖中,拧紧至 10N·m,如图 3-1-48 所示。

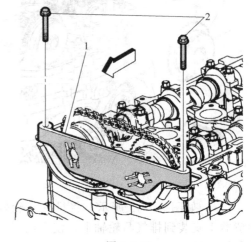

图 3-1-48

(24) 安装曲轴平衡器(曲轴带轮),通过对曲轴平衡器螺栓施加 45N·m 的逆时针力矩,松开正时链条张紧器。

(25) 使用扭矩扳手将凸轮轴调节器螺栓拧紧至 30N·m,再拧紧 100°。

(26) 拆下 EN-48953 锁止工具。

(27) 安装正时链条机油喷嘴 1 并将螺栓拧紧至 10N·m,如图 3-1-49 所示。

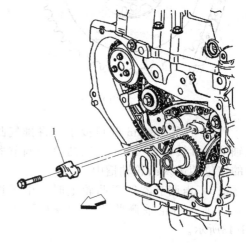

图 3-1-49

(28) 给正时链条导轨螺栓检修孔塞的螺纹涂上密封胶。

(29) 安装正时链条导轨螺栓检修孔塞 1 并拧紧至 75N·m,如图 3-1-50 所示。

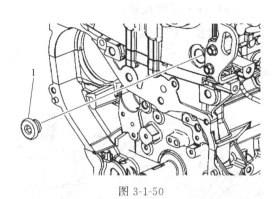

图 3-1-50

七、迈锐宝/科鲁兹（1.6T LLU）

1. 正时皮带的拆卸

（1）拆下空气滤清器总成。
（2）拆下正时皮带上前盖。
（3）举升和顶起车辆。
（4）拆下前轮罩衬板。
（5）拆下传动带张紧器。
（6）向发动机旋转的方向将曲轴平衡器设置到 1 缸燃烧行程上止点 1，如图 3-1-51 所示。

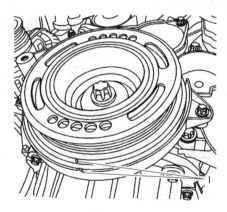

图 3-1-51

（7）拧下中心螺栓 1，拆下曲轴平衡器 2，如图 3-1-52 所示。

（8）拆下 4 个下部正时皮带盖螺栓 2，如图 3-1-53 所示。

（9）拆下下部正时皮带盖 1。

（10）准备 EN-6340 锁止工具的右半部。

① 拆下 2 个螺栓 2。
② 从右锁止工具拆下前面板 1。

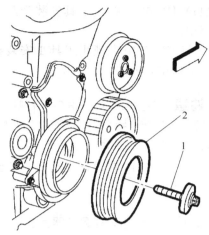

图 3-1-52

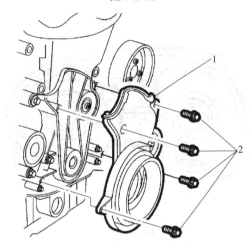

图 3-1-53

注意 EN-6340 锁止工具的右半部可以通过工具上的字母"RIGHT（右）"（图 3-1-54 中箭头所指）来识别。

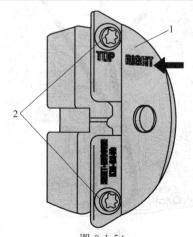

图 3-1-54

(11) EN-6340 锁止工具安装到凸轮轴调节器中。

① 将 EN-6340 左锁止工具 1 安装到凸轮轴调节器中，如图 3-1-55 所示。

注意 在此过程中，进气凸轮轴调节器上的点式标记 4 与 EN-6340 左侧的凹槽不一致，必须略高于凹槽。

② 将 EN-6340 右锁止工具 2 安装到凸轮轴调节器中。

注意 排气凸轮轴调节器上的点式标记 3 与 EN-6340 右侧的凹槽必须一致。

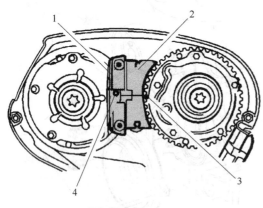

图 3-1-55

(12) 使用六角扳手 1 向箭头指示的方向对正时皮带张紧器 2 施加张力，如图 3-1-56 所示。

(13) 安装 EN-6333 锁销 3。

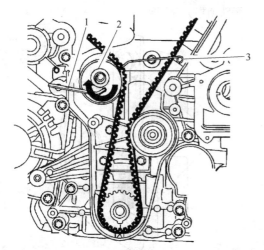

图 3-1-56

(14) 拆下正时皮带。

2. 正时皮带的安装

(1) 安装正时皮带 1，如图 3-1-57 所示。

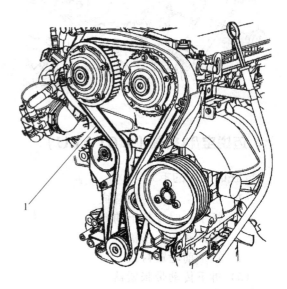

图 3-1-57

(2) 引导正时皮带通过张紧器并将其放置在曲轴带轮上。

(3) 将正时皮带放置在排气和进气凸轮轴调节器上。

(4) 使用六角扳手 1 向箭头指示的方向对正时皮带张紧器 2 施加张力（图 3-1-56）。

(5) 拆下 EN-6333 锁销 3。

注意 正时皮带张紧器自动移至正确位置。

(6) 检查正时。

注意 确认凸轮轴链轮上的标记。

① 通过曲轴平衡器上的螺栓沿发动机旋转的方向将曲轴旋转 720°。

注意 在此过程中，进气凸轮轴调节器上的点式标记 4 与 EN-6340 左侧的凹槽不一致，必须略高于凹槽（图 3-1-55）。

② 将 EN-6340 左锁止工具 1 安装到凸轮轴调节器中。

> **注意** 排气凸轮轴调节器上的点式标记 3 与 EN-6340 右侧的凹槽必须一致。

③ 将 EN-6340 右锁止工具 2 安装到凸轮轴调节器中。

(7) 拆下 EN-6340 锁止工具。

> **注意** 正时皮带传动带轮和油泵壳体必须对齐，如图 3-1-58 所示。

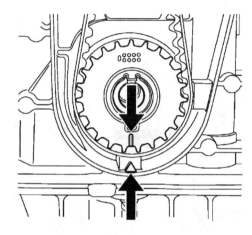

图 3-1-58

(8) 控制曲轴平衡器的位置。
(9) 安装下部正时皮带盖 1（图 3-1-53）。
(10) 安装 4 个下部正时皮带盖螺栓 2 并拧紧至 6N·m。
(11) 用螺栓 1 安装曲轴平衡器 2（图 3-1-52）。
(12) 安装传动皮带张紧器。
(13) 安装前轮罩衬板。
(14) 安装正时皮带上前盖。
(15) 安装空气滤清器总成。

八、迈锐宝（1.5T LFV）/科鲁兹（1.5L L3G）

1. 正时链条的拆卸

(1) 首先移除凸轮轴盖。
(2) 调整发动机达 1 缸燃烧行程上止点（TDC），如图 3-1-59 所示。朝发动机转动方向转动曲轴，直到标记 1、2 在一条线上。在曲轴扭转减振器螺栓 3 处转动。

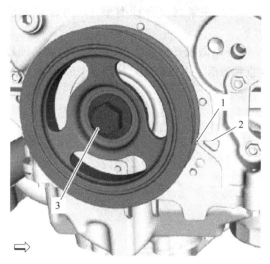

图 3-1-59

(3) 安装 EN-51367 固定工具 1，如图 3-1-60 所示。

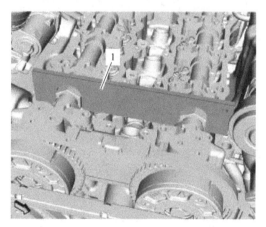

图 3-1-60

(4) 移除发动机前盖。
(5) 移除正时链条上导板。
(6) 如图 3-1-61 所示，发动机张紧器为两种设计 1、2 中的一种，两种设计的释放原理和位置不同。

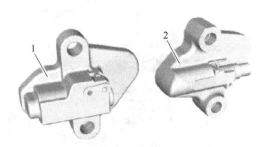

图 3-1-61

(7) 张紧器（设计类型1）的设定方法如下。

① 略微松开柱塞2，向箭头方向旋转锁片3直到棘爪1可以解锁，如图3-1-62所示。

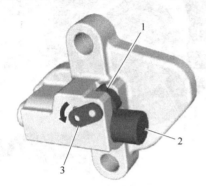

图 3-1-62

② 将柱塞1整个推回，直至张紧器锁片2不可锁止在该位置，如图3-1-63所示。

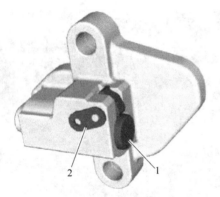

图 3-1-63

③ 松开柱塞，直到三个棘爪松开。听到"咔嗒"声表明三个棘爪已松开。

④ 向柱塞施加张力，直到锁片1转回到锁止位置，如图3-1-64所示。此时，锁片上的孔与张紧器壳体上的孔对齐。

⑤ 使用合适的固定销2将锁片固定在此位置。

(8) 张紧器（设计类型2）的设定方法如下。

① 如图3-1-65所示，张紧器1可以用冲子按下释放卡扣2来释放。

② 使用大小合适的销3固定正时链条张紧器。

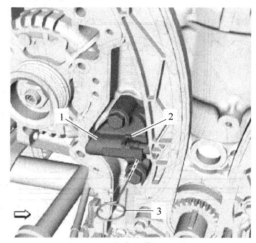

图 3-1-65

(9) 移除正时链条张紧器臂螺栓1，如图3-1-66所示。

(10) 移除正时链条张紧器臂2。

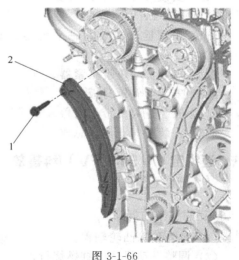

图 3-1-66

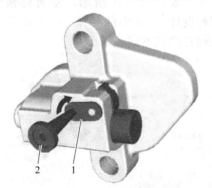

图 3-1-64

(11) 确保工具3正确固定，如图3-1-67所示。

(12) 移除正时链条张紧器螺栓 4。
(13) 移除正时链条张紧器 1。
(14) 拆下并报废衬垫 2。

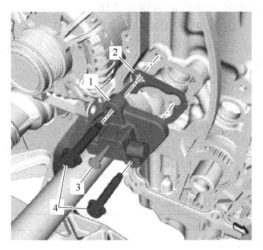

图 3-1-67

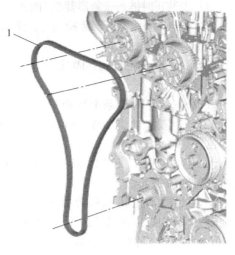

图 3-1-68

(15) 移除正时链条 1，如图 3-1-68 所示。

2. 正时链条的安装

注意 确保调节器正时标记处于约 12 点钟位置。

(1) 安装正时链条。

(2) 确保涂色链节 3 正对曲轴链轮上的箭头，如图 3-1-69 所示。
(3) 确保涂色链节 1、2 正对凸轮轴调节器上的标记。
(4) 安装新衬垫 2（图 3-1-67）。
(5) 安装正时链条张紧器 1。
(6) 将正时链条张紧器螺栓 4 紧固至 25N·m。
(7) 将工具 3 从正时链条张紧器上拆下。

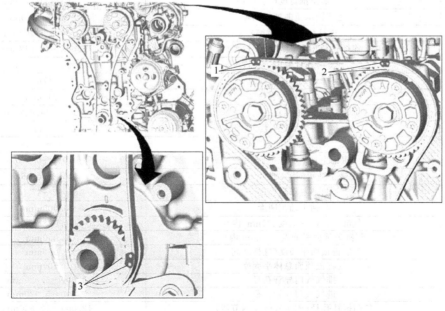

图 3-1-69

(8) 安装正时链条张紧器臂 2（图 3-1-66）。

(9) 安装张紧器臂螺栓 1 并紧固至 25N·m。

(10) 拆下 EN-51367 固定工具 1（图 3-1-60）。

(11) 安装正时链条上导板。

(12) 检查曲轴、凸轮轴和凸轮轴调节器的位置。

① 用 4 个螺栓安装发动机前盖，并安装曲轴扭转减振器。

② 通过曲轴扭转减振器螺栓 3 朝发动机旋转方向将曲轴转动 720°，直到标记 1、2 在一条直线上（图 3-1-59）。

③ 安装 EN-51367 固定工具 1（图 3-1-60）。

④ 如果可以安装 EN-51367 固定工具，则表明发动机正时调整正确。

(13) 拆下 EN-51367 固定工具。

(14) 拆下发动机前盖和曲轴扭转减振器。

(15) 安装发动机前盖。

(16) 安装凸轮轴盖。

3. 发动机维修数据

雪佛兰 1.5L L3G 发动机维修数据如表 3-1-2 所示。

表 3-1-2　雪佛兰 1.5L L3G 发动机维修数据

项目	测量	标准值
气缸	曲轴主轴承孔直径	51.868～51.882
	气缸孔直径	73.992～74.008mm
	最大缸径圆度	0.013mm
	气缸体顶面平面度（超过 25mm 长度）	0.025mm
	气缸体顶面平面度（超过 150mm 长度）	0.050mm
	发动机气缸体至底板总体平面度	0.1mm
	发动机气缸体至底板平面度	0.050～0.100mm
	活塞顶面高度（顶面以下）	0.54～0.74mm
凸轮轴	凸轮轴轴向间隙	0.040～0.660mm
	凸轮轴轴颈间隙	0.040～0.085mm
	凸轮轴轴颈直径（轴颈 1）	30.935～30.960mm
	凸轮轴轴颈直径（轴颈 2～6）	23.935～23.960mm
	凸轮轴止推宽度（凸轮轴带安装的相位器）	33.175～33.525mm
	凸轮轴止推宽度（气缸盖）	32.865～33.135mm
连杆	连杆轴承至曲柄销间隙	0.013～0.068mm
	连杆孔径（轴承端）	47.186～47.202mm
	连杆孔径（活塞销端，带衬套）	18.007～18.017mm
	连杆侧隙	0.090～0.350mm
	连杆最大弯曲直线度	0.017mm
	连杆最大扭曲直线度	0.040mm
曲轴	连杆轴颈直径	43.992～44.008mm
	连杆轴颈圆度	0.005mm
	曲轴轴向间隙	0.15～0.38
	曲轴主轴承间隙（轴承 1）	0.011～0.070
	曲轴主轴承间隙（轴承 2～5）	0.012～0.067
	曲轴主轴颈直径	46.992～47.008
	曲轴主轴颈圆度	0.005mm
气缸盖	气缸盖顶面平面度（25mm 内）	0.025mm
	气缸盖顶面平面度（150mm 内）	0.050mm
	气缸盖顶面平面度（螺栓之间）	0.030mm
	气缸盖顶面总体平面度	0.100mm
	排气气门导管孔径	5.000～5.020mm
	进气气门导管孔径	5.000～5.020mm
	气门挺柱孔径（固定式间隙调节器）	12.008～12.030mm
	铲削面气门座锥角	50°

续表

项目	测量	标准值
气缸盖	座合面气门座锥角	90°
	底切面气门座锥角	120°
	气门座最大跳动量	0.080mm
活塞环	活塞环开口间隙(顶部)	0.25~0.40mm
	活塞环开口间隙(第二道)	0.40~0.60mm
	活塞环开口间隙(油环)	0.25~0.75mm
	活塞环至环槽间隙(顶部)	0.03~0.08mm
	活塞环至环槽间隙(第二道)	0.03~0.07mm
	活塞环至环槽的间隙(油环)	0.050~0.190mm
	活塞环厚度(顶部)	1.17~1.19mm
	活塞环厚度(第二道)	1.17~1.19mm
	活塞环厚度(油环刮片)	0.045~0.47mm
	活塞环厚度(油环垫片)	1.67~1.79mm
活塞和活塞销	活塞销至连杆孔的间隙	0.007~0.020mm
	活塞销至活塞孔的间隙	0.002~0.010mm
	活塞销直径	17.997~18.000mm
	活塞销轴向间隙	0.18~0.79mm
	活塞直径(至活塞顶38mm)	73.957~73.971mm
	活塞销孔直径	18.002~18.010mm
	活塞环槽宽度(顶部)	1.23~1.25mm
	活塞环槽宽度(第二道)	1.23~1.25mm
	活塞环槽宽度(油环)	2.03~2.05mm
	活塞至气缸孔的间隙	−0.017mm~0.029mm
气门系统	气门锥角	90°
	气门锥面跳动量(最大值)	0.050mm
	气门座跳动量(最大值)	0.080mm
	气门座球面标高(排气)	8.85~9.09mm
	气门座球面标高(进气)	9.47~9.71mm
	气门杆直径(排气门)	4.945~4.965mm
	气门杆直径(进气门)	4.955~4.975mm
	气门杆至导管的间隙(排气门)	0.035~0.075mm
	气门杆至导管的间隙(进气门)	0.025~0.065mm
	气门间隙调节器直径	11.986~12.000mm
	气门间隙调节器至孔的间隙	0.008~0.044mm
	气门弹簧安装高度	34.50~35.50mm

九、景程(2.0L L34)/科帕奇(2.4L)

1. 正时皮带的拆卸

(1) 断开蓄电池负极电缆。

(2) 断开进气温度传感器连接器。

(3) 拆下发动机装饰盖。

(4) 将通气软管和曲轴箱强制通风软管从气缸盖罩上断开。

(5) 拆下空气滤清器总成。

(6) 拆下右前轮。

(7) 拆下右前轮位置的发动机前罩。

(8) 拆下附件传动带。

(9) 拆下曲轴带轮。

(10) 拆下发动机支座总成。

(11) 拆下前正时皮带罩螺栓。

(12) 拆下前正时皮带罩,如图 3-1-70 所示。

(13) 用曲轴正时带轮螺栓顺时针转动曲轴,直到曲轴正时带轮上的正时标记对准后正时皮带罩底部的缺口,如图 3-1-71 所示。

(14) 将凸轮轴正时带轮上的正时标记对准气缸盖罩上的缺口,如图 3-1-72 所示。

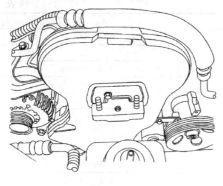

图 3-1-70

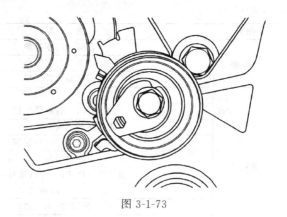

图 3-1-73

(16) 拆下正时皮带。

2. 正时皮带的安装

(1) 将曲轴正时带轮上的正时标记对准后正时皮带罩底部的缺口（图 3-1-71）。

(2) 将进气和排气凸轮轴带轮正时标记分别对准气缸盖罩上的相应缺口（图 3-1-72）。

(3) 安装正时皮带，如图 3-1-74 所示。

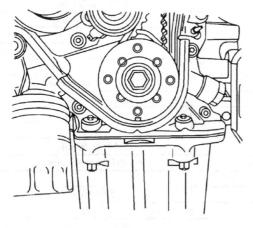

图 3-1-71

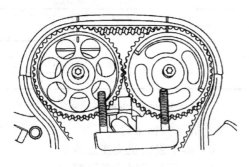

图 3-1-72

注意 进气和排气凸轮轴带轮不可互换，凸轮轴带轮上的正时标记必须对准气缸盖罩上的缺口，否则会损坏发动机。

(15) 松开自动张紧器螺栓，转动六角形轴头，释放皮带张紧力，如图 3-1-73 所示。

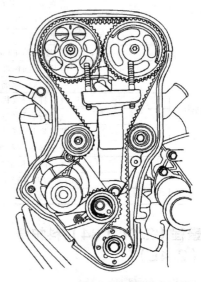

图 3-1-74

(4) 顺时针转动六角形轴头，以张紧皮带，直至指针对准缺口时为止，如图 3-1-75 所示。

(5) 安装正时皮带的自动张紧器，将自动张紧器螺栓紧固至 25N·m。

(6) 用曲轴带轮螺栓顺时针转动曲轴 2 圈。

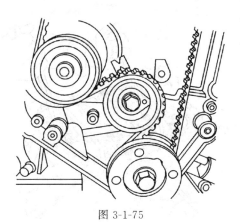

图 3-1-75

(7) 重新检查自动张紧器指针。

(8) 安装前正时皮带罩。
(9) 安装发动机支座总成。
(10) 安装曲轴带轮。
(11) 安装附件传动带。
(12) 安装右前轮位置的发动机前罩。
(13) 安装右前轮。
(14) 安装空气滤清器总成。
(15) 将通气软管和曲轴箱强制通风软管连接至气缸盖罩。
(16) 连接进气温度传感器连接器。
(17) 安装发动机装饰盖。
(18) 连接蓄电池负极电缆。

第二节 别克车系

一、凯越/英朗（1.5L L2B）

1. 正时链条的拆卸

（1）拆卸凸轮轴罩盖。
（2）拆卸发动机前盖。
（3）捏紧正时链条张紧器限位卡簧的同时，压缩张紧器柱塞至最大压缩状态，使用合适直径的工具锁住正时链条张紧器位置，以防止柱塞回弹，如图 3-2-1 所示。

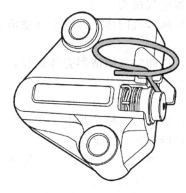

图 3-2-1

（4）松开并拆下正时链条张紧器螺栓 5，拆下正时链条张紧器 4 和垫片 3，如图 3-2-2 所示。

（5）松开螺栓 2 并拆下正时链条张紧器臂 1。

（6）拆下正时链条。

（7）松开螺栓 3、4，拆下进、排气凸

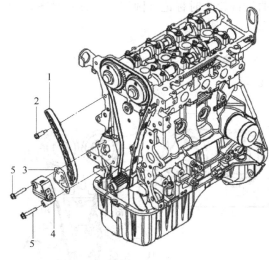

图 3-2-2

轮轴链轮 5、6，如图 3-2-3 所示。

（8）拆下曲轴链轮 1，小心取下半圆键 2。

2. 正时链条的安装

（1）安装半圆键 2 和曲轴链轮 1（图 3-2-3）。

（2）安装凸轮轴链轮 5、6 到凸轮轴上，安装时要根据凸轮轴上的定位销定位。

（3）预紧凸轮轴链轮螺栓 3 和 4。

（4）彻底清洁正时链条，用新机油预润滑正时链条。

（5）安装正时链条到凸轮轴链轮、曲轴链轮上。安装时正时链条正时标记（涂色链

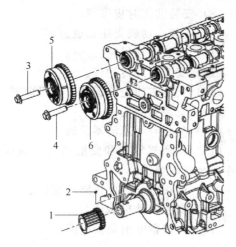

图 3-2-3

节）应与凸轮轴链轮正时标记（圆凹点）、曲轴链轮正时标记（圆凹点）分别对齐，如图 3-2-4 所示。

> **注意** 在未安装正时链条前不能旋转曲轴。

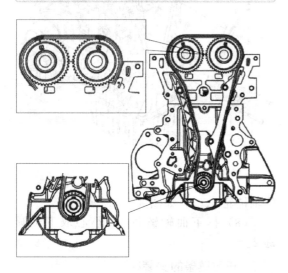

图 3-2-4

（6）安装正时链条张紧器臂。
（7）安装正时链条张紧器。
（8）拧紧凸轮轴链轮螺栓（力矩：55 N·m），拧紧时需要用活动扳手固定凸轮轴，如图 3-2-5 所示。
（9）用新机油润滑正时系统各部位后安装凸轮轴罩盖。

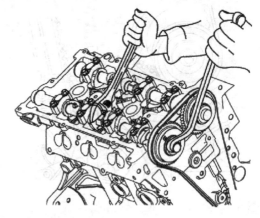

图 3-2-5

（10）安装发动机前盖。

3. 发动机维修数据

别克 1.5L L2B 发动机维修数据如表 3-2-1 所示。

二、凯越（1.6L L91）

1. 正时皮带的拆卸

（1）断开蓄电池负极电缆。
（2）从空气滤清器出口软管拆卸曲轴箱强制通风新鲜空气管。
（3）从空气滤清器出口软管断开进气温度传感器电气接头。
（4）从节气门体上拆卸空气滤清器出口软管。
（5）拆卸空气滤清器壳体螺栓，然后拆下空气滤清器壳体。
（6）拆卸右前轮。
（7）拆卸右前轮防溅罩。
（8）拆卸附件传动带。
（9）如图 3-2-6 所示，拆卸曲轴带轮螺栓，然后拆下曲轴带轮。
（10）拆卸前上正时皮带罩螺栓，取下前上正时皮带罩。
（11）拆卸前下正时皮带罩螺栓，取下前下正时皮带罩，如图 3-2-7 所示。
（12）安装曲轴带轮螺栓。
（13）用曲轴带轮螺栓顺时针转动曲轴至少 1 圈，将曲轴正时带轮上的标记对准后正时带罩底部的缺口，对准凸轮轴正时带轮正时标记，如图 3-2-8 所示。

表 3-2-1 别克 1.5L L2B 发动机维修数据

项目	测量	标准值
气缸体	气缸直径	(74.71 ± 0.013)mm
	缸孔圆度	0.005mm
	缸孔圆柱度	0.008mm
	气缸压力	平均有效压力 1.236MPa,任意两缸之间的压力差不大于 98kPa
凸轮轴	凸轮轴轴颈直径/宽度	前端 $32_{-0.066}^{-0.05}$mm/42.7mm 其他 $23_{-0.061}^{-0.04}$mm/17.5mm
	轴颈跳动量	0.08~0.26mm
	轴颈圆柱度	0.007mm
	凸轮平行度	0.005mm
	凸轮高度	进气[$(25.2+17)\pm0.05$]mm 排气[$(24.55+17)\pm0.05$]mm
曲轴	曲轴端隙	0.08~0.29mm
	曲轴主轴承间隙(全部)	0.018~0.05mm
	曲轴主轴颈直径/宽度	$49_{-0.021}^{-0.005}$mm/(23.15 ± 0.1)mm
	曲轴主轴承轴颈圆度	0.005mm
	曲轴主轴承轴颈跳动量	0.03mm
	连杆轴颈直径	$40_{-0.021}^{-0.005}$mm
	连杆轴颈圆度	0.005mm
	连杆轴颈与轴瓦间隙	0.018~0.050mm
气缸盖	总高	(121.3 ± 0.1)mm
	气门导管总长	(35 ± 0.2)mm
	气门导管压入缸盖后凸出高度	(13.0 ± 0.2)mm
活塞	活塞与气缸孔间隙	0.023~0.053mm
	活塞直径	(74.672 ± 0.007)mm
	活塞凸出缸体面最大高度	2.6mm
	活塞顶面锥度	15°
活塞销	活塞销与活塞间隙	0.006~0.018mm
	活塞销直径	18mm
	活塞销长度	48mm
	活塞销偏移量(朝推力侧)	0.5mm
活塞环	一环闭口间隙/侧隙	0.18~0.33mm/0.04~0.08mm
	二环闭口间隙/侧隙	0.35~0.55mm/0.03~0.07mm
	油环闭口间隙/侧隙	0.2~0.7mm/0.04~0.12mm
连杆	连杆小头与活塞销间隙	0.006~0.018mm
	连杆弯曲平行度	0.017mm/18mm
	连杆扭转平行度	0.040mm/18mm
	连杆大端止推间隙	0.10~0.25mm
气门系统	气门直径(进气)	(27.9 ± 0.12)mm
	气门直径(排气)	(24.4 ± 0.12)mm
	气门工作面角度	$90°15'\pm15'$
	气门工作面跳动量	0.03mm
	气门座密封面宽度(进气)	$1.17_{-0.1}^{+0.3}$mm
	气门座密封面宽度(排气)	$1.35_{-0.1}^{+0.3}$mm
	气门杆直径(进气)	(4.972 ± 0.007)mm
	气门杆直径(排气)	(4.963 ± 0.007)mm
	气门导管内径	$5_{0}^{+0.12}$mm
	气门间隙(进气)	0.075~0.125mm
	气门间隙(排气)	0.245~0.295mm
	气门弹簧自由长度	44.2mm
	气门弹簧预负荷	(118 ± 4.72)N(压缩至 34mm 时)
	气门弹簧垂直度	2°

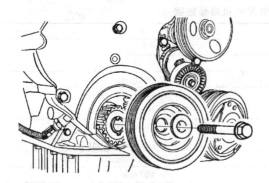

图 3-2-6

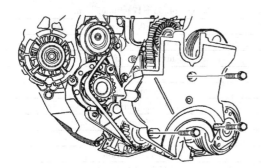

图 3-2-7

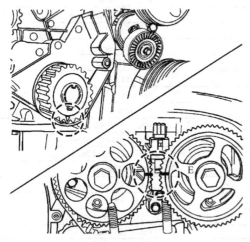

图 3-2-8

(14) 稍微松开水泵固定螺栓，使用工具顺时针转动水泵以松开正时皮带，如图 3-2-9 所示。

(15) 拆卸右发动机支座。

(16) 拆下正时皮带。

2. 正时皮带的安装

(1) 将曲轴正时带轮上的正时标记对准后正时皮带罩底部的缺口（图 3-2-8）。

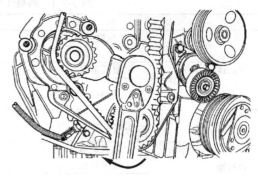

图 3-2-9

(2) 对准凸轮轴正时带轮上的正时标记（图 3-2-8）。

(3) 安装正时皮带。

(4) 安装右发动机支座托架，如图 3-2-10 所示。

图 3-2-10

(5) 顺时针转动水泵，直到正时皮带自动张紧轮调节臂上的指针对准正时皮带自动张紧器托架上的缺口（箭头），如图 3-2-11 所示。

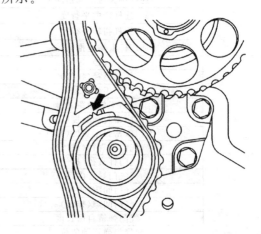

图 3-2-11

(6) 紧固水泵固定螺栓。

(7) 用曲轴带轮螺栓顺时针转动曲轴2圈。

(8) 松开水泵固定螺栓。

(9) 顺时针转动水泵，直到正时皮带自动张紧轮调节臂上的指针对准正时皮带自动张紧器托架上的指针（箭头），如图3-2-12所示。

三、君威（1.6T LLU）

1. 正时皮带的拆卸

(1) 沿发动机旋转方向，旋转曲轴至1缸上止点。正时皮带主动带轮与机油泵壳体必须对准，如图3-2-13所示。

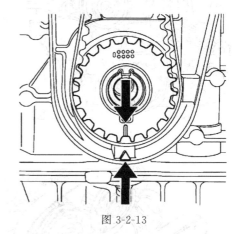

图3-2-13

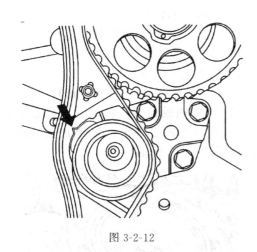

图3-2-12

(2) 如图3-2-14所示，将凸轮轴正时带轮锁止工具1、2插入凸轮轴正时带轮，确保锁止工具上的标记3对齐。

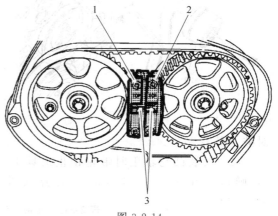

图3-2-14

(10) 紧固水泵固定螺栓（力矩：10 N·m）。

(11) 拆下曲轴带轮螺栓（之前已安装用于转动曲轴）。

(12) 安装前上和前下正时皮带罩。

(13) 拧紧前上和前下正时皮带罩螺栓。

(14) 安装曲轴带轮。

(15) 安装曲轴带轮螺栓。将带轮螺栓紧固至95N·m，并再紧固30°+15°。

(16) 安装附件传动带。

(17) 安装右前轮防溅罩。

(18) 安装右前轮。

(19) 安装空气滤清器壳体，拧紧安装螺栓。

(20) 将空气滤清器出口软管连接到节气门体上。

(21) 将曲轴箱强制通风新鲜空气管连接到空气滤清器出口软管上。

(22) 将进气温度传感器电气接头连接到空气滤清器出口软管上。

(23) 连接蓄电池负极电缆。

(3) 如图3-2-15所示，安装锁销3，用六角扳手1沿箭头所指方向向正时皮带张紧器2施加张紧力。

(4) 如图3-2-16所示，拧下正时皮带张紧器紧固螺栓3，拆下正时皮带张紧器2。

(5) 拆下正时皮带1。

2. 正时皮带的安装

(1) 设置发动机1缸上止点（TDC）位置，正时皮带主动齿轮与机油泵壳体必须

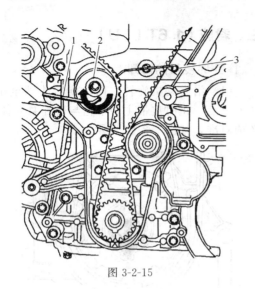

图 3-2-15

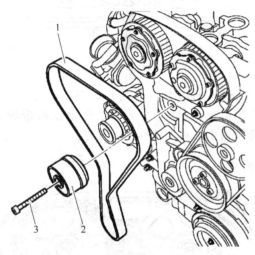

图 3-2-16

(3) 安装正时皮带,注意其转动方向。

(4) 用六角扳手 1 沿箭头所指方向向正时皮带张紧器 2 施加张紧力(图 3-2-15)。

(5) 拆下锁销 3(图 3-2-15),释放正时皮带张紧器的张紧力。

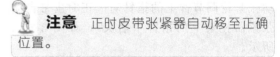

注意 正时皮带张紧器自动移至正确位置。

(6) 拆下凸轮轴正时带轮锁止工具。

(7) 检查凸轮轴正时带轮位置。

① 沿发动机旋转方向转动曲轴 2 圈,然后回到 1 缸上止点位置。

② 将锁止工具插入凸轮轴正时带轮。

③ 检查曲轴位置。将曲轴平衡器沿着发动机转动方向设置至 1 缸上止点(标记 1),如图 3-2-17 所示。

图 3-2-17

对准(图 3-2-13)。

(2) 安装凸轮轴正时带轮锁止工具 1、2,确保锁止工具上的标记 3 对齐(图 3-2-14)。

3. 发动机维修数据

别克 1.6T LLU 发动机维修数据如表 3-2-2 所示。

表 3-2-2 别克 1.6T LLU 发动机维修数据

项目	测量	标准值
气缸	气缸体高度	198.5mm
	气缸孔直径	79mm
	压缩高度	26.1mm
	连杆长度	129.75mm
气缸盖	气缸盖顶面纵向平面度	0.05mm
	气缸盖顶面横向平面度	0.03mm
	进气门座宽度	1.000~1.400mm
	排气门座宽度	1.400~1.800mm
	气门座锥角	90°(-30')
	上气门座锥角	60°±1°
	下气门座锥角	120°±1°

续表

项目	测量	标准值
气缸盖	气门导管孔径(标准)	5.000～5.016mm
	气门导管孔径(加大0.075mm)	5.075～5.091mm
	气门导管孔径(加大0.150mm)	5.150～5.166mm
	气门导管总成高度	36.700～37.300mm
	气门导管长度	10.700～11.000mm
活塞销	活塞销外径	51.00mm
气门系统	进气门长度(标准)	112.500～112.700mm
	排气门长度(标准)	111.800～112.000mm
	进气门气门杆直径(标准)	4.965～4.980mm
	排气门气门杆直径(标准)	4.940～4.955mm
	进气门气门杆直径(加大0.075mm)	5.040～5.055mm
	排气门气门杆直径(加大0.075mm)	5.015～5.030mm
	进气门气门杆直径(加大0.150mm)	5.115～5.130mm
	排气门气门杆直径(加大0.150mm)	5.090～5.105mm
	进气门气门杆至导管的间隙	0.02～0.051mm
	排气门气门杆至导管的间隙	0.045～0.076mm
	进气门气门头直径	31.100～31.300mm
	排气门气门头直径	27.400～27.600mm
	进气门气门间隙	(0.25±0.04)mm
	排气门气门间隙	(0.34±0.04)mm
	气门弹簧长度	41.000mm
	175～195N载荷下的气门弹簧长度(关闭)	35.000mm
	427～473N载荷下的气门弹簧长度(打开)	25.500mm

四、昂科拉（1.4T LEF）

1. 凸轮轴正时链条的拆卸

（1）拆下发动机前盖。

（2）将正时链条张紧器柱塞按压至最大位置，安装正时链条张紧器锁止工具，使正时链条张紧器锁止，如图3-2-18所示。

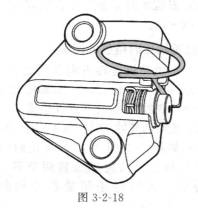

图 3-2-18

（3）松开并拆下正时链条张紧器螺栓1，如图3-2-19所示。

（4）拆下正时链条张紧器2和衬垫3，报废衬垫3。

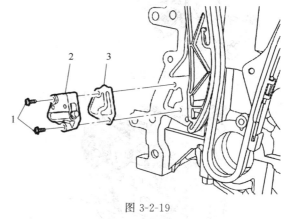

图 3-2-19

（5）拆下凸轮轴正时链条1，如图3-2-20所示。

（6）拆下正时链条上导轨螺栓1，如图3-2-21所示。

（7）拆下正时链条上导轨2。

（8）拆下正时链条张紧器臂螺栓1，如图3-2-22所示。

（9）拆下正时链条张紧器臂2。

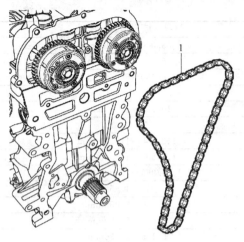

图 3-2-20

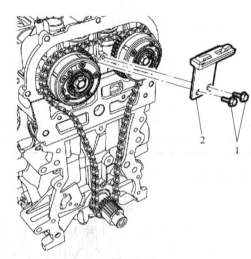

图 3-2-21

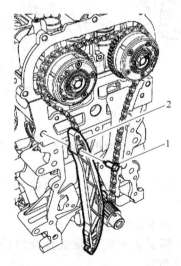

图 3-2-22

（10）拆下正时链条导轨螺栓 1，如图 3-2-23 所示。

（11）拆下正时链条导轨 2。

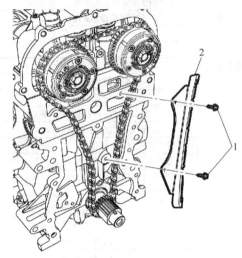

图 3-2-23

2. 凸轮轴正时链条的安装

（1）将正时链条上导轨 2 安装到发动机气缸体上（图 3-2-21）。

（2）安装正时链条上导轨螺栓 1 并紧固至 10N·m。

（3）将正时链条导轨 2 安装到发动机气缸体上（图 3-2-23）。

（4）安装正时链条导轨螺栓并紧固至 10N·m。

（5）将正时链条张紧器臂 2 安装到发动机气缸体上（图 3-2-22）。

（6）安装正时链条张紧器臂螺栓 1 并紧固至 10N·m。

3. 凸轮轴正时链条的调整

（1）沿发动机运转方向将曲轴移动到 1 缸上止点（TDC）位置，使曲轴链轮正时标记位于图 3-2-24 所示的 6 点钟位置。

（2）安装凸轮轴正时链条 1（图 3-2-20）。

（3）如图 3-2-25 所示，将正时链条安装到进气和排气凸轮轴位置调节器、正时链条导轨、正时链条张紧器臂和曲轴链轮上。

（4）确保凸轮轴位置调节器正时标记对准涂色链节 1。

（5）确保曲轴链轮正时标记对准涂色链

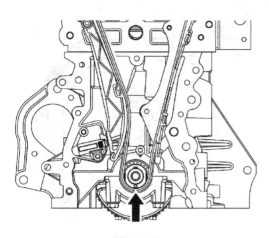

图 3-2-24

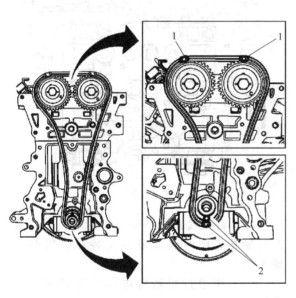

图 3-2-25

节 2。

（6）使用新衬垫 3 将正时链条张紧器 2 安装到发动机气缸体上，使张紧器柱塞对准张紧器臂槽（图 3-2-19）。

（7）安装正时链条张紧器螺栓 1 并紧固至 10N·m。

（8）拔出张紧器锁止工具，使凸轮轴正时链条张紧（图 3-2-18）。

（9）确认正时链条安装正确。

（10）安装发动机前盖。参见带有机油泵的发动机前盖的更换。

五、君威（2.0L LTD）/君威/君越（2.0T LDK）

1. 平衡轴正时链条的安装

（1）安装平衡轴链轮。

（2）如图 3-2-26 所示，安装平衡轴链条，使涂色链节对准平衡轴链轮和曲轴链轮上的标记。链条上有 3 节涂色链节，2 节链节是一样的颜色，1 节链节是特殊颜色。

（3）放好有特殊颜色的链节 1，使其对准进气侧平衡轴链轮的正时标记。

（4）顺时针包绕链条，将第一节相同颜色的链节 2 对准曲轴链轮上的正时标记（大约在曲轴链轮 6 点钟位置）。

（5）将链条 3 放置在水泵链轮上。

（6）将第二节相同颜色的链节 4 对准排气侧平衡轴链轮的正时标记。

（7）安装链条导轨，张紧平衡轴正时链条。

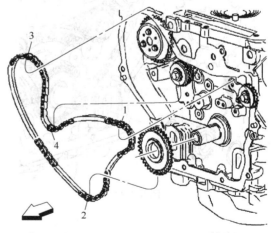

图 3-2-26

2. 凸轮轴正时链条的安装

（1）设置发动机 1 缸上止点位置，使 1 号活塞位于上止点，曲轴键位于 12 点钟位置。

（2）确保进气凸轮轴槽口 2 位于 5 点钟位置且排气凸轮轴槽口 1 位于 7 点钟位置，如图 3-2-27 所示。

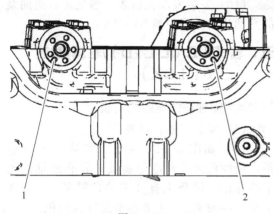

图 3-2-27

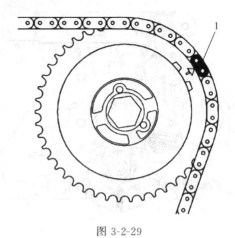

图 3-2-29

（3）如图 3-2-28 所示，安装摩擦垫圈 1（如果配备）。

（4）将正时链条链轮 3 安装至曲轴上，正时标记 2 在 5 点钟位置，且链轮前部朝外。

（5）安装第二个摩擦垫圈 1（如果配备）。

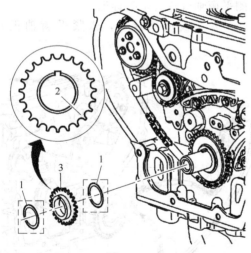

图 3-2-28

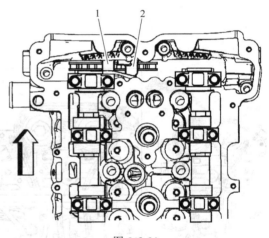

图 3-2-30

侧，如图 3-2-30 所示。

 注意　正时链条上有 3 节涂色链节，2 节链节是一样的颜色，1 节链节是特殊颜色。执行以下程序以将链节对准调节器，定位链条，使涂色链节可见。

（6）将进气凸轮轴调节器装配到正时链条上，使进气凸轮轴链轮上的正时标记对准有特殊颜色的链节 1，如图 3-2-29 所示。

（7）降下正时链条，穿过气缸盖的开口。小心并确保链条围绕在气缸体凸台 1、2 的两

（8）将进气凸轮轴调节器的定位销对准凸轮轴槽，同时将调节器安装在进气凸轮轴上。

（9）用手拧紧新的进气凸轮轴调节器螺栓。

注意　务必使用新的调节器螺栓。

（10）将正时链条包绕在曲轴链轮上，将第一节相同颜色的链节 1 对准曲轴链轮上的正时标记，大约在 5 点钟位置，如图 3-2-31 所示。

（11）顺时针转动曲轴以消除所有链条间隙。切勿转动进气凸轮轴。

（12）向下穿过气缸盖的开口，安装正时

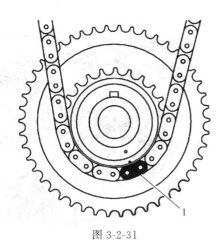

图 3-2-31

链条张紧器臂 1，然后安装正时链条张紧器臂螺栓并紧固至 10N·m，如图 3-2-32 所示。

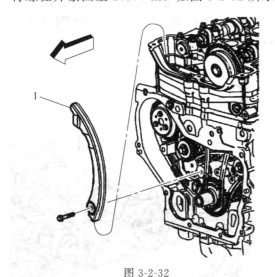

图 3-2-32

（13）如图 3-2-33 所示，将排气凸轮轴执行器 1 安装至正时链条上，正时标记对准

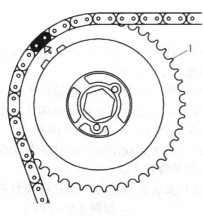

图 3-2-33

第二节相同颜色的链节。

（14）如图 3-2-34 所示，将排气凸轮轴调节器的定位销对准凸轮轴槽，同时将排气凸轮轴调节器 1 安装到排气凸轮轴上。

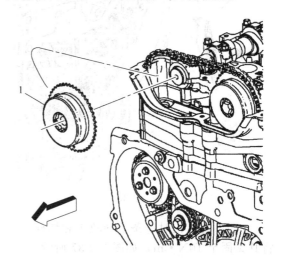

图 3-2-34

（15）用 23mm 的开口扳手顺时针转动排气凸轮轴约 45°，直至排气凸轮轴调节器 1 中的定位销进入凸轮轴槽，如图 3-2-35 所示。

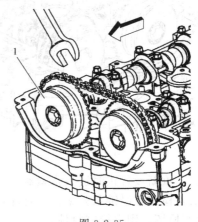

图 3-2-35

（16）调节器就位于凸轮上时，用手拧紧新的排气凸轮轴调节器螺栓。

（17）确认所有涂色链节与相应的正时标记仍对准。否则，重复上述程序以对准正时标记。

（18）安装正时链条导轨 1 和螺栓，并将其紧固至 12N·m，如图 3-2-36 所示。

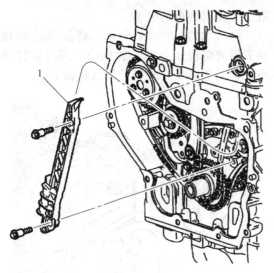

图 3-2-36

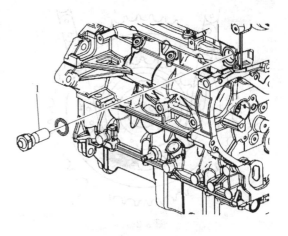

图 3-2-38

(19) 安装正时链条上导轨 1 和螺栓,并将其紧固至 10N·m,如图 3-2-37 所示。

(24) 安装凸轮轴调节器锁止工具 1,并拧紧安装螺栓至气缸盖内,如图 3-2-39 所示。

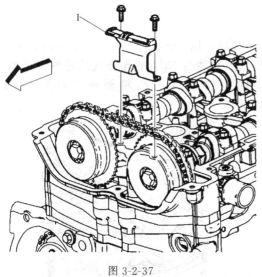

图 3-2-37

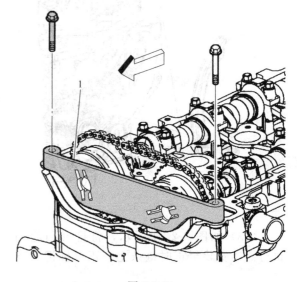

图 3-2-39

(20) 重新设置正时链条张紧器。

(21) 检查正时链条张紧器密封件是否损坏。如有损坏,则更换密封件。

(22) 检查并确保所有的污物和碎屑已从气缸盖的正时链条张紧器螺纹孔中被清除。

(23) 安装正时链条张紧器总成 1 并紧固至 75N·m,如图 3-2-38 所示。

注意 在整个拧紧过程中,确保正时链条张紧器密封件居中,以避免机油泄漏;必须安装曲轴带轮以便释放张紧器。

(25) 使用扭矩扳手,将凸轮轴调节器螺栓紧固至 30N·m+100°。

(26) 拆下凸轮轴调节器锁止工具。

(27) 安装正时链条机油喷嘴 1,并将螺栓紧固至 10N·m,如图 3-2-40 所示。

(28) 将密封胶涂抹在正时链条导板螺栓检修孔塞的螺纹上。

(29) 安装正时链条导板螺栓检修孔塞 1 并紧固至 75N·m,如图 3-2-41 所示。

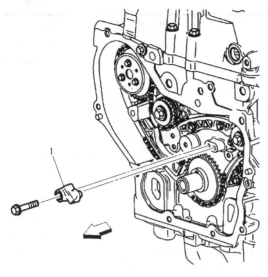

图 3-2-40

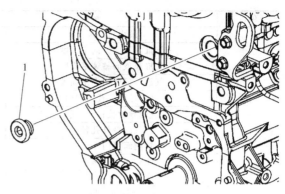

图 3-2-41

3. 发动机维修数据

别克 2.0L LTD 发动机维修数据如表 3-2-3 所示。

表 3-2-3　别克 2.0L LTD 发动机维修数据

项目	测量	标准值
平衡轴	轴承间隙	0.030~0.060mm
	轴承内径（托架）	20.050~20.063mm
	轴承外径（托架）	41.975~41.995mm
	轴承轴颈直径	20.000~20.020mm
	衬套间隙	0.033~0.102mm
	衬套内径	36.776~36.825mm
	衬套轴颈直径	36.723~36.743mm
	轴向间隙	0.050~0.300mm
气缸体	平衡轴轴承孔直径（托架）	42.000~42.016mm
	平衡轴衬套孔直径	40.763~40.776mm
	曲轴主轴承孔直径	64.068~64.082mm
	气缸直径	85.992~86.008mm
	最大气缸孔圆度	0.010mm
	最大气缸孔锥度	0.010mm
	气缸体顶面纵向平面度	0.050mm
	气缸体顶面整体平面度	0.08mm
	气缸体顶面横向平面度	0.030mm
凸轮轴	凸轮轴轴向间隙	0.040~0.144mm
	凸轮轴轴颈直径	26.935~26.960mm
	凸轮轴止推直径	21.000~21.052mm
连杆	连杆轴承间隙	0.029~0.073mm
	连杆孔径（轴承端）	52.118~52.134mm
	连杆孔径（活塞销端）	20.007~20.017mm
	连杆侧隙	0.070~0.370mm
	连杆最大弯曲直线度	0.021mm
	连杆最大扭曲直线度	0.04mm
曲轴	连杆轴颈直径	49.000~49.014mm
	曲轴轴向间隙	0.050~0.380mm
	曲轴主轴承间隙	0.031~0.067mm
	曲轴主轴颈直径	55.994~56.008mm

续表

项目	测量	标准值
气缸盖	最小总高度	128.9mm
	气缸盖顶面纵向平面度	0.050mm
	气缸盖顶面整体平面度	0.1mm
	气缸盖顶面横向平面度	0.030mm
	气门导管孔径(排气)	6.000~6.012mm
	气门导管孔径(进气)	6.000~6.012mm
	气门挺杆孔径	12.013~12.037mm
	铲削面气门座锥角	30°
	座合面气门座锥角	45°
	底切面气门座锥角	60°
	气门座圆度(最大值)	0.025mm
	气门座跳动量(最大值)	0.080mm
	气门座宽度(排气门座合面)	1.600mm
	气门座宽度(进气门座合面)	1.200mm
活塞环	活塞环端隙(第一道压缩环)	0.20~0.35mm
	活塞环端隙(第二道压缩环)	0.35~0.55mm
	活塞环端隙(油环刮片)	0.25~0.75mm
	活塞环至环槽间隙(第一道压缩环)	0.04~0.08mm
	活塞环至环槽间隙(第二道压缩环)	0.030~0.070mm
	活塞环至环槽间隙(油环)	0.058~0.207mm
	活塞环厚度(第一道压缩环)	1.170~1.190mm
	活塞环厚度(第二道压缩环)	1.471~1.490mm
	活塞环厚度(油环刮片-最大值)	0.473mm
	活塞环厚度(油环隔圈)	0.929~1.006mm
活塞和活塞销	活塞销至连杆孔间隙	0.007~0.020mm
	活塞销至活塞销孔间隙	0.004~0.012mm
	活塞销直径	19.997~20.000mm
	活塞销轴向间隙	0.410~1.266mm
	活塞直径	85.967~85.982mm
	活塞销孔直径	20.004~20.009mm
	活塞环槽宽度(油环)	2.01~2.03mm
	活塞环槽宽度(第二道)	1.52~1.54mm
	活塞环槽宽度(顶部)	1.23~1.25mm
	活塞至孔间隙	0.010~0.041mm
气门系统	气门锥角	45°
	气门锥面跳动量(最大值)	0.040mm
	气门座跳动量(最大值)	0.080mm
	排气门座宽度	1.6000mm
	进气门座宽度	1.2000mm
	排气门头直径	29.950~30.250mm
	进气门头直径	34.950~35.250mm
	排气门头倒角高度	1.1174mm
	进气门头倒角高度	1.0526mm
	排气门杆直径	5.935~5.950mm
	进气门杆直径	5.955~5.970mm
	关闭气门杆高度	32.500mm
	气门杆至导管间隙(排气门)	0.050~0.077mm
	气门杆至导管间隙(进气门)	0.030~0.057mm
	气门间隙调节器直径	11.986~12.000mm
	气门间隙调节器至孔间隙	0.013~0.051mm

续表

项目	测量	标准值
气门系统	摇臂滚柱直径	17.740～17.800mm
	气门弹簧自由长度	41.400～44.200mm
	气门弹簧安装高度(气门关闭)	32.500mm
	气门弹簧安装高度(气门打开)	22.500mm
	245.0～271.0N载荷下的气门弹簧长度(关闭)	32.5mm
	525.0～575.0N载荷下的气门弹簧长度(打开)	22.5mm

六、君威/君越（2.4L LAF）/别克 GL8（2.4L LE5）

1. 正时链条的拆卸

（1）顺时针旋转曲轴至1号活塞到排气行程上止点，然后安装凸轮轴调节器锁止工具1，如图3-2-42所示。

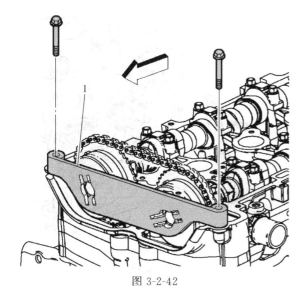

图 3-2-42

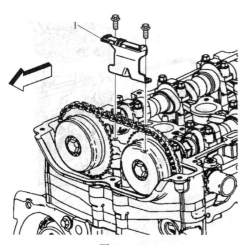

图 3-2-43

（2）将凸轮轴调节器锁止工具安装到气缸盖上并紧固至10N·m。

（3）松开进、排气凸轮轴调节器螺栓。

（4）拆下凸轮轴调节器锁止工具。

（5）拆下正时链条上导轨螺栓，取下正时链条上导轨1，如图3-2-43所示。

（6）拆下正时链条张紧器柱塞1，如图3-2-44所示。

图 3-2-44

注意 在拆下正时链条前，必须拆下正时链条张紧器来释放链条张力。

（7）用扳手2固定排气凸轮轴，如图3-2-45所示。

（8）拆下排气凸轮轴螺栓和排气凸轮轴调节器1，报废螺栓。

（9）拆下正时链条张紧器臂螺栓，取下正时链条张紧器臂1，如图3-2-46所示。

（10）拆下螺塞1，以接近正时链条导轨的螺栓，如图3-2-47所示。

（11）拆下正时链条导轨螺栓，取下正时链条导轨1，如图3-2-48所示。

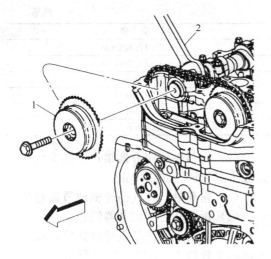

图 3-2-45

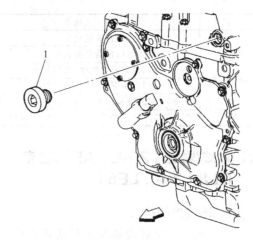

图 3-2-47

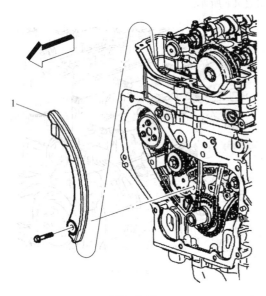

图 3-2-46

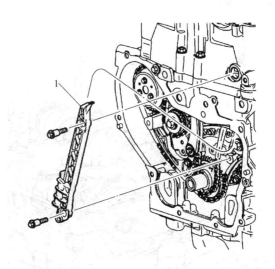

图 3-2-48

（12）如图 3-2-49 所示，用扳手固定进气凸轮轴，通过气缸盖顶部，拆下进气凸轮轴调节器螺栓、进气凸轮轴调节器 1 和正时链条 2，报废螺栓。

（13）在排气凸轮轴调节器锁紧槽 1 和进气凸轮轴调节器锁紧槽 2 与气缸盖对齐处做标记，如图 3-2-50 所示。

（14）拆下曲轴链轮 2 和摩擦垫圈 1（如装备），如图 3-2-51 所示。

（15）拆下正时链条机油喷嘴螺栓。

（16）拆下正时链条机油喷嘴 1，如图 3-2-52 所示。

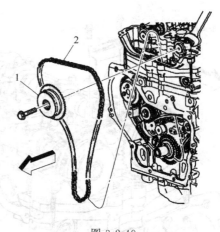

图 3-2-49

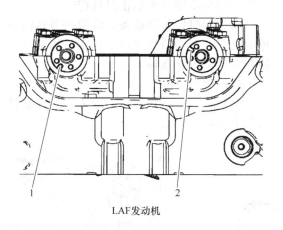
LAF发动机

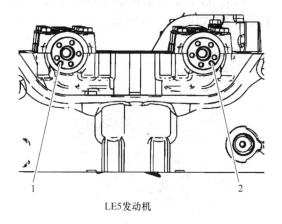
LE5发动机

图 3-2-50

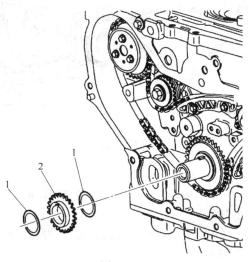

图 3-2-51

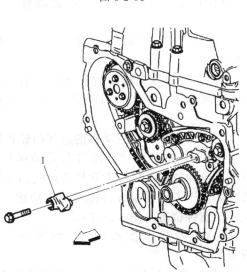

图 3-2-52

(17) 拆下平衡轴链条张紧器螺栓 1 和张紧器 2，如图 3-2-53 所示。

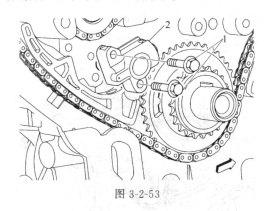

图 3-2-53

(18) 拆下平衡轴链条张紧器臂螺栓 1 和张紧器臂 2，如图 3-2-54 所示。

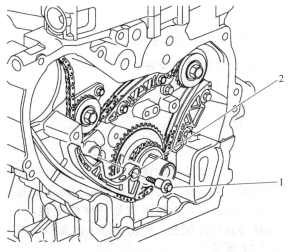

图 3-2-54

(19) 拆下平衡轴链条上导轨螺栓 1 和上导轨 2,如图 3-2-55 所示。

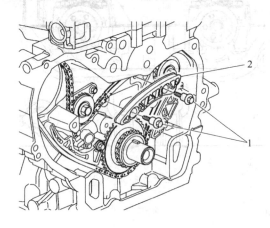

图 3-2-55

(20) 拆下平衡轴链条下导轨螺栓 1 和下导轨 2,如图 3-2-56 所示。

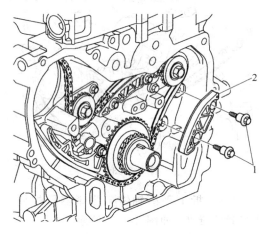

图 3-2-56

(21) 拆下平衡轴链条。

2. 正时链条的安装

(1) 安装平衡轴链轮和键。

注意 如果平衡轴不能与发动机正确正时,发动机可能会振动或产生噪声。

(2) 安装平衡轴链条,使涂色链节对准平衡轴链轮和曲轴链轮上的标记。链条上有 3 节涂色链节,2 节链节是一样的颜色,1 节链节是特殊颜色。平衡轴链条的安装如图 3-2-57 所示。

(3) 放好有特殊颜色的链节 1,使其对准进气侧平衡轴链轮的正时标记。

(4) 顺时针包绕链条,将第一节相同颜色的链节 2 对准曲轴链轮上的正时标记(大约在曲轴链轮 6 点钟位置)。

(5) 将链条 3 放置在水泵链轮上。

(6) 将第二节相同颜色的链节 4 对准排气侧平衡轴链轮的正时标记。

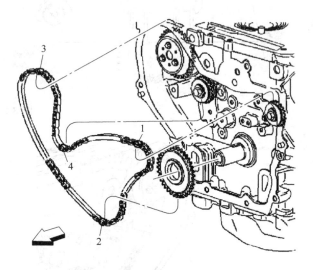

图 3-2-57

(7) 安装平衡轴链条。

(8) 安装平衡轴链条下导板(图 3-2-56)。

(9) 安装平衡轴链条上导板(图 3-2-55)。

(10) 安装平衡轴链条张紧器臂(图 3-2-54)。

(11) 安装平衡轴链条张紧器(图 3-2-53)。

(12) 设置发动机 1 缸上止点位置,使 1 号活塞位于上止点,曲轴键位于 12 点钟位置。

(13) 确保 LAF 发动机的进气凸轮轴槽口 2 位于 10 点钟位置且排气凸轮轴槽口 1 位于 7 点钟位置;LE5 发动机的进气凸轮轴槽口 2 位于 5 点钟位置且排气凸轮轴槽口 1 位于 7 点钟位置(图 3-2-50)。

(14) 安装摩擦垫圈 1,如图 3-2-58 所示。

(15) 将正时链条链轮 3 安装至曲轴上,正时标记 2 在 5 点钟位置,且链轮前部朝外。

（16）安装第二个摩擦垫圈 1（如装备）。

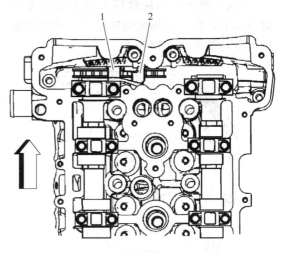

图 3-2-60

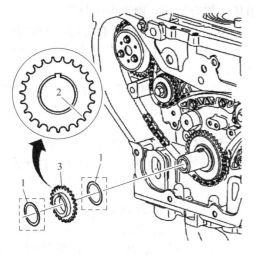

图 3-2-58

> **注意** 正时链条上有 3 节涂色链节，2 节链节是一样的颜色，1 节链节是特殊颜色。执行以下程序以将链节对准执行器，定位链条，使涂色链节可见。

（17）将进气凸轮轴执行器装配到正时链条上，使进气凸轮轴链轮上的正时标记对准有特殊颜色的链节 1，如图 3-2-59 所示。

准凸轮轴槽，同时将调节器安装在进气凸轮轴上。

（20）用手拧紧新的进气凸轮轴调节器螺栓。

> **注意** 务必使用新的调节器螺栓。

（21）将正时链条包绕在曲轴链轮上，将第一节相同颜色的链节 1 对准曲轴链轮上的正时标记，大约在 5 点钟位置，如图 3-2-61 所示。

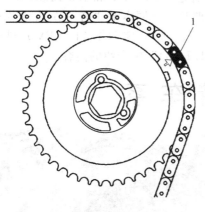

图 3-2-59

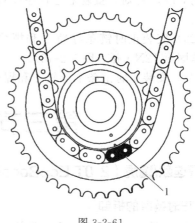

图 3-2-61

（18）降下正时链条，穿过气缸盖的开口。小心并确保链条围绕在气缸体凸台 1、2 的两侧，如图 3-2-60 所示。

（19）将进气凸轮轴调节器的定位销对

（22）顺时针转动曲轴以消除所有链条间隙。切勿转动进气凸轮轴。

（23）向下穿过气缸盖的开口，安装正时链条张紧器臂 1，然后安装正时链条张紧器臂螺栓并紧固至 10N·m（图 3-2-46）。

(24）将排气凸轮轴调节器 1 安装至正时链条上，将正时标记对准第二节相同颜色的链节，如图 3-2-62 所示。

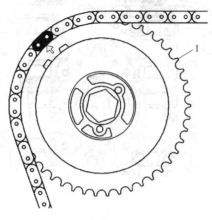

图 3-2-62

(25）将排气凸轮轴调节器的定位销对准凸轮轴槽，同时将排气凸轮轴调节器安装到排气凸轮轴上。

(26）用 23mm 的开口扳手顺时针转动排气凸轮轴，直至排气凸轮轴调节器 1 中的定位销进入凸轮轴槽（图 3-2-45）。

(27）调节器就位于凸轮上时，用手拧紧新的排气凸轮轴调节器螺栓。

(28）确认所有涂色链节与相应的正时标记仍对准。否则，重复上述程序以对准正时标记。

(29）安装正时链条导轨 1 和螺栓，并将其紧固至 12N·m（图 3-2-48）。

(30）安装正时链条上导轨 1 和螺栓，并将其紧固至 10N·m（图 3-2-43）。

(31）重新设置正时链条张紧器。

(32）检查正时链条张紧器密封件是否损坏。如有损坏，则更换密封件。

(33）检查并确保所有的污物和碎屑已从气缸盖的正时链条张紧器螺纹孔中被清除。

(34）安装正时链条张紧器总成 1 并紧固至 75N·m（图 3-2-44）。

注意 在整个拧紧过程中，确保正时链条张紧器密封件居中，以避免机油泄漏；必须安装曲轴带轮以便释放张紧器。

(35）安装凸轮轴调节器锁止工具 1，并拧紧安装螺栓至气缸盖内（图 3-2-42）。

(36）使用扭矩扳手，将凸轮轴调节器螺栓紧固至 30N·m+100°。

(37）拆下凸轮轴调节器锁止工具。

(38）安装正时链条机油喷嘴 1 并将螺栓紧固至 10N·m（图 3-2-52）。

(39）将密封胶涂抹在正时链条导轨螺栓检修孔塞的螺纹上，安装检修孔塞 1 并紧固至 75N·m（图 3-2-47）。

七、威朗/君威/君越/昂科威（1.5T LFV）/威朗（1.5L L3G）

别克 1.5T LFV 和 1.5L L3G 发动机正时的调整方法同本章"第一节 雪佛兰车系"的"八、迈锐宝（1.5T LFV）/科鲁兹（1.5L L3G）"中介绍的内容。

第三节 福 特 车 系

一、蒙迪欧/翼虎（2.0T EcoBoost）

1. 正时链条的拆卸

（1）如图 3-3-1 所示，拧松带轮中心螺栓，拆下带轮。

（2）拆下曲轴位置传感器，如图 3-3-2 所示。

（3）拆下带轮摩擦垫圈。

（4）拆下发动机正时前盖。

图 3-3-1

图 3-3-2

(5) 按图 3-3-3 中数字顺序推入正时链条张紧器柱塞，然后插入定位销锁止张紧器，以释放链条张紧力。

图 3-3-3

(6) 用扳手固定住凸轮轴，拧松凸轮轴链轮螺栓。

(7) 取下凸轮轴链轮和正时链条。

2. 正时链条的安装

(1) 调整凸轮轴的位置，以便能顺利安装凸轮轴锁止工具，如图 3-3-4 所示。

图 3-3-4

(2) 安装凸轮轴链轮和正时链条。

(3) 用手拧紧凸轮轴链轮螺栓。

(4) 按图 3-3-5 箭头所示拉出张紧器锁止销以张紧正时链条。

图 3-3-5

(5) 如图 3-3-6 所示，用开口扳手固定凸轮轴，然后拧紧凸轮轴链轮螺栓（力矩：72N·m）。

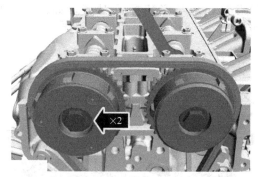

图 3-3-6

(6) 安装发动机正时前盖。

(7) 安装新的曲轴带轮摩擦垫圈。

(8) 安装曲轴位置传感器，如图 3-3-7

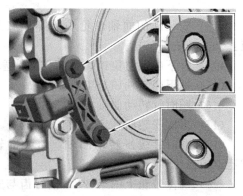

图 3-3-7

所示。

(9) 拆下气缸盖上的堵塞,在堵塞孔处插入定位销,如图 3-3-8 所示。

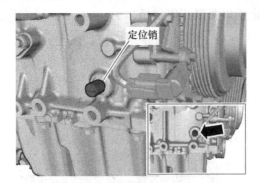

图 3-3-8

(10) 顺时针转动曲轴,直至曲轴被定位销挡住。

(11) 拧下曲轴带轮中心螺栓。

(12) 安装曲轴带轮,确保带轮上的第 20 个信号齿(逆时针从齿缺开口第 1 个信号齿数起)与安装标记对齐,如图 3-3-9 所示。

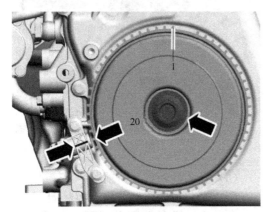

图 3-3-9

(13) 安装新的曲轴带轮中心螺栓(力矩:100N·m+90°)。

(14) 拆下曲轴定位销,重新拧上堵塞。

(15) 拆下凸轮轴锁止工具。

(16) 顺时针转动曲轴 1.75 圈。

(17) 再次安装曲轴定位销。

(18) 顺时针缓慢转动曲轴,直到曲轴被定位销挡住。

(19) 确保带轮上的第 20 个信号齿与安装标记对齐,同时能顺利安装凸轮轴锁止工具。

(20) 拆下凸轮轴锁止工具。

(21) 拆下曲轴定位销。

二、蒙迪欧(2.0L Duratec-HE)/致胜/麦柯斯(2.3L Duratec-HE)

1. 正时链条的拆卸

(1) 转动曲轴至 1 缸上止点前 45°,如图 3-3-10 所示。

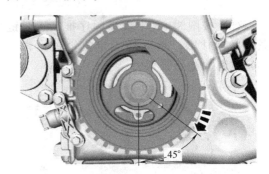

图 3-3-10

(2) 拆下曲轴带轮。

(3) 取下带轮摩擦垫圈。

(4) 拆下发动机正时前盖。

(5) 按图 3-3-11 所示方法锁止正时链条张紧器,释放链条张紧力:沿箭头 1 方向压正时链条张紧器臂,用打孔器按箭头 2 所示松开张紧器棘爪,然后按箭头 3 所示插入张紧器锁止销。

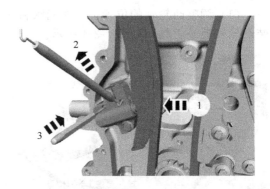

图 3-3-11

(6) 用扳手固定住凸轮轴,拧松凸轮轴链轮螺栓。

(7) 取下凸轮轴链轮和正时链条。

2. 正时链条的安装

(1) 调整凸轮轴的位置,以便能顺利安装凸轮轴锁止工具,如图 3-3-12 所示。

图 3-3-12

(2) 安装凸轮轴链轮和正时链条。
(3) 用手拧紧凸轮轴链轮螺栓。
(4) 如图 3-3-13 所示拉出张紧器锁止销,张紧正时链条。

图 3-3-13

(5) 如图 3-3-14 所示,用开口扳手固

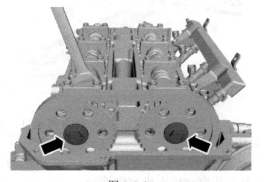

图 3-3-14

定凸轮轴,然后拧紧凸轮轴链轮螺栓(力矩:72N·m)。

(6) 安装发动机正时前盖。
(7) 安装一个新的曲轴带轮摩擦垫圈,如图 3-3-15 所示。

图 3-3-15

(8) 拆下气缸盖上的堵塞,如图 3-3-16 所示。

图 3-3-16

(9) 在堵塞孔处插入定位销,如图 3-3-17 所示。

图 3-3-17

(10) 顺时针转动曲轴,直至曲轴被定位销挡住。

（11）拧下曲轴带轮中心螺栓。
（12）安装曲轴带轮。
（13）将 M6 螺栓安装到曲轴带轮上，用手拧紧，如图 3-3-18 所示。

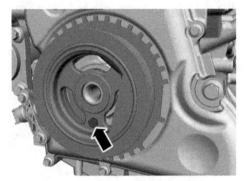

图 3-3-18

（14）安装新的曲轴带轮中心螺栓（力矩：100Nm＋90°）。
（15）拆下曲轴带轮上的 M6 螺栓。
（16）拆下曲轴定位销，重新拧上堵塞。
（17）拆下凸轮轴锁止工具。
（18）顺时针转动曲轴 2 圈。
（19）安装曲轴定位销。
（20）顺时针慢慢转动曲轴，直到曲轴被定位销挡住。
（21）确保 M6 螺栓能安装到曲轴带轮上，同时能顺利安装凸轮轴锁止工具。
（22）拆下凸轮轴锁止工具。
（23）拆下曲轴定位销。

三、嘉年华（1.3L/1.5L）

1. 正时链条的拆卸

（1）拆卸气门室盖和附件传动带。
（2）顺时针旋转曲轴至 1 缸上止点，对齐正时标记，如图 3-3-19 所示。
（3）断开曲轴位置传感器线束插头，如图 3-3-20 所示。

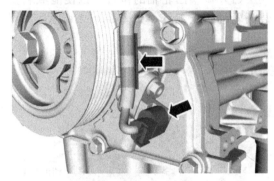

图 3-3-20

（4）拆卸曲轴带轮和曲轴前密封件。
（5）拧下图 3-3-21 所示正时室盖上的螺栓。

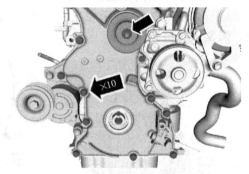

图 3-3-21

（6）如图 3-3-22 所示，用卧式千斤顶和木块托举发动机。

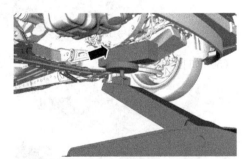

图 3-3-22

（7）拆卸图 3-3-23 中所示的螺栓 1、2 和部件。
（8）拆卸图 3-3-24 中所示的螺栓 1、2、3 及右侧发动机支座和搭铁线。

图 3-3-19

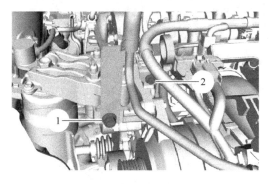

图 3-3-23

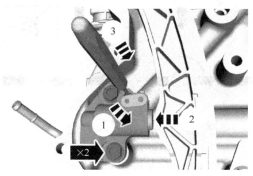

图 3-3-26

图 3-3-24

(9) 拧下图 3-3-25 所示正时室盖上部的固定螺栓,然后取下正时室盖。

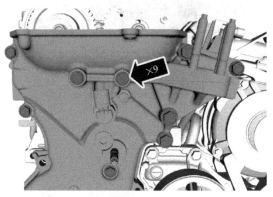

图 3-3-25

(10) 按图 3-3-26 所示方法锁止正时链条张紧器,释放链条张紧力:按箭头 1 所示方向松开张紧器锁片,然后沿箭头 2 方向压正时链条张紧器臂,按箭头 3 所示插入张紧器锁止销。

(11) 拆卸张紧器臂螺栓 1 及张紧器臂,取下正时链条 2,再拆卸链条导轨螺栓 3 和导轨,如图 3-3-27 所示。

图 3-3-27

2. 正时链条的安装

(1) 对好曲轴与凸轮轴链轮上的正时标记,如图 3-3-28 所示。

(2) 安装链条导轨,拧紧链条导轨螺栓 3,然后安装正时链条 2,再安装张紧器臂,拧紧张紧器臂螺栓(图 3-3-27)1。

(3) 如图 3-3-29 所示,安装链条张紧器,拧紧螺栓 1,然后按箭头 2 所示方向拉出张紧器锁止销,张紧正时链条。

(4) 按图 3-3-30 所示在正时室盖上涂上密封胶,然后安装正时室盖。

(5) 按图 3-3-31 中数字所示顺序拧紧正时室盖固定螺栓(⑨为 9N·m,⑦、⑪、

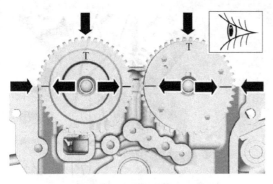

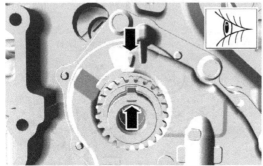

图 3-3-28

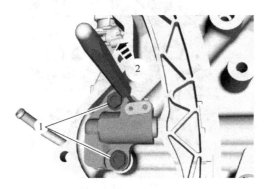

图 3-3-29

⑯、⑲为 45N·m，其他为 22N·m）。

(6) 安装图 3-3-32 所示的惰轮，并拧紧螺栓至 45N·m。

(7) 安装所有发动机右侧支座螺栓并用手拧紧，然后再拧紧，螺栓 1 的拧紧力矩为 9N·m，螺栓 2 的拧紧力矩为 69N·m，螺栓 3 的拧紧力矩为 69N·m（图 3-3-24）。

(8) 放下卧式千斤顶和木块。

(9) 安装曲轴前密封件和曲轴带轮。

(10) 连接曲轴位置传感器线束插头。

(11) 安装图 3-3-23 中所示部件并拧紧螺栓 1 和 2。

(12) 安装发动机附件传动带和气门室盖。

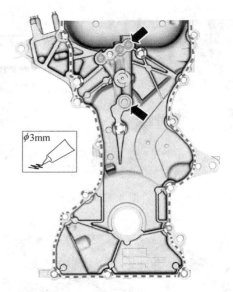

图 3-3-30

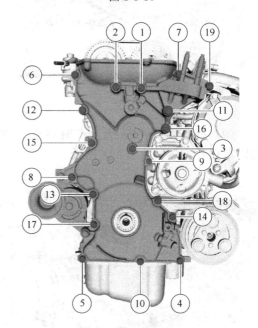

图 3-3-31

图 3-3-32

四、嘉年华（1.6L JL482QA/1.3L A9JA）

1. 正时系统部件图（图 3-3-33）

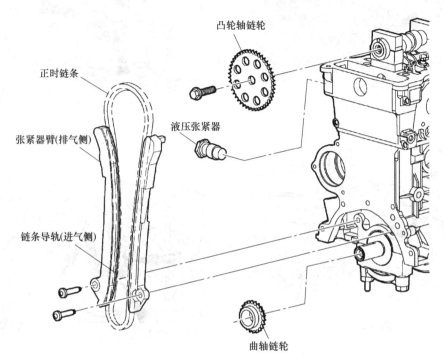

图 3-3-33

2. 正时链条的拆卸

（1）举升汽车，然后拆卸机油泵。
（2）降下车辆。
（3）拆卸气门室盖。
（4）顺时针转动发动机曲轴至 1 缸上止点，凸轮轴链轮的正时标记必须置于 12 点钟位置，如图 3-3-34 所示。
（5）拆卸图 3-3-35 中所示的正时链条液压张紧器。

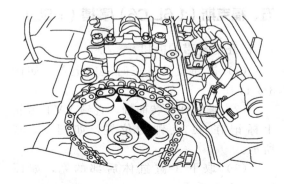

图 3-3-34

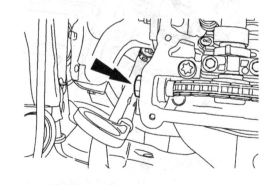

图 3-3-35

（6）使用专用扳手拆卸凸轮轴链轮，如图 3-3-36 所示。
（7）再次举升车辆，拆卸正时链条张紧器臂，如图 3-3-37 所示。
（8）拆卸正时链条及曲轴链轮，如图 3-3-38 所示。

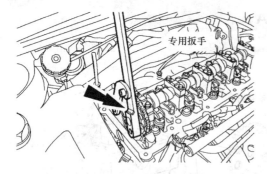

图 3-3-36

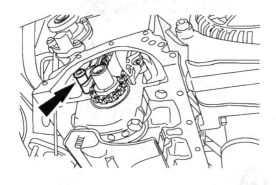

图 3-3-37

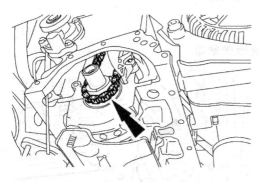

图 3-3-38

3. 正时链条的安装

（1）安装曲轴链轮。确保曲轴链轮的正时标记位于 6 点钟位置，如图 3-3-39 所示。

（2）安装正时链条。曲轴链轮的正时标记必须和正时链条上的标记链节对齐，如图 3-3-40 所示。

（3）安装正时链条张紧器臂。

（4）降下车辆。

（5）安装凸轮轴链轮和链条。确保凸轮轴链轮的正时标记置于 12 点钟位置，凸轮

图 3-3-39

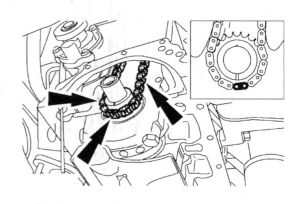

图 3-3-40

轴链轮的正时标记和正时链条上的标记链节对齐（图 3-3-34）。

（6）使用专用工具，旋紧凸轮轴链轮螺栓。

（7）安装正时链条液压张紧器，用 40 N·m 的力矩拧紧。

（8）安装机油泵。

（9）安装气门室盖。

五、福克斯（1.6L C6）/翼搏（1.5L）

1. 正时皮带的拆卸

（1）拆卸发动机正时室中上盖，如图 3-3-41 所示。

（2）顺时针旋转曲轴，直到 VVT 带轮上标记在 11 点钟的位置，如图 3-3-42 所示。

（3）取下 1 缸缸体后部的塞，如图 3-3-43 箭头所示。

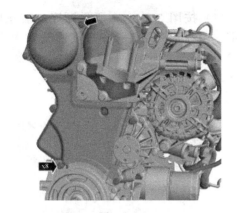

图 3-3-41

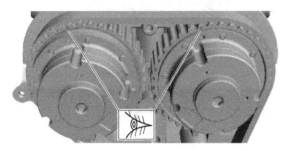

图 3-3-42

图 3-3-43

（4）安装曲轴锁止工具 303-748，如图 3-3-44 所示。

图 3-3-44

（5）顺时针方向旋转曲轴，直到转不动为止就是 1、4 缸上止点位置。

（6）安装飞轮锁止工具，如图 3-3-45 所示。

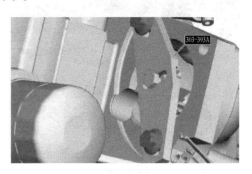

图 3-3-45

（7）拆下并丢弃曲轴带轮螺栓，取下曲轴带轮，如图 3-3-46 所示。

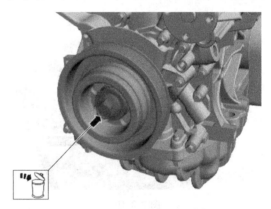

图 3-3-46

（8）拆下发动机正时室下盖，如图 3-3-47 所示。

图 3-3-47

(9) 拆下发动机正时室上盖及发动机支座，如图 3-3-48 所示。

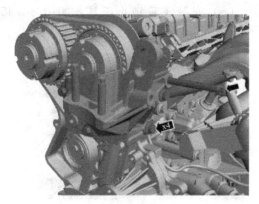

图 3-3-48

(10) 在两个 VVT 带轮上安装锁止工具 303-1097（专用工具的箭头朝上），如图 3-3-49 所示。

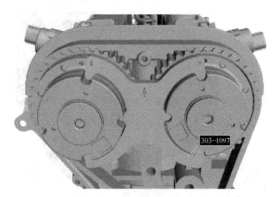

图 3-3-49

(11) 转动正时皮带张紧器，安装张紧器锁止工具 303-1054，如图 3-3-50 所示。

(12) 取下正时皮带。

2. 正时皮带的安装

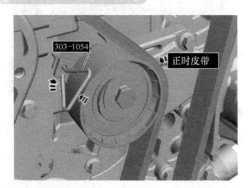

图 3-3-50

(1) 按图 3-3-51 中所示顺序安装正时皮带：曲轴正时带轮 1→进气凸轮轴 VVT 带轮 2→排气凸轮轴 VVT 带轮 3→惰轮 4。

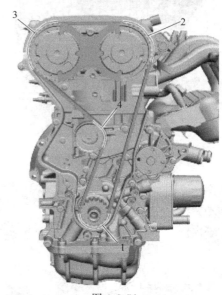

图 3-3-51

(2) 取下正时皮带张紧器锁止工具 303-1054，如图 3-3-52 所示。

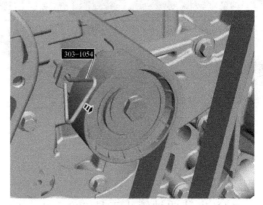

图 3-3-52

(3) 安装发动机正时室下盖（图 3-3-47）。

(4) 安装曲轴带轮。

(5) 拆下曲轴锁止工具 303-748（图 3-3-44）。

(6) 拆下飞轮锁止工具（图 3-3-45）。

(7) 从 VVT 带轮上拆下锁止工具 303-1097（图 3-3-49）。

(8) 顺时针旋转曲轴大约 $1\frac{3}{4}$ 圈。

(9) 再次安装曲轴锁止工具 303-748（图 3-3-44）。

(10) 顺时针转动曲轴,直到转不动为止。

(11) 再次在两个 VVT 带轮上安装锁止工具 303-1097(专用工具的箭头朝上)(图 3-3-49)。

> **注意** 只有正时调整正确,才能将锁止工具 303-1097 安装到 VVT 带轮上。

(12) 拆下锁止工具 303-1097。

(13) 拆下曲轴锁止工具 303-748。

(14) 安装 1 缸缸体后部的塞,拧紧至 20N·m。

(15) 安装发动机正时室上盖及发动机支座(图 3-3-48)。

(16) 安装发动机正时室中上盖(图 3-3-41)。

第四节 JEEP 汽车

一、JEEP 指南者(2.0L/2.4L)

1. 正时系统部件图(图 3-4-1)

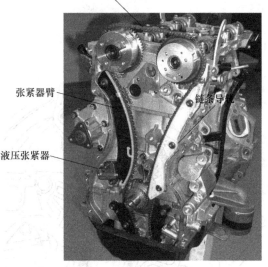

图 3-4-1

2. 正时系统示意图(图 3-4-2)

正时标记检查:

(1) 排气凸轮轴链轮正时标记位于 3:00 位置,与缸盖平面对齐;进气凸轮轴链轮正时标记位于 9:00 位置,与缸盖平面对齐。

(2) 匹配曲轴带轮标记在 9:00 位置,这样曲轴链轮接近 5:30 位置。

平衡轴正时说明:

设置曲轴链轮正时标记在 2:00 位置,机油泵/平衡轴链轮正时标记在 8:00 位置,

匹配电镀链节对准链轮上的圆点。

3. 正时链条的拆卸

(1) 顺时针转动曲轴,将发动机设置到 TDC,使壳体上的标记 1 对准标记 2,如图 3-4-3 所示。

(2) 拆卸正时链条盖罩。

(3) 凸轮轴链轮标记 2 对齐时,标记 1 对应于凸轮轴正时链条标记链节,如图 3-4-4 所示。

> **注意** 如果拆卸下来的正时链条的电镀链节不可见,且需再次使用此链条时,则必须在拆卸之前,标记正时链条的链节对应于正时的标记(即拆卸前做好标记)。

(4) 标记对应于曲轴正时标记 2 的链节 3,如图 3-4-5 所示。机油泵/平衡轴驱动链轮的正时标记 4 对应副正时链条的链节 1。

(5) 拆卸正时链张紧器。

(6) 取下正时链条。

二、JEEP 牧马人(3.8L)

正时链条的安装方法如下。

(1) 转动曲轴,使正时箭头到达 12 点钟位置(正时标记 4),如图 3-4-6 所示。

> **注意** 在安装之前,用清洁的发动机机油润滑正时链条和链轮。

(2) 用手保持凸轮轴链轮和链条不动,将正时链条安装到链轮周围,凸轮轴链轮上的点 1 对齐放平的链节 2。将正时箭头置于 6 点钟位置。

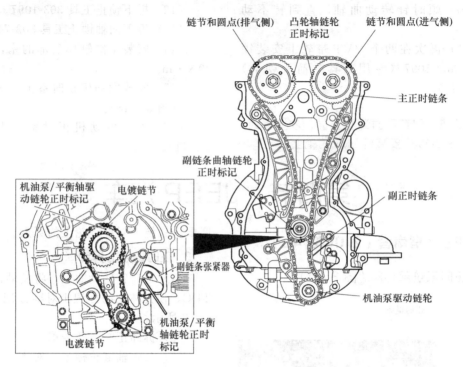

图 3-4-2

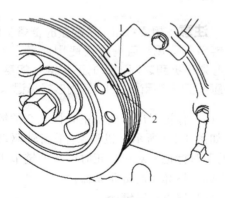

图 3-4-3

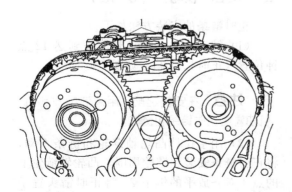

图 3-4-4

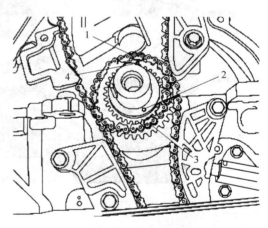

图 3-4-5

(3) 将正时链条放置到曲轴链轮周围,让放平的链节 2 与曲轴链轮上的点 3 对齐。将凸轮轴链轮安装到位。

(4) 使用直尺检查正时标记是否对齐。

(5) 安装凸轮轴链轮螺栓和垫圈,紧固螺栓至 54N·m。

(6) 转动曲轴 2 圈,并检查正时标记是否对齐。如果正时标记没有对齐,拆卸凸轮轴链轮,重新对齐。

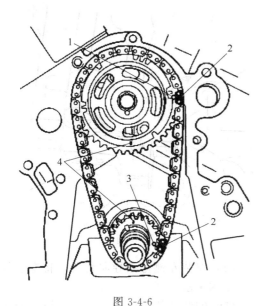

图 3-4-6

三、JEEP 指挥官（4.7L V8）

1. 发动机正时系统说明

北京 JEEP 指挥官 4.7L V8 发动机的正时链条传动系统和正时标记如图 3-4-7 所示。

正时链条传动系统包含一个主链条传动装置和两个副链条传动装置。

主链条传动利用单根齿轮链条来实现。主链条传动装置通过曲轴上的一个 25 齿的链轮驱动惰轮轴上一个 50 齿的惰轮。主链条传动的张紧装置由一个机械张紧轮来控制。

主链条传动装置通过副链条传动装置飞溅的机油和机油泵正面渗漏的机油进行润滑。

副链条传动装置包括两个对称的齿形链，用于传动各个 SOHC 缸盖内的凸轮轴。在副链条驱动系统中没有轴速变化。每一个副链条通过惰轮链轮组件上的 26 齿链轮直接驱动一个 26 齿凸轮轴链轮。

2. 发动机正时的检查

（1）转动曲轴，对齐曲轴带轮上的正时标记 2 和正时链条盖罩 1 上的 TDC 标记，如图 3-4-8 所示。

（2）查看凸轮轴链轮的位置，如图 3-4-9 所示。

（3）如果发动机凸轮轴链轮上的 V8 标记在正上（12 点钟）位置，那么 1 缸活塞在排气行程的上止点。如果发动机凸轮轴链轮上的 V8 标记在正下（6 点钟）位置，那么 1 缸活塞在压缩行程的上止点。

> **注意** 当曲轴减振器处在上止点，如果两个凸轮轴驱动齿轮的标记都指在正上（12 点钟）或正下（6 点钟）的位置，那么发动机正时正确。

3. 正时链条的安装

（1）如图 3-4-10 所示，利用台虎钳 1 轻轻地压副链条张紧器柱塞 5，直至柱塞止杆与张紧器体平齐。利用销子或合适的工具，通过张紧器一侧的检修口向后拨棘爪 3 松开棘轮 4，将棘爪机构从张紧器体推离约 2mm。将锁销 2 安装在张紧器前面的孔内，缓慢地打开台虎钳，将柱塞弹簧力转移到锁销。

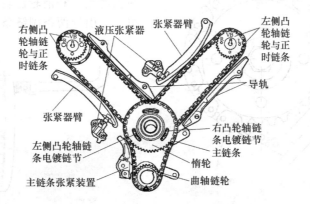

图 3-4-7

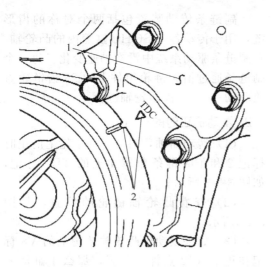

图 3-4-8

(2) 将主链条张紧器定位于机油泵上,并在张紧器支架下部的两个孔中插入螺栓,将螺栓拧紧至 28N·m。

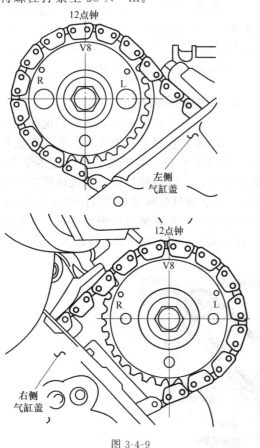

图 3-4-9

(3) 安装右侧链条张紧器支架。在螺栓上使用锁止密封剂,将螺栓拧紧至 28N·m。

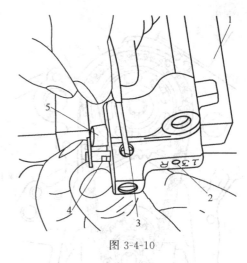

图 3-4-10

(4) 安装左侧链条导向装置,将螺栓拧紧至 28N·m。

(5) 安装左侧张紧器臂。在螺栓上使用锁止密封剂,将螺栓拧紧至 28N·m。

(6) 安装右侧链条导向装置,将螺栓拧紧至 28N·m。

(7) 如图 3-4-11 所示,将两根副链条 2、5 安装到惰轮链轮上。对齐副链条上的两个电镀链节,并且通过惰轮 4 上的两个较低开口可观察得到这两个链环(4 点钟和 8 点钟位置)。一旦副链条安装好,使用专用工具 8429(包括 1、3、6)固定住链条进行安装。

(8) 将主链条双电镀链节与惰轮上 12 点钟位置的正时标记对齐。将主链条的单电镀链节与曲轴链轮上 6 点钟位置的正时标记对齐。

(9) 用发动机机油润滑惰轮轴和轴衬。

(10) 如图 3-4-12 所示,将所有链条、曲轴链轮 3 和惰轮链轮(1、2)安装为一个组件。引导两条副链条通过机体和缸盖开口

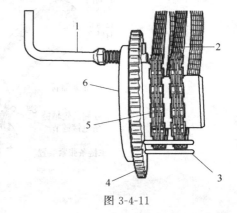

图 3-4-11

后，用弹性带或同等物固定链条，这样可以保持链条张紧度，便于安装。

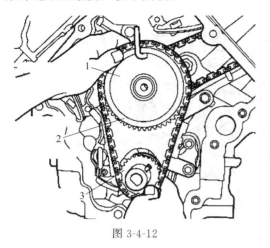

图 3-4-12

(11) 将左凸轮轴链轮上的 L 点与链条上的电镀链节对齐。

(12) 将右凸轮轴链轮 R 点与链条上的电镀链节对齐。

(13) 取下专用工具 8429，然而将两个链轮装到凸轮轴上。擦掉螺栓上多余的油，然后安装链轮螺栓，但此时不要拧紧。

(14) 确认所有电镀链节已与所有链轮上的标记对齐，并且凸轮轴链轮上的 V8 标记处于 12 点钟的位置。

(15) 安装两个副链条张紧器。将螺栓拧紧至 28N·m。

(16) 安装惰轮链轮螺栓之前，用机油润滑垫圈，将惰轮链轮组件的固定螺栓拧紧至 34N·m。

(17) 从张紧器上拆下所有锁销。

(18) 将左凸轮轴链轮拧紧至 122N·m。

(19) 将右凸轮轴链轮拧紧至 122N·m。

(20) 使发动机完整转动 2 圈。确认正时标记处于以下位置上。

① 主链条惰轮链轮点在 12 点钟位置。

② 主链条曲轴链轮点在 6 点钟位置。

③ 副链条凸轮轴链轮 V8 标记在 12 点钟位置。

四、JEEP 指挥官（5.7L V8）

正时链条的拆卸方法如下。

(1) 拆卸正时链条盖，如图 3-4-13 所示。拆卸正时链条盖时，无须拆卸水泵。只要将穿过正时链条盖，拧入发动机气缸体的水泵螺栓拆除即可。

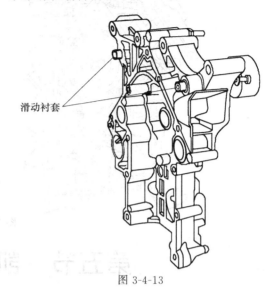

图 3-4-13

(2) 旋转曲轴对齐正时链轮和键。

> **注意** 凸轮轴键和凸轮轴链轮 2 内的槽口必须在 12 点钟位置，曲轴键必须在 2 点钟位置，曲轴链轮 1 安装后必须使圆点或喷漆标记位于 6 点钟位置，如图 3-4-14 所示。

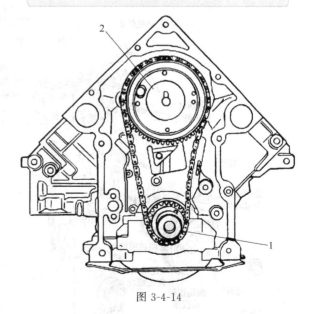

图 3-4-14

(3) 拆除机油泵。

(4) 压缩张紧器臂 1，当张紧器臂中的孔对齐支架中的孔，插入定位销 2，如图3-4-15所示。

(5)拆除凸轮轴链轮固定螺栓,并将正时链条连同曲轴及凸轮轴链轮一并拆除。

(6)如要更换张紧器组件,先拆除将张紧器固定于缸体的螺栓,然后拆除张紧器组件。

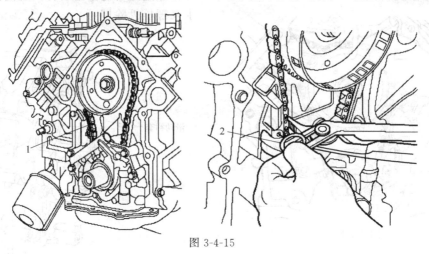

图 3-4-15

第五节　凯迪拉克车系

一、ATS/ATS-L/CT6/XTS(2.0L LTG)

1. 正时系统部件图(图 3-5-1)

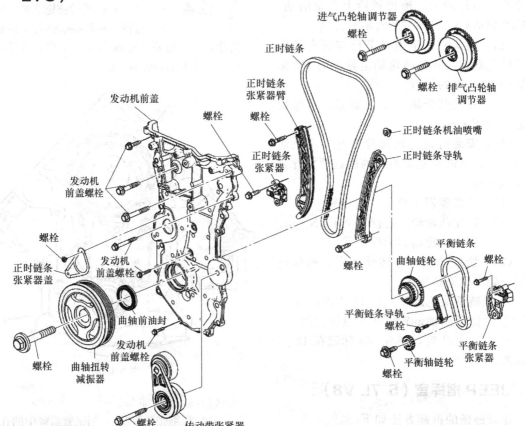

图 3-5-1

2. 正时链条的拆卸

（1）拆下发动机前盖。

（2）拆下正时链条上导轨螺栓 2、3，如图 3-5-2 所示。

（3）拆下正时链条上导轨 1。

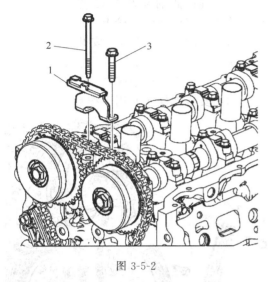

图 3-5-2

（4）拆下正时链条张紧器螺栓 1 和正时链条张紧器 2，如图 3-5-3 所示。

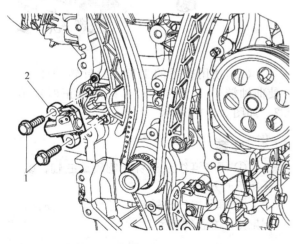

图 3-5-3

（5）拆下正时链条张紧器臂螺栓 1，如图 3-5-4 所示。

（6）拆下正时链条张紧器臂 2。

（7）拆下正时链条导轨螺栓 1，如图 3-5-5 所示。

（8）拆下正时链条导轨 2。

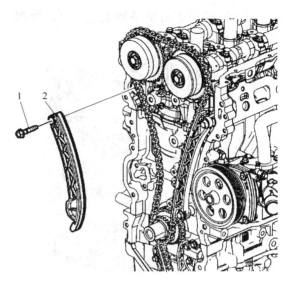

图 3-5-4

图 3-5-5

（9）拆下正时链条 1，如图 3-5-6 所示。

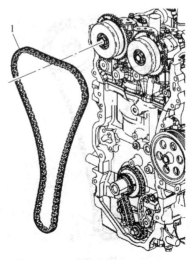

图 3-5-6

(10) 拆下正时链条机油喷嘴 1，如图 3-5-7 所示。

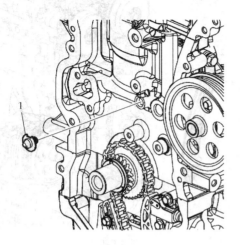

图 3-5-7

(11) 清洁和检查凸轮轴正时链条、链轮和张紧器。

3. 正时链条的安装

(1) 安装正时链条机油喷嘴 1（图 3-5-7）。

> **注意** 确保正时链条机油喷嘴转动时槽口向上，并且喷嘴对准发动机气缸体上的凸舌。

(2) 将正时链条包绕到进气和排气凸轮轴调节器上，同时将唯一颜色的链节 2 对准排气凸轮轴调节器 3 上的正时标记，如图 3-5-8 所示。

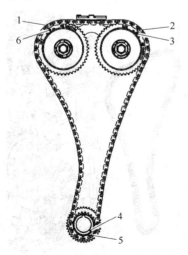

图 3-5-8

> **注意** 进气执行器所对应的相同颜色链节在最初时将不对准进气调节器正时标记，唯一颜色的正时链节也不对准曲轴链轮正时标记。

(3) 确保曲轴键处于 12 点钟位置。将正时链条包绕到曲轴链轮上。

(4) 如图 3-5-9 所示，安装正时链条导轨 2 和上部螺栓 1，并仅用手拧紧。

(5) 安装正时链条张紧器臂 3。

(6) 安装螺栓 4 并用手拧紧。

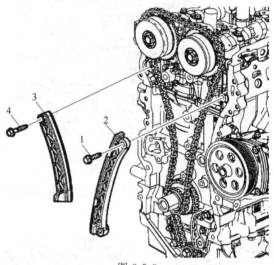

图 3-5-9

(7) 使用合适的工具逆时针转动曲轴，使曲轴链轮 1 上的正时标记对准正时链节 2，如图 3-5-10 所示。

> **注意**
> ① 需要连续逆时针方向转动曲轴，以保持正时对准。
> ② 确保排气凸轮轴调节器上的正时标记始终对准正时链节。

(8) 将正时链条导轨的下端旋转到安装位置，并安装下部螺栓 3。

(9) 将正时链条导轨上、下部螺栓紧固至 25N·m。

(10) 如图 3-5-11 所示，使用合适的工具逆时针转动进气凸轮轴，直到进气凸轮轴调节器 2 上的正时标记对准正时链节 1。保持进气凸轮轴上的张紧力，直到正时链条张紧器能够安装和启用。

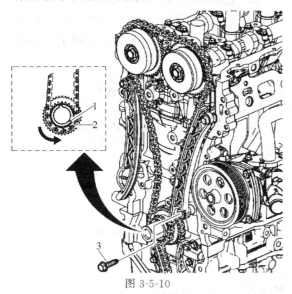

图 3-5-10

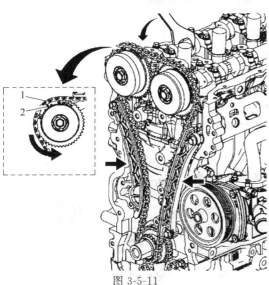

图 3-5-11

(11) 安装正时链条张紧器 2, 并将正时链条张紧器螺栓 1 紧固至 25N·m (图 3-5-3)。

(12) 确认正时链条上的正时链节正确对准正时标记 (图 3-5-8)。

① 正时链节 1、2 对准凸轮轴调节器 6、3 上相应的正时标记。

② 唯一颜色的链节 5 对准曲轴链轮 4 上的正时标记。

(13) 否则, 重复必要的部分程序以对准正时标记。

(14) 安装正时链条导轨 1 和螺栓 2、3, 并用手拧紧 (图 3-5-2)。

(15) 按图 3-5-12 中数字顺序分两遍将凸轮轴前盖螺栓紧固至 10N·m。

(16) 顺时针转动曲轴, 查看调节器或曲轴链轮上是否出现正时链条跳齿现象。如果发生跳齿, 则重复执行程序, 对准正时标记。

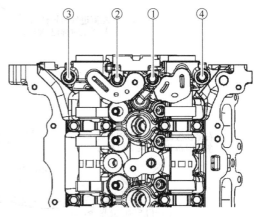

图 3-5-12

(17) 确认平衡链条上的正时链节正确对准正时标记, 如图 3-5-13 所示。

① 正时链节 1 对准曲轴链轮 2 上的正时标记。

② 相邻正时链节 4 对准平衡轴链轮上的两个正时标记 3。

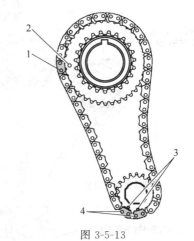

图 3-5-13

(18) 安装发动机前盖。

二、凯迪拉克 CTS (3.6L LY7)

1. 正时系统示意图

第一阶段正时位置示意图如图 3-5-14

所示。

第二阶段正时位置示意图如图3-5-15所示。

2. 左侧次级正时链条的安装

(1) 调整左侧气缸凸轮轴的位置,确保凸轮轴固定工具完全安装到凸轮轴上,如图3-5-16所示。

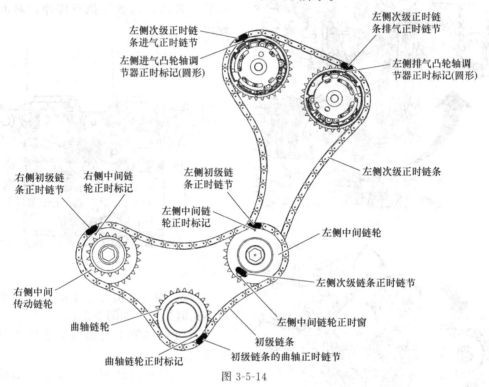

图 3-5-14

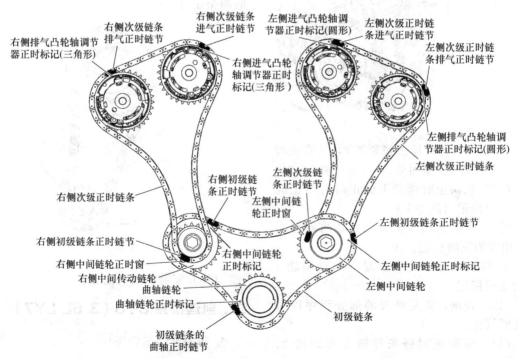

图 3-5-15

镀链节1对准左侧中间链轮外侧链轮上的正时窗2，如图3-5-19所示。

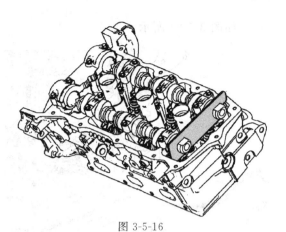

图 3-5-16

（2）使用曲轴旋转座确保曲轴处于第一阶段正时位置，如图3-5-17所示。

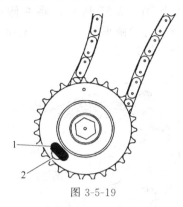

图 3-5-19

（5）将左侧次级正时链条套在两个左侧凸轮轴调节器传动链轮上，确保凸轮轴调节器链轮上的凸轮轴传动链条电镀链节之间有7个深色链节1，如图3-5-20所示。

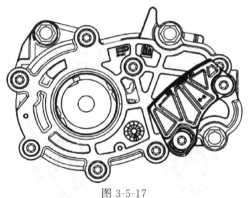

图 3-5-17

（3）安装左侧次级正时链条，如图3-5-18所示。

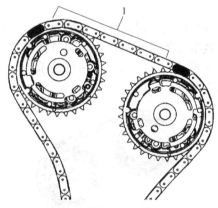

图 3-5-20

（6）如图3-5-21所示，将左侧排气凸

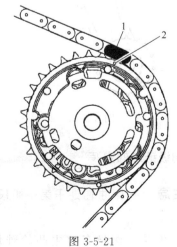

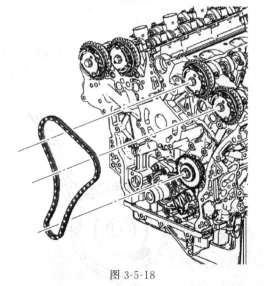

图 3-5-18

（4）将左侧次级正时链条套在左侧中间链轮的内侧链轮上，使凸轮轴传动链条的电

图 3-5-21

轮轴调节器链轮圆形正时标记 2 对准凸轮轴传动链条电镀链节 1。

（7）如图 3-5-22 所示，将左侧进气凸轮轴调节器链轮圆形正时标记 2 对准凸轮轴传动链条电镀链节 1。

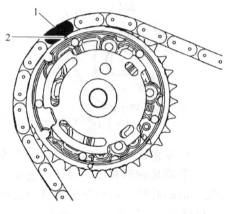

图 3-5-22

（8）次级正时链条在左侧中间链轮上的电镀链节与各个左侧凸轮轴调节器链轮上的电镀链节之间应有 18 个深色链节 1，如图 3-5-23 所示。

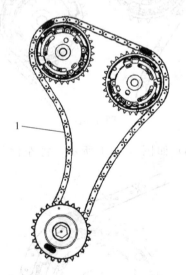

图 3-5-23

3. 初级链条的安装

注意 确保曲轴处于第一阶段正时位置。

（1）安装初级链条（主凸轮轴传动链条），如图 3-5-24 所示。

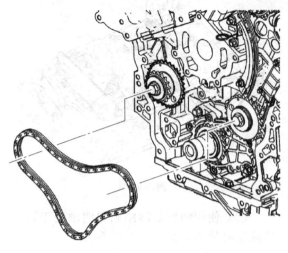

图 3-5-24

（2）将初级链条套在各凸轮轴中间链轮的大链轮和曲轴链轮上，如图 3-5-25 所示。

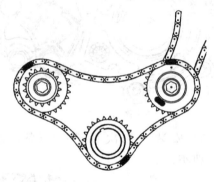

图 3-5-25

（3）左侧凸轮轴中间链轮正时标记 1 应对准凸轮轴传动链条电镀链节 2，如图 3-5-26所示。

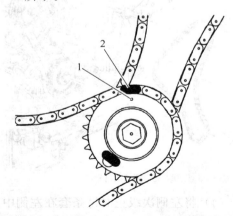

图 3-5-26

（4）右侧凸轮轴中间链轮正时标记 1 应对准凸轮轴传动链条电镀链节 2，如图 3-5-27 所示。

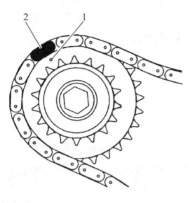

图 3-5-27

（5）曲轴链轮正时标记 2 应对准凸轮轴传动链条电镀链节 1，如图 3-5-28 所示。

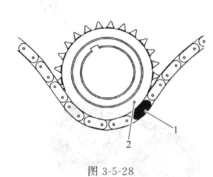

图 3-5-28

（6）确保全部正时标记 2、3、6 都正确对准凸轮轴传动链条电镀链节 1、4、5，如图 3-5-29 所示。

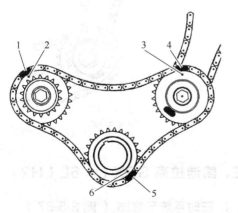

图 3-5-29

4. 右侧次级正时链条的安装

（1）确保曲轴处于第二阶段正时位置，此位置如图 3-5-30 中的 1 所示。

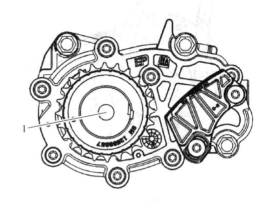

图 3-5-30

（2）安装右侧次级正时链条，如图 3-5-31 所示。

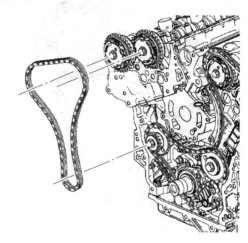

图 3-5-31

（3）将次级正时链条套在右侧凸轮轴中间链轮外侧链轮上，使凸轮轴传动链条电镀链节 1 对准右侧凸轮轴中间链轮内侧链轮上的正时窗 2，如图 3-5-32 所示。

（4）将次级正时链条套在两个右侧调节器传动链轮上，确保两凸轮轴调节器链轮上的电镀链节之间有 7 个深色链节 1，如图 3-5-33 所示。

（5）将右侧排气凸轮轴调节器链轮的三角形正时标记 1 对准凸轮轴传动链条电镀链节 2，如图 3-5-34 所示。

(6)将右侧进气凸轮轴调节器链轮的三角形正时标记1对准光亮凸轮轴传动链条电镀链节2,如图3-5-35所示。

(7)右凸侧轮轴中间链轮上的凸轮轴传动链条电镀链节与各个右侧凸轮轴调节器链轮上的凸轮轴传动链条电镀链节之间应有18个深色链节1,如图3-5-36所示。

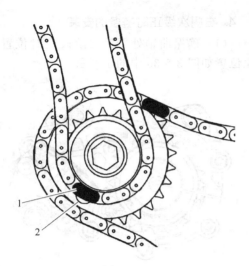

图 3-5-32

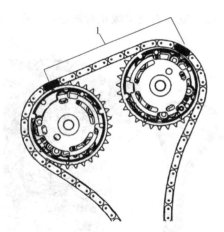

图 3-5-33

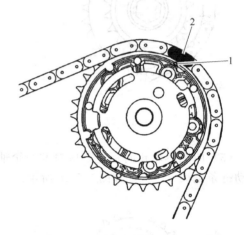

图 3-5-35

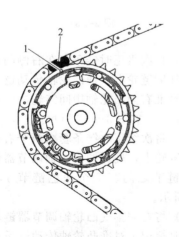

图 3-5-34

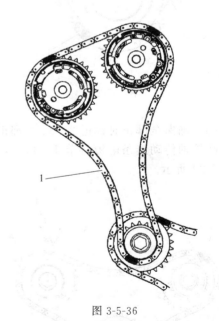

图 3-5-36

三、凯迪拉克 SRX(4.6L LH2)

1. 正时系统示意图(图3-5-37)

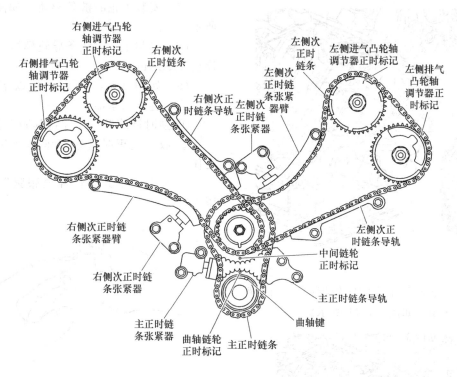

图 3-5-37

2. 主正时链条的安装

（1）安装中间链轮轴和固定螺栓，如图 3-5-38 所示。

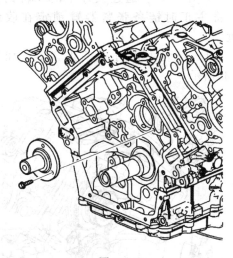

图 3-5-38

（2）将主正时链条安装到凸轮轴中间链轮和曲轴链轮上。

（3）如图 3-5-39 所示，对准凸轮轴中间链轮和曲轴链轮上的正时标记 1，确保标记上下对准。

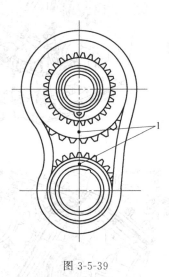

图 3-5-39

（4）用曲轴套筒 J39946 确保 1 号活塞处在上止点且曲轴键 1 处在约 1 点钟的位置，如图 3-5-40 所示。

（5）将主正时链条、凸轮轴中间链轮和曲轴链轮作为一个总成 3 安装至中间链轮轴 4 和曲轴 2 上。

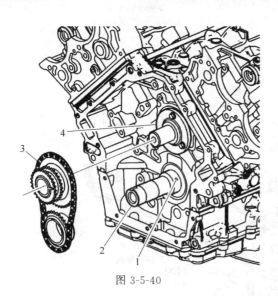

图 3-5-40

(6) 安装凸轮轴中间链轮螺栓，紧固螺栓至 60N·m，如图 3-5-41 所示。

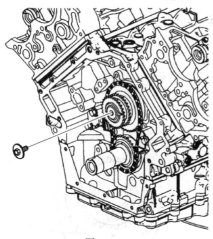

图 3-5-41

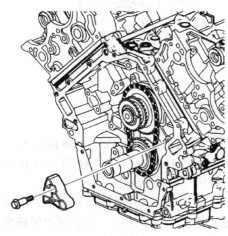

图 3-5-42

(7) 安装主正时链条导轨，如图 3-5-42 所示。

(8) 安装主正时链条导轨螺栓，紧固螺栓至 25N·m。

(9) 如图 3-5-43 所示，按以下方法收缩主正时链条张紧器。

① 逆时针旋转锁片并将其固定住。

② 收缩主正时链条张紧器臂并将其固定住。

③ 松开棘爪并缓慢释放张紧器臂上的压力。

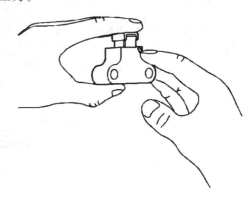

图 3-5-43

(10) 当棘爪移动到第一个缺口时，应听到"咔嗒"声。通过锁片上的孔将销插入，将主正时链条张紧器臂锁定在收缩位置。

(11) 安装主正时链条张紧器，如图 3-5-44 所示。

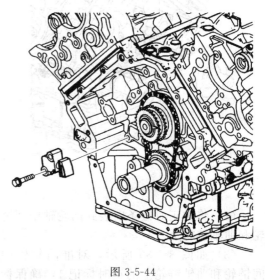

图 3-5-44

（12）安装主正时链条张紧器螺栓，紧固螺栓至25N·m。

（13）拆卸锁片上锁定主正时链条张紧器所使用的销。

（14）确保正时标记上下对准。

3. 左侧次正时链条的安装

（1）安装左侧次正时链条导轨，如图3-5-45所示。

（2）松弛地安装左侧下次正时链条导轨螺栓。

（5）通过将链条从左气缸盖上滑下并将链条放在凸轮轴端部，安装左侧次正时链条，如图3-5-47所示。

（6）将左侧次正时链条绕在中间链轮内排齿上。

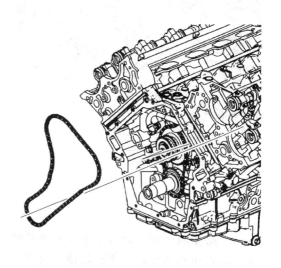

图3-5-47

（7）将左进气和排气凸轮轴执行器装入左侧次正时链条内，如图3-5-48所示。

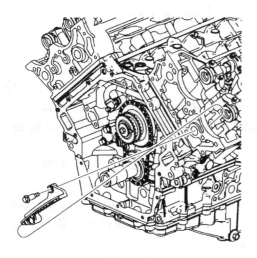

图3-5-45

（3）安装左侧次正时链条张紧器臂，如图3-5-46所示。

（4）安装左侧次正时链条张紧器臂螺栓，紧固螺栓至25N·m。

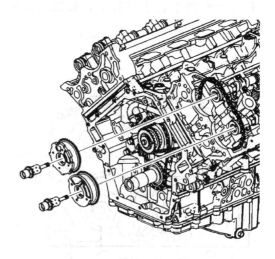

图3-5-48

（8）将左进气和排气凸轮轴链轮安装到凸轮轴上，如图3-5-49所示。标记"LI"（左进气）的凸轮轴链轮槽口嵌入进气凸轮轴销，标记"LE"（左排气）的凸轮轴链轮槽口嵌入排气凸轮轴销。

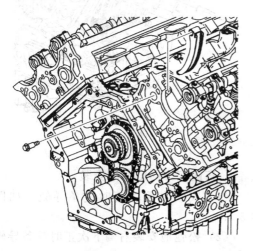

图3-5-46

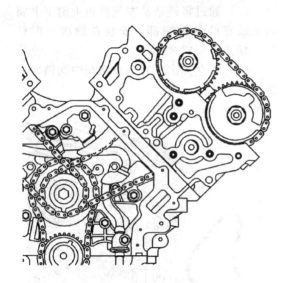

图 3-5-49

(9) 必要时,用开口扳手卡住每个凸轮轴前部的六角形部分,以使链轮槽口对准凸轮轴销。

(10) 松弛地安装左进气和排气凸轮轴执行器机油控制阀。

(11) 确保左进气和排气凸轮轴链轮槽口和凸轮轴销垂直于气缸盖,如图 3-5-50 所示。

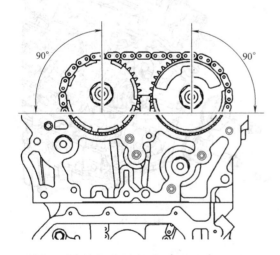

图 3-5-50

(12) 将凸轮轴固定工具安装到左气缸盖凸轮轴上,如图 3-5-51 所示。

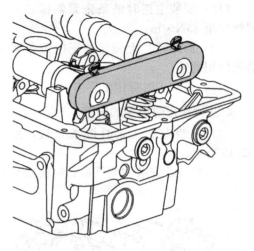

图 3-5-51

(13) 安装左侧上次正时链条导轨螺栓。

(14) 按前面所述主正时链条张紧器的收缩方法收缩和锁定左侧次正时链条张紧器。

(15) 安装左侧次正时链条张紧器,如图 3-5-52 所示。

(16) 安装左侧次正时链条张紧器螺栓。

(17) 从左侧次正时链条张紧器锁片上拆卸销。

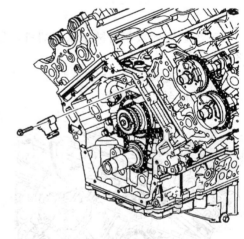

图 3-5-52

4. 右侧次正时链条的安装

(1) 安装右侧次正时链条导轨,如图 3-5-53 所示。

(2) 松弛地安装右侧下次正时链条导轨螺栓。

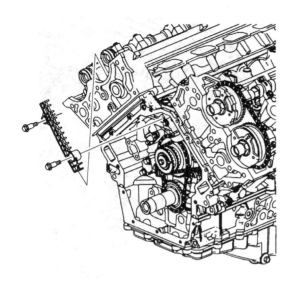

图 3-5-53

(3) 安装右侧次正时链条张紧器臂,如图 3-5-54 所示。

(4) 安装右侧次正时链条张紧器臂螺栓,紧固螺栓至 25N·m。

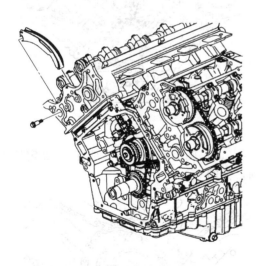

图 3-5-54

(5) 通过将链条从右气缸盖上滑下并将链条放在凸轮轴端部,安装右侧次正时链条,如图 3-5-55 所示。

(6) 将右次凸轮轴传动链条绕在中间传动链条链轮外排齿上。

(7) 将右进气和排气凸轮轴执行器装入右侧次正时链条内,如图 3-5-56 所示。

(8) 将右进气和排气凸轮轴链轮安装到凸轮轴上。标记"RI"(右进气)的凸轮轴链轮槽口嵌入进气凸轮轴销,标记"RE"(右排气)的凸轮轴链轮槽口嵌入排气凸轮轴销。

图 3-5-55

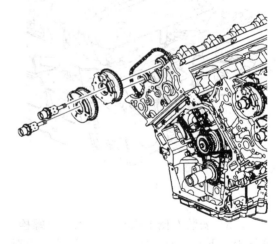

图 3-5-56

(9) 必要时,用开口扳手卡住每个凸轮轴前部的六角形部分,以使链轮槽口对准凸轮轴销。

(10) 松弛地安装右进气和排气凸轮轴执行器机油控制阀。

(11) 确保右进气和排气凸轮轴链轮槽口和凸轮轴销垂直于气缸盖,如图 3-5-57 所示。

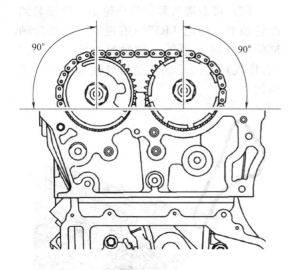

图 3-5-57

(12) 将凸轮轴固定工具安装到右气缸盖凸轮轴上,如图 3-5-58 所示。

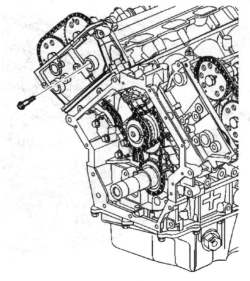

图 3-5-59

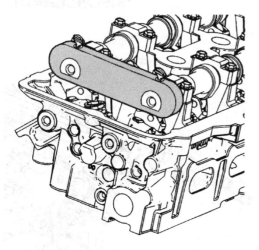

图 3-5-58

(13) 安装右侧上次正时链条导轨螺栓,紧固上、下两个右侧次正时链条导轨螺栓至 25N·m,如图 3-5-59 所示。

(14) 按上述方法收缩并锁定右侧次正时链条张紧器。

(15) 安装右侧次正时链条张紧器。

(16) 安装右侧次正时链条张紧器螺栓。

(17) 从右侧次正时链条张紧器锁片上拆卸销。

(18) 确保所有次正时部件的正确定位,如图 3-5-60 所示。

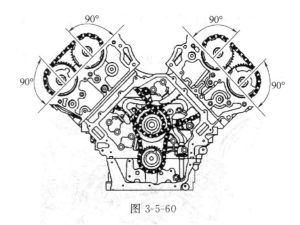

图 3-5-60

(19) 确保所有主正时部件 1、2 定位正确,如图 3-5-61 所示。

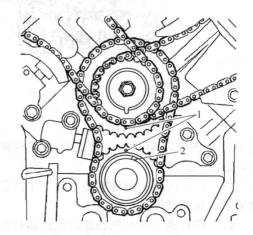

图 3-5-61

(20) 用适当的扳手卡住每个凸轮轴的六角形部分,以防止发动机转动。紧固所有凸轮轴执行器机油控制阀 1~4 至 120N·m,如图 3-5-62 所示。

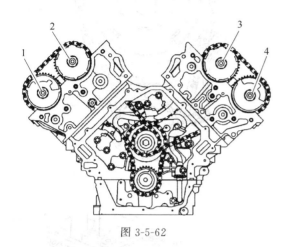

图 3-5-62

四、Escalade 凯雷德（4.8L/5.3L/6.0L/6.2L）

正时链条的安装方法如下。

(1) 将曲轴键安装到曲轴键槽中（如果键已拆下），如图 3-5-63 所示。

图 3-5-63

(2) 将键敲入到键槽中,直至键底部的两端到曲轴上,如图 3-5-64 所示。

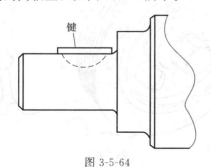

图 3-5-64

(3) 将曲轴链轮安装到曲轴前端,将曲轴键与曲轴链轮键槽对齐,如图 3-5-65 所示。

(4) 使用工具安装曲轴链轮。

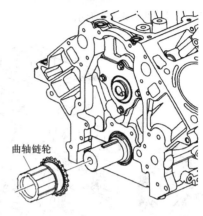

图 3-5-65

(5) 压缩正时链张紧器臂,并安装固定销以锁定张紧器,如图 3-5-66 所示。

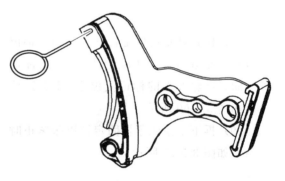

图 3-5-66

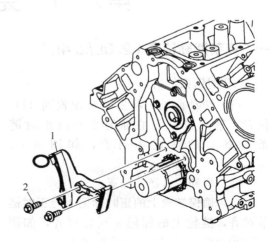

图 3-5-67

(6) 安装正时链条张紧器1和螺栓2，紧固螺栓至25N·m，如图3-5-67所示。

(7) 安装凸轮轴链轮1、正时链条2和新螺栓3，如图3-5-68所示。

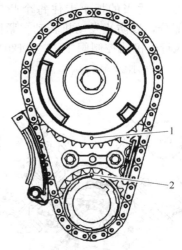

图 3-5-69

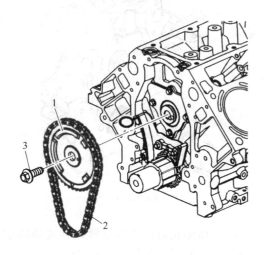

图 3-5-68

(8) 检查链轮定位是否准确。凸轮轴位置执行器链轮1上的标记应位于6点钟位置，曲轴链轮2上的标记应位于12点钟位置，如图3-5-69所示。

(9) 拆下链条张紧器固定销以张紧正时链条，如图3-5-70所示。

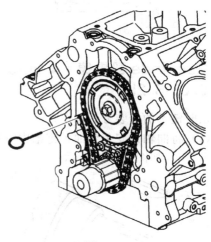

图 3-5-70

第六节　克莱斯勒车系

一、克莱斯勒铂锐（2.0L/2.4L）

1. 正时链条的拆卸

(1) 转动曲轴，将发动机设置到TDC位置。这时带轮上的标记2和前正时链条盖罩上的标记1对齐，如图3-6-1所示。

(2) 拆卸正时链条盖罩。

(3) 确保链轮上的正时标记1与正时链节对齐，链轮上的标记2互相对齐，如图3-6-2所示。

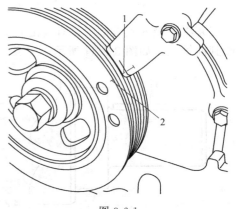

图 3-6-1

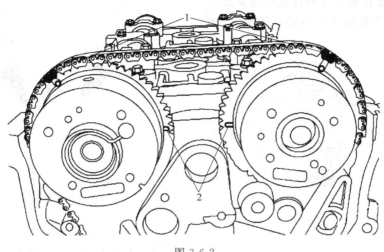

图 3-6-2

> **注意** 如果找不出正时链条的电镀链节,要再次使用此链条,则应在拆卸之前将对应正时标记处的链节做上记号。

(4) 在正时链条上做好相对于曲轴链轮的正时标记(1 对应 4,3 对应 2),如图 3-6-3 所示。

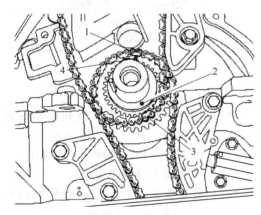

图 3-6-3

(5) 拆卸正时链条张紧器。
(6) 卸下正时链条。
(7) 拆下机油泵传动链张紧器。
(8) 取下曲轴链轮和机油泵传动链条。

2. 正时链条的安装

(1) 如图 3-6-4 所示,将曲轴链轮 1 安装到曲轴上,确保曲轴键在 9 点钟的位置上。

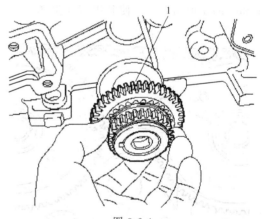

图 3-6-4

(2) 安装机油泵传动链条。检查机油泵是否正确正时(曲轴链轮正时标记 1 对应 2,机油泵链轮正时标记 5 对应 6),如图 3-6-5 所示。

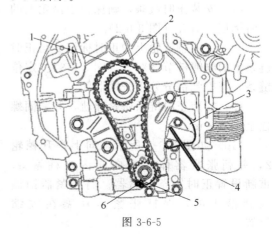

图 3-6-5

(3) 向内推柱塞，重新设置机油泵传动链条张紧器，并安装张紧器销，如图3-6-6所示。

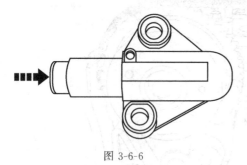

图3-6-6

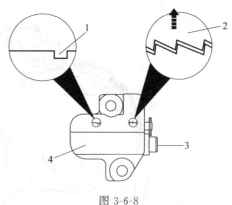

图3-6-8

(4) 安装机油泵传动链条张紧器3，并卸下张紧器销4（图3-6-5）。

(5) 如图3-6-7所示，对准凸轮轴链轮1和2的正时标记3，使其平行于缸盖。

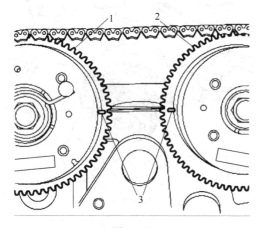

图3-6-7

(6) 安装正时链条导轨，并紧固螺栓至12N·m。

(7) 安装正时链条，确保位于链轮上的正时标记1对齐（图3-6-2）。

(8) 将曲轴链轮上的正时标记2与正时链条上的电镀链节3对齐（图3-6-3）。定位链条，使松弛部分处于张紧器侧。

(9) 安装正时链条张紧导轨，并紧固螺栓至12N·m。

(10) 如图3-6-8所示，向上提升棘轮2，并朝张紧器体4方向向内推柱塞3，重新设置正时链条张紧器。将张紧器销插入到槽1内，保持张紧器柱塞在收缩位置。

(11) 安装正时链条张紧器1，并紧固螺栓至12N·m，然后卸下正时链条张紧器销2，如图3-6-9所示。

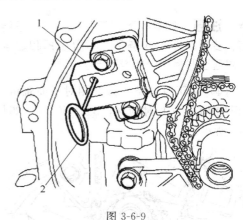

图3-6-9

(12) 针旋转曲轴2圈，直到曲轴重新定位在TDC位置，键在9点钟位置上。

(13) 检查凸轮轴正时标记是否对齐。

(14) 安装前正时链条盖罩。

(15) 安装曲轴带轮，检查带轮正时标记和盖罩上的正时标记是否对齐。

(16) 安装油底壳。

(17) 连接蓄电池负极电缆。

(18) 注入机油，启动发动机，并检查是否泄漏。

二、克莱斯勒铂锐300C（2.7L V6）

1. 正时系统示意图（图3-6-10）

2. 发动机正时的检查

(1) 拆下气缸盖罩。

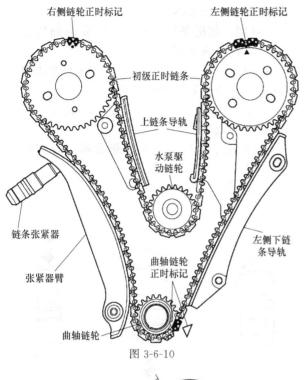

图 3-6-10

(2) 转动发动机直到1缸活塞在排气行程的上止点。

(3) 查看进气凸轮轴链轮正时标记。该标记应与左、右两列气缸上的气缸盖罩密封面成90°，如图3-6-11所示。

(4) 从进气凸轮轴标记开始向排气凸轮轴标记计算链节销（1和3），如进气凸轮轴和排气凸轮轴上的正时标记2之间有12个链节销，则说明发动机正时正确。

3. 正时链条的拆卸

(1) 断开蓄电池负极电缆。

(2) 排空冷却系统的冷却液。

(3) 拆下上部进气歧管。

(4) 拆下气缸盖罩、曲轴扭转减振器和正时室盖。

(5) 将曲轴链轮标记1与机油泵壳上的标记2对齐，如图3-6-12所示。机油泵壳上的标记是在1缸上止点后60°位置。

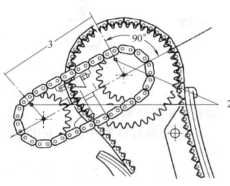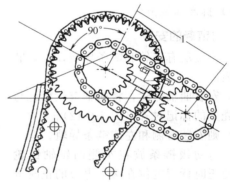

图 3-6-11

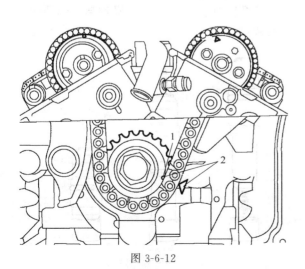

图 3-6-12

(6) 拆下动力转向泵和支架总成。不要从泵上断开动力转向管路，用合适的保持带重新定位泵和支架。

(7) 如图3-6-13所示，拧松螺栓3，从右气缸盖上拆下初级正时链条张紧器固定盖2和张紧器1。

(8) 将凸轮轴位置传感器从左气缸盖断开并拆卸下来。

(9) 从气缸盖上拆下正时链条导轨检修螺塞。

(10) 从右侧凸轮轴链轮开始，拆下链轮固定螺栓。拆下凸轮轴阻尼器（如配备）和链轮。

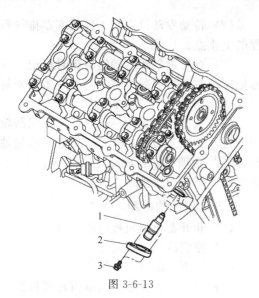

图 3-6-13

(11) 拆下左侧凸轮轴链轮固定螺栓并拆下链轮。

(12) 拆下左侧下链条导轨和张紧器臂。

(13) 卸下初级正时链条。

(14) 拆卸曲轴链轮。

4. 正时链条的安装

(1) 检查所有链轮和链条导轨,如果磨损应更换。

(2) 安装曲轴链轮,将曲轴链轮标记与机油泵壳上的标记对齐(图 3-6-12)。

(3) 则安装右侧和左侧链条导轨。

(4) 将初级链条放在左侧凸轮轴链轮上,以便正时标记定位在两个电镀的正时链节中间(图 3-6-10)。

(5) 通过左气缸盖开口放低第一链条与左侧链轮。

(6) 把左侧凸轮轴链轮置于凸轮轴轮毂上。

(7) 把正时(电镀的)链节与曲轴链轮正时标记对齐(图 3-6-10)。

(8) 将初级链条定位到水泵驱动链轮上。

(9) 将右侧凸轮轴链轮标记与正时链条上的正时(电镀的)链节对齐,并松弛定位在凸轮轴轮毂上(图 3-6-10)。

(10) 核对所有链条正时(电镀的)链节是否与所有链轮上的正时标记正确对齐。

(11) 安装左侧下链条导轨和张紧器臂,将螺栓紧固至 28N·m。

(12) 把链条导轨检修螺塞安装到气缸盖上,拧紧螺塞到 20N·m。

(13) 如图 3-6-14 所示,按以下方法清除正时链条张紧器中的机油。

① 把张紧器 1 的止回球 2 端放入专用工具 3 的浅端。

② 用手的压力慢慢压张紧器 1 直到机油从张紧器清除。

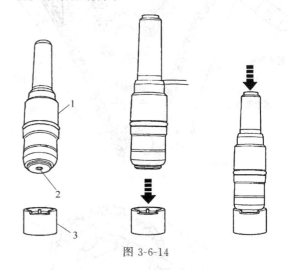

图 3-6-14

(14) 如图 3-6-15 所示,按以下方法重调正时链条张紧器。

① 把油缸柱塞 4 放入专用工具 3 的较深端。

② 向下施力直到张紧器被重调。

注意 检查张紧器 O 形圈 2 是否有刻痕或切口并确保卡环 1 正确安装,必要时更换。

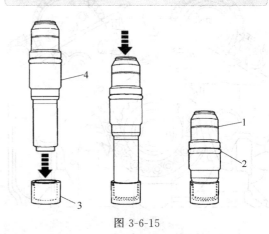

图 3-6-15

(15) 将重新设置的链条张紧器安装至右气缸盖。

(16) 安装张紧器的挡板并紧固螺栓至12N·m。

(17) 从右列气缸开始，首先将凸轮轴减振器置于凸轮轴轮毂上，然后把一个3/8″带安全杆的方形传动加长件插入凸轮轴轮毂。转动凸轮轴直到凸轮轴轮毂与凸轮轴链轮和减振器安装孔对齐。安装链轮固定螺栓并拧紧到28N·m。

(18) 通过插在进气凸轮轴传动壳中的方形传动加长件转动左侧凸轮轴，直至可以安装链轮的固定螺栓。拧紧链轮螺栓到28N·m。

(19) 如果需要，稍稍顺时针转动发动机以消除正时链条的松弛。

(20) 通过一字旋具向张紧器方向轻撬张紧器臂，然后释放张紧器臂，如图3-6-16所示。确认张紧器处于伸展状态。

(21) 安装动力转向泵和支架总成。

(22) 安装凸轮轴位置传感器并连接电气插接器。

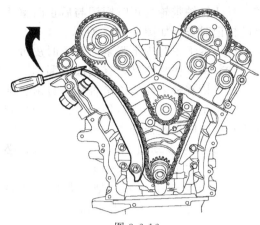

图 3-6-16

(23) 安装正时链条罩、曲轴减振器和气缸盖罩。

(24) 安装上进气歧管。

(25) 向冷却系统加注冷却液。

(26) 连接蓄电池负极电缆。

三、克莱斯勒 300C（3.5L V6）

1. 正时系统示意图（图3-6-17）

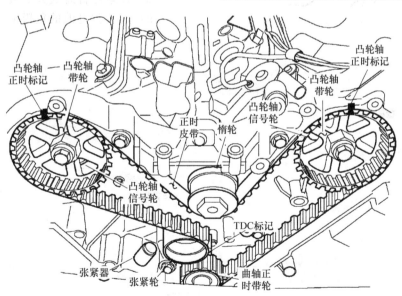

图 3-6-17

2. 正时皮带的拆卸

(1) 释放燃油系统中的燃油压力。

(2) 断开蓄电池的负极电缆。

(3) 拆下两个气缸盖罩并松开摇臂总成。

(4) 拆下前正时室盖。

(5) 如果正时皮带要再使用，应标记正时皮带的旋转方向。

(6) 顺时针旋转发动机直到曲轴正时带轮的正时标记与机油泵盖上的TDC标记对

齐，且凸轮轴带轮的正时标记与后正时室盖上的标记对齐，如图 3-6-17 所示。

（7）拆下正时皮带张紧器和正时皮带。

（8）检查张紧器是否有油液泄漏。

（9）检查轴销和螺栓是否移动自由、轴承润滑脂是否泄漏、旋转是否平滑。如果旋转不自由，则更换摇臂和带轮总成。

（10）当从发动机上拆下张紧器时，必须按以下方法把柱塞压入张紧器体。

① 如图 3-6-18 所示，把张紧器放入台虎钳 1 并慢慢压柱塞。张紧器放气大约需要 5min。

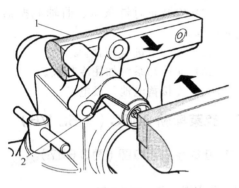

图 3-6-18

② 当把柱塞压入张紧器体时，插入一个定位销 2 以保持柱塞在一个适当位置。

3. 正时皮带的安装

（1）把曲轴正时带轮的正时标记与机油泵盖上的 TDC 标记对准（图 3-6-17）。

（2）把凸轮轴带轮的正时标记与后正时室盖上的标记对齐。

（3）以逆时针方向开始在曲轴正时带轮上安装正时皮带。当正时皮带处于张紧轮周围时，保持正时皮带张紧度。

（4）将张紧轮紧靠在正时皮带上，把张紧器装入壳体并拧紧到 28N·m。每一凸轮轴带轮标记必须保持与正时室盖上的标记对准。

（5）当张紧器在适当位置时，拉动定位销使张紧器能够伸到带轮支架。

（6）旋转凸轮轴带轮 2 圈并检查凸轮轴和曲轴上的正时标记。该标记应在它们各自的位置上对齐。如果不能对齐，重复上面的步骤。

（7）安装前正时室盖。

（8）拧紧摇臂总成并安装气缸盖罩。

（9）连接蓄电池的负极电缆。

第四章

国产车型

第一节 比亚迪汽车

一、比亚迪 F0（1.0L BYD371QA）

1. 正时链条的拆卸

（1）拆下图 4-1-1 中的螺栓 1 和螺栓 2，卸下发电机，然后拆下多楔带。

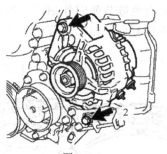

图 4-1-1

（2）拆下水泵进水软管。

（3）拆下气缸盖罩。

（4）如图 4-1-2 所示，拆下曲轴带轮。

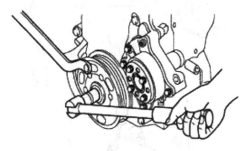

图 4-1-2

（5）拆下油底壳。

（6）拆下机油收集器。

（7）拆下图 4-1-3 中所示螺栓，卸下正时室盖，取下主油道上的密封圈。

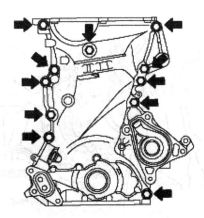

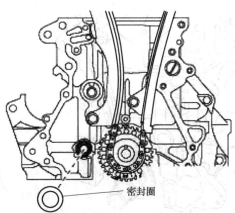

图 4-1-3

(8) 如图 4-1-4 所示，将张紧器锁片按顺时针方向拨动，同时按下张紧器柱塞，然后松开张紧器臂。

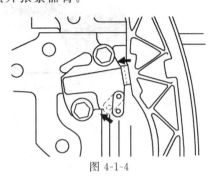

图 4-1-4

(9) 如图 4-1-5 所示，按紧柱塞的同时，把专用工具插入锁片中的小孔，锁定柱塞，不让其弹出。

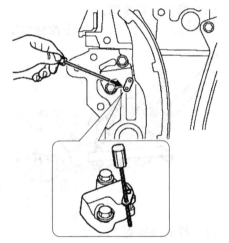

图 4-1-5

(10) 如图 4-1-6 所示，卸下张紧器臂的螺栓，取出张紧器臂，取下正时链条。

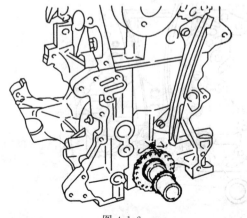

图 4-1-6

(11) 卸下曲轴链轮，注意取下曲轴上的半圆键，如图 4-1-7 所示。

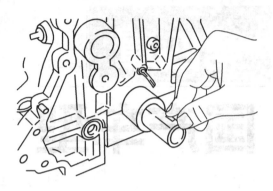

图 4-1-7

2. 正时链条的安装

按拆卸的相反顺序安装，应注意以下几点。

(1) 和拆卸一样，在安装链条前，把专用工具插入张紧器锁片的小孔，锁定柱塞不让其弹出。

(2) 如图 4-1-8 所示安装正时链条，正时链条上涂色链节朝向外侧，不得装反。把凸轮轴链轮的正时标记对着正上方，并且要

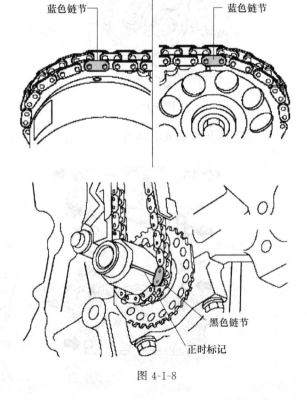

图 4-1-8

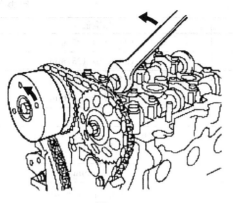

图 4-1-9

把涂色链节分别对准进、排气凸轮轴链轮的正时标记，还要将涂色链节对准曲轴链轮上的正时标记。

（3）如图 4-1-9 所示，稍微转动进气凸轮轴，使右边链条张紧，确认链条两侧在导轨和张紧器臂安装位置，然后取下插入锁片小孔的专用工具；检查张紧器是否自动弹出，压紧张紧板。

3. 发动机维修数据

比亚迪 1.0L BYD371QA 发动机维修数据如表 4-1-1 所示。

表 4-1-1　比亚迪 1.0L BYD371QA 发动机维修数据

项目	测量	标准值
气缸体	气缸直径	$71^{+0.02}_{0}$ mm
	气缸圆柱度	0.008mm
	气缸体顶面平面度	0.03mm
	气缸垂直度	0.04mm
	气缸压缩压力	1.2～1.6MPa(400r/min)
活塞	活塞裙部直径	$71^{-0.025}_{-0.045}$ mm
	活塞销孔直径	$18^{+0.011}_{+0.005}$ mm
	活塞与气缸配合间隙	0.035～0.055mm
活塞销	活塞销直径	$18^{-0.002}_{-0.005}$ mm
	与活塞配合间隙	0.007～0.016mm
活塞环开口间隙	第一道气环	0.20～0.35mm
	第二道气环	0.35～0.50mm
	油环合件	0.20～0.70mm
活塞环侧隙	第一道气环	0.03～0.07mm
	第二道气环	0.02～0.06mm
	油环	0.02～0.17mm
连杆	允许扭曲极限	0.05mm(每100mm长)
	允许弯曲极限	0.05mm(每100mm长)
	连杆小头孔直径	$18^{-0.016}_{-0.029}$ mm
	活塞销与连杆过盈配合量	0.011～0.027mm
曲轴	主轴颈直径	$44^{0}_{-0.018}$ mm
	连杆轴颈直径	$40^{0}_{-0.018}$ mm
	轴颈圆柱度	0.007mm
	曲轴径向圆跳动	0.03mm
	连杆大头轴向间隙	0.10～0.27mm
	曲轴止推间隙	0.02～0.16mm
	飞轮轴向圆跳动	0.03mm
气缸盖	气缸盖下平面的平面度	0.05mm
	歧管接合面平面度	0.05mm
	气缸盖凸轮轴孔直径	$23^{+0.021}_{0}$ mm
	气缸盖螺栓长度	122mm
凸轮轴	凸轮轴各轴颈直径	$23^{-0.040}_{-0.053}$ mm
	凸轮轴轴颈圆柱度	0.004mm
	凸轮轴轴颈与轴孔间隙	0.040～0.074mm
	进气凸轮轴轴向间隙	0.1～0.175mm
	排气凸轮轴轴向间隙	0.1～0.171mm

续表

项目	测量	标准值
气门系统	进气门直径	(27.5 ± 0.125)mm
	排气门直径	(23.6 ± 0.125)mm
	气门杆直径	进气门：$5_{-0.035}^{-0.020}$mm 排气门：$5_{-0.045}^{-0.030}$mm
	气门导管内径	$5_{+0.01}^{+0.03}$mm
	气门杆与气门导管间隙	进气门：0.030～0.065mm 排气门：0.040～0.075mm
	气门弹簧的自由长度	51.6mm
	气门间隙（冷态）	进气门：0.19mm 排气门：0.32mm

二、比亚迪 F3（4G18/4G15S）

1. 正时皮带的拆卸

（1）旋转曲轴至1缸上止点位置。

（2）如图 4-1-10 所示，用钳子夹住张紧器弹簧伸长端，将它从机油泵壳体限位块上拆下，然后拆下张紧器弹簧。

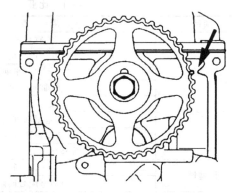

图 4-1-11

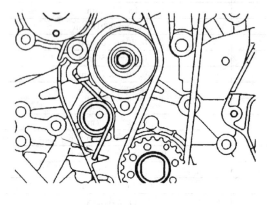

图 4-1-10

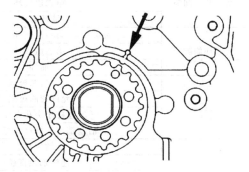

图 4-1-12

（3）拆下正时皮带张紧器。

（4）如果正时皮带还要重新使用，则应在皮带上用粉笔画上箭头来表示它拆下前的旋转方向。这样，在重新使用时可确保正时皮带正确安装。

（5）拆下正时皮带。

2. 正时皮带的安装

（1）将凸轮轴正时标记与气缸盖的正时标记对齐，如图 4-1-11 所示。

（2）将曲轴正时记号（有缺口处）与前壳体上的正时记号对齐，如图 4-1-12 所示。

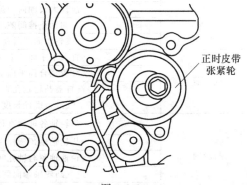

正时皮带张紧轮

图 4-1-13

(3) 将正时皮带张紧轮锁定在图 4-1-13 所示的位置。

(4) 如图 4-1-14 所示，将张紧器弹簧的一个伸长端钩在正时皮带张紧器的钩形部，并将张紧器装到机油泵壳体上。

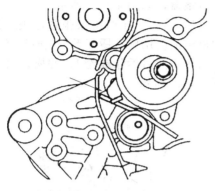

图 4-1-14

(5) 如图 4-1-15 所示，夹住张紧器弹簧的另一个伸长端，将它钩到机油泵壳体凸耳上。

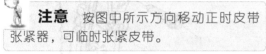

注意　按图中所示方向移动正时皮带张紧器，可临时张紧皮带。

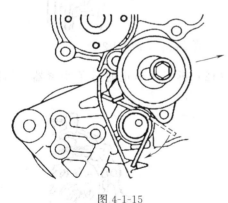

图 4-1-15

(6) 使正时皮带的张紧侧保持张紧，并将正时皮带依次装入曲轴正时带轮、凸轮轴正时带轮和张紧轮，如图 4-1-16 所示。

(7) 拧松张紧轮安装螺栓 1/4～1/2 圈，使张紧器弹簧的张力作用到正时皮带上。

(8) 顺时针旋转曲轴 2 圈，检查正时标记是否正确对准。

(9) 固定张紧轮安装螺栓。

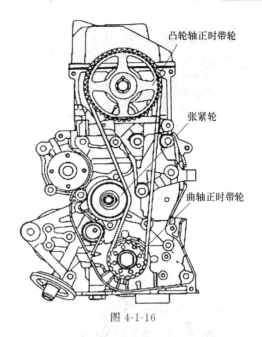

图 4-1-16

三、比亚迪 F3/L3/G3/速锐/元（1.5L BYD473QE）

1. 正时链条的拆卸

(1) 拆下传动带。

(2) 拆下发电机调节臂的装配螺栓 1，然后放松发电机的装配螺栓 2，如图 4-1-17 所示。

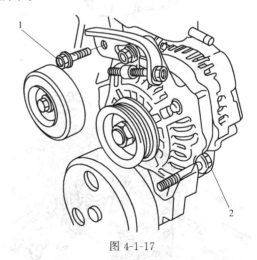

图 4-1-17

(3) 拆除惰轮组合件，如图 4-1-18 所示。

(4) 转动曲轴带轮，使带轮上的上止点（TDC）标记与正时指针对齐，如图 4-1-19 所示。

(5) 拆下水泵带轮。

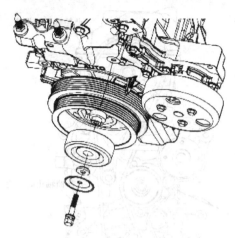

图 4-1-18

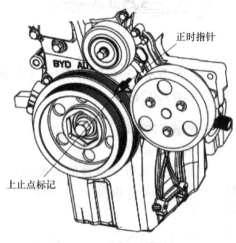

图 4-1-19

（6）拆下气缸盖罩。

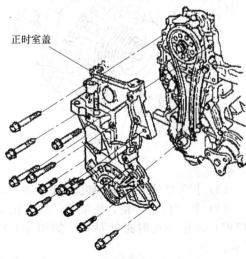

图 4-1-20

(7) 拆下曲轴带轮。

(8) 拆下油底壳。

(9) 在发动机缸体下方用千斤顶和木块支撑发动机。

(10) 使发电机远离正时室盖，然后拆下正时室盖，如图 4-1-20 所示。

(11) 给无声正时链条张紧器表面涂上发动机机油。用旋具撬开无声正时链条张紧器上的孔，然后拆除螺栓1，并松开螺栓2，如图 4-1-21 所示。

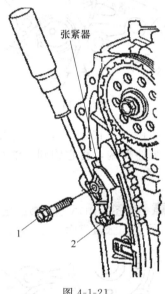

图 4-1-21

(12) 拆下无声正时链条张紧器，如图 4-1-22 所示。

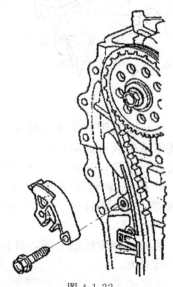

图 4-1-22

（13）拆下张紧器臂和链条导轨，如图 4-1-23 所示。

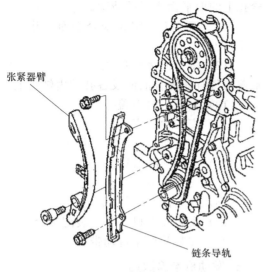

图 4-1-23

（14）取下无声正时链条。

2. 正时链条的安装

（1）将曲轴置于上止点（TDC）位置，使曲轴链轮上的 TDC 标记与机油泵上的指针对齐，如图 4-1-24 所示。

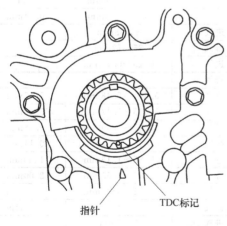

图 4-1-24

（2）将 1 号活塞置于上止点位置。凸轮轴链轮上的"UP"标记应位于上部，而凸轮轴链轮的上止点槽应与气缸盖的上边缘对齐，如图 4-1-25 所示。

（3）将无声正时链条安装在曲轴链轮上，涂色链节要对准曲轴链轮上的 TDC 标记，如图 4-1-26 所示。

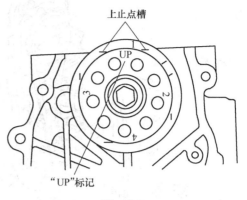

图 4-1-25

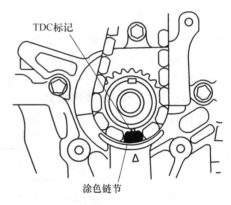

图 4-1-26

（4）将无声正时链条安装到凸轮轴链轮上，指针对准三节涂色链节，如图 4-1-27 所示。

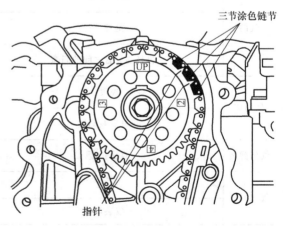

图 4-1-27

（5）给张紧器臂螺栓的螺纹涂上发动机机油，并安装张紧器臂和链条导轨，如图 4-1-28 所示。

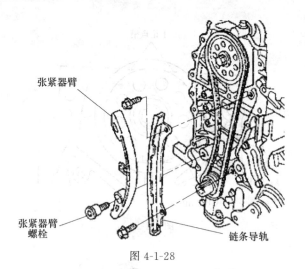

图 4-1-28

(6) 安装张紧器,并轻轻拧上螺栓。

(7) 给张紧器的滑动面涂上发动机机油。

(8) 顺时针旋转张紧器,压紧张紧器臂,安装剩余的螺栓,并将其锁紧。

(9) 检查正时室盖上曲轴前油封有无损坏。如果油封损坏,则更换曲轴前油封。

(10) 将正时室盖配合表面、螺栓和螺栓孔上的旧平面密封胶清除。

(11) 清洁正时室盖配合表面,并进行干燥。

(12) 将平面密封胶均匀地涂抹在正时室盖与气缸体配合的面及各孔的内螺纹上。

(13) 安装正时室盖。

(14) 安装油底壳。

(15) 安装曲轴带轮及垫片。

(16) 安装气缸盖罩。

(17) 安装水泵带轮。

(18) 安装惰轮组件。

(19) 安装发电机调节臂装配螺栓。

(20) 安装并调整传动带。

3. 发动机维修数据

比亚迪 1.5L BYD473QE 发动机维修数据如表 4-1-2 所示。

表 4-1-2 比亚迪 1.5L BYD473QE 发动机维修数据

项目	测量	条件	标准值	维修极限
缸盖	平面度			0.08mm
	高度		119.9~120.1mm	
凸轮轴	轴向间隙		0.05~0.25mm	0.5mm
	凸轮轴油膜间隙		0.045~0.084mm	0.1mm
	总跳动量		最大 0.03mm	0.04mm
	凸轮凸角高度	进气	35.38mm	
		排气	35.377mm	
气门	间隙(冷态)	进气	0.15~0.18mm	
		排气	0.23~0.28mm	
	挺杆外径	进气	5.470~5.485mm	5.45mm
		排气	5.455~5.470mm	5.42mm
	挺杆与导管之间的间隙	进气	0.025~0.060mm	0.08mm
		排气	0.040~0.075mm	0.11mm
气门座	宽度	进气	0.85~1.15mm	1.60mm
		排气	1.25~1.55mm	2.00mm
	挺杆安装高度	进气	46.1~46.5	46.8mm
		排气	46.2~46.6	46.9mm
气门弹簧	自由长度	进气	50.5mm	
		排气	57.2mm	
气门导管	内径	进气	5.51~5.53mm	5.55mm
		排气	5.51~5.53mm	5.55mm
	安装高度	进气	15.85~16.35mm	
		排气	15.85~16.35mm	
摇臂	摇臂与摇臂轴之间的间隙	进气	0.02~0.054mm	0.08mm
		排气	0.02~0.054mm	0.08mm
缸体	表面翘曲		最大 0.07mm	0.10mm
	缸径		73~73.019mm	73.07mm
	缸孔锥度			0.05mm
	重新镗缸极限值			0.25mm

续表

项目	测量	条件	标准值	维修极限
活塞	从活塞裙底部向上13mm处的活塞裙外径		72.955～72.975mm	72.945mm
	与气缸间隙		0.035～0.054mm	0.06mm
活塞环	活塞环槽宽度	第一道气环	1.02～1.04mm	1.07mm
		第二道气环	1.21～1.23mm	1.25mm
		油环	2.01～2.03mm	2.05mm
	活塞环与环槽间隙	第一道气环	0.03～0.07mm	0.15mm
		第二道气环	0.02～0.06mm	0.13mm
	活塞环开口间隙	第一道气环	0.15～0.3mm	0.6mm
		第二道气环	0.35～0.5mm	0.65mm
		油环	0.2～0.7mm	0.8mm
活塞销	外径		17.996～18mm	
	活塞销与活塞销座孔的间隙		0.005～0.015mm	
	活塞销与连杆小头孔的间隙		0.015～0.037mm	
连杆	连杆小端孔径		17.963～17.981mm	
	连杆大端孔径		43～43.015mm	
	安装到曲轴上的轴端间隙		0.15～0.30mm	0.40mm
曲轴	主轴颈直径		49.937～49.955mm	
	连杆轴颈直径		39.940～39.955mm	
	连杆/主轴颈锥度		0.005mm	0.01mm
	连杆/主轴颈圆度		0.005mm	0.01mm
	轴端间隙		0.10～0.35mm	0.45mm
	跳动量		最大0.03mm	0.04mm

四、比亚迪 L3/G3/S6/M6（483QA/QB 发动机）

1. 正时皮带的拆卸

（1）安装曲轴带轮螺栓。

（2）顺时针旋转曲轴至1缸上止点位置。这时正时标记如图 4-1-29 所示对齐。

（3）用套筒和扳手顺时针旋转张紧轮。

（4）拆下张紧轮拉簧。

注意 为重新正确安装，拆卸时应在正时皮带上标明转动方向。

（5）拆下正时皮带。

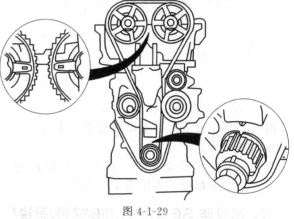

图 4-1-29

2. 正时皮带的安装

（1）确保曲轴正时带轮、凸轮轴正时带轮的正时标记如图 4-1-30 所示对准。

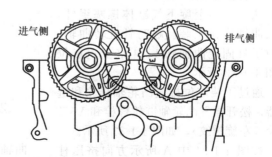

图 4-1-30

(2) 安装正时皮带，并使之压紧张紧轮。

(3) 顺时针旋转正时带轮 2 圈，对准正时标记。

(4) 确认所有正时标记完全对准。如果没有对准，拆卸正时皮带重新安装。

> **注意** 不要拉紧张紧轮拉簧，否则会使正时皮带过紧。

(5) 顺时针旋转张紧轮，将张紧轮拉簧挂好，如图 4-1-31 所示。

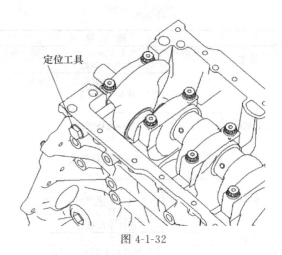

图 4-1-32

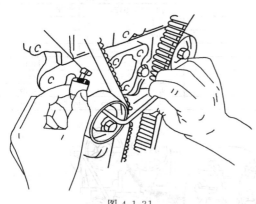

图 4-1-31

(6) 顺时针旋转曲轴 2 圈，确定所有正时标记都已对准，如果没有对准，从第（1）步重新开始。

(7) 拧紧凸轮轴带轮螺栓、导向轮螺栓、张紧轮螺栓，力矩为 45～55N·m。

五、比亚迪 S6/S7/G5/G6/速锐/思锐/宋（1.5T BYD476ZQA）

1. 正时链条的拆卸

(1) 将曲轴顺时针旋转到 1、4 缸上止点附近，再将曲轴回转 45°。

(2) 从气缸体上旋下气缸体螺塞组件，然后旋入曲轴定位工装。顺时针旋转曲轴，通过定位工具固定曲轴到 1、4 缸上止点位置，如图 4-1-32 所示。

(3) 通过工装定位排气凸轮轴链轮和链条张紧器，松开排气凸轮轴链轮螺栓和 VVT 组件螺栓（左旋螺纹），如图 4-1-33 所示。

(4) 按图 4-1-34 中 A 所示方向挤压柱塞，利用锁定销将张紧器锁定。

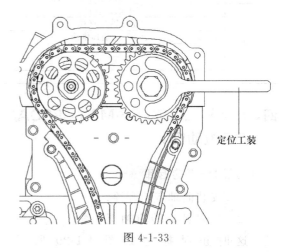

图 4-1-33

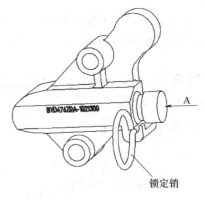

图 4-1-34

(5) 取下正时链条等部件。

2. 正时链条的安装

(1) 按前面所述方法用曲轴定位工装将曲轴定位在 1、4 缸上止点。

(2) 安装凸轮轴箱前，需用凸轮轴定位

工装将凸轮轴定位在1缸压缩上止点,如图 4-1-35 所示。

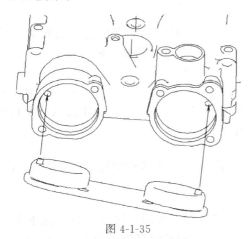

图 4-1-35

（3）按下列方法安装正时传动部件,如图 4-1-36 所示。

① 将排气凸轮轴链轮装配到排气凸轮轴上,将排气凸轮轴链轮螺栓旋入距离贴合面 2mm 的位置,保持链轮自由转动,并防止链轮掉落。

② 将 VVT 组件装配到进气凸轮轴上,将 VVT 组件螺栓旋入距离贴合面 2mm 的位置,保持链轮自由转动,并防止链轮掉落。

③ 将正时链条导轨挂靠到位,与链条接触部分涂适量机油;通过导轨将正时链条挂到排气凸轮轴链轮、VVT 组件链轮和曲轴链轮上。

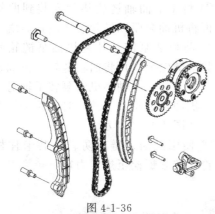

图 4-1-36

（4）将张紧器臂挂靠到位,与链条接触部分涂适量机油。

（5）装上链条张紧器,并在摩擦面上涂适量机油;拔下张紧器锁定销,使链条张紧,如图 4-1-37 所示。

图 4-1-37

（6）保持凸轮轴在1缸上止点位置,通过专用工装固定排气凸轮轴链轮,拧紧 VVT 组件螺栓和排气凸轮轴链轮螺栓至规定力矩（50N·m＋90°）。

（7）卸下凸轮轴上止点专用工装,将凸轮轴后端盖装上,注意保护凸轮轴后端盖的密封圈。

（8）拧紧螺栓至规定力矩。

（9）卸下曲轴定位工装,将气缸体螺塞组件装回原位置。

六、比亚迪 S7/宋/唐（2.0T BYD487ZQA）

1. 正时链条的拆卸

（1）如图 4-1-38 所示,用工具逆时针旋转张紧机构组件,使传动带松弛,然后拆下传动带。

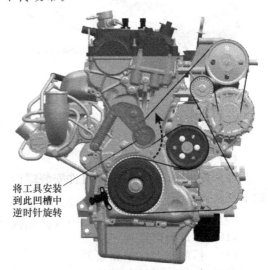

图 4-1-38

(2) 拆卸惰轮组件、发电机、转向泵支架和张紧机构组件。

(3) 用水泵带轮防转工装（图4-1-39）固定水泵带轮，然后拆卸水泵带轮。

图 4-1-39

(4) 用飞轮防转工装（图4-1-40）卡住飞轮，拆卸曲轴减振带轮及曲轴位置传感器。

图 4-1-40

(5) 旋下机油加注口盖组件。
(6) 拆卸凸轮轴相位传感器。
(7) 拆卸4个点火线圈。
(8) 旋出14个气缸盖罩组件安装螺栓，取下气缸盖罩组件。
(9) 旋下2个悬置双头螺柱。
(10) 拆卸正时室盖。
(11) 拆卸正时链条张紧器。
(12) 拆卸正时链条导轨。

(13) 拆卸正时链条张紧器臂。
(14) 取下正时链条、曲轴链轮及2个曲轴链轮垫圈。
(15) 用开口扳手卡住进气凸轮轴，旋出进气VVT组件螺栓，取下进气VVT组件及VVT垫圈。
(16) 用开口扳手卡住排气凸轮轴，旋出排气VVT组件螺栓，取下排气VVT组件及VVT垫圈。

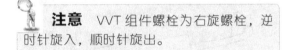

注意 VVT组件螺栓为右旋螺栓，逆时针旋入，顺时针旋出。

(17) 卸下机油泵链条导轨、机油泵链条张紧器臂和机油泵链条张紧器臂扭簧。
(18) 用机油泵链轮防转工装（图4-1-41）固定机油泵链轮，旋出机油泵链轮螺栓，取下机油泵链轮、机油泵链条、机油泵驱动链轮和1个曲轴链轮垫圈。

图 4-1-41

2. 正时链条的安装

(1) 按以下方法安装机油泵链条。

① 将1个曲轴链轮垫片安装到曲轴后端，再将机油泵驱动链轮装入曲轴后端。

② 将机油泵链条挂到机油泵链轮和机油泵驱动链轮上，再将曲轴链轮、机油泵链轮同时分别装入曲轴、机油泵转子轴对应位置上。机油泵链轮上的缺口对准转子轴上的缺口，如图4-1-42所示。

③ 使用机油泵链轮防转工装卡住机油泵链轮，拧紧螺栓至规定力矩。

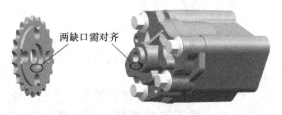

图 4-1-42

④ 安装机油泵链条导轨，在与链条接触部分需涂抹适量机油。

⑤ 将机油泵链条张紧器臂扭簧安装到机油泵链条张紧器臂上，再将两者一起安装到气缸体上，并在机油泵链条张紧器臂与链条接触部分涂抹适量机油。安装完毕，机油泵链条张紧器臂应转动灵活。

(2) 安装排气 VVT 组件和进气 VVT 组件。

① 如图 4-1-43 所示，用凸轮轴定位工装将进、排气凸轮轴定位在 1 缸压缩上止点位置。

图 4-1-43

② 将排气 VVT 组件装配到排气凸轮轴上，将排气 VVT 组件螺栓旋入距离贴合面 2mm 的位置，保持排气 VVT 组件自由转动，并防止排气 VVT 组件掉落。

③ 将进气 VVT 组件装配到进气凸轮轴上，将进气 VVT 组件螺栓旋入距离贴合面 2mm 的位置，保持进气 VVT 组件自由转动，并防止进气 VVT 组件掉落。

注意 将 VVT 垫圈安装到位，不得漏装、多装。安装 VVT 螺栓前，需在螺栓头部涂抹适量机油。

④ 将正时链条导轨安装到正时链条导轨托板上。

⑤ 将 2 个正时链条导轨螺栓垫片安装到正时链条导轨组件上，再将正时链条导轨组件安装到气缸体上，拧紧螺栓至规定力矩。

⑥ 在正时链条托架组件与链条接触部分以及正时链条导轨组件与链条接触部分涂适量机油。通过链条导轨将正时链条挂到排气 VVT 组件链轮、进气 VVT 组件链轮和曲轴链轮上。

⑦ 将正时链条张紧器臂垫块及正时链条张紧器臂正确安装到正时链条张紧器臂托板上。

⑧ 将安装张紧器臂的圆柱销压到气缸盖上。

⑨ 安装正时链条张紧器臂组件，与链条接触部分涂适量机油，如图 4-1-44 所示。

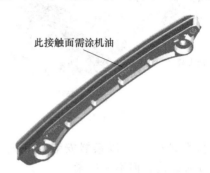

图 4-1-44

⑩ 安装正时链条张紧器，并在摩擦面上涂适量机油。拔下张紧器锁定销，使链条张紧。

⑪ 将正时链条张紧工装安装到位，如图 4-1-45 所示。

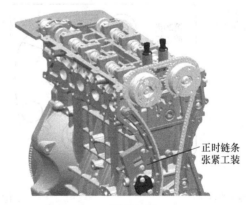

图 4-1-45

⑫ 拧紧 VVT 组件螺栓至规定力矩。

⑬ 安装正时室盖，将螺栓拧紧至规定力矩。

注意 拧紧 VVT 组件螺栓时，需用开口扳手卡住凸轮轴，防止凸轮轴转动，否则将损坏凸轮轴。

(3) 安装曲轴减振带轮。

① 如图 4-1-46 所示，使用曲轴正时工装将曲轴定位于 1、4 缸上止点位置。

图 4-1-46

② 将曲轴位置传感器安装到正时室盖上，旋入螺栓，但不要拧紧。

③ 将曲轴减振带轮安装到曲轴前端，顺时针转动曲轴减振带轮，使信号盘第 20 齿（涂有白色漆标）前边缘对准传感器中心，如图 4-1-47 所示。

④ 在曲轴减振带轮螺栓头部涂抹适量机油，旋入相应螺栓孔并拧紧至规定力矩。

⑤ 调整曲轴位置传感器，用曲轴位置传感器固定工装（图 4-1-48）保证传感器中心线对齐信号盘第 20 齿前边缘，拧紧螺栓至规定力矩。

(4) 安装发电机。

(5) 安装惰轮组件。

① 液压助力转向车型：安装转向泵支架，将惰轮安装到转向泵支架上。

② 电子助力转向车型：将惰轮安装到发电机上。

(6) 将多楔带挂到张紧轮机构组件上，再将张紧轮机构组件安装到正时室盖上。

(7) 用工具逆时针旋转张紧机构组件，按照图 4-1-49 所示的缠绕方式将传动带安装到位，缓慢松开张紧机构组件，使传动带慢慢张紧。

(8) 安装气缸盖罩组件。

① 将气缸盖与气缸盖罩组件接合面擦拭干净，在气缸盖与正时室盖的接合处及凸

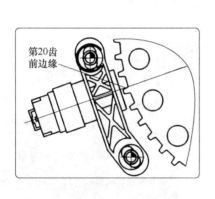

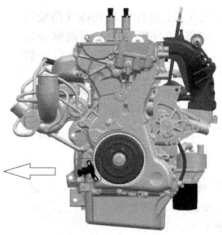

图 4-1-47

图 4-1-48

液压助力转向车型　　　　　电子助力转向车型

图 4-1-49

轮轴轴承盖与气缸盖过渡处涂平面密封胶。

② 将气缸盖罩组件安装到气缸盖上，按图 4-1-50 所示旋入螺栓，用交叉法分次拧紧螺栓至规定力矩。

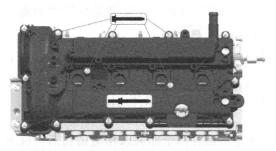

图 4-1-50

③ 安装 4 个点火线圈。

④ 在凸轮轴相位传感器 O 形圈表面涂抹适量机油，再将凸轮轴相位传感器安装到气缸盖罩组件上。

⑤ 在加油口盖 O 形圈表面涂抹适量机油后，将加油口盖安装到气缸盖罩组件上。

3. 曲轴平衡装置的拆卸与安装

（1）拆卸

① 旋出平衡轴机构螺栓，将平衡轴机构部件从气缸体上取下。

② 从平衡轴机构部件上取下平衡轴调整垫片。

③ 旋出 6 个平衡轴机构合箱螺栓，取下平衡轴盖。

④ 将平衡轴、平衡轴轴瓦从平衡轴座中取出。

（2）安装

① 确认图 4-1-51 所示的钢球压装到位。

② 旋出 6 个平衡轴机构合箱螺栓，将平衡轴盖从平衡轴座上拆下。

③ 将平衡轴座、盖的轴孔擦拭干净，查看平衡轴盖上的平衡轴孔分组号，按表 4-1-3 和图 4-1-52 选配正确的轴瓦，擦拭干净后通过定位唇安装到平衡轴座、平衡轴盖上。

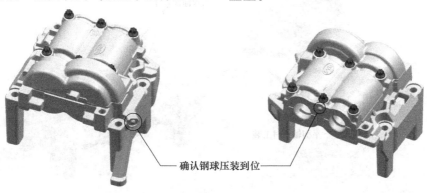

确认钢球压装到位

图 4-1-51

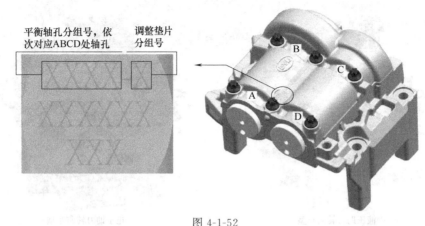

图 4-1-52

表 4-1-3 分组号及间隙

平衡轴孔(组号)	平衡轴瓦(组号)	间隙/mm
1	1	0.01~0.024
2	2	0.01~0.024

④ 用平衡轴正时工装将主、从动平衡轴定位在正时位置,如图 4-1-53 所示。

⑤ 在轴瓦内表面(与平衡轴接触面)涂抹适量机油,将主、从动平衡轴安装到平衡轴座中。

注意 装配轴瓦前,需将轴瓦及轴孔擦拭干净,禁止有任何杂质及油污存在;轴瓦外表面禁止接触机油;平衡轴装配时不可损伤轴瓦。

⑥ 安装平衡轴盖,按图 4-1-54 中数字顺序拧紧螺栓至规定力矩。

⑦ 拆下平衡轴正时工装,平衡轴应转动灵活。

⑧ 压装 5 个空心圆柱销。

⑨ 将 4 个平衡轴调整垫片分别安装到平衡轴机构部件的 4 个空心圆柱销上(连接油道的空心圆柱销无需安装垫片),将垫片压至贴合平衡轴座。

注意 安装平衡轴调整垫片时,需使垫片上的缺口朝向平衡轴机构部件内侧,如图 4-1-55 所示。

⑩ 如图 4-1-56 所示,使用曲轴正时工装将曲轴定位到正时位置。使用平衡轴正时工装将平衡轴机构部件定位到正时位置。

⑪ 将平衡轴机构部件安装到气缸体上,5 个空心圆柱销全部装入相应销孔后,取下平衡轴正时工装。

⑫ 在平衡轴螺栓头部涂抹适量机油后,将其旋入螺栓孔,用交叉法分次拧紧螺栓至规定力矩(20N·m+40N·m+90°)。

⑬ 安装完毕,曲轴应转动灵活,不允许有零件相互干涉或阻滞现象。

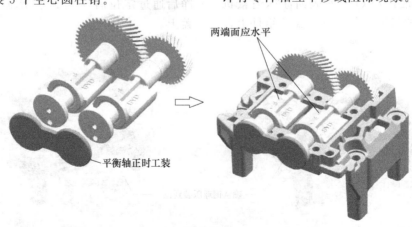

图 4-1-53

图 4-1-54

图 4-1-55

图 4-1-56

第二节 奇瑞汽车

一、艾瑞泽 7/瑞虎 3/A3（1.6L SQ-RE4G16）

1. 正时链条的拆卸

（1）拆下正时室盖。

（2）如图 4-2-1 所示，推动张紧器臂，将液压张紧器柱塞推入最大压缩位置，用卡销将液压张紧器柱塞卡死。

注意 液压张紧器内有大张力弹簧，切勿直接拆卸液压张紧器安装螺栓，以免柱塞突然弹出。

（3）用 10 号套筒将液压张紧器拆卸下来，如图 4-2-2 所示。

（4）依次拆卸张紧器臂和链条导轨，如图 4-2-3 所示。

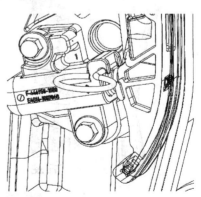

图 4-2-1

（5）松开上导轨螺栓，将正时链条取下，如图 4-2-4 所示。拆卸后必须用记号笔标记链条正反面，以便装配时保持同一方向复原。

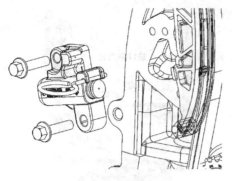

图 4-2-2

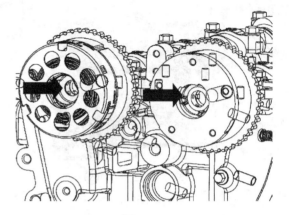

图 4-2-5

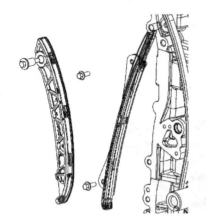

图 4-2-3

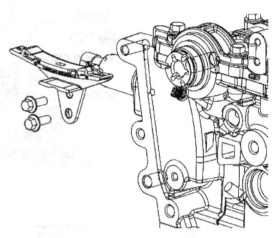

图 4-2-6

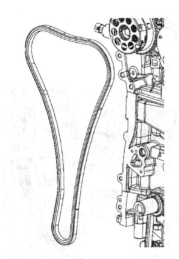

图 4-2-4

(6) 使用 30 号扳手卡住凸轮轴，同时使用力矩扳手将 VVT 组件螺栓拆卸下来，取下进、排气 VVT 组件，如图 4-2-5 所示。

(7) 拆卸链条上导轨，如图 4-2-6 所示。

(8) 拆卸机油泵张紧器臂，如图 4-2-7 所示。

图 4-2-7

(9) 拆卸机油泵链轮，将机油泵链轮与链条一起取下，如图 4-2-8 所示。拆卸后必须用记号笔标记链条正反面，以便装配时保持同一方向复原。

图 4-2-8

2. 正时链条的安装

（1）安装正时链条前先按如下方法进行发动机正时校对。

① 拆卸缸体进气侧对正时用螺栓，如图 4-2-9 所示。

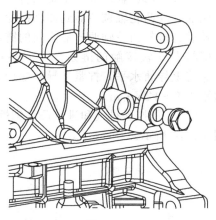

图 4-2-9

② 转动曲轴，对准曲轴正时定位销孔和缸体进气侧对正时螺纹孔。

③ 将曲轴正时定位销通过缸体上进气侧的螺纹孔装在缸体上，定位销的前端插在曲轴平衡块上的定位孔内，如图 4-2-10 所示。

④ 如图 4-2-11 所示，将凸轮轴正时定位专用工具放置在缸盖上平面的后部，用开口扳手分别转动进、排气凸轮轴，将凸轮轴正时定位专用工具水平地卡入两个凸轮轴后端卡槽中。

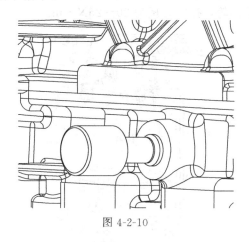

图 4-2-10

图 4-2-11

（2）安装机油泵张紧器臂，拧紧力矩 9～12N·m。如图 4-2-12 所示，用手推动机油泵张紧器臂，使其处于最大压缩状态。

（3）安装机油泵链条。如图 4-2-13 所

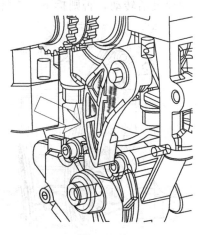

图 4-2-12

示,将机油泵链条挂上曲轴链轮,装配机油泵链轮,拧紧力矩为20~25N·m。

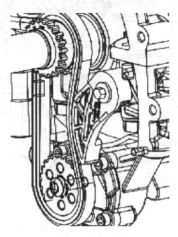

图 4-2-13

(4) 安装进、排气凸轮轴调节器。分别安装进、排气VVT组件,旋入螺栓暂不拧紧。检查是否能灵活转动,否则拆下检查进、排气凸轮轴调节器和螺栓。

(5) 安装正时链条、上导轨。将上导轨旋入到凸轮轴第1轴承盖上暂不拧紧。然后将正时链条挂到进、排气凸轮轴调节器和曲轴链轮上,安装时应注意链条卡入上导轨两个面之间,并且上导轨面保持水平。

(6) 安装链条导轨。将链条导轨固定到缸盖和缸体上,拧紧力矩为9~12N·m。

(7) 安装张紧器臂。如图4-2-14所示,将张紧器臂用专用螺栓固定到缸盖上,拧紧力矩为9~12N·m。拧紧后,张紧器臂应能绕该螺栓灵活转动,否则拆下检查螺栓和张紧器臂。

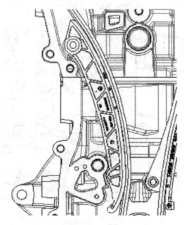

图 4-2-14

(8) 安装液压张紧器。将液压张紧器紧固到缸体上,拧紧力矩为9~12N·m。然后如图4-2-15所示扳动张紧器臂压紧液压张紧器柱塞,拔出液压张紧器的锁销使链条张紧。

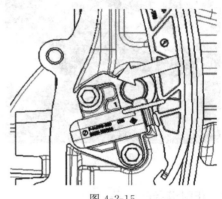

图 4-2-15

(9) 链条张紧后,依次转动进、排气凸轮轴调节器,保证链条在紧边张紧,检查链条贴在链条导轨与张紧器臂内,并与曲轴链轮和进、排气凸轮轴调节器正常啮合。此过程需保证进气凸轮轴调节器到曲轴链轮啮合点以及进、排气凸轮轴调节器之间的链条部分(即与上导轨接触的链条部分)不可松弛,保持上导轨水平,拧紧上导轨螺栓,拧紧力矩为9~12N·m。

(10) 分别拧紧排气和进气凸轮轴螺栓,如图4-2-16所示。

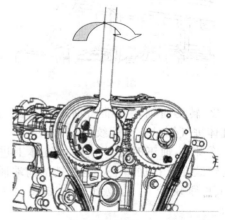

图 4-2-16

(11) 取下曲轴定位销和凸轮轴正时定位专用工具,顺时针盘动曲轴2圈检查正时系统运转是否正常,禁止逆时针盘动。

（12）安装正时室盖。

二、奇瑞风云2（1.5L SQR477F）

1. 正时皮带的拆卸

（1）拆卸曲轴带轮。

（2）按以下方法拆下发动机正时室盖，如图4-2-17所示。

① 松开和取出上正时室盖总成的两个螺栓。

② 拆下上正时室盖带密封垫总成。

③ 拆掉曲轴带轮，松开并取出下正时室盖总成的两个螺栓。

图4-2-17

（3）转动曲轴至1缸上止点位置。此时曲轴半圆键在上部，与缸盖上的正时记号对正，如图4-2-18所示。

图4-2-18

（4）松开张紧轮，取下正时皮带。

（5）拆卸曲轴正时带轮和凸轮轴正时带轮。

2. 正时皮带的安装

（1）按以下方法安装曲轴正时带轮。

① 先确认缸盖总成上凸轮轴半圆键方向朝下。

② 将曲轴转至1缸上止点，此时曲轴半圆键在上部，把曲轴正时带轮垫片套入曲轴上，套入时凸面朝前。

③ 然后将曲轴正时带轮套到曲轴上，安装时有"FRONT"字样的朝前，带轮上的上止点记号朝上（图4-2-18）。

（2）安装凸轮轴正时带轮。按图4-2-19所示方向安装凸轮轴正时带轮，带轮上的上止点位置应与气缸盖第一轴承盖上正时点标记对上（气缸盖第一轴承盖上正时标记不在正上方位置）。安装带轮垫和螺栓，用手拧入螺栓，然后拧紧至力矩（95±5）N·m。拧紧时必须锁住凸轮轴。

图4-2-19

（3）用扳手拧紧张紧轮固定螺栓，拧紧力矩为16～20N·m。

（4）确认曲轴置于1缸上止点，确认凸轮轴正时带轮上止点标记与气缸盖前端面标记对正。

（5）安装正时皮带，用15号开口扳手将张紧轮扳起，把正时皮带放入张紧轮下方，缓慢松开张紧轮。

（6）旋转曲轴2圈，检查凸轮轴正时标记和曲轴正时标记。

3. 发动机维修数据

奇瑞1.5L SQR477F发动机维修数据如表4-2-1所示。

表 4-2-1　奇瑞 1.5L SQR477F 发动机维修数据

项目	测量		标准值
凸轮轴	进气/排气凸轮升程		5.09mm
	凸轮轴轴颈直径		$26_{-0.033}^{-0.020}$mm
	凸轮轴轴向间隙		0.095～0.153mm
缸盖	下表面平面度		0.03～0.08mm
气门	气门杆直径	进气门	(5.98±0.008)mm
		排气门	(5.96±0.008)mm
	密封带宽	进气门	2mm
		排气门	2mm
	气门杆与导管的间隙	进气门	0.012～0.043mm
		排气门	0.032～0.063mm
气门导管	气门导管长度		42mm
	内径		5.4mm(加工前)/6.0mm(加工前)
	外径		$11_{+0.040}^{+0.051}$mm
	压入高		12.5mm
活塞	活塞裙部直径		(77.345±0.02)mm
活塞环	侧隙	第一道环	0.04～0.08mm
		第二道环	0.03～0.07mm
	端口间隙	第一道环	0.2mm
		第二道环	0.4mm
	高度	第一道环	$1.2_{-0.02}^{-0.01}$mm
		第二道环	$1.5_{-0.02}^{-0.01}$mm
		油环	$2_{-0.03}^{-0.02}$mm
活塞环槽	高度	第一道环	$1.2_{+0.03}^{+0.05}$mm
		第二道环	$1.5_{+0.02}^{+0.04}$mm
		油环	$2_{+0.01}^{+0.03}$mm
活塞销	直径		W:20.622～20.625mm R:20.625～20.628mm L:20.628～20.631mm
	长度		(61.4±0.4)mm
	活塞销孔直径		W:20.635～20.638mm R:20.638～20.641mm L:20.641～20.644mm
曲轴	轴向间隙		0.093～0.303mm
	径向间隙		0.0115～0.0575mm
	曲轴主轴颈	直径	(48.99±0.01)mm
		径向跳动	0.05mm
		圆柱度	0.008mm
		圆度	0.005mm
	连杆轴颈	直径	(44.9±0.01)mm
		对主轴颈的平行度	0.008mm
气缸体	全高		(206±0.05)mm
	缸孔圆度/直线度		0.008mm/0.01mm
	上表面平面度		0.05mm
连杆	连杆轴瓦径向间隙		0.006～0.06mm
	大端轴向间隙		0.092～0.268mm

Chapter 4 第四章 国产车型

三、瑞虎 5/奇瑞 A3（2.0L SQR484）/奇瑞 A5（1.6L SQR481）

1. 正时系统示意图（图 4-2-20）

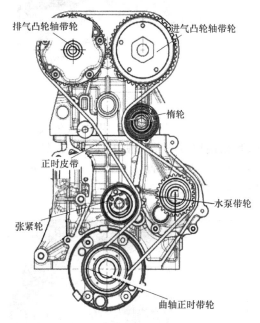

图 4-2-20

2. 发动机正时校对调整方法

（1）拆下图 4-2-21 所示的发动机正时皮带上罩盖。

图 4-2-21

（2）拆下图 4-2-22 所示的发动机正时皮带下罩盖。

（3）松开正时皮带张紧轮中心螺栓，取下正时皮带，如图 4-2-23 所示。

（4）拔掉点火高压分缸线，如图 4-2-24 所示。

图 4-2-22

图 4-2-23

图 4-2-24

（5）松开图 4-2-25 箭头所示的气门室罩盖螺栓，取下气门室罩盖。

（6）转动凸轮轴，将专用工具（凸轮轴正时工具）卡入凸轮轴后端的卡槽内，并用螺栓拧紧，如图 4-2-26 所示。

（7）用扭矩扳手松开进、排气凸轮轴带轮螺栓，如图 4-2-27 所示。

 注意 松开即可，不需拆掉。

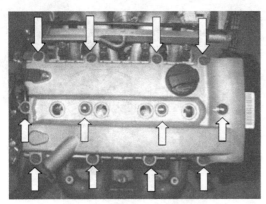

图 4-2-25

图 4-2-26

图 4-2-27

(8) 如图 4-2-28 所示,边转动曲轴,边将专用工具旋入,直到曲轴正反两方向都不能转动为止。

注意 缓慢旋转曲轴,以免刮伤曲轴。

图 4-2-28

(9) 装上正时皮带,用内六角扳手转动张紧轮使皮带张紧,使张紧器上指针位于 U 形槽豁口中间位置,如图 4-2-29 所示。然后拧紧张紧轮螺栓。

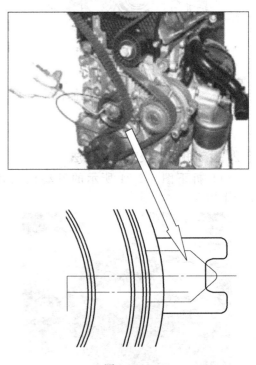

图 4-2-29

(10) 紧固进、排气凸轮轴带轮与凸轮轴的紧固螺栓。力矩:(120 ± 5)N·m。

(11) 取下正时专用工具,装上气门室罩盖、高压分缸线及正时皮带罩盖。

3. 发动机维修数据

奇瑞 2.0L SQR484 发动机维修数据如表 4-2-2 所示。

表 4-2-2　奇瑞 2.0L SQR484 发动机维修数据

项目	测量		标准值
凸轮轴	凸轮高度	进气凸轮	37.65mm
		排气凸轮	37.06mm
	凸轮轴轴颈直径	进气凸轮	23.947～23.960mm
		排气凸轮	23.947～23.960mm
	凸轮轴轴向间隙	进气凸轮	0.15～0.20mm
		排气凸轮	0.15～0.20mm
气缸盖	下表面平面度		0.04mm
	全高		139.83mm
	表面研磨极限		不允许研磨
气门	气门顶部边缘厚度	进气门	0.9mm
		排气门	0.7mm
	气门杆直径	进气门	(5.98 ± 0.008)mm
		排气门	(5.96 ± 0.008)mm
	密封带宽度	进气门	2.263mm
		排气门	2.828mm
	气门杆与导管的间隙	进气门	0.012～0.043mm
		排气门	0.032～0.063mm
	密封带锥面夹角	进气门	90°～90.5°
		排气门	90°～90.5°
	高度	进气门	107.998mm
		排气门	106.318mm
气门弹簧	自由高度		47.7mm
	工作预紧力/工作高度		(260 ± 11)N/41mm
气门导管	长度		(38 ± 0.25)mm
	内径		6～6.015mm
	外径		11.040～11.051mm
	压入高度		(16 ± 0.3)mm
	气门杆凸出量		内:31.497mm 外:31.515mm
活塞	活塞裙部直径		(83.455 ± 0.009)mm
活塞环	侧隙	第一道环	0.04～0.08mm
		第二道环	0.025～0.07mm
	端隙	第一道环	0.2～0.4mm
		第二道环	0.4～0.6mm
	高度	第一道环	$1.2_{-0.05}^{-0.01}$mm
		第二道环	$1.5_{-0.050}^{-0.006}$mm
		油环	2.5mm
活塞环槽	高度	第一道环	$1.2_{+0.05}^{+0.06}$mm
		第二道环	$1.5_{+0.02}^{+0.04}$mm
		油环	$2.5_{+0.01}^{+0.05}$mm
活塞销	直径		$21_{-0.006}^{0}$mm
	长度		$60_{-0.5}^{0}$mm
	活塞销孔直径		$21_{+0.006}^{+0.010}$mm
曲轴	轴向间隙		0.070～0.265mm
	径向间隙		0.021～0.059mm
	曲轴主轴颈	直径	$54_{-0.019}^{0}$mm
		同轴度	0.04mm
		圆柱度	0.007mm
		圆度	0.004mm
	连杆轴颈	直径	$47.9_{-0.016}^{0}$mm
		对主轴颈的平行度	0.008mm

项目	测量	标准值
气缸体	全高	293mm
	缸孔圆度/直线度	0.008mm/0.01mm
	上表面平面度	0.04mm
	表面研磨极限	不允许研磨
连杆	连杆大头孔轴向间隙	0.15～0.40mm
	连杆轴瓦径向间隙	0.026～0.062mm

四、奇瑞QQ（0.8L SQR372）

1. 正时皮带的拆卸

（1）安装图4-2-30所示的专用工具来防止飞轮旋转。

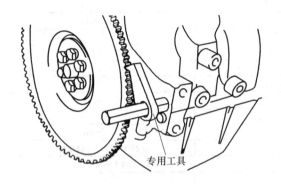

图4-2-30

（2）拧下扭转减振器固定螺栓，如图4-2-31所示。

（3）取下扭转减振器。

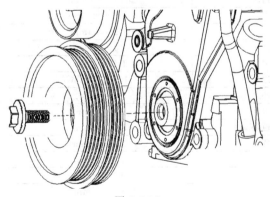

图4-2-31

（4）使用专用工具拆下水泵带轮，如图4-2-32所示。

（5）拆卸正时室盖。

（6）折下正时皮带挡板，如图4-2-33所示。

图4-2-32

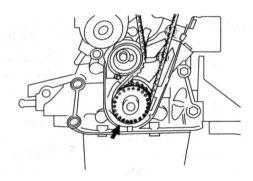

图4-2-33

（7）顺时针转动曲轴至1缸活塞压缩上止点，使凸轮轴正时带轮上的正时标记与凸轮轴罩盖上的凸起标记对齐，如图4-2-34所示。

 注意

① 装上皮带后，只能顺时针旋转发动机。

② 拆卸前，在正时记号位置做一箭头标记，装配时按原状态装配。

（8）确认曲轴正时带轮上的正时标记与机油泵壳上的正时标记相吻合，如图4-2-35所示。

（9）卸下张紧轮螺栓，取下张紧轮，如

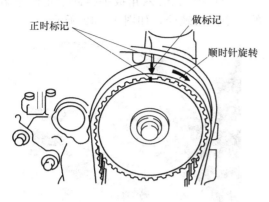

图 4-2-34

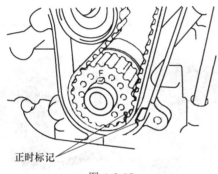

图 4-2-35

图 4-2-36 所示。

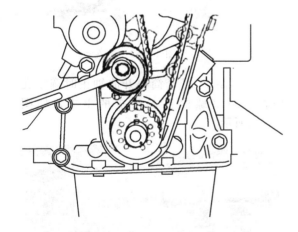

图 4-2-36

(10) 拆下正时皮带。
(11) 卸下曲轴正时带轮,如图 4-2-37 所示。

2. 正时皮带的安装

(1) 安装曲轴正时带轮,确保曲轴正时

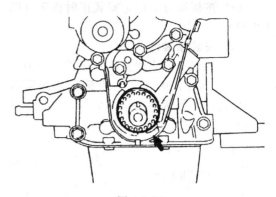

图 4-2-37

带轮的冲孔标记和机油泵壳上的标记对齐,如图 4-2-38 所示。

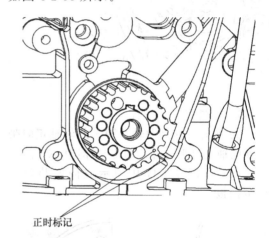

图 4-2-38

(2) 将凸轮轴正时带轮套在排气凸轮轴前端,使带轮上的定位槽与凸轮轴端面上的定位销对齐,如图 4-2-39 所示。用螺栓固定凸轮轴正时带轮。

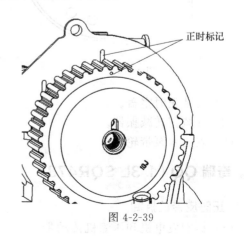

图 4-2-39

(3) 按拆卸时的标记安装正时皮带（图4-2-34）。

(4) 安装张紧轮。

(5) 按以下方法调整正时皮带的张力。

① 如图 4-2-40 所示，用旋具使张紧器向右摆动，使张紧轮边缘与水泵壳体圆弧距离为 8mm 左右。

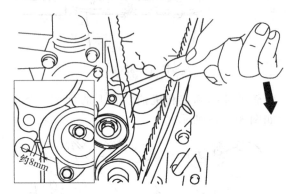

图 4-2-40

② 拧紧张紧轮螺栓。

③ 顺时针转动曲轴 2 圈，凸轮轴正时带轮和曲轴正时带轮各自的正时标记应对齐。

(6) 按图 4-2-41 中所示方向安装正时皮带挡板。

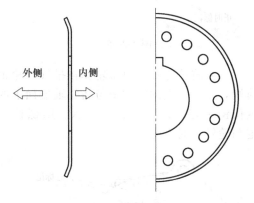

图 4-2-41

(7) 安装正时室盖。
(8) 安装扭转减振器。
(9) 安装水泵带轮。

五、奇瑞 QQ（1.3L SQR473）

1. 正时皮带的拆卸

(1) 拆卸发电机和压缩机传动带。

(2) 用 5mm 六角扳手拆卸上正时室盖的 5 个固定螺栓，如图 4-2-42 所示。

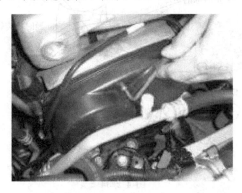

图 4-2-42

(3) 取下图 4-2-43 所示的上正时室盖。

图 4-2-43

(4) 用 13 号套筒松开曲轴正时调整孔螺栓。调整螺栓在起动机的上方，如图 4-2-44 所示。

图 4-2-44

（5）如图 4-2-45 所示，将曲轴定位销插入正时调整孔中并拧紧，用扳手转动曲轴皮带盘中的大螺母使曲轴旋转，同时慢慢拧入定位销，直到曲轴转不动为止。

图 4-2-45

（6）用 13 号套筒拆下曲轴带轮的 6 个固定螺栓，取出曲轴带轮，如图 4-2-46 所示。

图 4-2-46

（7）用 10 号套筒拆下下正时室盖的 6 个固定螺栓，如图 4-2-47 所示。

图 4-2-47

（8）取下图 4-2-48 所示的下正时室盖。

图 4-2-48

（9）用 10 号套筒松开张紧轮固定螺栓，取下正时皮带，如图 4-2-49 所示。

图 4-2-49

2. 正时皮带的安装

（1）松开张紧轮固定螺栓并转动到最小张紧位置。

（2）安装正时皮带。

注意 在拆卸过程中不能转动曲轴/凸轮轴，否则要重新校对气门正时。

（3）用 5mm 六角扳手转动张紧轮，转动到调整六角形孔和固定螺栓约在同一水平线时停止，并拧紧固定螺栓，如图 4-2-50 所示。

（4）安装下正时室盖。

（5）安装曲轴带轮。

（6）安装相关的附件并检查正时皮带的

图 4-2-50

挠度。

(7) 安装上正时室盖。

(8) 安装后的正时皮带如图 4-2-51 所示。

3. 发动机正时的调整

(1) 转动曲轴,使 4 个活塞在气缸内成一水平线,将曲轴定位螺栓在缸体左后部(曲轴最后一段)旋进曲轴正时调整孔,使曲轴不能转动(定位螺栓必须进入到缸体螺孔平面)。

(2) 安装好进、排气凸轮轴,装上凸轮轴正时带轮,把进、排气凸轮轴尾部凹槽转动成水平方向,用专用工具装在凹槽内加以固定。

(3) 曲轴、凸轮轴按要求固定后安装正时皮带,为了使正时皮带顺利安装,正时带轮固定螺栓暂时不要拧紧,让其能自由转动,张紧轮把正时皮带按规定值张紧后再把正时带轮螺栓固定。

(4) 安装其他零部件。

图 4-2-51

六、瑞虎 5(1.5T SQRE4T15)/瑞虎 5X/瑞虎 7(1.5T SQRE4T15B)

正时链条的安装方法如下。

(1) 安装机油泵链条,如图 4-2-52 所示。

① 先将机油泵链轮安装到机油泵总成上。

② 将机油泵链条挂在曲轴链轮和机油泵链轮上。

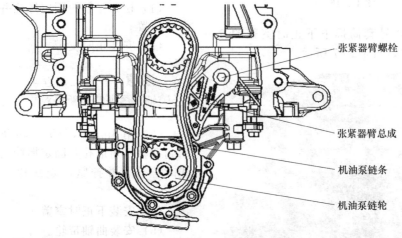

图 4-2-52

③ 将机油泵总成装上框架,将机油泵张紧器臂总成用专用螺栓旋入,暂不拧紧。

④ 检查机油泵张紧器臂是否能绕该螺栓灵活转动。

⑤ 用手扳动机油泵张紧器臂总成,使机油泵张紧器臂上弹簧卡入框架上对应限位凸台上,松开机油泵张紧器臂总成,使机油泵链条张紧。

⑥ 拧紧机油泵张紧器臂螺栓。拧紧力矩:20~25N·m。

(2) 如图 4-2-53 所示,将曲轴正时定位销通过气缸体上进气侧的螺孔装在气缸体上,定位销的前端插在曲轴平衡块上的定位孔内。

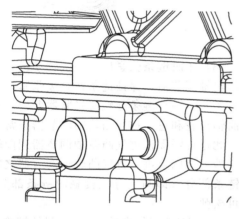

图 4-2-53

(3) 如图 4-2-54 所示,将凸轮轴正时定位专用工具放置在气缸盖上平面的后部,分别转动进、排气凸轮轴,将凸轮轴正时定位专用工具水平地卡入两个凸轮轴后端卡槽中。

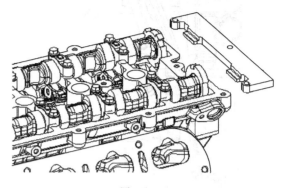

图 4-2-54

(4) 安装正时链条和上导轨总成,如图 4-2-55 所示。

① 将上导轨总成 2 个螺栓的 2~3 个螺牙涂上乐泰胶,旋入凸轮轴第一轴承盖上暂不拧紧。

② 将正时链条分别挂到进、排气凸轮轴调节器及曲轴链轮上,上导轨总成保持水平。

(5) 如图 4-2-56 所示,将链条导轨总成的 2 个螺栓分别固定到气缸盖和气缸体上,然后拧紧螺栓。

(6) 安装张紧器臂总成,如图 4-2-57 所示。

① 将张紧器臂总成用专用螺栓固定到气缸盖上,然后拧紧螺栓。

② 拧紧后检查张紧器臂是否能绕该螺栓灵活转动。

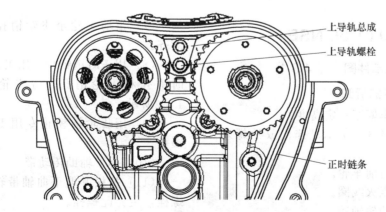

图 4-2-55

(7) 安装液压张紧器。如图 4-2-58 所示，将液压张紧器总成用 2 个螺栓紧固到气缸体上拧紧，然后扳动张紧器臂压紧液压张紧器柱塞，拔出液压张紧器的锁销使链条张紧。

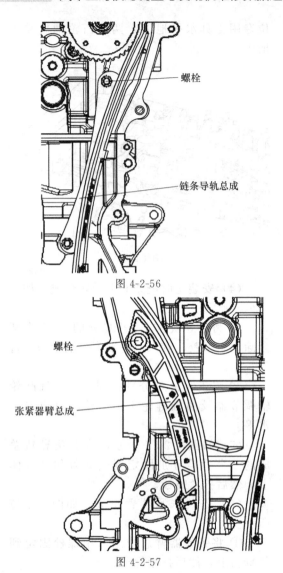

图 4-2-56

图 4-2-57

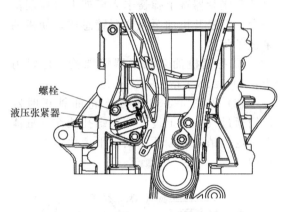

图 4-2-58

(8) 正时链条张紧后，依次转动进、排气凸轮轴调节器，保证链条在紧边张紧，检查链条是否贴在链条导轨与张紧器臂内，并与曲轴链轮和进、排气凸轮轴调节器正常啮合。此过程需保证进气凸轮轴调节器到曲轴链轮啮合点以及进、排气凸轮轴调节器之间的链条部分（即与上导轨接触的链条部分）不可松弛。

(9) 保持上导轨水平，拧紧上导轨螺栓。

(10) 安装正时室盖。

第三节　上汽荣威轿车

一、荣威 350（1.5L NSE）

1. 正时系统部件图（图 4-3-1）

2. 正时链条的拆卸

（1）举升车辆至一定高度。

（2）如图 4-3-2 所示，拧松放油螺塞，放掉机油。

（3）拆下右前车轮。

（4）拆除点火线圈。

（5）拆下凸轮轴盖。

（6）拆除机体上正时销孔上的塞。

（7）盘动飞轮至飞轮销孔与机体销孔对齐。

（8）用正时销锁止专用工具插入机体正时销孔和飞轮销孔，将飞轮锁死，如图 4-3-3 所示。

（9）用凸轮轴锁止专用工具将凸轮轴锁止。

（10）拆下辅助传动带。

（11）拧松并取下曲轴带轮到曲轴上的螺栓，废弃此螺栓。

（12）取下曲轴带轮。

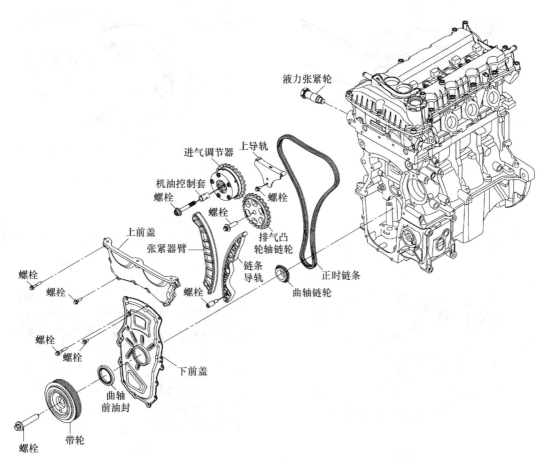

图 4-3-1

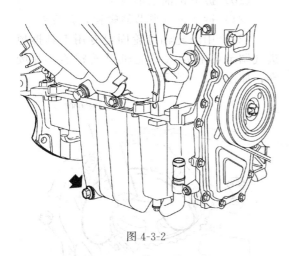

图 4-3-2

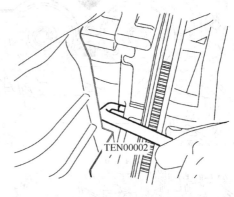

图 4-3-3

(13) 用带轮拆装专用工具拆卸水泵带轮，如图 4-3-4 所示。

(14) 拆掉正时链条上盖板。

(15) 拆掉正时链条下盖板。

(16) 拆下正时链条张紧器，并废弃密封垫圈，如图 4-3-5 所示。

(17) 拆掉正时链条上导轨，如图 4-3-6 所示。

(18) 用专用工具 TEN00006 固定机油泵链轮，然后拆掉机油泵链轮螺栓，如图 4-3-7 所示。

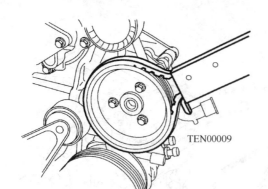

图 4-3-4

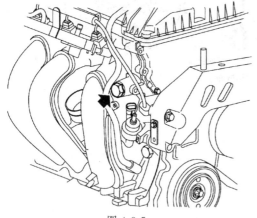

图 4-3-5

图 4-3-6

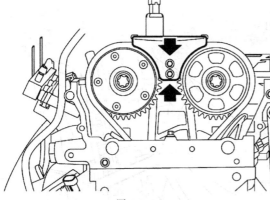

图 4-3-7

（19）向右张开机油泵链条张紧器，将机油泵链轮、机油泵链条和驱动机油泵的曲轴链轮同时取下，如图 4-3-8 所示。

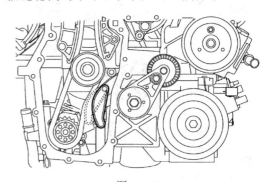

图 4-3-8

（20）拆下机油泵链条张紧器。

（21）拆下进气调节器螺栓，并废弃。

（22）用凸轮轴链轮固定专用工具拆掉进气调节器和排气凸轮轴链轮螺栓，并废弃，如图 4-3-9 所示。

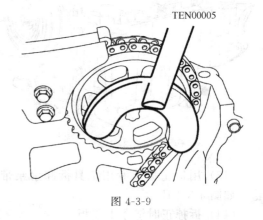

图 4-3-9

（23）取下进气调节器和排气凸轮轴链轮，如图 4-3-10 所示。

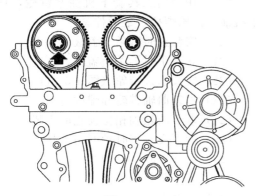

图 4-3-10

(24) 取下曲轴链轮和正时链条,如图 4-3-11 所示。

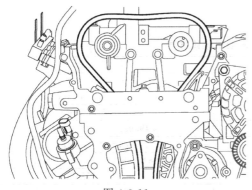

图 4-3-11

(25) 拆掉导轨枢销,从正时室上端取出张紧器臂和链条导轨,如图 4-3-12 所示。

图 4-3-12

3. 正时链条的安装

(1) 转动飞轮至飞轮销孔与机体销孔对齐。

(2) 用飞轮锁止专用工具插入机体正时销孔和飞轮销孔,将飞轮锁死,如图 4-3-3 所示。

(3) 用凸轮轴锁止专用工具将凸轮轴相位锁止,如图 4-3-13 所示。

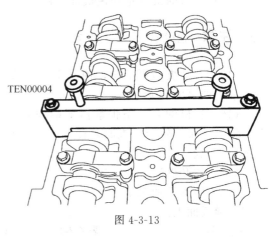

图 4-3-13

(4) 装配前检查各零件是否有碰伤、油污、锈迹和脏物。如有碰伤,不得使用,如有油污、锈迹和脏物,必须擦干净。

(5) 将链条导轨从正时室右侧上端放入,分别拧入枢销,最后依次拧紧枢销。

(6) 将张紧器臂从正时室左侧上端放入,拧入枢销,最后拧紧枢销(图 4-3-12)。

(7) 在曲轴前端套入正时链条:从缸盖正时室上端放入正时链条,链条下端套入曲轴链轮,将链条悬挂在上导轨安装凸台上。进气凸轮轴装配进气调节器,螺栓预紧。

(8) 用凸轮轴链轮固定专用工具将排气凸轮轴装配凸轮轴链轮,螺栓预紧后,将链条装入两个链轮(图 4-3-10)。

(9) 在凸轮轴前轴承盖上装上上导轨,并用 2 个螺栓固定(图 4-3-6)。

(10) 换上新的正时液压张紧器垫圈后,在缸盖上拧入正时液压张紧器,并拧紧(图 4-3-5)。

(11) 将进气调节器和排气凸轮轴链轮拧紧在凸轮轴上,排气凸轮轴链轮螺栓拧紧力矩为 25N·m+45°,进气调节器螺栓拧紧至 70~80N·m。

(12) 安装机油泵链条张紧器。

(13) 将机油泵链条套在曲轴链轮上,然后将曲轴链轮(机油泵)装入曲轴前端。

注意 曲轴链轮（机油泵）齿侧根部有凹坑标示，用于与曲轴链轮（正时链条）区分。

（14）将机油泵链轮套在机油泵链条上。

注意 有产品标示的一面朝外。

（15）转动机油泵链轮，使其中心 D 形孔对准机油泵的 D 形轴。

（16）将机油泵链条张紧器下端向右拉动，将机油泵链轮套在机油泵轴上，并将曲轴链轮推到底。

（17）放开机油泵链条张紧器。

（18）检查机油泵链条是否正确压在张紧器的导板面上。

（19）用专用工具套上机油泵链轮，拧上机油泵链轮螺栓，最后拧紧。

（20）安装正时链条下盖板。

（21）安装正时链条上盖板。

（22）安装水泵带轮（图 4-3-14）。

（23）安装曲轴带轮和辅助传动带。

（24）取下凸轮轴相位锁止的工装。

（25）拆下飞轮正时销专用工具。

（26）装好正时孔上的塞。

（27）装好凸轮轴盖。

（28）装好点火线圈。

（29）装好车轮，然后放下车辆。

4. 发动机维修数据

荣威 1.5L NSE 发动机维修数据如表 4-3-1 所示。

表 4-3-1 荣威 1.5L NSE 发动机维修数据

项目	检查		标准值	
曲轴	曲轴轴向间隙/维修极限		(0.205±0.1)mm/0.34mm	
	主轴承孔直径	等级 A	53.690～53.700mm	
		等级 B	53.680～53.690mm	
	主轴颈直径	等级 0	49.993～50.000mm	
		等级 1	49.984～49.992mm	
	曲轴连杆轴颈直径/最大圆度		47.984～48.000mm/0.008mm	
主轴瓦	止推垫片厚度		2.810～2.855mm	
	轴承间隙		0.020～0.054mm	
气缸体	气缸套直径		74.985～75.000mm	
	气缸体修正尺寸		缸径	活塞裙部最大直径
		A(+0.5mm)	75.485～75.500mm	75.441～75.459mm
		B(+1.0mm)	75.985～76.000mm	75.941～75.959mm
		C(+1.5mm)	76.485～76.500mm	76.441～76.459mm
	配缸间隙		0.026～0.059	
连杆	中心之间的距离		(143.7±0.05)mm	
	活塞销长度		51.7～52.0mm	
连杆轴瓦	间隙		0.020～0.071mm	
	轴向窜动		0.100～0.246mm	
活塞	活塞直径		74.941～74.959mm	
	活塞销孔口处的公差		0.009～0.020mm	
	最大圆度		0.002mm	
活塞环	活塞环到环槽的公差	第一道气环	0.040～0.080mm	
		第二道气环	0.030～0.062mm	
		油环	0.015～0.045mm	
	活塞环装配切口间隙（从缸套口 20mm 处测量）	第一道气环	0.25～0.40mm	
		第二道气环	0.37～0.57mm	
		油环	0.10～0.60mm	
	活塞环宽度	第一道气环	0.970～0.990mm	
		第二道气环	1.170～1.190mm	
		油环	1.880～1.980mm	

续表

项目	检查		标准值
缸盖	缸盖弯曲		0.05mm
	缸盖高度（新的）		118.95～119.05mm
	加工极限		0.20mm
凸轮轴	凸轮轴轴向间隙/维修极限		0.06～0.19mm/0.30mm
	轴承间隙/维修极限		前端0.025～0.066mm，后端0.024～0.066mm/0.15mm
气门系统	机械挺柱外径		29.964～29.980mm
	气门杆直径	进气门	5.952～5.967mm
		排气门	5.947～5.962mm
	气门杆至气门导管的间隙	进气门	0.033～0.073mm
		排气门	0.038～0.078mm
	气门杆配合高度	新的进气门	50.021～50.881
		新的排气门	49.925～50.785
		维修极限	0.26mm
	气门头直径	进气门	29.2～29.4mm
		排气门	24.0～24.2mm
	气门座宽度	进气门	1.0～1.4mm
		排气门	1.4～1.8mm
	气门表面的角度		45°
	气门间隙	进气门	0.11～0.19mm
		排气门	0.20～0.28mm
	气门弹簧自由长度		50.0mm
	气门弹簧安装长度		37.0mm

二、荣威550/750/W5（1.8T 18K4G）

1. 正时皮带的拆卸

（1）断开蓄电池的接地端子。
（2）拆下正时皮带前上盖。
（3）把发动机支撑在千斤顶上。
（4）松开把发动机右上系杆固定到发动机右托架上的螺栓1，如图4-3-14所示。
（5）拧下2个螺栓2。

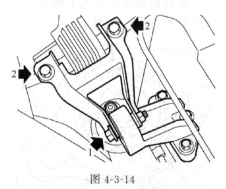

图 4-3-14

（6）拧下把发动机右托架固定到液压悬置上的螺母1，如图4-3-15所示。

（7）拧下把发动机右托架固定到发动机上的3个螺栓2。

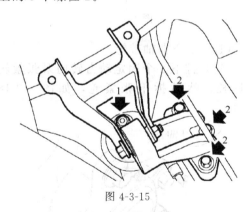

图 4-3-15

（8）拆下发动机右托架和右上系杆总成。
（9）顺时针转动曲轴以对准凸轮轴带轮的标记，如图4-3-16所示。

注意 千万不要用凸轮轴带轮、凸轮轴带轮螺栓或正时皮带来转动曲轴。

（10）装上凸轮轴带轮锁止工具T10029。

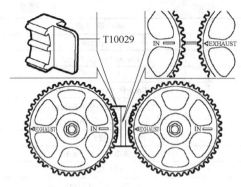

图 4-3-16

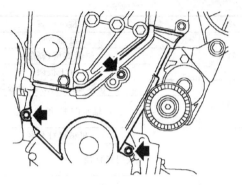

图 4-3-19

(11) 检查并确保曲轴带轮上的正时标记和正时皮带下前盖上的标记对准,如图 4-3-17 所示。

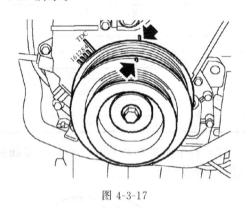

图 4-3-17

(12) 拆下曲轴带轮。

(13) 拧下 2 个固定动力转向泵张紧轮的螺栓,然后拆下张紧轮,如图 4-3-18 所示。

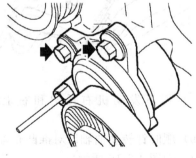

图 4-3-18

(14) 拧下 3 个螺钉并取下正时皮带前下盖和密封,如图 4-3-19 所示。

(15) 拧下并废弃正时皮带张紧轮螺栓,并拆下张紧轮,如图 4-3-20 所示。

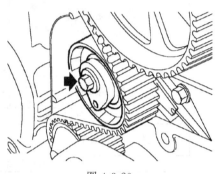

图 4-3-20

(16) 取下凸轮轴正时皮带。

 注意 如果还要使用原来的正时皮带,标记正时皮带上的转动方向。

(17) 从曲轴上拆下曲轴正时带轮。

2. 正时皮带的安装

(1) 清洁正时带轮和曲轴带轮。

(2) 把曲轴正时带轮装到曲轴上。

(3) 检查曲轴正时带轮上的孔和机油泵上的法兰是否对准,如图 4-3-21 所示。

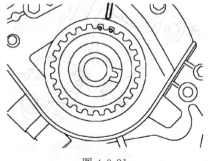

图 4-3-21

(4) 装上正时皮带张紧轮,固定在 9 点钟位置，拧紧新的夹紧螺栓，直到刚好能移动张紧轮调节臂，如图4-3-22所示。

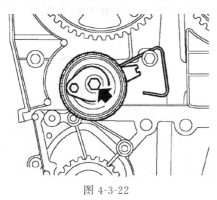

图4-3-22

（5）确保凸轮轴带轮标记对准。
（6）只能用手指装上正时皮带。确保正时皮带能在曲轴正时带轮间运转，而且在安装的过程中排气凸轮轴带轮是张紧的。
（7）检查并保证正时皮带装在所有正时带轮和皮带张紧轮的中央。
（8）清洁正时皮带前下盖，安装密封垫和前下盖。
（9）清洁动力转向皮带张紧器和结合面。
（10）装上动力转向皮带张紧器并拧紧螺栓至25N·m。
（11）装上曲轴带轮。
（12）拿开凸轮轴带轮锁止工具T10029。
（13）用一6mm的六角扳手逆时针方向转动张紧轮调节臂，并使指针和图4-3-23所示的指针线对准。

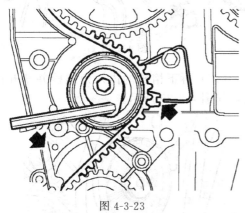

图4-3-23

（14）如果要装原来的正时皮带，那么指针就必须对准，这样指针线就靠近指针的下区域，如图4-3-24箭头所示。

> **注意** 指针应从上面接近指针线。如果指针过了指针线，那就必须完全放松张紧度，然后重新调整。

（15）拧紧张紧轮螺栓到22N·m。

图4-3-24

（16）把扳手放到曲轴带轮上，转动曲轴2圈，对准凸轮轴带轮正时标记。

> **注意** 千万不要用凸轮轴带轮、凸轮轴带轮螺栓或正时皮带来转动曲轴。

（17）检查指针与指针线的对准情况。
（18）如果指针对得不准，松开螺栓直到刚好移动张紧轮调节臂。顺时针转动张紧轮调节臂直到完全解除张紧，然后逆时针转动张紧轮调节臂直到指针能与指针线正确对准。
（19）把张紧器螺栓拧紧到22N·m。
（20）转动曲轴2圈，对准正时标记。
（21）检查指针与指针线的对准情况，如果不正确，重复调整程序。
（22）装上正时皮带前上盖。
（23）清洁发动机右托架和结合面。
（24）将发动机右托架和右上系杆总成装到发动机上，装上右托架到发动机的螺栓并拧紧至100N·m。
（25）装上把发动机右托架固定到液压悬置上的螺母并拧紧至85N·m。
（26）装上2个把右上系杆固定到右系杆上的螺栓，但先不要拧紧。
（27）拧紧把发动机右上系杆固定到发动机右托架上的螺栓到100N·m。
（28）降低并拿开千斤顶。

(29) 拧紧 2 个把右上系杆固定到右系杆上的螺栓到 85N·m。

(30) 连上蓄电池的接地端子。

三、荣威 750（2.5L 25K4F/KV6）

1. 正时皮带的拆卸

(1) 断开蓄电池负极。

(2) 拆下发动机机油冷却器。

(3) 拆下辅助传动带。

(4) 拆下右前车轮。

(5) 拆下左后凸轮轴正时皮带盖。

(6) 排出发动机机油。

(7) 顺时针转动曲轴，对准上面的"SAFE"标记，直到曲轴带轮上凹槽和前安装板上的箭头标记对准，同时如图 4-3-25 所示，后凸轮轴带轮上正时标记也要对准。

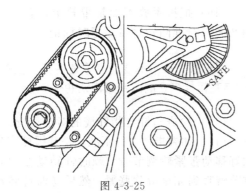

图 4-3-25

(8) 如果是自动变速器，穿过下曲轴箱的内孔插入正时销 T10009，如果是手动变速器，那就要穿过外孔插入正时销 T10009，把销一直放到驱动盘/飞轮内，以锁止曲轴，如图 4-3-26 所示。

(9) 取下 3 个固定动力转向泵带轮的内六角螺钉，拿开带轮。

(10) 拧开 3 个固定动力转向泵的螺栓并把泵移到旁边，如图 4-3-27 所示。

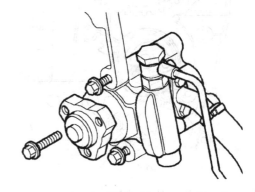

图 4-3-27

(11) 松开发电机和蓄电池的接线端软盖。

(12) 松开发电机输出接线端的螺母 1，从接线端上断开导线，如图 4-3-28 所示。

(13) 从发电机上断开连接器 2 的连接。

(14) 拧下 2 个固定发电机的螺栓 3。

(15) 取下发电机。

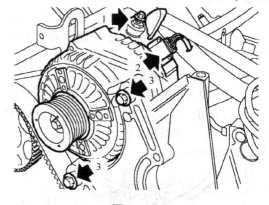

图 4-3-28

(16) 拆下惰轮的内六角螺栓并拿开惰轮，如图 4-3-29 所示。

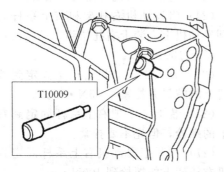

图 4-3-26

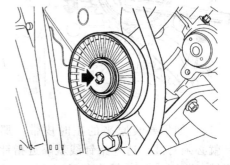

图 4-3-29

(17) 拧开 3 个固定正时皮带右前盖的螺栓,如图 4-3-30 所示。

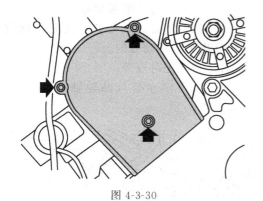

图 4-3-30

(18) 拧开 3 个固定正时皮带左前盖的螺栓,如图 4-3-31 所示。

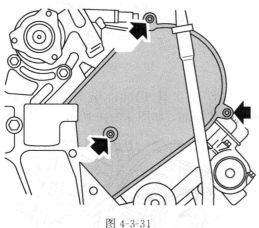

图 4-3-31

(19) 拿开两个前盖。
(20) 拆下曲轴带轮。
(21) 拧开固定凸轮轴正时皮带下罩盖的 3 个螺栓并拿开盖子,如图 4-3-32 所示。

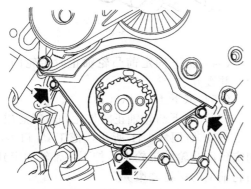

图 4-3-32

(22) 拧下固定自动张紧轮的 2 个螺栓并拿开张紧轮,如图 4-3-33 所示。

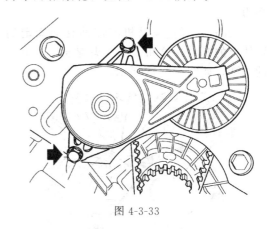

图 4-3-33

(23) 拧下把机油尺管固定到缸盖上的螺栓,从发动机油底壳拔出机油尺管,如图 4-3-34 所示。

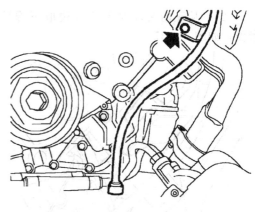

图 4-3-34

(24) 拧下把发动机辅助支架装到缸体上的 3 个顶部螺栓,取下辅助支架,如图 4-3-35 所示。

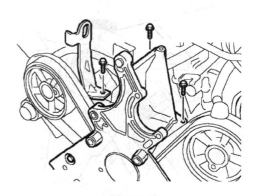

图 4-3-35

(25) 拧下把空调压缩机固定到辅助支架和缸体上的3个螺栓,移开压缩机并挂到旁边。

(26) 松开把发动机前辅助支架固定到缸体上的5个螺栓和2个柱头螺栓,拆下辅助支架,如图4-3-36所示。

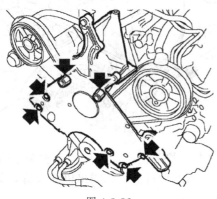

图 4-3-36

(27) 从正时带轮张紧器旁边取下橡胶堵盖,如图4-3-37所示。

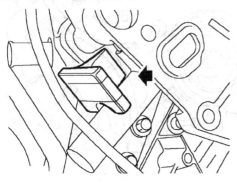

图 4-3-37

(28) 把六角扳手装到正时皮带张紧轮上,按图4-3-38箭头所示方向转动扳手,

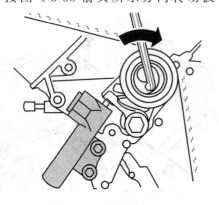

图 4-3-38

释放正时皮带张紧器上的张力,拧下固定张紧器的2个螺栓。

(29) 拆下正时皮带张紧器。

(30) 如果还要装回原正时皮带,则应该标记好皮带的转动方向。

(31) 拿开正时皮带。

(32) 取下两个排气凸轮轴的前油封,如图4-3-39所示。

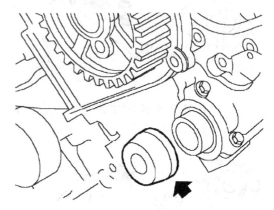

图 4-3-39

(33) 把工具T10011装到2个前凸轮轴正时带轮上,如图4-3-40所示。

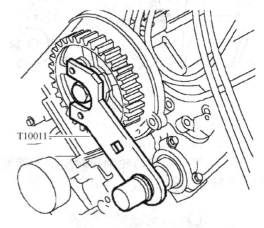

图 4-3-40

(34) 拆下固定前凸轮轴正时带轮的螺栓,并废弃。

(35) 取下工具T10011。

(36) 取下凸轮轴正时带轮和轮毂总成。

(37) 如图4-3-41所示,把工具T10003固定到后凸轮轴带轮上,拧下将带轮固定到凸轮轴上的螺栓并废弃。

(38) 一起取下左后凸轮轴带轮和正时

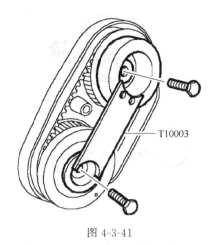

图 4-3-41

皮带。

(39) 如果还要使用原皮带,则标记好正时皮带的转动方向。

(40) 从凸轮轴带轮上拿开工具 T10003,从带轮上拿开正时皮带。

(41) 按同样方法拆下右后凸轮轴带轮和正时皮带,如图 4-3-42 所示。

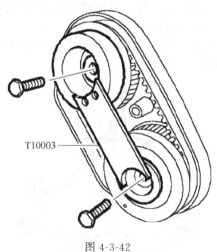

图 4-3-42

2. 正时皮带的安装

(1) 清洁后凸轮轴带轮和凸轮轴结合面。

(2) 把右后凸轮轴带轮倒置于平面,注意放置带轮时如图 4-3-43 所示定位凸台。

(3) 把右后凸轮轴正时皮带定位到带轮上。

(4) 把 T10010 固定到带轮之间,充分转动中心螺母以张紧正时皮带,把 T10003

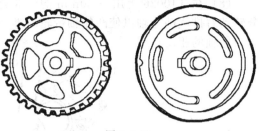

图 4-3-43

固定到凸轮轴带轮上,从凸轮轴带轮之间拿开 T10010,如图 4-3-44 所示。

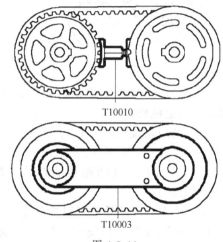

图 4-3-44

(5) 把 T10012 对准销装进每个凸轮轴的端部,如图 4-3-45 所示。

(6) 将正时皮带和带轮穿过 T10012,然后固定到凸轮轴上。

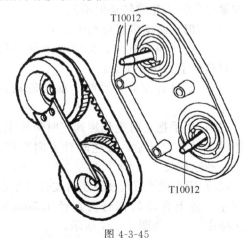

图 4-3-45

(7) 把 T10026 装进右排气凸轮轴的前端,如图 4-3-46 所示。

(8) 在 T10026 上用一 30mm 的套筒充分转动右排气凸轮轴以使凸轮轴带轮对准每个凸轮轴的驱动切槽。

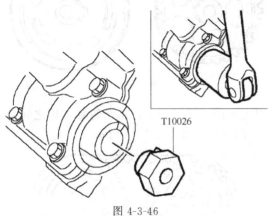

图 4-3-46

(9) 拿开 T10012 对准销,装上新的凸轮轴带轮固定螺栓。

(10) 把凸轮轴带轮螺栓拧紧至 27N·m,然后再拧 90°,取下 T10003。

(11) 清洁右排气凸轮轴油封的凹槽,并装上新的油封。

(12) 装上右后凸轮轴正时皮带盖。

(13) 用同样的方法安装左后凸轮轴正时皮带和凸轮轴带轮。

(14) 清洁前凸轮轴正时带轮、轮毂和曲轴带轮。

(15) 把轮毂装到凸轮轴正时带轮上,把带轮装到凸轮轴上。装上新的螺栓并可靠地拧紧以保证带轮能转动但不倾斜。

(16) 把正时皮带定位到带轮上。

(17) 把工具 T10011 装到两个前凸轮轴正时带轮上(图 4-3-40)。

(18) 顺时针充分转动两个前凸轮轴正时带轮。

(19) 用手把正时皮带装到正时带轮上,从曲轴正时带轮开始,按逆时针方向操作,操作时越紧越好。

(20) 用台虎钳慢慢压下正时皮带张紧器的柱塞,装上合适的销钉(直径 1.5mm),以保持住柱塞,如图 4-3-47 所示。

(21) 清洁正时皮带张紧器螺栓并给前 3 个螺纹涂上乐泰 242 胶。

(22) 用六角扳手将正时皮带张紧轮顶

图 4-3-47

靠住皮带。

(23) 装上正时皮带张紧器,装上螺栓并拧紧到 25N·m。

(24) 松开正时皮带张紧轮并从张紧器上拔出销钉。

(25) 装上张紧器旁的橡胶堵盖。

(26) 拧紧前凸轮轴带轮螺栓到 27N·m,然后再拧 90°。

(27) 取下工具 T10011。

(28) 固定发动机前辅助支架并快速把支架固定到位。

(29) 按图 4-3-48 中数字顺序装上螺栓并拧紧。

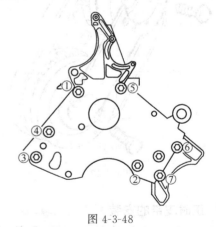

图 4-3-48

(30) 固定发动机吊架,装上把辅助支架固定到缸体上的顶部螺栓并拧紧到 45N·m。

(31) 把空调压缩机固定到辅助支架和缸体上,装上螺栓并拧紧至 25N·m。

(32) 装上发动机机油冷却器。

(33) 装上自动张紧轮,装上螺栓并拧紧到 25N·m。

(34) 清洁下正时皮带罩盖，然后装上盖子。

(35) 从驱动盘/飞轮和下曲轴箱上拿开T10009正时销。

(36) 转动曲轴，检查气门正时。

(37) 清洁曲轴带轮，把曲轴带轮装到曲轴正时带轮上，确保带轮上的凹痕对齐曲轴正时带轮上的凸缘。

(38) 装上曲轴带轮螺栓和垫圈，将T10008 和 T10017 装到曲轴带轮上并把螺栓拧紧到160N·m。

(39) 从曲轴带轮上拿开T10008和T10017。

(40) 安装其他之前拆卸下来的零部件。

四、荣威W5（3.2L G32D）

1. 凸轮轴的拆卸

(1) 拆卸气缸盖罩。
(2) 拆卸气缸盖前盖。
(3) 拆卸冷却连接配件。
(4) 转动曲轴，把1号气缸活塞定位在BTDC 30°（上止点前）位置上。
(5) 拆卸发电机，如图4-3-49所示。

图4-3-50

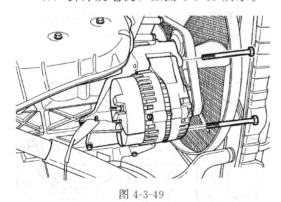

图4-3-49

(6) 拆卸正时链条张紧轮。
(7) 拆卸气缸盖前盖和上导轨，如图4-3-50所示。
(8) 如图4-3-51所示，在凸轮轴链轮和正时链条上做好对正标记（箭头部位）。
(9) 拧下排气凸轮轴链轮螺栓，拆卸排气凸轮轴链轮，如图4-3-52所示。
(10) 从进气凸轮轴链轮上取下正时链条，注意不要把正时链条掉入正时链轮箱中。

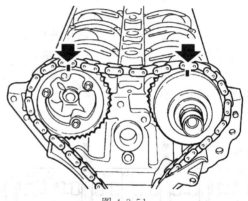

图4-3-51

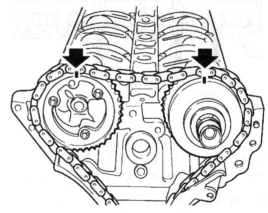

图4-3-52

(11) 拧下图4-3-53中所示的进气侧螺栓和排气侧螺栓。
(12) 拧下其他螺栓和凸轮轴轴承盖螺栓。

注意 拆卸凸轮轴轴承盖螺栓时应检查轴承盖上的编号，注意不要混淆。

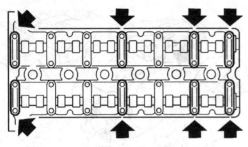

图 4-3-53

(13) 拆卸进气和排气凸轮轴。

2. 凸轮轴的安装

(1) 转动曲轴,将 1 号气缸活塞定位在 BTDC(上止点前)30°位置上。

(2) 安装进、排气凸轮轴和轴承盖,并按规定力矩(22.5~27.5N·m)紧固。

(3) 按照轴承盖编号顺序安装轴承盖,如图 4-3-54 所示。

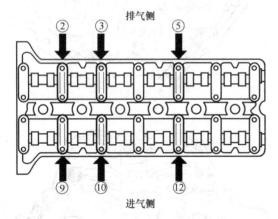

图 4-3-54

(4) 如图 4-3-55 所示,用扳手转动凸轮轴,使进、排气凸轮轴正时专用工具插入孔与气缸盖上部的孔一致(进气按 3 点钟方向,排气按 9 点钟方向)。

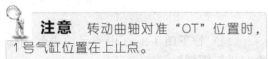

注意 转动曲轴对准"OT"位置时,1号气缸位置在上止点。

(5) 如图 4-3-56 所示,将凸轮轴正时定位销插入凸轮轴正时孔内。

(6) 按凸轮轴旋转方向,用手转动进气凸轮轴调节器,直到其不能转动为止后,然后安装正时链条,如图 4-3-57 所示。

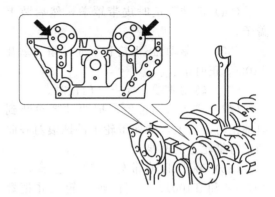

图 4-3-55

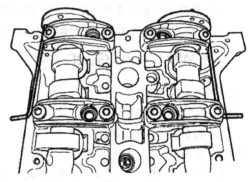

图 4-3-56

注意 确认凸轮轴链轮和正时链条的对正标记是否吻合。

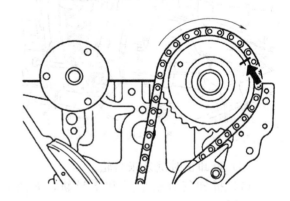

图 4-3-57

(7) 将正时链条安装在排气凸轮轴链轮上,拧紧装配螺栓(第一步 18~22N·m,第二步 90°±5°)。

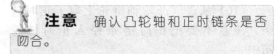

注意 确认凸轮轴和正时链条是否吻合。

(8) 如图 4-3-58 所示，插入正时链条张紧器螺栓 1 和正时链条张紧器 2，按规定力矩拧紧。

> ⚠ **注意** 如果经上述检查后发现不符合标准，重新进行操作。

图 4-3-58

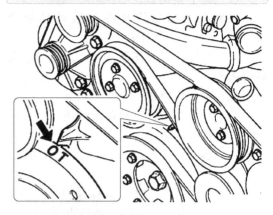

图 4-3-59

(9) 将曲轴转动 2 圈，进行如下检查。
① 曲轴正时标记对准"OT"标记，如图 4-3-59 所示。
② 凸轮轴正时孔和气缸盖上部的孔是否对齐。

(10) 安装上导轨和气缸盖前盖。
(11) 安装气缸盖罩。
(12) 安装发电机，安装结束。

第四节　一汽奔腾轿车

一、奔腾 B50（1.6L BWH）

1. 正时系统部件图（图 4-4-1）

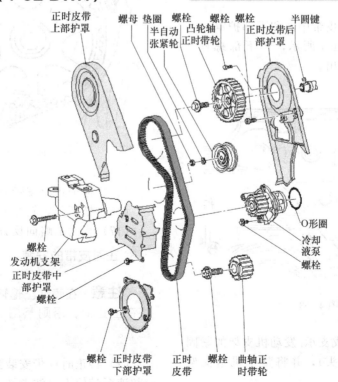

图 4-4-1

2. 正时皮带的拆卸

(1) 拆下发动机罩。
(2) 拆下多楔带。
(3) 将上部软管从冷却液补偿罐上拔下。
(4) 拆除冷却液均衡器并将其置于连接软管边侧。
(5) 拆下正时皮带上部护罩。
(6) 用支撑工具支撑住发动机。
(7) 拆下隔声垫。
(8) 拆下曲轴带轮，如图 4-4-2 所示。

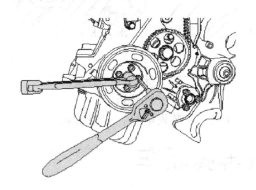

图 4-4-2

(9) 拆下正时皮带中部和下部护罩。
(10) 如图 4-4-3 所示，将下部螺栓 1 从发动机支架上旋出。

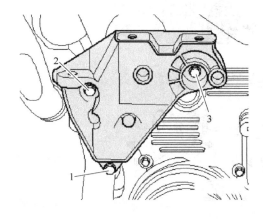

图 4-4-3

(11) 旋出总成支承/发动机支架的紧固螺栓（图 4-4-4 箭头），并将整个机组支架拆下。

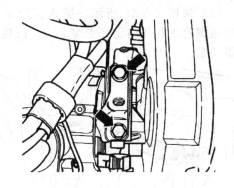

图 4-4-4

(12) 用支撑工具支撑住发动机直到能将发动机支架上部的两个螺栓 2 和 3 松开并旋出为止（图 4-4-3）。
(13) 向上取出发动机支架。
(14) 转动曲轴至 1 缸上止点处，凸轮轴正时带轮的标记必须与正时皮带护罩的箭头平齐，如图 4-4-5 所示。

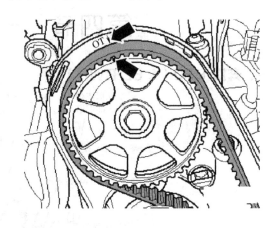

图 4-4-5

(15) 标记正时皮带的转动方向。
(16) 松开张紧轮并取下正时皮带。
(17) 将曲轴略向反方向旋转。

3. 正时皮带的安装

注意 在转动凸轮轴时不允许将曲轴停在上止点，否则气门/活塞头部有损坏危险。

(1) 将正时皮带安装到曲轴正时带轮和冷却液泵带轮上（注意转动方向）。

(2) 将凸轮轴正时带轮上的标记和正时皮带护罩上的标记调节到互相重合（图4-4-5）。

(3) 安装正时皮带的中部和下部护罩。

(4) 用新螺栓安装上曲轴带轮。拧紧力矩为10N·m+90°。

(5) 将曲轴置于1缸上止点。此时必须对准图4-4-6箭头所示的正时标记。

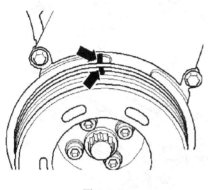

图 4-4-6

(6) 将正时皮带安装到张紧轮和凸轮轴正时带轮上。

 注意 张紧轮的正确安装位置如图4-4-7所示。

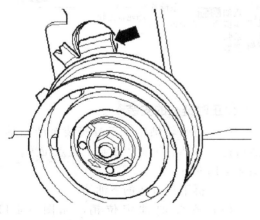

图 4-4-7

(7) 张紧正时皮带。为此，在凸轮轴上向左转动双孔螺母扳手T10020，直至指针2位于切口1上（正时皮带拉紧），如图4-4-8所示。

 注意 重复这个步骤（拉紧正时皮带）5次，直到正时皮带到位。

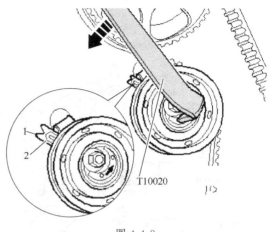

图 4-4-8

(8) 松开正时皮带，直到切口1和指针2对准。

(9) 用20N·m的力矩拧紧固定螺母。

(10) 将曲轴沿发动机旋转方向继续转动2圈，直至发动机再次停到1缸上止点。同时重要的是，最后旋转的45°（1/8圈）不能中断。

(11) 再次检查正时皮带是否张紧。

(12) 再次检查曲轴和凸轮轴是否在1缸上止点。

(13) 如果标记无法对齐，则重复以上步骤以张紧正时皮带。

(14) 将发动机支架装到气缸体上并以45N·m的力矩拧紧上部的两个螺栓。

(15) 将发动机降下直至安装位置。

(16) 安装下部螺栓并以45N·m的力矩拧紧螺栓。

(17) 安装整个发动机侧总成支承。

(18) 将发动机侧总成支承在发动机支架上拧紧（图4-4-4箭头）。

(19) 取下发动机支撑工具。

(20) 安装正时皮带上部护罩。

(21) 安装多楔带。

(22) 安装冷却液补偿罐。

(23) 安装隔声垫。

(24) 安装发动机罩。

二、奔腾 B50/B70（2.0L LF/2.3L L3）

1. 正时系统部件图（图 4-4-9）

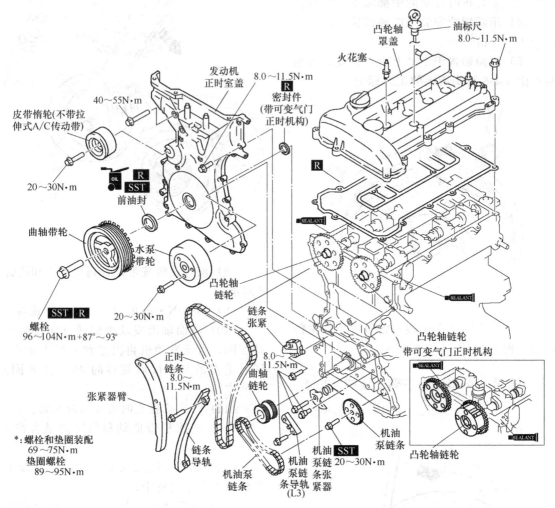

图 4-4-9

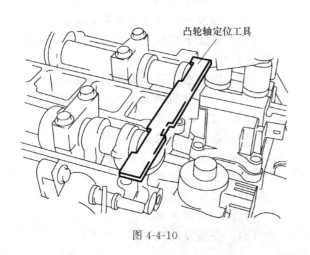

图 4-4-10

2. 正时链条的安装

(1) 将凸轮轴定位工具安装至凸轮轴，然后把 1 号凸轮轴置于 1 缸上止点位置，如图 4-4-10 所示。

(2) 拆下气缸体的下油堵。

(3) 安装曲轴定位销，如图 4-4-11 所示。

(4) 顺时针转动曲轴以使曲轴位于 1 缸上止点位置。

(5) 安装正时链条。

(6) 安装链条张紧装置并拆下定位销，如图 4-4-12 所示。

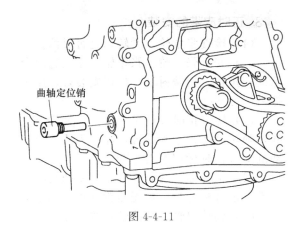

图 4-4-11

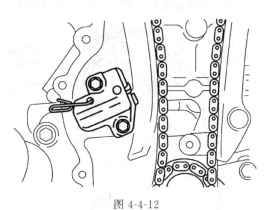

图 4-4-12

第五节 长安汽车

一、长安奔奔（1.0L JL466）

1. 正时系统部件图（图 4-5-1）

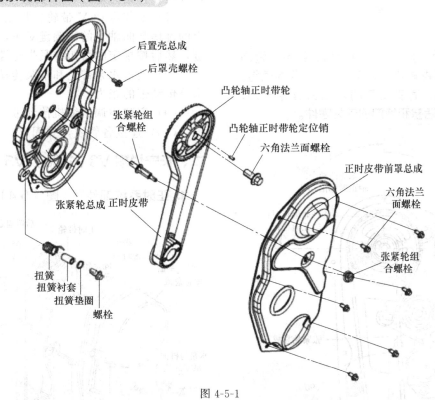

图 4-5-1

2. 正时皮带的拆卸

（1）拆下空调压缩机传动带。

（2）松开水泵传动带张紧轮并取下水泵传动带。

（3）拆下水泵带轮和主动 V 带轮。

（4）拆下正时皮带前罩壳。

（5）为了便于安装正时皮带，通过转动曲轴，来对准图 4-5-2 所示的四个正时标记。

(6) 拆卸张紧轮、正时皮带和正时带轮。

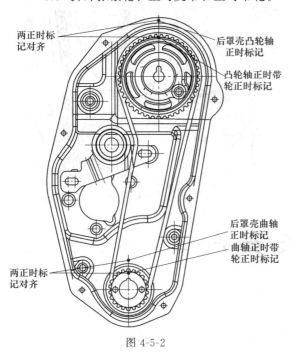

图 4-5-2

注意 拆下正时皮带后,绝不能转动凸轮轴和曲轴超过如图 4-5-3 所示的范围。如果转动,活塞和气门之间会互相干涉,可能损坏活塞和气门的有关零件。

3. 正时皮带的安装

(1) 检查张紧轮,看转动是否灵活。

(2) 安装张紧轮。张紧轮用张紧轮组合螺栓、扭簧、扭簧衬套、螺栓安装好,用手拧紧即可。

(3) 检查正时标记是否对齐,如没有对齐,则转动凸轮轴和曲轴,注意不要超过转动范围(正时标记左右各 90°)。

(4) 正时标记的对齐方法:使凸轮轴正时带轮正时标记与后罩壳凸轮轴正时标记对齐,同时旋转曲轴,将曲轴正时带轮正时标记与后罩壳曲轴正时标记对齐,且凸轮轴正时标记与曲轴正时标记都朝向上方。正时标记对准后再把正时皮带装好。

(5) 将扭簧安装好,再将连接张紧轮的两个螺栓拧紧。注意:要先拧紧张紧轮组合螺栓。

(6) 安装前罩壳,并拧紧前后罩壳的连接螺栓,拧紧力矩为 10N·m。

(7) 安装主动 V 带轮,将主动 V 带轮上的键槽与曲轴上的半圆键对正,装好半圆键,然后按规定的力矩拧紧带轮螺栓。

(8) 装上水泵带轮和水泵传动带。调整水泵传动带的张力。

(9) 安装空调压缩机传动带。

(10) 连接各管线,并固定。

二、长安悦翔 V3(1.3L)/V5(1.5L)

1. 正时系统部件图(图 4-5-4)

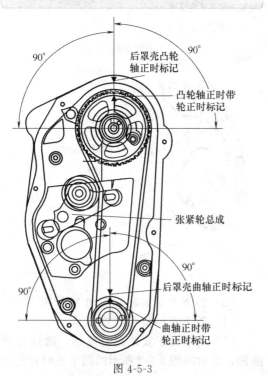

图 4-5-3

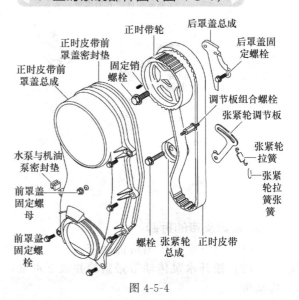

图 4-5-4

2. 正时皮带的拆卸

（1）回收空调制冷剂。
（2）回收动力转向液。
（3）断开蓄电池负极线束。
（4）举升车辆并予以支撑。
（5）拆卸附件传动带。
（6）放下车辆。
（7）用卧式千斤顶支撑发动机总成，如图4-5-5所示。

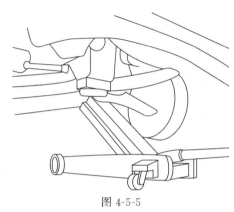

图 4-5-5

（8）拆卸空调压缩机。
（9）拆卸压缩机托架及发动机右支架，如图4-5-6所示。
① 分离助力泵油管。
② 拆卸压缩机托架7个固定螺栓。
③ 取下压缩机托架及发动机右支架。

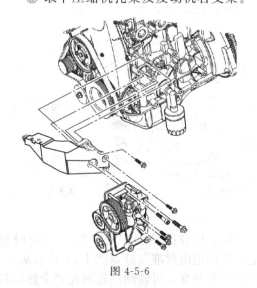

图 4-5-6

（10）拆卸曲轴带轮，如图4-5-7所示。
（11）拆卸水泵带轮4个固定螺栓，如

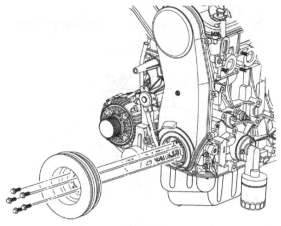

图 4-5-7

图 4-5-8 所示。

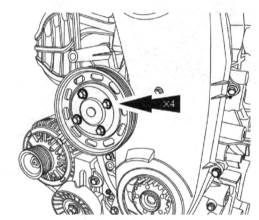

图 4-5-8

（12）拆卸正时皮带前罩壳8个固定螺栓及螺母，如图4-5-9所示。

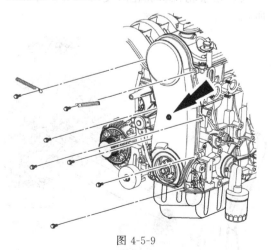

图 4-5-9

（13）转动曲轴，使正时标记如图4-5-10所示对准。

⚠️ **注意** 凸轮轴带轮上的正时标记"E"与气门室罩盖的正时标记对齐。

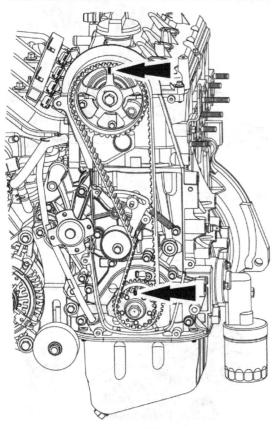

图 4-5-10

(14) 拆卸正时皮带张紧轮、张紧轮调节板、张紧轮拉簧和正时皮带,如图 4-5-11 所示。

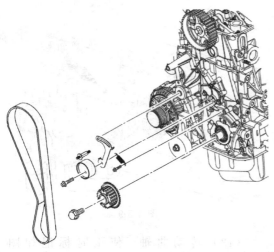

图 4-5-11

⚠️ **注意** 拆下正时皮带后,不得转动曲轴和凸轮轴超过以正时标记为准左右各 45°的范围,否则会损坏活塞和气门等有关部件。

3. 正时皮带的安装

(1) 将张紧轮调节板装在张紧轮上。

(2) 将张紧轮调节板的凸齿 1 插入到张紧轮的孔 2 中,如图 4-5-12 所示。

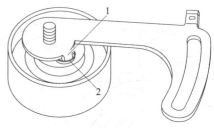

图 4-5-12

(3) 安装张紧轮和张紧轮调节板,如图 4-5-13 所示。

⚠️ **注意** 不要拧紧张紧轮螺栓 1,稍微拧紧即可。检查张紧轮调节板 3 能够如图 4-5-13 所示按箭头方向运动,这样会使张紧轮 2 按同样的方向运动。如果没有发生张紧轮调节板和张紧轮之间的有关运动,应拆下张紧轮和张紧轮调节板,将张紧轮调节板凸齿重新插入张紧轮的孔中。

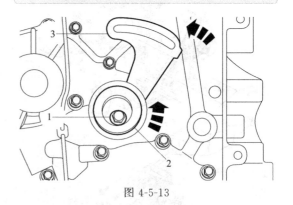

图 4-5-13

(4) 检查凸轮轴正时带轮上的正时标记,该标记应对准气缸盖罩上的 V 形缺口。如果没有对准,可转动凸轮轴使两个标记对准,但转动不能超过其允许范围。

(5) 检查曲轴正时带轮上的冲印标记,

该标记应与油泵壳上的箭头对准。如果没有对准，可转动曲轴使两个标记对准，但转动不能超过其允许范围。

（6）安装正时皮带和张紧轮拉簧。使两组标记对准，张紧轮调节板推向上，在两个带轮上安装正时皮带，使正时皮带的驱动侧1无松弛现象。然后如图4-5-14所示装上张紧轮拉簧2，安装张紧轮螺栓但不要拧紧。

注意 装正时皮带时，应使正时皮带上的箭头标记与曲轴的旋转方向一致。

（8）再次检查正时标记是否与图4-5-16所示一致，若不一致，则重复安装步骤。

（9）确认密封件位于水泵和油泵壳之间，安装正时皮带前罩壳。

（10）安装曲轴带轮并按规定力矩拧紧固定螺栓。

（11）安装水泵带轮。

（12）安装发动机右支架及压缩机托架。

（13）安装空调压缩机。

（14）安装附件传动带。

（15）加注动力转向液。

（16）加注制冷剂。

（17）连接蓄电池负极线束。

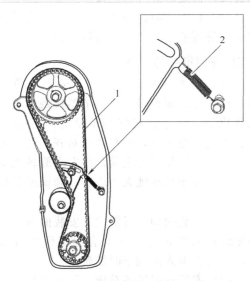

图 4-5-14

（7）为了张紧松弛的正时皮带，可顺时针方向转动曲轴2圈。当确信正时皮带无松弛后，首先拧紧张紧轮调节板螺栓1，然后按规定的力矩拧紧张紧轮螺栓2，如图4-5-15所示。

拧紧力矩：张紧轮调节板螺栓为11N·m；张紧轮螺栓为27N·m。

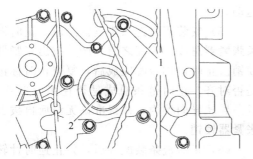

图 4-5-15

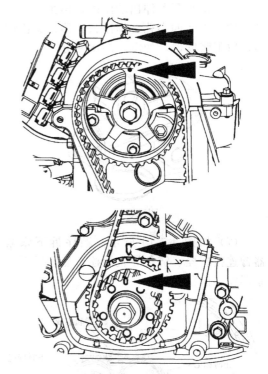

图 4-5-16

三、长安 CS35/逸动（1.6L JL478QE）

1. 正时链条的拆卸

（1）脱开蓄电池负极线束。

（2）放出发动机冷却液、发动机机油。

（3）拆下前端轮系传动带、空调压缩机总成、前端轮系惰轮总成、大惰轮支架总成、前端轮系张紧轮总成、曲轴减振带轮总成，如图4-5-17所示。

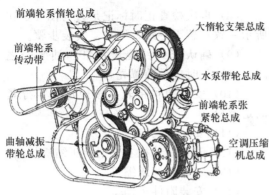

图 4-5-17

(4) 拆下水泵带轮总成和水泵总成。

(5) 拆下发动机前罩壳。

(6) 将张紧器伸出端压回,用张紧器锁销 1 插入中间的小孔,锁住张紧器。旋松螺栓,取下张紧器,如图 4-5-18 所示。

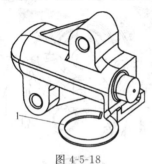

图 4-5-18

(7) 如图 4-5-19 所示,顺序拆下张紧器臂连接螺栓、链条导轨螺栓,然后拆下张紧器臂、链条导轨。

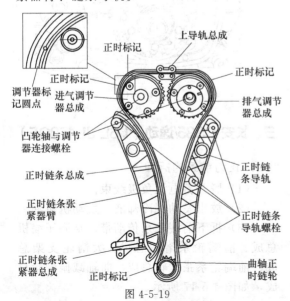

图 4-5-19

(8) 拆下正时链条总成。

(9) 拆下进、排气调节器总成。

2. 检查

(1) 拆下发动机前罩壳时,顺时针转动曲轴,检查发动机正时机构的正时标记是否对准。

(2) 检查前端轮系张紧轮总成液压单元的密封橡胶有无损伤,需要时应进行更换。

(3) 检查正时链条总成、正时链条导轨总成和正时链条张紧器臂总成,看有无磨损和裂纹,需要时应进行更换。

(4) 检查正时链条张紧器总成,看是否存在卡滞现象,需要时应进行更换。

3. 正时链条的安装

(1) 安装 VVT 调节器。安装调节器时,在螺栓的螺纹表面与调节器接触的表面涂敷机油,将进、排气调节器分别安装于进、排气凸轮轴上,并与销子对齐。装配过程中,在未拧紧螺栓之前,应左右旋转调节器直到相对于凸轮轴无法旋转,确保调节器安装到位。

(2) 安装曲轴正时链轮。安装曲轴正时链轮时,曲轴正时链轮上有标记面朝外安装,并将键卡入曲轴正时链轮中。

(3) 安装正时链条总成。正时机构拆卸时,已将各安装标记点对准,此时只需将正时链条总成上的各安装标记点与曲轴正时链轮上的安装标记点、排气调节器总成的安装标记点和进气调节器总成的安装标记点对准即可。

(4) 安装链条导轨、张紧器臂。安装正时链条导轨和正时链条张紧器臂并拧紧螺栓,左右轻轻摇动张紧器臂,保证能正常运动。

(5) 安装正时链条张紧器总成。正时链条张紧器总成未装配之前,严禁拔出张紧器锁销。正时机构装配完成后,复查正时标记是否对齐,正时链条总成是否在张紧器臂、链条导轨导向槽内,确保准确无误后再拔出张紧器锁销。

(6) 正时链条装配好后,禁止逆时针转动曲轴。

(7) 安装发动机前罩盖。先将曲轴前油封总成压入发动机前罩盖，其位置应与油封孔端面齐平，凹下应不大于 0.5mm，油封弹簧不得移位或脱落。然后将曲轴键装在曲轴上，并将密封胶均匀涂敷于前罩盖对应的缸体、缸盖上，涂敷轨迹 1 如图 4-5-20 所示。

（3）取下发电机/水泵传动带和空调压缩机传动带，如图 4-5-21 所示。

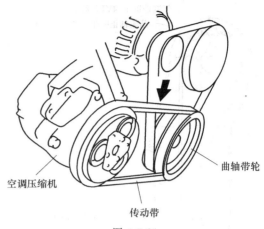

图 4-5-21

（4）取下水泵带轮。

（5）拧下 5 个带轮螺栓 1，然后取下曲轴带轮，如图 4-5-22 所示。

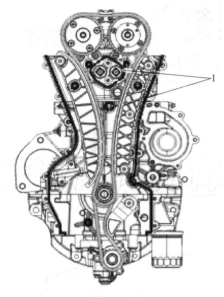

图 4-5-20

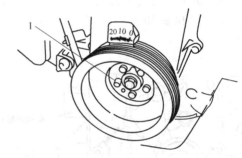

图 4-5-22

(8) 安装水泵总成、水泵带轮总成、曲轴减振带轮总成、大惰轮支架总成、前端轮系张紧轮总成、前端轮系惰轮总成和空调压缩机总成。

(9) 安装张紧器及传动带。

(10) 连接各管线，并按规定进行固定。

(11) 向发动机冷却系统加注冷却液，排出系统中的空气。

(12) 向发动机加注机油。

(13) 装上蓄电池，并接好负极线束。

(14) 确定软管连接处及各接头无冷却液、机油泄漏。

（6）取下水管支架及卡夹，然后取下正时皮带前罩壳，如图 4-5-23 所示。

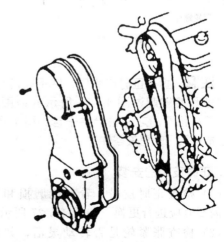

图 4-5-23

四、长安志翔（1.6L JL486）/长安之星（1.3L JL474QA）

1. 正时皮带的拆卸

(1) 断开蓄电池负极线束。

(2) 放出发动机冷却液并从水管支架拆下水管和制动助力器软管。

（7）为了安装正时皮带，通过转动曲轴来对准图 4-5-24 所示的四个正时标记。

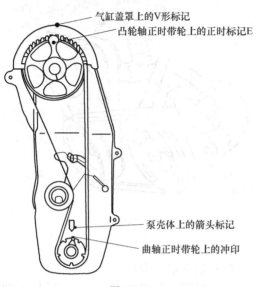

图 4-5-24

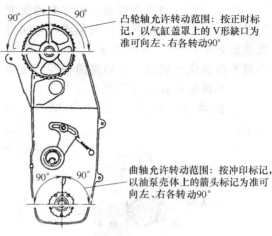

图 4-5-26

（8）拆下正时皮带张紧轮、张紧轮调节板、张紧轮拉簧和正时皮带，如图 4-5-25 所示。

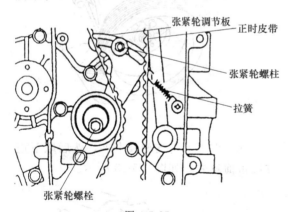

图 4-5-25

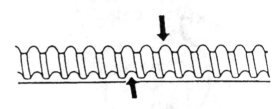

图 4-5-27

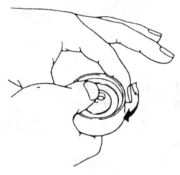

图 4-5-28

注意 拆下正时皮带后，绝不能转动凸轮轴和曲轴超过图 4-5-26 所示的范围，否则活塞和气门之间会产生干涉，可能损坏活塞和气门的有关零件。

2. 正时皮带的安装

（1）检查正时皮带，看有无磨损和裂纹，需要时应进行更换，如图 4-5-27 所示。

（2）检查张紧轮是否转动灵活，如图 4-5-28 所示。

（3）将张紧轮调节板安装到张紧轮上。将张紧轮调节板的凸齿 1 插入到张紧轮的孔 2 中，如图 4-5-29 所示。

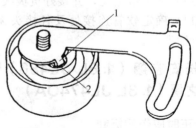

图 4-5-29

（4）安装张紧轮和张紧轮调节板。先用手拧紧张紧轮螺栓 1，检查保证张紧轮调节板3，如图4-5-30所示，按箭头方向运动会使张紧轮2按同样的方向运动。如果没有发生轮调节板和张紧轮之间的有关运动，应拆下张紧轮和张紧轮调节板，将张紧轮调节板凸齿重新插入张紧轮的孔中。

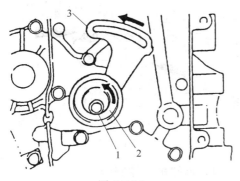

图4-5-30

（5）检查凸轮轴正时带轮上的正时标记2应对准气缸盖罩上的V形缺口标记1，如图4-5-31所示。如果没有对准，可通过转动凸轮轴使两个标记对准，但转动不能超过其允许范围。

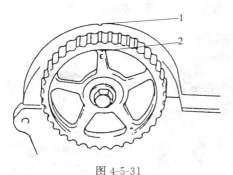

图4-5-31

（6）检查曲轴带轮上的冲印标记2应与油泵壳上的箭头1对准，如图4-5-32所示。

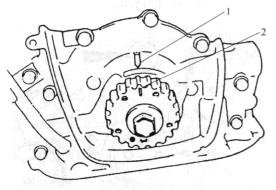

图4-5-32

如果没有对准，可通过转动曲轴使两个标记对准，但转动不能超过其允许范围。

（7）安装正时皮带和张紧轮拉簧。使两组标记对准，张紧轮调节板向上推，在两个带轮上安装正时皮带，使正时皮带的驱动侧1无松弛现象。然后如图4-5-33所示装上张紧轮拉簧2，并用手拧紧张紧轮调节板螺栓3。

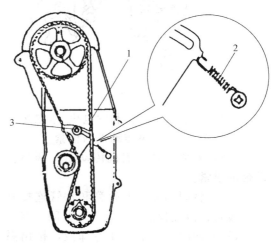

图4-5-33

（8）安装正时皮带后，为了张紧松弛的正时皮带，可顺时针方向转动曲轴2圈。当确信正时皮带无松弛后，首先拧紧张紧轮调节板螺栓，然后按规定的力矩拧紧张紧轮螺栓，如图4-5-34所示。

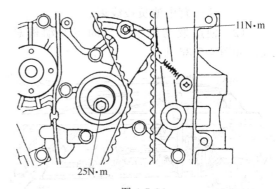

图4-5-34

（9）安装正时皮带前罩壳和水管支架，如图4-5-35所示。安装前，应确认密封件位于水泵和油泵壳之间。

（10）安装曲轴带轮。将带轮上的孔套入曲轴正时带轮上的销钉，然后按规定的力矩拧紧带轮螺栓。

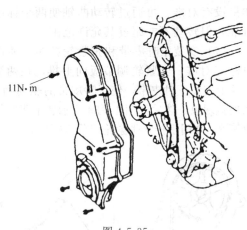

图 4-5-35

(11) 装上水泵带轮和发电机/水泵传动带。调整发电机/水泵传动带的松紧。

(12) 安装空调压缩机传动带。调整传动带的松紧。

(13) 将制动助力器软管和水管连接到进气歧管、恒温管盖和水管上,并固定好。

(14) 向冷却系统加注冷却液,排出系统中的空气。

(15) 装上蓄电池,并接好负极线束。

(16) 确定软管连接处应无冷却液泄漏。

五、长安 CS75(2.0L JL486Q5)

1. 正时皮带的拆卸

(1) 断开蓄电池负极线束。

(2) 使用发动机平衡架固定发动机总成,如图 4-5-36 所示。

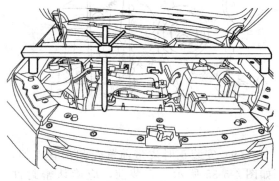

图 4-5-36

(3) 拆卸发动机右支架,如图 4-5-37 所示。

① 拆卸发动机右支架与发动机连接螺栓1。

② 拆卸发动机右支架与发动机右悬挂托架软垫总成连接螺母2,取下发动机右支架。

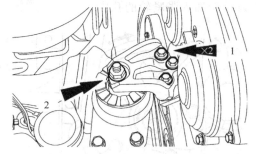

图 4-5-37

(4) 拆卸机油控制阀。

(5) 拆卸高压阻尼线。

(6) 拆卸点火线圈。

(7) 拆卸气门室罩盖。

(8) 拆卸前端轮系传动带。

(9) 拆卸前端轮系传动带张紧机构。

(10) 拆卸正时皮带上罩壳 7 个固定螺栓,取下正时皮带上罩壳,如图 4-5-38 所示。

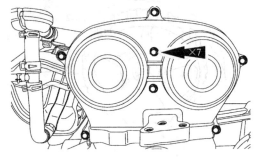

图 4-5-38

(11) 拆卸前端轮系惰轮总成 1 和曲轴带轮 2,如图 4-5-39 所示。

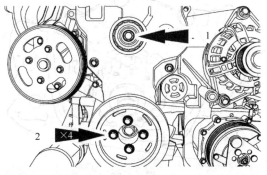

图 4-5-39

(12) 如图 4-5-40 所示，拆卸正时皮带下罩壳 6 个固定螺栓，取下正时皮带下罩壳。

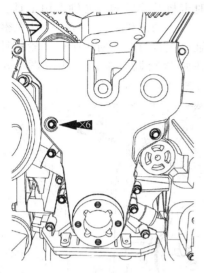

图 4-5-40

(13) 使用凸轮轴正时卡板固定凸轮轴，如图 4-5-41 所示。

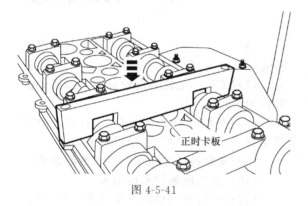

图 4-5-41

(14) 使用曲轴相位芯轴固定飞轮，如图 4-5-42 所示。

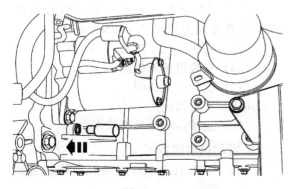

图 4-5-42

(15) 拆卸正时皮带，如图 4-5-43 所示。

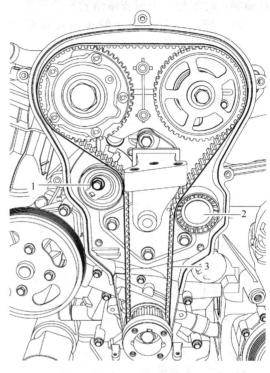

图 4-5-43

① 拆卸正时皮带张紧器固定螺栓，取下正时皮带张紧轮 1。

② 拆卸正时皮带惰轮总成固定螺栓，取下正时皮带惰轮总成 2。

③ 取下正时皮带总成 3。

2. 正时皮带的安装

(1) 如图 4-5-44 所示，将正时皮带张紧器限位销 1 压入气缸盖销孔，卡入正时皮带张紧器限位槽，拧入张紧轮螺栓到位而暂不拧紧，同时保证张紧轮调节臂 2 能够沿张紧方向转动并张紧。

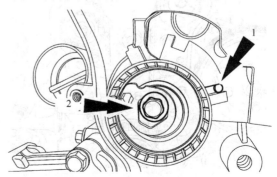

图 4-5-44

（2）如图4-5-45所示，将正时皮带绕过曲轴正时带轮、正时皮带惰轮和凸轮轴正时带轮，跨过用螺栓固定的正时皮带张紧轮。检查正时皮带确保不冒出轮系边缘和曲轴正时带轮挡边。

注意 安装正时皮带时，应使正时皮带上的箭头标记与曲轴的旋转方向一致。

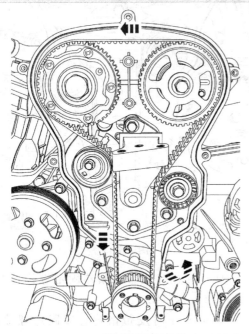

图4-5-45

（3）如图4-5-46所示，用六角扳手按张紧轮调节臂张紧方向转动调节臂3，使张紧轮指针2位于张紧轮调节板凹槽内。在固定六角扳手使张紧轮指针不发生摆动的同时，拧紧正时皮带张紧轮螺栓1（22N·m）。

（4）装配完正时带轮机构后，取下凸轮轴正时卡板及曲轴相位芯轴专用工具。

（5）转动曲轴2～4圈，同时观察在每个1缸上止点时，正时皮带张紧轮指针必须保证在张紧轮调节板凹槽中（图4-5-47），否则需重新对正时轮系进行装配。

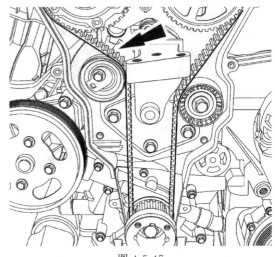

图4-5-47

（6）安装正时皮带下罩壳及正时皮带下罩壳6个固定螺栓（11N·m）。

（7）安装前端轮系惰轮总成（23N·m）和曲轴带轮（32N·m）。

（8）安装正时皮带上罩壳，拧紧正时皮带上罩壳7个固定螺栓（11N·m）。

（9）安装前端轮系传动带张紧器总成。

（10）安装前端轮系传动带。

（11）安装发动机右支架（图4-5-37）。

① 安装发动机右支架及连接螺栓（65N·m）。

② 安装发动机右支架与发动机右悬挂托架软垫总成连接螺母（80N·m）。

（12）安装气门室罩盖。

（13）安装机油控制阀。

（14）安装点火线圈。

（15）安装高压阻尼线。

（16）连接蓄电池负极线束。

3. 发动机维修数据

长安2.0L JL486Q5发动机维修数据如表4-5-1所示。

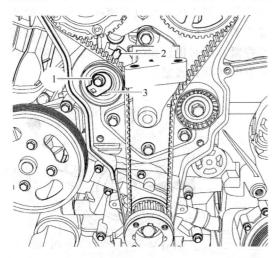

图4-5-46

表 4-5-1　长安 2.0L JL486Q5 发动机维修数据

项目	测量		标准值
凸轮轴	进气凸轮高度		(47 ± 0.08)mm
	排气凸轮高度		(49.4 ± 0.08)mm
	径向跳动量		0.03mm
	凸轮轴轴颈直径		27.95~27.975mm
	凸轮轴轴颈孔直径		(2.5 ± 0.1)mm
	凸轮轴轴颈间隙		0.04~0.082mm
气缸盖	气缸盖表面平面度		0.05mm
	机加工后最小总高		129.92mm
	总高		(130 ± 0.08)mm
	歧管配合面变形量		0.05mm
气门弹簧	气门弹簧自由长度		46.9mm
	气门弹簧预负荷		(470 ± 33)N
	气门弹簧垂直度		$\leqslant$1.3mm
气门	气门直径	进气门	(35 ± 0.01)mm
		排气门	(29 ± 0.01)mm
	气门杆直径	进气门	$5.5_{-0.042}^{-0.030}$mm
		排气门	$5.5_{-0.042}^{-0.030}$mm
	气门杆与导管的间隙	进气门	0.03~0.054mm
		排气门	0.03~0.054mm
	气门杆末端偏移极限	进气门	0.01mm
		排气门	0.01mm
	气门头厚度	进气门	3.2~3.6mm
		排气门	(3 ± 0.15)mm
	气门印痕标准宽度	进气门	1.15mm
		排气门	1.35mm
	气门间隙	进气门	(0.19 ± 0.03)mm
		排气门	(0.29 ± 0.03)mm
气门导管	气门导管内径	进气门	5.5mm
		排气门	5.5mm
	气门导管伸出气缸盖长度		(12.5 ± 0.2)mm
活塞	活塞标准直径		85.948~85.972mm
	加大尺寸(0.25mm)		86.198~86.222mm
	加大尺寸(0.50mm)		86.448~86.472mm
	活塞至缸套间隙		0.038~0.062mm
活塞环槽	活塞环槽间隙	第一道环	0.03~0.07mm
		第二道环	0.02~0.06mm
活塞环	端隙	第一道环	0.20~0.35mm
		第二道环	0.35~0.50mm
		油环	0.20~0.70mm
活塞销	活塞销直径		20.995~21.000mm
	活塞销与活塞销孔间隙		0.006~0.017mm
	活塞销孔直径		21.006~21.012mm

续表

项目	测量		标 准 值
曲轴	连杆轴颈直径	1	47.994～48.000mm
		2	47.9839～47.988mm
		3	47.982～47.9879mm
	连杆轴颈圆度（最大）		0.008mm
	连杆轴承间隙（油膜厚度）		0.024～0.052mm
	连杆轴承轴向间隙		0.10～0.28mm
	主轴颈径向跳动极限		0.02mm
	主轴轴向间隙		0.06～0.26mm
	曲轴止推片的标准厚度		1.97～2.02mm
	主轴颈的锥度和圆度		0.005mm
	主轴承与主轴颈间隙		0.03～0.058mm
	主轴颈直径	1	55.984～55.99mm
		2	55.978～55.9839mm
		3	55.972～55.9779mm
	曲轴孔直径	1	60.000～60.006mm
		2	60.006～60.012mm
		3	60.012～60.018mm
主轴承	主轴承厚度	1	1.994～1.998mm
		2	1.99～1.994mm
		3	1.986～1.99mm
气缸体	气缸锥度和圆度极限		0.01mm
	平面度		0.03mm
	气缸直径		86.00～86.02mm
	气缸直径极限		86.02mm

第六节 长城汽车

一、长城 C30/C20R/酷熊/炫丽/H1/M2（1.5L GW4G15）/哈弗 H2/腾翼 C50/H6（1.5T GW4G15B/GW4G15T）

1. 正时系统示意图（图 4-6-1）

图 4-6-1

 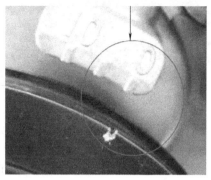

图 4-6-2

2. 正时链条的拆卸

（1）拆下气门室罩，转动曲轴，使 VVT 调节器、排气凸轮轴链轮上的正时标记分别竖起向上，曲轴带轮上的正时标记与正时室盖上的"0"刻度线对齐，如图 4-6-2 所示。

（2）拆下正时室盖，用定位销固定张紧器上的锁片，然后拆下自动张紧器，如图 4-6-3 所示。

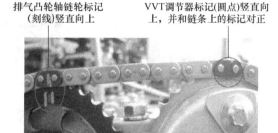

图 4-6-4

图 4-6-3

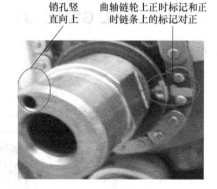

图 4-6-5

（3）拆下张紧器臂和链条导轨，取下正时链条。

3. 正时链条的安装

（1）如图 4-6-4 和图 4-6-5 所示，调整凸轮轴及曲轴状态，使 VVT 调节器、排气凸轮轴链轮上的正时标记和曲轴上的销孔分别竖直向上，并使 VVT 调节器和曲轴链轮上的正时标记与正时链条上的正时标记对准。

（2）转动曲轴使链条导轨一侧的链条张紧。

（3）顺时针转动进气凸轮轴，使 VVT 调节器链轮上的标记转动大约 1 齿，逆时针转动进气凸轮轴，直到正时链条上的另一标记对正排气凸轮轴链轮上的正时标记，并将链条安装在排气凸轮轴上，如图 4-6-6 所示。

（4）安装张紧器臂和链条导轨，安装液压张紧器，取下定位销，如图 4-6-7 所示。

（5）顺时针转动曲轴 2 圈，检查 VVT 调节器链轮和排气凸轮轴链轮上的正时标记是否垂直向上，曲轴的销孔是否垂直向上。

图 4-6-6

图 4-6-7

二、长城炫丽（1.3L GW4G13）

1. 配气机构示意图（图 4-6-8）

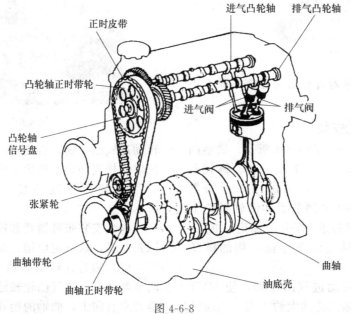

图 4-6-8

2. 发动机正时的检查

（1）转动曲轴带轮，将带轮上的凹槽与一号正时皮带罩上的1、4缸压缩上止点标记"0"对准，如图4-6-9所示。

图 4-6-9

（2）检查凸轮轴正时带轮的"K"标记是否与轴承盖正时标记对准，如图4-6-10所示。如果未对准，则应将曲轴旋转1圈后对正，此时为1缸压缩上止点。

图 4-6-10

3. 正时皮带的安装

（1）对齐曲轴正时带轮的正时标记，如图4-6-11所示。

（2）确保凸轮轴正时带轮上K标记对应的销孔与排气凸轮定位销对正安装，轴承盖缺口对正K标记圆孔，如图4-6-12所示。

（3）将凸轮轴信号盘缺口对好曲轴带轮的A标记，如图4-6-13所示。

（4）如图4-6-14所示，将正时皮带套在曲轴正时带轮上，用正时皮带包住张紧轮

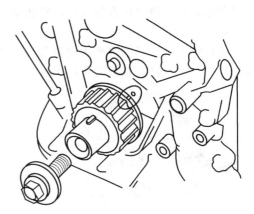

图 4-6-11

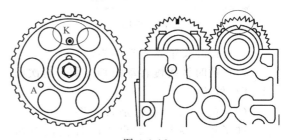

图 4-6-12

图 4-6-13

图 4-6-14

拉到螺栓靠弧形槽的最右端为止,将张紧轮螺栓临时拧紧。

(5) 将正时皮带依次套入曲轴带轮、张紧轮、凸轮轴带轮,如图4-6-15所示。

图 4-6-15

(6) 松开皮带张紧轮螺栓。

(7) 顺时针缓慢转动曲轴2圈,再次回到TDC位置。

(8) 检查每个带轮是否如图4-6-16所示对准了正时标记。如果正时标记没有对准,则应取下正时皮带并重新安装。

(9) 拧紧皮带张紧轮螺栓。

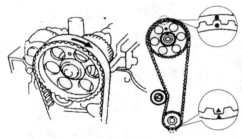

图 4-6-16

三、长城哈弗 H5/H6(2.0TGW4D20)

正时皮带的安装方法如下。

(1) 拧松张紧轮固定螺栓,取下张紧轮,取下正时皮带。

(2) 检查正时皮带是否划伤、磨损、缺齿,是否有油渍。

(3) 将凸轮轴带轮标记对正气缸盖与凸轮轴轴承盖结合缝(排气侧),如图4-6-17的1所示。

(4) 将高压油泵带轮标记对正水泵壳体上的水平筋,如图4-6-17的2所示。

(5) 将曲轴带轮标记对正机油泵壳体箭头,如图4-6-17的3所示。

(6) 安装正时皮带前先检查正时皮带外观是否存在润滑脂、防冻液及其他异物,检查正时皮带带齿是否存在裂纹、缺损,如出现上述现象则更换新正时皮带。车辆行驶80000km后,必要时更换正时皮带。

(7) 如图4-6-18所示,将合格的正时皮带按顺序套入正时带轮:曲轴正时带轮1→正时皮带惰轮2→机油泵正时带轮3→水泵正时带轮4→高压油泵正时带轮5→凸轮轴正时带轮6→正时皮带张紧轮7。

(8) 装配过程中,应确保除张紧轮部分外,其余部分皮带应与带轮结合紧密不松弛。

(9) 安装正时皮带张紧轮时,先把张紧轮的限位支架卡入缸盖碗形塞位置,将张紧轮紧固螺栓拧上(不要拧紧),如图4-6-19所示。

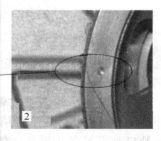

图 4-6-17

(10) 如图 4-6-20 所示，用六角扳手调整六角形孔，直到张紧轮调节臂指针超过标记缺口 1°~2°，然后以规定力矩拧紧张紧轮紧固螺栓。

图 4-6-18

图 4-6-20

图 4-6-19

(11) 顺时针转动曲轴 2 圈。

(12) 检查确认曲轴正时带轮、凸轮轴正时带轮相应正时标记是否对正，正时皮带啮合是否完好。

(13) 检查自动张紧轮指针是否与缺口位置对正，自动张紧轮拧紧力矩是否符合要求。

(14) 以上如有异常，则重新调整。

四、长城哈弗/风骏（2.8T GW2.8TC）

1. 正时系统示意图（图 4-6-21）

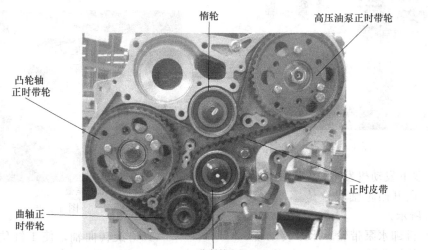

图 4-6-21

2. 正时皮带的拆卸

（1）断开蓄电池负极线束。

（2）将 4 个发动机下挡板螺栓拧下，拆下发动机下挡板。

（3）拧下冷却水箱放水螺塞，放净水箱内的冷却液。

（4）拆卸水箱、电子扇总成。

（5）拆卸助力泵、空调压缩机传动带。

（6）松开 2 个发电机紧固螺母。

（7）拧松张紧块固定螺栓，如图 4-6-22 所示。

图 4-6-24

图 4-6-22

（8）如图 4-6-23 所示，拧松传动带张紧螺栓，直到水泵传动带完全松开为止。

图 4-6-23

（9）取下发动机发电机/水泵传动带。

（10）断开凸轮轴相位传感器插头，如图 4-6-24 所示。

（11）拆卸水泵带轮、水泵传动带。

（12）拆卸曲轴带轮。挂上挡位，用撬棍将整车传动轴万向节卡住，将曲轴带轮螺栓拧

下，然后将曲轴带轮拆下，如图 4-6-25 所示。

图 4-6-25

（13）拆下检视盖总成。将 6 个检视盖总成固定螺栓取下，然后将检视盖总成取下，如图 4-6-26 所示。

（14）拆下水泵带轮室盖总成。

水泵带轮室盖　　　　　　检视盖总成

图 4-6-26

（15）旋转曲轴，使 1 缸位于压缩上止点位置，这时的正时标记应如图 4-6-27 所示对齐。然后将正时工艺螺栓安装到位。

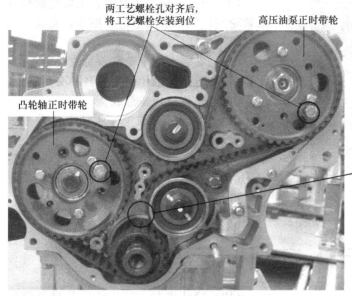

图 4-6-27

（16）拧紧张紧轮固定螺栓，然后松开图 4-6-28 所示的皮带张紧拉杆固定螺栓，取下正时皮带。

图 4-6-28

3. 正时皮带的安装

（1）对好正时标记，确保正时工艺螺栓安装到位（图 4-6-27）。

（2）安装正时皮带。从曲轴正时带轮开始顺时针进行安装，如图 4-6-29 所示。

（3）将砝码用挂钩挂在张紧拉杆上端的孔内以拉紧正时皮带，如图 4-6-30 所示。

（4）拧紧张紧轮固定螺栓，力矩为 (110±10)N·m。

图 4-6-29

注意

① 砝码悬挂要垂直，悬挂铁丝不能与整车干涉。
② 原机旧皮带张紧使用 8.3kg 的砝码。
③ 更换新的皮带使用 (14.2±0.1)kg 的砝码。

（5）沿顺时针方向旋转曲轴 720°，拧松张紧轮固定螺栓。

（6）再次拧紧张紧轮固定螺栓，力矩为 (110±10)N·m。

（7）取下张紧拉杆上的砝码。

图 4-6-30

(8) 将齿带张紧拉杆固定螺栓组合件和固定螺母拧紧。

(9) 用棉布蘸少量汽油将张紧轮螺栓及张紧轮端面的原油漆笔记号擦净,重新用黄色油漆笔做好标记。

(10) 安装水泵带轮室盖总成。

(11) 将凸轮轴相位传感器插头插到位。

(12) 安装检视盖总成。

(13) 安装水皮带轮、曲轴带轮并张紧水泵传动带。

(14) 张紧助力泵、空调压缩机传动带。

(15) 安装水箱、电子扇总成。

(16) 安装发动机下挡板。

(17) 连接蓄电池负极线束。

第七节　吉利汽车

一、熊猫（1.0L JL3G10）

1. 正时链条的拆卸

(1) 断开蓄电池负极线束。

(2) 排放发动机冷却液。

(3) 拆卸发动机塑料护罩。

(4) 拆卸点火线圈。

(5) 拆卸气缸盖罩。

(6) 拆卸传动带。

(7) 拆卸发电机总成。

(8) 拆卸水泵。

(9) 拆卸发动机支承座。

(10) 拆卸动力转向油泵安装螺栓。

(11) 旋转曲轴,使曲轴带轮正时记号对准"0"刻度线,如图 4-7-1 所示。

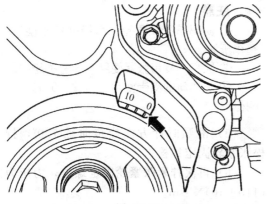

图 4-7-1

(12) 确认进气 VVT 链轮及排气链轮正时标记所处位置如图 4-7-2 所示,以保证 1 缸活塞处于压缩上止点位置,并用记号笔在链轮上做好标记。

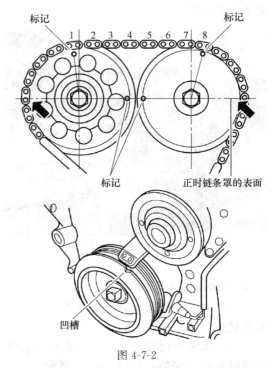

图 4-7-2

(13) 利用专用工具拆卸曲轴带轮,如图 4-7-3 所示。

(14) 拆卸正时链条张紧器,如图 4-7-4 所示。

(19) 取出正时链条张紧器臂。
(20) 取出曲轴链轮挡圈，如图 4-7-6 所示。

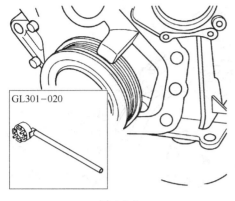

图 4-7-3

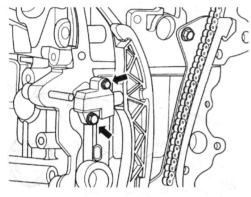

图 4-7-4

(15) 拆卸正时链条罩紧固螺栓。
(16) 利用撬杆伸入凹槽位置，松动正时链条罩。
(17) 取出正时链条罩。
(18) 拆卸正时链条张紧器臂固定螺栓，如图 4-7-5 所示。

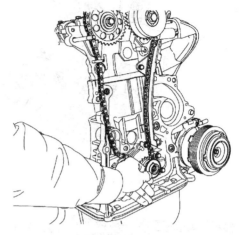

图 4-7-6

(21) 拆卸正时链条导轨下固定螺栓，如图 4-7-7 所示。

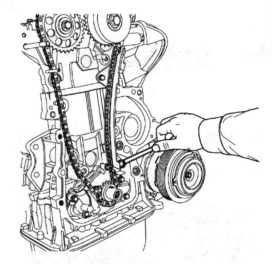

图 4-7-7

(22) 拆卸正时链条导轨上固定螺栓，如图 4-7-8 所示。
(23) 拆卸正时链条导轨。
(24) 拆卸正时链条及曲轴链轮。

2. 正时链条的安装

(1) 确认正时链条上的黄色链节 1、2、3，如图 4-7-9 所示。
(2) 安装正时链条及曲轴链轮，黄色链节 1 对正曲轴链轮正时标记，如图 4-7-10 所示。

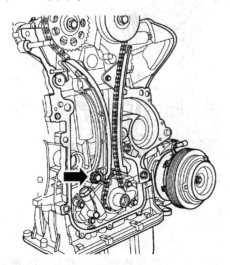

图 4-7-5

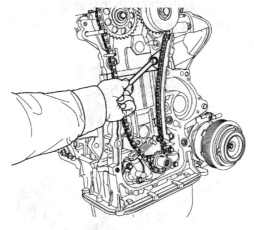

图 4-7-8

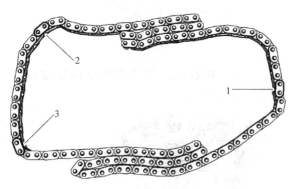

图 4-7-9

> **注意** 正时链条上共有 3 个黄色链节，其中 2 个黄色链节（之间相差 6 个链节）与进、排气凸轮轴链轮正时标记对齐。

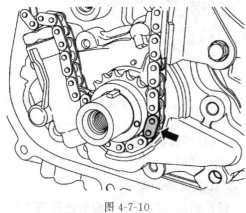

图 4-7-10

(3) 使黄色链节 2 对正进气凸轮轴 VVT 调节器链轮上的正时标记，如图 4-7-11 所示。

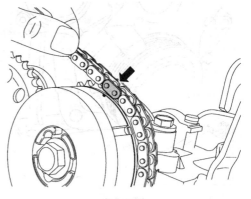

图 4-7-11

(4) 使黄色链节 3 对正排气链轮上的正时标记，如图 4-7-12 所示。

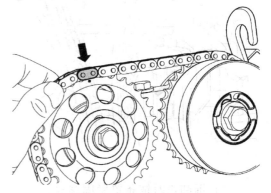

图 4-7-12

(5) 安装正时链条导轨，如图 4-7-13 所示。

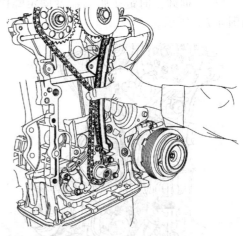

图 4-7-13

(6) 安装正时链条导轨固定螺栓。

(7) 安装张紧器臂，如图 4-7-14 所示。

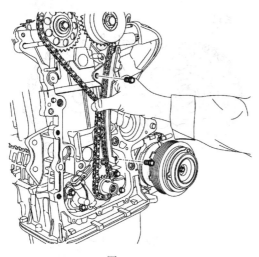

图 4-7-14

(8) 安装张紧器臂固定螺栓。
(9) 安装曲轴链轮挡圈。
(10) 安装正时链条罩及附件。
(11) 安装正时链条张紧器。
(12) 按拆卸的相反顺序安装其他零部件。

二、自由舰/熊猫/金刚/GX2（1.3L MR479Q/1.5L MR479QA）

1. 正时皮带的拆卸

(1) 断开蓄电池负极线束。
(2) 拆卸传动带。
(3) 拆卸发动机支承座。
(4) 用卧式千斤顶支撑发动机总成。
(5) 拆卸气缸盖罩。
(6) 拆卸正时皮带罩。
(7) 调整发动机正时，对齐凸轮轴正时标记，如图 4-7-15 所示。

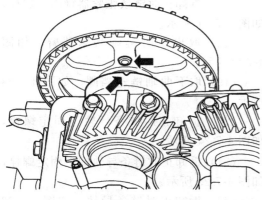

图 4-7-15

(8) 对齐曲轴带轮正时标记，如图 4-7-16 所示。

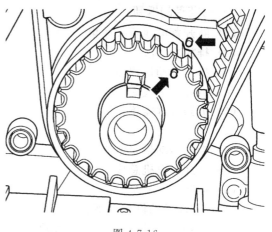

图 4-7-16

(9) 松开正时皮带张紧器固定螺栓，如图 4-7-17 所示。

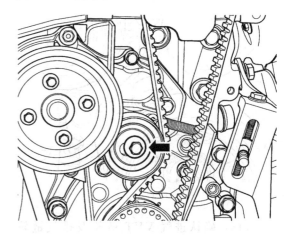

图 4-7-17

(10) 取下正时皮带。

2. 正时皮带的安装

(1) 将正时皮带安装到凸轮轴带轮上。
(2) 对齐凸轮轴带轮正时标记（图 4-7-15）。
(3) 将正时皮带安装到曲轴带轮上。
(4) 对齐曲轴带轮正时标记（图 4-7-16）。
(5) 调整正时皮带张紧器。
(6) 安装正时皮带罩。
(7) 安装发动机支承座。
(8) 安装气缸盖罩。
(9) 安装传动带。
(10) 连接蓄电池负极线束。

三、帝豪 EC7/GX7/SX7（1.8L 4G18）

1. 正时链条的拆卸

（1）断开蓄电池负极线束。
（2）排放冷却液。
（3）拆卸发动机罩盖。
（4）拆卸点火线圈。
（5）拆卸气缸盖罩。
（6）拆卸传动带。
（7）拆卸传动带张紧器。
（8）拆卸发电机总成。
（9）拆卸冷却液泵。
（10）拆卸发动机支承座。
（11）拆卸动力转向油泵安装螺栓。
（12）旋转曲轴，使曲轴带轮上的凹槽（正时记号）对准"0"刻度线，如图 4-7-18 所示。

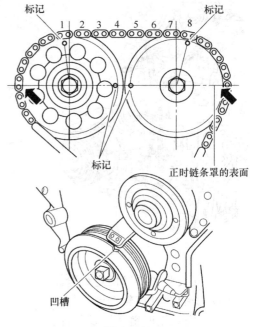

图 4-7-19

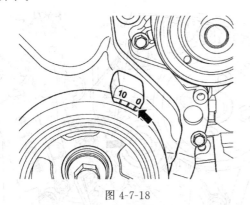

图 4-7-18

（13）确认进气 VVT 链轮及排气链轮正时标记所处位置如图 4-7-19 所示，以保证 1 缸活塞处于压缩上止点位置，并用记号笔在链轮上做好标记。

注意 排气链轮有 3 个位置标记，有双点的向上。VVT 链轮有 3 个位置标记，铝合金本体上有凹槽的向上，在对标记的过程中，黄色链节有可能不会与标记点重合，拆卸时保证两个链轮的正时标记处于最上位置，链轮上的单点标记处于水平直线位置。

（14）拆卸曲轴带轮。
（15）拆卸正时链条张紧器，如图 4-7-20 所示。

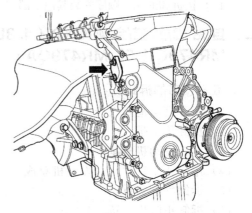

图 4-7-20

（16）拆卸正时链条罩盖。
（17）拆卸正时链条张紧器臂固定螺栓，如图 4-7-21 所示。
（18）取出正时链条张紧器臂，如图 4-7-22所示。
（19）取下曲轴链轮挡圈，如图 4-7-23 所示。
（20）拆卸正时链条导轨下固定螺栓，如图 4-7-24 所示。
（21）拆卸正时链条导轨的上固定螺栓，如图 4-7-25 所示。
（22）拆卸正时链条导轨，如图 4-7-26

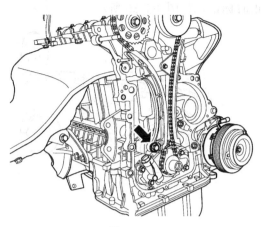

图 4-7-21

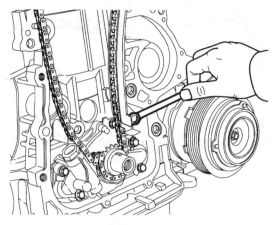

图 4-7-24

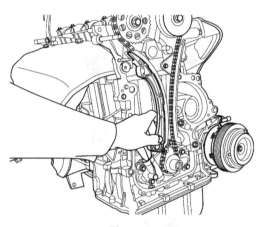

图 4-7-22

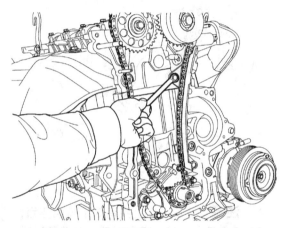

图 4-7-25

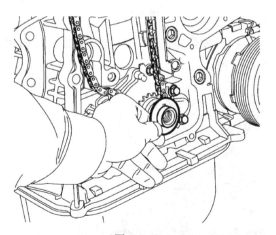

图 4-7-23

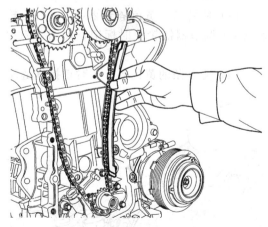

图 4-7-26

所示。

(23) 拆卸正时链条及曲轴链轮。

2. 正时链条的安装

(1) 确认正时链条上的黄色链节1、2、3，如图4-7-27所示。

(2) 安装正时链条及曲轴链轮，黄色链节1对正曲轴链轮正时标记，如图4-7-28所示。

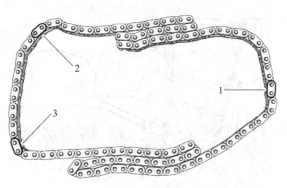

图 4-7-27

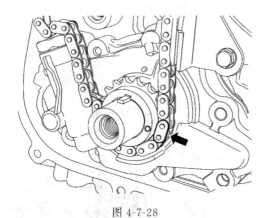

图 4-7-28

> **注意** 正时链条上共有3个黄色链节，其中2个黄色链节（之间相差6个链节）与进、排气凸轮轴链轮正时标记号对齐。

（3）使链条的黄色链节2对正进气凸轮轴VVT调节器链轮正时标记，如图4-7-29所示。

（4）使链条的黄色链节3对正排气链轮正时标记，如图4-7-30所示。

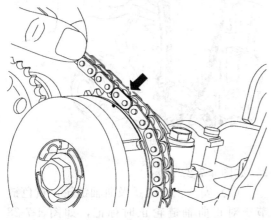

图 4-7-29

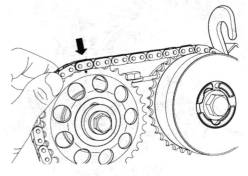

图 4-7-30

（5）安装正时链条导轨，如图4-7-31所示。

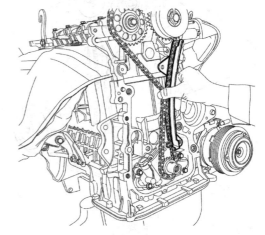

图 4-7-31

（6）安装正时链条导轨固定螺栓，如图4-7-32所示。

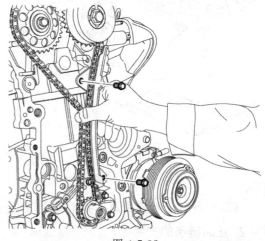

图 4-7-32

(7) 安装张紧器臂，如图 4-7-33 所示。

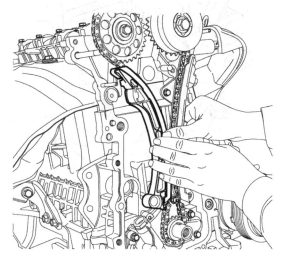

图 4-7-33

(8) 安装张紧器臂固定螺栓。
(9) 安装曲轴链轮挡圈。
(10) 安装正时链条罩盖及附件。
(11) 安装正时链条张紧器。
(12) 顺时针转动曲轴 2 圈，检查气门正时。
(13) 安装曲轴带轮。
(14) 使用专用工具安装曲轴带轮螺栓，如图 4-7-34 所示。

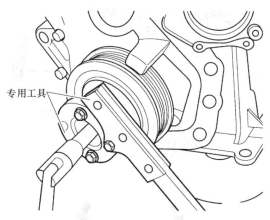

图 4-7-34

(15) 安装动力转向油泵。
(16) 安装发动机支承座。
(17) 安装冷却液泵、发电机总成。
(18) 安装传动带张紧器。
(19) 安装传动带。
(20) 安装气缸盖罩。

(21) 安装点火线圈。
(22) 安装发动机罩盖。
(23) 加注冷却液。
(24) 连接蓄电池负极线束。

四、帝豪 EC8/GX7/SX7（2.0L 4G20）/豪情 SUV/博瑞/SX7（2.4L 4G24）

1. 正时链条的拆卸

(1) 旋转曲轴，使 1 缸活塞处于压缩上止点，拆卸正时链条罩。
(2) 拆卸正时链条张紧器。
(3) 取出正时链条张紧器臂，如图 4-7-35 所示。

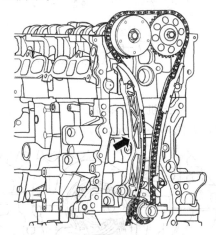

图 4-7-35

(4) 拆卸正时链条导轨下固定螺栓，如图 4-7-36 所示。

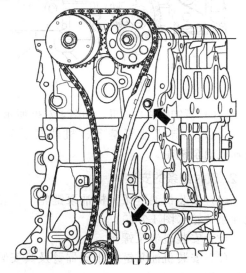

图 4-7-36

(5) 拆卸正时链条导轨上固定螺栓。
(6) 拆卸正时链条导轨。
(7) 拆卸正时链条及曲轴正时链轮。
(8) 拆卸机油泵链条张紧器及其安装螺栓，如图 4-7-37 所示。

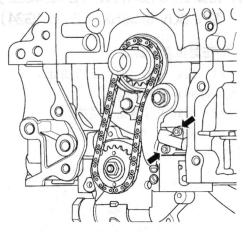

图 4-7-37

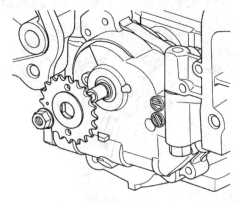

图 4-7-39

(4) 安装机油泵链条张紧器及其安装螺栓（图 4-7-37）。
(5) 确认正时链条上的正时标记链节 1、2、3，如图 4-7-40 所示。
(6) 安装正时链条及曲轴正时链轮，正时标记链节 1（蓝色）对正曲轴链轮正时标记。

注意 正时链条上共有 3 个正时标记链节，其中两个黄色正时标记链节（之间相差 7 个链节）与进、排气凸轮轴链轮正时标记对齐。

(9) 拆卸机油泵链条张紧器臂及其安装螺栓，如图 4-7-38 所示。

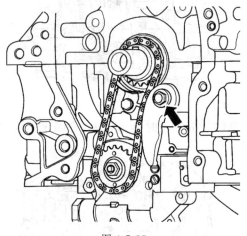

图 4-7-38

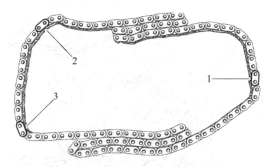

图 4-7-40

(10) 拆卸机油泵螺母，如图 4-7-39 所示。
(11) 拆卸机油泵链条、机油泵链轮、曲轴机油泵链轮。

2. 正时链条的安装

(1) 安装机油链条、机油泵链轮、曲轴机油泵链轮（图 4-7-39）。
(2) 安装机油泵螺母。
(3) 安装机油泵链条张紧器臂及其安装螺栓（图 4-7-38）。

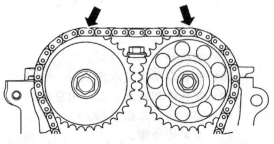

图 4-7-41

(7) 使链条的正时标记链节 2（黄色）对正排气凸轮轴链轮正时标记, 如图 4-7-41 所示。

(8) 使链条的正时标记链节 3（黄色）对正进气凸轮轴 VVT 调节器链轮正时标记。

(9) 安装正时链条导轨。

(10) 安装正时链条导规固定螺栓（图 4-7-36）。

(11) 安装正时链条张紧器臂（图 4-7-35）。

(12) 安装正时链条张紧器臂安装螺栓。

(13) 安装正时链条罩及附件。

第八节　中华汽车

一、中华骏捷 FRV（1.8L 4G18）

1. 正时系统部件图（图 4-8-1）

2. 正时皮带的安装

（1）将凸轮轴正时齿轮上的正时标记与气缸盖上的正时标记对准, 如图 4-8-2 所示。

（2）将曲轴正时齿轮上的正时标记与前壳体上的正时标记对准, 如图 4-8-3 所示。

（3）将正时皮带张紧轮锁定在如图 4-8-4 所示位置。

（4）将张紧轮拉簧的一个伸长端钩在正时皮带张紧轮的钩形部, 并将张紧轮装到机油泵壳体上, 如图 4-8-5 所示。

（5）夹住张紧轮拉簧的另一伸长端, 并如图 4-8-6 所示将它钩到机油泵壳体凸耳上。

（6）按图示方向移动正时皮带张紧轮可在安装正时皮带后张紧皮带。

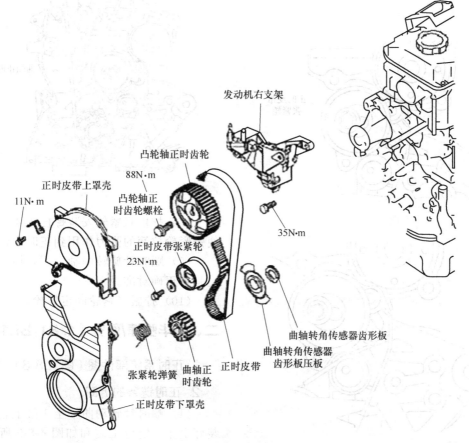

图 4-8-1

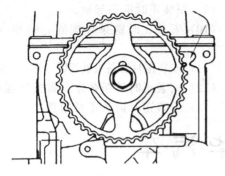

图 4-8-2

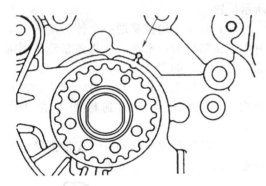

图 4-8-3

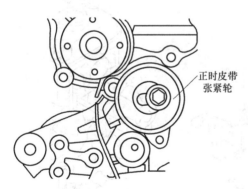

正时皮带
张紧轮

图 4-8-4

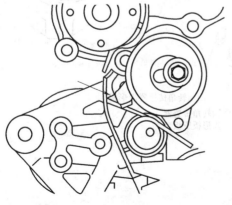

图 4-8-5

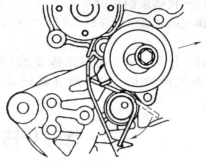

图 4-8-6

(7) 使正时皮带的张紧侧保持张紧,并将正时皮带依次装入曲轴正时带轮、凸轮轴正时带轮和张紧轮,如图 4-8-7 所示。

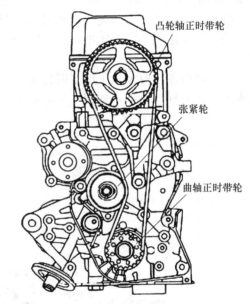

凸轮轴正时带轮

张紧轮

曲轴正时带轮

图 4-8-7

(8) 拧松张紧轮安装螺栓 1/4~1/2 圈,使张紧轮拉簧的张力作用到正时皮带上。

(9) 顺时针旋转曲轴 2 圈,检查正时标记是否正确对准。

(10) 拧紧张紧轮固定螺栓。

二、中华骏捷/尊驰(1.8T BL18T)

1. 正时系统部件图(图 4-8-8)

2. 正时链条的拆卸

(1) 顺时针转动曲轴至 1 缸上止点,安装好上止点定位工装和如图 4-8-9 所示的凸轮轴定位工装。

取下机油泵链条张紧器。

（7）如图4-8-10所示，使用专用扳手拧松机油泵链轮固定螺栓，然后取下机油泵链轮、链条。

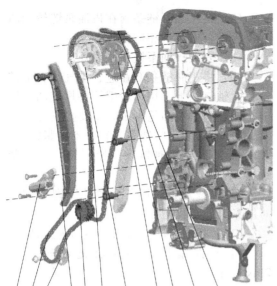

图4-8-10

图4-8-8

（8）拆下曲轴链轮。

（9）拧松正时链条张紧器固定螺栓，取下正时链条张紧器。

（10）拧松上导轨的固定螺栓，取下上导轨。

（11）拆下进气凸轮轴链轮和螺栓。

注意 在单独拆装链条驱动部分时，一定要安装上止点定位工装和凸轮轴定位工装，防止发动机正时出错。

3. 正时链条的安装

（1）调整凸轮轴和曲轴的位置，安装上止点定位工装和凸轮轴定位工装。安装完凸轮轴定位工装后，进、排气凸轮轴前侧正时链槽应竖直向上，如图4-8-11所示。

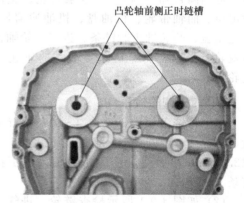

图4-8-11

图4-8-9

（2）推动正时链条张紧器臂，使正时链条张紧器的销孔对齐，然后插入锁止销锁定张紧器。

（3）拧松正时链条张紧器臂和链条导轨上的固定螺栓，取下张紧器臂和链条导轨。

（4）拧松排气凸轮轴链轮螺栓，取下排气凸轮轴链轮。

（5）拆下正时链条。

（6）拆下机油泵链条张紧器固定螺栓，

（2）用2个螺栓安装正时链条上导轨，但不要拧紧。

（3）用螺纹部分涂了密封胶的链轮螺栓将进气凸轮轴链轮（带信号轮）安装到进气凸轮轴上并拧紧至70N·m。

(4) 用 2 个螺栓安装正时链条张紧器，不拧紧。

(5) 拧紧正时链条上导轨螺栓和正时链条张紧器螺栓至 10N·m。

(6) 将曲轴链轮安装到曲轴上（倒角端向内），如图 4-8-12 所示。

图 4-8-12

(7) 将机油泵链条套在机油泵链轮和曲轴链轮上，安装到相应位置。

(8) 安装机油泵链条张紧器。

(9) 将正时链条套在进、排气凸轮轴链轮和曲轴链轮上，用链轮螺栓将排气凸轮轴链轮安装到排气凸轮轴上，不要拧紧螺栓。

(10) 安装正时链条导轨，不拧紧螺栓。

(11) 安装正时链条张紧器臂，不拧紧螺栓。

(12) 拧紧正时链条张紧器臂螺栓和正时链条导轨螺栓至 25N·m。

(13) 拔出正时链条张紧器的锁止销。

(14) 拧紧排气凸轮轴链轮螺栓到 70N·m。

(15) 取下上止点定位工装和凸轮轴定位工装。

(16) 顺时针转动曲轴 2 圈，检查气门正时。

第九节　华晨金杯汽车

一、金杯海狮/阁瑞斯（2.4L 4RB2）

1. 正时机构的拆卸

拆下气缸盖后，按顺序拆下风扇传动带、硅油离合器（风扇）、水泵带轮、交流发电机、曲轴带轮、机油盘、机油滤清器、链轮室盖、凸轮轴正时链条、进气凸轮轴正时链轮、张紧器臂、链条导轨、曲轴正时链轮。

2. 正时机构的检查

(1) 将链条拉直，选取 3~4 个位置测量 16 个链节的总长度，该长度应为 142.875mm，如测量值大于该值，则更换链条。

(2) 如图 4-9-1 所示检查链轮，进气凸轮轴正时链轮直径的最小值为 113.8mm。

(3) 检查张紧器臂和链条导轨，如果其最大磨损量大于 1mm，则更换。

3. 正时机构的安装

(1) 转动曲轴使键槽向上，装入半圆键及曲轴正时链轮。

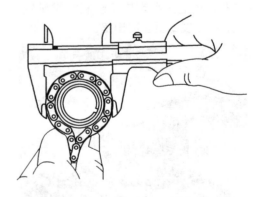

图 4-9-1

(2) 安装张紧器臂、链条导轨。

(3) 安装凸轮轴正时链条和进气凸轮轴正时链轮。

(4) 在曲轴正时链轮上安装凸轮轴正时链条时，使链条上的黑色链节与曲轴正时链轮上的凹坑标记对准。

(5) 将进气凸轮轴正时链轮上的正时标记与凸轮轴正时链条上的正时标记对齐。

(6) 保证链条安装到张紧器臂和链条导轨的正确位置。

(7) 用软绳将链条、张紧器臂、链条导轨缠在一起,以防止松脱。

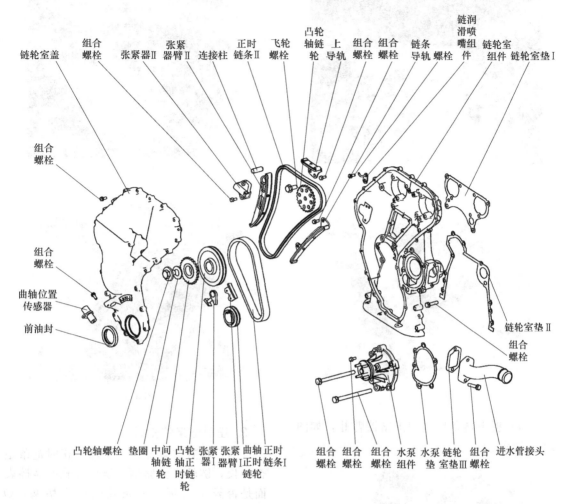

图 4-9-2

(8) 依次安装链轮室盖、机油滤清器、机油盘、曲轴带轮、交流发电机、水泵带轮及硅油离合器(风扇)、风扇传动带、气缸盖。

二、金杯海狮/阁瑞斯(2.0L 4G20D4/2.2L 4G22D4)

1. 正时系统分解图(图 4-9-2)

2. 正时链条的拆卸

(1) 用套筒扳手拆卸正时链轮室盖,如图 4-9-3 所示。

(2) 将 1 缸活塞置于上止点位置,在气缸盖后部用凸轮轴定位器插入凸轮轴凹槽内,将凸轮轴定位,如图 4-9-4 所示。

图 4-9-3

(3) 将张紧器臂 II 反向压入张紧器内,将张紧器锁止销(直径 1.4mm)插入张紧器的销孔内,如图 4-9-5 所示。

图 4-9-4

图 4-9-7

图 4-9-5

图 4-9-8

（4）拆下链条导轨和张紧器臂Ⅱ，如图 4-9-6 所示。

3. 正时链条的安装

（1）检查张紧器是否卡滞，正时链条是否伸长，链轮、张紧器、链条导轨的摩擦表面是否异常磨损，链条喷嘴是否堵塞，O 形圈是否老化。

（2）转动曲轴，使 1 缸活塞处于上止点位置。试装正时链轮室盖及减振带轮，检查曲轴是否处于 1 缸上止点位置（正时标记对齐），如图 4-9-9 所示。

图 4-9-6

（5）拆下中间轴链轮、凸轮轴链轮和正时链条Ⅱ，如图 4-9-7 所示。此时曲轴与凸轮轴不能转动。

（6）拆下张紧器臂Ⅰ、中间轴正时链轮、曲轴正时链轮和正时链条Ⅰ，如图 4-9-8 所示。

图 4-9-9

（3）在气缸盖后部用凸轮轴定位器将凸轮轴定位。

（4）安装中间轴正时链轮、曲轴正时链轮和正时链条Ⅰ，如图4-9-10和图4-9-11所示。

> **注意** 正时链条和中间轴正时链轮上的正时标记必须对准，中间轴上的键槽垂直朝上并对准止推片的凹坑标记，正时链条的两个亮白节应分别与中间轴正时链轮和曲轴正时链轮上的正时凹坑标记对准。

图4-9-10

图4-9-11

（5）安装凸轮轴链轮、中间轴链轮和正时链条Ⅱ，如图4-9-12～图4-9-14所示。

> **注意** 必须将链条上的3处正时标记（涂色链节）与3个链轮正时凹坑标记分别对正。使进、排气凸轮轴轴端定位销插入进、排气凸轮轴链轮的销孔内。

（6）安装张紧器臂Ⅰ并紧固中间轴链轮螺栓和凸轮轴链轮螺栓，如图4-9-15所示。

（7）安装链条导轨。

图4-9-12

图4-9-13

图4-9-14

（8）安装张紧器臂Ⅱ。

（9）拔下张紧器锁止销，使正时链条成张紧状态，如图4-9-16所示。

（10）安装进、排气凸轮轴链轮螺栓，拧紧力矩为70N·m。

（11）安装中间轴链轮螺栓，拧紧力矩为90N·m。

图 4-9-15

图 4-9-16

（12）取下凸轮轴定位器。

三、金杯阁瑞斯（2.0L V19）

1. 正时链条的拆卸

（1）转动曲轴，设置1缸上止点。曲轴带轮上的缺口应对齐链轮室盖上的"0"标记，同时调节器的错齿向上，如图4-9-17所示。

（2）拔掉相位传感器线束插接器。

（3）松动发电机传动带张紧螺栓，取下发电机传动带和水泵带轮。

（4）用19号套筒拆下减振带轮螺栓。

（5）拆下链轮室盖螺栓、转速传感器支架。

（6）拆下链条张紧器组件。

（7）用14号套筒取下调节器安装螺栓，再取下调节器组件、曲轴正时链轮和正时链条。

2. 正时链条的安装

（1）确保曲轴和凸轮轴处于图4-9-18所示位置，即调节器定位销孔向上（或向下），曲轴半圆键向上。

> **注意** 销孔向上为1缸压缩上止点，销孔向下为4缸压缩上止点。

（2）将调节器、曲轴正时链轮和正时链条按图4-9-19所示组装在一起，确保各标记对齐。

（3）保持正时链条、调节器和曲轴正时链轮相对位置不变，平稳地将总成套入曲轴和凸轮轴上，如图4-9-20所示。

（4）用手推调节器和曲轴正时链轮，直至调节器定位销平稳地插入凸轮轴调节器销孔。

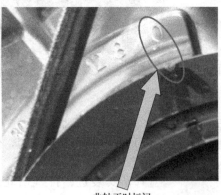

曲轴正时标记

调节器错齿

图 4-9-17

体前端面上，另一端与调节器链轮间隙应大于 1mm。

图 4-9-18

图 4-9-20

调节器链轮与正时链条标记

曲轴正时链轮与正时链条标记

图 4-9-19

缺口间隙大于1mm

专用检具

图 4-9-21

注意 ① 在未确认调节器定位销落座前不能锁紧调节器安装螺栓。

② 在重新装配新调节器前要保持调节器和凸轮轴安装接合面的清洁度。

（5）用专用检具检测调节器是否安装到位。具体检测方法如图 4-9-21 所示。检测调节器链轮表面与气缸体前端面的距离（不大于 27mm），专用检具缺口一端靠在气缸

图 4-9-22

图 4-9-23

(6) 将调节器安装螺栓旋入调节器并拧紧，拧紧力矩为 70N·m，如图 4-9-22 所示。

(7) 安装链条张紧器臂和张紧器，如图 4-9-23 所示。

> **注意** 安装前后，用手挤压张紧器，检查柱塞伸缩滑动是否灵活。

(8) 安装链轮室盖。
(9) 安装减振带轮。
(10) 安装发电机传动带并调节传动带张紧力。
(11) 连接好相位传感器插接器，并检查各电气元件是否连接好。
(12) 按与拆卸的相反顺序安装其他零部件。

第十节 长丰猎豹汽车

一、猎豹飞腾/CS7（2.0L 4G94）

1. 正时系统部件图（图 4-10-1）

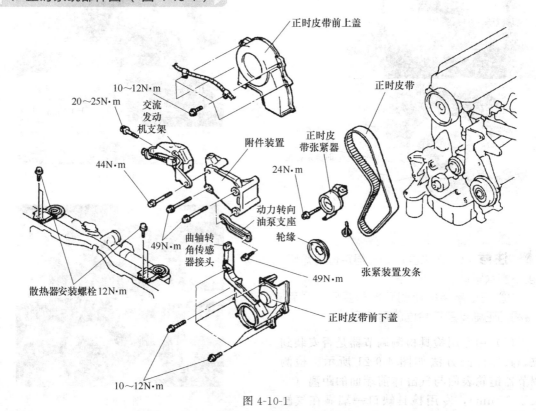

图 4-10-1

2. 正时皮带的拆卸

（1）顺时针旋转凸轮轴，把1缸活塞设置到压缩行程上止点位置，对准每个正时标记，如图 4-10-2 所示。

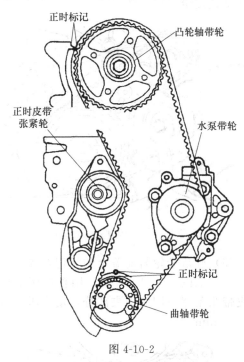

图 4-10-2

（2）松开正时皮带张紧器的调整螺栓。
（3）如图 4-10-3 所示，在正时皮带上设置一个旋具，按图示箭头方向完全压向后方。

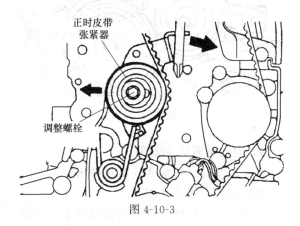

图 4-10-3

（4）暂时拧紧调整螺栓。
（5）拆卸正时皮带。

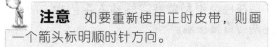

注意 如要重新使用正时皮带，则画一个箭头标明顺时针方向。

3. 正时皮带的安装

（1）如图 4-10-4 所示，把正时皮带张紧器向左移动到最大的外伸量。

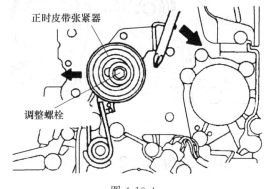

图 4-10-4

（2）将正时皮带移向水泵侧，暂时拧紧调整螺栓。
（3）将凸轮轴链轮对准凸轮轴正时标记。
（4）按下面顺序安装正时皮带，同时确保皮带的张紧侧没有松弛，如图 4-10-5 所示：曲轴带轮→水泵带轮→凸轮轴带轮→张紧轮。

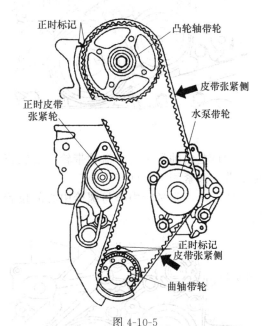

图 4-10-5

注意 在安装正时皮带后，在相反方向旋转凸轮轴带轮，再次检测皮带是否完全张紧（图 4-10-6），每个正时标记是否在合适的位置。

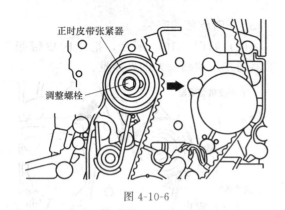

图 4-10-6

二、猎豹 CS6/Q6（2.4L 4G64S4M）

1. 平衡轴正时皮带的安装

（1）将曲轴带轮（内侧的）及平衡轴带轮的标记分别与前盖上的标记对正，如图 4-10-7 所示。

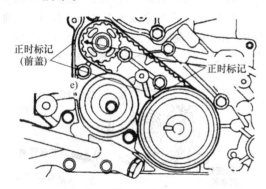

图 4-10-7

（2）在曲轴带轮及平衡轴带轮上安装正时皮带，张紧侧不允许有松弛。

（3）确认张紧轮中心与螺栓中心的位置如图 4-10-8 所示。

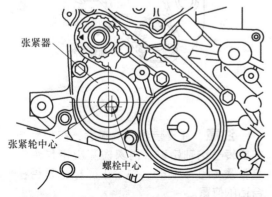

图 4-10-8

（4）如图 4-10-9 所示，在用手指对着正时皮带张紧器一侧施加力的同时，向箭头方向移动张紧器。此时拧紧螺栓使张紧器固定。注意在拧紧螺栓时，不要让轴与带轮一起转动使皮带过紧。

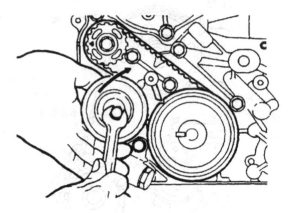

图 4-10-9

（5）确认带轮与前盖上的标记对齐。

（6）如图 4-10-10 所示，用食指压下正时皮带张紧器一侧的中央部分，皮带压下量为 5～7mm。

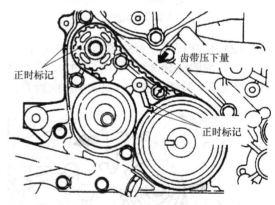

图 4-10-10

2. 自动张紧器的安装

（1）若自动张紧器柱塞在伸出位置，应按照后面的步骤使其缩回。

（2）用带有软钳口的台虎钳夹紧自动张紧器。

注意 自动张紧器底端有螺塞凸出，应在台虎钳和螺塞之间插入平垫板，防止两者直接接触。

(3) 利用台虎钳慢慢地将柱塞推入，直到柱塞的孔 1 与油缸的孔 2 对齐为止，如图 4-10-11 所示。

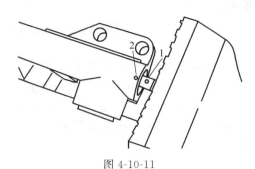

图 4-10-11

(4) 将销（直径为 1.4mm）插进对齐的孔中，如图 4-10-12 所示。

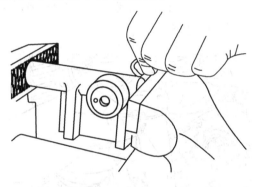

图 4-10-12

(5) 从台虎钳上拆卸自动张紧器。

(6) 将自动张紧器安装在前盖上，用规定力矩拧紧螺栓，如图 4-10-13 所示。

 注意 将销留在自动张紧器中。

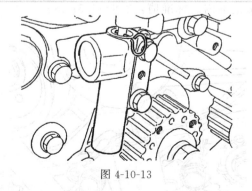

图 4-10-13

3. 凸轮轴正时皮带的安装

(1) 确认正时皮带张紧器安装妥当。

(2) 使凸轮轴带轮上的正时标记与气缸盖上的标记对齐，如图 4-10-14 所示。

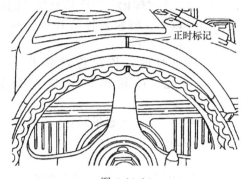

图 4-10-14

(3) 使（外侧的）曲轴带轮上的正时标记与前盖上的标记对齐，如图 4-10-15 所示。

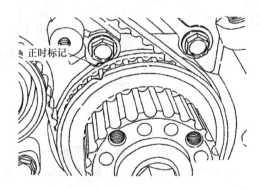

图 4-10-15

(4) 使机油泵带轮的正时标记与图 4-10-16 所示的指针标记对齐。

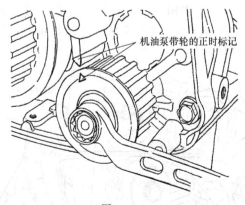

图 4-10-16

(5) 从气缸体上拆卸塞，然后将十字旋具（直径 8mm）插入孔中。若能插入

60mm 以上，表示正时标记对齐；若不能插入 20～25mm 以上，应将机油泵带轮转 1 圈，然后对齐正时标记。再次检查旋具能否插进 60mm 以上。将旋具保持在插入位置上，直到皮带安装结束。

（6）将正时皮带依次连接到曲轴带轮、中间带轮、凸轮轴带轮以及张紧轮上。

（7）向箭头方向抬起张紧轮，然后拧紧中心螺栓，如图 4-10-17 所示。

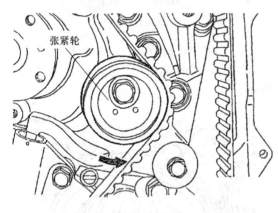

图 4-10-17

（8）检查所有正时标记应都成一直线。

（9）拆下步骤（5）时插入的旋具，装上塞。

（10）将曲轴逆时针旋转 1/4 转。然后顺时针旋转，直到所有正时标记再次对齐为止。

（11）如图 4-10-18 所示，将专用工具的套筒扳手和扭矩扳手装配在张紧轮上，然后拧松张紧轮中心螺栓。

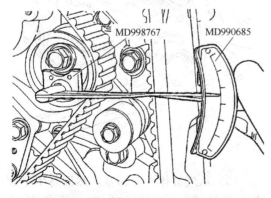

图 4-10-18

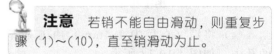

注意 如果不能利用专用工具时，可使用能测量 0～3N·m 力矩的一般扭矩扳手。

（12）利用扭矩扳手拧紧到 2.6～2.7N·m 的力矩。

（13）一面利用专用工具和扭矩扳手保持张紧轮，一面拧紧中心螺栓至标准值。

（14）将曲轴顺时针旋转 2 圈后，放置约 15min 后，检查自动张紧器的固定销能否自由滑动。

注意 若销不能自由滑动，则重复步骤（1）～（10），直至销滑动为止。

（15）取下自动张紧器固定销，如图 4-10-19 所示。

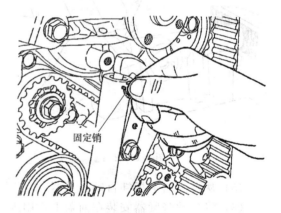

图 4-10-19

（16）如图 4-10-20 所示，测量距离 A（张紧器臂与自动张紧器本体间）是否在正常范围内。标准值：3.8～4.5mm。

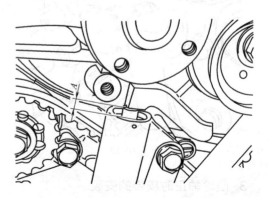

图 4-10-20

第十一节 众泰汽车

一、众泰 Z300（1.5L 4A91）

1. 正时系统部件（图 4-11-1）

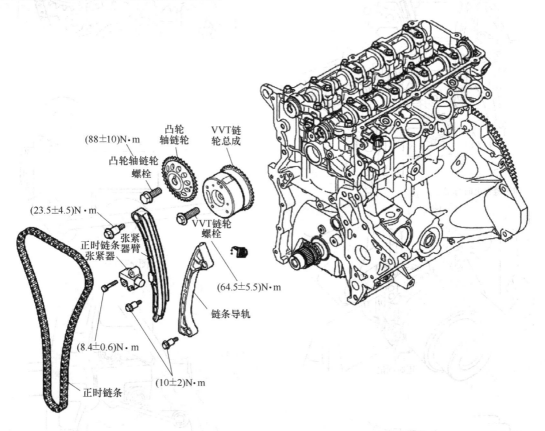

图 4-11-1

2. 正时链条的安装

（1）如图 4-11-2 所示安装正时链链条，将两个距离相近的蓝色正时链节置于上方，距离这两个正时链节较远的另一个蓝色正时链节对应于曲轴的侧面。

（2）在曲轴链轮上安装正时链条，将蓝色链节和链轮上的标记对正，如图 4-11-3 所示。

（3）在 VVT 链轮上安装正时链条，将蓝色链节和链轮上的标记对正，如图 4-11-4 所示。

（4）在凸轮轴链轮上安装链条，转动 VVT 链轮或凸轮轴链轮一个齿或两个齿，对正蓝色链节和链轮上的标记，如图 4-11-5 所示。

（5）确认 3 组正时标记都对正。

（6）安装链条导轨和张紧器臂。

（7）按如下方法安装正时链条张紧器。

① 当压入正时链条张紧器的柱塞时，如图 4-11-6 所示，插入销以锁定柱塞。

② 在气缸体上安装正时链条张紧器。

（8）如图 4-11-7 所示，从张紧器中拆下销，通过张紧器臂拉紧正时链条。

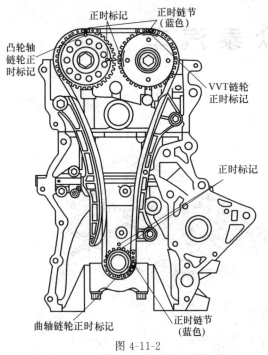

图 4-11-2

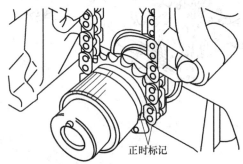

图 4-11-3

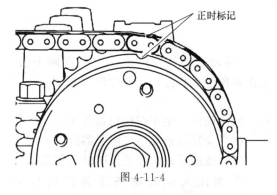

图 4-11-4

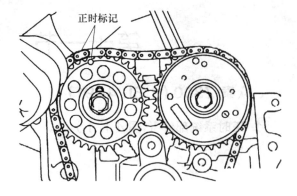

图 4-11-5

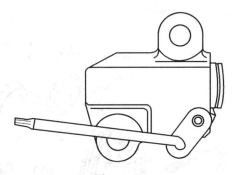

图 4-11-6

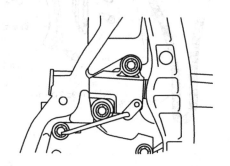

图 4-11-7

二、众泰（DA4G1系列发动机）

1. 正时系统示意图（图4-11-8）

2. 正时皮带的安装

（1）将凸轮轴正时带轮上的正时标记与气缸盖上的正时标记对准。

（2）将曲轴正时带轮上的正时标记与前壳体上的正时标记对准。

（3）使正时皮带的张紧侧保持张紧，并将正时皮带依次装入曲轴带轮、凸轮轴带轮和张紧轮。

（4）拧松张紧轮安装螺栓1/4～1/2圈，使张紧轮弹簧的张力作用到正时皮带上。

（5）顺时针旋转曲轴2圈，检查正时标记是否正确对准。

（6）拧紧张紧轮的安装螺栓。

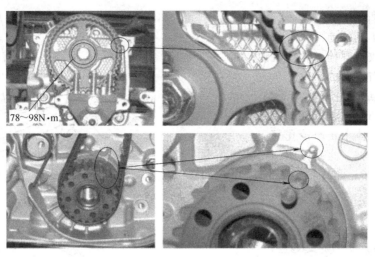

图 4-11-8

第十二节 上汽MG（名爵）轿车

一、MG3（1.3L/1.5L）

1. 正时系统部件图（图4-12-1）

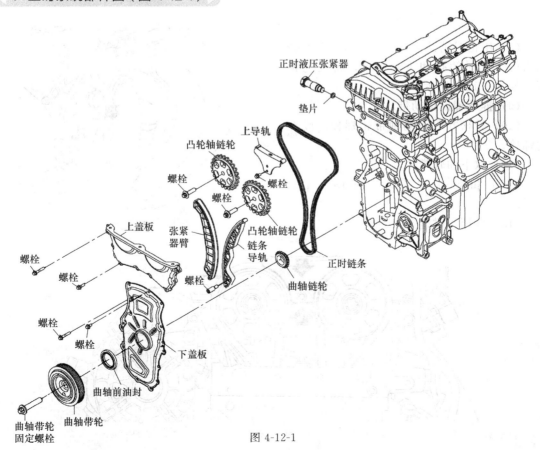

图 4-12-1

2. 正时链条的拆卸

（1）举升车辆的前部。

（2）拧松放油螺栓，放掉机油。

（3）拆下右前部的车轮。

（4）拆除点火线圈。

（5）拆下凸轮轴盖（气缸盖罩）。

（6）拆除机体上正时销孔塞。

（7）转动曲轴，直到可用凸轮轴锁止专用工具 TEN00004 将凸轮轴相位锁止，如图 4-12-2 所示。

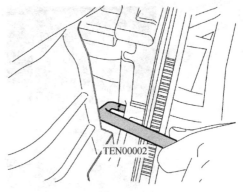

图 4-12-3

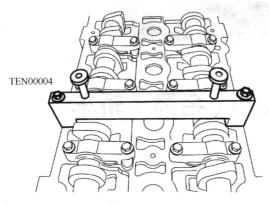

图 4-12-2

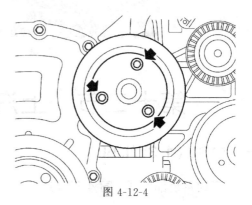

图 4-12-4

（8）用正时销锁止专用工具 TEN00002 插入机体正时销孔和飞轮销孔，将飞轮锁死，如图 4-12-3 所示。

（9）拆下辅助传动带。

（10）拧松并取下曲轴带轮螺栓，废弃此螺栓。

（11）取下曲轴带轮。

（12）拆卸水泵带轮，如图 4-12-4 所示。

（13）拆掉正时链条上盖板。

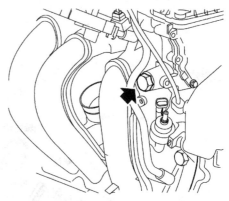

图 4-12-5

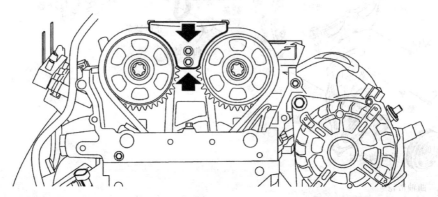

图 4-12-6

（14）拆掉正时链条下盖板。

（15）如图4-12-5所示，拆掉正时链条张紧器，并废弃密封垫圈。

（16）拆掉正时链条上导轨，如图4-12-6所示。

（17）用机油泵链轮固定专用工具TEN00006拆掉机油泵链轮螺栓，如图4-12-7所示。

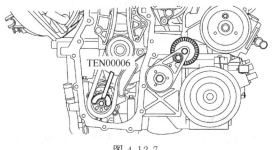

图4-12-7

（18）如图4-12-8所示，向右张开机油泵链条张器，将机油泵链轮、机油泵链条和驱动机油泵的曲轴链轮同时取下。

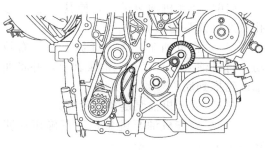

图4-12-8

（19）拆下机油泵链条张紧器。

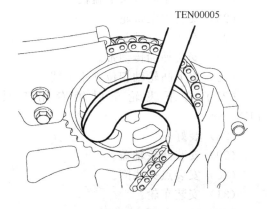

图4-12-9

（20）如图4-12-9所示，用凸轮轴链轮固定专用工具TEN00005拆掉进气凸轮轴链轮和排气凸轮轴链轮螺栓，并废弃。

（21）取下进气凸轮轴链轮和排气凸轮轴链轮。

（22）取下曲轴正时链轮和正时链条，如图4-12-10所示。

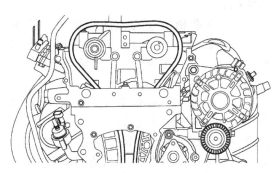

图4-12-10

（23）拆掉导轨枢销，从正时室上端取出张紧器臂和链条导轨，如图4-12-11所示。

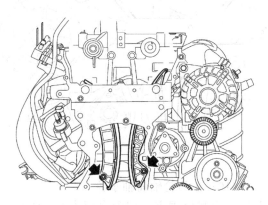

图4-12-11

3. 正时链条的安装

（1）拆除机体上正时销孔塞。

（2）盘动飞轮至飞轮销孔与机体销孔对齐。

（3）用飞轮锁止专用工具TEN00002插入机体正时销孔和飞轮销孔，将飞轮锁死（图4-12-3）。

（4）用凸轮轴锁止专用工具TEN00004将凸轮轴相位锁止（图4-12-2）。

（5）装配前检查各零件是否有碰伤、油

污、锈迹、脏物。如有碰伤,不得使用;如有油污、锈迹、脏物,必须擦干净。

(6) 将链条导轨从正时室右上端放入,分别拧入枢销,最后依次拧紧枢销,拧紧力矩为22~28N·m(图4-12-11)。

(7) 将张紧器臂从正时室左上端放入,拧入枢销,最后拧紧枢销,拧紧力矩为22~28N·m。

(8) 在曲轴前端套入曲轴链轮,从正时室上端放入正时链条,链条下端套入曲轴链轮,将链条悬挂在上导轨安装凸台上。

(9) 用凸轮轴链轮固定专用工具TEN00005将进、排气凸轮轴链轮分别装配在进、排气凸轮轴上,螺栓预紧后,将链条装入两个链轮,如图4-12-12所示。

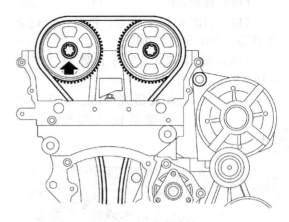

图4-12-13

 注意 机油泵传动曲轴链轮齿侧根部有凹坑标识,用于与曲轴正时链轮的区分。

(15) 将机油泵链轮套在机油泵链条上。

 注意 有产品标识的一面朝外。

(16) 转动机油泵链轮,使其中心D形孔对准机油泵的D形轴。

(17) 将机油泵链条张紧器下端向右拉动,将机油泵链轮套在机油泵轴上,并将曲轴链轮推到底。

(18) 放开机油泵链条张紧器。

(19) 检查机油泵链条是否正确压在张紧器臂上。

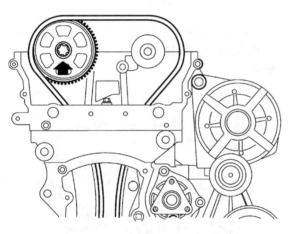

图4-12-12

(10) 在凸轮轴前轴承盖上装上上导轨,并用两个螺栓固定(拧紧力矩为8~12N·m)(图4-12-6)。

(11) 换上新的正时液压张紧器垫圈后,在气缸盖上拧入正时液压张紧器,并拧紧(拧紧力矩为57~63N·m)(图4-12-5)。

(12) 将进气凸轮轴链轮和排气凸轮轴链轮拧紧在凸轮轴上(拧紧力矩均为25N·m+45°),如图4-12-13所示。

(13) 安装机油泵链条张紧器。

(14) 将机油泵链条套在机油泵传动曲轴链轮上,然后将机油泵传动曲轴链轮装入曲轴前端。

(20) 拧上机油泵链轮螺栓,最后拧紧。

(21) 安装正时链条下盖板。

(22) 安装正时链条上盖板

(23) 安装水泵带轮。

(24) 安装曲轴带轮。

(25) 安装辅助传动带。

(26) 取下凸轮轴相位锁止工装。

(27) 拆下飞轮正时销专用工具TEN00002。

(28) 装好塞。

(29) 安装凸轮轴盖。

(30) 安装点火线圈。

(31) 安装车轮。

(32) 放下车辆。

(33) 检查机油液位，如有必要添加。

二、MG6（1.8L N16）

1. 正时皮带的拆卸

(1) 断开蓄电池的接地线。
(2) 举升汽车。
(3) 拆下右前侧车轮。
(4) 拆卸右侧发动机液压支架总成。
(5) 拆下将正时皮带上罩盖紧固在后部罩盖的5个螺栓，如图4-12-14所示。
(6) 松开紧固正时皮带上罩盖的下部螺栓，拆卸罩盖并保存密封圈。

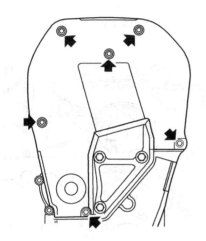

图 4-12-14

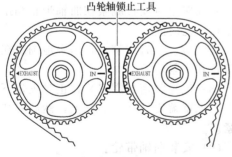

图 4-12-15

(7) 将一个套筒和长接杆放置在曲轴带轮螺栓上，顺时针转动曲轴使凸轮轴带轮上的正时标记对齐。然后在齿轮之间安装凸轮轴锁止工具，如图4-12-15所示。
(8) 检查曲轴带轮上的正时标记与正时皮带下罩盖上的标记对齐。

(9) 如果需要安装原来的正时皮带，则应在正时皮带上标出旋转方向。
(10) 拆下曲轴带轮。
(11) 拆下3个紧固正时皮带下罩盖至气缸体的螺栓，折下罩盖和橡胶密封圈，如图4-12-16所示。

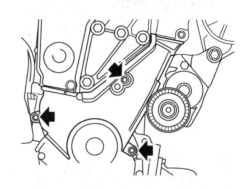

图 4-12-16

(12) 拆卸并丢弃正时皮带张紧轮螺栓，如图4-12-17所示。

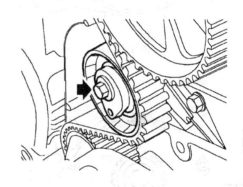

图 4-12-17

(13) 将定位钢丝从它的安装位置上分离，同时拆下正时皮带张紧器，如图4-12-18所示。
(14) 小心地松开并拆下带轮上的正时皮带。
(15) 拆卸曲轴上的正时带轮，如图4-12-19所示。

2. 正时皮带的安装

(1) 清洁曲轴正时带轮、凸轮轴正时带轮、水泵带轮和张紧轮。
(2) 把正时带轮安装在曲轴上，确保标记点与机油泵壳体法兰上的标记点对齐，如

图 4-12-18

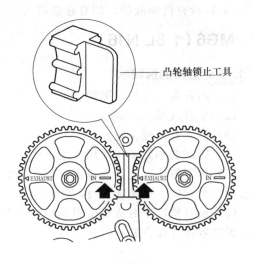

图 4-12-21

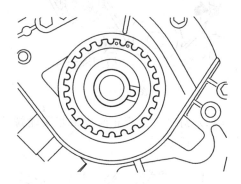

图 4-12-19

图 4-12-20 所示。

图 4-12-22

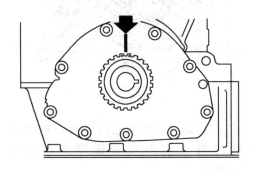

图 4-12-20

(3) 检查凸轮轴带轮上的正时标记是否对齐，凸轮轴锁止工具是否锁定了凸轮轴带轮，如图 4-12-21 所示。

(4) 安装正时皮带张紧器，确保定位钢丝位于柱形螺栓上，并且张紧轮调节臂位于 9 点钟的位置上，如图 4-12-22 所示。

(5) 安装新的张紧轮螺栓并拧紧至恰好能够转动张紧轮调节臂为止。

(6) 用手安装正时皮带。在安装过程中，应确保正时皮带绷紧在曲轴带轮和排气凸轮轴带轮之间。

(7) 检查正时皮带是否居中地围绕在所有带轮和张紧轮上。

(8) 把橡胶密封圈安装在正时皮带下罩盖上，把罩盖安装在气缸体上，然后安装并拧紧。

(9) 安装曲轴带轮。

(10) 拆下凸轮轴带轮定位工具。

(11) 用一个 6mm 的六角扳手逆时针转动张紧轮调节臂，按图 4-12-23 所示对齐 U 形标志和定位钢丝。

(12) 如果安装原来的正时皮带，那么必须如图 4-12-24 所示对齐标记，使定位钢丝位于 U 形标记下方附近。

然后拧紧张紧轮螺栓至 25N·m。

(14) 顺时针旋转曲轴 2 圈，确保正时标记对齐，如图 4-12-25 所示。

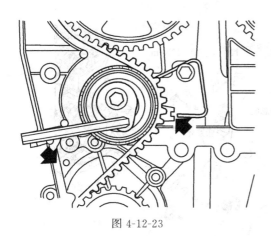

图 4-12-23

> **注意** 必须使 U 形标记从上面朝向定位钢丝。如果 U 形标记超过了定位钢丝，则必须完全松开张紧器并且重新进行张紧。

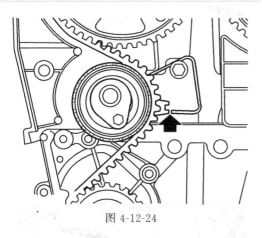

图 4-12-24

(13) 确保 U 形标记位于正确位置上，

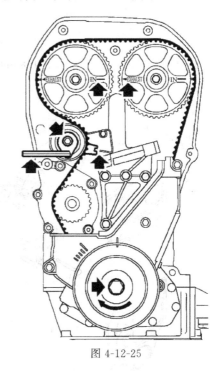

图 4-12-25

(15) 检查 U 形标记是否与定位钢丝对齐。

(16) 清洁正时皮带上罩盖。

(17) 安装正时皮带上罩盖和密封圈，安装并拧紧螺栓至 9N·m。

(18) 安装右侧发动机液压支架总成。

(19) 安装车轮，安装车轮螺母并以对角顺序拧紧至 70N·m。

(20) 连接蓄电池的接地线。

第十三节 陆风汽车

一、陆风风尚（1.8L 4G93D）

1. 正时系统部件图（图 4-13-1）

2. 正时皮带的拆卸

(1) 转动曲轴至 1 缸压缩上止点。
(2) 松开滑轮安装螺栓。
(3) 拆下滑轮。
(4) 拆下正时皮带。

(5) 如果正时皮带还要重新使用，则应在皮带上用记号笔画上箭头来表示它拆下前的旋转方向。这在重新使用时可确保正时皮带正确安装。

3. 正时皮带的安装

(1) 将凸轮轴正时带轮上的正时标记与气缸盖上的正时标记对准，如图 4-13-2 所示。

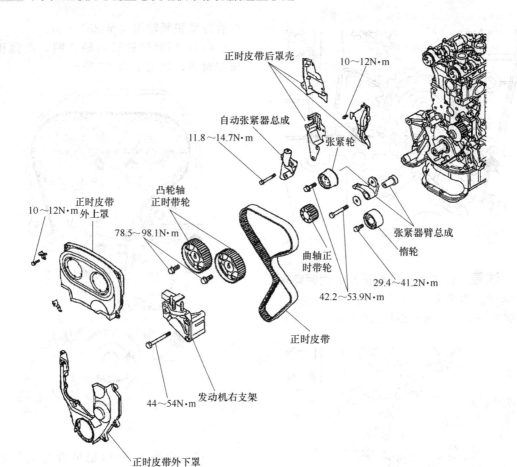

图 4-13-1

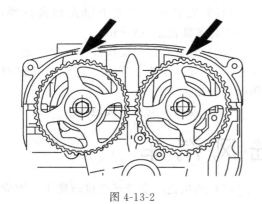

图 4-13-2

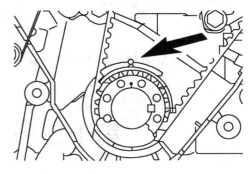

图 4-13-3

(2) 将曲轴正时带轮上的正时标记与前壳体上的正时标记对准，如图 4-13-3 所示。

(3) 如图 4-13-4 所示，将正时皮带依次装入曲轴正时带轮、水泵带轮、惰轮、凸轮轴正时带轮和张紧轮。

(4) 拧松滑轮安装螺栓 1/4～1/2 圈，将自动张紧臂推杆压缩到最低位置用锁销插入锁死，用力矩扳手插入滑轮调整孔内，转动滑轮使之恰好与正时皮带贴紧，然后拧紧滑轮安装螺栓，最后拔出自动张紧臂的锁销使正时皮带自动张紧。

(5) 以正常的旋转方向（顺时针）旋转曲轴 2 圈，检查正时标记是否正确对准。

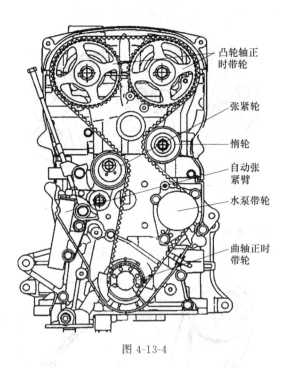

图 4-13-4

二、陆风风尚（1.5L JL475）

1. 正时皮带的拆卸

（1）拆下曲轮带轮。

（2）取下正时皮带前罩壳，如图4-13-5所示。

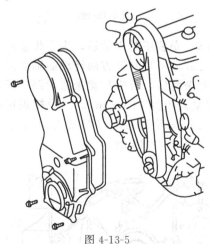

图 4-13-5

（3）为了安装正时皮带，通过转动曲轴来对准如图 4-13-6 所示的四个正时标记。

（4）拆下正时皮带张紧轮、张紧轮调节板、张紧轮拉簧和正时皮带，如图 4-13-7 所示。

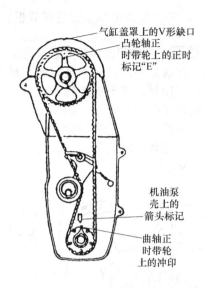

图 4-13-6

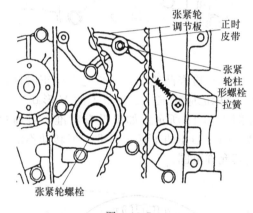

图 4-13-7

2. 正时皮带的安装

（1）检查正时皮带，看有无磨损和裂纹，需要时应进行更换。

（2）检查张紧轮，看转动是否灵活。

（3）将张紧轮调节板安装到张紧轮上。将张紧轮调节板的凸齿 1 插入张紧轮的孔 2 中，如图 4-13-8 所示。

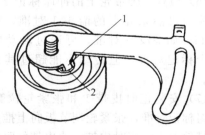

图 4-13-8

(4) 安装张紧轮和张紧轮调节板。

注意 不要用扳手拧紧张紧轮螺栓 1，只用手拧紧即可。确保张紧轮调节板 3 如图 4-13-9 所示，按箭头方向运动会使张紧轮 2 按同样的方向运动。如果没有发生调节板和张紧轮之间的有关运动，应拆下张紧轮和调节板，将调节板凸齿重新插入张紧轮的孔中。

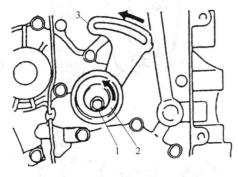

图 4-13-9

(5) 检查凸轮轴正时带轮上的正时标记 2，该标记应对准气缸盖罩上的 V 形缺口 1，如图 4-13-10 所示。如果没有对准，可通过转动凸轮轴使两个标记对准，但转动不能超过其允许范围。

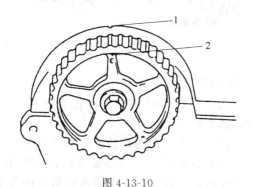

图 4-13-10

(6) 检查曲轴带轮上的冲印标记 2，该标记应与机油泵壳上的箭头 1 对准，如图 4-13-11。如果没有对准，可通过转动曲轴使两个标记对准，但转动不能超过其允许范围。

(7) 安装正时皮带 1 和张紧轮拉簧 2。使两组标记对准，张紧轮调节板向上推，在两个带轮上安装正时皮带，使皮带的驱动侧

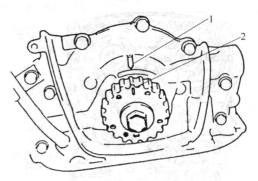

图 4-13-11

无松弛现象。然后如图 4-13-12 所示，装上张紧轮拉簧，并用手拧紧张紧轮螺栓。

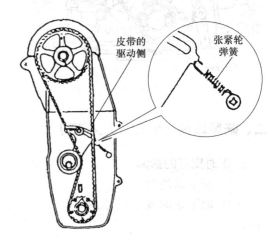

图 4-13-12

(8) 安装正时皮带后，为了张紧松弛的正时皮带，可顺时针方向转动曲轴 2 圈。当皮带无松弛后，首先拧紧张紧轮调节板螺栓 1（拧紧力矩为 11N·m），然后按规定的力矩拧紧张紧轮螺栓 2（拧紧力矩为 25N·m），如图 4-13-13 所示。

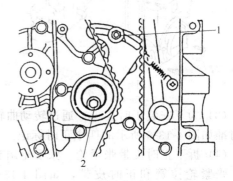

图 4-13-13

Chapter 4　第四章　国产车型　479

泵壳之间。

（10）安装曲轴带轮。将带轮上的孔套在曲轴正时带轮的销钉上，然后拧紧带轮螺栓。

三、陆风 X5/X7（2.0T 4G63T）

1. 正时系统部件图（图 4-13-15）

2. 正时齿带的安装

（1）安装机油泵带轮。如图 4-13-16 所示，将十字旋具 1 插进气缸体左侧的孔内以锁定平衡轴，然后用工具 2 拧紧带轮螺母。

（2）安装平横轴带轮，使用专用工具（MD998785）拧紧带轮螺栓，如图 4-13-17 所示。

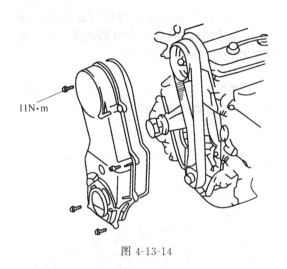

图 4-13-14

（9）安装正时皮带前罩壳，如图 4-13-14 所示。安装前，应确认密封件位于水泵和机油

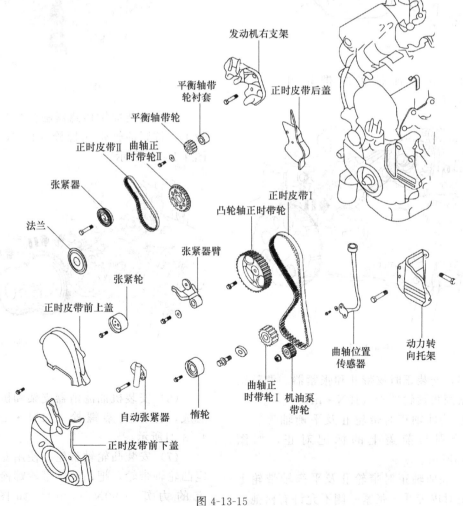

图 4-13-15

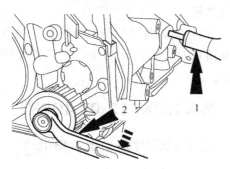

图 4-13-16

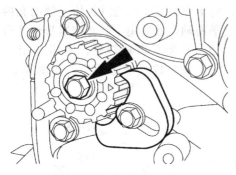

图 4-13-17

(3) 安装曲轴正时带轮Ⅱ，如图 4-13-18所示。

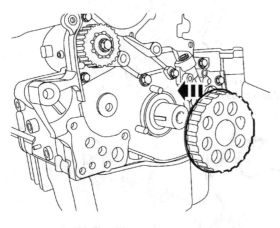

图 4-13-18

(4) 安装正时皮带Ⅱ和张紧器。调整正时，紧固张紧轮螺栓（19N·m）。

① 将曲轴正时带轮Ⅱ及平衡轴带轮的标记分别与前盖上的标记对正，如图 4-13-19所示。

② 在曲轴正时带轮Ⅱ及平衡轴带轮上安装正时皮带Ⅱ。张紧一侧不允许有松弛。

③ 在用手指对着正时皮带张紧器一侧施加力的同时，向箭头方向移动张紧器。此时拧紧螺栓使张紧器固定。

注意 在拧紧螺栓时，不要让轴与带轮一起转动使齿带过紧。

④ 用食指压下正时皮带Ⅱ的张紧一侧的中央部分，齿带压下量为 5～7mm。

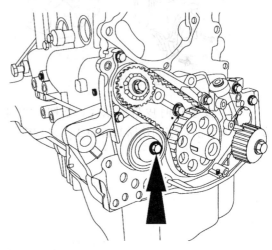

图 4-13-19

(5) 安装曲轴传感器法兰和曲轴正时带轮Ⅰ，拧紧曲轴带轮螺栓（120N·m），如图 4-13-20所示。

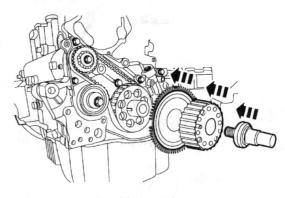

图 4-13-20

(6) 安装机油滤清器支架和机油滤清器总成，拧紧支架螺栓（19N·m），如图 4-13-21所示。

(7) 安装凸轮轴带轮。使用专用工具固定凸轮轴带轮，把凸轮轴带轮螺栓拧紧到规定的力矩（90N·m），如图 4-13-22

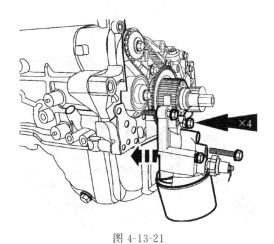

图 4-13-21

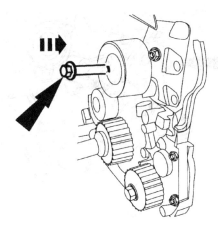

图 4-13-24

所示。

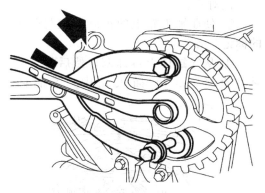

图 4-13-22

（8）安装发动机右支架和防尘支架，拧紧支架螺栓［(90±5)N·m］，如图 4-13-23 所示。

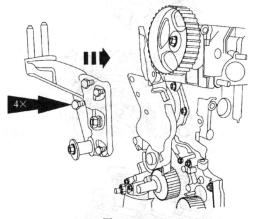

图 4-13-23

（9）安装惰轮，并拧紧惰轮固定螺栓，如图 4-13-24 所示。

（10）用带有软钳口的台虎钳夹紧自动张紧器，如图 4-13-25 所示。

注意 自动张紧器底端有螺塞凸出，应在台虎钳和螺塞之间插入平垫板，防止两者的直接接触。

① 利用台虎钳慢慢地将柱塞推入，直到柱塞的孔与油缸的孔对齐为止。

② 将销（直径为 1.4mm）插进对齐的孔中。

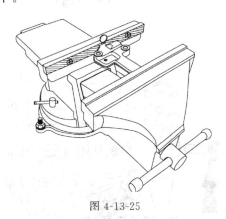

图 4-13-25

（11）将自动张紧器安装在前盖上，用规定力矩拧紧螺栓，如图 4-13-26 所示。

（12）安装张紧器臂，拧紧张紧器臂螺栓，如图 4-13-27 所示。

（13）安装张紧轮，使两个小孔与张紧器臂固定螺栓排成一垂直线。适度拧紧螺栓，如图 4-13-28 所示。

（14）安装曲轴位置传感器，拧紧螺栓，

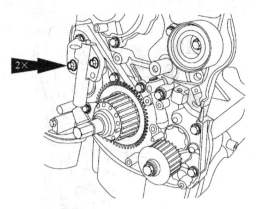

图 4-13-26

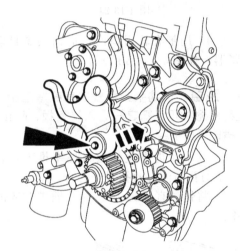

图 4-13-27

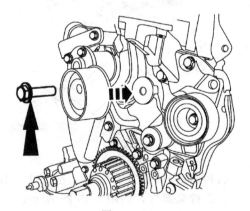

图 4-13-28

如图 4-13-29 所示。

(15) 调整正时,如图 4-13-30 所示。

① 使凸轮轴带轮上的正时标记与气缸盖上的标记对齐。

② 使机油泵带轮上的正时标记与其匹

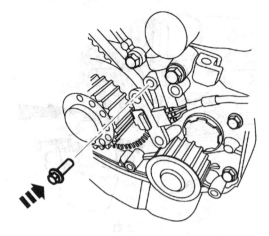

图 4-13-29

配标记对齐。

③ 使曲轴带轮上的正时标记与前盖上的标记对齐。

④ 从气缸体上拆卸塞,然后将十字旋具(直径 8mm)插入孔中。若能插入

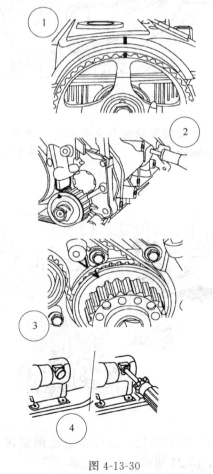

图 4-13-30

60mm以上，表示正时标记对齐，若不能插入20~25mm以上，将机油泵带轮转1圈，再对齐正时标记。

⑤ 再度检查旋具能否插进60mm以上。将旋具保持在插入位置上，直到皮带安装结束。

泵带轮、凸轮轴带轮以及张紧轮上。逆时针旋转张紧轮调整正时皮带，并拧紧张紧轮螺栓（49N·m）。

（17）正时皮带安装完毕，用钢丝钳拨出自动张紧器定位销，如图4-13-32所示。

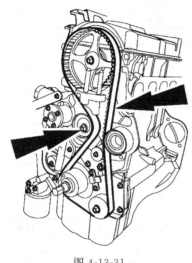

图 4-13-31

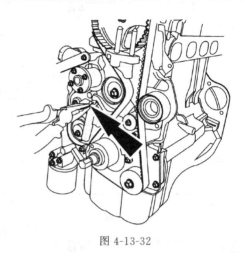

图 4-13-32

（16）安装正时齿带，如图 4-13-31 所示。将正时齿带依次连接到曲轴带轮、机油

3. 发动机维修数据

陆风2.0T 4G63T 发动机维修数据如表4-13-1所示。

表 4-13-1 陆风 2.0T 4G63T 发动机维修数据

项目	测量		标准值	维修极限
气缸盖	下表面平面度		0.03mm	0.2mm
	表面研磨极限(气缸体与气缸盖的研磨量合计)			0.2mm
	全高		119.9~120.1mm	
	气缸盖螺栓长度		97.4mm	99.4mm
	气门导管安装孔(进气门与排气门)的加大二次加工尺寸	0.05mm O.S.	11.05~11.07mm	
		0.25mm O.S.	11.25~11.27mm	
		0.50mm O.S.	11.50~11.52mm	
	进气门座圈孔加大的二次加工尺寸	0.30mm O.S.	34.435~34.455mm	
		0.60mm O.S.	34.735~34.755mm	
	排气门座圈孔加大的二次加工尺寸	0.30mm O.S.	31.935~31.955mm	
		0.60mm O.S.	32.235~32.255mm	
凸轮轴	凸轮高	进气	37.50mm	37.00mm
		排气	36.99mm	36.49mm
	轴径		45.0mm	
气门	边缘厚度	进气	1.0mm	0.5mm
		排气	1.2mm	0.7mm
	气门杆直径		6.0mm	
	气门杆与导管的径向间隙	进气	0.02~0.05mm	0.10mm
		排气	0.03~0.07mm	0.15mm
	倾斜角		45°~45.5°	
	高度	进气	112.30mm	111.80mm
		排气	114.11mm	113.61mm

续表

项目	测量		标准值	维修极限
气门弹簧	自由高		54.75mm	
	工作预紧力/工作高度		235N/44.2mm	
	垂直度		≤2°	≤4°
气门导管	接触带宽		0.9~1.3mm	
	内径		6.0mm	
	外径		11.0mm	
	压入高		14.0mm	
	气门杆凸出量		49.3mm	49.8mm
气缸体	上表面平面度		0.05mm	0.1mm
	上表面研磨极限（气缸体与气缸盖的研磨量合计）			0.2mm
	全高		(284±0.1)mm	
	气缸孔内径		85.00~85.03mm	
	气缸孔圆柱度		0.01mm	
活塞	活塞间隙		0.02~0.04mm	
活塞环	侧隙	第一道环	0.02~0.06mm	0.1mm
		第二道环	0.02~0.06mm	0.1mm
	端隙	第一道环	0.25~0.35mm	0.8mm
		第二道环	0.40~0.55mm	0.8mm
		油环	0.10~0.40mm	1.0mm
活塞销	外径		22.0mm	
连杆	大端侧隙		0.10~0.25mm	0.4mm
曲轴	轴向间隙		0.05~0.18mm	0.25mm
	主轴颈直径		57mm	
	连杆轴颈直径		45mm	
	主轴径向间隙		0.02~0.04mm	0.1mm
	曲轴销游隙		0.02~0.05mm	0.1mm
机油泵	侧隙	驱动齿轮	0.08~0.14mm	
		从动齿轮	0.06~0.12mm	

注：O.S. 表示加大直径。

第十四节 东风汽车

一、景逸/景逸 S50/景逸 X3/菱智 (1.5L 4A91S)/景逸 X5/风行 S500/菱智（1.6L 4A92）

1. 正时系统部件图（图 4-14-1）

2. 正时链条的安装

（1）如图 4-14-2 所示，将两个距离相近的蓝色正时链节置于上方，距离两个正时链节较远的另一个蓝色正时链节对应于曲轴的侧面。

（2）如图 4-14-3 所示，在曲轴链轮上安装正时链条，将蓝色链节和链轮上的标记对正。

（3）如图 4-14-4 所示，在 VVT 链轮上安装正时链条，将蓝色链节和链轮上的标记对正。

（4）如图 4-14-5 所示，在凸轮轴链轮上安装链条，转动 VVT 链轮或凸轮轴链轮一个齿或两个齿，对正蓝色链节和链轮上的标记。

（5）确认 3 组正时标记全都对正。

（6）安装链条导轨和张紧器臂。

（7）安装正时链条张紧器。

① 当压入正时链条张紧器的柱塞时，如图 4-14-6 所示插入销以锁定柱塞。

② 在气缸体上安装正时链条张紧器。

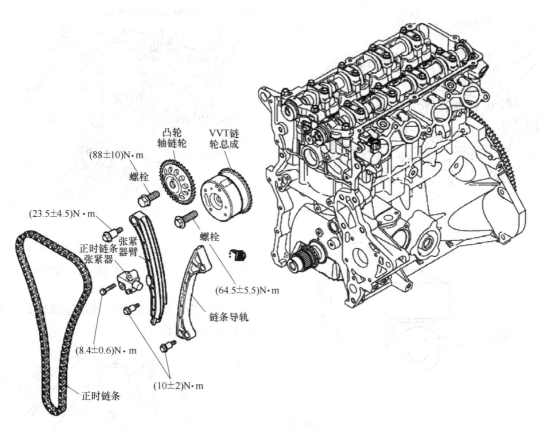

图 4-14-1

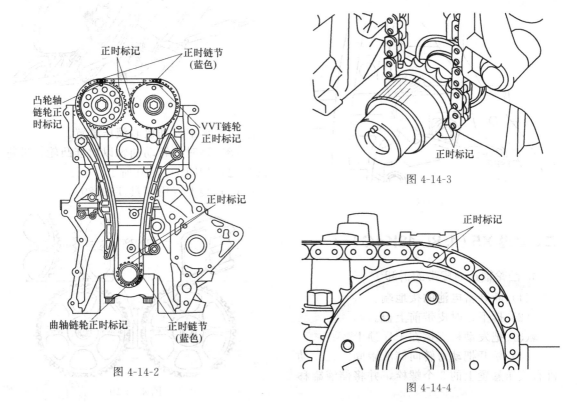

图 4-14-2

图 4-14-3

图 4-14-4

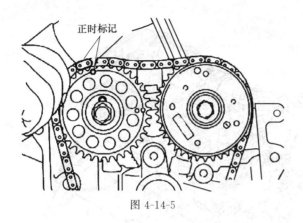

图 4-14-5

图 4-14-6

③ 如图 4-14-7 所示,从张紧器中拆下销,通过张紧器臂拉紧正时链条。

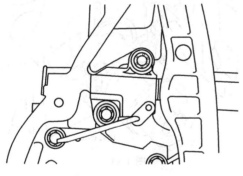

图 4-14-7

二、景逸 X5（1.8L 18K4G）

1. 凸轮轴正时皮带的拆卸

（1）断开蓄电池的接地端。
（2）拆下正时皮带前上盖。
（3）把发动机支撑在千斤顶上。
（4）松开把动力转向储液罐固定在发动机右液压悬置上的 3 个螺栓,并将储液罐移到一边,如图 4-14-8 所示。

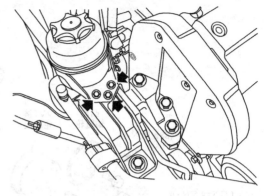

图 4-14-8

（5）拧下把发动机右液压悬置固定到发动机上的 3 个螺栓 1 并废弃,如图 4-14-9 所示。

（6）拧下把发动机右液压悬置固定到车身上的 2 个螺栓 2。

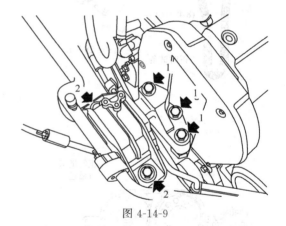

图 4-14-9

（7）拆下发动机右液压悬置。
（8）顺时针转动曲轴以对准凸轮轴带轮的标记,如图 4-14-10 所示。
（9）装上专用工具 T10029。

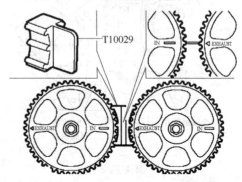

图 4-14-10

(10) 检查并确保曲轴带轮上的正时标记和正时皮带前上盖的标记对准。

(11) 拆下曲轴带轮。

> **注意** 拆卸曲轴带轮时，必须先用专用工具锁止飞轮，拆卸螺栓时不建议使用风枪，以免产生过大的冲击。

(12) 拧下 3 个螺钉并取下正时皮带前下盖和密封，如图 4-14-11 所示。

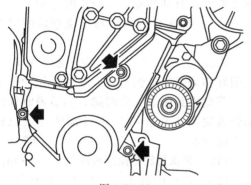

图 4-14-11

(13) 如图 4-14-12 所示，拧下并废弃掉正时皮带张紧轮螺栓，并拆下张紧轮。如果还要装原来的皮带，标记好皮带上的转动方向。

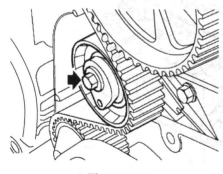

图 4-14-12

(14) 取下正时皮带。

(15) 从曲轴上拆下曲轴正时带轮。

2. 凸轮轴正时皮带的安装

(1) 清洁曲轴正时带轮和带轮。

(2) 把曲轴正时带轮装到曲轴上。

(3) 检查曲轴正时带轮上的孔和机油泵上的法兰是否如图 4-14-13 所示对准。

(4) 装上正时皮带张紧轮，固定在如图

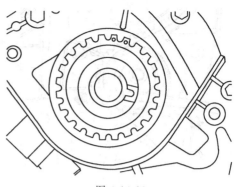

图 4-14-13

4-14-14 所示的 9 点钟的位置，拧紧新的张紧轮螺栓，直到刚好能移动张紧轮调节臂。

图 4-14-14

(5) 确保凸轮轴带轮标记已对准。

(6) 只能用手指装上正时皮带。确保皮带能在曲轴带轮间运转，而且在安装的过程中排气凸轮轴带轮是张紧的。

> **注意** 如果装的是原来的正时皮带，要确保旋转方向的标记对着正确的方向。

(7) 检查并保证正时皮带装在所有带轮和张紧轮的中央。

(8) 清洁正时皮带前下盖。

(9) 把密封装到盖上。

(10) 装上正时皮带前下盖并把螺钉拧紧到 8~11N·m。

(11) 装上曲轴带轮。

(12) 拿开专用工具 T10029。

(13) 如图 4-14-15 所示，用六角扳手逆时针方向转动张紧轮调节臂，并使 U 形标记和定位钢丝对准。

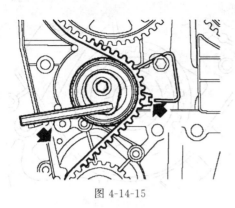

图 4-14-15

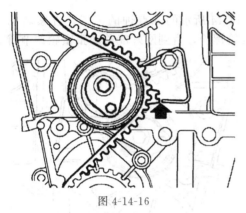

图 4-14-16

(14) 如果要装原来的皮带，定位钢丝应靠近 U 形标记的下区域，如图 4-14-16 所示。

(15) 把张紧轮螺栓拧紧到 20~23N·m。

注意 定位钢丝应从上面接近标记，如果定位钢丝过了标记，那必须完全放松，然后重新张紧。

(16) 把扳手放到曲轴带轮上，转动曲轴 2 整圈，对准凸轮轴带轮正时标记。

(17) 检查 U 形标记与定位钢丝的对准情况。

(18) 如果指针对得不准，松开螺栓直到刚好移动张紧轮调节臂。顺时针转动张紧轮调节臂直到张紧完全解除，然后逆时针转动张紧轮调节臂直到 U 形标记能与定位钢丝正确对准。

(19) 把张紧轮螺栓拧紧到 20~23N·m。

(20) 转动曲轴 2 圈，对准正时标记。

(21) 检查 U 形标记与定位钢丝的对准情况，如果不正确，重复调整程序。

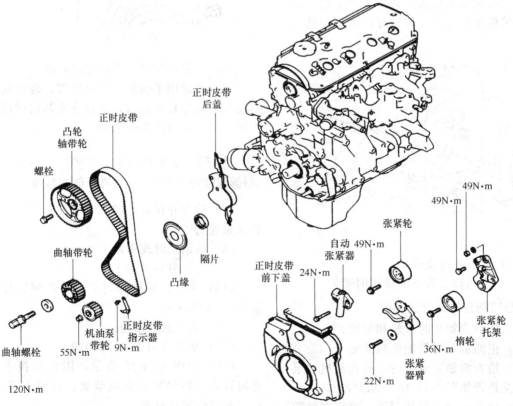

图 4-14-17

(22) 装上正时带前上盖。

(23) 清洁发动机右液压悬置和结合面。

(24) 将发动机右液压悬置固定到车身和发动机上,装上把右液压悬置固定到车身的 2 个螺栓,并拧紧至 90~110N·m。

(25) 装上把发动机右液压悬置固定到发动机上的 3 个新螺栓,并拧紧至 90~110N·m。

(26) 将动力转向储液罐固定到发动机右液压悬置上,并装上螺栓,拧紧至 7~10N·m。

(27) 拿开千斤顶并降低发动机。

(28) 连上蓄电池的接地端。

三、风行 CM7(2.4L 4G69)

1. 正时系统部件图(图 4-14-17)

2. 正时皮带的安装

(1) 仔细检查皮带各个部分,如有损伤换用新皮带。

(2) 安装自动张紧器。若自动张紧器柱塞伸出,应按照下述步骤使其缩回。

① 用带有软钳口的台虎钳夹紧自动张紧器,如图 4-14-18 所示。

注意 在自动张紧器底端有旋塞凸出,应在台虎钳和旋塞之间插入平垫板,防止两者直接接触。

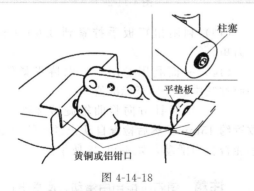

图 4-14-18

② 利用台虎钳慢慢地推入柱塞,直到张紧器柱塞的孔 1 与油缸壳体上的孔 2 对齐为止,如图 4-14-19 所示。

③ 将直径为 1.4mm 的销插入至对齐的孔中,如图 4-14-20 所示。

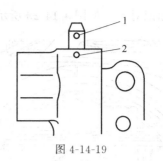

图 4-14-19

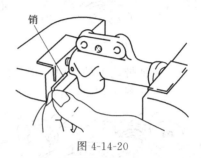

图 4-14-20

④ 从台虎钳上拆下自动张紧器。

⑤ 将自动张紧器安装在前壳上,用规定力矩拧紧螺栓,如图 4-14-21 所示。

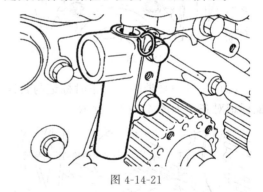

图 4-14-21

(3) 如图 4-14-22 所示安装张紧轮,使两个小孔成一垂直线。

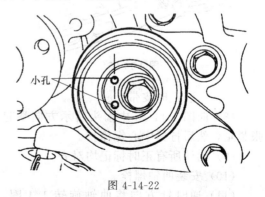

图 4-14-22

(4) 使凸轮轴带轮上的正时标记与气缸

盖上的标记对齐，如图4-14-23所示。

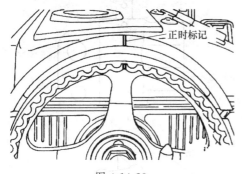

图4-14-23

（5）使曲轴带轮上的正时标记与前壳上的标记对齐，如图4-14-24所示。

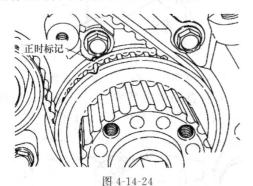

图4-14-24

（6）使机油泵带轮上的正时标记与其匹配标记对齐，如图4-14-25所示。

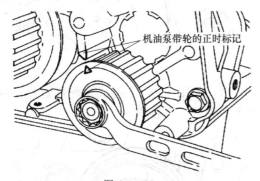

图4-14-25

（7）安装正时皮带。

（8）向图4-14-26中箭头所示方向举起张紧轮，然后拧紧中心螺栓。

（9）确认所有正时标记均对齐。

（10）安装曲轴螺栓。

（11）逆时针方向将曲轴旋转1/4圈。然后，顺时针方向旋转，直到所有正时标记

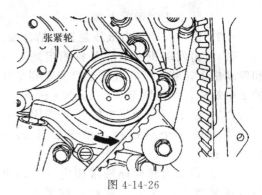

图4-14-26

再次对齐为止。

（12）如图4-14-27所示，将专用工具的套筒扳手和扭矩扳手装配在张紧轮上，然后拧松张紧轮中心螺栓。

注意 如果不能利用专用工具时，可使用能测量0～5N·m力矩的一般扭矩扳手。

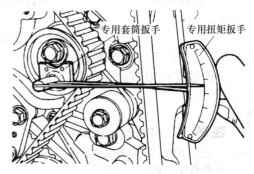

图4-14-27

（13）利用扭矩扳手拧紧到3.6N·m的力矩。

（14）一面利用专用工具保持张紧轮，一面拧紧中心螺栓至标准值。

（15）顺时针方向将曲轴旋转2圈后，放置约15min。然后检查自动张紧器的固定销能否自由滑动，如4-14-28所示。

注意 销若不能自由滑动，反复进行上述步骤（11），直到钢丝滑动为止。

（16）取下自动张紧器固定销。

（17）测量如图4-14-29所示的距离A（张紧器臂与自动张紧器本体间的距离）。

标准值：3.8～4.5mm。

Chapter 4 第四章 国产车型 491

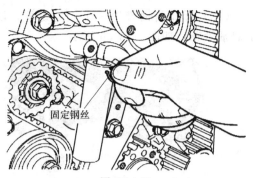

图 4-14-28

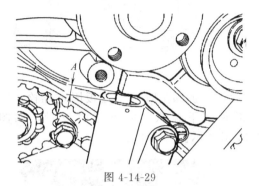

图 4-14-29

四、风神 S30/H30（1.6L N6A 10FX3A PSA）

1. 正时皮带的拆卸

（1）关闭点火开关，断开蓄电池负极线束。

（2）使用图 4-14-30 所示的发动机支撑工具支撑住发动机。

图 4-14-30

① 首先拧紧发动机支撑架 1 上的两个固定螺母，将支撑架固定在车身上。

② 用吊杆 2 钩住发动机的两个吊耳，再用工具 3 钩住吊杆 2，然后用力旋转工具

3，将其固定在发动机支撑架 1 上。

（3）拆卸发动机偏转限位衬 1、发动机偏转限位衬隔套以及固定螺母，如图 4-14-31 所示。

（4）拆卸发动机右支架总成 2。

图 4-14-31

（5）用飞轮定位杆定位发动机飞轮，如图 4-14-32 所示。

图 4-14-32

图 4-14-33

(6) 拆卸附件传动皮带。

(7) 拆卸正时室上盖板的 5 个螺栓, 如图 4-14-33 所示。

(8) 拆卸正时室上盖板的另外 2 个螺栓, 取下正时室上盖板, 如图 4-14-34 所示。

图 4-14-34

(9) 如图 4-14-35 所示, 安装进气凸轮轴定位销 2 和排气凸轮轴定位销 3。

注意 进气凸轮轴定位销 2 和排气凸轮轴定位销 3 应该能够很容易地插入定位。

(10) 拧松张紧轮固定螺母 1。

(11) 在六角形孔 5 处用六角扳手逆时针转动张紧轮以便将张紧轮固定销 4 安装到位。

(12) 逆时针方向转动张紧轮使指针 6 定位在缺口标记 7 处, 便可将正时皮带置于最松弛状态。

图 4-14-35

(13) 拆卸曲轴带轮 3 个固定螺栓, 取下曲轴带轮, 如图 4-14-36 所示。

图 4-14-36

(14) 拆卸正时室下盖板固定螺栓, 取下正时室下盖板, 取下正时皮带, 如图 4-14-37 所示。

图 4-14-37

2. 正时皮带的安装

(1) 检查张紧轮是否能自由转动, 无卡滞现象。

(2) 先将正时皮带上的标记 1 与曲轴带轮上的槽口 2 对齐, 再将皮带保持夹放在曲轴带轮上以便夹住正时皮带, 如图 4-14-38 所示。

注意 正时皮带上的箭头标记应该沿着顺时针方向。

(3) 按照以下顺序安装正时皮带: 皮带惰轮→排气凸轮轴正时带轮→进气凸轮轴正

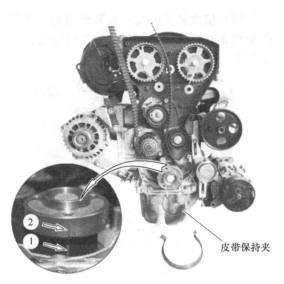

图 4-14-38

时带轮→水泵带轮→张紧轮。

（4）拧紧张紧轮。

（5）确保正时皮带上的 2 和 3 两标记与凸轮轴齿轮上的标记 1 对齐，如图 4-14-39 所示。

图 4-14-39

（6）取出正时皮带保持夹、飞轮定位杆、进气凸轮轴定位销和排气凸轮轴定位销。

（7）在图 4-14-35 所示的六角形孔 5 处用六角扳手转动，取出张紧轮固定销 4。

（8）让曲轴按照顺时针方向转动 4 圈，不要倒转，用飞轮定位杆定位发动机飞轮。

（9）用进气凸轮轴定位销和排气凸轮轴定位销定位凸轮轴正时带轮。

（10）检查图 4-14-35 中所示的指针 6 应该不超过缺口标记 7 处的左侧，否则应该重新调整张力。

（11）安装正时室下盖板。

（12）安装曲轴带轮。

（13）安装正时室上盖板。

（14）安装附件传动带。

（15）安装发动机右支架总成。

（16）安装发动机偏转限位衬、发动机偏转限位衬隔套以及固定螺母。

（17）取下发动机支撑架和吊杆以及发动机飞轮定位杆。

（18）连接蓄电池负极线束。

五、风神 AX7（2.0L EW10A/2.3L EW12A）

1. 正时皮带的拆卸

（1）用 13mm 套筒松开正时皮带张紧轮固定螺栓 1，如图 4-14-40 所示。

（2）拆卸曲轴带轮。

（3）取下正时室盖。

（4）顺时针转动张紧轮，取下正时皮带 2。

图 4-14-40

2. 正时皮带的安装

（1）用曲轴转动工具转动曲轴，用飞轮正时固定工具 1 对飞轮定位固定，如图 4-14-41 所示。

（2）用 E14 型套筒通过排气凸轮轴正时带轮固定螺栓 1 顺时针转动排气凸轮轴，使排气凸轮轴正时带轮上定位孔与缸体上定

图 4-14-41

位孔对准,用凸轮轴定位工具 3 对排气凸轮轴进行定位固定。如图 4-14-42 所示。

(3) 用 27mm 套筒通过进气凸轮轴正时带轮固定螺栓 2 顺时针转动进气凸轮轴,使进气凸轮轴正时带轮上定位孔与缸体上定位孔对准,用凸轮轴定位工具 4 对进气凸轮轴进行定位固定。

图 4-14-42

(4) 安装正时皮带时,确认正时皮带上的箭头方向应为顺时针转动方向,如图 4-14-43 所示。

图 4-14-43

(5) 将正时皮带 1 用正时皮带安装工具 2 固定于曲轴正时带轮上,如图 4-14-44 所示。

(6) 依次将正时皮带安装到惰轮、进气凸轮轴正时带轮、排气凸轮轴正时带轮、水泵带轮、张紧轮上。

图 4-14-44

(7) 取下凸轮轴定位工具 1 和正时皮带安装工具 2,如图 4-14-45 所示。

图 4-14-45

(8) 用 5mm 六角扳手放置于六角形孔 1 处逆时针转动,使六角形孔 1 转动到偏右下侧约 45°位置且指针 3 指示位置应在槽口 4 和孔 5 之间,如图 4-14-46 所示。

图 4-14-46

(9) 用 13mm 套筒拧紧正时皮带张紧轮固定螺栓 2,拧紧力矩为 (20±3)N·m。

第十五节 海马汽车

一、海马2（4A9系列发动机）

1. 正时系统示意图（图4-15-1）

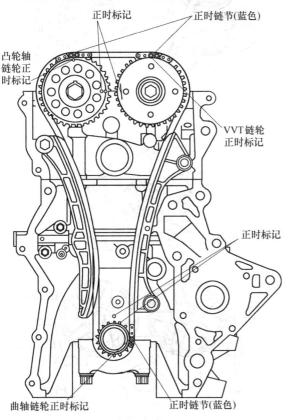

图 4-15-1

2. 正时链条的安装

（1）调整凸轮轴位置，使排气凸轮轴链轮和进气VVT链轮上的正时标记对齐，如图4-15-2所示。

（2）确保曲轴链轮上的正时标记和缸体上的正时标记对齐。

（3）安装正时链条，使链条上的三个蓝色（或黄色）正时链节分别与排气凸轮轴链轮、进气VVT链轮和曲轴链轮上的正时标记一一对应，如图4-15-3和图4-15-4所示。

图 4-15-2

图 4-15-3

图 4-15-4

（4）安装链条导轨、张紧器臂和自动张紧器，如图4-15-5所示。

（5）顺时针转动曲轴2圈，检查各正时标记是否对齐。

图 4-15-5

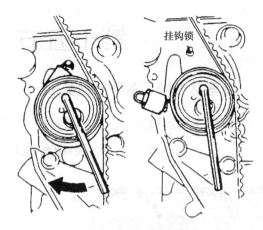

图 4-15-7

二、普利马（1.8L FP 发动机）

1. 正时皮带的拆卸

（1）安装带轮锁紧螺栓。

（2）顺时针旋转曲轴至 1 缸上止点，对好正时标记，如图 4-15-6 所示。

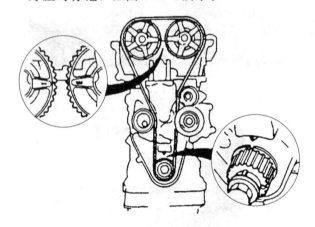

图 4-15-6

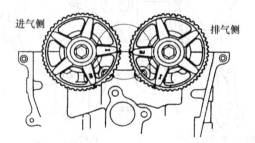

图 4-15-8

（3）用套筒和扳手顺时针旋转张紧轮，如图 4-15-7 所示。

（4）拆下张紧轮弹簧。

（5）拆下正时皮带。

2. 正时皮带的安装

（1）确定曲轴正时齿轮的标记和凸轮轴正时齿轮的标记对准，如图 4-15-8 所示。

（2）安装正时皮带并使之压紧张紧轮，如图 4-15-9 所示。

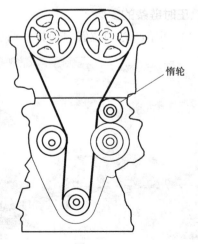

图 4-15-9

(3) 顺时针旋转曲轴 2 圈，对准正时标记。

(4) 确认所有正时标记完全对准。否则，拆卸正时皮带，从第（1）步重新开始。

(5) 测定张紧轮弹簧的自由长度，如图 4-15-10 所示。若不在规定范围（36.6mm）内，则更换张紧轮弹簧。

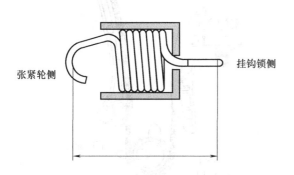

图 4-15-10

(6) 按图 4-15-11 所示用六角扳手顺时针旋转张紧轮。

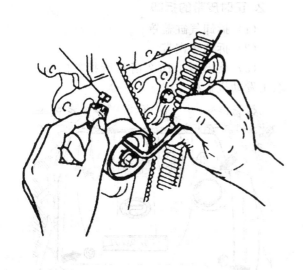

图 4-15-11

(7) 将张紧轮弹簧挂好。

(8) 顺时针旋转曲轴 2 圈，确定所有的正时标记都已对准。

三、福美来（1.6L HM474Q-C）/海马 M6（1.6L GN16-VF/1.5T GN15-TF）/海马 M3（1.5L GN15-VF）

1. 正时链条的拆卸

(1) 拆下发电机传动带。

(2) 拆下点火线圈。

(3) 如图 4-15-12 中数字顺序分步骤松开气缸盖罩螺栓，拆下气缸盖罩。

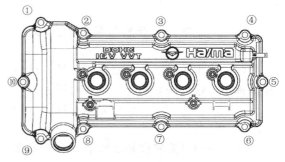

图 4-15-12

(4) 拆下油底壳。

(5) 拆下机油泵及正时链条盖总成。

(6) 安装曲轴带轮锁紧螺栓。

(7) 顺时针旋转曲轴并对好正时标记。

> **注意** 正时链轮的键槽向上，进气 VVT、排气侧正时链轮上的正时标记对齐。

(8) 拆卸正时链条张紧器。

(9) 拆下张紧器臂。

(10) 拆下正时链条导轨。

(11) 拆下正时链条。

2. 正时链条的安装

(1) 转动进、排气凸轮轴使进气 VVT、排气侧正时链轮上的 2 个正时标记在特定角度。

(2) 安装正时链条。

(3) 安装张紧器臂和正时链条导轨，确保正时链条位于正时链条导轨和张紧器臂总成的槽内。

(4) 用台虎钳将正时链条张紧器的棘爪压回，方向如图 4-15-13 箭头所示，将一根硬钢丝插入锁止孔，锁止正时链条张紧器。

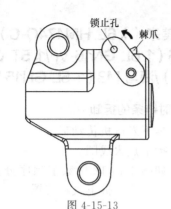

图 4-15-13

(5) 将正时链条张紧器装在气缸体上，拧紧螺栓。

(6) 拔出正时链条张紧器锁止销，此时柱塞弹出，推动张紧器臂压紧正时链条。

(7) 确认所有正时标记完全对准，如图 4-15-14 所示。

(8) 顺时针旋转曲轴 2 圈后，再转动曲轴使进气 VVT 和排气侧凸轮轴链轮上的正时标记对正。

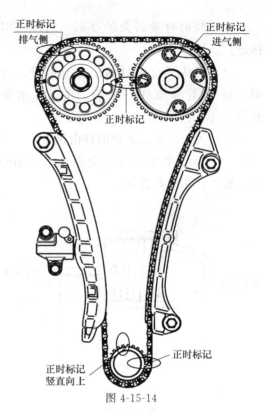

图 4-15-14

第十六节　广汽传祺

一、传祺 GS5/GA5/GA6（1.8L 4B18K1/1.8T 4B18M1）

1. 正时系统部件图（图 4-16-1）

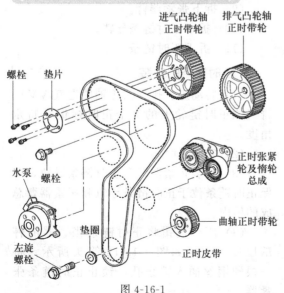

图 4-16-1

2. 正时皮带的拆卸

(1) 拆卸气缸盖罩。

(2) 拆卸多楔带。

(3) 旋出图 4-16-2 箭头所指处的螺栓，取出发动机盖板 1。

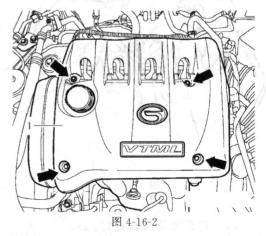

图 4-16-2

(4) 旋出固定螺栓（图 4-16-3 箭头所示）。

(5) 旋出螺母 1，取出附件传动带罩 2。

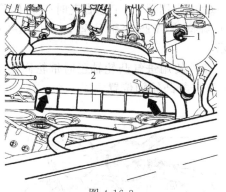

图 4-16-3

（6）旋出固定螺栓（图 4-16-4 箭头所示），取出惰轮 1。

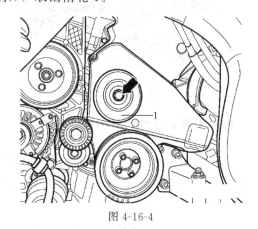

图 4-16-4

（7）旋出固定螺栓 1，取出张紧轮 2，如图 4-16-5 所示。

图 4-16-5

（8）使用曲轴正时带轮扳手 1 顺时针转动曲轴减振带轮，如图 4-16-6 所示。

（9）顺时针旋转曲轴减振带轮，使曲轴减振带轮缺槽（箭头 1）与正时皮带下罩标

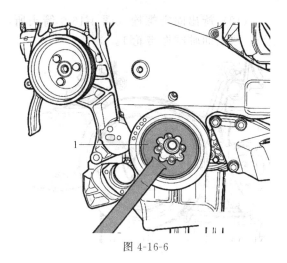

图 4-16-6

记（箭头 2）处于同一条直线上，如图 4-16-7 所示。

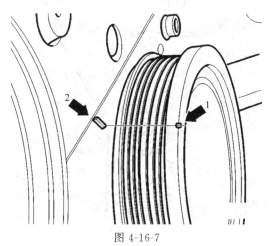

图 4-16-7

（10）继续旋转曲轴 45°使四个缸的活塞处于一条水平线位置。

（11）按数字顺序旋出固定螺栓，取出正时皮带罩，如图 4-16-8 所示。

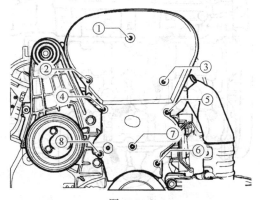

图 4-16-8

(12) 旋出固定螺栓（图 4-16-9 箭头所示），取出曲轴减振带轮 1。

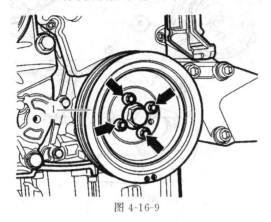

图 4-16-9

(13) 旋松固定螺母（图 4-16-10 箭头所示），松开正时张紧轮，取出正时皮带 1。

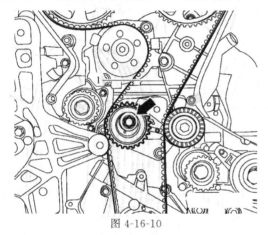

图 4-16-10

3. 正时皮带的安装

(1) 旋出固定螺栓（图 4-16-11 箭头所示），取出排气凸轮轴盖 1 和进气凸轮轴盖 2。

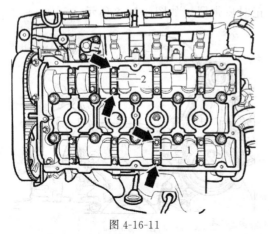

图 4-16-11

(2) 使用排气凸轮轴正时带轮固定工具 1 调整排气凸轮轴位置，如图 4-16-12 所示。

(3) 使用进气凸轮轴正时带轮固定工具 2 调整进气凸轮轴位置。

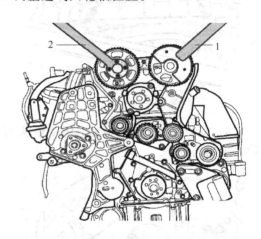

图 4-16-12

(4) 将进、排气凸轮轴调整到 1 缸上止点位置。

(5) 如图 4-16-13 所示，将凸轮轴正时固定工具 1 分别固定在 2 缸进气凸轮和 3 缸排气凸轮上。

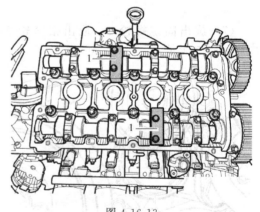

图 4-16-13

(6) 如图 4-16-14 所示，使用快速扳手及火花塞套筒沿箭头方向旋出 1 缸火花塞。

(7) 如图 4-16-15 所示，将活塞上止点调整工具 1 旋入 1 缸火花塞螺纹孔内，并预紧。

(8) 如图 4-16-16 所示，将百分表 2 安

第四章 国产车型 501

动曲轴），当百分表指针指到最大值后，停止转动。百分表指针最大值为活塞1缸或4缸上止点。

（12）使用进气凸轮轴正时带轮固定工具1固定进气凸轮轴正时带轮2，如图4-16-17所示。

（13）旋松固定螺栓（箭头），使进气凸轮轴正时带轮2能够自由转动。

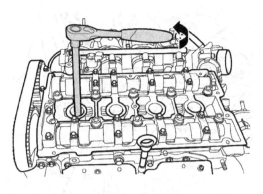

图 4-16-14

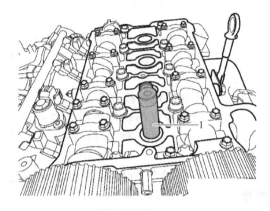

图 4-16-15

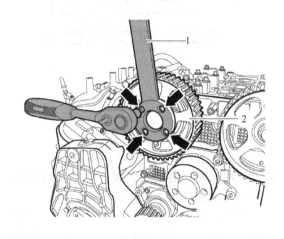

图 4-16-17

装到活塞上止点调整工具1内，旋紧滚花螺钉3固定百分表。

（14）使用排气凸轮轴正时带轮固定工具1固定排气凸轮轴正时带轮2，如图4-16-18所示。

（15）旋松排气凸轮轴正时带轮2固定螺栓，使其能够自由转动（自由转动间隙为左、右各1齿）。

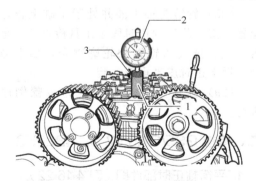

图 4-16-16

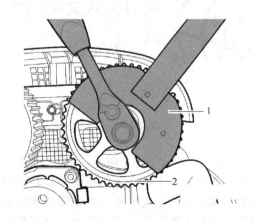

图 4-16-18

（9）将百分表的指针调整到"0"刻度上。

（10）转动曲轴观察百分表指针，当指针转动到最大值后回落时，记录指针摆动最大值。

（11）再次转动曲轴（此时可以反向转

（16）安装正时皮带时，注意正时皮带

的运转方向，如图4-16-19所示。

（17）皮带上标有（箭头）的标记所指方向为曲轴运转方向（顺时针运转）。

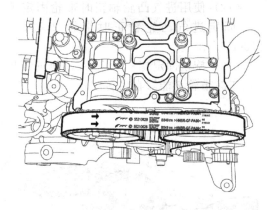

图4-16-19

（18）安装正时皮带时，将进、排气凸轮轴正时带轮向右旋转到底，使排气凸轮轴正时带轮上的标记3与正时皮带上的黄色标记1对应，曲轴正时带轮上的标记2与正时皮带上的另一条黄色标记1对应，如图4-16-20所示。

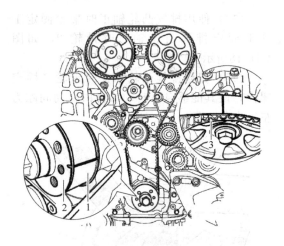

图4-16-20

（19）如图4-16-21所示，将正时皮带张紧器调节装置1插入导向孔内，旋转正时皮带张紧器调节装置1使正时张紧轮指针逆时针达到最大极限处，然后返回，直到张紧轮上的指针指向调整支架圆孔中心线（如局部图所示）。

（20）旋紧固定螺母（箭头）。

图4-16-21

（21）使用进气凸轮轴正时带轮固定工具1固定进气凸轮轴正时带轮2（图4-16-17）。

（22）旋紧固定螺栓（箭头）。

（23）使用排气凸轮轴正时带轮固定工具1固定排气凸轮轴正时带轮2（图4-16-18）。

（24）旋紧排气凸轮轴正时带轮固定螺栓。

（25）拆下凸轮轴正时固定工具。

（26）拆下活塞上止点调整工具。

（27）转动正时皮带检查正时皮带张紧度。

（28）旋转曲轴1圈并处于1缸上止点位置，安装凸轮轴正时固定工具检查工具是否与进、排气凸轮轴外轮廓吻合，如不吻合，拆下正时皮带重新安装。

（29）其他安装步骤按拆卸步骤倒序进行。

二、传祺GS5/GA5（2.0L 4B20K2）

1. 平衡轴正时部件图（图4-16-22）

2. 平衡轴皮带的拆卸

（1）关闭点火开关及所有用电设备，拔出点火钥匙。

（2）排放冷却液。

（3）如图4-16-23所示，旋出转向储液罐1支架2的固定螺母（箭头），移开储液罐及支架，但不断开其管路连接。

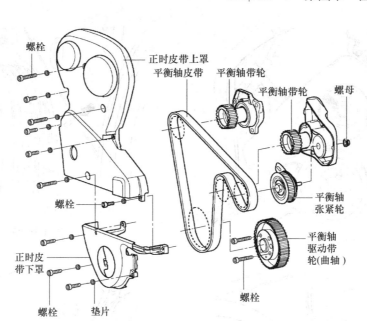

图 4-16-22

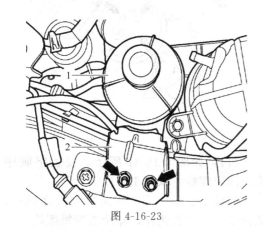

图 4-16-23

(4) 如图 4-16-24 所示，松开卡箍（箭头 5），脱开管路 1、2、3 与膨胀箱的连接。

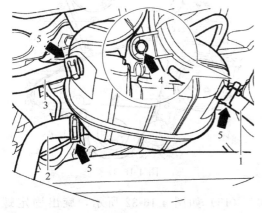

图 4-16-24

(5) 旋出固定螺栓（箭头 4），取出膨胀箱总成。

(6) 拆卸多楔带。

(7) 如图 4-16-25 所示，旋出固定螺栓（箭头）及螺母 1，取出附件传动带罩 2。

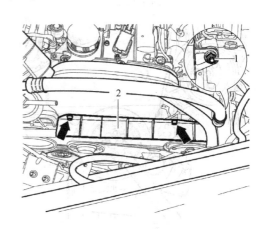

图 4-16-25

(8) 如图 4-16-26 所示，旋出固定螺栓（箭头），取出惰轮 1。

(9) 如图 4-16-27 所示，旋出固定螺栓 1，取出张紧轮 2。

(10) 如图 4-16-28 所示，使用曲轴正时带轮扳手 1 顺时针转动曲轴减振带轮。

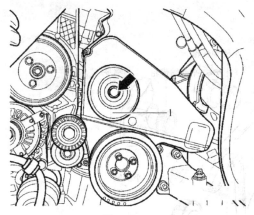

图 4-16-26

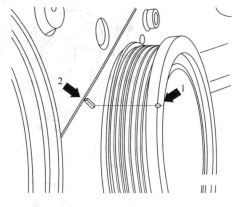

图 4-16-29

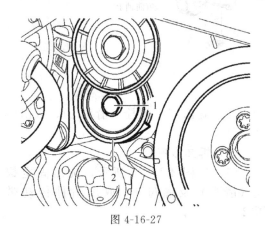

图 4-16-27

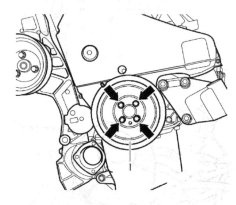

图 4-16-30

(14) 如图 4-16-31 所示，按数字顺序旋出固定螺栓，取出正时皮带上罩。

螺栓①、④、⑤、⑥为中等长度螺栓，螺栓②、③为长螺栓，螺栓⑦为短螺栓。

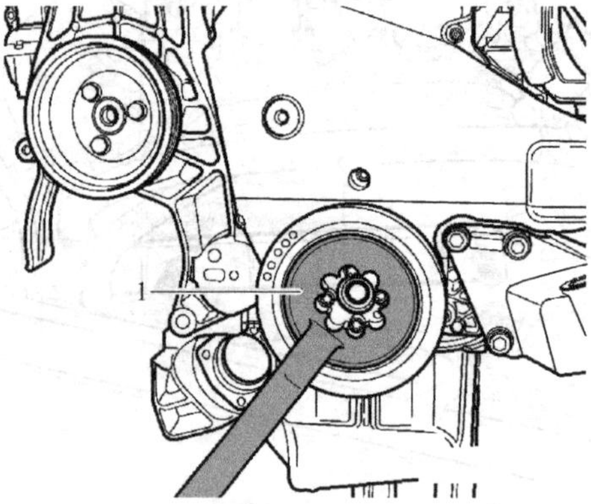

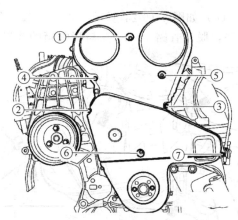

图 4-16-28

(11) 如图 4-16-29 所示，顺时针旋转曲轴减振带轮，使曲轴减振带轮上的缺槽（箭头 1）与正时皮带下罩的标记（箭头 2）处于同一水平线上。

(12) 如图 4-16-30 所示，旋出曲轴减振带轮固定螺栓（箭头）。

(13) 取出曲轴减振带轮 1。

图 4-16-31

(15) 如图 4-16-32 所示，旋出固定螺栓（箭头），取出正时皮带下罩 1。

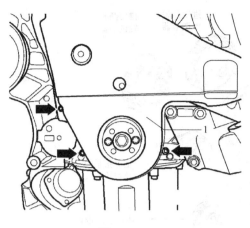

图 4-16-32

图 4-16-34

(16) 如图 4-16-33 所示，旋松平衡轴张紧轮背面的螺母 1。

(17) 松开平衡轴张紧轮，取出平衡轴皮带 2。

(4) 使用平衡轴张紧器调节装置 3 调整皮带张紧度，使张紧轮基准开口 1 上的圆点逆时针达到最大极限，然后返回，直到张紧轮基准开口 1 与固定件 2 的中心位置处于同一条直线上，如图 4-16-35 所示。

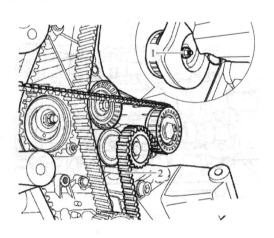

图 4-16-33

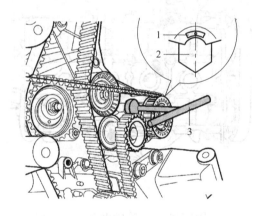

图 4-16-35

3. 平衡轴皮带的安装

(1) 安装平衡轴皮带时，注意平衡轴皮带运转方向。

(2) 平衡轴皮带上的箭头所指的方向为发动机运转方向（顺时针运转）。

(3) 如图 4-16-34 所示，安装平衡轴皮带时，必须同时使平衡轴带轮（进气侧）标记 2 与皮带上白色标记 1 对应；平衡轴带轮（排气侧）标记 4 与皮带上白色标记 3 对应；平衡轴驱动带轮（曲轴）标记 5 与皮带上白色标记 6 对应。

(5) 旋紧螺母 1（图 4-16-33）。

(6) 顺时针转动曲轴减振带轮，观察平衡轴皮带 2 是否安装到位。

(7) 其他安装步骤按拆卸步骤倒序进行。

4. 凸轮轴正时部件图（图 4-16-36）

5. 凸轮轴正时皮带的安装

(1) 如图 4-16-37 所示，旋出固定螺栓（箭头），取出排气凸轮轴盖 1 和进气凸轮轴盖 2。

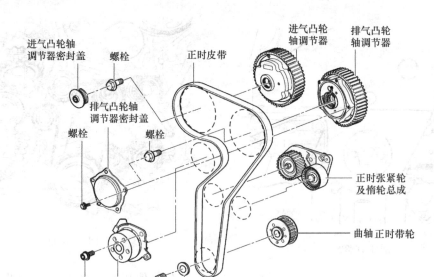

图 4-16-36

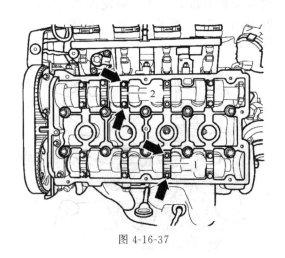

图 4-16-37

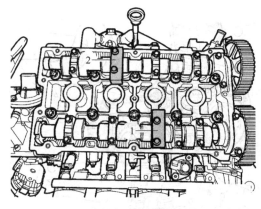

图 4-16-38

(2) 固定进气凸轮轴及排气凸轮轴。

(3) 将进、排气凸轮轴调整到 1 缸上止点位置。

(4) 如图 4-16-38 所示，将进气凸轮轴正时固定工具 1 固定在 2 缸进气凸轮上，将排气凸轮轴正时固定工具 2 固定在 3 缸排气凸轮上（此位置为凸轮轴 1 缸上止点位置）。

(5) 如图 4-16-39 所示，沿箭头方向旋出 1 缸火花塞。

(6) 如图 4-16-40 所示，将活塞上止点调整工具 1 旋入 1 缸火花塞螺纹孔内，并预紧。

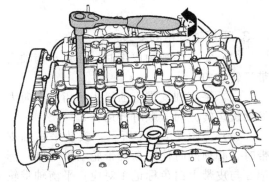

图 4-16-39

(7) 如图 4-16-41 所示，将百分表 2 安装到活塞上止点调整工具 1 内，旋紧滚花螺

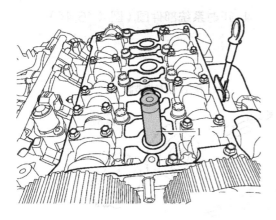

图 4-16-40

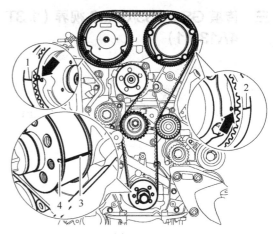

图 4-16-42

钉 3 固定百分表。

(8) 将百分表的指针调整到 "0" 刻度上。

(9) 转动曲轴观察百分表指针,当指针转动到最大值后回落时,记录指针最大值。

(10) 再次转动曲轴(此时可以反向转动曲轴),当百分表指针指到最大值后,停止转动(百分表指针最大值为活塞 1 缸或 4 缸上止点)。

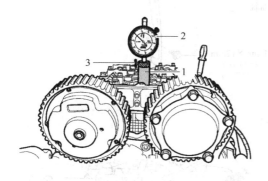

图 4-16-41

(11) 安装正时皮带时,注意正时皮带的运转方向。

(12) 皮带上标有箭头的标记所指方向为曲轴运转方向(顺时针运转)。

(13) 安装正时皮带时,使进、排气凸轮轴调节器上的三角及缺口标记(箭头)分别与正时皮带上的横线标记 1 和 2 对应,使曲轴正时带轮上的缺口标记 4 与正时皮带上的横线标记 3 对应(图 4-16-42)。

(14) 如图 4-16-43 所示,将正时皮带张紧器调节装置 1 插入导向孔内,旋转正时皮带张紧器调节装置 1 使正时皮带张紧轮指针逆时针达到最大极限处,然后返回,直到张紧轮上的指针指向调整支架圆孔中心线。

(15) 拧紧固定螺母(箭头)。

图 4-16-43

(16) 拆下凸轮轴正时固定工具。

(17) 拆下活塞上止点调整工具。

(18) 转动正时皮带检查正时皮带张紧度。

(19) 旋转曲轴 1 圈并处于 1 缸上止点位置,安装凸轮轴正时固定工具检查工具是否与进、排气凸轮轴外轮廓吻合,如不吻合,拆下正时皮带重新安装。

(20) 安装平衡轴皮带。

(21) 其他安装步骤按拆卸步骤倒序进行。

三、传祺 GS4/GS3/GA3S 视界（1.3T 4A13M1）

1. 正时系统部件图（图 4-16-44）

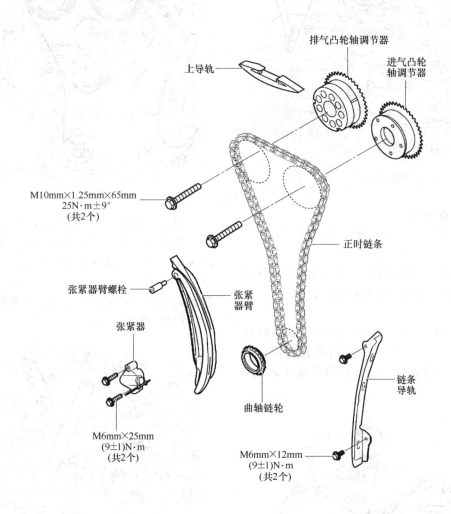

图 4-16-44

2. 正时链条的安装

安装正时链条时，必须严格按照以下步骤进行，否则将导致顶气门，损坏发动机。

（1）转动凸轮轴调节器，使凸轮轴调节器标记点（箭头 1）与气缸盖罩上倒三角标记（箭头 2）对齐，如图 4-16-45 所示。

（2）旋出螺栓（箭头 1），安装凸轮轴固定螺塞（较短）固定排气凸轮轴，如图 4-16-46 所示。

（3）旋出螺栓（箭头 2），安装凸轮轴固定螺塞（较长）固定进气凸轮轴。

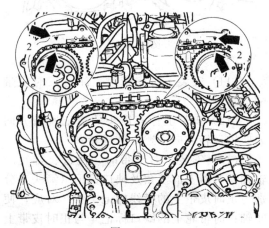

图 4-16-45

图 4-16-46

(4) 安装正时链条 1, 使金色链节（箭头 2）与排气凸轮轴调节器上凹点标记（箭头 3）对齐, 如图 4-16-47 所示。

(5) 使金色链节（箭头 4）与进气凸轮轴调节器上凹点标记（箭头 5）对齐。

(6) 使金色链节（箭头 6）与曲轴链轮上凹点标记（箭头 7）对齐。

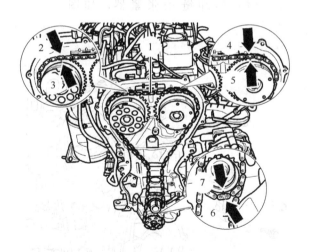

图 4-16-47

(7) 安装张紧器臂 1、链条导轨 2, 拧紧张紧器臂螺栓（箭头 3）、链条导轨螺栓（箭头 4）, 如图 4-16-48 所示。

(8) 按压张紧器柱塞 1, 插入卡销 2, 如图 4-16-49 所示。

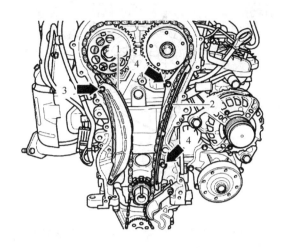

图 4-16-48

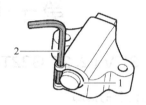

图 4-16-49

(9) 安装张紧器 1, 拧紧张紧器固定螺栓（箭头）, 拉出卡销, 如图 4-16-50 所示。

图 4-16-50

(10) 安装上导轨及曲轴转速传感器信号轮。

(11) 在气缸体与气缸盖结合面处涂抹密封胶。

(12) 在正时链条盖上按图 4-16-51 所示轨迹（箭头）涂抹密封胶。

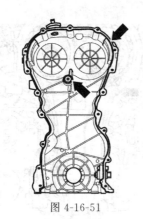

图 4-16-51

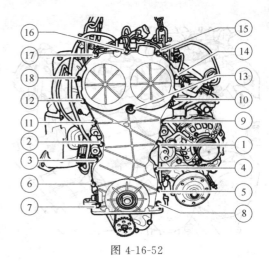

图 4-16-52

(13)安装正时链条盖,按数字顺序拧紧正时链条盖固定螺栓,如图 4-16-52 所示。

第十七节 纳智捷车系

一、大 7 SUV(2.2T G22TG)

1. 正时链条的拆卸

(1)将 1 缸活塞转至压缩行程的上止点(TDC)。

(2)同时确认凸轮轴链轮上的正时标记位置是否符合标准(图 4-17-1)。

注意

① 如果标记不对,则再旋转 1 圈使正时标记与图中位置相同。

② 若正时链条上标记已不清楚,则用漆笔将正时链条与凸轮轴做上明显标记。

(3)将链条张紧器柱塞向内推入,并将止动销插入固定。

注意 使用直径约为 0.75mm 的硬金属销来当作止动销。

(4)拆卸链条张紧器,如图 4-17-2 所示。

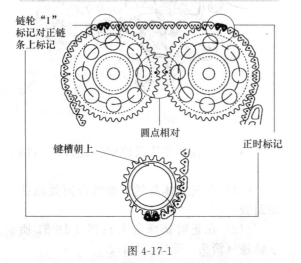

图 4-17-1

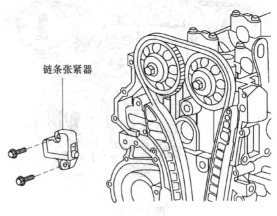

图 4-17-2

(5)拆卸正时链条张紧器臂,如图 4-17-3 所示。

(6)拆卸正时链条导轨。

(7)拆卸正时链条。

> **注意**
> ① 拆卸链条后，不可随意转动凸轮轴或曲轴，避免气门撞击活塞顶部。
> ② 若需转动凸轮轴，先将曲轴顺时针转离90°。

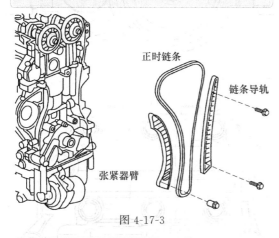

图 4-17-3

2. 正时链条的安装

（1）顶开链条张紧器上的单向止挡，将链条张紧器柱塞向内推入，并将止动销插入固定。

（2）将链条张紧器安装在气缸体上，如图 4-17-4 所示。

> **注意** 正时链条未完成安装，勿将张紧器固定的止动销拔除。

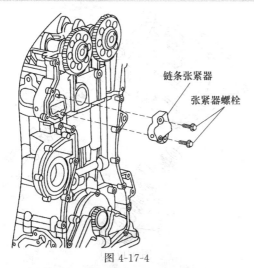

图 4-17-4

（3）摇转凸轮轴使正时标记朝上，且进、排气凸轮轴链轮上的圆点相对。

（4）摇转曲轴使曲轴链轮键槽朝上。

（5）安装正时链条并对准正时标记（图 4-17-1）。

> **注意**
> ① 曲轴链轮 "I" 标记对正链条上的标记。
> ② 进、排气凸轮轴链轮圆点相向。
> ③ 正时链条上点漆记号：曲轴橘色（1个）；凸轮轴蓝色（2个）；对正部位为染黑的链节。

（6）安装正时链条导轨至气缸体上，如图 4-17-5 所示。

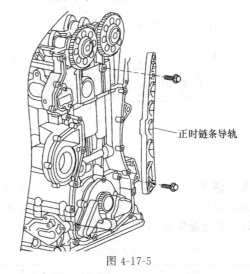

图 4-17-5

（7）安装正时链条张紧器臂至气缸体上，如图 4-17-6 所示。

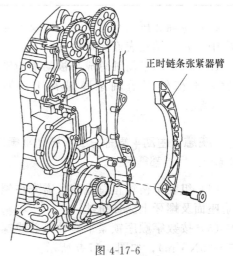

图 4-17-6

> **注意**
> ① 确认正时标记都对正后,将张紧器固定的止动销拔除。
> ② 完成正时链条组装后,需先试转链条确认有无异响或运转问题。

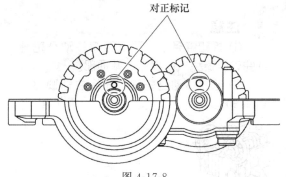

图 4-17-8

3. 平衡轴的安装

(1) 安装平衡轴时,可按平衡轴箱上的标记来选配轴瓦,如图 4-17-7 所示。

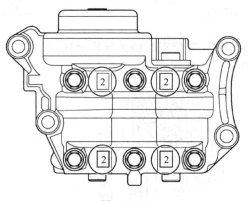

图 4-17-7

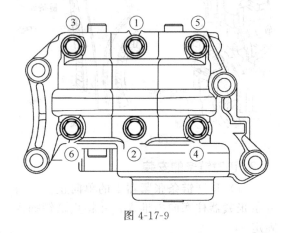

图 4-17-9

> **注意** 分级配合由平衡轴箱与平衡轴轴瓦搭配决定,平衡轴无分级设计。平衡轴轴瓦选配如表 4-17-1 所示。

表 4-17-1 平衡轴轴瓦选配

平衡轴轴瓦分级	平衡轴箱轴承座分级
1	1
2	2
3	3

(2) 将轴瓦压入平衡轴箱上盖及下盖轴承座中,并在轴瓦表面涂抹机油。

(3) 将主动平衡轴总成与被动平衡轴总成放入平衡轴下盖轴承座轴瓦上,如图 4-17-8 所示。

> **注意** 主动平衡轴总成与被动平衡轴总成对正标记都需朝上。

(4) 组装平衡轴箱总成前,需先在螺栓锁附座面及螺牙上涂抹机油。

(5) 按数字顺序锁紧平衡轴箱总成螺栓 (25~29N·m),如图 4-17-9 所示。

(6) 再按数字顺序将平衡轴箱总成螺栓锁紧 90°。

(7) 按顺序安装止推轴承盖 1、止推轴承垫圈 2、止推滚针轴承 3、螺栓 4、垫圈 5 及螺母 6,如图 4-17-10 所示。

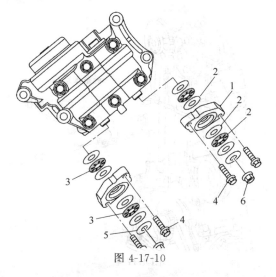

图 4-17-10

(8) 将平衡轴总成中的主动及被动轴对正标记转到平衡轴箱下盖正下方,如图

4-17-11所示。

(9) 将发动机翻转使下曲轴箱朝上。

(10) 将平衡轴驱动链轮上的直线刻度标记转到正上方。

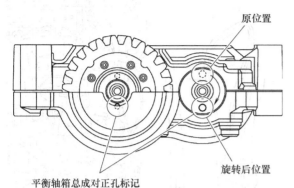

图 4-17-11

(11) 将平衡轴箱总成安装上，并确认标记位置，如图 4-17-12 所示。

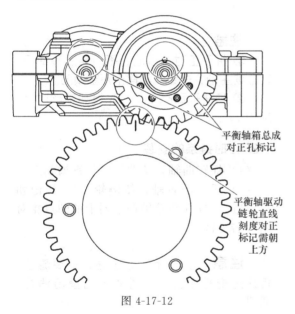

图 4-17-12

(12) 置入环状定位销 1，再将螺栓 2、3 穿过垫圈 4，锁紧平衡轴箱至下曲轴上（拧紧力矩为 40.5～49.5N·m），如图 4-17-13所示。

二、优 6 SUV/纳 5（1.8T）

1. 正时链条的拆卸

(1) 拆下发动机总成。

(2) 拆下凸轮轴盖。

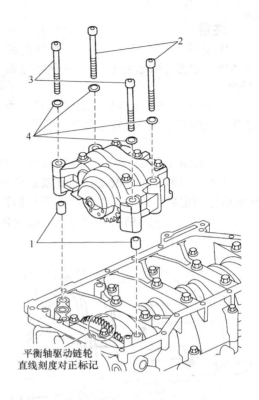

图 4-17-13

(3) 拆下正时室盖。

(4) 确认凸轮轴调节器上的正时标记符合图 4-17-14 所示位置。

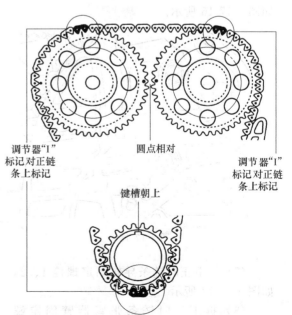

图 4-17-14

注意

① 如果标记不符合要求,再将链轮旋转1圈,使正时标记与图4-17-14所示位置相同。

② 若正时链条上的标记已不清楚,用漆笔在正时链条与凸轮轴上做明显记号。

(5) 如图4-17-15所示,使用适当工具插入链条张紧器并向上扳动,使链条张紧器柱塞解除固定后,将链条张紧器柱塞与挡杆往内推入,并将止动销插入固定孔,以固定链条张紧器柱塞。

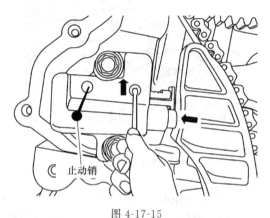

图4-17-15

(6) 拆下链条张紧器的固定螺栓1、2,如图4-17-16所示。

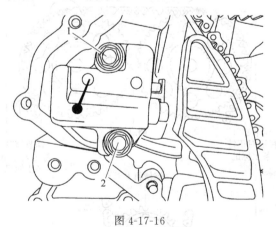

图4-17-16

(7) 拆下正时链条导轨固定螺栓1、2,如图4-17-17所示。

(8) 拆下正时链条张紧器臂固定螺栓3。

(9) 取下正时链条。

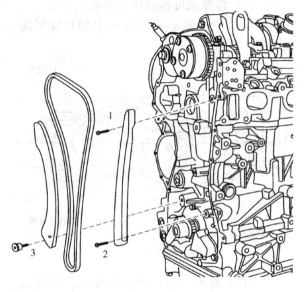

图4-17-17

 注意

① 拆下正时链条后,不可随意转动凸轮轴或曲轴,避免气门撞击活塞顶部。

② 若需转动凸轮轴,先将曲轴顺时针旋转90°。

2. 正时链条的安装

(1) 摇转曲轴,使曲轴链轮键槽朝上。

(2) 摇转凸轮轴,使链轮"I"标记朝上,且进、排气凸轮轴调节器上的圆点相对(图4-17-14)。

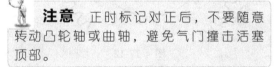 **注意** 正时标记对正后,不要随意转动凸轮轴或曲轴,避免气门撞击活塞顶部。

(3) 安装正时链条并对准正时标记。

 注意

① 凸轮轴调节器"I"标记对正链条上标记。

② 曲轴链轮"I"标记对正链条上标记。

③ 进、排气凸轮轴调节器圆点相对。

(4) 安装正时链条导轨的固定螺栓1、

2（图4-17-17）。

(5) 安装正时链条张紧器臂的固定螺栓3。

(6) 将链条张紧器柱塞与挡杆往内推入，并将止动销插入固定孔，以固定链条张紧器柱塞。

(7) 安装链条张紧器的固定螺栓1、2（图4-17-16）。

(8) 确认正时标记都对正后，取下张紧器的止动销。

(9) 安装正时室盖。

(10) 安装凸轮轴盖。

(11) 安装发动机总成。

第十八节 五菱/宝骏车系

一、五菱荣光/五菱之光（1.2L LAQ/LJY）

1. 正时链条的拆卸

(1) 拆下发电机支架和发电机。

(2) 拆下空调压缩机支架及空调压缩机。

(3) 拆下附件传动带。

(4) 拆下油尺总成，卸下油尺导管。

(5) 拧开机油盘螺栓，卸下机油盘总成。

(6) 拧开前罩壳螺栓，拆下线夹、管夹和前罩壳总成。

(7) 转动曲轴，使曲轴正时链轮键槽与缸体上的三角标记"△"对齐（1、4缸活塞处于上止点），正时链条标记与凸轮轴链轮标记"○"对齐，如图4-18-1所示。否则容易使活塞碰气门，造成气门或活塞损坏。

(8) 松开张紧器螺栓和链条导轨螺栓。

(9) 拆下链条导轨、张紧器臂和张紧器。

(10) 拆下正时链条。

2. 正时链条的安装

(1) 安装张紧器、张紧器臂和链条导轨，按规定力矩拧紧螺栓，直至张紧器臂能用手容易地移动为止。

(2) 小范围转动曲轴和凸轮轴，使凸轮轴正时链轮、曲轴正时链轮的标记同气缸体凸出的标记正对。

(3) 装上正时链条，使曲轴正时链轮和凸轮轴正时链轮之间的正时链条完全没有松动地安装好。

(4) 安装好正时链条后，为了张紧松弛的正时链条，可顺时针方向转动曲轴2圈。当确信正时链条无松弛后，按规定力矩按顺序拧紧调整螺栓。

(5) 安装前罩壳总成，并按规定力矩拧紧螺栓。

(6) 安装机油盘总成。

(7) 安装油尺导管及油尺，按规定力矩拧紧油尺导管支架螺栓。

(8) 安装发电机支架、发电机、空调压缩机支架及空调压缩机及其传动带。

3. 发动机维修数据

五菱1.2L LAQ/LJY发动机维修数据如表4-18-1所示。

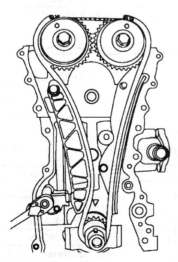

图4-18-1

表 4-18-1　五菱 1.2L LAQ/LJY 发动机维修数据

项目	测量		标准值
一般数据	排量		1.206L
	活塞行程		79mm
	压缩比		9.8∶1
	最大功率		60.5kW(5300r/min)
	最大转矩		108N·m(4000r/min)
	火花塞间隙		0.8~0.9mm
	火花塞型号		YR7DC
	点火顺序		1-3-4-2
气缸体	气缸直径		69.7mm
	缸孔圆度(最大)		0.013mm
	缸孔锥度(最大)		0.013mm
凸轮轴	凸轮轴轴颈直(两种尺寸)径		23mm/16mm
曲轴	连杆轴颈直径		38mm
	连杆轴颈圆度		0.004mm
	曲轴端隙		0.08~0.29mm
	曲轴主轴承间隙(全部)		0.015~0.040mm
	曲轴主轴承加大维修尺寸(两种尺寸)		0.25mm/0.50mm
	曲轴主轴颈直径/宽度		49mm/23.15mm
	曲轴主轴颈圆度		0.003mm
气缸盖	总高		113.5mm
	气门导管高度		(13±0.2)mm
机油泵	机油泵压力		274.4kPa[(4000±40)r/min]
	机油压力		[(274.4~333)±39]kPa[(4000±40)r/min]
活塞环	活塞环闭口间隙与侧隙		0.15~0.20mm
	与气缸孔间隙		0.01~0.03mm
活塞	活塞直径		$69.7_{-0.025}^{-0.015}$mm
	活塞凸出量(最大)		0.5mm
	活塞锥度		0.013mm
活塞销	活塞销与活塞间隙		0.0035~0.0140mm
	活塞销直径		17mm
	活塞销长度		53.5mm
	活塞销偏移量(朝推力侧)		0.8mm
气门	气门直径	进气	(25.9±0.12)mm
		排气	(23.5±0.12)mm
	气门工作面角度		45°
	气门工作面跳动量		0.03mm
	气门座宽度	进气	5.8mm
		排气	5.4mm
	气门杆直径	进气	(4.972±0.007)mm
		排气	(4.963±0.007)mm
	气门导管内径		5mm
	气门间隙	进气	0.075~0.125mm
		排气	0.245~0.295mm
气门弹簧	气门弹簧自由长度		43.67mm
	气门弹簧预负荷		(210±8.40)N(25.7mm)
	气门弹簧垂直度		2°

二、五菱宏光/五菱荣光（1.5L L3C）

1. 正时链条的拆卸

（1）拆下发动机前盖。

（2）先按顺时针方向旋转曲轴，如果曲轴带轮1上有白色标记，则将曲轴带轮上的缺口标记2对准发动机前盖上的正时检查记号"0"度刻线3，如图4-18-2所示。如果曲轴带轮上没有白色标记，则将曲轴带轮上的缺口标记2对准发动机前盖上的"20"刻线。

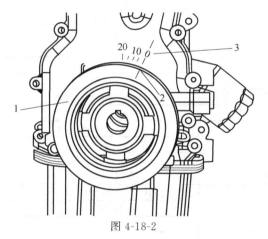

图 4-18-2

（3）如图4-18-3所示，用旋具1顶住锁止销，沿箭头方向压缩正时链条张紧器，并用销2锁死。

图 4-18-3

（4）松开正时链条张紧器、张紧器臂、链条导轨螺栓。

（5）拆下正时链条张紧器总成、张紧器臂、链条导轨，如图4-18-4所示。

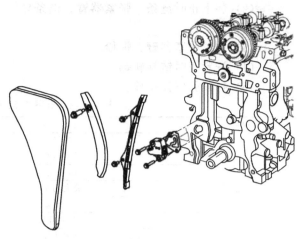

图 4-18-4

（6）拆下正时链条。

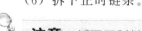
注意　拆下正时链条后不要再旋转曲轴或凸轮轴。

2. 正时链条的安装

（1）如图4-18-5所示，顺时针旋转曲轴，让曲轴链轮上的正时标记1朝下。正时链条上的涂色链节2应与曲轴链轮上的正时标记1对齐，涂色链节6应与进气凸轮轴链轮上的正时标记5（此标记在链轮的齿上）对齐，涂色链节4应与排气凸轮轴链轮上的正时标记3（此标记在链轮的齿上）对齐。

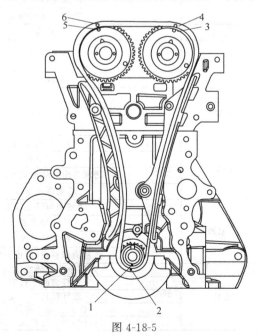

图 4-18-5

(2) 装上正时链条、张紧器臂、链条导轨和张紧器。

(3) 拧紧张紧器臂、螺栓。

(4) 拧紧正时链导轨螺栓。

(5) 拧紧张紧器螺栓。

(6) 装上发动机前盖。

3. 发动机维修数据

五菱 1.5L L3C 发动机维修数据如表 4-18-2 所示。

表 4-18-2　五菱 1.5L L3C 发动机维修数据

项目	测量		标准值
一般数据	排量		1.485L
	活塞行程		84.7mm
	压缩比		10.2∶1
	最大功率		79kW(5400r/min)
	最大转矩		145N·m(3600～4000r/min)
	火花塞间隙		0.8～0.9mm
	点火顺序		1-3-4-2
气缸体	气缸直径		(74.71 ± 0.013)mm
	缸孔圆度		0.005mm
	缸孔圆柱度		0.008mm
凸轮轴	凸轮轴轴颈直径/宽度	前	$32_{-0.066}^{-0.050}$mm/42.7mm
		其他	$23_{-0.061}^{-0.040}$mm/17.5mm
	轴颈跳动量		0.08～0.26mm
	轴颈圆柱度		0.007mm
	凸轮平行度		0.005mm
	凸轮高度		进气:42.2mm 排气:41.55mm
曲轴	连杆轴颈直径		$40(-0.005,-0.021)$mm
	连杆轴颈圆度		0.005mm
	曲轴端隙		0.08～0.29mm
	曲轴主轴承间隙(全部)		0.018～0.050mm
	曲轴主轴承加大维修尺寸(两种尺寸)		0.25mm/0.50mm
	曲轴主轴颈直径		$49_{-0.021}^{-0.005}$mm
	曲轴主轴颈宽度		(23.15 ± 0.10)mm
	曲轴主轴颈圆度		0.005mm
气缸盖	总高		121.3mm
机油泵	机油泵压力		300kPa[流量 30L/min,(4000 ± 40)r/min,100℃]
	机油压力		400kPa[(4000 ± 40)r/min,100℃]
活塞环	活塞环闭口间隙/侧隙	第一道气环	0.18～0.33mm/0.04～0.08mm
		第二道气环	0.35～0.55mm/0.03～0.07mm
		油环	0.20～0.70mm/0.012～0.04mm
活塞	与气缸孔间隙		0.023～0.053mm
	活塞直径		(74.672 ± 0.007)mm
	活塞凸出缸体面最大高度		2.1mm
	活塞顶面锥度		15°
活塞销	活塞销与活塞间隙		0.006～0.018mm
	活塞销直径		18mm
	活塞销长度		48mm
	活塞销偏移量(朝推力侧)		0.5mm
连杆	连杆小头与活塞销间隙		0.006～0.018m
	连杆弯曲平行度		0.017mm
	连杆扭转平行度		0.04mm
	连杆大端止推间隙		0.1～0.25mm
	连杆轴颈与连杆轴瓦间隙		0.018～0.050mm

续表

项目	测量		标准值
气门	气门直径	进气	(27.9±0.12)mm
		排气	(24.4±0.12)mm
	气门工作面角度		45°+15′
	锥面径向跳动量		0.03mm
	气门工作面跳动量		0.25mm
	气门座宽度	进气	(2.38±0.2)mm
		排气	(2±0.2)mm
	气门杆直径	进气	(4.972±0.007)mm
		排气	(4.963±0.007)mm
	气门导管内径		5.000~5.012mm
	气门导管和气门杆间隙	进气	0.021~0.047mm
		排气	0.030~0.056mm
	气门间隙	进气	0.075~0.125mm
		排气	0.245~0.295mm
	气门导管总长		(35±0.2)mm
	气门导管压入缸盖后凸出油封面高度		(13±0.2)mm
气门弹簧	气门弹簧自由长度		44.2mm
	气门弹簧预负荷		(118±4.72)N(34mm)
			(230±9.20)N25.65mm
	气门弹簧垂直度		2°

三、宝骏730/五菱宏光S3（1.5L L2B）

1. 正时链条的拆卸

（1）拆卸凸轮轴罩盖。

（2）拆卸发动机前盖。

（3）如图4-18-6所示，捏紧正时链条张紧器限位卡簧的同时，压缩张紧器柱塞至最大压缩状态，使用合适直径的锁销锁住正时链条张紧器位置，以防止柱塞回弹。

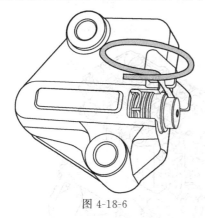

图4-18-6

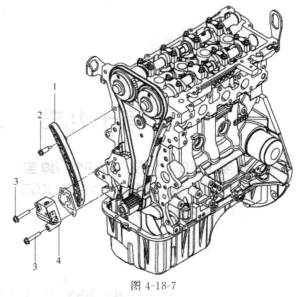

图4-18-7

（4）如图4-18-7所示，松开并拆下正时链条张紧器固定螺栓3，拆下正时链条张紧器4。

（5）松开正时链条张紧器臂螺栓2并拆下正时链条张紧器臂1。

（6）拆下正时链条。

2. 正时链条的安装

（1）彻底清洁正时链条，用新机油预润滑正时链条。

（2）安装正时链条到凸轮轴链轮、曲轴链轮上。安装时，正时链条正时标记（深色链条）应与凸轮轴链轮正时标记（圆凹点）、曲轴链轮正时标记（圆凹点）分别对齐，如图4-18-8所示。

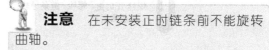

注意 在未安装正时链条前不能旋转曲轴。

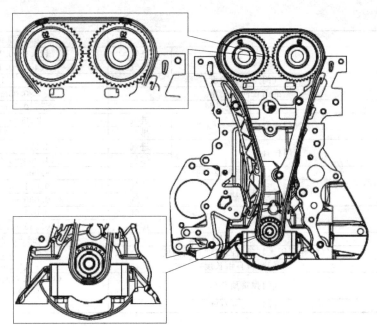

图 4-18-8

(3) 安装张紧器臂。
(4) 安装正时链条张紧器。
(5) 拔下正时链条张紧器锁销。
(6) 安装发动机前盖。
(7) 安装凸轮轴罩盖。

第十九节 北京汽车

一、绅宝 D50（1.5L 4A91）/绅宝 X25（1.5L A151）绅宝 X55（1.5T 4A91T）

1. 正时系统部件图（图 4-19-1）

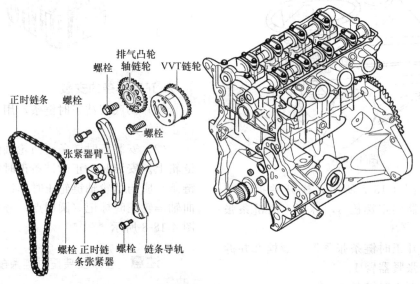

图 4-19-1

2. 正时链条的拆卸

（1）沿发动机转动方向将曲轴转到1缸上止点。

（2）拆卸正时链条壳体。

（3）如图4-19-2所示，沿箭头5方向按压张紧器臂1，使用销2固定住链条张紧器。

（4）旋出链条张紧器固定螺栓（箭头4），取出链条张紧器3。

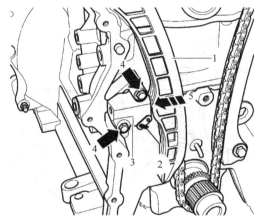

图 4-19-2

（5）如图4-19-3所示，旋出张紧器臂1固定螺栓（箭头3），取下张紧器臂。

（6）旋出链条导轨2的固定螺栓（箭头4），取下链条导轨。

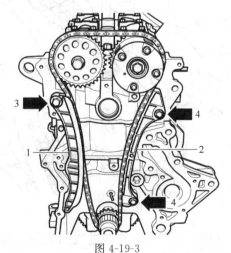

图 4-19-3

（7）如图4-19-4所示，用扳手固定排气凸轮轴的六边形部分，拧出排气凸轮轴链轮螺栓1，取下排气凸轮轴链轮2和正时链条3。

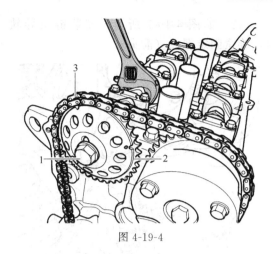

图 4-19-4

3. 正时链条的安装

（1）如图4-19-5所示，检查排气凸轮轴定位销（箭头1）与VVT链轮上的标记（箭头2）位置是否向上，若位置不是向上，使用扳手旋转凸轮轴调整位置。

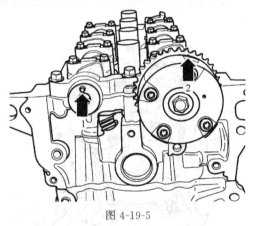

图 4-19-5

（2）沿顺时针方向旋转曲轴，使曲轴链轮上的正时标记1同气缸体上正时标记2对齐，如图4-19-6所示。

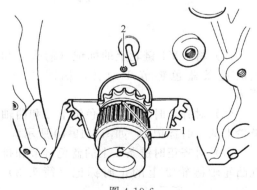

图 4-19-6

(3) 如图 4-19-7 所示，安装链条导轨 1，旋紧固定螺栓（箭头）。

图 4-19-7

(4) 如图 4-19-8 所示，将正时链条 1 置于 VVT 链轮 2、链条导轨 4 和曲轴链轮 3 上。

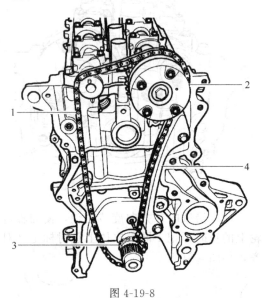

图 4-19-8

(5) 将 VVT 链轮上的标记（箭头）和正时链条蓝色链节 1 对齐，如图 4-19-9 所示。

(6) 对齐正时链上的蓝色链节 2 和曲轴链轮上的正时标记 1，如图 4-19-10 所示。

(7) 对齐正时链条 1 上的蓝色链节和排气凸轮轴链轮 2 上的正时标记（箭头 3），如图 4-19-11 所示。

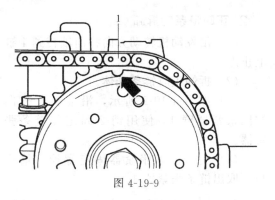

图 4-19-9

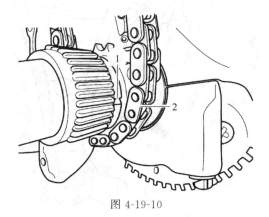

图 4-19-10

(8) 将正时链条 1 和排气凸轮轴链轮 2 一起安装到排气凸轮轴上。

(9) 旋入排气凸轮轴链轮固定螺栓（箭头 4），暂不拧紧。

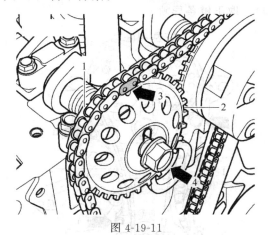

图 4-19-11

(10) 使用扳手旋转进气凸轮轴，将排气凸轮轴链轮上的凹槽和凸轮轴的定位销（箭头）对正，如图 4-19-12 所示。

(11) 用扳手在凸轮轴的六边形部分固定凸轮轴，拧紧凸轮轴链轮螺栓 1（拧紧力

（13）安装正时链条张紧器前，先压入正时链条张紧器的柱塞，并插入固定销锁定柱塞。

（14）安装链条张紧器1，旋紧链条张紧器固定螺栓（箭头），如图4-19-14所示。

（15）从链条张紧器中拔出防松销。

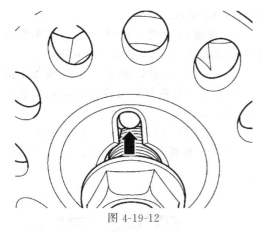

图 4-19-12

矩为78~98N·m），如图4-19-4所示。

（12）安装张紧器臂1，旋紧固定螺栓，如图4-19-13所示。

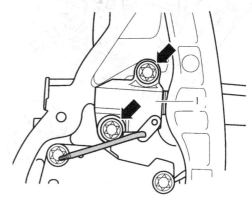

图 4-19-14

（16）张紧器安装完成后，再次检查正时标记是否对正，若正时标记没有对正，则按正确步骤重新安装正时链条。

二、绅宝 X65/绅宝 D60（2.0T B205E）/绅宝 D60（1.8T B185R）

1. 正时系统部件图（图4-19-15）

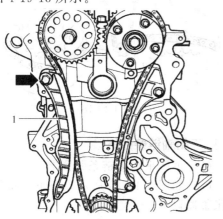

图 4-19-13

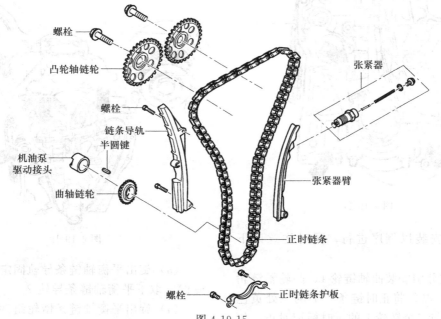

图 4-19-15

2. 正时链条的拆装

（1）拆卸平衡轴链条及导轨。

（2）如图 4-19-16 所示，取出机油泵驱动接头 1、平衡轴链轮 2 及半圆键 3。

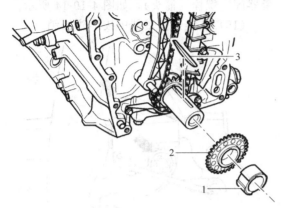

图 4-19-16

（3）如图 4-19-17 所示，取下正时链条张紧器臂 1。

（4）旋出正时链条护板固定螺栓（箭头 5），取下正时链条护板 2。

（5）旋出正时链条导轨固定螺栓（箭头 6），取下正时链条导轨 3 及正时链条 4。

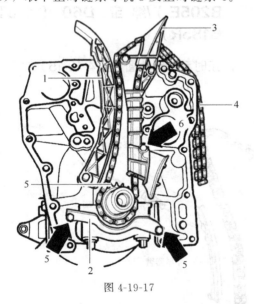

图 4-19-17

（6）安装以倒序进行，同时注意以下事项。

① 在分别安装曲轴链轮 1、凸轮轴链轮 2 和 3 时，必须将正时链条 4 上的三处黄色链节分别与三个链轮上的正时标记对正，如图 4-19-18 所示。

② 曲轴链轮处：正时链条上的黄色链节 5 与曲轴链轮上的方块凹槽 6 对正。

③ 进气凸轮轴链轮处：正时链条上的黄色链节 7（有两节）与进气凸轮轴链轮上的凹槽 8 对正。

④ 排气凸轮轴链轮处：正时链条上的黄色链节 9 与排气凸轮轴链轮上的凹槽 10 对正。

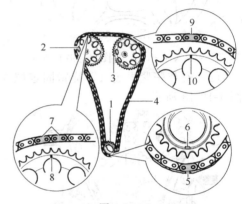

图 4-19-18

3. 平衡轴链条的拆装

（1）拆卸平衡轴链条张紧器。

（2）如图 4-19-19 所示，取下平衡轴链条张紧器臂 1。

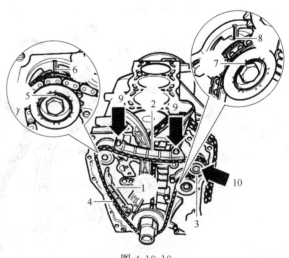

图 4-19-19

（3）旋出平衡轴链条导轨固定螺栓（箭头 9），取下平衡轴链条导轨 2。

（4）旋出平衡轴链条惰轮组件固定螺栓

（箭头10），取下平衡轴链条惰轮组件3及平衡轴链条4。

（5）安装平衡轴链条时，在1缸上止点的状态下，即1缸活塞达到顶端，务必使平衡轴链轮上的正时标记与平衡轴前轴承盖上的正时标记对正。

① 进气侧平衡轴链轮处：平衡轴链轮上的缺口标记5与平衡轴前轴承盖上的凹槽标记6对正。

② 排气侧平衡轴链轮处：平衡轴链轮上的缺口标记7与平衡轴前轴承盖上的凹槽标记8对正。

（6）安装平衡轴链条张紧器前，清洁安装平面1和2，如图4-19-20所示。

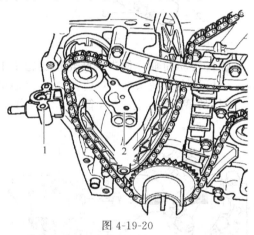

图 4-19-20

（7）如图4-19-21所示，安装平衡轴链条张紧器时，将柱塞1旋转约90°，沿箭头2方向推进，然后反方向旋转约90°，使用销插入孔（箭头3），锁住柱塞1使其不弹出，在安装到位并拧紧后，拔出销。

三、北京40（2.4L G4CA）

1. 正时的检查与调整

（1）关闭所有用电设备及点火开关，拔出点火钥匙。

（2）顺时针转动曲轴，将曲轴带轮上离圆点（箭头2）最近的V形凹槽标记（箭头1）与链轮室上的"0"标记（箭头3）对齐，如图4-19-22所示。

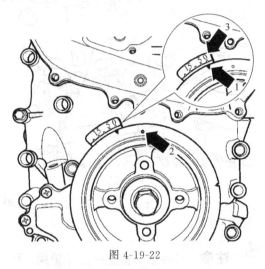

图 4-19-22

（3）如图4-19-23所示，将适配接头旋入火花塞的孔中至极限位置，然后接上千分

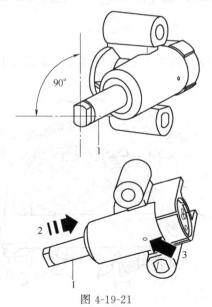

图 4-19-21

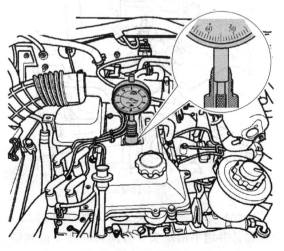

图 4-19-23

表及加长杆,使加长杆顶住1缸活塞的顶部,并记录下此时千分表显示的数值 a。

(4) 缓慢地顺时针转动曲轴1圈,并注意观察千分表上出现的最高数值 b 并记录下来。

(5) 将数值 a 与数值 b 相减,计算出的差值 c 应小于 $0.01mm$。

2. 正时链条的拆卸

(1) 拆卸气缸盖罩盖。

(2) 拆卸链轮室。

(3) 旋出固定螺母(箭头),取下链条张紧器1,如图4-19-24所示。

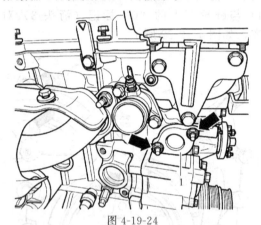

图 4-19-24

(4) 取下链条张紧器垫片1,如图4-19-25所示。

注意 链条张紧器垫片必须更换,且安装时使其凸出较多的部分(箭头)朝前。

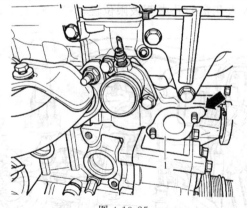

图 4-19-25

(5) 用手指沿箭头4方向按压使棘爪1升起,并用手沿箭头5方向将柱塞2推到链条张紧器内,如图4-19-26所示。

(6) 将柱塞2推到链条张紧器内后,使挂钩3钩住柱塞2的销。

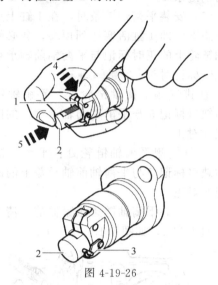

图 4-19-26

(7) 转动曲轴,使进气凸轮轴链轮1上的一个标记点(箭头3)对应排气凸轮轴链轮2上的两个标记点(箭头4),如图4-19-27所示。

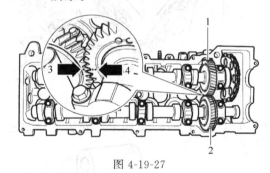

图 4-19-27

(8) 拆卸半圆密封件1,如图4-19-28所示。

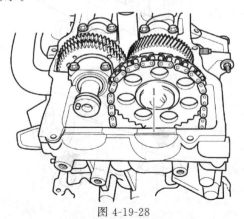

图 4-19-28

(9) 使用活动扳手卡住进气凸轮轴上的六角形部分（箭头 2），旋出凸轮轴正时链轮 1 的固定螺栓（箭头 3），如图 4-19-29 所示。

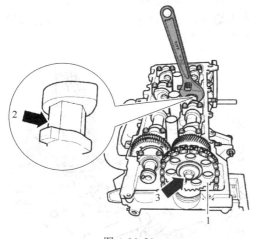

图 4-19-29

(10) 取下凸轮轴正时链轮和正时链条 1，如图 4-19-30 所示。

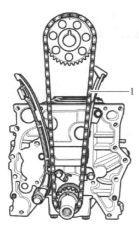

图 4-19-30

(11) 旋出固定螺栓（箭头 3 及箭头 4），取下正时链条张紧器臂 1 和正时链条导轨 2，如图 4-19-31 所示。

3. 正时链条的安装

(1) 安装正时链条张紧器臂 1 和正时链条导轨 2，拧紧固定螺栓（箭头 3 及箭头 4）（图 4-19-31）。

(2) 检查正时链条张紧器臂 1 是否能左右自由摇摆。

(3) 转动曲轴，使进气凸轮轴链轮 1 上

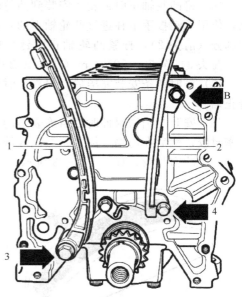

图 4-19-31

的一个标记点（箭头 3）对应排气凸轮轴链轮 2 上的两个标记点（箭头 4）（图 4-19-27）。

(4) 顺时针转动曲轴使曲轴正时链轮 3 上的正时标记（箭头 6）朝正下方，然后套上正时链条 5，使正时链条上深色链节 1 对应曲轴正时链轮 3 上的正时标记（箭头 6），如图 4-19-32 所示。

(5) 将凸轮轴正时链轮 4 套上正时链条 5，使正时链条上深色的两链节 2 对应凸轮轴正时链轮 4 上的正时标记（箭头 7）。并将凸轮轴正时链轮 4 垂直向上提，使正时链条 5 拉直。

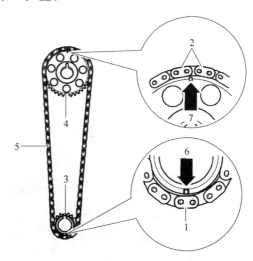

图 4-19-32

(6)将凸轮轴正时链轮1安装到凸轮轴上,使用活动扳手卡住进气凸轮轴上的六角形部分(箭头2),拧紧凸轮轴正时链轮螺栓(箭头3)至78~82N·m(图4-19-29)。

(7)正时链条安装完毕后,检查正时是否正确。

(8)安装半圆密封件时,清除表面的残余密封胶,然后在内槽(箭头)黑色区域内涂抹适量的密封胶,如图4-19-33所示。

器1上的挂钩2脱离柱塞上的销3,使柱塞4弹出将滑动件5压向链条6,如图4-19-34所示。

注意 若柱塞4没有弹出,则用旋具将滑动件5压向链条张紧器1,以使张紧器上的挂钩2脱离柱塞上的销3。

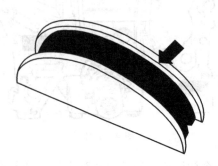

图4-19-33

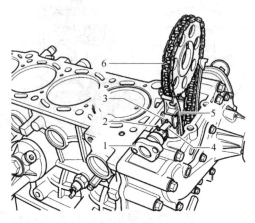

图4-19-34

(9)安装链条张紧器垫片。
(10)安装链条张紧器,拧紧固定螺母。
(11)逆时针转动曲轴,以使链条张紧
(12)安装链轮室。
(13)安装气缸盖罩盖。